本书为2021年度浙江省哲学社会科学规划课题"《老子》 道论的思维范式研究"（项目编号:21NDJC143YB) 成果

老子论衡

路永照 著

九州出版社
JIUZHOUPRESS

图书在版编目（CIP）数据

老子论衡 / 路永照著 . -- 北京：九州出版社，
2023.3

ISBN 978-7-5225-1684-4

Ⅰ . ①老… Ⅱ . ①路… Ⅲ . ①《老子》—研究 Ⅳ .
① B223.15

中国国家版本馆 CIP 数据核字（2023）第 038922 号

老子论衡

作　　者	路永照　著	
责任编辑	沧　桑	
出版发行	九州出版社	
地　　址	北京市西城区阜外大街甲 35 号（100037）	
发行电话	（010）68992190/3/5/6	
网　　址	www.jiuzhoupress.com	
印　　刷	三河市龙大印装有限公司	
开　　本	710 毫米 × 1000 毫米　16 开	
印　　张	39	
字　　数	620 千字	
版　　次	2023 年 3 月第 1 版	
印　　次	2023 年 3 月第 1 次印刷	
书　　号	ISBN 978-7-5225-1684-4	
定　　价	98.00 元	

前　言

　　笔者在攻读博士时，即开始对《老子》进行专门系统性阅读，并整理了一些基本材料；后在大学任教，担任中国哲学专业研究生的中国哲学经典著作选读这门课的主讲教师，又带着学生对《老子》各章进行精读，持续四年，完成全篇。在精读《老子》的过程中，笔者努力以一以贯之的立场展开对每一章的考察，讲述了自己的理解，并写了几篇文章。本书即是该阅读、思考的成果。"论衡"取诸方家加以裁较而能回归老子本怀，既以自取，又以自励。

　　本书的结构是这么安排的。上篇"老子辨析"是笔者所写的关于《老子》的论文，除了"《老子》对道教气论学说阐释的影响"一篇为十年前的作品之外，其他各篇文章均为精读《老子》过程中所写，中心主旨一贯，为保持各章论题相对完整，部分内容会小有重叠。下篇"老子通释"分"原文""训释""校证文""译文""解析"几部分。《老子》版本众多，所谓"原文"也不是原文，这里选择的是影响比较大的王弼本的文字为准。"训释"并不面面俱到，只对关键字词，特别是影响理解的文字进行注解。设置"校证文"部分，笔者对于后人为理解所需自以为是地修改古代文本是较为排斥的，但又发现因文字抄写或衍变等原因，《老子》中的部分文字现在看来确实有明显错讹。最终，"校证文"的原则是在对照多种版本并在训诂的支持下，只在王弼本的基础上修订明显有误差的文字，施以微创。因此，名为"校证文"，实际是在王弼本的基础上组合进了帛本、简本等文字，并没有任何以己意修改之处。"译文"在依循原文字内容的基础上以意译为主，唯其如此，才能把《老子》转换为现代表达，而不是译而无义。"译文""解析"是本书的重心所在，力求文字浅白易懂，意在渴望本书能够吸引一般爱好者成为读者，这也是本书整理成稿的最终目的。

对于《老子》，笔者持这样的立场来研读：第一，老子一定有一个核心关切，其文字是以解决这个问题为目的而设的，那么《老子》各章看起来所论方面有别，但必然存在内在思想线索贯穿，不如此理解《老子》便不可能真正进入《老子》。第二，历代《老子》注解本身是中国哲学的构成，使得中国哲学内容更丰富、视野更开阔，但与《老子》本义必须分开来看。《老子》注解对于解读《老子》既提供了帮助，又产生了巨大的干扰，必须与老子站在一起看《老子》，而不是先接受了种种观念去以后释前。第三，老子关注的社会现实发展问题是根本性问题，老子的时代面临这样的问题，当今世界的发展也仍然为这样的问题所困扰，有实践困境的思考，是我们真正理解古人的机会。不可以今释古，但又不能不以今求古，今天的思想突破不仅可以引导我们破解老子的思想谜题，而且也正是读《老子》应有的意义所在。

我其得乎哉？我其失乎哉？衡门之下，可以栖迟。泌之洋洋，可以乐饥。

本书所引及考察《老子》文本之依据，竹简本以荆门市博物馆编辑《郭店楚墓竹简》（北京：文物出版社，1998 年版）中《老子》释文为准，帛书本以国家文物局古文献研究室编辑《马王堆汉墓帛书（一）》（北京：文物出版社，1980 年版）释文为准，河上公本以王卡点校《老子道德经河上公章句》（北京：中华书局，1993 年版）为准，王弼本以楼宇烈点校《王弼集校释》（北京：中华书局，1980 年版）为准，严遵本以王德有点校《老子指归》（北京：中华书局，1994 年版）为准，傅奕本以《正统道藏》中《道德经古本篇》为准。均不再另标注页码。无特别说明时，所引文字为《老子》"通行本"（文中亦称"传世本"），"通行本"以王弼本为准；同时，不特别标出时，帛书本指帛书乙本。另外，"通释"部分引用字典较多，《说文解字》所依据版本为上海古籍出版社 1981 年版《说文解字注》，《尔雅》所依据版本为上海古籍出版社 2010 年版《尔雅注疏》，《广雅》所依据版本为上海古籍出版社 2016 年版《广雅疏证》，《广韵》所依据版本为上海古籍出版社 1981 年版《钜宋广韵》，《集韵》所据版本为上海古籍出版社 1985 年版《集韵》，《玉篇》所依据版本为上海古籍出版社 1989 年版《玉篇校释》，《释名》所依据版本为上海古籍出版社 1984 年版《释名疏证补》，《小尔雅》所据版本为黄山书社 2011 年版《小尔雅义证》，"十三经"文字"注""疏"所据为中华书局 1980 年版《十三经注疏》，为节省字纸，均不另注出处页码。《道藏》为 1988 年文物出版社、上海书店、天津古籍出版社之"三家本"，凡引皆只标注册别、页码，不另出详细版别。

目　录

老子辨析

老子通释

老子辨析

第一章

《老子列传》材料还原与老子身份

　　《老子》一书于中国哲学史的地位毋庸多言，它的影响不仅是作为道家一派的，而且是作为中国哲学理论思考的最高成就代表而发生的。确定老子的身份对于中国哲学学术史的厘清至关重要，正如钱穆所云："老子之伪迹不彰，真相不白，则先秦诸子学术思想之系统条贯终不明，其源流派别终无可言。"① 但是对于这么一部重要著作之作者的确认一直是一个难题，受制于史料之缺乏，围绕老子本人身份相关的诸多基本问题往往流于猜测。现在研究老子身份的基本材料仍推司马迁在《史记·老庄申韩列传第三》中所记②，该传道家、法家四人合一，关于老子的部分又被称为《老子列传》或《老子传》。以《老子传》为基本线索，对老子身份进行还原，虽不能清晰老子本人为何，但对于正确认识老子仍有所裨益。

一、《老子传》的材料疑点分析

　　因李耳为李姓唐王朝之荣耀，《史记·老庄申韩列传》在唐时一度被官方下令列在诸家列传之首，唐后恢复列第三。在没有更新出土资料的支持前，《老子列传》仍是研究老子身份的重要资料，即使无助于确定老子身份，但也有助于明确老子于汉时已完全模糊这一事实。兹录《老子传》全文如下，并进行疑点分析。

---

① 钱穆：《老子杂辨》，《老子辨》，北京：中国书店，1988年，第8页。
② 其他关于老子身份的记述或晚于《史记》，实则受到司马迁所记的影响，或系出宗教传说，不足为信。

老子者，楚苦县厉乡曲仁里人也，姓李氏，名耳，字聃，周守藏室之史也。

孔子适周，将问礼于老子。老子曰："子所言者，其人与骨皆已朽矣，独其言在耳。且君子得其时则驾，不得其时则蓬累而行。吾闻之，良贾深藏若虚，君子盛德容貌若愚。去子之骄气与多欲，态色与淫志，是皆无益于子之身。吾所以告子，若是而已。"孔子去，谓弟子曰："鸟，吾知其能飞；鱼，吾知其能游；兽，吾知其能走。走者可以为罔，游者可以为纶，飞者可以为矰。至于龙，吾不能知，其乘风云而上天。吾今日见老子，其犹龙邪！"

老子修道德，其学以自隐无名为务。居周久之，见周之衰，乃遂去。至关，关令尹喜曰："子将隐矣，强为我著书。"于是老子乃著书上下篇，言道德之意五千余言而去，莫知其所终。

或曰：老莱子亦楚人也，著书十五篇，言道家之用，与孔子同时云。盖老子百有六十余岁，或言二百余岁，以其修道而养寿也。

自孔子死之后百二十九年，而史记周太史儋见秦献公曰："始秦与周合，合五百岁而离，离七十岁而霸王者出焉。"或曰儋即老子，或曰非也，世莫知其然否。老子，隐君子也。

老子之子名宗，宗为魏将，封于段干。宗子注，注子宫，宫玄孙假，假仕于汉孝文帝。而假之子解为胶西王卬太傅，因家于齐焉。

世之学老子者则绌儒学，儒学亦绌老子。"道不同不相为谋"，岂谓是邪？李耳无为自化，清静自正。①

疑点1：老子是哪里人？传中明确说老子是"楚苦县厉乡曲仁里人"，这一点很让人生疑。《史记》中记载人物籍贯能写到乡一级的只有刘邦、孔子、老子三者。刘邦是开国皇帝，孔子是思想领袖，有此待遇都可理解。然而，由汉代对于老子庙的建设来看，汉桓帝时期对于老子出生地之争已经颇为激烈。老子生地本已模糊，司马迁有写到乡一级的可能吗？现在可见到材料中对老子生地所写也有多种，《老子传》说老子生在苦县，以边韶《老子铭》为代表则称生在相县，而苦县、相县归属诸侯国则又有陈国、宋

① （汉）司马迁：《史记》，北京：中华书局，2011年，第1897-1900页。

国、楚国之歧。唐代陆德明《老子音义》中引述《史记》时说："《史记》又云：陈国相人也。"① 如此，则陆德明所见之《史记·老子传》与今本并不相同。《史记》的《老子传》应该是被加工过的，使得本已成为历史争讼的老子生地之说更加真假难辨。

疑点 2：**老子姓名为何？**传中明确说"老子"叫"李耳"，这里其实是两个名字。如果老子姓李，为什么从没有"李子"这个称法呢？司马迁说老子名为李耳，但并没有交代为什么李耳会被称为"老子"。《神仙传》说老子"生而白首"②，所以叫了老子，这当然是宗教者所言。"老"与"李"的关系被古今学者多方论证过，或谓音近，或谓形似，均意在协调二者的关系。其实，先秦典籍只见老聃，不见李耳。查诸典籍，且至春秋未见李姓，但"古有老姓，可以定论"③，如鲁有老祁、宋有老佐等。钱穆考察了"老聃"何以变为"李耳"，根据为《说文》"聃，耳曼也"及《诗·小雅·湛露》"其实离离"之《传》有"离，垂耳"④，其说仅可参考。"李耳"之说，所来为何，学者所论多辗转曲折。若无确凿证据，老子只宜称"老子"，至多可称"老聃"，"李耳"这个名字基本是靠不住的。

疑点 3：**哪个是《老子》著作者的老子？**《史记》所述三个老子，一是孔子问礼的史官老聃，二是隐士老莱子，三是见秦献公的太史儋。当然，司马迁本人的倾向已经很清楚，他确定李耳为老子后，又另找来两位作替补，是缘于"世莫知其然"，他也无法断然说其他二位一定不可靠。但是《老子列传》中这三个人的特点，其描绘出来的形象都不像《老子》之作者。

传中老聃着墨最多，其实也最不清楚，只知道他担任守藏史，其故事来自《庄子》的寓言。按《史记》所说，孔子是抱着问礼的目的去见老子的。老子呢？则给孔子上了一番人生修养课。《老子》的基本目标是一种在上者最大限度无为、在下者自然而化的政治设计，包括"礼"在内的时之价值，都不是老子所取的，相反往往成为老子批判式论述的抨击对象。传世本《老子》第三十八章明确说"夫礼者，忠信之薄而乱之首"，这句话虽

---

① （唐）陆德明：《经典释文》，上海：上海古籍出版社，2012 年，第 537 页。
② 谢青云：《神仙传》，北京：中华书局，2017 年，第 22 页。
③ 高亨：《老子正诂》，北京：清华大学出版社，2011 年，第 114 页。
④ 钱穆：《先秦诸子系年》上册，北京：中华书局，1985 年，第 221 页。

不见于郭店竹简本，但简本仍保留了"夫天下多忌讳，而民弥叛"（甲本4组）、"大道废，安有仁义"（丙本1组）之类反对过度标榜治世原则的话。"礼"本身是目标于秩序达成的限制性规范，其与老子思想的格格不入是肯定的，最起码老子是不会热心于作为手段性质的"礼"的。孔子会找这样一个人去问礼吗？而老子所说的一番"无益于子之身"的话，则流于俗见，大体是端出的一碗古鸡汤，孔子是压根用不着用"犹龙"之类那么夸张的赞誉之辞加诸于老子身上的。

老莱子是楚国隐士，民间有老莱子娱亲的孝道故事，可见老莱子也是时之名人。《汉书·艺文志》录有《老莱子》十六篇，并注曰"与孔子同时"①。《老莱子》早已失传，但《艺文志》说有十六篇，那与传中所言"著书十五篇，言道家之用"基本相符。老莱子既另有专著，该不是《老子》之作者。当然，考虑其生活时代个人著述尚初为始，洋洋洒洒十六篇之文，也有可能是战国时人托名为著而来的。其书世无抄本而失传，应该在当时没太有影响力，泛泛之论的可能性较大。老莱子的隐士、孝子、作家身份都与老子抵牾。至于前辈学者直接论老莱子便是"荷蓧丈人"，则更牵强绕迂。

太史儋西见秦献公之事，除《史记·老庄申韩列传》外，《周本纪》《秦本纪》中也有记述，其事基本可信，且时间可确定为周烈王在位时期的公元前374年左右，比孔子要晚。传中所记太史儋一番周秦相合五百年分、分之后七十年霸王者出的话，分明是战国时五行家把历史发展诉诸神秘更替之言论，且富谶语特色，极不入流。

老聃无论是讲礼还是讲人生修养，都与《老子》思想不符，老莱子另有著作，太史儋时间靠后且所述则有五行家特色。因此，传中描绘的这三个老子，都与《老子》作者的身份不符。

疑点4：孔子见过老子吗？孔子见老子之事，是确定老子身份的重要线索，因为若属实，则可方便确定老子的生活年代与身份。孔子见老子是两大文化名人的见面，其故事超出学术圈深入汉代民间，成为大量壁画、砖瓦上的绘画题材亦属奇观，这与汉代由尚老到尊孔的社会思潮之转变对应至个人联系不无关系。

---

① （汉）班固撰，（唐）颜师古注：《汉书艺文志》，上海：商务印书馆，1955年，第27页。

除《老子传》中关于孔老相见的描写外，《史记·孔子世家》也有记载："鲁南宫敬叔言鲁君曰：'请与孔子适周。'鲁君与之一乘车，两马，一竖子俱，适周问礼，盖见老子云。辞去，而老子送之曰：'吾闻富贵者送人以财，仁人者送人以言。吾不能富贵，窃仁人之号，送子以言，曰"聪明深察而近于死者，好议人者也。博辩广大危其身者，发人之恶者也。为人子者毋以有己，为人臣者毋以有己"。'孔子自周反于鲁，弟子稍益进焉。"①由此看出，在《孔子世家》中写的孔子见老子时老子所讲话之要点并不与《老子传》相同，但风格类似，这可能是司马迁所理解的一位智者的谆谆教诲所应表达的内容，未必便有所本。除此之外，《史记·仲尼弟子列传》中说："孔子之所严事：于周则老子；于卫，蘧伯玉；于齐，晏平仲；于楚，老莱子；于郑，子产；于鲁，孟公绰。"②据此，孔子则先后见过老子、老莱子。

除了《史记》不止一处写到孔子见老子，《礼记·曾子问》《庄子》《吕氏春秋·当染》及《韩诗外传》（卷五）等都有此说，阜阳双古堆一号章题木牍46也有书为"孔子之周观大庙"。《孔丛子》则是子思见老子，子思当然也可被称孔子。孔子见老子在思想界和民间的广泛传播恐怕应有所据，但《论语》中除"窃比于我老彭"③ 一句无法断定此"老"是否即为"老子"外，无任何地方直接提到"老子"，仍让人不免生疑——若二人见面如此重要，何以孔子似并无提起呢？看来，事件被热炒还是因为战国至汉二人皆成文化名人而为百姓所津津乐道。事实上，即使孔老相见，在孔子也非多么了不起的事。

孔子见老子，有《史记》为代表为"问礼"之说和《庄子》为代表为"问道"之说，何者可靠？《老子传》中孔子是问礼的，老子讲了修养论，有点流俗，但《礼记·曾子问》所记孔子受教于老聃的基本是关于丧礼的要求，该处老子倒是符合一个礼学权威的形象。孔子或见过老子（甚至两个老子都见过），但这个老子不可能既是道家老子又是礼学老子。

疑点5：老子会出关吗？老子出关是老子的两大形象之一——孔子向老子施礼与老子骑牛西行纵横作为书画资源纵贯中国美术史，自汉画像石至

① （汉）司马迁：《史记》，北京：中华书局，2011年，第1711页。
② （汉）司马迁：《史记》，北京：中华书局，2011年，第1938页。
③ 杨伯峻：《论语译注》，北京：中华书局，2009年，第65页。

清任伯年。一则出关之说，后竟引起老子化胡之佛道宗教纷争，也可堪叹息。现在所见的老子出关之说源出《老子传》，《庄子》关于老子的寓言有多处，但并无出关之说，且《庄子·养生主》还记载了老聃之死："老聃死，秦佚吊之，三号而出。"①

老子所出何关？一般说法是函谷关，也有说是大散关的。汪中《老子考异》说："函谷之置，书无明文，当孔子之世，二崤犹为晋地。"② 另外，当代学者有考证秦置函谷关是秦惠文王时的③，亦可供参考。至于大散关之置，则更晚至秦统一之后。也就是说，与孔子同时的老子是无"关"可出的。《老子传》认为老子出关的原因是"居周久之，见周之衰，乃遂去"，这也是不可靠的。一方面，周朝陷入礼坏乐崩，一般老百姓也深有体会，老子身为思想者，不需居久才能感受到周衰。另一方面，退一步说，老子出关的目的是什么？去一片乐土吗？即使有所至，去处未必便能比得上已衰之周。

老子自不必出关，出关传说可能还是对烈王时期太史儋入秦一事加工的结果。《庄子》中有隐士关尹被拉到这个故事中，那部《老子》亦成为出关的急就章了。关尹不是人名，只是官职，更不叫"喜"，后道教有"尹喜"之说，实是把"关令尹喜曰"这个"高兴地说"的"喜"误会为人名而持续编排的结果。

疑点 6：老子后代为魏将吗？《老子传》说老子的儿子为魏将，但魏建国在孔子去世后七十多年，老子则在孔子之后，孔子焉能问礼？至于司马迁所记之李解为老子八世子孙，不光时代与老聃不符，且与太史儋所在时间也对不上。梁启超在论《〈老子〉书作于战国之末》中说："前辈的老子八代孙和后辈的孔子的十三代孙同时，未免不合情理。"④ 关于老子后代的记述最多可以看成是太史儋的，但时间点上也存在讹乱之处。

《史记·老子列传》给出了零散的"老子"材料，加了个"老子，隐君子也"的判断，但正如汪中所指出的，身为王官的老子恐怕也算不上是"隐君子"。可见，所谓"隐"，可能还是史实线索不清造成老子身份不明的

---

① 陈鼓应：《庄子今注今译》，北京：中华书局，2009 年，第 114 页。

② （清）汪中：《述学》，沈阳：辽宁教育出版社，2000 年，第 104 页。

③ 宋杰：《秦对六国战争中的函谷关和豫西通道》，《首都师范大学学报（社会科学版）》，1997 年第 3 期。

④ 顾颉刚等：《古史辨》第 4 册，上海：上海古籍出版社，1982 年，第 306 页。

无奈之辞。

二、《老子传》的《庄子》寓言的还原

从《史记·老子列传》关于老子的记述看，其由四部分内容构成。一是司马迁倾向的老子的基本身份信息，二是孔老相见及老子出关的两则传说，三是"替补"老子的老莱子、太史儋，四是老子家族后代的信息。分析司马迁《老子传》材料，可以明显看出，其基本来源是《庄子》，但庄子本身自述论证的三种形式之一就有"寓言"。《庄子》关于老子的说法有多处，基本是一个"古之博大真人"的形象，或有所本，但所出事迹，当虚构为多。《庄子·天下》本为整理时代学说之评论，可以参考，其中提到了老聃，但又以关尹在老聃之前，与一般所认完全不合："以本为精，以物为粗，以有积为不足，澹然独与神明居，古之道术有在于是者，关尹、老聃闻其风而悦之。"[①] 基本可以断定，虽老子不必为虚构，但在庄子时代，老子也只是一个传说中的人物。《老子传》关涉《庄子》的材料主要是孔子见老子一事，来自以下《天道》《天运》《外物》三篇。

材料 1：《庄子·天道》：
　　孔子西藏书于周室。子路谋曰："由闻周之徵藏史有老聃者，免而归居，夫子欲藏书，则试往因焉。"孔子曰："善。"往见老聃，而老聃不许，于是繙十二经以说。老聃中其说，曰："大谩，愿闻其要。"孔子曰："要在仁义。"……老聃曰："意，几乎后言！夫兼爱，不亦迂乎！无私焉，乃私也。夫子若欲使天下无失其牧乎？则天地固有常矣，日月固有明矣，星辰固有列矣，禽兽固有群矣，树木固有立矣。夫子亦放德而行，循道而趋，已至矣；又何偈偈乎揭仁义意，夫子乱人之性也！"[②]

这则故事没有说孔子在何处见了老子，但是由子路说老聃是"免而归居"的"周之徵藏史"，这应该是《老子传》谓老子为"周守藏室之史也"的由来。《天道》中老子对于"仁义"之说的批判是以《老子》思想为基

---

　　① 陈鼓应：《庄子今注今译》，北京：中华书局，2009 年，第 935 页。
　　② 陈鼓应：《庄子今注今译》，北京：中华书局，2009 年，第 374-375 页。

础的合理发挥，虽可能亦为借题发挥，但对于孔老思想差异之处的把握还是清晰的。

材料2：《庄子·天运》：

孔子行年五十有一而不闻道，乃南之沛见老聃。老聃曰："子来乎？吾闻子，北方之贤者也！子亦得道乎？"孔子曰："未得也。"……老子曰："……名，公器也，不可多取。仁义，先王之蘧庐也，止可以一宿而不可久处。觏而多责。古之至人，假道于仁，托宿于义，以游逍遥之虚，食于苟简之田，立于不贷之圃。逍遥，无为也；苟简，易养也；不贷，无出也。古者谓是采真之游。以富为是者，不能让禄；以显为是者，不能让名。亲权者，不能与人柄，操之则栗，舍之则悲，而一无所鉴，以窥其所不休者，是天之戮民也。……"孔子见老聃归，三日不谈。弟子问曰："夫子见老聃，亦将何规哉？"孔子曰："吾乃今于是乎见龙。龙，合而成体，散而成章，乘乎云气而养乎阴阳。予口张而不能嘐。予又何规老聃哉？"①

这则故事明确了孔子见老子是在五十一岁时，且地点是沛，介入的话题是"得道"问题，二人谈论的内容集中在关于"无为之治"与"仁义之治"之间关系的论辩。《庄子》对此番论述着墨较多，虽仍属寓言、重言之类，但保持了与《天道》篇主题的一致，对于老子身份的描写也不冲突。上一篇说老子是"免而归居"的，此处见老子则在南沛之地。而且，其中思想的表达与《老子》也基本相合，即限制名的范围，从道性高度看待事物发展的自然性。可能作为历史学家的司马迁对于老庄思想缺乏足够敏感，没有引起他的充分注意，反而从这里面拿走了一个最不可靠的材料——孔子关于老子极高评价的"于是乎见龙"。从《论语》看，孔子对于老子的思想的价值与局限是有清醒认识的，不至于听老子一番话就晕头转向。

材料3：《庄子·外物》：

老莱子之弟子出薪，遇仲尼，反以告，曰："有人于彼，修上而趋下，末偻而后耳，视若营四海，不知其谁氏之子。"老莱子曰："是丘也，召而

① 陈鼓应：《庄子今注今译》，北京：中华书局，2009年，第407-411页。

来。"仲尼至。曰："丘，去汝躬矜与汝容知，斯为君子矣。"①

　　这是庄子托老莱子告孔子为言的一段话。"去汝躬矜与汝容知，斯为君子矣"是《老子列传》老子送别孔子赠言之"去子之骄气与多欲，态色与淫志，是皆无益于子之身"的原始材料，看起来两句话十分相似，但其中意义大有不同。"躬矜""容知"是人的一种精神状态，是非自然的，是人被对社会生活的特定认识角度异化了的表现，消解它，人才有机会作自由的人，庄子所谓"君子"是人性在于自然性意义上的。而《老子列传》中所述重点在于强调人表现出"骄气与多欲""态色与淫志"，便是不能以谦德持身，加以为外界名物诱惑，结果造成戕害生命本身。看来，司马迁虽为崇道家庭之后，但还是未能真正体认道家思想之个性特色。他对《庄子》中的材料稍一加工，便更富儒家色彩，而偏离了道家宗旨。

　　从几则《庄子》涉孔子见老子的故事来看，这里的孔子都不是问礼，而是听老子论道。虽《庄子》有矮化孔子以抬高道家之说的故事设计，但与一个道家祖师论道，当然比向其请教礼的处理要顺畅得多。司马迁撰《老子传》得以《庄子》三则老子故事的拼凑，但刻意把复"礼"的动因拉到孔老两人的见面中来，造成了老子本身形象的支离，大概是他忽略了其中矛盾导致的。

　　司马迁不可能不清楚《庄子》寓言本身不能完全作为信史材料而使用，但他仍然这么做的原因只有一点，那就是他必须给作为道家学派创始人性质的老子立传，却完全得不到有效史料的帮助。庄子虚构人物或编写与孔子相关的故事一样，都是因表述思想之需要而为，既然鲲鹏之志不必当真，那么这些故事也不必认真。部分学者一再强调这些故事不全是寓言，是有根据之说，还是急于找一个真老子而寻下手处的想法。也有人认为，老子之前在任守藏史时是重视"礼"的，后来去职后思想发生了变化而成为道家学派肇始之人，这也是理想化、简单化欲把现有关于老子的材料做合理串联的做法，陷入主观构设，并不足取。

---

① 陈鼓应：《庄子今注今译》，北京：中华书局，2009年，第757页。

三、老子身份再思考

《老子传》对于老子的记述仅五百余字，除了关乎出身情况、家庭后代信息之外，中心是两个传说，一是老子出关，一是孔子见老子，还给我们提供了另外两个有可能的"老子"做参考。《老子传》让一般读者看了很糊涂，被学者质疑的地方就更多。日本学者武内义雄说："《史记·老子传》，大部分可疑者多。唯其中无可疑者，只得老子名耳字聃姓李氏之九字，与第六段列举老子之子孙一条耳。"① 其实，现在看来，武内义雄所谓"无疑"的亦有疑，老子姓氏与子孙问题反而是最显著的疑点，清代以来的学者已多有辩难。如此，《老子传》基本成为一篇完全失实之作。必须指出，《老子传》所写资料的凌乱和冲突不是司马迁本身治学不够认真造成的，反而是因为他撰写《史记》的态度是"兼存异说"，即谨慎造成的。据现代学者考论，司马迁基本读过当今学者能够见到的所有先秦史料，当今学者见不到而司马迁读过的当会更多。司马迁的家庭崇尚道家，《太史公自序》给予道家极高评价，但对于道家创始人却仅仅几笔带过，而且疑点重重，只能说，在司马迁所处时代，关于老子本身的史料极为缺乏，对于老子本人身份的定位已经成了难题。

上述疑点所指对象除了司马迁按语性质的最后一段②已覆盖全部《老子传》，这已表明《老子传》作为考证老子身份的材料其实支持度较低。因此，今日对于老子本人的研究不必在这些材料上过于纠结，或是明智之举。在现有线索能够提供的支持下，笔者做出以下结论。

结论1：老子早于孔子。关于老子晚出之说，一度为民国学者所主。郭店简本《老子》埋于战国中期，说明其时《老子》一书已在流行，产生的时间当然更需往前推，则晚出之说基本已不攻自破。学者持晚出之说，一

---

① ［日］武内义雄：《老子原始》，江侠庵编译《先秦经籍考》，北京：国家图书馆出版社，2010年，第573页。

② 司马迁所按一句亦有可疑之处。第一，儒道互绌，只是儒家、道家作为学派的自觉建立以后而有的风气，在《老子》虽有批判礼、仁等言论，却不是对儒家学派而言。此按语虽只是称"学老子者"，但按于老子传下，仍有误导之嫌。第二，"无为自化，清静自正"出《太史公自序》关于道家所言，此处或为人所补注混入，已有蒋伯潜等疑之。"清静"之说是否为老子观点亦可疑，笔者另有撰文论及。

是受到清代学者汪中等以疑古态度进行研究的影响，二是得以现代考论方法之支持。钱穆从思想史本身考察，认为老子比孔子晚，"孔墨言道均浅近，而老独深远。孔墨均质实，而老独玄妙。以思想之进程言，《老子》断当在孔墨之后"①。冯友兰便指出春秋无个人专著，梁启超则认为《老子》中所用仁义对举的论说方式应属孟子时代所为，等等。现在看来，这些民国大家所论有得有失，得在以证据支持方式为论，而非流于主观猜测，失在结论草率。今日回过头再看这段学术论争，分析造成晚出说偏失的原因，一方面是时代资料局限，其时未见出土本，尤其未见竹简本，这当然是一个遗憾；另一方面关键是晚出说的坚持者们忽略了《老子》文本本身的嬗变问题，传世本部分写文不合春秋思想环境，其实是文本传抄过程中被加工的结果。由此看来，我们不能以司马迁史料本身存在的问题就简单否定其关于老子时代的定论。

当然，当今学者坚持《老子》晚出说者仍然有之，不过有竹简本证据在，他们所说的所谓"晚"不会晚至秦汉了，而是在强调老子不早于孔子。学者之所以仍持老晚于孔之见，很大程度上是因为作为可信材料的《论语》中并无老子出场而生疑。其实看《论语》的两则材料很清楚，老子不但早于孔子，且孔子不同意老子的立场也是明显的。《论语·卫灵公》载："子曰：'无为而治者，其舜也与？夫何为哉？恭己正南面而已矣。'"② "无为而治"是老子的学说，仔细品味孔子在这里所讲的话，是强调只有舜这样的圣王才可以施行无为而治，潜台词就是离开圣王时代一般讲无为的政治是无意义的空话。这句话分明是针对其时已有的学说发表的个人评论。再有，《论语·宪问》载："或曰：'以德报怨，何如？'子曰：'何以报德？以直报怨，以德报德。'"③ 查今《老子》第六十三章有"为无为，事无事，味无味。大小多少，报怨以德。图难于其易，为大于其细"，"报怨以德"正是来自《老子》章文④。可见，孔子的这番话不仅是对老子的观念而

① 钱穆：《关于〈老子〉成书年代之一种考察》，《老子辨》，北京：中国书店，1988年，第33页。

② 杨伯峻：《论语译注》，北京：中华书局，2009年，第160页。

③ 杨伯峻：《论语译注》，北京：中华书局，2009年，第154页。

④ 该句不见于竹简本对应文字，但竹简本该章较为明显存在错简漏抄问题已被学者指出，该句见于帛书甲本，说明古本即有，马叙伦等学者主张此句不应出现在此章，但并不否认此句为《老子》章文所出。

言的，很可能是直接对他所见的《老子》文句进行的评论。从《论语》中这两处文字可以看出，老子早于孔子是确定的，孔子对老子所持的观点持谨慎批评之态度，原因是在孔子看来"无为而治""以德报怨"脱离社会现实和人性实际。

结论2：孔子问礼之老子并非《老子》之作者。由上文可知，孔子是确定了解老子观点的，但孔子是否确定见过老子则疑点重重不易定论。即使孔子见过老子，一方面有主题问礼、论道之歧，另一方面时间地点也有两种说法。除《史记》《老子传》《孔子世家》的记述外，《孔子家语》《曾子问》等也都说是孔子去了洛阳问礼。《孔子家语·观周》记孔子于周敬王二年"敬叔与俱。至周，问礼于老子，访乐于苌弘，历郊社之所，考明堂之则，察庙朝之度"。①此时，当鲁昭公二十四年，孔子三十四岁时，《礼记·曾子问》所记基本一致。若据《庄子·天运》，则鲁定公八年孔子在五十一岁时于南方的沛地见老子论道。

孔子见老子是时人借重两位文化名人热炒的话题，目的还是为了表述自己的基本观念。《孔子家语》中有一段子夏问孔子关于"商闻易之生人及万物、鸟兽昆虫，各有奇耦，气分不同。而凡人莫知其情，唯达德者能原其本焉"的话，孔子给予肯定说"吾昔闻老聃亦如汝之言"②，这是道家的老子。《战国策·楚策四》有："或谓黄齐曰：'人皆以谓公不善于富挚。公不闻老莱子之教孔子事君乎？示之其齿之坚也，六十而尽相靡也。'"③ 这是黄老家（与道家的无为相比，黄老学派侧重因循）的老子，还有《曾子问》中讲丧礼规则的儒家的老子。

孔子成长的过程中，"学无常师"④，或可向一位老姓学者问礼，但若有此人则此人绝非《老子》之作者，由上文孔子对于老学的态度便可知。叶适在《习学记言序目》卷15《老子》中论道："言老子所自出，莫著于《孔子家语》《世家》《曾子问》《老子列传》……然则教孔子者必非著书之老子，而为此书者必非礼家所谓老聃，妄人讹而合之尔。"⑤ 叶适的这个看法还是可取的。因被不断演绎，对于孔老相见之事的描述现已无法确定其

① 王国轩、王秀梅：《孔子家语》，北京：中华书局，2011 年，第 129 页。
② 王国轩、王秀梅：《孔子家语》，北京：中华书局，2011 年，第 312 页。
③ 缪文远、缪伟、罗永莲：《战国策》，北京：中华书局，2012 年，第 465–466 页。
④ 《论语·子张》："夫子焉不学？而亦何常师之有？"
⑤ （宋）叶适：《习学记言序目》，北京：中华书局，1977 年，第 209 页。

中有多少真实的历史成分，但把"问礼"对象与《老子》作者关系撇清还是没问题的。

结论 3：《老子》之作者非太史儋或老莱子，有可能是老聃，但老聃不是李耳。在司马迁所提出的三位老子中，老莱子本身另有专著，不是《老子》的作者。自汪中《老子考异》辨析《老子》的作者为太史儋后多有从之者。然从《论语》《庄子》等引述看，早有《老子》存在。高晨阳说："早在太史儋之前，就有今本《老子》或与其相近的本子在流行，从而有力地否定了太史儋为今本《老子》作者的可能性。"① 从历史情况看，秦国属于采取激进措施发展国力的诸侯国，不可能采用"无为"治国主张，太史儋若见秦公必不属道家人物，《史记》所记载的他的言论也是五行家所言。因此，太史儋不可能是《老子》的作者。

现有的"老子"中最接近《老子》作者的是老聃，主要原因有两点，一是他早于孔子，已如上述；二是他的史官身份，《史记》说他是"守藏史"，《庄子》说他是退居的"徵藏史"。周景王死后，周敬王四年（公元前 516 年），王子朝奉周之典籍奔楚，这可能是造成老子离职退居楚地的原因。《汉书·艺文志》说："道家者流，盖出于史官，历记成败存亡祸福古今之道，然后知秉要执本，清虚以自守，卑弱以自持，此君人南面之术也。"② 史官的身份，除了记述历史事件、保留历史档案之外，还要通过对历史发展规律的思考而"执本"，而《老子》一书正是这样的成果。《老子》一书不可能出自一般的知识分子或隐士之手，其作者必是站在足够高的位置对社会发展规律有着深刻的研究，显然老聃具备这一条件。之所以学者疑《老子》作者非老聃，除了因疑古之风作祟，他们不太情愿把如此深刻思想之表达置于较前时代，还在于司马迁为老子立传影响之下，老子礼学权威及李耳身份的驳杂。礼学权威过于"老"，李耳过于"新"。时遭社会巨变的老子应是思想发生了凤凰涅槃者，经历如"六经责我开生面"的王船山一般的心路历程，遂能成就中国哲学史上的卓越贡献。

结论 4：《老子》原是一人作品，非采集其时名言荟萃之结果，老子必为真实人物。对史料所述老子身份怀疑之余，有部分学者持老子非真实人

---

① 高晨阳：《郭店楚简〈老子〉的真相及其与今本〈老子〉的关系》，《中国哲学史》1999 年第 3 期。

② （汉）班固撰，（唐）颜师古注：《汉书艺文志》，上海：商务印书馆，1955 年，第 28 页。

物的观点，认为"《老子》一书非一人之言，亦非一时之作，而由于若干时代的积累而成"①，或"战国时荟萃道家传诵之成语格言而成"②。这种观点是不准确的。《老子》若为采撷之作，一方面绝不会见不到时人所说某语与《老子》文本近同者；另一方面，《老子》的文本特色指向其初稿出自一人之手。无论是《老子》之传世本还是出土本，其文本自身保持着高度的内部一致性。首先，思想观念一致。从对现实政治的批判推至无为政治的价值并上升为形上层次依据，这在《老子》章文保持一贯。其次，论述方式一致。以比类方式，铺设自然之道到治世之道的示范路线，这是《老子》文句的显著特色。最后，语言特色一致。《老子》极具特色的半诗化文字风格贯彻全篇。若《老子》为采撷之作，如何可以做到上述一致？绝不可能。学者还以刻画竹简等工作非一时之举辩称老子出关为作的不可靠，这只是执着于《老子传》故事所述为论的。《老子》当然并非急就之章，但这并不代表其并非出自一人之手，《老子》的文本反证了老子其人必为真实存在之历史人物。

结论 5：《老子》文本有持续加工过程，但并未经大幅扩写，《老子》初稿为个人作品。郭店楚简本《老子》出土后，有学者根据《老子》简本文字仅相当于今本约五分之二这一现象，推论传世本《老子》是由简本不断被扩写而来的，如此《老子》的著作权便应归为多个"老子"。这个观点也站不住脚。首先，郭店楚简《老子》存在或被盗或本为摘抄的可能，本身不一定是全本。其次，从现有之《老子》各本看，有帛书本文字同竹简本而不同今本者，有竹简本同今本而不同帛书本者，也有帛书本同今本而不同竹简本者，这说明各种本子来自不同的抄写祖本，竹简本与今本无直接继承关系。再次，其实从帛书甲本不避刘邦之讳的做法可以看出，它在埋藏于地下时就是一种古本文物了，其抄出时间很可能与竹简本抄出时间间隔很近，中间发生较大变化的可能性不大。最后，不见于竹简本而见于今本的《老子》文字为战国时期作品所引述，更表明竹简本非全本。如《庄子·天下篇》引老聃之语曰："知其雄，守其雌，为天下黔；知其白，守其辱，为天下谷。"③ 这段文字为今本所有，恰不见于简本《老子》。韩非

---

① 顾颉刚：《致钱玄同》，《顾颉刚书信集》卷一，北京：中华书局，2011 年，第 545 页。
② 蒋伯潜：《诸子通考》，长沙：岳麓书社，2010 年，第 146 页。
③ 陈鼓应：《庄子今注今译》，北京：中华书局，2009 年，第 935 页。

子《解老》《喻老》两篇共引《老子》原文 24 条，均见于今本，但其中只有 8 条见于竹简本《老子》。

《老子》经过在传抄中被加工的过程，但主要是文字有改，而不是扩写。更不能把想象中的扩写直接联系对应到老莱子、太史儋头上，以至把老聃说成活了年纪非常大，战国便称为老莱子、太史儋等更是荒谬，老子虽修道德，但非方术家所图养形长寿之谓，事实上他对此的批判是明显的，司马迁一句"以其修道而养寿"本已混入方术家观念造成线索之凌乱，我们今天的研究却不可跟着犯糊涂。

现在考证老子及其著作，得以更多材料支持，但仍无法完全呈现老子的真实身份，也有可能这个问题会成为永远无法获得答案的历史谜题，但这种研究本身仍具有继续开展的必要，因为裁撤不确定的观点对于思想史的梳理必有价值。当年，胡适持老在孔前之说遭到了梁启超、冯友兰、顾颉刚、钱穆等大家多角度的围攻，有点"应接不暇"，他在致钱穆的信中说："我并不否以《老子》晚出之论的可能性。但我始终觉得梁任公、冯芝生与先生之论证无一可使我心服。若有充分的证据使我心服，我决不坚持《老子》早出之说。"[1] 有一段时间，这些大家见面热议的就是老子所在时代问题。张中行回忆在一次北大教授会上，钱穆见到胡适即道："胡先生，《老子》年代晚出，证据确凿，你不要再坚持了。"胡适便说："钱先生，你所举的证据还不能使我心服，如果能使我心服，我连我的老子也不要了。"[2] 今天回头看这段历史、看胡先生的这段话，仍感慨良多，"小心求证"在任何时候都是必要的，如果有限的线索不能还原一个关于老子的真实形象，那么搁置正面描绘而严谨地侧面剥离偏失，不也是在接近真相吗？

---

① 胡适：《与钱穆先生论〈老子〉问题书》，《清华周刊》第 37 卷第 9-10 期。
② 张中行：《负暄琐话》，北京：中华书局，2012 年，第 87 页。

第二章

《老子》写本歧变与老子思想的发展

与其他作为中国哲学思想源头式著作不同的是，《老子》不仅存在多种写本，而且写本之间表现出了显著差异。《老子》写本的这种差异影响了老子思想的表述，乃至影响了中国哲学史上部分概念的阐释走向。

对于《老子》写本的研究，主要以传世本与出土本的对比进行，传世本影响最大的是王弼本、河上公本，出土则有长沙马王堆汉墓帛书甲、乙本和湖北荆门郭店楚简甲、乙、丙三组，还有一个由古代出土本被加工过的传世本即傅奕本也需注意。对比《老子》诸本可以看出，抄本之间既存在"异"，又表现为"同"。说其"异"，是同中之异，相对应章节的句子不同表达或用词的不同；说其"同"，是异中之同，即《老子》各本存在显著的趋同现象，特别是汉代以后，各抄本相互参照，遂使流行之版本越来越接近。版本趋同是《老子》写本存在的基本现象，刘笑敢《老子古今》"导论一 版本歧变与文本趋同"一章有详尽论述①，可供参看，本文不把它作为研究重点。这里只是强调，《老子》文本趋同过程中，理解存在偏差的写法也随之固化而成为相对老子的老学有所别的新老学内容，这一点是需要注意的。

从现有的《老子》抄本来看，以抄出时期而言，肯定是以竹简本到帛书本和以王弼本为代表的传世本为序的。本文研究的重点问题是抄本衍生过程中，老子的思想随之受到了哪些影响。这首先要解决一个问题，就是荆门郭店楚简本《老子》是不是完本。众所周知，竹简本三组互补也不过

---

① 刘笑敢：《老子古今》（修订版 上卷），北京：中国社会科学出版社，2006年，第28—69页。

不到两千字，只对应传世本共三十一章文字，如果竹简本《老子》原就是抄写的足本《老子》，那就代表后世多出三分之二内容的《老子》是被扩写出来的，带来的问题是需要分析两个老子的思想，而不是老子思想在抄写过程中被改易。我们的结论是竹简本《老子》必为摘抄本。其一，楚简《老子》共甲、乙、丙三部分，这三部分是不同笔迹写在三种形制简上的，说明是不同时间抄出的，且甲本和丙本都有与传世本第六十四章相当的内容，字句却明显不同（丙本与今本更接近），也说明竹简本是来自对不同母本的摘抄。其二，竹简本无而传世本有的文字，有被先秦《论语》《韩非子》《庄子》等文献引用，如《论语·宪问》："或曰：'以德报怨，何如？'子曰：'何以报德？以直报怨，以德报德。'"① 此句不见于简本，但见于传世本六十三章。其三，对比竹简本、帛书本、传世本可见有明显的语言风格差异（特别是虚词的运用），这种差异应是抄写者自行加工的结果，也表明了它们之间不存在彼此继承的关系。刘笑敢分析了第三十七章不同写本的特色，指出："从这一节来看，竹简本用字最简，帛书本用字最繁，传世本介乎二者之间。竹简本似乎思想最简洁明快。帛书本则不厌重复，喜欢加重回环往复的效果。看起来，竹简本、帛书本、传世本之间都没有直接的继承关系。"② 其四，竹简本个别章节有明显的抄写错误，如对应传世本第六十三章的"大小之多易必多难"，读起来不知所云，对照传世本可以看出，竹简本应是在"大小多少"和"多易必多难"两个"多"字这个地方抄串了行。这种情况很少见，但也表明了帛书本、传世本非自竹简本基础继承而来。其五，郭沂对比了王弼本、帛书本、竹简本的主要差异之处，发现王本、帛本一致而与简本相异者有 26 条，简本、帛本一致而与王本不同者有 17 条，简本、王本一致而与帛本相异者有 2 条③。传世本、帛书本、竹简本这种互相同异的关系更进一步表明它们来自不同母本，且战国时期《老子》写本已有多种流行，郭店竹简本亦只是其中一种。其六，虽然造成

① 杨伯峻：《论语译注》，北京：中华书局，2009 年，第 154 页。
② 刘笑敢：《老子古今》（修订版 上卷），北京：中国社会科学出版社，2006 年，第 413 页。
③ 郭沂：《从郭店楚简〈老子〉看老子其人其书》，《哲学研究》1998 年第 7 期。该文中，郭沂先生根据帛书本、王弼本共同处多，而与竹简本相异处多，得出帛书本与传世本是一个传本系统的观点，并且认为竹简本原就为全本，后抄本是在其基础上增加内容而有的。笔者并不同意该观点，因为这忽视了《老子》传本在抄写中文本趋同的现象，也没有充分注意到竹简本的摘抄性质。

竹简本较今本文字缺失较多的原因可能来自"部分竹简被盗"①，但更可能是竹简本本身就是选编本。竹简本文字少、章节次序不同且内容实用性强、形上特色的道范畴讨论少，不是早期老子思想的完整表现，而恰恰是被特定角度摘抄造成的。陈来亦认为竹简文献为教授太子及国子的教本，并认为其中的儒家文献是选编而成②。根据考古分析，郭店楚墓的墓主为楚国太子的师傅，这位太子便是后来的楚顷襄王，那竹简本抄出时间基本就确定在公元前324年至前229年之间，其时已有多种《老子》抄本流行，先秦古籍的引述便可证明。

如果是考虑竹简本作为摘编本的性质，对于抄本发展过程中造成思想的流变，应该从文本间对应文字去考察，而不是执着于简本缺少的文字。

一、《老子》抄本的改写聚焦了老学范畴

相比竹简本，帛书本、传世本都突出了作为无为治国理论依据的"道"的形而上性质，而竹简本则重实践训诫层面。传世本第一章论"道可道，非常道"与"玄之又玄，众妙之门"的超越性；第四章"道冲而用之或不盈，渊兮似万物之宗"论道作为事物依据的根本性；第六章以神秘性色彩的比类"谷神不死，是谓玄牝"论道体无用有的特殊性；第十章"载营魄抱一，能无离乎？专气致柔，能婴儿乎？涤除玄览，能无疵乎？爱民治国，能无知乎？天门开阖，能无雌乎"论对道体认与常态认知相反的途径问题；第十四章"其上不曒，其下不昧。绳绳不可名，复归于无物，是谓无状之状，无物之象是谓无状之状，无物之象"论述道不属于人的经验范围所有；第二十一章"道之为物，惟恍惟惚。惚兮恍兮，其中有象；恍兮惚兮，其中有物"论道似无实有的属性；第二十八章"复归于朴，朴散则为器"论述道与器的对应关系；第三十九章"昔之得一者，天得一以清，地得一以宁，神得一以灵，谷得一以盈，万物得一以生，侯王得一以为天下贞"论道的整体性表现；第四十二章"道生一，一生二，三生万物"论道对于事物的决定性；第四十七章"不出户，知天下；不窥牖，见天道"论道属于体证认识的对象；第五十一章"道生之，德畜之，物形之，势成之"论道

① 《荆门郭店一号楚墓》，《文物》1997年第7期。
② 陈来：《郭店楚简之〈性自命出〉篇初探》，《孔子研究》1998年第3期。

德的体用关系；第六十二章"道者，万物之奥"论道本身所有的价值性；第六十五章"常知稽式，是谓玄德"论得道为德的玄妙特点。以上各章均为竹简本所无，可能由于作为太子师出于其儒家学派身份或考虑太子的理解能力而特意没有选进造成的。这并不能代表之后的《老子》写本是发展了老子思想的，因为楚简本仍有"天道员员，各复其根"的对于道既超越又实在的论述，但由于它是帛书本前的唯一古本，仍可以估计未被选中章节的写法存在更偏于实践原则而非过重理论依据的可能，因为从现存部分是能够看出这一点的。即使得不到竹简本更大范围的支持，我们依然可以从竹简本、帛书本、传世本传抄过程中道、无为、圣人等范畴被有意识聚焦的现象析出老子哲学走向玄理特色的线索。

1. "道"

"道"本就指道路，引申有"所由"即规律性含义，在春秋时期已经有了普遍性法则的内涵。在老子，"道"既是自然之道，更是治世之道，特别是治世之道的依据，即事物本身的合理性特征的综合样态。"道"在老子哲学属于基础性范畴是肯定的，但其在老子学说本身的意义在于为社会治理治道指出"常道"，实用性范围的开展是必须的。"道"作为实践路线的理论支持，虽须铺排，但亦非刻意聚焦的重心。在《老子》抄本产出的过程中，对于"道"本身作为哲学范畴的关注越来越多，这从写本部分文字的替换可以看出。

相当于传世本第十五章的文字各写本之间同异关系很特殊，章文第一句王弼本、河上公本同，为"古之善为士者"，竹简本作"长古之善为士者"，属于一类，而帛书乙本则作"古之善为道者"，与傅奕本同。传世本与帛书本不同而与竹简本相同的情况虽很少见，但这进一步表明各本无直接源出关系，所抄母本不同。本章描述理想的为"士"修养的状态，"微妙玄通，深不可识"，是因为"保此道者，不欲盈"，"士"得体认"道"的支撑，是"为士"的过人之处，但不能说是"为道"，所以"为士"的写法应合祖本，而有写本改为"为道"显然是为了突出"道"的中心地位。

传世本第二十四章最后一句作"物或恶之，故有道者不处"，河上公本、王弼本等皆然，本章无竹简本对应文字，但在帛书甲、乙本"有道者"均作"有欲者"，第三十一章重出类似句子，帛书本依然"有欲者"，则非误写。帛书本"有欲者"的写法与传世本"有道者"的意思相悖，释读者有解为"裕"者，有解为"大欲"者，有解为虽有贪欲不贮积者，所说皆有所绕迂。或此"有欲"非指贪欲，乃指有理想、有意志之类。不管怎样，"有欲"表面意思与老子基本思想的冲突还是给今人的理解制造了困难。而传世本"有欲者"改为"有道者"似乎更能符合老子思想，这也是传世本改写（假设之前祖本即为"有欲"的话）较为成功的一处。"有道者"不仅读起来顺，而且也进一步聚焦了老子"道"的范畴。李息斋注发挥其意说："故食之余与行之，此二者物或恶之。有道者常行其所自然，故食不余、行不赘。"①

《老子》传世本第二十五章有关于"域中有四大"的论述，王弼本、河上公本、傅奕本次序皆为"道大，天大，地大，王亦大"，但竹简本顺序则为"天大，地大，道大，王亦大"。此种安排有竹简本抄者为儒家学者身份，而突出"天"作为信仰支撑的绝对性以教授太子的可能，但更大的可能是"四大"在《老子》原本就是竹简本的排列次序，老子并没有刻意把"道"排在前面以突出这个核心概念。天地是自然存在，"大"；道是贯彻其中的规律，"大"；人有主观能动性，也"大"，这个序列本来没什么问题。传世本之所以把"道"排在首位且为诸本所接受，还是越来越有意识聚焦了"道"这个范畴的结果。

《老子》第六十二章强调"道"的重要价值，帛书本写本有："故立天子，置三卿，虽有拱璧以先驷马，不如坐而进此。古之所以贵此者何？"这里的两个"此"字应该就是指"道"（本篇开头一句为"道者，万物之注也"），但文本从上以"此"代指了。这样写本来没什么问题，但傅奕本、王弼本、河上公本都补了"道"字为"此道"。以王弼本计，"道"字出现76次，而帛书本为71次，竹简本虽非全本，由现存文字可以推论"道"在其母本出现次数更少，《老子》写本随着被释读者聚焦了"道"的概念而有意识在文本中突出出来的现象十分明显。增加"道"字，在传世本诸本中也有个别为之，并未在文本趋同的过程中得到它本认可的，如王弼本第六十七章开篇为"天下皆谓我道大，似不肖"，这一句不仅帛书本无"道"字，且傅奕本、河上公本、帛书本亦无。考察文义，这里应该指的是治世者位居上而自甘处下，"大"是人，不是道，王本的改法恐失其义。林希逸

---

① （明）焦竑著，黄曙辉点校：《老子翼》，上海：华东师范大学出版社，2011年，第62页。

认为此句为老子引俗语为论，"此二句乃老子以当时俗语如此发明也。一本于谓我下添道字，其细下添也夫字，皆误也"①。

2. "无为"与"无"

"无为"本属于《老子》中"无事""无欲""无执"或"不争""不言""不有"等否定意义的组词中的一个，但因为"为"有代指一般行动的功能，遂也逐渐被特别关注，而标签为老子哲学的基本范畴。"无为"的被范畴化，在《老子》文本的加工过程也表现了出来。

《老子》第十章帛书本对应文字有"爱民活国，能毋以知乎？天门启阖，能为雌乎？明白四达，能毋以知乎"，这里有两个"毋以知"，或为误抄，或本无意回避重复强调。相应文句傅奕本作"爱民活国，能无以知乎？天门开阖，能为雌乎？明白四达，能无以为乎"，第二个"毋以知"，改为了"无以为"。河上公本"爱民治国，能无为。天门开阖，能为雌。明白四达，能无知"，第一个"毋以知"改为"能无为"，以肯定语气表述。王弼本作"爱民治国，能无知乎？天门开阖，能无雌乎？明白四达，能无为乎"，第二个"毋以知"改为"能无为"，以反问语气表述。传世本对于"无为"本身的敏感，明显表现了出来。值得注意的是王本把本章排比句统一为"无离""无疵""无知""无雌"最后落在"无为"，以达句式整饬并突出"无为"的思想中心价值，看起来对于文本加工最理想。其实，其他本的"为雌"是指以雌柔处下的态度对待天下事物的自然发展，但"无雌"刻意突出"无"的重要，却弄巧成拙不知所云了。但查王弼的注作"雌，应而不倡，因而不为，言天门开阖能为雌乎，则物自宾而处自安矣"②，则王本原亦作"为雌"，改为"无雌"实为王本后整理者不能识得文义之所为。

王弼本、河上公本第四十章最后一句皆为"天下万物生于有，有生于无"。该句一般解释即为"天下万物生于看得见的具体事物（有），而具体事物（有）由看不见的'道'产生"③，把这句话处理为老子关于事物衍生发展的基本秩序的描述。事实上，"道"作为价值本体的设定才是老子思想展开的基础。此句，竹简本作"天下之物生于有，生于无"，有学者认为是

① （宋）林希逸著：《道德经真经口义》，上海涵芬楼影印本，卷四。
② （魏）王弼著，楼宇烈校释：《王弼集校释》，北京：中华书局，1980年，第23页。
③ 任继愈：《老子今译》，北京：古籍出版社，1956年，第80页。

竹简本漏掉了一个"有"字，其实未必。按照竹简本的写法，意思是天下的事物是从有、无相对而生的，这与第二章"有无相生，难易相成"论相对而有也完全合洽。需注意的是，传世本的"天下万物"，傅奕本、帛书本、竹简本都作"天下之物"，"万物"方便往演化发展说，"之物"却是指事物的性质。此句传世本的加工，无疑受到"贵无"思潮的影响。把"无"作为老子哲学的重要范畴来对待，其实只是老子后学的一厢情愿，老子强调了"道"体"无"的性质，但也强调了它实有用的特点，是"有之以为利，无之以为用"（第十一章）的。

3. "圣人"

"圣人"是能实践无为的理想治世者，在《老子》中有区分自然之道与社会之道的"人道"，有表居上位置的"侯王""上"，这些都与"圣人"有联系，但所指又有所区别。传世本抄出过程中，"圣人"一词作为"道""无为"的承担者，也得到了比较多的"照顾"。第七十三章王弼本、河上公本、傅奕本"天之所恶，孰知其故"与"天之道，不争而善胜"之间有"是以圣人犹难之"一句，帛书本并没有，是否属于漏抄无从可知。从本章文字看，从"天之恶""天之道"到"天网"，似标举天道的基本特色为治世提供对照，"圣人"一句于文意无发展，或仅为抄本加工者以己意增入。

传世本《老子》第八十一章最后一句也是全书的篇末一句，王弼本、河上公本、傅奕本皆作"圣人之道，为而不争"，而帛书本作"人之道，为而弗争"。从文意看，"人之道，为而弗争"是效法"天之道，利而不害"的，是强调"人道"与"天道"的一致。帛书本的写法没有问题，传世本把"人"改为"圣人"，句意也顺，不过却未能表达出"天道"感召"人道"的这层意思。

"道""无为""圣人"作为治世的理论基础、基本原则与承担者都是《老子》的基本范畴，是老子哲学架构的支撑要点，老子以之为中心展开论说，却并不是在字句上刻意使之反复出现。随着《老子》各种抄本的产出，尤其在传世本文本趋同的过程中，"道""无为""圣人"等基本概念通过文本嵌入的方式不断被聚焦，反映了老子后学已经确定了老子哲学的基本框架与特色。

二、《老子》抄本的改写凸显了学派意识

　　道家、儒家作为诸子学派中影响较大的两家在关于社会治理的基本手段和政治设计上有一定分歧，简单来说，这种分歧的关键点是在秩序和自然何者优先的问题上各自有不同的考量，后代学者也对此出于不同角度有不同认识，且这种不同在中国古代哲学史的发展中有逐渐被强调的趋势。司马迁的《老子列传》评述就有："世之学老子者则绌儒学，儒学亦绌老子。'道不同不相为谋'，岂谓是邪？"①

　　儒，本身为职业身份之谓，是春秋时期传统文化的继承者，随着其核心思想的"礼"由祭礼向伦理转化，儒家作为革新了的学派登上历史舞台。然而，道家在先秦是不是一家专门的学派这个问题其实较为复杂。首先，先秦道家并没有自觉为"道家"学派的意识，能够成为"六家"之一，是因为《论六家要旨》及刘向、刘歆等亦以"道家"接受该学派的冠论等作用之结果。其次，道家学派关注的问题差别很大，有治国之道、治身之道和精神自由之道。当然，也没有形成统一的主张，贵柔、贵自然、贵清、贵虚，各有所云。一句话，"道家"这个称法虽不是完全没道理，基本上还是后起学者一厢情愿的认识而来的，不存在事实上一个以"道家"为自觉存在的学派群体。

　　由以上便知，以道家立场攻击儒家主张在先秦是不太可能的，这并不否认存在所谓道家人物从个人观念出发对儒家代表所主造成道德绑架生命现象进行的抨击。因为儒学代表着革新了的传统观念的理论形态，这是进行颠覆式"革命"的老子所必须批评的，但这种批评却只是对一种观念而言的，并非对儒家，更非从学派自觉对儒家的。随着战国至汉，学派的自觉意识越来越强烈，《老子》抄本也不可避免地被裹挟进了学派观念之争。

　　《老子》第八章有关于水的性质的"水德七善"，其中王弼本、河上公本的"与善仁，言善信"，傅奕本作"与善人，言善信"，帛书乙本作"予善天，言善信"，甲本则只有"予善信"（以甲本计，则为"六善"）。"七善"承担的是水的自然之性向人治世选择方向横通的功能，"善"既以指水，又以

---

① （汉）司马迁：《史记》，北京：中华书局，2011年，第1900页。

指人。傅奕本选择"与善人"不易读通，而传世本"与善仁"则借用了儒家"仁"的观念，便是儒家思想向《老子》的渗透。帛书乙本"予善天"，是说施为顺应自然天道，是一种儒道思想结合的论调。而甲本"予善信"往往被理解为漏抄"天，言善"几字，其实，"信"与"地""渊""治""能""时"都是表述一种自然达成有序状态，未必便是漏抄。该处帛书甲本文字表达最为自然，而"天"或"仁"则是从学派观念出发的评价。

传世本《老子》第十八章、第十九章是被作为儒道互绌的一般例证引述的。第十八章王弼本作"大道废，有仁义；慧智出，有大伪；六亲不和，有孝慈；国家昏乱，有忠臣"，河上公本除个别文字外大致相同，帛书本为"故大道废，安有仁义。六亲不和，安有孝慈。国家昏乱，安有贞臣"，傅奕本的加工介乎传世本、帛书本之间。帛书本用"安"（训为"于是乃"）连接原因和结果，指出正面的要求其实来自负面现象。有一个例外，就是"慧智出，有大伪"不与其他三组在一个序列，"慧智出"是正，"有大伪"是反，正好与其他组相反。查竹简本本章对应文字为"故大道废，安有仁义。智慧出，安有大伪。六亲不和，安有孝慈。邦家昏乱，安有正臣"，恰好没有"慧智出，有大伪"一组，佐证该组为传抄者未解文意加入是肯定的，但此外较古的帛书甲本亦有此组，则说明该章被改写久矣。老子本陈述凡社会标榜某种正向价值，其实是自然秩序遭到破坏的结果，传抄者删字（"安"）、加句，使得章文成为抨击儒家观念的一节。

王弼本、河上公本第十九章有"绝圣弃智，民利百倍；绝仁弃义，民复孝慈；绝巧弃利，盗贼无有"，傅奕本、帛书本除个别用字不同，其余基本一致。而该章竹简本对应文字为"绝知弃辩，民利百倍。绝巧弃利，盗贼亡有。绝伪弃虑，民复季子"，用字与文义明显不一样。"圣""智""仁""义"都是儒家价值要求的（"巧""利"不在一个序列），按照帛书本、传世本等写法，就是放弃儒家的治国观念，社会将恢复生机与秩序。但按照竹简本的写法，"知""辩""巧""利""伪""利"（"巧""利"处于其中同一序列，也佐证了竹简本写法的合理），都属于主观人为的社会建设要求，不符合社会发展的客观自然状况，将会引起反作用。从本章看，老子道学对于儒家价值的批评是随着儒家越来越富有社会影响力而改写抄本的结果。作为学派的统一与拒斥意识，在《老子》抄本的发展中越来越成为自觉意识。

传世本明显抨击儒家道德观的几章不见于简本，即第三章"不尚贤，使民不争"，第五章"天地不仁，以万物为刍狗；圣人不仁，以百姓为刍狗"，第三十八章"失道而后德，失德而后仁，失仁而后义，失义而后礼。夫礼者，忠信之薄而乱之首"。这有两种可能，一是原竹简本就没有这些文字，二是恰恰这部分带有相应文字的简被盗。不管是哪种情况，根据上述文字之差异，竹简本所据之祖本仍存在写法不同的可能。

学派的自觉是学术发展的必然结果，但"后世之学者，不幸不见天地之纯，古人之大体。道术将为天下裂"①，学派的狭隘必有害于正常学术的开展。《老子》关于政治建设原则及理论依据的深刻关切在汉代后陷入儒道互绌泥沼，甚至至宋明理学家更以拒老为己任，造成这种历史悲剧与《老子》抄本的改编者不无关系。

三、《老子》抄本的改写偏离了老子思想

早期《老子》抄本产出的过程，伴随着诸子学兴盛之潮流，这么一部简明的治世法则读本的细微处加工成了传抄者出于自身学术立场和解读能力的个别做法。然而，《老子》本身在中国哲学史上产生了无可替代的影响，这种影响也裹挟进了传抄者的部分观念，如果说聚焦老子的基本观念是无害的，体现儒道互绌是有害的，那么因为传抄而使得老子思想被扭曲理解则为害之大者。这一点在老子的基本观念"道""无为""圣人"等都有涉及。

1. 道的性质

《老子》第十四章章末一句河上公本作"执古之道，以御今之有，以知古始，是谓道纪"，王弼本、傅奕本有个别字眼不同，但都是"古之道""今之有"，但帛书甲、乙本均作"执今之道，以御今之有。以之古始，是谓道纪"。到底是"古之道"，还是"今之道"呢？古人有一种想象古代圣王之治的情结，也有把"道"归为不易之道的论调，依此来看，用"古道"去导向今天的现实是可以说得通的。但既然两种帛书均作"今之道"，该不属于误抄。老子的"道"是事物本身的完整性、自然性，它因事物的不同而有不同

① 陈鼓应：《庄子今注今译》，北京：中华书局，2009年，第909页。

性质，本章上文"迎之不见其首，随之不见其后"就是描述它超越人的主观判断之外的特点。从这个意义上说，适合"今之有"的只能是"今之道"，若以"古道"为之，便是人的主观选择之道，而非自然之道了。所以帛书本的写法不但可以读得通，而且可能就是正确的写法。一把钥匙开一把锁，今天的问题还是需要依据事物所处的今天的现实的合理性来解决它。

《老子》第二十五章前两句河上公本为"有物混成，先天地生。寂兮廖兮，独立而不改，周行而不殆，可以为天下母"，傅奕本同，王弼本仅少用一"而"字。本章帛书本、竹简本有重要不同，一是"有物混成"，帛书本作"有物昆成"，竹简本作"有状蟲成"；二是帛书本、竹简本都没有"周行而不殆"。这两句话显然是描述"道"的，道有物性，但不能说道就是一种物，竹简本用"状"表明是一种存在的状态，比"物"更理想。"混成"不好理解，一般只好翻译为"有一个浑然一体的东西"①。帛书本作"昆成"，竹简本作"蟲成"，则提示有另种解释的可能。《说文》："昆，同也"。"蟲"也是众虫之集。无论"昆成"还是"蟲成"，都可理解为从具体事物抽象出共同性，这正是"道"的超越性质的特色所在。至于"周行而不殆"则把道设想为一种独立在事物之外的运动，显然完全不合老子道论的基本设定，必为后抄者以己意增入。这一章的前两句论述"道"的决定性、超越性，然而并非为一般治老之学者所能准确把握，他们以自己的理解改写文本以图使之明晰，却实质造成了对于老子道论的歪曲。

《老子》第三十五章后半段王弼本作"道之出口，淡乎其无味，视之不足见，听之不足闻，用之不足既"，这部分文字河上公本、傅奕本、帛书本都差不多，用以表现道的存在超乎人的经验认知范围，但它却是作用没有穷尽的实证。这里有一个问题，道用是自然作用，可以说道用不尽，人只能循道性而为，是无所谓"用道"的。所以，"用之不足既"实不可通，而竹简本正作"而不可既也"，看起来句式没有传世本那么整齐，却是合理文意的承担者。

帛书本《老子》第五十五章有"和曰常，知常曰明"一句，竹简本亦同，意思很清楚，承上文"终日号而不嘎，和之至也"，"和"是常道的表现，认识到这种常道便是明白人。但该句在王弼本、河上公本、傅奕本为

---

① 陈鼓应：《老子注译及评介》（修订增补本），北京：中华书局，2009 年，第 164 页。

了追求句式的整饬改作"知和曰常，知常曰明"，导致"知和曰常"完全读不通。几种写本统一改写，表明文本互相对照修改而趋同现象的存在，但始作俑者未能仔细推敲文意，致使此种改写有过无功。

2. 无为的特点

谈到老子的基本思想，人们习惯以"无为而无不为"来概括，实质上"无为"是老子的基本思想自不必言，但"无不为"却未必能算得上。因为"无不为"不是一种要求或设计，而是"无为"之后的结果，简言之，在上者"无为"，使得在下者便有可能"无不为"。从"无不为"出现的次数看，王弼本、河上公本为两次，一是第三十七章"道常无为而无不为"，一是第四十八章"损之又损，以至于无为，无为而无不为"。由这两处文字看，第四十八章的写法没问题，是要求施政者限制自己的主观意志，使得百姓自然而为，但第三十七章则与下文连接不畅，这里强调的是"道"虽无以名状，但若能守之，"万物将自化"，而不是守这种"无不为"。本句帛书本作"道恒无名"、竹简本作"道恒无为也"，则文义顺畅无碍。可见，该句在"无为"后添加"无不为"三字还是由于老子的后学者不解"无为""无不为"之适用范围，总怕"无为"落空，执意"无为而无不为"是老子思想重点而为之的。傅奕本"无为而无不为"出现最多，达三次，较王弼本多出的一处是改写了第三十八章的"上德无为而无以为"为"上德无为而无不为"。本来此句的意思是，上德之人之所以无为，是因为认识到事物都存在发展的自洽，主观之"为"没有意义。但傅奕本一改之下，把上德之人的做法落在"无不为"上，直接拉低了老子道论的高度。可见，后世治学者执着于"无不为"的关注，甚至不惜改写文本，实质是未能把握"无为"之真意，便拉来"无不为"为注脚的。

《老子》第六十四章王弼本、河上公本最后一句作"学不学，复众人之所过，以辅万物之自然，而不敢为"，傅奕本、帛书甲乙本除个别虚词外，其余基本相同。该句对应的竹简本有甲组、丙组两种写本，丙组基本同于传世本写法，而甲组作"教不教，复众人之所过。是故圣人能辅万物之自然，而弗能为"。从写本看，竹简甲组最古，丙组则接近传世本。甲组写法与它本有"教不教""学不学"和"弗能""弗敢"的区别。"教""学"古通，"教不教""学不学"的写法对文义没有影响，关键在于"弗能"与"弗敢"一字之差，其实涵义不同。"弗能"是表明"为"的范围是有限的，圣人之治是辅助事物的自然发展，明白治国非能为之事。"弗敢"是有所畏惧不敢去做，但没有否定"为"本身能够产生成效。对比下来，竹简甲组文义最胜，但丙组之下乃至传世诸本均选择了"弗敢"或"不敢"，或许该处文本的抄改由来已久。

在老学的延伸中，有一个与"无为"相关联的"清静"。司马迁《老子列传》以"李耳无为自化，清静自正"① 归结全篇，概括出老学的"无为"与"清静"两个要点，后世人们也多以"清静无为"联称，标志道家的基本思想特色。"清静"在《老子》文本中只有一处，即第四十五章"清静为天下正"。老子治世的要求很简单，就是在上者"无为"，不让限制性的措施成为社会发展的阻力，虽然在上者"清静"肯定是有助于"无为"的，但这并不是老子关心的中心问题，亦可以说，清静不清静都行，只要能无为就行。本句竹简本文字虽被整理者读为"清静为天下正"，但查原简，"清静"二字本为"清清"（用重文符号），结合上文"燥胜沧，清胜热"来看，"清静"不应是指人，而是说自然现象寒来暑往，"清清"自然的状态是其要回归的常态。之所以"清静"广为接受，是因为老子的道学被后世用以治身解读，"清静"成为宝贵的资源而不被质疑了。此句傅奕本独不同众本作"知清靖，以为天下正"，句意胜出一筹，这在傅本较为少见，或原本的写法使得傅奕本加工者充分意识到了处理为"清静"的草率，即使傅奕身为道教学者。

同样为道教所认的《老子》写本，也有存在很低级的添改的。《老子》第五十七章河上公本有："我无为而民自化，我好静而民自正，我无事而民自富，我无欲而民自朴。"该章道藏版的河上公本章末多出一句"我无情而民自清"，不知何时何人所为。在《老子》文本形制大致完成的情况下，这种不伦不类的添足之句是无法形成干扰了，但也反映了对于《老子》文本的加工是一个长期持续的过程。

3. 圣人之治的理解

《老子》第二章以对待事物的超越论起归为对于圣人之治的描述，王弼本作"是以圣人处无为之事，行不言之教，万物作焉而不辞，生而不有，为而不恃，功成而弗居"，河上公本基本一致。这里需要注意"不辞"和

---

① （汉）司马迁：《史记》，北京：中华书局，2011 年，第 1900 页。

"功成"，"不辞"有不停劳作之意，用在此处十分怪异，不合老子思想；"功成"也不合适，既"无为"不施功，又何言功成？对比几种古本，傅奕本"不辞"作"不始"，"功成"仍之。帛书本"不辞"作"弗始"，"功成"仍作"成功"。竹简本"不辞"作"不为始"，"功成而弗居"作"成而弗居"。由此来看，该句只有竹简本文意最胜。"万物作而弗始也"即事物自行发展不去以己意规定方向，"成而弗居"即事物自然取得成就不以己有功可居。从这一句看，傅奕本、帛书本都已有加工，而传世本加工最多。《老子》的写本对于母本的加工，除了一些虚词之类，往往改字增词都会使文意乖离，这也反映了老子哲学虽简但深，即使这些治老的专业人士亦未能完全准确把握，同时也进一步可以佐证《老子》非集体创作之产物。

与第二章情况类似，《老子》第九章对应的竹简本、帛书本文字有"功遂身退，天之道也"，这里指天道作用之下事物自然发展出结果，"功遂"也是事物自身毕其功而已。然而该句河上公本作"功成、名遂、身退，天之道"，把"功遂"拆加为"功成名遂"，王本除语气词外亦同，傅奕本则作"成名功遂身退，天之道"。这几种写本生生拉出"成名"的问题，完全偏离了老子思想，好像是无为之治的目标是为了成就某种名声一样。再如竹简本对应第十七章的文字有"成事遂功，而百姓曰我自然也"意思和上文文句差不多。"成事遂功"，帛书本作"成功遂事"，河上公本、王弼本、傅奕本皆作"功成事遂"，这三种写法虽差别细微，却造成意思不同。竹简本"成事遂功"是辅助事物发展的角色，传世本"功成事遂"是主观作为的角色，帛书本"成功遂事"则介乎二者之间，可以往辅助角色解释，但不如"成事遂功"更明了。几字语序之别，来自抄写时失察，也来自抄写者未能深刻理解圣人之治的特点。

《老子》第二十三章河上公本有"同于失者，失亦乐失之"，该句诸本写法非常不一致，且造成文义晦涩难通。王弼本为"同于失者，失亦乐得之"，傅奕本作"于失者，失亦得之"。"失"不管是"乐失"还是"失亦得之"都很别扭，无法读通。帛书本（该章无竹简本对应文字）该句作"同于失者，道亦失之"，结合上句"同于得者，道亦得之"，也就是说，以得失的角度看问题，道也就被限制在得失的范围之内。该句过简，可能传抄者并未明白所讲为何，遂凭己意加工一气，致使章文全然杂乱拗口。

《老子》第六十一章开头一句王弼本、河上公本作"大国者下流。天下之交，天下之牝。牝常以静胜牡，以静为下"，其中"天下之交，天下之牝"拗口难通，"以静为下"也与上文不好衔接。而帛书本该句作"大国者，下流也。天下之牝也。天下之交也，牝恒以静胜牡，为其静也，故宜为下也"，意思就明确多了，大国要学习"牝"的雌柔特点，因为凡事物相交，柔性多凭静胜刚性，因为它的静性，所以以处下的姿态对待事物。传世本难以读通的原因有二：一是"天下之交，天下之牝"换了顺序，使本来分别从上下二句读的两组合为一组；二是对"为其静也，故宜为下也"做了删减，使句子逻辑关系不清。该句傅奕本作"大国者，天下之下流。天下之交。天下之牝，牝常以靖胜牡，以其靖，故为下也"，恰是介于帛书本、传世本之间的一个版本，既得古本支持，又照传世本修改的痕迹十分明显。

《老子》第六十六章王弼本为"是以欲上民，必以言下之；欲先民，必以身后之"，河上公本、傅奕本、帛书本基本同之。照此写法，圣人"言下""身后"只是为了取得"上民""先民"的目的，当代注家也往往围绕"向统治阶级献言"[1] 进行论争，而为老子辩白者所论也十分迂阔，如苏辙道："圣人非欲上人，非欲先人也，盖下之后之，其道不得不上且先耳。"[2] 其实，造成该句解读困惑的原因只是被篡改了。竹简本对应文句作"圣人之在民前也，以身后之。其在民上也，以言下之"，处于前、上的治国者要以后、下的方式要求自己，文义明确晓畅，却被抄本的改编者夹带了私货，致使老子蒙千年不白之冤。

今本中那些内含可能"权术"解说方向的章节恰巧不见于简本，这包括"不尚贤，使民不争"的第三章，"非以其无私邪？故能成其私"的第七章，"天下神器，不可为也"的第二十九章，"将欲歙之，必固张之""国之利器不可以示人"的第三十六章，"古之善为道者，非以明民，将以愚之"的第六十五章等，这些章节的《老子》祖本写法如何，仍不可知。不管怎样，老子的圣人之道是以民为本、为先之道，以其为维护皇权的君王南面之术的看法还是狭隘了。这种历史的狭隘，低估了一位哲学家的高度。

《老子》的文本极简，有些地方理解起来必须在整体把握全篇宗旨的前

---

① 张松如：《老子说解》，济南：齐鲁书社，1998年，第357页。
② （宋）苏辙：《苏子由道德经注》，尊经阁文库藏钞本，卷四。

提下仔细推敲，这在一般知识分子本身就很难做到。加之《老子》产出的时代传播手段有限，被个别文人加工过的文本遂成为读者们被动接受的文本。这种加工虽没有整体改变老子哲学的基本内容与思想特色，但对《老子》部分章文意思的把握还是形成了不小的干扰。

第三章

《老子》思维范式论纲

　　分析道论确立的思想基础与演变路线，不仅可以明晰作为中国哲学基本范畴的道论的特质，而且可以更清楚中国古代哲学思维发展的过程，呈现其规律性，因而对于道论思想源头的《老子》之思维范式的考察就应该成为学术研究的重要任务。亦即，对《老子》这本书及其核心范畴"道"的思维范式的研究其意义不同于对一般中国哲学史著作的考察，因为老子是第一位哲学史意义的哲学家，其标称的概念"道"成为中国哲学讲说事物根据、分析践履方式、期待理想目标的基础依靠。又即，老子投放进中国哲学系统的不仅是作为范畴的道论，更以道论言说方式导流了中国哲学敷布的范围与方向。故而，回归《老子》文本，抽丝道论生成的逻辑，剥茧道论的思维范式，是清晰古代思想传统与转换现代价值的必须工作。

　　在这个话题展开之前，首先要明确的一点是，作为哲学的《老子》，是政治哲学。这一点毋庸多言，《老子》大量使用"天下""邦""国""上""民""治"等概念已充分表明他关心的核心问题所在。明乎此，就应该把《老子》文本中涉及的非"政治"范围的内容，置于合理解释的位置，也就可以清晰"道"归结于"治道"。这一点看起来并不难理解，然而却是一个需要特别认真面对的关键问题。因为古来注老者，把道统一为一种总根据的立场是没问题的，但是他们往往再反过来以之融摄《老子》文本中非"治道"的材料，这样就把道论生成的线索遮蔽了。所以，从道论生成逻辑去看文本的申论材料，而不是从道论建立起来适用的理论视野去分析文本，仍是需要提前做好的准备。

一、《老子》的比类式思维

传统对老子道学的解读，即以道为生成万物的来源，是事物存在的根据或本体，从老子道论的基本含义推究可以得出如上结论，这也是老子哲学比一般政治哲学深刻的地方，即他从事物的本质属性来论述无为政治的合理性，然而《老子》文本中涉及自然事物、人生经验的大量描述是不是阐明道之普遍作用的呢？这个问题是很容易弄混的。老子的道是社会治理之道，为了给这个社会治理之道找根据，便以天道规律作为比喻，这是其论述的基本方式。正因为这个天道是比类，所以它不是横亘天道与人道的"道"。比如，天道有均衡、自然的规律，这对人道没有约束，人之治道可以与之一致，也可以不一致，即天道是一种示范作用。在《老子》中有明确的"天之道"与"人之道"的对举，更多的是直接述天道规律，而转入人道论述的，作为比类思维材料的"天道"有多种类型。

1. 比类类型

《老子》中用以比类的事物类型不一，这缘于其所承担的主要功能不一。正因为比类的丰富，读者更应该从中明确比类事物取其理，以其理启治世之道，而不是反过来以为有一种总体的道横亘自然、人生、政治等。

第一种类型为自然事物。如"柔"性的事物，第七十六章有："人之生也柔弱，其死也坚强。万物草木之生也柔脆，其死也枯槁。故坚强者死之徒，柔弱者生之徒。是以兵强则不胜，木强则兵。强大处下，柔弱处上。"这里具备"柔性"的有人体、草木、兵等，但老子并非一味尚柔，"柔"是作为对上文中"坚强"之徒的消解一面而出现的，即坚强未必就是好的，柔的事物有强大的一面。第十章有："载营魄抱一，能无离乎？专气致柔，能婴儿乎？涤除玄览，能无疵乎？爱民治国，能无知乎？天门开阖，能无雌乎？明白四达，能无为乎？生之、畜之，生而不有，为而不恃，长而不宰，是谓玄德。"这里的"专气致柔"处在"营魄抱一""涤除玄览"的比类序列中，指向的是章旨归结的"玄德"。"雌柔"在此处传达的意思是"不干扰"，这与治国的"不有""不恃""不宰"是相当的。这种比类是多事物一性质，为《老子》所常用。当然，《老子》中最典型的"柔"是"水"。第八章有："上善若水。水善利万物而不争，处众人之所恶，故几于道。居善地，心善渊，与善仁，言善信，正善治，事善能，动善时。夫唯不争，故无尤。"其中"居善地，心善渊，与善仁，言善信，正善治，事善能，动善时"被称为"水德七善"，这是一事物多性质，亦为《老子》比类所用。多事物一性质、一事物多性质的目的都是加强语气、强化论述效果。"几于道"明显指出，"水"性本身并不就是"道"，而只是与"道"相近。显然，这里的"道"便是"治世之道"。而不是自然之道或本体之道。第七十八章有："天下莫柔弱于水，而攻坚强者莫之能胜，其无以易之。弱之胜强，柔之胜刚，天下莫不知，莫能行。是以圣人云：受国之垢，是谓社稷主；受国不祥，是为天下王。正言若反。"这里有明显用于转折的"是以"，表明其上为比类所用，是为"圣人云"的内容做论述证据的。"圣人"所云，没有"柔"的要求，而是受"垢""不详"，其与"柔"的共同之处在于，这都是一般人不愿意选择的方向，以水柔为比的目的便在此。若因此推论老子的价值归宿在"柔"，是未能明确《老子》论说方式的想法。

第二种类型为运动规律。老子特别引入事物辩证发展的自我否定规律来论说自然事物运动的自身自洽性与超越人的世俗认识特点，从而为无为治国、给事物以自然发展的空间找出依据。第二十二章说："曲则全，枉则直，洼则盈，敝则新，少则得，多则惑。是以圣人抱一为天下式。不自见，故明；不自是，故彰；不自伐，故有功；不自矜，故长。夫唯不争，故天下莫能与之争。古之所谓曲则全者，岂虚言哉！诚全而归之。"章文"曲则全，枉则直，洼则盈，敝则新，少则得，多则惑"这五"则"就是事物自我否定的特点，所谓"反者，道之动"（第四十章），老子以事物运动的辩证规律来警示在上为政者不可自居其功。"是以"文下转入"圣人"治世之道，由"不自见，故明；不自是，故彰；不自伐，故有功；不自矜，故长"的四个"不自"得出"不争"的结论，再回头与"曲全"相合，实际上是比类引出、比类为结。第三十六章说："将欲歙之，必固张之；将欲弱之，必固强之；将欲废之，必固兴之；将欲夺之，必固与之。是谓微明。柔弱胜刚强。鱼不可脱于渊，国之利器不可以示人。"这一章的四"欲"四"固"，也是正向作用、反向结果的比类，意在表述事物发展的复杂性，启示为政以无为而使得事物释放自身的内在活力。自韩非解老就以此大做文章，后世更以老子为阴谋家，实是未解比类之用。

第三种类型为修养方式。这里的修养方式指士德之修养，特别是精神层面的修养。第十五章说："古之善为士者，微妙玄通，深不可识。夫唯不可识，故强为之容：豫焉若冬涉川，犹兮若畏四邻，俨兮其若容，涣兮若冰之将释，敦兮其若朴，旷兮其若谷，混兮其若浊。孰能浊以静之徐清？孰能安以久动之徐生？保此道者不欲盈，夫唯不盈，故能蔽不新成。"借古为喻是古代论说常用的方式，此处之"古"实为理想模式。士是提升能力、增进修养与学识以求为世所用者。老子说这里的"士"是"微妙玄通"的，关键在于不外在表现，不以外在的追求作为满足自己主观意志的条件，后以"孰能"反问，则落入了"不欲盈"便是老子用"为士"所比类的对象。第六十八章同样为"为士"之说，"善为士者不武，善战者不怒，善胜敌者不与，善用人者为之下。是谓不争之德，是谓用人之力，是谓配天古之极。"这里以"为士"发起论说，关键都落在否定式的"不武""不怒""不与""为之下"上，"是谓"则是对比类材料伸展出的价值进行归纳，核心是由上述否定式表述落在"不争"。不争功，不以居上为狭隘选择对于为士与治国而言都是基本原则。

第四种类型为养生法则。从出土材料看，以术养生为春秋战国时期贵族圈流行之时尚。老子亦反复以养生原则为比类论治世之道。第五十章说："出生入死。生之徒十有三，死之徒十有三。人之生动之死地，亦十有三。夫何故？以其生生之厚。盖闻善摄生者，陆行不遇兕虎，入军不被甲兵，兕无所投其角，虎无所措其爪，兵无所容其刃。夫何故？以其无死地。"这里举出来两种养生作为对比，一种是凭主观意愿胡折腾的，"以其生生之厚"，其结果是"动之死地"；另一种是"善摄生者"，不惧野兽、甲兵，其摄生之道，在于"无死地"。"无死地"一词比较模糊，到底何指可能也无法论证清楚，但从"无"这个否定式表达可以大致推论出，"无死地"应该是与"无为"属同类范畴，而这也正是此章比类材料引进来所要类归之处。第五十五章也是与养生有关的一则材料："含德之厚，比于赤子。蜂虿虺蛇不螫，猛兽不据，攫鸟不搏。骨弱筋柔而握固。未知牝牡之合而全作，精之至也。终日号而不嗄，和之至也。知和曰常，知常曰明，益生曰祥，心使气曰强。物壮则老，谓之不道，不道早已。"这里以"赤子"比喻"含德"，再进一步对比"益生"致祥（此处为妖祥之意）的现象，而由读者自己得出顺应自然之道治国的道理，是比喻加比类。或问，既然没有作为治世方向的"圣人之道"出现，为什么不能理解此章就是讲养生理念的呢？

一方面老子对于"益生"和"生生"的嘲讽是跃然纸上的，决不会对此津津乐道，他只是就社会现象而引申治国之理；另一方面，分析老子的观点必须把老子的相关论述放到他的整个哲学体系中去理解方可。如第五十九章说："治人事天，莫如啬。夫惟啬，是以早复，早复谓之重积德。重积德则无不克，无不克则莫知其极，莫知其极可以有国。有国之母，可以长久。是谓深根固柢、长生久视之道。"这一章也似乎仅就治身之道而言，但宋代注老学者林希逸分析道："啬者，有余不尽用之意。啬则能有而无，能实而虚，宜其可以治人，宜其可以事天。早复者，言啬则归复于根。极者，早矣，早，不远也。复，返本还元也。德至此，则愈积愈盛矣。重，愈积之意也。克，能也。德愈盛，则于事无不可能也。莫知其极者，用之不穷也。用之不穷，则可以为国而长久。母者，养也，以善养人者，服天下也。治国者如此，养生者亦如此。养生而能音，则可以深其根，固其柢，可以长生，可以久视。根柢，元气之母也。久视，精神全可以久视而不瞬也。今之服气者，或有此术，虽非老子之学，可以验老子之言。此章乃以治国喻养生也。"① 应该说，对比一般治老者依文解义，林希逸的认识则深刻、精准了许多。

第五种类型为兵家之道。《老子》中谈兵的章节很多，以传世本看，明显涉及军事的论述有十章之多。怎么看这些论兵章节呢？古来有以《老子》源出兵家或《老子》为兵书之说。这种认识都有问题，举第三十一章为例，该章说："夫佳兵者，不祥之器，物或恶之，故有道者不处。是以君子居则贵左，用兵则贵右。兵者，不祥之器，非君子之器。不得已而用之，恬淡为上，胜而不美。而美之者，是乐杀人。夫乐杀人者，不可得志于天下矣。故吉事尚左，凶事尚右。是以偏将军处左，上将军处右，言居上势则以丧礼处之。杀人众多，以悲哀泣之。战胜，以丧礼处之。"该章有涉及军事斗争原则的"恬淡为上"，但更强调的是"兵"为"不祥之器""非君子之器"。如果说《老子》是兵书，还不如说它是反战著作。林希逸仍以比类视角看待相关论说，对于此章，他分析道："此章全是以兵为喻，兼当时战争之习胜，故以此语戒之。佳兵，喜用兵者也。以用兵为佳，此不祥之人也，以不祥之人而行不祥之事，故曰不祥之器。此天下之所恶，故有道者不为

---

① （宋）林希逸：《道德经真经口义》，上海涵芬楼影印本，卷三。

之。且君子之居，每以左为贵，而兵则尚右，便是古人亦以兵为不祥之事。非君子之所乐用，必不得已而后为之，不幸而用兵，必以恬淡为尚。恬淡，无味也，即是不得已之意也，虽胜亦不以为喜。不美者，言用兵不是好事也。若以用兵为喜，则是以杀人为乐，岂能得志于天下。孟子曰：不嗜杀人者能一之。亦此意也。偏将军之职位本在上将军之下一今上将军居右，而偏将军居左，是古人以兵为凶事，故以丧礼处之。左，阳也。右，阴也。丧礼则尚阴，幸而战胜，亦当以居丧之礼，泣死者而悲哀之可也。以势而言，下反居上，故曰言居上势。此章之意，盖言人之处世，有心于求胜者，皆为凶而不为吉也。"①林希逸对于具体文句的分析限于其时仅有传世本可参考尚有歧解之处，但他处理《老子》文本于一种基本视角的做法无疑是可取的。有为常基于恃强，军事活动中居下反而会占得先机，由此可反思过度有为之害。不过，从另一方面而言，对于《老子》中言兵之事不以比类看，亦能说得通。因为老子要推行他的无为政治，就不能回避当时所要面对的具体问题。《左传》说"国之大事，在祀与戎"②，遭逢乱世的春秋时期，哪个国家能逃离战争之外？据统计，从公元前 643 年至 476 年，春秋中后期仅齐国参加的重要战争就有 39 次之多③。《老子》谈兵之论，也就是给出当无为政治遭遇战争危难怎么办的答案。一句话，打仗凭得是实力，但不能因实力雄厚，在上者就耀武扬威、穷兵黩武，打仗不是好事，不得不卷入战争也以迅速取得胜利为目的，而不能以好战牺牲百姓和空乏国力。

2. 比类目的

正如《庄子》以寓言为论述特色，《老子》以比类为基本表述特点，只是在《庄子·天下》中，庄子对其本身语言特色做了总结，而《老子》限于文本之简并没有表明这一点。中国古代早期的哲学作品用寓言、比类是自觉所为，也是自然的选择，因为在文字于形上意义表述困难时，引类以比就是理想的选择，后世的禅宗不也是如此吗？也就是说，《老子》之所以引入大量比类，是因为他要讲说的道理之深刻非借此不便说清。

第一，明确"天道"自然、无私、均衡的规律性，提示"人道"亦如

---

① （宋）林希逸：《道德经真经口义》，上海涵芬楼影印本，卷二。
② 杨伯峻：《春秋左传注》，北京：中华书局，1990 年，第 861 页。
③ 徐勇《先秦时代齐国参加的主要战争述略》一文，《烟台大学学报（哲学社会科学版）》1997 年第 2 期。

此。《老子》比类类型虽出于多种，然而括而赅之，可归于"天道"，这是对"人道"而言的。"天道"的特点是自然规律的作用，无论是自然事物的存在、发展，还是人自身生命的变化，都受到基本的自然规律的约束，这种自然规律是非主观意志的、普遍的、均衡的，呈现出自我否定的辩证发展趋势。而"人道"是治理国家之道，出于主观设计。何种设计是最合理的？这可能永远也不好说清楚，但有一点是清楚的，在上者权力在握，往往出于个人认识和个体欲望驱民于役，有为过度，而没有给百姓自身要求提供充足的空间。因此，从这个意义上看，"人道"效法"天道"的普遍与无意志，给事物本身内在要求的达成释放一定空间就是一种选择了。所以，老子举"天道"并不是言明它对于人道的决定作用，而是示范作用。

第七章说："天地所以能长且久者，以其不自生，故能长生。是以圣人后其身而身先，外其身而身存。非以其无私邪？故能成其私。"这是从人"私其身"出发去反观天道，天地是无意志的存在，不自私，反而天长地久。"是以"后举出"圣人之道"，这是人道的理想，与天道相类，也是不自私的。言下之意，治世者当以天地存在得到启发，实践圣人之道，不以"私其身"为出发点治世。

老子以"天道"自然现象比类治世之道，指出强力的控制性手段难以持久奏效。第二十三章说："希言自然。故飘风不终朝，骤雨不终日。孰为此者？天地。天地尚不能久，而况于人乎？"暴风骤雨发动起来十分激烈，但是不可能持久，这是人们所熟知的自然现象。老子以此告诫在上为政者，面对社会治理的困局，往往想以强力的措施驱民进入某种秩序，这就像强大如自然（"天地"）尚且不能以极端天气的形式长期作用，强权政治、强力调控都无法持久为功。"天地"对应的是"人"，"人"指"有为之君"（蒋锡昌即如此看①）。"飘风""骤雨"对应的"人"的治世手段被省略了，但应该指什么，显然是清楚的。从"天道"类"人道"，这里强调的是社会的发展由复杂因素作用而有自身规律，完全主观干涉作用有限。

第二十四章道："企者不立，跨者不行，自见者不明，自是者不彰，自伐者无功，自矜者不长。其在道也，曰余食赘行。物或恶之，故有道者不处。"在此处，凭主观意志指挥社会变动的行为被与"企者""跨者"相类，

---

① 蒋锡昌：《老子校诂》，上海：上海书店，1996年，第157页。

想得远，意志强，但是现实条件确是导致站不住、走不远。完全凭自己主观意志，"自见""自是""自伐""自矜"（"自"便是主观），其结果却是"不明""不彰""无功""不长"的，所以明白人（"有道者"）不干这样的事。

第四十三章说："天下之至柔，驰骋天下之至坚。无有入无间，吾是以知无为之有益。不言之教，无为之益，天下希及之。""至柔驰骋至坚"，是属于自然现象（"天道"），"无为之有益"是治世之道（"人道"）。"至柔驰骋至坚"是不是绝对的自然规律？不是。柔能克刚，确实存在，但人们熟知的恐怕更是以刚胜柔的现象，若非如此，便无法实施切菜之类。但老子恰恰是举一个大家容易忽视的现象，以提示人们在国家治理活动中"无为"的价值也是被忽视了。因此，总结为"天下希及之"——大家不知道。若以此种文字归为老子"尚柔"，正是没有弄清楚老子的比类式思维在文意表述中发挥的作用。相比"有为"，"无为"是终极手段。相比"至坚"，"柔"是奇迹力量。"无为"是老子依靠的，"柔"却未必是老子所肯定自然之道的不易之主，它只是作为比类出现的，谈不上贵不贵的问题。

老子在第七十七章明确对举"天道"与"人道"："天之道，其犹张弓与！高者抑之，下者举之；有余者损之，不足者补之。天之道，损有余而补不足。人之道则不然，损不足以奉有余。孰能有余以奉天下？唯有道者。是以圣人为而不恃，功成而不处，其不欲见贤。""天道"以自我否定的方式呈现了一个基本规律，就是均衡。老子把这种均衡规律的表现以张弓动作来刻画，加以一"犹"字，这是比类中有比喻。人张弓时，高的拉下来，低的拉上去，把两头长的拉短，把前后短的拉长，天道的均衡就像它一样。老子归论"天道"有"损有余而补不足"的均衡性特点，然后讨论所类的"人道"。不过，他把"人道"分为两种，一种是"损不足以奉有余"的，这便是一般治世者的做法；另一种是"有余以奉天"的，这是"有道者"的做法，是"圣人"所为。两种"人道"，一种符合"天道"，另一种不符合"天道"。这进一步表明，"天道"对于"人道"所发挥的不是约束作用，而是模范作用，亦不能完全把一种统一的"道"用以表自然规律和社会生活。因为一是客观作用，一是主观选择。

第二，以比类方式传达不易表述的概念。老子把他的思想形诸笔端遇到一定的困难，是因为有很多难以用语言传达的东西，这是因为作为"无为"治国依据的"道"，是集整体性、自治性、决定性等于一体的，人们的经验生活中并没有这样的存在。这促使老子只能以比类的方式把道理讲出来，而选择的对象则需要认真考究。

《老子》第六章说："谷神不死，是谓玄牝，玄牝之门，是谓天地根。绵绵若存，用之不勤。""道"是事物存在依赖的一种系统性，决定着事物的存在和发展，是事物变化的根据和动力，有恒久作用的性质。在老子的认识里，他要阐明这个道理是通过标出事物有被客观规律作用的特质，提示遵循这种规律，但此道性非常抽象，不仅不属人的经验所有，并且很难用语言简明描述。于是，老子把这种规律性归结为一种母性，再进一步强调其非一般母性，乃伟大之母性，"玄牝"这个词就被造了出来。老子赋予它三个性质，一是"谷"，空义，指道虽存在，但不属于具体存在；二是"神"，生发义，指道有生机，是一种根本推动力；三是"不死"，不竭义，指道的作用是持久存在的。"天地根""绵绵若存""用之不勤①"实质是与"神""谷""不死"一一对应的稍细致一点儿的表达。这样，老子便把一种事物被系统决定性的特点概括为一种母性生发能力，而进一步比类为他发明的"玄牝"这个词。当然，"玄牝"属于独创，老子便以上述三个性质做了说明，以使自己要表达的思想与人们的经验认识能够连接起来。

"无为"是老子的治世原则设计的总纲，其基本原理是在上者不去干扰、破坏、阻碍百姓的积极性和创造力，以上"无为"引发下"自然"。"无为"被玄学家过度关注了"无"，成为一种本体意义存在，是思想史发展的结果，并非老子本意，但有一点在《老子》是存在的，那就是它强调了社会经济发展是被系统规律推动的，这种推动力不是显性存在，但又是真实的。不是显性的，又是真实的，这个道理要表达出来被人们接受就是一个难题，它同样非经验生活所有。老子必须找到一个比类对象，它以"无"的体存在，但是有"有"的用。《老子》第十一章就解决这个问题，其文曰："三十辐共一毂，当其无，有车之用。埏埴以为器，当其无，有器之用。凿户牖以为室，当其无，有室之用。故有之以为利，无之以为用。"老子拿三种东西打比方，车轴、陶器和房子，这三样东西都是中空的"无"配合具体形的"有"发挥功能，"有""无"结合而能"利""用"。"有"

---

① 帛书本作"堇"，少的意思。"不堇"指不可穷尽。

之"利"是人们所熟知的，而"无"的"用"便是老子刻意要突出的。以此比类，老子便是想强调无形的存在照样有用，这在人们往往意识不到，但就像器物的"无"不可替代，社会发展的大推力恰恰是一种无形的力量。

对于"无为"，人们总是充满疑虑的一个点在于，施政者不去指挥社会运行，那要取得的理想目标不也就没法实现吗？按道理，小事小举动、大事大折腾才是功绩奏效的依靠。《老子》第六十三章就以做事之大小讲了一番"人生经验"："为无为，事无事，味无味。大小多少，报怨以德。图难于其易，为大于其细。天下难事必作于易，天下大事必作于细，是以圣人终不为大，故能成其大。夫轻诺必寡信，多易必多难，是以圣人犹难之。故终无难矣。"《老子》各抄本这一章的文字均不太理想，传世本问题突出的是，"报怨以德"一句有羼入可能。今取马叙伦的观点①，删除这一句。剩余文字的中心意思是：为政以无为、做事以无事、品味以无为皆为至高追求。为什么这么说呢？因为大事之所以为大，是小的事情堆起来的，所以要从小处做起。难的事情之所以为难，是各种轻视累加所致，所以要从简易处用心。由此，高明的治世者眼里不盯着大的事情，最终成就的就是大事。他们对困难有戒惧、有准备，这使得他们不会陷入困境。这一番做事的道理显然是人人认可的处事经验，却未必是老子想告谕治世者的治理国家的"真经"，因为他的目标在于证实"为无为"的有理。简而言之，"无为"有大用的道理不易讲清楚且不易被理解，老子便以人生经验中的"大小多少"的辩证关系去说，越是大事越从小处做，延伸开来，治国这种"超大事"便从"无"处做了。

第六十四章载："其安易持，其未兆易谋；其脆易泮，其微易散。为之于未有，治之于未乱。合抱之木，生于毫末；九层之台，起于累土；千里之行，始于足下。为者败之，执者失之。是以圣人无为，故无败；无执，故无失。民之从事，常于几成而败之。慎终如始，则无败事。是以圣人欲不欲，不贵难得之货，学不学，复众人之所过，以辅万物之自然，而不敢为。"这一章与第六十三章的功能相似，差不多是同一种比类，读来若不注意章文宗旨所归之处，就有被材料带偏的可能，后世的理解恰是如此。此文复杂就在于，"千里之行，始于足下"之前和"民之从事，常于几成而败

---

① 马叙伦：《老子校诂》，北京：中华书局，1974年，第540页。

之。慎终如始，则无败事"这几句是两次比类，"圣人"所领的是两次章旨表述。两种文字掺在一起，会给读者造成一定困扰。若不能把比类文字和老子归论之处区分开来，则会影响对老子思想的整体把握。比类文字集中在铺排一个道理上，那就是"慎终如始，则无败事"。事情的发展是由小到大的，处事也须防微杜渐才能避免失败。老子以此类比，意在引申的意思在于，人们总是关注处在末尾的显著表现，起点和微小的存在是容易被忽略的，但恰恰从小处入手是大智慧，由此便知"圣人"选择"无为""欲不欲"的合理性了。客观地说，由"小"的价值肯定"无"的意义，中间的逻辑关系并不够顺畅，但老子对此并不在意，他穿插在比类文字中的"为者败之""无为""以辅万物之自然而不敢为"已经把思想归结的目标反复确立了。

3. 比类方式

判定《老子》所引入的揭示道用原理的材料属于比类性质，不仅仅是根据文意分析所得的结论，从文字形式上也可以看出这一点。《老子》文本中有大量"归结性"标识以连接比类材料和思想宗旨，最典型的就是"是以"与"故"。查今通行之王弼本，"是以"二字使用有 38 次之多，"故"字更是出现达 64 次。《老子》还有多达 45 处的"若"字，部分用于描摹道存在的体无用有的特殊性，另有部分则也用于比类。

先援引比类材料，然后导向治国之道，这是《老子》用比类最基本的方式。如第二十七章谓："善行无辙迹，善言无瑕谪，善数不用筹策，善闭无关楗而不可开，善结无绳约而不可解。是以圣人常善救人，故无弃人；常善救物，故无弃物，是谓袭明。故善人者，不善人之师；不善人者，善人之资。不贵其师，不爱其资，虽智大迷，是谓要妙。""善行""善言""善数""善闭""善结"五者是作为比类对象出现的，所谓"无"是"不凭借"的意思。他们能超出一般人的高明之处在于不循"辙迹""瑕谪""筹策""关楗""绳约"等这些俗常依靠的对象而做，也就使得其效有在一般规矩限定之外的地方，因此"不可开""不可解"。文中"是以"之后便是治世之道的"圣人"的做法了。"圣人"不以循特定角度认知事物，因此无"善人""不善人"之分的意识，使得一般人眼中的"善""不善"的存在都能获得发展的机会，看起来是"智"，其表现却似"迷"一般。"是以圣人"的出现表明前面的五"善"仍然是人处事经验的总结，虽高人一等，却仍是比类对象，并不是老子要训诫的道理。老子想要以之比类的道理在于有角度、被形诸的事物就会被有所限制，由此，无为政治不从特定价值对待事物就可以取得最大可能释放社会的积极性。这段话"是以"和"故"是双重表类比归结的标志，注意到这一点，便了解了老子善以比类论说的特色。再如第六十章道："治大国若烹小鲜。以道莅天下，其鬼不神。非其鬼不神，其神不伤人；非其神不伤人，圣人亦不伤人。夫两不相伤，故德交归焉。"这一章也是先引入比类对象，后讲治国以道性为指导的效用的，不过比类的材料很简单，就是"烹小鲜"三字，是以"若"连接的。置于如何"烹小鲜"，老子一概都省了，因为人尽皆知，毋庸赘言。王弼注给出的"不扰也。躁则多害，静则全真"①，已经既是"烹小鲜"之道，又是治大国之道。老子以烹调小鱼的"不扰"道理启示治国以道为原则，"鬼""神""圣人"都"不伤人"。为何如此呢？百姓安居乐业，顺遂各需发展，无外求之必须，于是"鬼""神""圣人"便皆无存在必要，更无可妨害民生。

《老子》文本有部分章文的比类方式是先讲道性无为的原理，然后援引比类材料的。如第三十二章："道常无名，朴虽小，天下莫能臣。侯王若能守之，万物将自宾。天地相合，以降甘露，民莫之令而自均。始制有名，名亦既有，夫亦将知止。知止可以不殆。譬道之在天下，犹川谷之于江海。"此段在最后一句"譬道之在天下，犹川谷之于江海"前，皆在直陈以道治国的意义和原则。从意义方面而言，在于"自宾""自均"，也就是顺遂道性使事物发展呈现出自我管理和自我均衡。从原则方面而言，在于限制"名"施用范围，能够"知止"，即警惕调控的手段被过度运用。"犹"是连接"道之在天下"与比类对象"川谷之与江海"的比类标识词。"道"在天下是贯彻一切事物而起决定事物性质之作用的，这一点就如"川谷"注入"江海"而决定了江海的性质。注家多有解为百川归海喻天下归道，以示"道"之博大与吸引力，恰是没有明白老子此川谷归海与道归天下是不可颠倒过来理解的，它本来就是揭示道的决定性质说服人把社会发展交给道性作用的形象比类。再如第七十三章道："勇于敢则杀，勇于不敢则活。此两者，或利或害。天之所恶，孰知其故？是以圣人犹难之。天之道，

①　（魏）王弼著，楼宇烈校释：《王弼集校释》，北京：中华书局，1980年，第158页。

不争而善胜，不言善应，不召而自来，繟然而善谋。天网恢恢，疏而不失。"这一章中，"天之所恶，孰知其故？是以圣人犹难之"是一组连接前述治世人道与后起比类对象的句子。老子首先指出，在治世手段和效果中，呈现了悖反的利害现象，勇敢的覆灭了，不勇敢的生存了下来。接下来，便以"天之所恶"把人道问题转入天道的评述语境，因为显然下文引入的是"天之道"的自然均衡问题。人道措施与期待结果之间偏离对应的情况出现是由于施政者不能洞悉作用于事物的复杂因素，主观单向度联系造成的。"难之"既是承认识事物复杂性的困难，又是指对"天之道"把握的困难，因为天道有"不争""不言""不召""繟然"的表现，却取得"善胜""善应""自来""善谋"的"反效果"，这一点恰与人道的"勇敢"问题相类，都属于一般人难以理解的。最后，老子以"天网恢恢，疏而不失"给出"天道"自然均衡的判断，便是引导读者思考前述悖反现象，而得出以顺应事物自身合理性为治理原则的结论。

比类式论述在《老子》文本较为复杂的方式是比类对象与老子宗旨的交叉出现。如第六十一章说："大国者下流。天下之交，天下之牝。牝常以静胜牡，以静为下。故大国以下小国，则取小国；小国以下大国，则取大国。故或下以取，或下而取。大国不过欲兼畜人，小国不过欲入事人，夫两者各得其所欲，大者宜为下。"这一章传世本文字语序存在问题，以至无法顺畅读通。"天下之交，天下之牝"帛书甲本作"天下之牝。天下之交也"（乙本有残缺，但语序同），则"天下之牝"从上句"大国者下流"，而"天下之交也"从下句"牝常以静胜牡"。这样，整个章文的结构是，首先，对"大国者下流"一句，给出的何以如此判断，就是"天下之牝"这个比类式结论；接着，以"天下之交也，牝常以静胜牡，以静为下"对于比类对象做出阐释；最后，归到"故大国以下小国"之后转向治理国家中处理外交事务的基本准则的论述。"牝"的特色在于"静"，"静"就不盲动，在关系的形成中，更选择为处下的一方，但其结果却是常常战胜了"牡"（盲动耗费资源与错失制胜因素），这是自然现象。老子以之比类，意在告谕治世者，在国与国的关系中，大国想当老大，小国想抱大腿，都属于想有所作为的"牡"，反而不如以"不过欲"能够"得其所欲"。一句话，"无为"必适用于外交之道，外交之道是国家治理的一部分。

二、《老子》的批判式思维

如果说老子以比类式思维赋予"道"的主要属性是整体性，整体自洽、自足、自衡、自然，那么批判式思维带给"道"的基本属性就是"反"，价值悖反和措施背反。《老子》文字中传达的"反"，经常是被阅读者特别容易注意到的基本点，以之为高明者，归之为治身处事之神妙圭臬；以之为消极者，归之为开历史倒车的确凿证据。其实，理解"道"本身所具有的"反"的性质，关键是要对"道"生成的思维逻辑有认知。老子的政治哲学基于特定时代环境形成，但又有放眼人类文明进展之视野，对于时下政出无道的行为的痛斥与出乎社会发展的终极理想的期待成了老子反思而铸范批判式言说方式的基本动因。或者说，老子道论的"反"的性质是一种破，是一种否定，其本身并不是目标，也就谈不上所谓消极或高明，它只是一种"批判的武器"。

根据《史记》所记，老子是史官。若属真，那么记述历史事件和反思历史发展该是老子的职责所系，这份工作可能也会使老子对于政事有足够的关注和敏感。老子所生活的时代的突出特点是"乱"，表现在统治者奢靡、战争频仍、国家暴政、百姓穷苦等方面。这种情性，虽春秋、战国以来愈演愈烈，但自西周中后期的统治就已经呈现了乱世的特点，于是在时代思潮中批判无道统治就成为固定主题。如在《诗经》中仅关乎抨击烽火戏诸侯的周幽王的诗就有 30 余篇，涉及丧乱多、教令繁、失诚信、苛税重、不恤民情、在位贪婪、田芜荒废、饥馑降丧、宴乐成性等。《诗经·小雅·何草不黄》中说："何草不黄？何日不行？何人不将？经营四方。何草不玄？何人不矜？哀我征夫，独为匪民。匪兕匪虎，率彼旷野。哀我征夫，朝夕不暇。有芃者狐，率彼幽草。有栈之车，行彼周道。"[①] 至春秋之世，社会所处之乱局已至民不聊生。齐国"民参其力，二人于公，而衣食其一，公聚腐蠹，而三老冻馁，国之诸市，屦贱踊贵"[②]，晋国"庶民罢敝，而宫

---

① 周振甫：《诗经译注》，北京：中华书局，2002 年，第 392-393 页。
② 杨伯峻：《春秋左传注》，北京：中华书局，1990 年，第 1235-1236 页。

室滋侈，道殣相望"①，楚国"民之羸馁，日已甚矣。四境盈垒，道瑾相望"② "盗贼司目，民无所放。是之不恤，而蓄聚不厌，其速怨于民多矣"③，吴国"夫差好罢民力以成私好，纵过而翳谏；一夕之宿，台榭陂池必成，六畜玩好必从"④。齐、晋、楚、吴皆为时之大国，乱局尚且如此，何况难以自存的小国。这促使人们反思，影响治乱的根本因素是什么，政治建设的终极模式存不存在，而能够给出的答案又没有一种绝对的法则可以依靠，老子的道就是这种批判的反思在理论层面的反映。

1. 批判对象

老子对其时社会治理的批判是其思想开展的出发点，他把批判的矛头指向整个治理系统的各方面，从在上为政者本身的奢侈欲望、妄为的政治手段、暴政所致的乱局到时代知识分子所倡举的正向价值都笼括在内。老子以对人尽皆知现象之批判取得读者共识，进而期待能够认可其对于所谓的正价值与危局联系的判断。

第一类批判对象是在上者奢靡的生活。在上者追求过度的物质享受和权力欲望满足，会成为其役使百姓的动因。老子便指出，欲壑难填，最终埋葬的是自己。《老子》第九章说："持而盈之，不如其已。揣而锐之，不可长保。金玉满堂，莫之能守。富贵而骄，自遗其咎。功成身退，天之道。"从这一章的基本结构看，显然"功成身退，天之道"属于类比成分，以教谕在上者能够像自然之道一样，完成使命而不凸显自己的存在。其启发是由读者自行得出的，补足语意，后面便应有一句"人亦如此"之类。前面四句是与天道悖反的行为导致陷入困境的结果，每句前四字为做法，后四字是结果。所做与所得，适得其反，便是老子在进行批判了。"持而盈之""揣而锐之"各写本均不相同，语意模糊，后多被解以韬光养晦之类，不确。"金玉满堂""富贵而骄"指蓄积钱财，前两句应该在一个语意系列，这是《老子》文本的基本特点，竹简本用字虽较为生僻难解，但明显并不支持传世本释读者的通常解读。由此，认定此章前四句都落在对蓄敛财富的批判式论述是没问题的。老子的意思是，一味追求不择手段地敛财，最

① 杨伯峻：《春秋左传注》，北京：中华书局，1990 年，第 1236 页。
② 徐元诰：《国语集解》，北京：中华书局，2002 年，第 522 页。
③ 徐元诰：《国语集解》，北京：中华书局，2002 年，第 523 页。
④ 徐元诰：《国语集解》，北京：中华书局，2002 年，第 525 页。

老子论衡

后一定会遭遇倾覆，所根据的是天道自然为基本规律。这显然是警告统治者的，因为老百姓饭都吃不饱，此时根本不关心这个问题。再如《老子》第五十三章说："使我介然有知，行于大道，唯施是畏。大道甚夷，而民好径。朝甚除，田甚芜，仓甚虚。服文彩，带利剑，厌饮食，财货有余，是为盗夸。非道也哉！"这一章可能是老子对于假想的标举以"道"为治国的施政者（抑或为其时之事实）的批判。在老子看来，有些人说是行道，却干着与"道"性相反的事情。他指出，在他的认识里，所谓行道，行为举止是要特别谨慎的，因为道本来是平实的，但人却喜欢追求邪僻之事。这里的"好径"之"民"不是指被统治的百姓，而是泛指"人"。接下来便是列举为政者的种种做法，一方面是"朝甚除，田甚芜，仓甚虚"——整个国家呈现一片衰败之象，另一方面是"服文彩，带利剑，厌饮食，财货有余"——统治者过着锦衣玉食的生活。老子说，这是行"道"吗？这是为"盗"！统治者穷奢极欲，嘴上说是以道治国，其行为却是为盗害国。老子把批判的锋芒指向鱼肉百姓的贵族，痛斥他们的假道行。

　　第二类批判对象是有为政治。老子的道论哲学可简释为根据事物自然性规律施以无为管理策略，对于有为之政的批判是老子开展他的思想所必须完成的一环，一个基本的结论是"为者败之"，即凡凭主观意志（不顾客观规律）推动社会发展走向某一方向的行为，不可避免地会走向失败。第五十七章说："以正治国，以奇用兵，以无事取天下。吾何以知其然哉？以此。天下多忌讳，而民弥贫；民多利器，国家滋昏；人多伎巧，奇物滋起；法令滋彰，盗贼多有。故圣人云：我无为而民自化，我好静而民自正，我无事而民自富，我无欲而民自朴。"这一章的文义中心在"以无事取天下"，之前的"以正治国，以奇用兵"属于起兴式发起，其后的文字属于对这个结论的证明。一种是以"圣人"所云为证，当然是属于进一步对中心观点的强调；另一种证明则是对于"有为"现象造成的反作用的批判了。"忌讳"是限制性的措施，这碰不得，那沾不得，其结果是缩小了百姓发展空间而导致"民弥贫"。"利器"是施政者在有为之政的导向下，百姓不务实生产转而追求器本身之"利"，导致虚华之风盛行，于是"国家滋昏"。"伎巧"亦是如此，本非社会物质、精神生活必需品的东西，在片面鼓励利益追求之下流行，于是"奇物"层出不穷。"法令"本是保护生命和财产安全的，但过度法制依赖，却给盗贼更多钻空子的机会。"忌讳""利器""伎巧""法令"都是国家治理所需要的指导方向、制度基础、法律保障等，本身是必须的，但当这些在实践中成了限定方向、约束百姓所用，那便是扼杀活力的工具，成为老子所抨击的对象。《老子》第十七章说："太上，下知有之。其次，亲而誉之。其次，畏之。其次，侮之。信不足焉，有不信焉。悠兮其贵言。功成事遂，百姓皆谓'我自然'。"这是关乎"领导哲学"的一段话。最高明的领导者，百姓仅知道有这么个人而已；差一点的，百姓觉得自己的领导很值得称誉；再差一点的，百姓就害怕他；最差的，就是百姓辱骂痛恨的对象了。老子的结论是，不把信任交给百姓，百姓就难以对在上者有信心。最理想的政治便是，在上者顺势成事，不以功自居，百姓也不依赖政府的指挥调度而自然有成。简言之，越放开，领导的存在感越少，效果越好。何以如此？领导存在范围越小，说明主观干扰越少，百姓按事情的特殊性寻求对应处理办法的积极性就越高。所以，老子对有为的批判绝不是不加区别的，他是在保护百姓有为意义上的对上之有为的批判。再如第六十六章："江海所以能为百谷王者，以其善下之，故能为百谷王。是以圣人欲上民，必以言下之；欲先民，必以身后之。是以圣人处上而民不重，处前而民不害，是以天下乐推而不厌。以其不争，故天下莫能与之争。"这一章与第十七章章旨相类，都是关于在上者与在下者政治关系建构原则的讨论。老子在打了一个"江海为百谷王"的比方之后，从统治者意愿的立场去论述。为政者统治百姓，希望"处上""处前""争"（含义指"争功"、居功"），但能够实现的途径唯有"言下""身后""不争"。从表面看起来，老子给当"好领导"出了一番高明的主意，实质上，"言下""身后""不争"代表的是语言上不指挥、行动上不干涉、成绩上不争夺，这样的"领导"是消解了领导职能的在上者。老子树立的能有"处上""处前""争"之成就的"圣人"，实质是对有为的语言、行动、结果的批判。简言之，在老子的论述中，不以领导方式存在的领导是好领导，隐含的意思在于，在推动百姓积极发展这一点上，其实并不需要一个主观有为的领导者。第三十章说："以道佐人主者，不以兵强天下，其事好还。师之所处，荆棘生焉。大军之后，必有凶年。善有果而已，不敢以取强。果而勿矜，果而勿伐，果而勿骄，果而不得已，果而勿强。物壮则老，是谓不道，不道早已。"这是对军权政府的批判。首先，老子肯定国防建设的必要，也认可在特定历史条件下战争的不可避免，那么如果仗非打不可，

老子论衡

原则就是"善有果而已"，不可为了打仗而打仗，以至以武力欺凌，结果是"物壮则老"，走向反面。其次，老子指出高明治世者（"以道佐人主者"）是不以武力逞强的，原因在于战争带来的是灾难！一个政权如果不惜把百姓带入灾难中，再好的谎言也会不攻自破，当然属于老子批判的无道之人。

第三类批判对象是暴政。有为政治违背了百姓的意志、意愿，被统治者强加下来，就是暴政。现实的暴政和理想的圣人之治世的政治效果是两个极端，对暴政的猛烈抨击必然是老子的无为之政开出时的要求。抨击暴政会取得认可与反思，这都是老子希望的，他更希望人们由此展开对于政治的终极构设的思考，即一种自由与自然的社会秩序是否存在可能的问题。《老子》第七十二章说："民不畏威，则大威至。无狎其所居，无厌其所生。夫唯不厌，是以不厌。是以圣人自知，不自见；自爱，不自贵。故去彼取此。"这是批判在上者以淫威进行统治。这一章前者是对所见暴政的控诉，后者是对圣人为政姿态的描述，适可形成对照。如果施政者"狎其所居""厌其所生"，一味压缩百姓的生存空间，百姓被逼急了，社会也就危险了①。"圣人"的做法是"自爱""自知"——管好自己的事，"不自见""不自贵"——不去干涉别人。老子对举暴君与圣人行政表现，所取该如何，自然是再清楚不过的。这样，在一章文字中，老子既破又立，以批判式思维去呈现了圣人政治的必有性质。第七十四章又有："民不畏死，奈何以死惧之！若使民常畏死，而为奇者，吾得执而杀之，孰敢？常有司杀者杀，夫代司杀者杀，是谓代大匠斫。夫代大匠斫者，希有不伤其手矣。"这是批判在上者以死亡威胁进行统治。恐怖统治遭到百姓的反抗，统治者便想以死亡威胁百姓就范，这是把治下的百姓像敌人一样看待了。但是老子明确说，"民不畏死"，如果横竖都是死，那百姓就对死亡没有什么恐惧了，死亡威胁也就无从奏效。老子又进一步说，难道为政者就有资格杀害百姓吗？"代司杀者杀"会反作用于自身，"伤其手"。文中的"司杀者"的"大匠"是谁呢？注家多以之指为负责刑罚的专门机构，把文义释为各司其职，毋以专权之类。苏辙注谓："司杀者，天也。"② 对比下来，还是把"司杀者"解为"天"更合文义。"司杀者"是"大匠"，老子不可能把刑律部

---

① 这一章"大威"到底何指，古来注家所释争议较多。查帛书本"威"作"畏"字，则"畏"可释为"畏难"，即若只是进行威胁性统治，最终将陷入畏难困境之中。

② （宋）苏辙：《苏子由道德经注》，尊经阁文库藏钞本，卷四。

门称为"大匠"。这样，老子实质是在痛斥统治者，百姓死活是由"天"说了算的，你有资格剥夺他的生命吗？第七十五章说："民之饥，以其上食税之多，是以饥。民之难治，以其上之有为，是以难治。民之轻死，以其求生之厚，是以轻死。夫唯无以生为者，是贤于贵生。"这是批判在上者把民生作为满足个人私欲的资源，卒致百姓无法生存，百姓的"轻死"与在上者的"生之厚"形成强烈对比。老子列举在上者"食税之多""有为""求生之厚"的三种表现，其结果导致百姓"饥""难治""轻死"，最后由"生"问题落在"夫唯无以生为者，是贤于贵生"上。在这里，最后一句话与前面所论之间的逻辑转换确实存在一定问题，这也是导致一部分释家把"求生之厚"理解为民之所为的原因①。实际上，要对《老子》此章的文义做整体理解，老子的意思是，百姓活不成，是因为统治者想活得不切实际的好，有必要这么看重自己的生命吗？不去"厚生"，才是真正的"贵生"。把百姓折腾得无法生存，自己所追求的也不过是泡影。老子对其时贵族"厚生""益生"做法采取的批判态度是一致的，原因在于，一是"厚生"之说并不了解生命规律，二是"厚生"所为加重了百姓的负担。

　　第四类批判对象是被利用为统治工具的社会价值。美好的理想、向上的追求、道德的正义都应该是一个社会在和谐发展时所呈现出来的特征，但若以之为驱使百姓的工具，同样会成为限制活力的桎梏。这种所谓的"正价值"包括两大类型，一是人们基于生活经验所追求的"完美""富足"；二是社会精英层所基于权势目的所标榜的价值观。第一种类型，如《老子》第四十五章说："大成若缺，其用不弊。大盈若冲，其用不穷。大直若屈，大巧若拙，大辩若讷。躁胜寒，静胜热。清静为天下正。""成""盈""直""巧""辩"②是人们做事追求的理想目标，似乎应该成为人生信守和实践的方向。老子用了"大A若A-"的句式对上述价值原则进行批判，"大"本身就是超越意义的，所谓"大"即是自然表现的，非人的主观选择的。因为主观选择是以人对事物的限定角度考察的结果，但事物本身的复杂性与丰富性远在这些局限之外，所以"大A"是对"A"的否定，它

---

①　不少注家认为"求生之厚"的对象是"民"，此种理解并不对。一方面，三组句子"民"的生存状态因"上"之作为是同类型的，"求生之厚"的"其"只能是在上者；另一方面，百姓连饭都吃不饱，根本谈不上"厚生"的问题。

②　"成""盈""直""巧"皆应指事物发展的样态而言，独"辩"字不类，帛书甲本相应文字作"大赢如炳"，则亦应指向事物发展至完满而包容缺憾状态所言。

非人为刻意雕琢，从而呈现了与人的追求样式相反的特征。老子的结论是"躁胜寒，静胜热。清静为天下正"，寒来暑往，事物按照其存在特性互相作用、互相影响，只有自然呈现出来的（"清静"），才是天下之正道。第四十六章说："天下有道，却走马以粪；天下无道，戎马生于郊。罪莫大于可欲。祸莫大于不知足，咎莫大于欲得。故知足之足，常足矣。"这是对于欲望牵系之下的发展提出批判。"有道"的治理，百姓安于生产；"无道"的天下，战乱频仍，而造成"无道"的原因在于"不知足""欲得"。不满足于现状的意识会成为推动社会发展的动力，但是造成民生受到巨大戕害的发展仍不是老子所鼓励的。因为欲望的满足是无法以对象的数量来衡量的，一味追求填平奢欲，最终将倾覆整个系统。在老子看来，富足不能以外在条件作为依据，只能以人顺遂自然之性为准则，即"知足之足"①。当然，这里老子批判的仍是在上者之"欲"，是妨害自然发展的"欲"，百姓之"欲"都在满足基本生活条件上，谈不上这个问题。第三章说："不尚贤，使民不争；不贵难得之货，使民不为盗；不见可欲，使民心不乱。是以圣人之治，虚其心，实其腹；弱其志，强其骨。常使民无知无欲，使夫智者不敢为也。为无为，则无不治。"这一章是老子对治国的基本方针提出自己的观点，核心也属于对欲望的限制，不过重点不是限制施政者本身欲望，而是主张不把鼓励欲望的满足作为社会发展的动力源泉。这一章的对象是"民"，是针对百姓的治理方案而言的。"贤"不是指"贤良"或"贤臣"，该字以"贝"为底应指财富，与下文"难得之货""可欲"一致。章文首句三个"不"字，标志着对于鼓励物欲的生产方式的批判，之后提出"使民无知无欲"的无为治国原则。"使民无知无欲"不是愚民，而是强调不必让百姓遵循限定方式进行生产，要依循自然而作。老子所倡，与英国古典经济学家亚当·斯密等人的认识不同，他们肯定了私欲作为社会发展的推动力意义，而老子是从另一面提出和谐发展的持久价值。第二种类型，是对美德价值的批判，尤其集中在儒家标举的价值之上。② 第二章说："天下皆知美之为美，斯恶已；皆知善之为善，斯不善已。故有无相生，难易相成，长短相形，高下相倾，音声相和，前后相随。是以圣人处无为之事，

---

① 该句竹简本作"知足之为足"，多一"为"字，文义更清楚。

② 从《老子》产生时代讲，他的此类言论不应是对着儒家学派主张而言的，只是对于传统标举之观念的抨击，但儒家正是继承这些观念的一方，所以老子之说又类非儒之言。

行不言之教，万物作焉而不辞，生而不有，为而不恃，功成而弗居。夫唯弗居，是以不去。"这一段话分三层，是老子哲学最典型的展开方式之一。章文开篇先对标举"美""善"进行了批评，接下来分析了这种批判的哲学依据，最后指出"圣人之治"的基本原则。其结构为：社会有为现象的批判—道性原理分析—无为政治的给出，从理论起点到理论中心以至理论归向。"美""善"本来皆为人类生活之必需，但一旦以人为的方式去强调和提倡，就会走向其反面的"恶"与"不善"，老子给出的原因是，事物处于辩证存在之中是根本规律——"有无相生，难易相成，长短相形，高下相倾，音声相和，前后相随"。事物的两方面相互依存，有转化的空间，但实质上根本原因还是在于标彰的美德会成就伪德的流行，于是老子列出圣人之道是"无为""不言""不辞""不有""不恃""弗居"的，都属于消解性要求，也就是顺事物自然之性的发展才是理想模式。见于《老子》通行本①对于"仁""义"的批判在第五章、第十八章、第十九章都有。第五章说："天地不仁，以万物为刍狗；圣人不仁，以百姓为刍狗。"本章以"不仁"批判治世者"仁"的行为。"天地不仁"是自然之道，"圣人不仁"是圣人之道，这里的"不仁"皆指无所偏私而言。"仁"的基本字义为"爱"，但这里的爱是建立在关系秩序中的爱，是一种私爱。有偏私就是对整体和谐的破坏，由此，老子便说，天地无主观意志不偏私，圣人关闭主观意志也不偏私。第十八章说："大道废，有仁义；慧智出，有大伪②；六亲不和，有孝慈；国家昏乱，有忠臣。"举凡"仁义""孝""忠"，都是社会道德建设所依赖之价值，但老子指出这些都是自然秩序被打破时才出现的。美德本身无可置疑，老子只是提醒人们看到问题的另一面，即"仁义""孝""忠"本是社会建设中自然表现出来的，当这些日用品成为稀缺品时，只能说人与人之间缺乏善德的连接，其根本上源于"大道废"，有为治世选择打破了淳朴的生活节奏。第十九章说："绝圣弃智，民利百倍；绝仁弃义，民复孝慈；绝巧弃利，盗贼无有。此三者，以为文不足，故令有所属，见素抱朴，少私寡欲。"本章通行本的写法是抨击"圣智""仁义"等儒家

---

① 从帛书本、竹简本等出土本来看，老子未必由强烈针对儒家思想的抨击，但把"仁""义"等视为违背道性的存在是肯定的。

② 通行本本章四组句子，除"慧智出，有大伪"外都是先反后正的顺序，唯此句不同，查竹简本恰无此句，则此句有后人增入之可能，破坏了论述的整体统一。

老子论衡

价值的，但"巧利"则不在同一序列，而竹简本作"绝知弃辩，民利百倍。绝巧弃利，盗贼亡有。绝伪弃虑，民复季子"则合理得多。"知辩""巧利""伪虑"都是对人的意识择别之方向用于社会建设的描摹，有强烈的主观色彩，因为它们是片面看待问题的做法，造成的便是对于社会整体发展的破坏或阻碍，而成为老子所批判的对象。

2. 批判立场

对于暴政的批判是容易理解和接受的，对于老子关于积极有为、正向价值的批判必须置于老子哲学的基本立场分析才能从整体上把握。一方面，虽然《老子》文本没有明确表述，但是我们仍可以肯定老子批判的并不是积极作为和倡导道德价值本身，若如此，那真的就成为反社会者了。老子是在思考社会乱局背后的深层原因时发现，一切以人为意志为主导的社会发展都潜藏着危险，因为人能完整把握社会这个大的有机体的机会是有限的，因此所有肯定出来的方向往往亦有否定其他积极性因素伸展的负作用，自然秩序的自治性启示一种社会自然秩序的存在。另一方面，对于有为的批判，特别是使民风归朴的主张，可能与政治经济学所发现的社会进步规律并不一致，但应该理解老子是站在以道治国的哲学高度看待这个问题的。在他看来，凡是标举为理想的价值，就会成为强制的借口，就会成为违背人性乃至社会条件的"大跃进"，因此，任何时候都应当注意到社会自然秩序强大系统力量的作用。

《老子》第十二章："五色令人目盲，五音令人耳聋，五味令人口爽，驰骋畋猎令人心发狂，难得之货令人行妨。是以圣人为腹不为目，故去彼取此。"这一章是老子以批判立场给出治世的基本原则。"五色""五音""五味""驰骋畋猎"都是刺激人的感官的事物特征，其结果是伤害器官功能、迷乱心智，这段话文字虽然较多，但是恐怕并不是老子想重点表达的内容，老子是想通过一个人们认可的一般原理得出刺激手段是危险手段这个结论，以接顺"难得之货令人行妨"，心理问题不是老子关注的，社会治理才是他关切的核心。"难得之货"是不是"货"的本质属性？不是。"难得之货"是人为加诸观念的结果，是以事物的对应特点占据了人的意识活动的表现。在老子看来，追求"难得之货"是一种片面刺激，是背离了事物本身完整性的行为，不应该成为促进社会发展的鼓吹标杆。"圣人"治理社会的原则是"为腹不为目"，物质性存在发挥其物质性的自然功能，当物质性存在成为占据人的精神的资源时，人本身也就被异化了。《庄子》沿着这个方向有较多展开，老子虽不就人的自由与物的关系而言，但以自然关系高于人为构设为立场，批判了物质诱惑为手段的治世之道。

《老子》第六十五章："古之善为道者，非以明民，将以愚之。民之难治，以其智多。故以智治国，国之贼；不以智治国，国之福。知此两者亦稽式。常知稽式，是谓玄德。玄德深矣，远矣，与物反矣，然后乃至大顺。"今解读《老子》归之于帝王南面之术，以弱化群众意志，使为顺民而治的，多以此章为据。应该说，这种认识是非常有局限的，正是对于老子的批判式思维的立场不清楚而致。老子期待的读者是施政者没问题（无为政治的主动权在他们手里），但不能把《老子》归为给在上为政者出的什么主意，因为从行文看，老子更多地是要求施政者释放权力、开阔空间，是要求在上者处下的。如果这样也可以被看作是一种统治江山的手段，那就很难进行正常讨论了。其实，老子既不属于帝王，也不属于百姓，他思考的对象是社会政治关系保证发展的终极模式。对于此章的关注点不应集中于"愚民"这个地方，全面看老子的要求应该重点在"不以智治国"上，"愚之"只是从"民"而言的。如上文所言，老子把自然发展视为和谐发展和全面发展的模式，这是他的基本立场，因此在第十二章老子批判以物为诱的发展，此章以智为准的发展也是老子批判的。何以如此？在老子看来，它不是"玄德"——主观认知造成了对事物深层动能发展的破坏。

《老子》第三十五章："执大象，天下往；往而不害，安平太。乐与饵，过客止。道之出口，淡乎其无味，视之不足见，听之不足闻，用之不足既。"这一章可视为老子政治哲学的归宿，正是在这一立场下，老子对一切不自然的、主观意志的、强力控制的社会发展形制都持批判态度。"象"是事物的相状，"大象"即"道"，是无形无相的。它与"乐""饵"之类以专门途径作用而表现出来的存在不一样，是"无味""不足见""不足闻"的，然而"天下往""不足既"。说"道"普遍作用于事物，只是表述方便，事实上，事物的"道"性不来自外面的任何存在，它就是事物整体合理性的形上表达。给事物以自然发展的机会，就避免了导向性作用形成的破坏（"往而不害"），于是（"安"解为"于是"而不是"平安"为当，竹简本写法支持了这一解释）"平太"——平衡、壮大。也就是在老子看来，凡不以道性观照事物的治国之道，都是"往而有害"的，都需要纠正。

3. 批判方式

老子对于有为政治进行批判，为从各方面展示道性提供了前提，即"道"有否定的一面，是对现实政治和现实价值的否定，集中呈现为"反"的特性，所谓"反者道之动"。为了突出道的反的基本特征，老子在对相应对象进行批判时，采用了对举、对比的方式。这种对比以显性者居多，但也有隐性的比较。

《老子》第二十章："众人熙熙，如享太牢，如春登台。我独泊兮其未兆，如婴儿之未孩。儽儽兮若无所归。众人皆有余，而我独若遗。我愚人之心也哉！沌沌兮！俗人昭昭，我独昏昏；俗人察察，我独闷闷。澹兮其若海，飂兮若无止。众人皆有以，而我独顽似鄙。我独异于人，而贵食母。"这一章老子以第一人称的"我"代明晓道性自然之人与"众人""俗人"相比较，明确说"我独异于人"。"众人"的特点是"有以"，有凭借；"熙熙"，忙碌；"有余"，追求富足，这是做法。"俗人"的特点是"昭昭""察察"，很明白，这是看法。"我"的特点是"顽似鄙"，没方向；"未兆"，无行动；"若遗"，不追逐，这是做法。"昏昏""闷闷"则是看法。以"俗人""众人"对待事物的态度，老子提出要从整体上认识事物，不要以特定角度的"有以"作为自己"昭昭"明白去忙于"熙熙"追逐事物的依据。章末总结为，"我"与"俗人"的不同之处在于，"贵食母"。"母"即生成事物的源发之质，也就是无别状态。这一章整体以士人修养超乎一般人生存样式的表现呈出"得道"之人的特殊，是表明道性的把握与一般认识事物的方式是极不相同的，既不能理解为老子要求帝王如此，也不能理解为老子要求百姓如此。此章的关键在于，老子提出了认识、把握事物的整体性原则，认为凡以专门角度去"有以"，则落入"熙熙"而争"有余"，但这种"昭昭""察察"是沿着事物的某方面表现的，与从根本上把握事物之"母"不同。在此章，老子以对比的方式，提出道性的特点，不可把它作为老子所要求的实践态度。

《老子》第四十四章："名与身孰亲？身与货孰多？得与亡孰病？是故甚爱必大费，多藏必厚亡。故知足不辱，知止不殆，可以长久。"这一章的对比是观念之间的，起点在于一般人都追求"甚爱""多藏"而不能"知足"，老子对其进行批判，意在使为政者能够打消为了聚敛而驱民于役的念头。至于对比的结果，老子没有给出答案，也不一定存在确定的答案，它只是老子提出来以供反思的对象。名誉与生命何者为重？不确定，有时名誉重要，有时生命可贵。身体与物资哪一个更重要也不太容易确定，要放到具体事项上看。得到与失去何者有害？这更要看具体环境。在这里，老子并不是让人们由对比而得出选择，而是意在使人们通过对比对于所追求的价值目标之可靠性进行重估。不知足而聚敛，属于为身、为货、为得的，但这一定是有益的吗？《老子》行文以引导为政者自我批判的方式，希望由此对比而自行思考，对于"得"本身产生质疑，从而确立"知止"的观念。

《老子》第六十七章："天下皆谓我道大，似不肖。夫唯大，故似不肖。若肖，久矣其细也夫！我有三宝，持而保之。一曰慈，二曰俭，三曰不敢为天下先。慈，故能勇；俭，故能广；不敢为天下先，故能成器长。今舍慈且勇，舍俭且广，舍后且先，死矣！夫慈，以战则胜，以守则固，天将救之，以慈卫之。"这一章是把一般治国实践的特点与循道而行的特点进行比较。以道性确定治世原则是建立在最普遍关怀基础上的，是"大"，然而这种"大"在实际中的表现却恰是处于无形作用的"不肖"，具体为"慈""俭""不敢为天下先"三宝。在上施政者所为却往往与之相反，鼓吹以"勇""广""先"，老子的结论是"死矣"，不归路。这里必须要明确，老子批判的并非"勇"等本身，面对一定的具体事项，有时需要"慈"，有时就需要"勇"，比如面对侵略者。一是批判在上者对"民"的态度（章文所进一步讲"夫慈，以战则胜"正是就在上为"慈"，能获得各种积极因素作用而言），二是强调人们都选择的价值方向潜藏危险。

《老子》第八十章："小国寡民。使有什伯之器而不用；使民重死而不远徙。虽有舟舆，无所乘之；虽有甲兵，无所陈之；使民复结绳而用之。甘其食，美其服，安其居，乐其俗。邻国相望，鸡犬之声相闻，民至老死不相往来。"这一章是以隐性对比的方式进行批判。施政者使国大、民多、技术先进、国防力量强大是通常要求，但本章全文描绘了一番淳朴的原始生活场景以形成比较，之所以未列举比较对象，是因为其本身就是人们生存的社会现实。"小国寡民"不是希望社会倒退，也不是社会治理的真实目标或幻想的乌托邦世界，它本质上是承担批判功能的对比角色，即人们"甘其食，美其服，安其居，乐其俗"的"幸福"生活未必系于刻意追求的物质丰富，自然状态所允许的样态（当然也包括自然地富足）是最理想的社会生活。

三、《老子》的体证式思维

生成道论的比类式思维和批判式思维都比较容易理解，即如一般讲道理要通过打比方和驳倒对立观念才好展开自己的观点，只不过在老子，道以比类建立本体性价值，以批判确定终极性意义，使得道论的范畴已经非一般政治原则为言，而是具备了哲学功能。使之成为哲学范畴的重要一环就是体证式思维的介入，体证式思维保证了道的超越性质和物质性特征。这似乎是张力存在的两个方面，超越性是拒绝具体属性的，与器世界相对；而物质性往往是建立在实质存在基础上的，表现出特定属性。道就是这样特殊的存在，它没有相状，但又真实，无法形诸，但作用确定。这种存在超越一般人的生活经验，除了用比类的方式把道理展开来，老子必须对其无形有用的体性做出解说，特别是从认知来源上给出理由，这就是老子道论的体证式思维必须进入的原因。

1. 体证含义

体证是对于存在物的一种直接感知。一般认识事物无非是两个途径，一是感觉器官与外物相作用，沿特定通道传达信息而提取出来；二是把一定事物作为思维对象，判断对象的性质与功能。但老子所言的"道"是以上两个途径无法把握的，这是因为它既不属于感知性存在，也不属于思想性存在。感知性存在或思维性存在一定是确立某特征的角度，这种特征是将其从其他事物分别出来的。老子所界定的"道"必须具备所有事物都依靠的总依据性，因此它只能是剥离了分别性，不具备任何具体物相特征的，也就无法被"观察"与"思维"。不仅如此，认知它的途径反而是排斥的象性认识，因为表现出具体性就非道了。

道的存在显然离不开逻辑思考的贡献，批判式思维的意义即在于此，把手段性措施一一解除，最后呈现出来的只能是事物自身合理性，这种合理性的绝对化与范畴化，即是生成道的有效途径。但仅仅有逻辑思考，显然无法说明老子的道，因为老子一再强调道的真实存在性，这种真实存在是被老子诉诸于"物"性的。道是"物"又无法成为认知对象，确定它的真实就只能是一种认识的超越，它有直接性、不可言说性，其结果似有而无，存在而恍惚，这便是《老子》文本中相关描述的来源。也就是说，老子不仅要对道本身的存在性进行描摹，还要对认知它的途径的特殊性提出见解，唯此才可言之凿凿。

《老子》第四章说："道冲而用之或不盈，渊兮似万物之宗。挫其锐，解其纷，和其光，同其尘。湛兮似或存，吾不知谁之子，象帝之先。"① 这一章既解说道用，又描摹道体，是对道的体用性质的简明概括。"道冲而用之或不盈，渊兮似万物之宗"兼述道的存在性与功能性。其存在的特点是"冲""渊"，"冲"代表空虚，"渊"代表深邃，标志着道非具体而玄远。其功能特点，一是作用不可穷尽（"不盈"），二是为事物的生存发展提供依据（"宗"）。"湛兮似或存，吾不知谁之子，象帝之先"亦是兼论体用。"湛"，《说文》给出的基本字义是"没"，"似或存"是对"湛"的解释，也就是"道"是存在又似不存在。老子反复为此说，无非是强调道这种存在不属于人们经验生活的存在物。道的这个性质根源于它不是独立在事物之外的任何存在，它是事物自身的系统性的物性表现，突出的特点是脱离了任何限定角度而产生系统作用。"象帝之先"，这一句古来解读纷纭，笔者的意见是，"象"为物象，"帝"通"蒂"，亦指事物的具体表现，"象帝之先"即道的存在是在事物的具体样态展开之前的，当然，这个"先"是逻辑之先，而不是实质时间线上的先后问题。《老子》此章直接描写道的体用特点，中间以"吾不知谁之子"则表明道的此种特点是被认知的结果，是基于体证结果的一种写照。

《老子》第十四章说："视之不见名曰夷，听之不闻名曰希，搏之不得名曰微。此三者不可致诘，故混而为一。其上不曒，其下不昧。绳绳不可名，复归于无物，是谓无状之状，无物之象。是谓惚恍。迎之不见其首，随之不见其后。执古之道，以御今之有，能知古始，是谓道纪。"本章"执古之道"句前的论述皆是对"道"存在的独特性特征的描述。"视之不见""听之不闻""搏之不得"，即道不属于感觉器官作用的范围。因为感觉器官作用于事物的局部特性，视觉对应光、听觉对应声、触觉对应事物的物理性质，但道性是整体性的，是未分的状态，"不可致诘"即不进入分析立场，"混而为一"即整体无别。道"不可名"，因为"名"本身就是建立在区分事物这一功能基础上的，当道属于一种"名"，则会把非"名"之外的

---

① 该章中间"挫其锐，解其纷，和其光，同其尘"，这一句在第五十六章重出，笔者按学者研究处理为第五十六章文字，在此处不纳入讨论范围，在下文"体证对象"部分再加以引入解说。

事物排除掉，违背了道的总依据特性。同样，"状""象"都是用于描述事物的具体特点的，"状""象"越细致，事物便越清晰，对它的认识就越准确。但"道"不可落入具体性而有，又是确定之存在，只好说这种"状""象"是"无状""无象"。"状""象"是确立为真实，"无状""无象"是超越了具体，老子把这种性质称为"恍惚"性。这里的"恍惚"与今天的"恍惚"意义不同，它是表征非感知、感受范围的。"迎之不见其首，随之不见其后"，更强调了"道"非具体事物，不属常态认知途径可把握的特点。当然，说了半天，老子仍唯恐人错会了"道"，把体无的理解按照一般思维逻辑归为用无，故而从"道纪"又重申了道用的古今不变。《老子》此章的论述强调了从一般人认识事物的途径去"观察"道，是行不通的，堵住了由感官、思维去认知"道"的路线，由"道"存在的超越性而开出认知本身的超越性，虽付出了斥道神秘性特色的代价，但是也给人们实践道拒绝主观意志的基本路线铺设了基础。

《老子》第八十一章说："信言不美，美言不信；善者不辩，辩者不善；知者不博，博者不知。圣人不积，既以为人，己愈有；既以与人，己愈多。天之道，利而不害。圣人之道，为而不争。"这一章总体上论述超越世俗之道的圣人之道的价值，可谓一章"圣人之道"总论，章文恰处于通行本结篇之处，章次编排者或注意到了这一章能括结全文的性质。本章关乎认知特点、修养表现、施政原则等各方面，与体证认知相关的是开头的"信言不美，美言不信""知者不博，博者不知"二句①。"信言"是确定意义的话，是对"道"的肯定，但"不美"，因为华丽雕琢的语言是与事物的道性整体无分的样态背道而驰的，故而"美言不信"，描摹越丰富，越偏离了真理。"知者"亦可为"智者"，是对"道"有认识的人，他们不像人们认识事物要靠知识与经验积累的"博"，因为"道"是整体样态，积累越多，分析越烦琐，就离开道性越远。这两句一定得放在认知道性的体证规律的特点上来理解才行，要不然，越"知"越不广博，无论如何也说不通。老子树立圣人之道的价值时，首先给出了道属于体证式思维对象的这一基本特点，使之与"为而不争"的治世原则形成头尾呼应的关系。

---

① 通行本"善者不辩，辩者不善"处于二句之间，而帛书甲、乙本均在二句之后，且作"善者不多，多者不善"，为待物态度而言，逻辑上应在认知关系之后。

2. 体证对象

老子把事物存在与发展所依靠的本体归为"道"，认为事物不离道之作用。道在事物上的表现主要是其本身具有完整的自洽性和内在的积极性，完整是其被系统作用的结果，内在是事物自身就是一个有机体。这样，可以归论"道"具备的最根本性质是整体性与自然性。人以感官和思维去触碰对象时，正是循着事物分裂与分别性特点去的，因此整体性不在人的常态认知范围，它属于体证式思维的对象。同样，人的认知活动会伴随着事物的性质体现出来，这与建立在区分事物基础上的意识活动根本特性有关，因此自然性亦不在人的常态认知活动序列，它也是体证式思维所对应的存在。

《老子》第十六章说："致虚极，守静笃，万物并作，吾以观复。夫物芸芸，各复归其根。归根曰静，是谓复命。复命曰常，知常曰明，不知常，妄作，凶。知常容，容乃公，公乃王，王乃天，天乃道，道乃久，没身不殆。"这一章是从认知道性到实践道的意义的总体论述，是《老子》认识论与方法论相统一的基本观点，在老子的哲学中非常重要，因为它表现了其思想展开的基本线索。"虚极""静笃"是泯灭常态思维活动，常态思维活动是以对应具体存在的"实"和不断应接的"动"为特点的，在这种状态下对道性的体证就会被淹没，因此所"致"、所"守"都是一种精神操持的要求。"万物并作"是人们眼中事物纷纷扰扰的表现，"复"是认知道者的"我"所"观"（体证）的对象，它与"作"相反，是从复杂表现看根本性质，即"物芸芸""复归其根"。事物表面上的纷纭来自一种根据，不被现象牵着走，才能对这个"根"有体认。所以"归根"是一种通达事物总体性的路线，是脱离了纷扰现象的状态，无所谓动静，"曰静"只是相对"并作"与"芸芸"而言。这种总体性是赋予事物生存发展的依据，体认它是对主宰性的"命"的认知，也是对不同事物的共性的了解，即为"常"。这是老子一系列认知活动落到的地方，因为至"常"便和治世之道方便连接起来。其实，"复""根""静""命"都是对于体认到的事物整体性的描写，只是"复"相对"作"而言，"根"相对"芸"而言，"静"相对"动"而言，"命"相对"物"而言。体认式认知是起点，目的是要达到"明"，明确道性以用于治国实践。老子认为，不能认知这个整体性的，就会肆意作为，导致陷入困境之"凶"。能够体认这个整体性的，就不以主观认知而有偏狭，能够容纳不同存在，放弃了个人至高的公，符合王者与天命之要求，循道性而为遂能长久不衰败，也不会陷入困境之中。本章在方法论意义上在于放弃主观意志的干扰，因循事物自身性质给其充分发展开拓空间；认识论的意义在于不被具体现象所困扰，回归到事物的根本性质上看问题。对于道理的给出者要害在后者，对于道理的接受者重点在前者。

《老子》第五十六章说："知者不言，言者不知。塞其兑，闭其门，挫其锐，解其纷，和其光，同其尘，是谓玄同。故不可得而亲，不可得而疏；不可得而利，不可得而害；不可得而贵，不可得而贱，故为天下贵。"这一章的论述方式与第十六章近似，文字分为两部分，"故"字之前为认知事物整体性的方式，"故"字之后是以整体性思维来看待事物的方式。"知者不言，言者不知"，不管是"知"即为"知"，还是为"智"，都是强调对于道的认识是拒绝"言"的，因为"言"是思维的符号，是从区分的角度来看事物的，与体认道的统一性原则格格不入。"塞其兑，闭其门，挫其锐①"是从限制性要求而言的，"解其分，和其光，同其尘"是从混同性思维而言的。"塞""闭""挫"都是关闭的动作，"闷""门""阅"是人的意识活动通向外界事物的途径，外趋式指向会占据整个思维活动使得对于道性的体认无法呈现，因此从感官上的抑制活动必然是体证式思维所要求的前提。"解""和""同"都是混同一体的要求，"分""光""尘"是人对事物具体性质判分的方式，分别事物的各样性质是人生存需要却失去了整体把握对象的机会，因此从思维本身以混同无别的方式待物应该成为体证式思维所建立的基础。由上可知，老子把关闭常态认识途径、混同思维内容的体证认知称为"玄同"。可以说，"玄同"之论在《老子》是基础构成之一，它与道论、治论分别为老子哲学的认识论基础、思想重心和实践原则。本章中认知要求隐含认知结果，实践原则隐含循道而有，所以从"玄同"的统一性要求直接过渡到后半段的对"亲疏""利害""贵贱"的混同，其逻辑就是，从道性而言是认识了事物的全体性，循道性而行是保护了事物的积极性，不能以个人的主观意志给予事物以亲疏、利害、贵贱的判断，也就使得事物能够最大限度地伸展其自身的合理性。这种认识与实践方式非

---

① 传世本"挫其锐"的写法不易读通，帛书甲本"锐"作"阅"，"塞其兑"之"兑"作"阅"，那么"塞""闭""挫"的对象都是"门"字旁的"闷""门""阅"，则形成一个系列，文意较传世本胜，因此文中依帛书甲本写法进行解读。

一般生活经验所有，因而成为"天下贵"。"玄同"不是在不同的事物求同，"玄"的意义在于超越，是超越了主观人为限制的"同"，沟通知、体、用，亦为认识论与实践论相统一的论述方式。

3. 体证方式

体证式思维是保证"道"作为一种真实"物"性被人们接受而开设的，因为一种真实存在的强大作用性是有约束力的，在政治实践中，人们只能遵循它，不可违背它。这一点使得"道"与一般的治世理念不同，它以物性被标志。但老子又必须强调这种"物"的特殊，因为一落入具体的物，则有具体属性成为被把握方向，"道"是拒斥这一点的。道的性质决定了道的体证方式，亦或者说，道的体证方式同时决定着道的性质。"道"本身有"反"的性质，认知它的体证式思维与常态把握事物相比的"反"就是必然的，它要求意识活动指向的"反"，形成认知结果的途径的"反"和与对象连接的内容的"反"。在《老子》文本中，涉及到相关问题时，老子都特别强调了这种认知方式的巨大差异，并特别以比较的方式表达出来，这使得老子哲学本身表现了超越性一面，但同时正因此使得老子的思考是站在哲学的至高点上展开的。

《老子》第四十七章说："不出户，知天下；不窥牖，见天道。其出弥远，其知弥少。是以圣人不行而知，不见而名，不为而成。"走出去，对对象广泛观察、深入研究是人们认识客观世界的基本途径，但老子在本章开篇即否定了这种认知方式，直接说"不出户""不窥牖"，原因在于认知对象为"天下""天道"。"天下"亦是总体事物，在这里是"道"的另一种提法，与"天道"形成互文关系。老子为了强调这种认知方式的"反"，进一步补充说，在这认知活动中，"其出弥远，其知弥少"。即传达了一个基本道理，就是在对"道"的体证式思维中，意识本身的指向不是外界事物，而是其自身。此亦即《管子·心术上》所谓"修此知彼"之道①，或此内向性作用的方式亦为其时诸家所共知。老子接下来在本章以区分于"俗人"的隐性比较展示了"圣人"之道的特点。一般人的"行而知""见而名""为而成"是基本常识，但圣人的做法恰恰相反，所以每个点都加了"不"字进行否定，形成三"不"的反向作用方式。"不行而知"是因为认知的对

---

① 《管子·心术上》："人皆欲知，而莫索之，其所以知彼也，其所以知，此也。不修之此，焉能知彼？"

象是整体性的，不属于主观判断事物属性的序列；"不见而名"不是对一般事物而言，是于道性而言，道即有名又无名，不可名状，"不见而名"即无法为名；"不为而成"是因循事物本身的自然性，"为"是破坏，"不为"是成就。三个"不"字句，恰恰对应了认识要求、理论特质、实践原则，与《老子》行文特点保持高度一致。

《老子》第四十八章说："为学日益，为道日损。损之又损，以至于无为，无为而无不为。取天下常以无事，及其有事，不足以取天下。"在此章老子仍以比较的方式提出以道中心的认知与实践的特别之处。老子提出两种方向，一是"为学"，一是"为道"。"为学"是一般人积累知识的路子，积累越多，知识越丰富。"为道"是对道本身的体认，它不建立在具体知识整合或系统化的基础上，反而以排除主观价值判断的干扰为前提，因此相对常态积累式获得知识的途径而言，是一种"损"。"益"和"损"的区别在于，一是从关注中心泛衍开来，从简单到复杂，是常态认知活动的基本性质；一是从事物具体性质的占有中收拢回来，从复杂到简单，是体证式思维的独特之处。本章"损之又损"以下则是从认知要求转向实践原则，"损"本身是体认道的要求，"损之又损"的所指其实发生了一定变化，可以之理解认知，但以之理解实践也可，因此它是桥接的一句。"损之又损"落到了"无为"则纯属治世的要求，再到"无为而无不为"则是无为政治的基本构成模式。"无为"是在上者，"无不为"是在下者，如把后者也归为在上者，实际是在下者的"为"成就上之"无不为"，断不可把"无不为"当成上为政之原则，这一点汉代以来的注家就一直没怎么摆清楚。最后老子从施政者的角度说管理（"取"①）天下的原则，即为"无事"，是"无为"的另一种讲法。"有事"就会片面，难以照顾整体，对于"天下"而言，即有失，"不足以取天下"。

《老子》第五十四章说："善建者不拔，善抱者不脱，子孙以祭祀不辍。修之于身，其德乃真；修之于家，其德乃余；修之于乡，其德乃长；修之于国，其德乃丰；修之于天下，其德乃普。故以身观身，以家观家，以乡观乡，以国观国，以天下观天下。吾何以知天下然哉？以此。"这一章基本论述特色与上述几章一致，但方式不同，一般是先认知后实践，此处是先

---

① 在《老子》文本中"取天下"之"取"字，释为夺取还是治理，汉代以来即有不同意见，本文考虑《老子》全篇核心都是治理国家问题，认为"取"字释为"治"更合适。

论实践效果，后引出认识原则。"建"和"抱"都有使事物稳定确立的意图，越稳固就越"不拔""不脱"。一般人为了达到"不拔""不脱"的目的，就对事物及其作用因素进行周密观察，并依之进行相关作用，以求达到目的，但老子所说的"善建者""善抱者"却非如此，他的"建""抱"原则被省略，让读者从下文认知方式的论述中自行得出，仍是认知角度决定实践原则。老子对于"善建者""善抱者"的施用范围与取得的成效做了序列铺排，"身""家""乡""国""天下"不是强调一个从低到高的顺序，而是突出适用范围之广，"德"即"得"，亦即成效，为"真""余""长""丰""普"，是普遍"美好"的各种提法。老子认为，上述效果取得的原因是对于"身""家""乡""国""天下"采取"以 A 观 A"的方式。什么是"以 A 观 A"？就是不能把 A 分析为 A_1、A_2、A_3……的方式去看它，而是只能以整体性原则去看待事物，比如"观国"，就不能以"乡"或"家""身"去"观国"。最后，老子落实到"观天下"（亦即"治天下"）的原则——"以此"。"此"即为整体性要求，对事物超越差别对待层面的要求。体证式思维把握的是事物的整体性，取得的是整体性认知的结果，希望给予治世者的启发是以整体性原则看待整个社会有机体。

老子道论是《老子》的作者基于特定时代条件，对于社会现实进行深入观察和深刻思考的结果，这种思考既包括对现实政治的批判，也包括对理想政治的构想，更重要的是老子把这种思考引向其背后支撑价值本体的给出。这样，道论实际是老子学说的依据层面的，是老子关于政治构设的根本依靠。若要表明其合理性，则必须回到生成道的思维范式本身的检视，并把思维范式作为表述方式展开在读者面前，《老子》的大量文字正是关乎此的。

体认老子道论的思维模式对于还原老子思想非常重要，原因在于唯此才能理解老子的政治哲学建立在怎样的认识基础和思考角度并展开为一种思想体系的。剖析老子的思维模式对于中国哲学特别是形而上学部分的特质的理解也非常重要，原因在于道这个范畴从承担政治价值本体到宇宙本体、人生本体经过了一个嬗变过程，从源头上透彻其生起之因缘对把握这样的嬗变显然不无裨益。

第四章

天之道向人之道的伸展：道论建立的肯綮

　　道作为中国哲学的核心范畴之一，不仅是解说问题的"道理"，而且是理想秩序归向的"大道"。它承担了太多形上的功能，被理解为普遍的事物存在法则。道本身是明确的，又是模糊的，明确在谁都可以自然地使用这个概念，模糊在好像这个概念从来没有真正地说清楚过。道到底是什么？当代学者对于道本身功能的复杂性多有阐发，方东美以道体、道用、道相、道征四个方面而言①，唐君毅将道分为六义——虚理之道、形上道体、道相之道、同德之道、修德之道、生活之道②，陈鼓应从实存意义、规律性和生活准则三个方面议论③，王德有在概括道在哲学层面的本原意义的基础上又总结了其十一个方面的含义④。杨国荣指出，"中国哲学的'道'既指存在的法则，又指存在的方式，二者难以分离"⑤。学者们对道之奥义的探索有益于我们把握道的基本含义，但这里不能忽略一个问题，那就是道这个范畴本身是动态的，在老子道的设定与老子后学的道有明显不同，即道在老子诠释者那里是思想嬗变了的概念。恰如元初道教学者杜道坚所说："道与世降，时有不同，注者多随时代所尚，各自其成心而师之。故汉人注者为'汉老子'，晋人注者为'晋老子'，唐人、宋人为'唐老子' '宋老

① 方东美：《生生之美》，台北：黎明文化事业公司，1979 年，第 295-299 页。
② 唐君毅：《中国哲学原论·导论篇》，台北：学生书局，1986 年，第 348-365 页。
③ 陈鼓应：《老子注译及评介》，北京：中华书局，1984 年，第 2-13 页。
④ 王德有：《道旨论》，济南：齐鲁书社，1987 年，第 1-4 页。
⑤ 杨国荣：《以道立言——〈老子〉首三章释义》，《上海师范大学学报（哲学社会科学版）》2021 年第 1 期。

子'。"① 故而，对于老子道论的研究不宜采取以后释前的立场，而是应该回到思想史的线索和《老子》文本对于道何以承担了形上的价值本体这一功能做出合理分析。

道，从词义溯源，必是由具体形象事物的指称而求其抽象的意义再进一步被完全形上化的。《说文解字》对"道"的解释是："道，所行道也。从辵从首。一达谓之道。""道"的起始含义即道路之谓，这是符合思想发展的逻辑线索的。道路是一种约束或规则，由此进一步成为对于事物存在与发展所遵守的普遍规律的指代，即"一阴一阳之谓道，继之者善也，成之者性也"②，道的具体规律与形象含义仍具，但起码在哲学视野中，逐渐退居其次了。

在《老子》，"道"当然是中心范畴。《老子》的特色或者说决定了其哲学作品性质的正是因为老子给予其设计的无为政治寻找了一个理论依据。为了解说这个理论依据，老子从人对于经验所有之规律的认识特别是自然规律的把握来论说社会治理的遵循。其思维逻辑的起点是现实专制政治的不合理，归宿答案是理想的无为政治（圣人之道），理论支持是天道自然。这是其思维方式，而其表述方式恰恰是反过来的，即"天道"自然秩序是合理的，那么社会治理的"人道"应该效法"天道"而行。这里我们强调的是效法，而不是遵循，因为事实上"天道"对于"人道"没有约束作用，只有示范价值，设想一种同时规范着自然演化与社会发展的绝对统一之道是老子哲学的诠释者们所反复乐推而成定论的，在老子并非如此。此正如沈顺福说："道可以为天之道，甚至可以是地之道，但是不能保证其也为人之道。道仅仅是宇宙间部分事物的存在方式。"③

由上述内容可知，从老子而言，是先确定"圣人之道"的观念，转而求理论基础"天道"；从《老子》而言，是由"天道"无为的表现，转以启示"人道"亦应如此。这种思维与表述方式深深影响了中国哲学，比如宋明理学也是由伦理求天理，以天理定伦理的。从这一点来看，《老子》文本中的"道"本身就不具完全统一的意思。从王弼本看，"道"字共出现76次，涉及37章，明确标出为"天之道"的有5处、"天道"2处、"人之

① （元）杜道坚：《玄经原旨发挥》卷下，《道藏》第 12 册，第 773 页。
② 周振甫：《周易译注》，北京：中华书局，1991 年，第 234 页。
③ 沈顺福：《从观念史的演变看中国古代哲学的诞生》，《管子学刊》2020 年第 1 期。

道"2处，其他没有明确标出的"道"或为"天道"，或为"人道"，更多的是承担了兼合"天道""人道"的功能。这里的"兼合"并不是"天道"与"人道"的完全一贯，而是与"天道"特性相通的"人道"。

《老子》文本中明确的"天道"与"人道"对举并不多，但非常重要，它表明了一个横亘天人的道有在两种道的比类中被抽离掉"天""人"而进一步形上化的过程。

《老子》第七十七章说："天之道，其犹张弓与！高者抑之，下者举之；有余者损之，不足者补之。天之道，损有余而补不足。人之道则不然，损不足以奉有余。孰能有余以奉天下？唯有道者。是以圣人为而不恃，功成而不处，其不欲见贤。"老子拿人们熟知的张弓的动作为喻（这一动作只是"犹"——比方，并不是天道本身），指出"天之道"的基本特点是均衡，"损有余而补不足"。"人之道"却恰恰相反，它"损不足以奉有余"，剥削、压榨百姓，满足个人私欲。这就是"天之道"与"人之道"的不统一，这种"人之道"显然是老子所见的专制统治的掠夺之道。在这一章，"天之道"与"人之道"并不一致，这充分表明"天道"并不是完全限制"人道"的，老子之所以以"天道"示范"人道"，在于"天"是无意志的存在。"天"与"万物"似形成上下层级关系，但因其无意志，所以万物自然发展，便能够不被干扰，由事物的内在完整性解决面对的复杂问题。老子希望"人道"亦应如此，领导者最大限度地把发展权留给百姓，百姓就可以均衡发展。有意思的是，这一章下文"孰能有余以奉天下？唯有道者"这里又出现了"道"字。推其文义，这个"道"便是取得"人道"与"天道"一致的"圣道"。由此更可见，"道"本质上是"圣道"，顺遂自然之性是老子给予它最初的属性。

第八十一章章末说："天之道，利而不害。圣人之道，为而不争。"这是在《老子》文本的另一处"天之道"与"人之道"的对举。这里有两个问题需要注意：一是"圣人之道"在帛书本作"人之道"，传世本皆改"人之道"为"圣人之道"，可能是要与那种"损不足以奉有余"的"人之道"区分开来。其实，此"圣"字加了并不错，但不加也并无问题。七十七章的"人道"是现实人道，这里是理想人道，补足文义便是，大自然是利益事物而不相妨害的，因此人的社会管理也应辅助事物而不争功，即"人之道"前隐含了一"故"字。二是"利而不害"与"为而不争"本身都是

"圣人之道","天之道"谈不上"利而不害"①。"天之道"有风调雨顺,也有暴风骤雨,对于特定事物是有利也有害的。这里"利而不害"的标举,本质上是以理想的治世之道反求自然之道的结果。

在《老子》文本中的未明确标明"天"或"人"之"道"的,有时偏于"天道",有时偏于"人道",有时二者兼有,基本上都是承担了"天道"向"人道"的横通功能。它们用以表示道的基本属性、基础功能,以及作为治理国家的基本原则。

一、《老子》道的属性

老子对于道论的铺排是为了给顺遂事物自然、自由发展的政治设计提供理论支持。事物为什么可以自然发展?因为它本身是复杂因素作用的有机体,有发展的内部积极性。老子把事物自身的系统动力称为"道",从而使其有了本体意义。这个本体是客观的,但并不是一种生成层面的本体,而是价值本体。具体而言,"道"的整体性、自洽性、决定性都是从事物发展的视角去衡量的。

1. 整体性

《老子》对于事物本身具有的整体性有专门描述,特别是用到了两个概念,一是"朴",一是"一"。

"朴"在传世本《老子》用到8次之多,在《老子》已经是一个范畴化的词汇,这一点没有引起以往的研究者的充分注意。"朴"原意是"木素"(《说文》),本身就是从事物的具体表现抽象出来的。从树木未被加工之"素"到事物未分的"朴",还是思维从具体到抽象的过程,老子再返回到这个概念的源出含义以类比事物自身的整体性。第二十八章以"朴"和"器"对举非常明显:"朴散则为器,圣人用之则为官长。故大制不割。""朴"就是完整的,被"割"才成为"器","朴""器"相对正是"道""器"相对的源头。圣人的治国之道是用整体性即无差分的视角看待事物的,这便是"大制不割"。

"一"在《老子》中的使用也很频繁,最集中的当属第三十九章:"昔

① 这里的"害"是"妨害"的意思,而不是"危害","不害"即不干扰。

之得一者，天得一以清，地得一以宁，神得一以灵，谷得一以盈，万物得一以生，侯王得一以为天下贞。"古代注家多把"一"视为"道"的同义语，如苏辙注即曰"一，道也。物之所以得为物者，皆道也。天下之人，见物而忘道"①。其实，说"一"即是"道"，毋宁说，"一"是"道"最重要的属性。"一"是数字的起始点，代表的是未分的特性。王弼注说："一，数之始而物之极也。各是一物之生，所以为主也。"② 老子以一系列"天之道"作为比类，最后归于"人之道"的"侯王"，治世之道始终是老子哲学的思维起点与思想归宿。

通行本《老子》的第一句为，"道可道，非常道；名可名，非常名。无名，天地之始；有名，万物之母"。"可道""可名"都是具体施用范围的方向，"道"或"名"落入一种特定功用或属性要求，就是具体性质的确定展开，不是包蕴一切可能性的整体表现。一件事物有了具体属性，就是一种限制，不能成为其他事物的本质依靠，因此就不属于恒常之道。从这一点来看，没有被人以主观认识判断之前（"无名"）是事物都依据的根本（"始"），有了具体特性的给出（"有名"）便成为一切具体事物的原因（"母"）。《老子》首章是老子对于道根本性质与具体事物特点在哲学层面做出的重要辨析，也是历来颇难为解的一章。这一章有充分的玄理化特色，已经是在"天道""人道"统一的角度下对"道""物"关系的讨论。通行本将其置于第一章是合理的，有了这一论述，那么之后关于治国之道的讨论就是始终在哲学视野关注之下的，而不是流于方案设计。

第四十章"反者，道之动；弱者，道之用"是对"道"的运动规律的高度概括。其实，仔细品味这两句话，是有其不同侧重的。如果"反者，道之动"是偏于"天之道"的话，那么"弱者，道之用"就是偏于"人之道"的。日中则昃，月满则亏，物极则必反，此为人生经验所共知，是人对自然现象的辩证法层面的把握——事物的发展有否定自身的基本趋势，这便属于"天道"。但这种"天道"有启示"人道"的意义，在于一切有为政治目标于取得积极效果而采取推动方向性的措施，却往往适得其反。如果从"天道"自然而言，"弱"是道用，"强"难道就不是道用吗？因此，所谓"弱者，道之用"完全从人的治世之道而言的。这一句与上一句

---

① （宋）苏辙：《苏子由道德经注》，尊经阁文库藏钞本，卷二。
② （魏）王弼著，楼宇烈校释：《王弼集校释》，北京：中华书局，1980年，第105页。

并非完全并列的关系，而是在上一句"天道"整体性的基础上推论"人道"的基本遵循。因为有为的政治依赖强力手段是普遍的，"强"是造成社会发展陷入乱局、困局的原因，向"强"的反方向运动便是"弱"，所以"弱"的本质是承担消解功用，并不是"弱"本身有特别价值。换句话，老子不是贵弱，而是"弱"是达到无为的手段。"反""弱"都是回归整体的运动性，其提出正是"天道"指向"人道"的思考成果。

第四十二章的"道生一，一生二，二生三，三生万物"是经常被引述的一句话，用以解说老子关于事物衍生发展的从简单到复杂的基本认识，对于"一""二""三"的具体所指古来也各有解读。众说之下，老子此句已成中国古代自然哲学的代表之论。董光璧指出，相比上帝、精神、理念、物质等概念，道毫无疑问比其他概念更接近现代科学对宇宙发生过程的解释。[①] 但方便解说不能等同正确解读，对于此句仍应回到《老子》文本于老子哲学自身的体系做出判断，因为老子所说的"道"皆落于人道，不惟老子，先秦哲学家都很少关注纯粹自然哲学问题。把"道"至"万物"的进程视为人认识事物由整体到具体的过程，与生成论所谓看似相似，实则不同，"生成"是描摹了自然事物演进发展的，而"认识"则是刻画了人的主观意志由统一观照到局部性质的提取。如果一定要对此句做出生成论方式的解读，那么生成论便是"天道"，而认识论便是"人道"，或此句本就是"天道"整体至分裂，启喻"人道"局部到统一的设计，因为传世本下文是落在了"故物，或损之而益，或益之而损"[②] 的讨论的。

2. 自洽性

整体性是对事物出于系统作用的认识，这种系统作用一方面提示事物的复杂性超越人的主观认识范围，另一方面则是提示事物的运动发展是其本身所具有的基本性质，即自求发展、自由发展是事物所具的、当具的。

第二十五章说："有物混成，先天地生。寂兮寥兮，独立而不改，周行而不殆，可以为天下母。吾不知其名，字之曰道，强为之名曰大。大曰逝，逝曰远，远曰反。故道大，天大，地大，王亦大。域中有四大，而王居其一焉。人法地，地法天，天法道，道法自然。"这一章传世本与出土本有较

① 董光璧：《当代新道家》，北京：华夏出版社，1991年，第94—97页。
② 该句的意思是：摒除具体性质，回归统一视角，就给事物发展提供更大的空间。越是觉得把事物看清楚了，其实是忽视了其整体复杂性，而陷入片面执着。

多区别，这里只依传世写本进行解读。本章共七句话，前六句都是对"道"的整体属性的论说。"有物混成""寂兮寥兮""吾不知其名"三句是对"道"存在之独立、完整性质的论断，"大曰逝"一句是对"道"运动之否定之否定规律的认识，"故道大""域中有四大"两句是"天道"归向"人道"，有统一社会之道的"王"道和自然之道的"天""地"之道于一体的意味。最后一句是整章的落脚之处，"人""地""天""道"皆法则自然，意思是事物既然不离"大""反"的道用，那么其发展便是完全自洽的。

《老子》第三十二章载："道常无名，朴虽小，天下莫能臣也。侯王若能守之，万物将自宾。天地相合，以降甘露，民莫之令而自均。始制有名，名亦既有，夫亦将知止。知止可以不殆。譬道之在天下，犹川谷之于江海。"这一章的结构是先铺垫道整体性这一理论基础，接下来是文字重心的"自宾"与"自均"，后再论述对于名法制度的限制问题，即从原因到结论再到结论的保障。老子以"天道"与"人道"皆处自洽论"自宾""自均"，即百姓发展自然有序和自然均衡。"侯王若能守之"是"人道"选择，"万物将自宾"是"天道"自然，但主角既然是"侯王"，对象肯定不是自然物，而是人，所以这里的"万物"实是百姓，这是"人道"搭"天道"。"天地相合以降甘露"是"天道"表现，"民莫之令而自均"是"人道"和谐，但既然落在"民"，其背景就不是自然问题，而只是治世之道的比类，这是"天道"归"人道"。

《老子》第三十七章是集中论述"无为"与"自然"关系的一章，其文曰："道常无为而无不为。侯王若能守之，万物将自化。化而欲作，吾将镇之以无名之朴。无名之朴，夫亦将不欲。不欲以静，天下将自定。"文中"无为""无名""不欲"都是限制主观作为的要求，之所以如此是因为万物有"自化""自定"的趋势。而老子把这一切的理论都归为"道"性，"道常无为而无不为"可视为其哲学思想的核心表述。"道"无为，便是指"天道"而言，"无不为"是自然事物。下文"侯王若能守之"则又全部转向"人道"，是"天道"启发"人道"的基本方向。夏绍熙说："'道'引导人们偏向于从动态和整体的角度来看待万事万物，提醒人们关注事物的相互联系及其变化趋势，'自然'是对这种趋势进行的说明。"[1] 简言之，

---

① 夏绍熙：《论老子的"道法自然"及其认知意义》，《东岳论丛》2020 年第 10 期。

"道"是事物自洽的根据，事物自洽是"无为"的根据。

3. 决定性

"道"并不是独立于事物之外的存在，它是事物自身的整体性质的抽象表达。这种整体既包含了它处于系统中被作用的方面，也包含了它自身内部要素的综合。事物被这种整体相作用，其实正是它被自身所决定。

《老子》第四章说："道冲而用之或不盈，渊兮似万物之宗。挫其锐，解其纷，和其光，同其尘。湛兮似或存，吾不知谁之子，象帝之先。"这一章中间的"挫其锐，解其纷，和其光，同其尘"插在"兮"字句之间，且在第五十六章重出，有乱简羼入可能①，本处且处理为衍文。那么本章就是两个句子，一是"渊兮"一句，一是"湛兮"一句。"渊兮"或"湛兮"都是深邃之意，既用以说事物被道性作用的深刻，也用以说道的存在不在人把握事物的具体性质这一认知序列里面。"万物之宗""象帝之先"则是说道的决定性，事物的存在及发展表现（"象"）和运动结果（"帝"）都是这个不在人的经验把握范围的"道"所主宰的。这一章的"道"与第一章相似，玄理色彩浓厚。之所以谓此，正是因为这种"道"是统一了"天道"与"人道"的。这里的论述并不是《老子》文本常用的"天道"与"人道"分而表述又比类连接的方式，是"兼合"道性而言的。

第二十一章章文为："孔德之容，惟道是从。道之为物，惟恍惟惚。惚兮恍兮，其中有象；恍兮惚兮，其中有物；窈兮冥兮，其中有精。其精甚真，其中有信。自古及今，其名不去，以阅众甫。吾何以知众甫之状哉？以此。"本章开头、结尾两句论述道的决定性，而中间几句是铺排道的确定性和形上性。"物""象""精""信"是存在，"恍惚""窈冥"是似不存在，这是"道"超经验之有的特性。"惟道是从""以阅众甫"一头一尾都是强调事物为"道"所完全决定的性质，但"惟道是从"偏于"天道"，"以阅众甫"偏于"人道"，因为开篇是强调道的普遍，结尾落在"名"和"吾何以知"则是人治效法天道的要求。

第十四说："视之不见名曰夷，听之不闻名曰希，搏之不得名曰微。此三者不可致诘，故混而为一。其上不曒，其下不昧。绳绳不可名，复归于无物，是谓无状之状，无物之象。是谓惚恍。迎之不见其首，随之不见

① 陈鼓应：《老子注译及评介》（修订增补本），北京：中华书局，2009 年，第 71-72 页。

其后。执古之道，以御今之有，能知古始，是谓道纪。"本章也分两部分，"视之不见名曰夷"至"随之不见其后"为第一部分，偏于"天道"为论，焦点是道的"无"的特点，无论是"视""听""搏"不能获知，还是"无状""无物"，乃至"不见"，皆强调"道"的存在是形而上的，是超越具体物性特点的。"执古之道，以御今之有，能知古始，是谓道纪"是第二部分，是论说"人道"。"道"是普遍作用于事物的，因为能以之为据作为处世的原则（"御"）。

第五十一章道："道生之，德畜之，物形之，势成之。是以万物莫不尊道而贵德。道之尊，德之贵，夫莫之命而常自然。故道生之，德畜之。长之、育之、亭之、毒之、养之、覆之。生而不有，为而不恃，长而不宰，是谓玄德。"道是事物整体性的形上表现，德是以道为准则待物。从这个意义上来讲，道是客观属性，从"天道"抽离而来；德是主观选择，作为"人道"的理想目标。"长之、育之、亭之、毒之、养之、覆之"是从不同角度或事物发展不同阶段论述"道"的决定作用，是"天道"自然如此，而"不有""不恃""不宰"是"人道"应该如此，这才是"玄德"表现，是通向"天道"的"人道"。

老子把事物的开放性归为自身为系统性存在的结果，以"天道"支持"人道"应有之选择，使得其治世主张建立在了哲学思考的层面，但从道的属性而言，其实还是从人出发的。"天道"的拈出来源于"人道"的思考，必然归向"人道"的功用。

二、《老子》道的功能

"道"在《老子》既是被抽象出来的物的整体相状，也是一种说理工具。老子基于他所观察的现实政治进行思考，认为不管出于什么目的的控制性手段都会对社会系统的有序、有机运转造成影响，只有最大限度地限制作为才能最大可能地释放社会发展的积极性。在这种基本认识下，老子对于不符合这一原则的治世之道，从正面引导劝喻以"天道"为对象进行学习，"天道"是模范作用；从反面抨击"人道"的聚敛和私欲，"人道"承担批判功能。这一点并不是就"道"在事物的存在属性而言的，而是就处事待物准则而论的，这与本文上节有所区别，在《老子》文本亦有所区别。即老子既以"道"述存在性，也以"道"论"行道"问题。

1. 模范

"道"是从"天道"类"人道"的比对中被进一步聚焦化而来的，这在《老子》文本中仍有显明的痕迹。"天道"的自然性因其为无意识存在而成为基本特点，但人的社会治理之道却是一种有意识的选择，从这一点而言，"人道"不可能与"天道"完全一致。也可以说，"天道"对于"人道"是一种理想价值示范，而非约束与规范。

《老子》第八章论述水的特性以引向政治启示，章文开篇即曰："上善若水。水善利万物而不争，处众人之所恶，故几于道。"按照老子的基本观点，"孔德之容，惟道是从"，水当然是"道"，但这里为什么说"几于道"呢？显然，"道"的含义在两处并不同，这里正是就"行道"而言的。水往低处流"不争"的"天道"可以与治世者处下"不争"的"人道"相联系，这里的水就是"上善"，是人学习的模范。可是，水未必都利万物，水也可以是洪水、污水，但这不是老子所在意的，所以水的自然之性是被选择出来的。恰如刘笑敢指出的："'天之道'已经是老子哲学系统中的概念，不再是纯粹的自然界之道。强调这一点是为了回答有些朋友的问题：为甚么老子讲天之道的时候没有考虑到大自然的'恶'的一面，比如地震、火灾、飓风、海啸等等。这就是因为老子讲的天之道已经不是纯粹的自然界之道。"[①] 水承担了作为"天道"指向"人道"的价值模范，人求其的也是"不争"的德性。

第九章载："持而盈之，不如其已。揣而锐之，不可长保。金玉满堂，莫之能守。富贵而骄，自遗其咎。功成身退，天之道也。"章文前半部分述聚敛财富必招致败落的现象，后半部分得出"天道"法则。前半部分是从人的经验所知论述事物发展出现与主观意志指向相反的态势，这是"人道"作为的结果，但事物的发展有自我否定的趋势，这又是普遍规律且符合"天道"的。因此，下文接着说"功成身退，天之道也"，表明上文是把"人道"作为"天道"来讲的。但"天"本身无意志，哪有什么退不退的问题，所以这是提供了一个范本，顺下来的意思便是人亦应如此。"身退"就是对于事物不以主宰身份自居，不居功、不争，是"无为"的一种具体

① 刘笑敢：《老子古今》（修订版），北京：中国社会科学出版社，2006 年，第 756—757 页。

表现。"天道"是本然，"人道"是应然。

第三十四章说："大道泛兮，其可左右。万物恃之而生而不辞，功成不名有。衣养万物而不为主，常无欲，可名于小；万物归焉而不为主，可名为大。以其终不自为大，故能成其大。"这段话是反复刻画"天道"特征以为"人道"楷模的。"恃之而生""功成""衣养万物""万物归焉"都是"道"性对于事物生成、存在和发展的支持，而"不辞""不名有""不为主""无欲"则是强调道的作用的自然性。"以其终不自为大，故能成其大"还是承"天道"而言，目标却是指向人的。一个"大"字把"天道"与"人道"联系起来，"天道"之"大"是自然法则普遍支持的，"人道"之"大"是治世者希望达到的理想境地。从章文归结之处向回推，本章的所有"道"性描摹也可以看作是对人的社会治理而言的，相较"天道"的自然，"人道"便是一种自觉。

第七十九章说："和大怨，必有余怨，安可以为善？是以圣人执左契，而不责于人。有德司契，无德司彻。夫天道无亲，常与善人。"这段话的论述方式与一般行文相比是反着来的，开篇提出一个社会和谐发展的问题后，再论说"人道"的两种表现，最后转入"天道"作为结论。"契"是借贷，"彻"是税收，都是治世者管理社会与百姓经济层面交涉的基本问题。"司契"是"辅万物"（第六十四章）的方式，"司彻"是"上食税"（第七十五章）的方式，从这一点而言，当然"司契"为善，"司彻"为不善。下文既然说"天道无亲"，那就没有什么"与善人"和"不善人"的区别，为什么既是讲"天道"之自然，又强调"常与善人"呢？很明显，这里"天道"的实质是"人道"。老子的意思是，符合了"天道"特性的"人道"才会获得更多发展机会。

2. 批判

作为说理工具的"道"，其重要功用之一是以"天道"自然无为作为样板对于"人道"的主观作为进行批判。"天道"是事物自身的自洽发展，不脱离具体社会条件和系统作用，表现出来的是合理性。人以主观意志支配社会单元的发展则是从对问题看法的特别角度出发的，在一定范围内有利，在另外的范围就有害，形成严重妨害则为"不道"（第五十五章）。"有为"与"不道"都是与"天道"悖反的，都属于老子抨击的对象。

第十八章道："大道废，有仁义；慧智出，有大伪；六亲不和，有孝慈；国家昏乱，有忠臣。"这一章传世本与出土本有一定差异，传世本表现出了更明显地批判儒家政治主张的倾向，对于具体观点的解读应该结合两种写本有专门分析。但传世本、出土本都以"大道"作为准则对于世俗有为政治产生的妨害做出了批判则是一致的①。在政治建设中，"仁义""孝慈""忠臣"都是人们所肯定的对象，其本身并没有问题，但其相应的社会背景却是"大道废""六亲不和"与"国家昏乱"，这是一种结果，其原因则在于治世的措施偏离了"大道"。这里的"大道"是与"天道"一致的"人道"，即"大道废"的标准是"人道"对于"天道"的背离。

《老子》第三十八章的后半部分"故失道而后德，失德而后仁，失仁而后义，失义而后礼。夫礼者，忠信之薄而乱之首。前识者，道之华而愚之始。是以大丈夫处其厚，不居其薄；处其实，不居其华。故去彼取此"与上面的第十八章的基本观点一致，从"道""德"到"仁""义"乃至"礼"，其结果是失去"忠信"和导致混乱。其原因在于用分别的"前识"看待事物，看起来好像非常周到细致，却只是陷入主观认知事物的片面之中，归根结底是"天道"不一致，由此所谓"失道"本质是"人道"的区分对待立场与"天道"自然不合。所以应该以"处其厚""处其实"纠正"薄""华"，回归到待物的素朴状态。

对于违背"天道"的作为，老子一一举出，并以"有道不处"批判其观念与方法存在的问题。如第二十四章载："企者不立，跨者不行，自见者不明，自是者不彰，自伐者无功，自矜者不长。其在道也，曰余食赘行。物或恶之，故有道者不处。"该章后一"道"字处，在帛书本作"故有欲者弗居"，刘殿爵以为由此正可窥见《老子》从早期的现实思想逐渐衍变为抽象哲理的痕迹。② 这一章前文所列皆属于"余食赘行"之类，即吃饱了之后再来的食物、形体丰足之后再长出的赘肉，不惟毫无价值，而且让人厌恶。"企者""跨者"是违背自然站、行姿态而刻意图冒进，结果为"不立""不行"。"自见""自是""自伐""自矜"是想突出自己的功绩，结果是"不明""不彰""无功""不长"。六个"者"字句，后半部分都使用否定词，就是对前面做法的批判。批判的原因是它们不符合"道"，"有道者不

老子论衡

处"，而这里的标准显然是"天道"，即上述行为都是不自然的表现。再如第三十一章的"夫佳兵者，不祥之器。物或恶之，故有道者不处"，与第二十四章表述方式相近。"佳兵"是武力强国者所依仗的，在老子看来却是"不祥之器"。武力所为是有为治国之极致，当然远远背离"天道"的自然性，所以"有道者不处"。

老子还直接把违背"天道"特性的做法直接称为"不道"，实质便是"人道"不对应"天道"。如第三十章说："以道佐人主者，不以兵强天下，其事好还。师之所处，荆棘生焉。大军之后，必有凶年。善有果而已，不敢以取强。果而勿矜，果而勿伐，果而勿骄，果而不得已，果而勿强。物壮则老，是谓不道，不道早已。""以道佐人主"，是以楷模"天道"的策略治国，"不以兵强天下"，拒绝军事霸权。军事终属凶事，保家卫国是迫不得已，但尚武不加节制最后唯有对社会生产造成极大的破坏。老子警告人们，事情不可做过了头，物极必反，会走向反面。这种表现是"不道"，结果是"早已"。这是对于"兵强"的批判，第五十五章则直接批判"强"者思维。这一章从人们熟知的养生现象谈起，在论"和"的基础上指出："知和曰常，知常曰明，益生曰祥，心使气曰强。物壮则老，谓之不道，不道早已。"身体处于"和"的状态下，就能呈现出强大生命力，这是自然规律，是"天道"。凭主观意志"益生""使气"扰乱其自然状态，是"强"的行为，是不合"天道"的"人道"，同样会招致反面的结果。这里老子批判其"不道"，是以养生为类比对"强"本身的。

《老子》文本中另有"非道""无道"提法对私欲膨胀导致的过度有为进行批判。第五十三章道："使我介然有知，行于大道，唯施是畏。大道甚夷，而人好径。朝甚除，田甚芜，仓甚虚；服文彩，带利剑，厌饮食，财货有余，是谓盗夸。非道也哉！"本章讲了"大道"的两个特征，一是"唯施是畏"，一是"大道甚夷"，这都是基于效法"天道"的自然秩序而言的，即"大道"为"人道"取得与"天道"的一致。但为政者热衷于有为之"施"，导致民不聊生，自身却过着锦衣玉食的生活。老子便抨击说，这不是道，只是强盗。第四十六章言："天下有道，却走马以粪；天下无道，戎马生于郊。祸莫大于不知足，咎莫大于欲得，故知足之足，常足矣。"这一章以"有道"与"无道"对举，指出"无道"的根源在于"不知足"而"欲得"。一个治国者从自身欲望出发对待百姓，当然会陷天下于祸乱，与限制了主观意志的贴近"天道"的"有道"是完全背道而驰的。

老子以"道"进行示范或批判，"大道废""有道不处""失道""不道""无道"等，实质上不是在本体论意义上使用这一概念，而是在方法论层面进行衡量的。"天道"以"人道"利益事物的价值标准确定堪为示范之特性，"人道"以"天道"无为性质批判"不道"的表现，引"天道"论"人道"横通的结果促使"道"作为范畴的生成。从事物"道"性本身而言，其最主要特点在于自然性；从待物态度的"道"而言，其最主要特点在于无为。

三、《老子》道的价值

"道"在《老子》除了标志事物的整体性质、代表治世的无为选择，还有一层很重要的意义，就是它用以论说认识事物、看待事物的角度，这是属于认识论层面的。这一点其实正是作为本体性质的道与实践方向的道相通联的中间环节，它从事物整体自然的判断出发，提供无为治世的理论依据，成为本体论、实践论统一的中心范围。老子对作为认知基础与治世依据的价值的给出，仍采用导"天道"伸展向"人道"的基本论述方式，以自然性质夯实人道价值。

1. 超越差分

"道"在《老子》文本分别有本体、认识、实践等角度的使用，其基本内涵一致，也就是道论即本体论、认识论，又是实践论，但在具体的章文环境中，则有论说角度的不同。从对"道"的认识而言，老子要求从"人道"的区别对待超越至"天道"的统一立场。

《老子》第二十三章是对"以道观物"[①] 的总原则的论述："希言自然。故飘风不终朝，骤雨不终日。孰为此者？天地。天地尚不能久，而况于人乎？故从事于道者，道者同于道，德者同于德，失者同于失。同于道者，道亦乐得之；同于德者，德亦乐得之；同于失者，失亦乐得之。信不足焉，有不信焉。"该章"希言自然"领起的前半部分是由"天道"自然启示治理之道所应然。"信不足"句是对现实政治的失败给出答案。前属于"天道"，

---

① 《庄子·秋水》："以道观之，物无贵贱；以物观之，自贵而相贱；以俗观之，贵贱不在己。"

后属于"人道"，而中间部分就是连接二者的认识论法则，即从"道"的层面看待事物与从"得失"待物的区别。这一部分，传世本写法凌乱不通，应从帛书乙本读，为"故从事而道者同于道，德者同于德，失者同于失。同于德者，道亦德之；同于失者，道亦失之"。这句话的意思是，从认识"道"的统一性立场去实践"道"，那么其效果就是自然秩序层面的；从"得失"（"德"通于"得"）的差别性立场去实践"道"，取得的效果也就仅在得失限制范围的。老子以此章强调了认识与实践的统一，并指出超越利害得失的观照才是"道"。

第四十八章亦是对于认识道性与认识物性根本区别的论述："为学日益，为道日损。损之又损，以至于无为，无为而无不为。取天下常以无事，及其有事，不足以取天下。""为学"求细致、丰富，必须不断积累。"为道"求超越、统一，必须不断损除。以"为道"支持了"无为""无事"，这个"为道"的过程是不断超越的过程，亦是"人道"设计不断接近"天道"性质的过程。第四十七章有"不出户，知天下；不窥牖，见天道"。王淮认为，"不窥牖，见天道"是原理法则的发现，唯是一种智慧之反省与直觉，而可以不假外求①。之所以可以"不出户""不窥牖"就能够达到对"天下"和"天道"的把握，在于认识对象不是事物的具体特性，而是总体性存在特点，是高度统一的。此章两句形成互文关系，"天下"是人类社会的表现，"天道"是自然规律。老子把"天下""天道"等观，在于这种把握是超越性的把握，是对事物本质属性的贴近。

"道"是超越性的，所以其表现不在人把握事物的角度里面。第三十五章说："执大象，天下往；往而不害，安平太。乐与饵，过客止。道之出口，淡乎其无味，视之不足见，听之不足闻，用之不足既。"老子以"乐""饵"引起人的注意为例，说像这种刺激引起的反应，是一般人对事物的切实感受，然而"道"是超越物性的，因此"无味""不足见""不足闻"。落实于物性的角度，就像"乐与饵"仅仅形成片面作用，只有从道性待物才能取得既"往而不害"又"用之不足既"的成效。显然，这种"淡乎"的"道"是兼合了事物各种性质的"天道"具备的特点。

治世者对于道性的体认，还在于对世俗价值原则的超越。第十五章在

---

① 王淮：《老子探义》，台北：台湾商务印书馆，1972 年，第 189 页。

对"为士者"描述的基础上提出思考："孰能浊以静之徐清？孰能安以久动之徐生？保此道者不欲盈，夫唯不盈，故能蔽不新成。"本章以"浊清""安生"的对举引发反思，事物在对待中不断转化，什么才是应该去抱持的东西？一般人总是以"盈"为追求目标，在于"盈"是一种完满的成就，然而它是处在人的主观认知之下的，本身就是被局限范围的价值。所以"不欲盈"的"人道"是像"天道"那样允许了事物发展复杂可能性伸展的，便会"蔽不新成"，而生生不息。

2. 总原则

老子无意于铺排一个系统的哲学体系，虽然道论本身在其周密的思考中已经具有一定的系统性，但实践指向无疑是老子的目标所在。老子找出"道"，根本上还是他想为现实政治困境的走出找一个终极依据。刘笑敢说："道正是用于指代这个我们不可能完全把握的似乎确实存在的终极之物，代表着这个世界可以依赖却不可尽知的总根源与总根据。"① 对于道的确实存在，《老子》文本中是有反复强调的，它是事物本身的系统性表现，而依此作为治国策略的根据，便生成无为这个总原则。

治国之道有多种选择，而作为总原则的治国之道其最本质的要求便是与"天道"的一致。第十六章说："致虚极，守静笃，万物并作，吾以观复。夫物芸芸，各复归其根。归根曰静，是谓复命。复命曰常，知常曰明，不知常，妄作，凶。知常容，容乃公，公乃王，王乃天，天乃道，道乃久，没身不殆。""致虚""守静"是观察者认知事物的要求；"复""归根""静"是事物的整体性，即根本道理（"常"）；以其作为管理社会的原则为"明"，其特点是"容""公"，成效为"王"与"不殆"。这种"明"或者成为"王"的前提是与"天"的相应。因此，这里的表述很明确，理想的"人道"是与"天道"取得高度一致的。

老子把"道"作为治国依据，要求治世者以超越主观判断的态度来对待百姓，从而以无为为原则顺遂百姓的发展。第六十五章开篇提出："古之善为道者，非以明民，将以愚之。民之难治，以其智多。"这里的"愚之"是不能往愚民政策方面理解的。"愚之"是相对在上者指导百姓应如何如何，却忽视了客观条件的主观有为而言的，其实是在强调保障自然性的伸

① 刘笑敢：《老子古今》（修订版），北京：中国社会科学出版社，2006年，第325页。

展。因为是"为道"，所以"愚"的"人道"实质是要求像"天道"一样，作无意志管理。

老子以"道"作为治世总原则，也把用以比类的各种符合"天道"自然性质的做法称为"道"。第五十九章论"啬"的问题，章末归结曰："有国之母，可以长久。是谓深根固柢，长生久视之道。"这里的"道"既不是"天道"，也不是"人道"，是"养生之道"。说其不是"天道"，在于"天道"是自然表现，这里出自主观人为。说其不是"人道"，在于"人道"是围绕治世而言的，这里是修身。但此处的"养生之道"又是与"天道""人道"息息相关的，其与"天道"的无为性质相近，而成为"人道"的比类对象。

老子在很多章都对"道"作为治世总原则超越世俗认识的本质有强调，一方面指出这种"道"非经验范围，不太容易理解；另一方面因其具有重要价值又是非常宝贵的。第四十一章载："上士闻道，勤而行之；中士闻道，若存若亡；下士闻道，大笑之，不笑不足以为道。故建言有之：明道若昧，进道若退，夷道若纇。上德若谷，大白若辱，广德若不足，建德若偷，质真若渝。大方无隅，大器晚成，大音希声，大象无形。道隐无名，夫唯道善贷且成。"这一章出现了9个"道"字，是《老子》中"道"字出现最多、最集中的一章。从"上士""中士""下士"对于"道"的不同态度，可见对于"道"的认识是有难度的。而"昧""退""纇"则表现了认识道、实践道的限制主观意志和消解常态做法的要求。综上所述，"道隐无名"，道无法以专门分析、限定的方式框架，还是因为它本质上是借"天道"横贯建立的超越差分、对待的"人道"。第六十章道："治大国若烹小鲜。以道莅天下，其鬼不神。非其鬼不神，其神不伤人；非其神不伤人，圣人亦不伤人。夫两不相伤，故德交归焉。"这是申明"道"作为治世之道总原则的可靠性。以"天道"为标准，实践社会管理，保障自然秩序的合理展开，因此"鬼神""圣人"不干扰，形成"德交归"的局面。再如第六十二章载："道者万物之奥，善人之宝，不善人之所保。美言可以市，尊行可以加人。人之不善，何弃之有？故立天子，置三公，虽有拱璧以先驷马，不如坐进此道。古之所以贵此道者何？不曰以求得，有罪以免邪？故为天下贵。"这是把"道"比喻为珍宝之物，意谓人见珍宝则有欲得之心，"道"如此珍贵，不是应该"坐进"吗？至于它能成为"善人之宝，不善人之所保"，无外乎还是强调这种"万物之奥"的道，是合于"天道"的无差分"人道"。

"道"作为治世原则的集中表现是在其作为认识事物的特定角度支持下的，所以如果把"道"看作是一种本体，它应该是一种价值本体。也就是说，"天道"承担的并不是为一切事物的存在提出终极思考，而是为"人道"选择的合理性提供依据。

"道"在中国哲学思想史上有一个不断被聚焦为哲学范畴的过程，王弼以降，古来注老者把"道"理解为本体性存在的一般法则，又经由"天道"与"人道"的沟通而肯定了世界秩序与人存在的社会性规律的相关性。这种认识属于中国哲学形而上内容的重要发展，与《老子》偏求道的实用性一面是有明显区别的。《荀子·性恶》所说"善言天者必有征于人"① 很有代表性，中国古代思想都有浓厚的人文气质，正如以"气"言"气质"，以"理"说"伦理"，"道"实质上不离"人道"。认可这一点，并不会降低中国哲学的高度，反而能更好地体认中国哲学的个性气质。老子以"天道"横向"人道"，主观上解决无为政治建设何以如此的问题，客观上开启了道论建立的新纪元。

① 方勇、李波：《荀子》，北京：中华书局，2015 年，第 381 页。

第五章

物与欲：老子道论展开的中心问题

　　老子思想的出发点和归结处都是政治建设，但老子之所以是出色的哲学家在于他不仅给出了无为政治的原则，而且为此原则提供了哲学依据，即道论。在这个哲学基础中，"物"与"欲"是基本问题，即客观存在与主观认识的关系问题。这种判断可能会引起怀疑，为什么老子哲学的中心问题不是"道"与"物"的关系，而是"物"与"欲"的关系呢？思维和存在的关系，是哲学的基本问题，这在老子也不例外。黑格尔说："（思维与存在的对立）是哲学的起点，这个起点构成哲学的全部意义。"① 老子对于物性与认识之间的关系衡量正是其展开道论的中心问题，这在其体系中的关注是自觉的，观点是明确的。"道"是老子讨论这个问题中给出的物性的表达，所以在老子而言，中心问题不是"道"与"物"，而是"物"与"欲"。

一、道之为物

　　"道"当然是《老子》的核心范畴，它是作为无为政治的哲学依据而设定的。在《老子》文本中的"道"包括道体和行道两层含义。"有道""无道""失道"等意义的"道"是实践以道治国的行道而言，而作为"孔德之容，惟道是从"（第二十一章）的"道"属于道体性质。这种道体不是独立于事物之外的存在，而是事物本身的系统性，所以它本质上是价值本体。离开事物无所谓"道"，但人认知事物一旦要落入具体规律性，也不是根本

---

　　① ［德］黑格尔著，贺麟、王太庆译：《哲学史讲演录》第 3 卷，北京：商务印书馆，1959 年，第 325 页。

之"道"，所以"道"兼合有、无两方面的特性。这样，"道"既是超越的，又是内在的。在超越而言，"道"与"物"的关系就是"道"主宰万物，如第四章之所谓"道冲而用之或不盈，渊兮似万物之宗"；在内在而言，"道"本身就是"物"。

1. 道是事物的整体性

在《老子》第二十一章明确了"道"为"真实"之存在："道之为物，惟恍惟惚。惚兮恍兮，其中有象；恍兮惚兮，其中有物；窈兮冥兮，其中有精。其精甚真，其中有信。""恍惚""窈冥"是说"道"不属于人的感官认知的对象，但"象""物""精""信"等则肯定了"道"是实有之物。这是"道"超越了人的经验范围的性质，人们在理解道性的这一特质时，常常不顾老子本就明言的道体无用有的特点而仍归向置道或为具体之有或为观念之无。其实，老子反复强调"道"既有又无的特点，无非是说"道"是事物自身的一种整体性。整体性以屏蔽具体属性为基础，在整体性的观照下，局部性质不显，也正因此，不同事物的整体性可以各自割舍其具体性而有统一性的性质。

传世本《老子》第二十五章"有物混成，先天地生"之"混"，帛书本写为"昆"。《说文》："昆，同也。"传世本"混"字应是抄者根据己意改写，帛书本之"昆"或竹简本之"蟲"都有"众虫"或"同类"之意，应更是老子所想表述之本意。"有物昆成"即指明"道"为事物之共相。冯友兰说："道或无就是万物的共相。它是无物之物，就是因为它是一切物的共相。它是无象之象，就是因为它是一切象的共象。比如：无声之乐，就是一切音的共相。它既不是宫，也不是商，可是也是宫，也是商。一切万物的共相，就是有。它不是这种物，也不是那种物，可是也是这种物，也是那种物。"[①] 冯先生表述上述观点时，并未得以出土本的文本支持，但所见合于如上写法，可谓见功力之论。

整体性是事物自身不以人的意志为转移的特点，因此它本质上是物质的，不是物质之外的存在。老子之所以强调"道"是整体性存在，目的是把它与人把握的具体性事物区分开来。人因对于事物的具体特性认知而适应自然、建立社会生活，但不能因此限定事物的全部发展空间，这是由于

---

① 冯友兰：《中国哲学史新编》第二册，北京：人民出版社，1964 年，第 46 页。

事物内部是矛盾双方运动的构成，外部是多种因素作用的系统，其发展来自内外复杂应和的结果，并不在人依循特别角度认识事物的范围。因此，人可以以区分式思维认识事物的具体性质，却不能以之认识事物的整体性质。这两者都属于物性，也都不脱离物，但后者是施以无为之道的根据。事物本身具有矛盾性，此乃其发展的动力。这种动力支持了事物发展的自洽性和积极性，呈现出相应的均衡性。这是老子对于"道"观察的基本结论。对于"道"为事物内外要素整合之复杂系统特点，《老子》第四十二章有一句经典描述："万物负阴而抱阳，冲气以为和。""负阴""抱阳"是说事物内部的对立统一，"冲气以为和"就是指事物处在外部要素的冲摇作用之下。正是因为事物的系统作用有其内在逻辑，"故物或损之而益，或益之而损"，其发展遵循自身合理性，往往超越人的主观认识。"强梁者不得其死，吾将以为教父"便是强调智者应保持对于事物自身整体性、自然性的尊重，不能以己意对系统生成之事物生机横加干扰。

2. 道不是具体物

在老子的设定里，"道"的本质是物性的，但又不是具体事物，所以人们认识事物的常态方式无法达到对"道"本身的把握。《老子》第十四章说："视之不见名曰夷，听之不闻名曰希，搏之不得名曰微。此三者不可致诘，故混而为一。其上不皦，其下不昧。绳绳不可名，复归于无物，是谓无状之状，无物之象。是谓惚恍。"在这段文字中，"夷""希""微""绳绳""惚恍"都是指其不可感知的特点，是"无物"的，但"无物"不是"不存在"，而是"无状之状，无物之象"。"道"的整体性使其不在分而类之的序列范围，故"混而为一"，"一"即整体。

"道"不属于人的感官观察对象的这一特性，在《老子》文本中反复强调，但不能因此认定"道"不可被认知。对于"道"的认知途径即是从具体现象回到思维抽象，从追逐表现回到寻求依据，从分裂观察回到统一体认。第十六章说："致虚极，守静笃，万物并作，吾以观复。夫物芸芸，各复归其根。归根曰静，是谓复命。""作""芸芸"就是对于事物现象层面的呈现而言，"观复"是回归和抽象以把握根本与根据之"根"，这就是支持事物演化发展的根源，亦即为"道"。第五十六章载："塞其兑，闭其门，挫其锐；解其纷，和其光，同其尘，是谓玄同。"也就是说，把握"道"的方式不仅不同于人感知事物的方式，而且恰恰以泯灭或搁置常态认知途径为前提。"塞""闭""挫""解""和""同"均是指关闭而言的，人的意识被事物的具体性质所占据，也就无法从其抽离而抽象。

这种关闭常态认知的要求，是不是一种神秘手段？其实，对于老子道学能够以哲学认识论讲清楚的，最好不要轻易将其体道论述推到神秘主义的一边，也不能得出"道"完全不在认知范围的结论。池田知久说："可以认为，'玄同'之意，就是指修道者与世界无间合一的状态，老子将其赋予了修道者把握了'道'，与'道'合一这样的意义。这样，本章（按：指五十六章）上段论述修道者通过对世界无所认识，反而达到了把握于'道'，这似乎可以说是神秘主义（mysticism）的一种。基于此，本章下段讲述了同于'道'的人不为其他的任何个人所把握，并达到了'为天下贵'的结果。所以，本章也同样表明了一般的人对形而上的'道'的不可把握性。"①这里的认识还是有问题的。"玄同"认识论，并不是要求认识者与"道"合一（这也是历来研究老学者所轻易认定的基本观点），而是要求人暂时割舍事物的具体性质而能进行思维的抽象。共相的把握仍然是人的认知功能，毫无神秘性可言，与"体道""证道""悟道"之类也并不相干。

3. 道性超越世俗价值

"道"的把握方式不同于人的常态认知，人对于其属性的判断也就与一般对于事物性质的认识不同。从源头而言，"道"是事物发展的根据；从现象而言，"道"是事物存在的整体呈现；从意义而言，"道"是事物存在的价值表征。"道"兼合多种身份，这是由其体用合一的性质决定的。虽然"道"作为本体可以从认识、生成等多方面解析，但在老子，"道"的给出是为成全事物本身发展的自然合理性，因此"道"更是价值本体。"道"的存在对于现象界的超越性支持了它在价值上对于世俗价值的超越。

《老子》用"大"表超越，如第四十一章的"大方无隅，大器晚成②，大音希声，大象无形"，再如第四十五章的"大成若缺，其用不弊。大盈若冲，其用不穷。大直若屈，大巧若拙，大辩若讷"等。第四十一章"大"与"无"组合，是"大"的事物不为人把握事物的角度所限。第四十五章

---

① ［日］池田知久著，王启发、曹峰等译：《问道——〈老子〉思想细读》，桂林：广西师范大学出版社，2019年，第102-103页。

② "大器晚成"，帛书乙本写为"大器免成"，竹简本写为"大器曼成"。"曼"与"免"同义，以此，今本"大器晚成"应为"大器免成"之误。

"大"与"若"组合,是"大"的事物不为人认知事物的结果所限。无论从角度而言,还是从结果来说,"大"本身都是指向价值的超越性。这种超越性是就人的常态认识论来说的,不能把它对象化为神秘存在或科学原理。有解释"大音希声"(第四十一章)说:"据科学家说,宇宙间最大的声音,人是听不到的,如果把这种声音缩小千万分之一,人的耳膜都会被震聋。由此看来,'大音'的确是'希声'的。"① 这样的理解,在科学知识欠缺的古人少有,但在现代注老者则屡有表现,是需要引起注意的,它既偏离了老子本怀,也背离了老子哲学的思维方式。

老子指出"道"超越世俗价值的一面,是为了给治国之道的无为选择进行铺垫。因为人的"为"肯定是依循特定价值选择而进行的,然而人对于事物把握的局限,却使得这种价值本身是偏狭的,超越它便是高明政治的要求。第五十六章说:"故不可得而亲,不可得而疏;不可得而利,不可得而害;不可得而贵,不可得而贱,故为天下贵。""亲""疏""利""害""贵""贱"作为常人对于事物以专门价值标准形成的判断,老子认为"不可得",原因便是整体性的事物是不能以局部性特点作为其全部存在性的。

关于"道"的基本属性,包括其整体性、非具体性、价值超越性本身都是在人的主观意识与事物存在的关系而言的,只是其角度为从客体进行的相关分析,然而究其根本,没有物质与意识的对立,也就没有所谓的道性问题。

二、欲是主观意志

对于事物性质的判断离不开人的主观认识出发的角度,在老子哲学中,"道"的存在一定也是基于认识"道"这一问题延伸出来的。虽然在《老子》文本没有诸如心、性一类的用字,但一定会触及主体特征的问题,因为这是绕不开的。在《老子》中,代表主观意志的一词正是"欲"。

1. 此欲非奢欲

众所周知,在先秦文献中,一个字承担多种功能是较为普遍的现象。这提醒我们,对于《老子》文本的研究,既要注意字词同一使用方法中语意的

---

① 余培林:《生命的大智慧——老子》,石家庄:河北人民出版社,1988年,第86页。

统一性，又要注意在不同的语言环境中词义的差别。"欲"字在《老子》至少有三种用法。第一种"欲"是"将要"的意思，用作动词，如第二十九章"将欲取天下而为之"、第三十六章"将欲歙之，必固张之"等。第二种"欲"是指"物欲"，老子认为纯以物欲为吸引推动的发展，潜藏着危险，如第三章"不见可欲，使民心不乱""常使民无知无欲，使夫智者不敢为也"即是。这种"欲"的对立面就是"知足"，《老子》中对于"足"的肯定，是希望社会回归到自然、均衡发展的理想状态，如"知足之足，常足矣"（第三十二章）、"知足者富"（第三十三章）、"知足不辱"（第四十四章）等。第三种"欲"的用法是指人在认识事物、对待事物时的主观意志。第五十七章谓："我无为而民自化，我好静而民自正，我无事而民自富，我无欲而民自朴。"这里的"无欲"，往往被理解为施政者对于自身奢欲的克制。其实，"无欲"所处的组词系列，是与"无为""好静""无事"同一语意的不同字词表达，所以"无欲"即"无为"，是属于对于自身意志的"欲"的克制，而不是拒绝物欲或其他。老子把不顾客观实际，以主观意愿驱使事物的做法称为"欲"，指向的正是主观认识与客观存在的不统一的问题。

第六十五章说："是以圣人无为，故无败；无执，故无失。民之从事，常于几成而败之。慎终如始，则无败事。是以圣人欲不欲，不贵难得之货。学不学，复众人之所过。以辅万物之自然，而不敢为。"章文中的"不欲"，也多被理解为对事物之私欲。蒋锡昌注解说："普通人君之所欲者为'五色'，为'五音'，为'五味'，为'金玉满堂'，为'富贵而骄'，为'驰骋田猎'……而圣人则欲人之所不欲，不贵金玉等难得之货，故曰：'欲不欲，不贵难得之货。'"① 蒋注联系了第十二章、第五十三章等相关论"欲"的文字，并与章文"不贵难得之货"结合在一起进行解读，这样是读得通的。但是如果看第六十五章章旨是"无为""无执"问题，便知这里的"不欲"实质上应是克制主观意志，而"贵难得之货"是主观意志以物欲驱动治国的表现。由此，在对《老子》的解读中，必须要注意到"欲"字的主观意愿这层含义才能更准确地把握老子分析问题的基本脉络。

2. 有欲与无欲

从上述可见，起码在《老子》中有部分"无欲"是指以主观意愿支配

① 蒋锡昌：《老子校诂》，上海：上海书店，1996年，第394页。

事物和克制主观意愿成全事物的问题。因此，对待事物属性的"道"的问题实质是建立在"物"与"欲"关系上展开的。

在《老子》第一章其实正是集中表述存在与认识的两种关联方式和两种认识结果的问题，给整个老子哲学奠定了基础，其文为："道可道，非常道；名可名，非常名。无名，天地之始。有名，万物之母。故常无欲以观其妙，常有欲以观其徼①。此两者同出而异名，同谓之玄。玄之又玄，众妙之门。"王安石认为"道"以"迹"之有、无而有粗、精之分，但皆属于"道"："道本不可道，若其可道，则是其迹也。有其迹，则非吾之常道也……两者，有无之道，而同出于道也。言有无之体用皆出于道。世之学者常以无为精，有为粗，不知二者皆出于道。"②在王安石的理解里，实质上就是把道性归于物性，认为物有"道""常道"的两种表现，有别而同出。苏辙的解释与此类似，其注曰："莫非道也。而可道者不可常，惟不可道，而后可常耳。今夫仁义礼智，此道之可道者也。然而仁不可以为义，而礼不可以为智，可道之不可常如此。"③"仁义礼智"是世俗价值认识的结果，它们有自己的含义与界限，是人适应社会生活所取的价值，但正是因为他们是择别的结果，所以互相之间范围明确。一旦对象消弭了界限就"不可道"了，而这种性质便是超越意义的"常道"所具有的。

第一章章文中明确把事物的存在分为两种特点：一是"常道""无名"；一是"可道""有名"。事物的这两种性质分别对应"无欲"和"有欲"两种观察方式，显示出"妙"（整体统一）和"徼"（特定表现）两种认识结果。这两者"同出"，即是对于同一事物的观察；"异名"，即是观察结果的迥异；"同谓之玄"，即是同属主观世界与客观对象建立联系；"众妙之门"，即是世界上一切现象从这一问题走出。因此，第一章的"无欲""有欲"所指的就是排除主观性观察事物和保持目的性对待事物的两个方面。

老子提醒人们事物有自身的系统性，非"欲"能够完整把握，并反复以对立性字词表明以"欲"认知事物，落入的是非此即彼的方向，这是由人以区分方式适应社会生活决定出来的。人不能离开这种"道"，却不能以

---

① 妙，帛书乙本缺，甲本作"眇"，细小意。徼，帛书本作"噭"，本义为呼喊，引申为外部表现。

② （宋）王安石著，罗家湘点校：《王安石老子注辑佚会钞》，上海：华东师范大学出版社，2013年，第13、15页。

③ （宋）苏辙：《苏子由道德经注》，尊经阁文库藏钞本，卷一。

之为治国所遵循的"常道"，就是不能以角度性认识来对待系统性问题。第二章说："天下皆知美之为美，斯恶已；皆知善之为善，斯不善已。故有无相生，难易相成，长短相形，高下相倾，音声相和，前后相随。是以圣人处无为之事，行不言之教，万物作焉而不辞，生而不有，为而不恃，功成而弗居。夫唯弗居，是以不去。""天下皆知"的就是"有欲"待物的角度，结果是对立性价值的呈现，"美恶""善不善""有无""难易"等，这是本章第一层意思。接下来，第二层意思是说处于自身系统作用的事物呈现其发展的自我否定与转化，"相生""相成""相较""相倾""相和""相随"等，表现出人所不能把握的一面。第三层意思便是，"圣人"超越对待，以"无为""不言""不有""不恃""弗居"等克除了主观"欲"的方式待物，从而有"不去"（不朽）之功。

3. 以欲治国的危害

以"欲"治理国家，带来的最大的问题就是脱离客观现实而盲从于主观意志，其结果对于社会民生是破坏与伤害，对于自身是陷于困境与遭到否定。《老子》第二十四章说："企者不立，跨者不行，自见者不明，自是者不彰，自伐者无功，自矜者不长。其在道也，曰余食赘行。物或恶之，故有道者不处。""企者"是踮起脚想拔高，"跨者"是叉开腿想走远，这都是不顾现实条件而冒进的表现，老子以其"不立""不行"的结果类比治国者无视客观现实遭到的挫败。"自见""自是""自伐""自矜"是盲目地自取，依然为脱离客观实际者所为，造成的是"不明""不彰""无功""不长"等，所以对于事物的整体道性而言，是"余食赘行"——脱离机体的存在，是丑恶的，也是"有道者"所拒绝的。

第五十二章说："塞其兑，闭其门，终身不勤。开其兑，济其事，终身不救。""塞""闭"是为政者自我限制主观意志待物的要求，从而能够避免陷于无法自拔的走投无路中。"开""济"是为政者自我陶醉去役使事物，结果必是造成危殆局面。

老子并非一味反对主观意志的"欲"，他只是在强调，对于社会这个复杂的有机体而言，其发展遵循自身的内在逻辑，人不能凭自己的主观意愿安排事物发展的方式、决定其运动的方向。施政者发挥主观能动性，不能脱离实际行动，特别是不能以简单化思维处理系统问题。对于治世者而言，能不能有"道"，关键还是看懂不懂得"欲"本身的局限。

三、去欲成物

物质与意识关系是一对矛盾体，意识可以在较大程度上与物质统一，也可以与客观实际严重背离。对于事物的根本属性"道"性而言，它要求的是人限制以主观世界的价值构成去解析整体性存在。所以在老子哲学世界里，限制"欲"，才能"无为"，以促成事物完整性伸展之"自然"，这是其思想展开的基本线索。

1. 不欲

从"道"这一范畴出发，老子治论的基本表现是"无为"，对于治世者的要求是"不欲"。传世本《老子》第四十九章"圣人无常心，以百姓心为心"的"无常心"三字，在帛书乙本（甲本残）写为"恒无心"。考其文义，"恒无心"当然更胜。"圣人"治世不是根据百姓的要求，不断应对具体情况而"无常心"，而是克制主观意志，以"常无心"而肯定百姓之需求。

第三十七章曰："道常无为而无不为。侯王若能守之，万物将自化。化而欲作，吾将镇之以无名之朴。无名之朴，夫亦将不欲。不欲以静，天下将自定。"①"道常无为而无不为"是"天道"表现，"侯王若能守之，万物将自化"是"人道"以"天道"为模范对象。治世者持守无为，事物纷纷运动而在一定程度上出现"乱象"之"作"，这时需要坚持的仍是"无名之朴"，即"无欲"。消解主观手段，让事物因循其合理性自然达到均衡状态以"自定"。此一句，通行本中的"无欲""不欲"就是对主观意欲的限制，而并非指为拒绝物欲。

在《老子》文本中，虽然很多章节并未以"不欲"的用语表述，其限制性意义词汇的基本含义与"不欲"也没有差别。如第十章说："载营魄抱一，能无离乎？专气致柔，能婴儿乎？涤除玄览，能无疵乎？爱民治国，能无知乎？天门开阖，能无雌乎？明白四达，能无为乎？生之、畜之，生而不有，为而不恃，长而不宰，是谓玄德。""无离"是统一的状态，"婴儿""为雌"②是拒绝意志的状态，而"无疵""无知""无为""不有""不恃""不宰"均属对于积极"作为"的否定。因此，整个章文表述的"玄德"就是把主观意志收敛起来，顺

---

① 本章中的"无欲""不欲"，帛书本、竹简本为"不辱""知足"等写法，差别较大，但基本意思也还是避免盲目主观而陷入困殆。本文此处之解读，仍从王本。

② 该章王弼本之"无雌"，河上公本、傅奕本、帛书本均写作"为雌"，王本误。

应事物发展的合理性，辅助其积极性，以成就事物。

2. 整体观物

限制"欲"，就是限制以主观价值分裂整体性存在。因为人的经验认识总是以非此即彼的对立方式进行的，一定会把整体性事物识别为差别性存在，所以只有搁置"欲"才能呈现事物的本质道性。《老子》第二十二章道："曲则全，枉则直，洼则盈，敝则新，少则得，多则惑。是以圣人抱一，为天下式。"①"曲""全"、"枉""直"、"洼""盈"、"敝""新"、"少""得"都是对立性存在，每组之后者为常人所取之价值，然而事物的发展却是有其整体均衡规律的，所以反的方面伸向了正的方面，这就突破了人为限定价值范围的框架。因此，只有以"抱一"这种以无分的统一原则待物，才应成为主观思维面对"天下"这个巨系统的法式。

老子在第三十九章强调"得一"（即整体观物）的重要价值："昔之得一者，天得一以清，地得一以宁，神得一以灵，谷得一以盈，万物得一以生，侯王得一以为天下贞。"文中"天""地""甚""谷""万物"皆属于比类式描述，目标落在"侯王"之上，意思是事物各以其整体性发展成就自身，而施政者以整体性原则待物（不以己意分别处置事物）成就的是天下民众。

整体性是事物自身的统一性，从构成到功能上都以否定具体表现为特点。正如牟宗三解释"万物并作，吾以观复"说："若顺着'作'而观万物，就是现象，我不顺着它那个'作'看，就是把物看作它自己。这个就相当于康德所说的那个物之在其自己（Ding an sich）……康德说：一切东西有两重身份，一是现象的身份，一是物自身的身份。同一个东西有两个身份。假定我通过时间、空间、范畴来看它，它就是现象。假定我超脱了时间、空间、范畴来看它，它就是物之在其自己。所以，康德说现象与物自身的分别是主观的，不是说客观地有两个东西摆在那里。"②

第五十四章是专以论述整体视角观待整体的一章，文中说："善建者不拔，善抱者不脱，子孙以祭祀不辍。修之于身，其德乃真；修之于家，其德乃余；修之于乡，其德乃长；修之于国，其德乃丰；修之于天下，其德乃普。故以身观身，以家观家，以乡观乡，以国观国，以天下观天下。吾何以知天下然哉？以此。""善建者""善抱者"不以形迹"建""抱"，是超越了人们

---

① 该句系列中，"多则惑"与其他组论述方式不一致，有学者主其为羼入之语。
② 牟宗三讲，卢雪崑整理：《老子〈道德经〉演讲录》（四），《鹅湖月刊》2003年第1期。

分立式思维看待事物的方式。在"身""家""乡""国""天下"都能成就德行的原因在于，他们"以身观身，以家观家，以乡观乡，以国观国，以天下观天下"，即以整体观整体。"以身观身"就是不以四肢百骸观身，而是将其作为一个有机整体接受，其他"观"法亦是如此。整体观物，实现以"不欲"的方式给事物最大程度的包容，最大限度地释放其积极性。

3. 天道启喻人道

在"欲"与"物"的关系建设中，老子特别引入"天道"作为"人道"的榜样。这在《老子》文本中占比很大，读者需要注意分辨两种"道"的表述，明确二者的关系。简而言之，"天道"是无意志表现，对于"人道"有示范价值，没有规范作用。"人道"以"天道"为效法对象，要求在国家治理中，在上者限制个人意志。

《老子》文中有直接关联"天道"类"人道"之表述，正在于举示一种理想关系。第二十五章说"人法地，地法天，天法道，道法自然"，"人"以"地""天"（"天""地"相当于今谓之"大自然"）为效法对象，而"地""天"以"自然"是法则，便是要求"人"也以"自然"为治世法则。实质上，"天道"之"自然"为必然，"人道"之"自然"为应然。人只有限制"欲"，才能使"人道"贴近"天道"。第八十一章说"天之道，利而不害。圣人之道，为而不争"，这里以"天道""人道"相对举，"利而不害"是自然规律本身的作用，是没有一个有意志的主宰者的表现；"为而不争"是为政者社会治理的自觉选择，以"不争"（不争功）而"为"，正是限制"欲"的做法，也正是"无为"的应有之义。

"天道"无为，是因为没有一个具有意志之"天"，而"人道"选择无为，是因为人往往以主观意志干扰民生，因此"人"之"无为"实质上并不是什么事都不做，而是给所管理的对象合理范围的最大自主发展空间。正如陈鼓应说："老子'自然无为'的观念，运用到政治上，是要让人民有最大的自主性，允许特殊性、差异性的发展。也就是说，允许个人人格和个人愿望的充分发展，但以不伸展到别人的活动范围为限。对于统治者来说，'无为'观念的提出，是要消解独断意志和专断行为的扩展，以阻止对于百姓权利的胁迫、并吞。"[1]

---

① 陈鼓应：《老子注译及评介》（修订增补本），北京：中华书局，2009年，第35页。

在"天道"启喻、比类"人道"的基本思维成果的支持下，老子在文字表述中常常以兼合"天道""人道"之"道"论述一种普遍价值本体之存在。如第五十一章说："道生之，德畜之，物形之，势成之。是以万物莫不尊道而贵德。道之尊，德之贵，夫莫之命而常自然。故道生之，德畜之。长之、育之、亭之、毒之、养之、覆之。生而不有，为而不恃，长而不宰，是谓玄德。""道"能够成就事物，是事物自身的完整性、自洽性和发展内部要求的推动，不是外来的因素，更不是谁安排、主宰了这一过程。它给治世者带来的启发是，自然秩序有其合理性，是一种理想秩序，人的社会治理也应该限制主观的"欲"。"生""为""长"，还是要发挥人的主观能动性，只是这种积极而为不是以脱离客观实际，在非能为之处做凌驾者的做法了。这就是"玄德"，是"欲"与"物"的统一。

《礼记·哀公问》中记述了鲁哀公与孔子关于"天道"的对话："公曰：敢问君子何贵乎天道也？孔子对曰：贵其'不已'。如日月东西相从而不已也，是天道也；不闭其久，是天道也；无为而物成，是天道也；已成而明，是天道也。"[1] 可见，儒家对于"天道无为"亦有深刻的认识，"无为"的当有之义不是不作为，只是要求在系统性的事物面前，不能任凭主观意愿做事，须尊重自然规律。

物质与意识的关系是哲学研究永恒的话题。老子把物性一分为二，指出事物存在具体性和超越性两面，超越性的一面就是道性，即整体系统性。事物的整体性不是人从特定视角认识事物局部性质的方式可以把握的，更不能以这种把握的结果主导社会的发展，因为社会本身就是复杂的巨系统。《老子》第四十七章说："不出户，知天下；不窥牖，见天道。其出弥远，其知弥少。是以圣人不行而知，不见而名，不为而成。"这里的"天下""天道"就是事物的整体性，为什么可以"不出""不窥""不行""不见"就能认知它呢？因为"见"等是人针对事物的具体性质的，生成的是主观二分的结果，"不见"拒绝了对待的认知方式，回归的就是事物本身的完整特征。以此认知结果去对待事物，就是释放事物本身的积极性，促进"不为"而成，是消解主观意志干扰系统运转的结果。

① 胡平生、张萌：《礼记》，北京：中华书局，2018 年，第 965 页。

第六章

论群组概念下的 《老子》思想

　　《老子》自战国时期就进入了思想家们的视野，从韩非作"解老""喻老"到汉代河上公之"章句"、严遵之"指归"、张陵"想尔"等注家，直至今天，从各种学术立场诠释《老子》仍兴盛不衰。在中国哲学史上，关注度最高的经典著作非《老子》莫属，玄学家、道教人士、儒学宗师、佛教高僧等均有注疏《老子》之名作。对一部哲学作品歧见最多的，也非《老子》莫属。如《老子》之核心观念"道"属有属无，抑或非有非无、亦有亦无，属实体还是理念，属唯心还是唯物等争论伴随着对《老子》释读之历史过程。其实，在看待《老子》思想解说的纷争之时，特别需要区分出，作为思想家的老子"本人"（若老子确定为一人的话）的思想和围绕《老子》诠释发展出的思想。当然，以道教养生或筹划权谋之类的观点解读《老子》，一般已不把它视为经由诠释《老子》而发展出的思想，而只是看作是借由解释《老子》而阐扬自家主张。这里所指的围绕诠释《老子》发展出的思想是特指早期解读《老子》的注家聚焦了"无为""自然"等概念，而进一步深化为道论形而上体系的构成，使老子哲学凸显了的形而上特点。这些特点成为道家哲学的核心构成，却不是《老子》的核心关切，或者说，其过度注意了《老子》道论的玄上性质，其实遮蔽了《老子》真正价值的彰显。回归到作为老子的《老子》哲学，把"无为""自然"及文本的预设阅读者"圣人"等概念还原其群组性质十分必要，由此也可以准确把握老子的"道"是何种道。

　　在正式展开话题之前，有必要对《老子》一书的时代及作者问题再做简短讨论，这是因为与一般古代哲学作品不同，对于《老子》一书产生于何时、谁人所著的判断会直接影响到对其思想主旨的认识。《老子》一书产生于何时、作者是谁一度是历史悬案，随着郭店楚简本《老子》的出土，似乎这个问题基本解决了，因为依此可断定几种主《老子》产生于战国中后期甚至西汉的"晚出论"都属于错误认识，然而问题并不这么简单。郭店楚墓为战国中期墓葬，可以证明竹简本《老子》产生于春秋晚期或战国初期。但是，竹简本《老子》的三组去掉重出者合起来字数也只有传世通行本五分之二左右。这有两种可能，一是竹简本《老子》是摘抄本，一是《老子》的祖本原较简略，传世本被增入了内容。现在没有新的考古证据之前，对此问题不易做出断定，但从现有版本的《老子》对比可以发现，传世本是在以竹简本为代表的古本的基础上发展出来的应该是肯定的，当然，这并不排除竹简本仍为摘抄本的可能。因为对比传世本较竹简本，明显有三点：第一，专门描摹道的玄妙、形上性质的文字在竹简本少有，而传世本大量出现；第二，传世本明显抨击儒家观念，如礼、仁、义、圣等，竹简本则无，此已为学界之共识，不复赘言①；第三，传世本部分称法如二十六章"万乘之主"等概念应为战国中晚期才出现的。因此，今存之传世本应有以老子思想为基础被一人或多人再创作的过程，在战国中后期逐渐定型。从这个意义上说，《老子》一书无法确定产出的准确时间点，它是春秋后期至秦汉一个时间段的集体创作品②。在这个过程中，伴随着各学派思想自觉系统化的进程，因此，《老子》的思想哲理性更加突出，而其概念范畴也被聚焦呈现。同时，亦因此，竹简本《老子》强烈的现实关怀的"道"被道家形上哲学的道论理论自觉建立而在一定程度上湮没。辨析此问题，从老子道论的支持系统"无为""自然"及其对象系统"圣人"的群概念性质的认定可导向"道"的社会治理实践指向的体认。

---

① 通行本"天地不仁、圣人不仁"（第五章）、"绝仁弃义，民复孝慈"（第十九章）、"上仁为之，而无以为"（第三十八章）、"失德而后仁，失仁而后义"（第三十八章），皆为竹简本所无。而通行本"大道废，有仁义；智慧出，有大伪；六亲不和，有孝慈；国家昏乱，有忠臣"（第十八章），在竹简本做"故大道废，安有仁义；六亲不和，安有孝慈；邦家昏乱，安有正臣"。

② 严格来说，"《老子》思想"与"老子思想"不能等同。传世本传达的《老子》思想已经不完全是老子本人的思想，只可称为"《老子》思想"。虽然不能把竹简本《老子》思想等同于"老子思想"，但无新的古本发现之前，只能说竹简本《老子》思想最接近"老子思想"。

一、《老子》的"无为"属于群组概念

在道家哲学体系展开中,"无为"无疑是一个重要的支撑范畴,属于实践性质,但其背后的理论依据是被玄学家抓住了的"无"——从事物具体性质超越出来的无规定性。

"无为"一词早于《老子》就已出现。《诗经》中可见三处"无为",但与后世哲理化的"无为"意义差别明显。《陈风·泽陂》用"寤寐无为,涕泗滂沱"① 描述少女相思无果。《大雅·板》用"天之方懠,无为夸毗"② 表达人对于"天"的禁忌。只有《王风·兔爰》的"我生之初,尚无为"③ 与治世原则要求的意义相近。这也充分表明,早期"无为"并不是作为一个专有名词出现的。

竹简本《老子》中"无为"出现 7 次,分布在 6 章。帛书《老子》中"无为"则出现 9 次,分布在 7 章。通行本《老子》中"无为"出现 12 次,分布在 10 章。由此可以看出,古本到通行本的《老子》中"无为"一词有被有意识凸显出来的趋势。

通行本第五十七章是本文要反复提到的一章,这一章透露了诸多信息。通行本该章说"我无为而民自化,我好静而民自正,我无事而民自富,我无欲而民自朴",而与该章相对应的竹简本文字为"我无事而民自富,我亡为而民自化,我好静而民自正,我欲不欲而民自朴"。"亡为"变成"无为",且提到四句排比的第一句,这不是偶然的,这种语序变化正好是反映了帛书本、通行本的编辑者已经刻意在突出"无为"这一概念。

"无为"概念的强化,不仅反映在竹简本到传世本二者的文本对比,它作为概念的突出,在《老子》版本编辑中是持续进行的。如帛书本第三章"使夫知不敢,弗为而已,则无不治矣"处的"弗为",在傅奕本、王弼本、河上公本皆为"为无为"(该章无竹简本)。

再如,考察同属残篇的《老子》严遵本也能反映出这一问题。严遵本对应通行本第四十八章的文字为"为学日益,为道日损。损之又损之,至

---

① 周振甫:《诗经译注》,北京:中华书局,2002 年,第 199 页。
② 周振甫:《诗经译注》,北京:中华书局,2002 年,第 446 页。
③ 周振甫:《诗经译注》,北京:中华书局,2002 年,第 101 页。

于无为而无以为。将欲取天下者，常以无事；及其有事，不足以取天下"，而通行本为"为学日益，为道日损。损之又损，以至于无为，无为而无不为。取天下常以无事，及其有事，不足以取天下"。也就是说，严遵本用了一次"无为"，而通行本则用了两次。严遵本尚没有自觉突出"无为"这一范畴的意识。更不用说后来被范畴化的"无不为"，它用的是"无以为"，用字不同，意义亦明显不同。

对于"无为"在不同版本的出现及被聚焦的趋势，刘笑敢的《老子古今》一书有详细论述，不复赘述①。

之所以说"无为"不是老子特定聚焦的范畴，笔者要强调的是，"无为"只是老子表示无为意义群组词汇中的一个。如上文提到的通行本第五十七章，"我无为而民自化，我好静而民自正，我无事而民自富，我无欲而民自朴"。这里有"无为""无事""无欲"，（当然"好静"虽没用"无"这种字眼，意义也在同一序列）"无为"只是系列表否定作为的一个组员。"无为"相对其他组员出现频率是最高的，这和"为"这个词最适宜代指各类行动有关，但其他组员出现次数也并不少。"无事"在通行本出现 4 次，在竹简本出现 3 次。"无欲"在通行本出现 5 次，在竹简本没有出现。但与"无欲"相当的"不欲"则在通行本、竹简本各出现 5 次。算起来，通行本《老子》的"不欲"与"无欲"共 10 见，也只比见于通行本的"无为"少了两个而已。

"无为"出现在排比式文句，还见于《老子》第十章："载营魄抱一，能无离乎？专气致柔，能婴儿乎？涤除玄览，能无疵乎？爱民治国，能无知乎？天门开阖，能为雌乎？明白四达，能无为乎？""无为"与"无离""无疵""无知"等包括"无"字的词汇并举，且也并未置于句首。

通行本《老子》第六十三章开头几句也是排比式否定意义的句子，"为无为，事无事，味无味"。这一句，王弼本、傅奕本、帛书本都相同，竹简本为"为亡为，事亡事，味亡味"。"无为"又是同时出现的组词汇"无为""无事""无味"中的一个。也有研究者举出此一章及第三章的两处"为无为"一词把"无为"用作宾语，就认为在老子"无为"已成为其自觉强化的概念范畴，这一认识并不妥当。且不说第六十三章本身就同时有

① 刘笑敢：《老子古今》（修订版），北京：中国社会科学出版社，2006 年，第 50-54 页。

"事无事，味无味"的用法，《老子》第六十四章中还有"欲不欲""学不学"出现。如果把"无事""无味"视为专门词语还勉强可以通过，那么"不欲""不学"则完全不似固定搭配的词汇。更重要的是，第三章作"为无为，则无不治"是河上公本、王弼本，而竹简本无该章对应文字，帛书本则为"弗为而已，则无不治矣"。这一现象恰恰显示出通行本的改写者已经确实意识到了突出"无为"的必要，所以便信手为之。不妨再看，本章傅奕本对应文字为"为无为，则无不为矣"。显然，更晚些改写的傅奕本，在突出"无为"上走得更远。

不在以上排比中的群组概念组员还有很多。如"无名"，在通行本《老子》共出现5次，在竹简本出现3次，在帛书本出现6次。再如"无知"，在通行本出现3次，在帛书本出现2次，竹简本没有出现。需要指出的是，"无知"包含了对属于"智慧"的"知"的怀疑，已经哲学味十足了。

不必反复举出类似例证，因为在《老子》有三十多章都有以否定作为的观点，所使用单字有"无""不""弗""莫"等，组成的词汇就更多，仅以"不""无""勿"组合的概念就有"不有""不争""不言""不宰""不为""不恃""不尚""不仁""不欲""不自""不立""不美""不博""不善""不积""不辩""不德""不见""不行""不拔""不脱""不割""不刿""不肆""不耀""不贵""不学""不敢""不怒""不武""不与""不处""不责""无知""无私""无身""无心""无味""无行""无臂""无兵""无执""勿矜""勿伐""勿骄""勿强"，等等。除此之外，"去""绝""弃"表消减意义的词汇等亦属此范围。由此可见，"无为"在众多"无"弥漫之下，实是豹之一斑而已。以上所计是按《老子》之通行本而来的，因为早期表示有无之无，主要是"亡"字。竹简本用"无"仅7次，用"亡"则高达30次。也因此，便更可见，早期《老子》的"无为"在众多否定式表达中并不属于被聚焦的概念。

老子用这么多否定意义的词汇原因何在？在《老子》本身就对其表述方式做过解释，即"反"。学界研究《老子》时已特别关注到了《老子》中关于"反"的两个提法。一是第四十章"反者道之动"，一是第七十八章"正言若反"。这两者对于理解老子何以用"无"或者说否定式表达非常有帮助。"反者道之动"是对社会现象发展总趋势的论断，即事物发展过程中总体呈现出对自身否定的趋势。"正言若反"是对老子哲学思想言说方式的高度概括，其特色犹如中观学说的"遮诠"，即通过否定表宗旨，而不能以肯定方式认可一定价值，但两者的性质根本不同，中观在于损除观念的执着，而老子意在否定特定价值导向的治国方略。因此，对于老子的《老子》而言，"无为"是对实践取向的批判，作为专门哲学概念的自觉选择尚没有完全明确。

肯定了"无为"的实践指向，为了叙说方便，本文仍只能把《老子》众多否定式的表述标签为"无为"这一字眼。这里需要明确"无为"到底是什么要求。历史上，对于"无为"有多种解读，包括"君无为、臣有为""表面上无为、暗地里有为""嘴上无为、实则有为""实有似无""以弱胜强"等，其中有智慧论，也有阴谋论。有厚古薄今着意为老子贴金的，也有受学派狭隘意识影响蓄意抹黑老子的。对于这些认识置于其特定时代环境中理解便可接受其尘封的合理性，没必要多费笔墨在此纠缠。

古人关于"无为"的诠释，较为深刻的以"因势而为"和"去欲而为"为代表。

对于"因势而为"，我们举宋徽宗赵佶的注解为代表。《宋徽宗御解道德真经》的第三章注说："圣人之治，岂弃人绝物，而恝然自立于无事之地哉？为出于无为而已。万物之变在形而下，圣人体道，立乎万物之上，总一而成，理而治也。物有作也，顺之以官其复，物有生也，因之以致其成，岂有不治者哉？故上治则日月星辰得其序，下治则鸟兽草木遂其性。"① 这种解说有代表性，看起来是十分高明的，但是也极易将《老子》推向神秘化。顺、因事物的发展而为，但是到底应该因顺哪些事物或事物的哪些方面呢？怎知我们视为消极的因素没有蕴藏革命的种子呢？看来，只有圣人可以做到深入审察事物，一般人根本干不来，这就等于没说了。而且这种说法也明显与老子本人所言"吾言甚易知，甚易行"（第七十章）不相符。

对于"去欲而为"，可以看《淮南子·修务训》的说法："吾所谓'无为'者，私志不得入公道，嗜欲不得在正术，循理而举事，因资而立，权自然之势，而曲故不得容者，事成而身弗伐，功立而名弗有，非谓其感而不应，攻而不动者。"② 私志、嗜欲确实是古代社会在上者"有为"的动机之所在，然而消除了私欲的"有为"是不是就可以避免伤害呢？答案是否

① （宋）赵佶：《宋徽宗御解道德真经》，《道藏》第11册，第845页。
② 陈广忠：《淮南子》，北京：中华书局，2012年，第1124–1125页。

定的。只要"有为"，就离不开主观的目标指向和价值选择，也就必然无法做到"循理而举事"或"权自然之势"。

再有，在"无为"一词的诠释过程中，玄学家王弼把"无为"的施政纲领导向为"无"的形上范畴，说："天下之物。皆以有为生。有之所始，以无为本。"① 应该说，这种解说把中国哲学形而上认识的发展引向深层，为此后佛教义理中国化及儒家理学的性道玄思提供了思想素材，但同时也必须看到，"无为"的玄上化解读倾向消解了老子哲学本身的强烈实践观照意味。

这里不妨再看一下当代学者对"无为"认识较为深刻的论述。

李泽厚在《中国思想史论》中讲："所谓'无为'乃是一种'君道'：君主必须无为，才能'无不为'，表面不管，实际却无所不管。否则，如果不是'无为'，而是'有以为'，统治者不是处'无'，而是占'有'，那就被局限，就不可能总揽全局了。因为任何'有'，尽管如何广大，总是有限定的，能穷尽的和暂时的，它只能是局部。"②

刘笑敢在《老子古今》中说："如果我们把无为作为实现社会自然、和平、稳定、发展的手段，那么无为便可以重新定义或解释为'实有似无的社会管理行为'，具体来说，就是通过最少的、必要的、有效的法律制度和管理程序把社会的干涉行为减少到最低限度，从而实现社会的自然和谐与个人自由的协调发展。"③

以上两位先生所论是对"无为"的较深刻的认识，特别在于指出了"无为"属于"君道"和"无为"是减少干涉，观点的核心基本在于"无为"是以"消极"的表现，取得"积极"的结果。但是笔者仍想指出，如此论释也仍在于注意力在"无为"的"为"上，就是没有完全摆脱"无为"到底是一种什么"为"这个历史解说紧箍咒。实则，通过以上举证大量否定意义的表述，已可显示"无为"不玄妙、不复杂，更不神秘，其重点在"无"，而不是"为"，是对"为"的批判，是去限制。

"无为"为代表的否定式社会治理总要求是老子针对当时的社会状况反思的结论。其一，有为往往是统治层满足个人私欲而驱动的行为，受伤害

---

① 楼宇烈：《王弼集校释》，北京：中华书局，1980年，第110页。
② 李泽厚：《中国古代思想史论》，天津：天津社会科学院出版社，2003年，第85页。
③ 刘笑敢：《老子古今》（修订版），北京：中国社会科学出版社，2006年，第590页。

的当然是劳动人民。其二，是不是从个人私欲出发的有为也往往一样会带来伤害，因为特定价值导向的功利目标下的作为会忽视现实条件的可能性和构成因素的差异性。其三，"有为"导致"伪"，所有的坏想法几乎无一例外会假以美好的包装，于是伪善流行。恩格斯在《家庭、私有制和国家的起源》中说："文明时代越是向前进展，它就越是不得不给它所必然产生的种种坏事披上爱的外衣，不得不粉饰它们，或者否认它们——一句话，即实行流俗的伪善，这种伪善，无论在较早的那些社会形式下还是在文明时代初期阶段都是没有的。"① 老子对"有为"的否定虽然是基于他所处的时代而言的，但这种反思的结论有超越时代的价值。因为征诸实际，人类社会的灾难，往往不是努力不够引起的，而是过分作为引起的，从古到今一概如此。因此，老子之否定式群组表达不是反文明进步，而是对文明进步的深层反思。

解读《老子》者局限于人生经验的所得，对于"无为"往往很难把关注重心真正放在"无"上，而意识里必要导向特殊的"为"。其实，不管多么高明或玄妙的"为"，根本上还是"为"，并不是老子的选择方向。在释读者导向"为"的驱使下，"无不为"这个概念被关注了。其实，与"无不为"相当的"亡不为"，在竹简本中只出现了一次，与通行本第四十八章对应的竹简本文字为："学者日益，为道者日损。损之又损，以至亡为也，亡为而亡不为。"通行本另多出第三十七章之"道常无为，而无不为"一处，显然"无不为"在它也并不是特别重要。通行本第三十八章之"上德无为，而无以为"，在傅奕本则被改写为"上德无为而无不为"，比通行本《老子》又多了一处"无不为"。（竹简本无本章对应文字）看来，傅奕本的改写者已经对"无为"有些"忧虑"了。"无以为"和"无不为"完全是两个意思，"无以为"是说本质上不存在"为"的对象，而"无不为"则是指能广泛利及事物或取得目标成就而言。

从出现频率而言，"无为而无不为"不应看作老子意在突出的核心思想，也不能解读为表面示以"无为"实则暗暗"有为"，或不突出个人功绩而潜在作为，实则"无为而无不为"是从大格局上讲的，"无为"与"无不为"并不在一个层面，意谓以"无为"为治世原则，反而达到了"无不为"

① 《马克思恩格斯选集》第 4 卷，北京：人民出版社，2012 年，第 194 页。

老子论衡

的理想境界，但"无不为"并不在治国者的预设范围内。

《老子》的历代诠释者没有充分把握老子批判式思维落在"消减"这一重心的特点，按照人的常态思维习惯，总怕落空，不落在某种"为"就心慌，这恰是枉费了老子的苦心。就担忧"无为"走向落空这一点而言，古已有之，这正是释读者与老子哲学思想有差距的表现，也反衬了老子思想的卓越。如《老子》第三章"使夫智者不敢为也"，想尔注本对应文字则为"使知者不敢不为"①。"不敢为"的谆谆忠告，已被其转换为催人奋进的"不敢不为"励志语了。

为了进一步理解"无为"，我们再分析一下作为"无为"群组概念系统组员的"不争""不言"和"绝""弃"等几个代表。

"不争"同样难倒了不少人。给老子的"不争"扣上消极观念的帽子倒很简单，过去也有这么说的，现在看当然有些荒唐。可是，征诸社会现实，"不争"怎么生存下去呢？于是，人们在"不争"的诠释上便拈出"不争而胜""不争之争"等，这同样都是没有认清老子哲学的要害而衍生出的画蛇添足式的理解。

竹简本《老子》有"以其不争也，故天下莫能与之争"，帛书本则有 5 处"不争"，而通行本中有多达 8 次的"不争"。对于《老子》第二十二章所说"夫唯不争，故天下莫能与之争"与第六十六章所说"以其不争，故天下莫能与之争"，传统上的理解都归于老子在讲一种高深的斗争手段。在他们看来，这种"不争"，一是善于隐藏或示弱，二是特别善于审时度势，最终像太极拳似的，以柔克刚，四两拨千斤，付出成本少，取得成效大。老子所说的"不争"当然不是消极哲学，也不是阴谋诡计。"不争"是"无为"的一种具体情形下的立场，它的主动方是在上者，作用对象是在下的民，所强调的是不与民争利，从而让事物发展处于应然的"和"。这种思想在老子时代甚至之前的典籍也有反映，《尚书·大禹谟》就说："汝惟不矜，天下莫与汝争能；汝惟不伐，天下莫与汝争功。"②通观《老子》可以看出，老子并没有反对斗争，特别是为反抗统治压迫而进行的斗争。其哲学既不是"不争哲学"，也不是"斗争哲学"，其社会发展的理想状态是"精之至"的生机盎然和"和之至"的整体和谐。

---

① 饶宗颐：《老子想尔注校证》，上海：上海古籍出版社，1991 年，第 6 页。
② 王世舜、王翠叶：《尚书》，北京：中华书局，2018 年，第 360 页。

《老子》多有"不言"要求，第二章"行不言之教"，第五章"多言数穷"，第四十三章"不言之教，无为之益，天下希及之"。对于"不言"，也有阴谋论、智慧论两种诠释立场。现在跟从那种"暗地做事，不加宣扬"之说者已经很少了，很多人转为认可老子有一种超越语言表述能力范围的高明治国手段。其实，"有为"依靠的往往是号令、说教，"不言"，即行无为之政。对此，蒋锡昌指出"是言乃政教号令，非言语之意也"①。

"绝""弃"一类文字在《老子》中也引起了较多重视。通行本第十九章排比文字为："绝圣弃智，民利百倍；绝仁弃义，民复孝慈；绝巧弃利，盗贼无有。"该章帛书本基本与通行本一致。而本章的竹简本对应文字为："绝知弃辩，民利百倍。绝巧弃利，盗贼亡有。绝伪弃［虑］，民复［孝慈］。"对比竹简本与其他版本可以看出，竹简本"绝""弃"是对政令繁杂的批判，是要求"无为"的治理原则。从帛书本到河上公本、王弼本是对儒家之道"圣""智""仁""义"的抨击，这显然是在版本传抄过程中学派意识渐渐滋生的结果。不应把这种《老子》思想看作是老子思想，因为恰恰是这种言论干扰了老子思想的传达。至《史记·论六家要旨》才有"道家"之说，老子根本不会站在道家立场上攻讦儒家观点。当然，改写者所改也非全无道理，被伪化的仁义行为应当是老子所"绝""弃"的"有为"范围，但也不宜理解为仁义本身。

在"无为"这个问题上，还需要简单谈谈儒家的"无为"。因为儒家"无为"的使用，在一定程度上对作为群组概念否定式表述的"无为"形成了干扰。儒家也讲"无为"，虽然在其思想体系中所占分量不是特别重，却是一种向往的目标。《论语·卫灵公》中便说："无为而治者其舜也与？夫何为哉？恭己正南面而已矣。"② 怎么理解此处孔子口中的"无为"和老子的"无为"的区别与联系呢？朱熹对老子的"无为"评论说："老子所谓无为，便是全不事事。"③ 而对于儒家之"无为"便道："无为而治者，圣人圣德而民化，不待其有所作为也。"④ 稍有常识的人都可以看出，朱子此种论述只是无厘头地颂扬儒家思想而贬低道家学说，实在有负朱子大名。考

① 蒋锡昌：《老子校诂》，上海：上海书店，1996 年，第 345 页。
② 杨伯峻：《论语译注》，北京：中华书局，2009 年，第 160 页。
③ （宋）黎靖德：《朱子语类》，北京：中华书局，1986 年，第 537 页。
④ （宋）朱熹：《四书章句集注》，北京：中华书局，1983 年，第 162 页。

诸儒家对于"垂拱而治"的表达与老子对"无为而治"的论述，可以得出：其一，儒家与道家在"无为"这一观念上并不对立，"无为"也是儒家思想的一种。其二，儒家的"无为"更是社会治理的理想状态，其过程仍需凭借积极作为来保障，而道家的"无为"是侧重消减政令的治理原则。其三，老子的"无为"是群组概念的代表，在于突出否定本身的价值。而孔子的"无为"不是群组概念，虽孔子对苛政亦有明确批判态度，但他坚持一定范围内的约束机制是不能凌驾的，因此"无为"只能诉诸圣人，则没有实践价值。

总之，"无为"一词关键还是落在"无"上，在老子属于批判式思维，强调减少、放下、消除，是"易行"的，又是难行的①。《老子》的解读者不懂得老子思想的深刻，将其诉诸高明的治理手段，就有在"为"字上大费周章，讨论"无为"是一种什么样的"为"。他们也担忧完全的"无为"会陷入无政府主义或社会混乱，其实类似的关注点都偏离了老子谈论的问题焦点。历史经验表明，在上者不是"为"得少，而是"为"过多和妄为，因此"无为"是就此而产生的批判式思维。老子所谈的是就现实的"为"而言的，减少一些，就会激发一些活力。如果一定说有所为的话，在老子主体已经发生了改变。"无为"的是在上者，有为的是在下者，即在上者的"无为"释放的是在下者的"自然"。把老子的"无为"视为完全无所事事是极不负责任的想法，这种认识没有掌握老子的"无为"在于消减盲目和泛滥的"控制"与"指导"，也没有认识到其与"自然"是一种联动关系。如果以手段、目的分，那么"无为"为手段，"自然"则是目的。

二、《老子》的"自然"属于群组概念

准确把握"无为"，就必须借助于正确理解"自然"；如果怕"无为"落空而心里没底，非要琢磨个"无为"之后是什么，应该找到的是"自然"，不过二者虽是联动关系，但主体并不一样。

相比"无为"而言，在道家的哲学系统中，"自然"的哲学味更浓，人

———————

① 《老子》七十章："吾言甚易知，甚易行。天下莫能知，莫能行。"从"放下"而言，当然易知、易行，然而"无为"政治对在上者的威胁是"太上，下知有之"（《老子》十七章），不能知、不能行的原因还是在于在上者怕权力丧失。

们把它解读为一种普化有施而并不居功的大道功能。这当然是在道家哲学的自觉构建中，不断玄上化方向的开出而铺陈的释义。在老子哲学而言没有那么玄远，却更加深刻。

"自然"在《老子》通行本出现 5 次，分别是：第十七章"百姓皆谓我自然"，第二十三章"希言自然"，第二十五章"道法自然"，第五十一章"夫莫之命而常自然"，第六十四章"以辅万物之自然而不敢为"。帛书本亦为以上 5 处，文字差异不大。竹简本有 4 处"自然"，缺少的是第二十三章对应的文字。

同"无为"一样，"自然"也属于群组性质的概念。这一点仍可以从排比的句子中看到。《老子》通行本第三十二章说："道常无名，朴虽小，天下莫能臣。侯王若能守之，万物将自宾。天地相合，以降甘露，民莫之令而自均。"这一段话中用到了"自宾""自均"。第五十七章说："我无为而民自化，我好静而民自正，我无事而民自富，我无欲而民自朴。"这一段话中用到了"自化""自正""自富""自朴"。第三十七章说："道常无为而无不为，侯王若能守之，万物将自化。化而欲作，吾将镇之以无名之朴。无名之朴，夫亦将无欲。不欲以静，天下将自定。"这里用到了"自化""自定"。除上述几组词汇外，《老子》由"自"构成的词汇还有"自生""自来"等①。

从对"自"一字的统计看，《老子》通行本有 33 处，帛书本有 31 处，竹简本有 13 处。可见，"自"确实是《老子》较为重要的概念。而"自然"一词虽并未与上面几个"自"构成的词汇排列出现，但仍属于"自"家族的概念组员，且应该是其"组长"，"自宾""自均""自化""自正""自富""自朴""自定"本质上都是"自然"，这一点从下文对"自然"含义的分析可以看出。回归"自然"为群组概念的身份，就能帮助我们把对"自然"的理解定位在实践指向，而不是玄理。

确定了"自然"的群组概念性质之后，本文对涉及"自然"的几个问题做一下厘清，包括何谓自然、如何自然与谁去自然。

---

① 《老子》通行本第二十二章谓："曲则全，枉则直，洼则盈，敝则新，少则得，多则惑。是以圣人抱一为天下式。不自见，故明；不自是，故彰；不自伐，故有功；不自矜，故长。"此处之"自见""自是""自伐""自矜"亦成组出现，但并非上述"自然"意义上的，"自"的主体不同，因此不计。第二十四章的情况与此类似。此两章之"自"恰恰是在上者对"自己"的限制，属于"无为"层面。

近代以来，"自然"一词的理解受"自然界"影响很大。其实，古人的"自然"距离"自然界"① 这个含义很远。也有学者对"自然"做了物理自然和人文自然的二分，认为"《老子》的自然在本质上就是人文自然"②，或有说"老子所讲的自然是指'人为世界'的自然"③。其实，只要整体上理解《老子》宗旨，便知道文本中虽也用水、风雨等自然现象为论，但这里的自然现象一则不是《老子》所说的"自然"，二则只是老子用以比附社会现象的"喻体"。老子的关注点和其哲学的核心意义在于人世，而不在于物质世界，这是很明显的。然而，仍有大量著作从"自然界"这一含义对老子的"自然"进行诠释或分析，这是以后释前的研究立场在作怪。

从现有材料看，"自然"一词最早的出处就是《老子》。《诗经》《尚书》《左传》等均无"自然"一词。"自"，按照《说文解字》的解释为"鼻也"；"然"，则解为"烧也"。人说到"自己"时，习惯指自己的鼻子，所以"自"便引申为"自己"；而火烧状，则引为"样子"或"如此"。因此，"自然"的基本意思是"自己如此"。如果一定用一个现代词汇来翻译它，"自然"更接近于今天所讲的"自由"——由着自己来。

有不少论述把老子的"自然"与其文中反复出现的"朴"（通行本共出现8次）这个概念结合起来，认为老子中的"自然"就是主张"返朴归真"。如果是那样，老子真可以被怀疑为反对社会进步的消极者了。老子不可能主张社会退回到"无名""朴"的状态，而是力主治国手段的复归"朴"，抑或称之为一种螺旋式进步。"见素抱朴"（第十九章）、"复归于朴"（第二十八章）"吾将镇之以无名之朴"（第三十七章）都是对在上者"无为"的要求，在老子时代，百姓本身衣食都困难，还怎么"朴"！将"自然"视为"大自然"或"自然"就是与文明隔绝或回到原初社会等均为对"自然"的误读。

如何才能实现"自然"呢？简单来说，消除限制。在《庄子》，追求的是个体生命的自由，限制来自于思想的局限；而在《老子》，追求的是社会发展的自由，限制来自于社会统治层的政令。从上文所引关于"自"的几

---

① 古代与"自然界"相当的词是"天""天地"或"万物"等。古代哲学典籍中讲到"天"一类问题，也往往是为了给人的问题讨论做铺垫，中国古代哲学家很少会关注纯粹的自然界问题。

② 刘笑敢：《老子古今》（修订版），北京：中国社会科学出版社，2006年，第76页。

③ 谭宇权：《老子哲学评论》，台北：文津出版社，1992年，第185页。

组排比可以看出，实现"自"是以前面的否定式要求的"无"为条件的。第三十二章说"民莫之令而自均"，第三十七章说"不欲以静，天下将自定"，第五十七章则称"我无为而民自化，我好静而民自正，我无事而民自富，我无欲而民自朴"。也就是，前面是"在上者"的"无为"，后面是"民"的"自然"。事物有其自身发展动力和内部逻辑，解除了限制、干扰，事物就获得了发展空间而展现出勃勃生机。反之而言，第五十七章则说："天下多忌讳，而民弥贫；民多利器，国家滋昏；人多伎巧，奇物滋起；法令滋彰，盗贼多有。""自生"，在老子看来是"天之道"，是事物本身的属性，自己生发的事物最富有生命力。有为，往往是拔苗助长的戕生。在释放事物发展生机面前，在上者的作用最多是"辅"。"是故圣人能辅万物之自然，而不敢为"（第六十四章），"辅"就是在于不是支配而是协助和提供条件。

如果要以《管子》《淮南子》的静因之道、因顺之道的"因"来解读老子思想，其实这里的"因"是对在上者放下的要求，因其性而发展的是事物自身，并不是在上者看明白了那些地方可"因"而去帮它。对于《老子》第二十九章王弼也以"因"诠释了"自然"："万物以自然为性，故可因而不可为也。可通而不可执也。物有常性，而造为之，故必败也。物有往来而执之，故必失矣……圣人达自然之至，畅万物之情，故因而不为，顺而不施。除其所以迷，去其所以惑，故心不乱而物性自得之也。"[1] 在王弼看来，"因"就是"不可为"。这无疑是把握了"自然"的意义。

社会历史的经验表明，只要统治者以政策控制个人或集体的发展方式，从结果上看都是伤害性的，出现的问题最终也还是要回到物自身的发展中去解决。邓小平同志指出："官僚主义是一种长期存在的、复杂的历史现象……我们的各级领导机关，都管了很多不该管、管不好、管不了的事，这些事只要按照一定的规章，放在下面，放在企业、事业、社会单位，让他们按照民主集中制自行处理，本来可以很好办，但是统统拿到领导机关、拿到中央部门来，就很难办。谁也没有这样的神通，能够办这么繁重而生疏的事情。这可以说是目前我们所特有的官僚主义的一个总病根。"[2] 征诸当代中国发展的经验，历次改革的根本性质就是减少政府的过度干预（无

---

① 楼宇烈点校：《王弼集校释》，北京：中华书局，1980年，第77页。
② 邓小平：《邓小平文选》（第二卷），北京：人民出版社，1994年，第287-288页。

为）而释放更大的发展空间（自然）。历史上，制度完备、政令严苛的秦、新、隋都是图一番作为的，却都是短命朝代。

《老子》第五十五章突出了"和"为中心的观念，"含德之厚，比于赤子。毒虫不螫，猛兽不据，攫鸟不搏。骨弱筋柔而握固。未知牝牡之合而峻作，精之至也。终日号而不哑，和之至也。知和曰常，知和曰明"。"和"应该是周代以来思想家对社会发展理想模式的设定，史伯的"和实生物"①与孔子的"和而不同"②都表现了这一点，它也一直影响着当今社会建设的基本理念。"和"正是在整体中各个单元虽是不同存在但又都能发展自身生命力的表现。在老子看来，社会各单位如果都伸展"自然"性，最终不仅不会互相矛盾与妨害，反而会进入一个大的自然性里面，这便是"和"。

在这里，我们可以引入王夫之的两句话作为"无为"与"自然"的注脚，他说："帝王之道，止于无伤。"③"物之自治，天之道也。"④这两句话虽出自其《庄子解》，却是打开理解《老子》的钥匙。历史上《老子》的释读者对道家思想在政治哲学层面伸展之价值的把握几乎没有达到王夫之这种高度的。这不是偶然的，一方是以"六经责我开生面"自任的王夫之基于明亡反思而对传统文化总批判以探寻超越帝制之道，另一方是被周人亡商之后持续的忧患意识塑造的极具反思气质的老子基于春秋时期的社会现实而拷问治国之道的终极理想模式，二者面对的都是"崩塌"，思想上有着超时空基因的勾连。

明确了"无为"与"自然"之间的对应关系，就不会被到底是谁"自然"这个问题所困惑。《老子》第十七章说："太上，下知有之。其次，亲之誉之；其次，畏之；其次，侮之。信不足焉，有不信焉。犹兮其贵言。功成事遂，百姓皆谓我自然。"对于这一句中的"百姓皆谓我自然"，到底是谁自然，历来多有分歧。有人认为是百姓自谓自然，有人认为是百姓称赞在上者能行自然之道，王弼干脆就说"百姓不知其所以然也"⑤。其实，按照我们认识的"自然"的一方是"百姓"的理解，这一章每一句的前半句就是在上者的做法，下半句就是在下者的反映，而一旦在上者能践行

① 徐元诰：《国语集解》，北京：中华书局，2002 年，第 470 页。
② 杨伯峻：《论语译注》，北京：中华书局，2009 年，第 140 页。
③ （清）王夫之：《庄子解》，北京：中华书局，1964 年，第 75 页。
④ （清）王夫之：《庄子解》，北京：中华书局，1964 年，第 100 页。
⑤ 楼宇烈点校：《王弼集校释》，北京：中华书局，1980 年，第 41 页。

"无为"，那么在下者便能踏实"自然"。对这句话的理解并不宜拘泥于"谓"的说话这层意思。"谓我自然"在于描摹解除了限制的盎然发展貌。

《老子》第四十九章说："圣人无常心，以百姓心为心。善者吾善之，不善者吾亦善之，德善。信者吾信之，不信者吾亦信之，德信。圣人在天下怵怵，为天下浑其心。百姓皆注其耳目，圣人皆孩之。"这一章一直是为注家较难理解的，难点是在善者、不善者都要"善之"，"德善"（德通得，即得善）；信者、不信者都要"信之"，"德信"（得信）。于是，纷纷诉诸于圣人的高尚道德、超越世俗价值标准等。"圣人在天下怵怵"之"怵怵"，王弼本、傅奕本、帛书本皆为"歙歙"，（竹简本无对应该章文字）。而"圣人皆孩之"的"孩"，傅奕本、帛书本都做"咳"，"咳"应为原貌。陈鼓应以"孩"原字意释为"圣人孩童般看待他们"①，固然美好但并不符合《老子》本意。而刘笑敢解为"圣人把百姓当成婴孩而呵护之，信任之，因任之"②，恐亦失宗旨。高亨以"咳"为"关闭"说"圣人皆孩之者，言圣人皆闭百姓之耳目也"③（朱谦之、高明等亦主此说），正好说反了。其实，把握了"无为"与"自然"的关系，这一章并不难理解。"以百姓心为心"就是对圣人（在上者）"无为"的要求。"歙歙""浑其心""孩之"都是关闭的意思，在上者限制了自己的主观判断和作为，就"无常心"（这一章帛书本第一句为"□人恒无心"，即《老子》古本可能为"圣人恒无心"，这样就更明显是"无为"的要求了）而不以己意去区分善、不善和采信、不信，从而百姓皆能"注其耳目"——张开耳目去开拓发展。造成历来解读者解说纷纭的原因，除对少数如"孩"之类的关键字词的训释歧出外，恐怕还是在谁"自然"、谁"无为"这个问题上并不完全清晰。

三、《老子》的"圣人"属于群组概念

明确"无为""自然"的群组概念归属，就把《老子》文字的强烈实践关怀意识显现了出来。《老子》是哲学著作，但它是更偏向于政治哲学的著作。施行"无为"与践履"自然"之间，主动方是"无为"的施行者。

① 陈鼓应：《老子注译及评介》（修订增补本），北京：中华书局，2009 年，第 248 页。
② 刘笑敢：《老子古今》（修订版），北京：中国社会科学出版社，2006 年，第 489 页。
③ 高亨：《老子正诂》，北京：清华大学出版社，2011 年，第 76 页。

因此，《老子》是向在上者的谏言，限于文化条件，它的读者也仅能是在上者。

"圣人"是先民对远古理想治世者的古老记忆，这种记忆内化为文化基因，使得中国文化有浓厚的圣人情节。但是老子的"圣人"是一个现实可以根植而非幻想活在过去的形象，有强烈的现实指向。"圣人"在通行本有32次，分布在28章；帛书本出现"圣人"28次，分布在23章。竹简本出现的"圣人"也有9次。很明显，"圣人"是《老子》所设的理想人格，但老子对"圣人"身份的要求集中在施行"无为"治世这一点，这与儒家思想系统中的"圣人"有明显差别。"圣人"的现实性亦从《老子》文本的群组概念特点可以表现出来。

《老子》第六十六章说"圣人处上而民不重"，第七十八章说"圣人云，受国之垢，是谓社稷主；受国之不祥，是为天下王"，显然，"圣人"是在上的统治者，民间再好的修养者都不在老子的"圣人"范围内。而且，在通行本《老子》中，"国家"出现2次，"治国"出现5次，"有国"出现2次，此外的"国"字还有5处，与"国"同义的"邦"出现11次，"社稷"出现1次，"天下"（含义基本是如今的"全国"）更是有56次之多。可以说，老子是在大谈国家和政治的。他把"圣人"安置在这个环境中，圣人的身份便只能是施政者。

《老子》第四十七章称"以圣人不行而知，不见而名，不为而成"，第四十九章谓"圣人无常心"（帛书本为"□人恒无心"）、"圣人在天下怵怵（歙歙），为天下浑其心""圣人皆孩（阂）之"，第五十七章则有"圣人云：我无为而民自化，我好静而民自正，我无事而民自富，我无欲而民自朴"，第六十四章道"（圣人）以辅万物之自然，而不敢为"。简而言之，作为在上者的"圣人"，根本特点便是"无为"的。用老子自己的话讲，"圣人处无为之事"（第二章）"圣人无为故无败"（第六十四章）。

"圣人"本身是社会统治层意义上的，其群组有"上""侯王""主""君子"等。第十七章"太上，下知有之"，第七十五章"民之饥，以其上食税之多，是以饥"，为"上"。第三十二章"侯王若能守之，万物将自宾"，第三十九章"侯王得一以为天下正""侯王无以贵高将恐蹶""侯王自谓孤寡不穀"，为"侯王"。第二十六章"奈何万乘之主，而以身轻天下"，第三十章"以道佐人主者，不以兵强天下"，为"主"。第三十一说："君子居则贵左，用兵则贵右。兵者，不祥之器，非君子之器。"这里是"君子"。与"圣人"有所不同的是，"圣人"是老子笔下能行"无为"者，"侯王"等是其希望行"无为"者，因此，这几个"组员"老子用了"若"等劝勉行"无为"之利，用了否定式的"不"警告不实行"无为"之害。

有意思的是，在"圣人"的群组里有一个第一人称的"我"。如第四十二章："人之所教，我亦教之。"第五十三章："使我介然有知，行于大道，唯施是畏。"第五十七章："我无为而民自化，我好静而民自正，我无事而民自富，我无欲而民自朴。"第六十七章："我有三宝，持而保之。一曰慈，二曰俭，三曰不敢为天下先。"第二十章则有"我愚人之心""我独若昏""我独闷闷""我独顽似鄙"。"我"的形象基本等同于"圣人"。作为守藏史（即使老子并不任此职位，其身份亦应为无社会治理权的贵族知识分子）的老子是没有国家管理的大权的，那么这个"我"不应完全理解为老子本人，而是那个老子希望的在上的读者。也许老子希望那些人读起这本书来有种身份的代入感吧。

弄清楚《老子》的"圣人"为实践道的承担者对于理解《老子》思想一贯的基本立场很重要。如以第三十七章看，"道常无为而无不为，侯王若能守之，万物将自化"，此一句自然可以能充分表明循道无为的是谁，自化的又是谁，也就不能把消减意义的词汇加诸于百姓身上。不明确这一点，有些章节的解读就有麻烦。第七十五章傅奕本为："民之饥，以其上食税之多也，是以饥。民之难治者，以其上之有为也，是以难治。民之轻死者，以其上求生生之厚也，是以轻死。夫唯无以生为贵者，是贤于贵生也。"傅奕本此章有三个"上"，指向是明显的，意谓在上者聚敛财货厚生而民则不聊生甚至挺身犯险。但此章河上公本、王弼本都缺少第三个"上"，而帛书本则只有中间一个"上"，这就给造成严重误解提供了空间。本来依文意认定三个排比句的前半句都是在上者所为，而下本句是在下者的状态并不困难，然而自古以来就有把求"生生之厚"推向"民"者。河上公注云："人民所以轻犯死者，以其求生活之事太厚，贪利以自危。"[1] 高明对比文本做了认真研究，却也得出"乃谓民求其厚生，虽死而逐利不厌"[2] 的结论。看

① 王卡点校：《老子道德经河上公章句》，北京：中华书局，1993 年，第 290 页。
② 高明：《帛书老子校注》，北京：中华书局，1996 年，第 196 页。

老子论衡

来，能和老子站在同样的位置上看问题并不容易。

在《老子》中的"圣人"也是可以诉诸道德修养的要求而考察的，但这种修养表现在：其一，爱护百姓、不压榨百姓而攫取利益。如第二十七章说："圣人常善救人，故无弃人。"第六十章说："非其神不伤人，圣人亦不伤人。"其二，不使个人欲望泛滥而把国家财富成为满足私欲的资源。第二十九章说："是以圣人去甚、去奢、去泰。"第六十四章说："是以圣人欲不欲，不贵难得之货。"其三，不自以为居上、有功而视百姓为驱使对象。如第六十三章说："为无为，事无事，味无味……是以圣人终不为大，故能成其大"。第二十二章说："是以圣人抱一为天下式。不自见，故明；不自是，故彰；不自伐，故有功；不自矜，故长。"由此可见，老子的"圣人"修养是政治伦理，而非个人内圣道德完成或社会伦理意义上的。

老子引入"圣人"，与"无为"一样是批判式思维，因为先民以"圣人"称英明统治者，因此，在上者就可以以之为镜进行自我检视。而从一般的"侯王"到"圣人"距离是那么近，近到只要通过"为不为""去欲""不自为大"这种消减的途径就可以达到，也给"侯王"践行"圣人"之道铺平了道路。我们再对这几个方面简单展开分析，以便更明确老子的"圣人"要求。

确定《老子》的读者是在上施政者，这并不意味着所谓《老子》是为统治阶级服务的，因为老子惯常的是站在百姓的立场对当政者有为而无道的批判。春秋战国时期，"厚作敛于百姓，暴夺民衣食之财"① 造成"庖有肥肉，厩有肥马，民有饥色，野有饿莩"② 这种富者巨富、贫者赤贫的局面，人民常走险为"盗"。"鲁多盗"③ "郑国多盗"④，晋国也是"盗贼公行"。⑤ 这正是"法令滋彰，盗贼多有"（第五十七章）。所以老子说："民不畏死，奈何以死惧之？"（第七十四章）"民不畏威，则大威至矣。"（第七十二章）这种社会状态是"上之有为"（七十五章）造成的。统治者"厚生"则百姓"轻死"（第七十五章）；统治者"以兵强天下"则导致"凶年"（第三十章）；统治者"贵难得之货"则"民为盗"（第三章）。

① 吴毓江：《墨子校注》，北京：中华书局，1993 年，第 46 页。
② （宋）朱熹：《四书章句集注》，北京：中华书局，1983 年，第 205 页。
③ 杨伯峻：《春秋左传注》，北京：中华书局，1990 年，第 1056 页。
④ 杨伯峻：《春秋左传注》，北京：中华书局，1990 年，第 1421 页。
⑤ 杨伯峻：《春秋左传注》，北京：中华书局，1990 年，第 1188 页。

驱使百姓，往往是内心的欲望在作祟。因此，老子所认的"圣人"必须是能限制欲望的"知足"的人，否则"无为"便无从谈起。在通行本《老子》中，"知足"出现 4 次，分布在 3 章；"知止"出现 3 次，分布在 2 章；"不敢为天下先"出现 2 次，在第六十七章。这都是对当政者减少因嗜欲扰民的谆谆告诫。第四十四章说："名与身孰亲？身与货孰多？得与亡孰病？甚爱必大费，多藏必厚亡，知足不辱，知止不殆，可以长久。"因而要使得社会平安和谐，需要施政者从减少嗜欲开始。《老子》中对统治者的穷奢极欲进行了无情的抨击。《老子》第四十六章说："天下有道，却走马以粪；天下无道，戎马生于郊。罪莫大于可欲。祸莫大于不知足，咎莫大于欲得。故知足之足，常足矣。"第五十三章说："朝甚除，田甚芜，仓甚虚；服文彩，带利剑，厌饮食，财货有余。是为盗夸。非道也哉！"这便是老子在痛斥，在上者如果不顾人民的死活盘剥无休，那么就是犯罪、就是盗贼！

老子希望在上者不自居其位，不自伐其功。征诸历史，在上者好大喜功往往是百姓的灾难。《老子》第十七章说："太上，下知有之。其次，亲之誉之；其次，畏之；其次，侮之。"陆希声《道德真经传》对该章解释说："太古有德之君，无为无进，故下民知有之而已，谓帝力何有于我哉。德既下衰，七义为治。天下被其仁，故亲之；怀其义，故誉之。仁义不足以治其心，则以刑法为政，故百姓畏之；刑法不足以治其意，则以权谲为事，故众庶侮之。"[1] 魏源很认同陆希声的解说，在其《老子本义》也做了引述。这种以德配圣的解说只是后人关于远古圣人的想象，远古社会存不存在这样的圣人恐怕还是个问题。且陆希声此论还是把"圣人"推给了古代英明帝王，好像这种高明的"无为"政治一去不复返了。其实，在老子而言，"圣人"更是与"侯王""社稷主""上"等同组的，它是在上者自我否定便能接近的。

老子的国家治理者"圣人"的"理想国"是不是"小国寡民"呢？《老子》通行本第八十章说："小国寡民。使有什伯人之器而不用；使民重死而不远徙；虽有舟舆，无所乘之；虽有甲兵，无所陈之。使人复结绳而用之。甘其食，美其服，安其居，乐其俗，邻国相望，鸡犬之声相闻，民至老死不相往来。"这一章确实是给《老子》的释读者出了一个不小的难

---

[1] （唐）陆希声：《道德真经传》，正统道藏本，卷一。

题。李泽厚说："这正是处于危亡阶段的氏族贵族把往古回忆作为理想画图来救命的表现。"[1] 老子展望的理想社会竟然是"原始"气息的吗？如果确实如此，那称老子开历史倒车就没有冤枉他了。其实，理解了"圣人""无为"的深刻内涵，就不会把"小国寡民"看成是老子的理想社会了。"小国寡民"既不是蓝图，也不是回忆，"小""寡"同样是消解的手段，是对着大、多的治国取向而言的。

《老子》的理想治国者是"为无为"的"圣人"，所谓"治大国若烹小鲜"（第六十章），说白了就是不折腾。这和孟子心目中"大而化之"以至"圣而不可知之"[2] 的"圣人"不同。《老子》的"圣人"是消解式的，富于批判精神的。他不去大国多民，因此百姓"不远徙""虽有舟舆，无所乘之"；他更不会因此而动用武力，"虽有甲兵，无所陈之"；他不去推进社会"发展"，因此"复结绳而用之""甘其食，美其服，安其居，乐其俗"；他不结盟、不抱团，"邻国相望，鸡犬之声相闻，民至老死，不相往来"。这些状态，当然不是理想，而仍是对私欲熏心的治国者妄为的抨击。"正言若反"，以反求正，怎能将老子纠正妄为的批判式利刃看成老子设想的未来图景呢？老子是清醒的哲人，历史只是他反思的对象，他的目光一直投向的是远方，"执大象，天下往。往而不害，安平太"（第三十五章）。一种摆脱了世俗价值利诱、自然之性充分彰显的理想社会应该在他的理论视野里。

四、《老子》道论的治理实践指向

今本《老子》以《老子道德经河上公章句》为代表有分章及章名，并在章名突出了"体道""为道""守道"等，但从古本《老子》的发现就完全可以断定，传世本的种种章名绝非《老子》一书之原貌。但尽管如此，"道"仍是老子重视的概念，从使用次数就可以看出这一点。王弼本《老子》使用了 76 处"道"，帛书本使用了 71 次，而竹简本也有 25 处。该统计也反映出另外一点，就是《老子》被传抄者不断有意识地强化"道"这一概念的趋势。而且通行本彰明道的玄上性质的几篇文字，竹简本恰恰缺

---

[1] 李泽厚：《中国古代思想史论》，北京：生活·读书·新知 三联书店，2008 年，第 90—91 页。

[2] 杨伯峻：《孟子译注》，北京：中华书局，2010 年，第 310 页。

失了，如第一"道可道"章、第四"道冲而用之"章、第六"谷神不死"章、第十"载营魄抱一"章、第十四"视之不见名曰夷"章、第二十一"孔德之容，唯道是从"章等。我们不能因此否定古本《老子》的"道"仍有形而上意义的指向，《老子》的玄上色彩的标举有很大功劳都应给其历代的释读者，老子的"道"更是具有重要实践价值的。

《老子》是最早涉及系统道论的哲学典籍，由其引发和延伸出的本体道的拷问、道衍生万物过程的铺排、道德关系的推演丰富了中国哲学的理论范围，也成为人的生命哲学、生存智慧汲取营养的源泉。但必须指出，道的形上意义是其超越现实功利的特质所决定的合理开展，并非《老子》的思想重心。《老子》道论本质是人道论，更精确地说，是治国施政之道。强调老子道论的实践指向，并不降低其思想价值，反而更能彰显老子思想的珍贵。在把"无为""自然""圣人"归于群组概念的基础上，查微知著，分析老子道论的实践指向，便可廓清围绕《老子》的迷雾，而真正让这位深沉的智者的思想再扬帆起航。

从思想史而言，具体可感的事物再进一步被抽象是共性的规律。早期进入中国古代思想者那里的"道"，不可能是关于宇宙问题的看法。这一点在《说文解字》以"所行道也"解释"道"也可以得到印证。从《老子》仍可见的"从事道"（第二十三章）、"进道"（第四十一章、第六十二章）、"为道"（第四十一章、第四十八章、第六十五章）、"行道"（第五十三章、第六十二章）等说法，亦足以表明老子的"道"是要去实践的。"道"在老子这里，从道路的意义上升为规律或法则的"道"，再由具体法则上升为普遍规律。老子的道论思想不是纯粹理性的产物，它包括直觉思维的内容，我们不能因于今天的人对于这种思维方法已经很陌生就贬低直觉思维的价值，亦不能因此一部分内容之存在就过度诠释道的形上性质。"道"彰显宇宙的本原意义，是在《淮南子》等著作进一步聚焦了这一范畴的结果，从竹简本《老子》可以看出，本原意义的"道"虽有所表现，但并非老子所诠释的方向，而在通行本老子这一方向就逐渐明显多了。

确定老子的"道"的实践指向这一判断，需要合理地安放《老子》的"天道"。其实，《老子》中讲"天道"，也讲"人道"，讲"天道"是要最终落到"人道"的。不过，需要首先把它们区分开，才能明白"天道"以何种方式落到"人道"。

通行本《老子》有"天之道"5处，"天道"2处，"人之道"2处。"人之道"都是对着"天之道"而言的。一处是第七十七章"天之道损有余而补不足。人之道则不然，损不足以奉有余"，另外一处是第八十一章"天之道，利而不害。圣人之道，为而不争"。这两处一是不能施行"无为"的人与"天道"法则相反，另外则是"圣人"不争而与"天道"法则一致。一则正面教材，一则反面例子，老子所主已跃然纸上。事实上，"天道"对"人道"无强制作用和必然约束力，只有启发作用。"人道"与"天道"可以一致，也可以不一致。老子是希望"圣人"学习"道常无名"（第三十二章）和"道常无为"（第三十七章），而"行于大道，唯施是畏"（第五十三章）。在这个意义上，与其说"天道"（或简称"道"）是绝对规范，不如说是价值模范。在《老子》7处言"天道""天之道"的6章中，5章都伴随"圣人"出现①。可见，老子无意于对玄妙的"天道"展开论述，其目标都是社会治理的人。

在老子时代，已有思想者注意到"天道"与"人道"的差别。《左传·昭公十八年》记录"子产"的话说："天道远，人道迩，非所及也。"②《庄子·在宥》则说："何谓道？有天道，有人道。无为而尊者，天道也；有为而累者，人道也。主者，天道也；臣者，人道也。天道之与人道也，相去远矣，不可不察也。"③ 也可见不少讲"天道"的言论，其实都是在强调人道的绝对合理性。如《国语·越语下》说："天道盈而不溢，盛而不骄，劳而不矜其功。"④《左传·襄公二十二年》也有："忠信笃敬，上下同之，天之道也。"⑤

"道"确实是东周时期人文思想发展过程中被聚焦的概念，但不管是孔子的道，还是老子的道，都不可能离开人的现实意义的开掘再回到天命绝对的宗教意识中去。《论语》中多次谈到"道"，不过其重点在于通过强调"人能弘道"⑥ 肯定人的主体价值，而《老子》是通过"天道"的示范意义

---

① 第九章"功成、名遂、身退，天之道"，虽没有"圣人"字眼出现，但从"功""名""身"等看，此亦言"圣人"无疑。

② 杨伯峻：《春秋左传注》，北京：中华书局，1990年，第1395页。

③ 陈鼓应：《庄子今注今译》，北京：中华书局，2009年，第935页。

④ 徐元诰：《国语集解》，北京：中华书局，2002年，第575页

⑤ 杨伯峻：《春秋左传注》，北京：中华书局，1990年，第1068页。

⑥ 杨伯峻：《论语译注》，北京：中华书局，2009年，第166页。

来纠正"人道"的问题。如果说"天道"论是老子的理论依据，不如说其为老子的说理方式，是比类。

老子反思社会文明的"崩塌"，也观察自然事物的存在规律。它们遵循其自身生存规律而发展，给老子带来了启示。于是，"推天道以明人事"[①]，在老子看来，"天道"所具有的品德，也是在上施政者应具有的品德。第四十一章说："上士闻道，勤而行之；中士闻道，若存若亡；下士闻道，大笑之，不笑不足以为道。""上士"明白天道对于人道的启发性，行的就是类于"天道"的"无为"之道。它太平常，表明上看起来既不深刻，又不玄妙，因此下士"大笑之"。《老子》第三十七章也说："道常无为，而无不为。侯王若能守之，万物将自化。化而欲作，吾将镇之以无名之朴。无名之朴，夫亦将无欲。不欲以静，天下将自定。"侯王以之为模范而效仿，就是"圣人"了。《老子》五十一章说："道生之，德畜之，物形之，势成之。是以万物莫不尊道而贵德。道之尊，德之贵，夫莫之命而常自然。故道生之，德畜之。长之、育之、成之、熟之、养之、覆之。生而不有，为而不恃，长而不宰，是谓玄德。"这一章也是典型的属于老子对道的模范的描摹性质。对其虽可往道、德的基本性质方面去理解，但应该明确的是老子论述的目标绝不在于此。"生而不有，为而不恃，长而不宰"的玄德，表面上看起来是"天道"，实质字字指向人道。当然，对于"人道"，非必然如此，而是应然如此。

"天道"难以效法吗？老子肯定地说："吾言甚易知，甚易行。天下莫能知，莫能行。"（第七十章）易行而又卓效的"道"，为什么在上者不去施行呢？一是缺少智慧，不懂；二是缺少勇气，不敢；三是根本上怕权力的丧失。正因其易行而又不易行，老子思想的卓远才更令人肃然。

"道"的性质是"无为"，"德"是循道而行，老子的"道""德"与汉朝以后的中国哲学道论视野有显著差别，与我们今天的道德范畴差别就更大了。法道"无为"来施政，就需要以超越人为价值判断来看待事物，"道常无名"（第三十二章），"无名"就是玄同式理解、整体性观照或超越式认知。《老子》第五十六章说："知者不言，言者不知。塞其兑，闭其门，挫其锐，解其纷，和其光，同其尘，是谓玄同。故不可得而亲，不可得而疏；

---

　　① "推天道以明人事"是四库馆臣对易学旨趣的总结，见于《四库全书总目卷一·经部一·易类一》。

不可得而利，不可得而害；不可得而贵，不可得而贱，故为天下贵。""玄同"就是包容不同事物，"塞兑""闭门""不言"在于减少主观判断，无"亲疏""利害""贵贱"，才会给事物自身的合理性以伸展空间。第五十四章说："故以身观身，以家观家，以乡观乡，以国观国，以天下观天下。吾何以知天下然哉？以此。""无名"意味着回归事物本身，"以身观身"就不是以四肢百骸观身，"以天下观天下"就不是以州府乡国观天下，整体统一地看事物，才能充分辅其自由。这种认识来自两千多年前的智者，但放在哪个时代又不是属于睿智的思考呢？

《老子》第二章说："天下皆知美之为美，斯恶已；皆知善之为善，斯不善已。故有无相生，难易相成，长短相形，高下相倾，音声相和，前后相随。是以圣人处无为之事，行不言之教，万物作焉而不辞，生而不有，为而不恃，功成而弗居。夫唯弗居，是以不去。"对于这一章，很多研究者习惯给其贴上老子的朴素辩证法思想的标签。这种认识忽略了一点，即"是以圣人处无为之事"前两两相对的范畴只是为这个"是以"的转折做准备的。即谓天下之人看事物是"美恶""善不善""有无""难易""长短""高下""音声""前后"相对的，而圣人却要超越这种局限，摆脱主观判断，而"无为""不言""不辞""不有""不恃""弗居"。如前文指出的，"无为"根本上就是限制与消解性要求，而"圣人"是贯彻这种要求的在上者而已。徐小跃对此有精当评述："老子始终是站在超越性的'道'的层面去审视物理人情，并明确树立一个圣人的形象和标准，以此来否定他前述的一切对举的状况。"[①]

在《老子》的很多章节中，都有从事物的对立范畴来论述问题的。如"大小""多少""高下""远近""厚薄""重轻""静躁""白黑""寒热""皦昧""歙张""朴器""光尘""壮老""雌雄""母子""实华""正反""同异""美丑""善恶""强弱""利害""祸福""生死""荣辱""愚智""吉凶""兴废""进退""主客""是非""巧拙""辩讷""公私""难易""真伪""怨德""贵贱""贫富""治乱"等都出现过。我们可以说《老子》蕴含了辩证法元素，却不能说老子是意在表达对立统一的观点。他从对立讲问题是在指出判分是大道分裂的表现，返归道，要超越分别对待。

① 徐小跃：《禅与老庄》，南京：江苏人民出版社，2010年，"序言"第18页。

任何成熟的思想中都会有辩证法因素，或是显然的，或是潜在的，这是毋庸置疑的，因为辩证法是客观事物发展的基本规律，成熟的思想一定会反映出这种基本规律。但是能够反映出和目标在于揭示这一规律的不同。我们可以从《老子》中解读出辩证法特质，但辩证思想的呈现不是老子的目标，或者说其目标不止于此。超越价值判断的方向能够伸展出道的超越性，但老子的道论绝不是本体论，更不是生成论，而是实践论。

不止在老子时代的人，对于今天的人而言，理解老子的思想都有一定难度，亦如老子所言"吾言甚易知，甚易行，天下莫能知，莫能行"（第七十章）。关键在于，我们对超越功利性、价值性、目的性来看待事物、安放事物难以有共情式理解，被差分、对待环境建立起来的思维很难体认老子思想的深邃和强烈的实践价值。笔者赞同刘笑敢的论述："老子不可能完全不讲是非、善恶，他有自己的是非善恶，但是在老子的思想体系中，还有更高、更重要的原则……一旦把一种是非标准当作最高原则，必定会造成社会动荡，造成一部分人对另一部分人的压迫和歧视……老子的思想虽然有利于民主政治的实现，却大大超出了民主政治的理论视野。"①

我们声明道的超越与无为性质，与老子"贵柔"的言论并不矛盾。《老子》第六十六章说："江海所以能为百谷王者，以其善下之，故能为百谷王。是以圣人欲上民，必以言下之；欲先民，必以身后之。"第七十六章说："人之生也柔弱，其死也坚强。万物草木之生也柔脆，其死也枯槁。故坚强者死之徒，柔弱者生之徒。"老子提倡在上者效法江海的"善下"、草木的"柔弱"。与"下""柔弱"相当的词汇，在《老子》还有很多，包括"俭""朴""慈""缺""冲""拙""讷""愚"；等等。《吕氏春秋·不二》说"老聃贵柔"②，《庄子·天下》亦称老子"以濡弱谦下为表"③，是不是老子真的在提倡柔性的原则呢？"无为"是超越性要求，"自然"是自身合理性的展开，"柔"并不符合道性施政的目标。那么，"柔"便只能是手段，是过程，而非目的。在上者往往一意"不知足""欲得"（第六十四章），"服文彩，带利剑，厌饮食，财货有余"（第五十三章），选择的是"刚""上""多"，老子才以"柔""下""小"对冲之，是消解性手段。

①　刘笑敢：《老子古今》（修订版），北京：中国社会科学出版社，2006年，第520页。
②　（汉）高诱注：《吕氏春秋》，上海：上海书店，1988年，第213页。
③　陈鼓应：《庄子今注今译》，北京：中华书局，2009年，第935页。

显然，消解了现实的"刚强"才能超越"刚柔"，所以贵柔是过程性选择，而非终极性目标。

在上者实践道性来施政，来自于老子对社会发展的应然性的深刻思考，得益于两个启示：一是社会历史经验的启示，包括"垂拱而治"的范例（如果确实存在一个"垂拱而治"的时期的话）与穷兵苟政的反面教训。老子是史官，本身职责就是"历记成败、存亡、祸福、古今之道"①，而以史为鉴。道在老子的重要性，在于他找到了使民深陷"缺缺"泥潭的源头"察察"（主观价值引导），而开设了超越功利价值的方向。

从现有文献资料分析，《老子》竹简本甲、乙、丙三组有相似之处，但应来自不同祖本，而帛书甲、乙本也存在这一现象。这说明《老子》在被传抄的过程中进一步被加工由来已久。正是在这一加工过程中，传抄者凸显了《老子》一书可以伸展出的概念系统，包括"无为""自然""圣人""道"等，然而如果我们把注意力只放在这些概念的哲学内涵上，恰恰会忽略去体认老子本人的深切关怀和深刻思考。研究《老子》，应该跳出道的实体性质，包括唯心唯物这一论争焦点，而明确道是一种实践原则，也要跳出权谋论来解读《老子》的立场，因为在《老子》是道学而非治术。

"无为"作为群组性概念，是对上否定的要求。"自然"作为群组性概念，是对下肯定的要求。"圣人"作为群组性概念，是希望执政者效法道性，限制欲望和超越功利的要求。"道"是在总原则的基础上诉诸的总根据，是对于社会功利价值取向的否定，是治世模板。老子希望在上者建立"常德"（第二十八章）、"上德"（第三十八章）、"广德"（第四十一章）、"玄德"（第五十一章）的表述其实非常简单，但是又极为深刻，其核心在于强调自然秩序高于强制秩序。这一点无疑能有超越时空的价值。

魏源《老子本义》中提道："《老子》之书，上之可以明道，中之可以治身，推之可以治人。"② 学习老子的思想提升自身修养，大概是必要的。但必须清楚，《老子》的很多话是对在上的治国者而言的。对于普通民众，"柔"有显示出人的谦恭美德的一面，而有时候确实也需要"退一步海阔天空"，可是，大多数时候选择的仍应该是进取与刚强。

---

① （汉）班固撰，（唐）颜师古注：《汉书艺文志》，上海：商务印书馆，1955 年，第 28 页。
② （清）魏源：《老子本义》，清光绪袁氏刻渐西村舍汇刊本，上卷。

老子强调"天道"对于自然事物的非直接决定性质，是提醒"人道"亦应如此。长期以来，《老子》的研究者习惯于用来自西方哲学的"第一因""原初物质""绝对精神""上帝"等概念对老子的道论进行比较研究，忽视了老子哲学的强烈现实关切意识，这就忽略了二者深层次的差异。用任何概念分析中国哲学的范畴都要付出与把握其真正内涵的复杂、深刻和体认其思维方式的独特擦肩而过的代价。

第七章

"道性无为"判断下
对《老子》几个关键问题的辨析

　　《老子》是中国思想史上真正意义上的一部哲学著作，它的论述对于后世哲学思想的发展及中国哲学的特质产生了根深蒂固的影响。对于《老子》一书的思想主旨的讨论分歧伴随着老学的整个发展历程。对《老子》的解说在战国时期就开始了，除《庄子》中对于《老子》文字有引入论说精神世界的自由问题外，《韩非子》专以《解老》《喻老》两篇用以讨论权谋之术。至汉代，严遵《老子指归》以篇旨解说方式初步聚焦或范畴化《老子》的"道""无为"等观点；河上公注本是对后传世本文本影响较大者，"道"在它这里有神秘化倾向，其适用范围也被推广至养生等领域；汉末三国的两部《老子》注演绎了中国哲学史上老子的哲学家和教主两种身份，王弼的《老子道德经注》是玄学化理解道论的开端，而传为张陵所作《老子想尔注》是宗教化老学的肇始。中国古代治老者的《老子》的注解各有所钟，但大体没有离开上述解说方向。及至今，受现代哲学范畴厘定潮流的影响，又得以帛书本、竹简本等重要古本《老子》的出土，对《老子》的研究受到中国哲学界之持续关注，其道论的生成逻辑、思维范式与当代实践等研究成为焦点问题。

　　归属《老子》于政治哲学、形而上的道论、人生修养论等，古注家已多有分歧。即使从治国理政这一认识而言，有人认为老子是积极的社会变革者，有人认为他是消极的开历史倒车的人，也有人干脆认为他是权谋论者。之所以存在这些分歧，一是由于《老子》以言简意赅的纲领性文字构成，本身适用范围就十分广泛；二是《老子》文辞简约，给多种角度理解提供了可能；三是由于读者对《老子》本身的立场没有真正搞清楚，而为文字本身所阻碍。本文即从对后一种的讨论入手，在明确《老子》究竟是何性质书的基础上，辨析几个属于一直加诸《老子》身上的问题，包括所谓生成论、宇宙论、贵柔论、辩证法、消极论、权谋论等。

一、道性无为是《老子》一书的主旨

《老子》一书在中国哲学史上是非常独特的，它没有任何时间、地点、事件、人物等信息，通篇由半诗化语言构成。这种体例更似一种基于事件发生后引起的对于成败得失经验的记录，当然，这种经验是试图上升到对人类共同生活的同质性思考高度的。结合《史记》里面关于老子身份为周藏书史的记载，这种判断是合理的。哲学的产生离不开反思，既有对人生个体生命终极存在的反思，也包括对人类集体生活终极样态的反思。史官除记录、整理历史资料外，还有一个功能就是反思历史事件和政治生活，正如司马迁写《史记》有"究天人之际，通古今之变"的情怀在其中。

《汉书·艺文志》中说："道家者流，盖出于史官。历记成败、存亡、祸福、古今之道。然后知秉要执本，清虚以自守，卑弱以自持，此君人南面之术也。合于尧之克攘，易之嗛嗛，一谦而四益，此其所长也。及放者为之，则欲绝去礼学，兼弃仁义，曰独任清虚可以为治。"① 班固的这番论述是符合道家哲学产生的逻辑的，也为我们解读《老子》提供了重要思考。

《老子》文字不多，但好像读来无聚焦一点之感，从帛书本、竹简本的写本看，《老子》本身缺乏较为完善的写本，其成书是伴随着多人参与的抄本加工过程的，这给当今的《老子》研究也造成了许多困难，写本的校证、考释等需要做的基础工作还有很多。但从现在的《老子》文本看，基本可以把《老子》文字集中在三个方面，那就是道论、政治论（包含军事）及玄同体道论。后学者解读《老子》经常是从这三个方面来进行的，试图以一种立场统一贯通《老子》的文字，因为显然从一般经验而言，一本书不太可能忽而言此、忽而谈彼，它总要有一个一以贯之的主旨。然而，当以《老子》为形而上道论的思想去通看全篇时，会发现有些文字格格不入，勉

---

① （汉）班固撰，（唐）颜师古注：《汉书艺文志》，上海：商务印书馆，1955 年，第 28 页。

强统一起来总有人会轻易能够提出辩驳之词，恐怕说者自身也心惶惶然。这一点，于另外两种立场亦然。难道仅五千言的《老子》竟没有一条完整的主线来串联整体内容吗？不是的。关键是要理解在《老子》本身的道论、治论、玄论三者就是一个紧密关联的整体，而不是相对独立的三种内容。形成这种认识，还是要从史官反思社会这一立场出发，设想自己与老子站在同样的位置上思考问题。

作为史官，老子思想的核心关切点在于社会的应有样态，他无意于大谈宇宙观、道体论。如李泽厚所指出："如果把《老子》辩证法看作似乎是对自然、宇宙规律的探讨和概括，我以为便恰恰忽视了作为它的真正立足点和根源地的社会斗争和人事经验。"[1] 在传世本《老子》中，"国家""治国""有国"及与"国"同义的"邦"反复出现，说明老子是在大谈国家和政治的。由此，《老子》写作的动机或者说老子本人思想的出发点就是为社会发展的理想道路指出方向。

对社会治理的反思的"德"是老子思想的第一站，而"道"则是进一步抽象尤其是向玄虚化抽象的目标。从这种判断来看，帛书本《老子》的"德篇"在前，而"道篇"在后，恰恰符合了老子道论的生成逻辑。老子的反思对象主要有二，一是历史成败规律，二是时下政治生活。从历史成败规律，他分析出事物在极端推动下反而走向其反面的典型现象，于是以种种自然现象为比类示以"微明"；从政治生活，他观察了过度的政令滋生导致民不聊生的社会现实，便警示治国者不可以满足个人欲望而不能"知止"。

《老子》中有不少处谈到军事，也有些人因此认为《老子》是兵书。唐代王真说："五千之言……未尝有一章不属意于兵也。"[2] 后人如王夫之、章太炎等也有关于《老子》为兵家作品的言论。不言而喻，战争是重要的政治事项之一，尤其是在春秋时期，诸侯国为了兼并他国，战事频仍，当然会成为老子的反思对象。但《老子》反战的立场是明显的，涉及兵事反而是《老子》对残酷战争的控诉。《老子》三十章说："以道佐人主者，不以兵强天下。其事好还，师之所处，荆棘生焉。大军之后，必有凶年。"三十

---

① 李泽厚：《中国古代思想史论》，北京：生活·读书·新知 三联书店，2008 年，第 93 页。
② （唐）王真：《道德真经论兵要义述》，严灵峰编：《无求备斋老子集成初编》，台北：艺文印书馆，1965 年，第 4 页。

一章说："夫佳兵者，不祥之器，物或恶之，故有道者不处。"三十六章说："国之利器不可以示人。"还需要更明显吗？《老子》不是在讲兵法策略，也无意于所谓军事辩证法，如果说他关心战争，其实他更像一位反战主义者！战争是一种最大的有为，是《老子》对其时政治生活消解的重要对象。

另一个反思的对象，就是统治层的施政表现，基于满足个人嗜欲的种种政治追求，导致民不聊生是老子所集中抨击的，所以他反对欲望、仁义、智慧乃至圣人，恐怕不是对民众而言的，他射出的箭的靶心在统治者！春秋时期，横征暴夺于百姓，造成富者累万、贫食糟糠的局面，百姓常走险为"盗"。这正是"法令滋彰，盗贼多有"（第五十七章）。所以老子说："民不畏死，奈何以死惧之？"（第七十四章）"民不畏威，则大威至。"（第七十二章）这种社会状态是"有为"造成的。统治者"多忌讳"则百姓"弥贫"（第五十七章），统治者"兵强"则导致"凶年"（第三十章），统治者"贵难得之货"则"民为盗"（第三章）。因而要使得社会平安和谐，需要从施政者减少嗜欲开始。《老子》中对统治者的穷奢极欲进行了无情的抨击。

老子对当政者由私欲膨胀导致的社会秩序混乱充满忧虑，认为乱世要得以治理，必须从控制肆意有为开始，于是"无为"的观念产生了。"无为"并不是一种高妙的政治智慧，而在于它是有为的对立面，准确地说，是无肆意而为。第七十五章说："民之饥，以其上食税之多，是以饥。民之难治，以其上之有为，是以难治。民之轻死，以其求生之厚，是以轻死。夫唯无以生为者，是贤于贵生。"第三章说："不尚贤，使民不争；不贵难得之货，使民不为盗；不见可欲，使心不乱。"第五十七章说："我无为而民自化，我好静而民自正，我无事而民自富，我无欲而民自朴。"无为、无事、无欲是作为对为、事、欲的否定出现的。在《老子》一书中，"无为"凡12见，都是在指出时下妄为的危害，而不在于"无为"是一种什么样的特殊状态。

然而，老子毕竟要对超越了有为的状态给一个出路，这个出路就是超越对立差别之后的"道"。因为老子通过观察认为，有为是人于事物从对待的观念认识而产生的必然结果。在《老子》的很多章节，都从事物的对立范畴来说明问题，如大小、多少、厚薄、重轻、白黑，等等。然而，老子却并不是意在表达对立统一的辩证法思想，他从对立讲问题是在指出判分是大道分裂的表现，返归道，就要超越分别对待。可以说，老子所描述的事物对待性，正是他要超越的对象。

"道"的根本性质就是"无为"。《老子》的"无为"建立在对有为的反叛基础上，进一步从反叛走向了形而上，呈现出了玄虚化倾向。第三十七章明确指出："道常无为而无不为，侯王若能守之，万物将自化。"第四十八章则有名言："为学日益，为道日损，损之又损，以至于无为。"很明显，"道"是"损"对立后"无为"的一种表现。"无为"或者"道"都是对现下社会生活或者更准确地说是对政治样态的超越，其关键在于超越本身即目的性存在，而不在于"无为"或者"道"是什么。老子标举出了"道"，但并不是目标于讲一个宇宙变动的物性规律，而是要人学会泯灭对立性存在，从整体来把握事物。

为什么是"道"承担"无为"的这一归向呢？其实，天道的观念由来已久，只是在老子这里进一步获得了形而上的特征。"道"一词在老子时代已经有了规律、法则的意义，郑国大夫子产就说："天道远，人道迩，非所及也。"① 老子在"玄同"的基础上，把"道"玄虚化为一种理想价值存在。在老子来说，"道"不是一种概念性指谓，一定是"物"性的，"道之为物"（第三十章）的提法就是明证，无须多论。在这一点上出现大量纷争，实质上是由于对"玄同"的认识论缺乏认同或对道性无为的特性缺乏认识造成的。

"道"是消除对立，"无"也是如此。唯此，二者才能联系起来。庞朴认为，"无"这个字的产生与上古人们试图与不可感知的神灵相交通的乐舞密切相关，因而这个"无"不是没有，它只是无形无相，不可感知而已②。《老子》里面有不少关于"道"的恍惚状态的描述。如第十四章谓："视之不见名曰夷，听之不闻名曰希，搏之不得名曰微。此三者不可致诘，故混而为一。其上不曒，其下不昧。绳绳不可名，复归于无物。是谓无状之状，无物之象，是谓惚恍。迎之不见其首，随之不见其后。执古之道，以御今之有，能知古始，是谓道纪。"首先，这种"惚恍"本身是对经验事物属性的超越；其次，"惚恍"本身从何而来呢——《老子》道论还有一个重要支撑——"玄同"。

---

① 杨伯峻：《春秋左传注》，北京：中华书局，1990 年，第 1395 页。
② 庞朴：《谈玄说无》，《光明日报》2006 年 5 月 9 日。

《老子》第五十六章说："知者不言，言者不知。塞其兑，闭其门，挫其锐，解其纷，和其光，同其尘，是谓玄同。故不可得而亲，不可得而疏；不可得而利，不可得而害；不可得而贵，不可得而贱。故为天下贵。"所谓塞、闭、挫、解、和、同之类，看起来显然是一种自我调整的技术。老子把这种技术称为"玄同"，以此为体察"道"的基本手段。类似的描述在《老子》中多处有出现，如第十章："载营魄抱一，能无离乎？专气致柔，能婴儿乎？涤除玄览，能无疵乎？爱民治国，能无知乎？天门开阖，能无雌乎？明白四达，能无为乎？生之、畜之，生而不有，为而不恃，长而不宰，是谓玄德。"也就是说，《老子》的"道"不纯粹是一种无为应指向的概念，它还是一种基于古老巫术传统消解身心存在的特殊感受的对应样式。在老子看来，"恍兮惚兮，其中有物"（第二十一章），这种样式是真实的。

朱谦之说："《老子》书中，实包含古代医家之言。"①《老子》受到了巫传统的神秘修炼之术的影响，而为"道"存在提供"玄同"之术的支持。对此，无须大惊小怪，春秋战国的典籍中是多见的。《列子·仲尼》中亢仓子所说的"我体合于心，心合于气，气合于神，神合于无"②，《管子·内业》中的"四体既正，血气既静，一意搏心，耳目不淫"③及《庄子》的"心斋""坐忘"都属此类。为什么要"致虚极"（第十六章）呢？那就是要虚掉常人认知、感受的对象，而让现象背后的整体性存在得以显示。

《老子》中体道的"营魄抱一"（第十章）的描述本身属于其道论思想的构成部分之一，再加上对上层治者减少欲望"见素抱朴"（第十九章）的要求，成为后世注家把《老子》发挥为养生之书的资源。其实，老子对于养生，特别是对于一般意义上摄生，是以"以其生之厚"（第五十章）进行了批判的。

精于对"道"的体认的人，"古之善为士者"而"微妙玄通，深不可识"（第十五章）甚至可以"不行而知，不见而名"（第四十七章），而关键还是在于得"道"的人可以从"道"这个角度来看事物，那就是消除了经验存在或对立性表现的"一"。第三十九章说："昔之得一者，天得一以清，地得一以宁，神得一以灵，谷得一以盈，万物得一以生，候王得一以

① 朱谦之：《老子校释》，北京：中华书局，1984年，第39页。
② 杨伯峻：《列子集释》，北京：中华书局，1979年，第118页。
③ 陈鼓应：《管子四篇诠释》，北京：商务印书馆，2006年，第120页。

为天下贞。"可以说，"一"与"道"是同等的。只不过，"道"是角度、立场；"一"是结果，是从"道"观察的事物的整体性表现。在"道"与"一"的关系这一点上，历来有很多争论，而《老子想尔注》所讲虽又复归宗教性解说，却把握了二者辩证统一的关系。它说："一者，道也。一在天地外，人在天地间，但往来人身中耳。一散形为气，聚形为太上老君，常沉昆仑，或言虚无，或言自然，或言无名，皆同一耳。"①

从以上分析中应该形成一种基本认识，那就是《老子》的道论、治论、玄论是一个整体，治论是出发点，其手段是"无为"；"无为"要求对满足欲望之下的妄为及其深层原因（对立意识）进行超越；超越出来的样态是"士"损除了感官觉知后的微妙玄通的"道"。可以说，治论是核心，道论是目标，玄论是保障。确立了《老子》思想系统的逻辑构成，再分析所谓生成论、宇宙论、贵柔论、辩证法、消极论、权谋论等对《老子》的种种解读可能都存在一定偏差或误解。

二、所谓"生成论"与"宇宙论"辨析

从《老子》第一章的"无，名天地之始；有，名万物之母"的读法，到第四十章的"天下万物生于有，有生于无"，再到第四十二章的"道生一，一生二，二生三，三生万物"等处，《老子》似乎给我们提供了一种基本的宇宙论体系，从恍惚无分的"无"到可以名状的"有"，从简单基础的"一"再到复杂纷繁的"万物"。

这种认识对《老子》之后的中国哲学影响甚大。《淮南子》第一篇《原道训》开宗明义，就描述了道的生化万物的功用："夫道者，覆天载地，廓四方，柝八极，高不可际，深不可测，包裹天地，禀授无形……山以之高，渊以之深，兽以之走，鸟以之飞，日月以之明，星历以之行，麟以之游，凤以之翔……夫太上之道，生万物而不有，成化象而弗宰。"②《列子·天瑞》则进一步勾画了从无形到有形的变动过程及人之生成的图景："有太易，有太初，有太始，有太素。太易者，未见气也；太初者，气之始也；太始者，形之始也；太素者，质之始也。气形质具而未相离，故曰浑沦。浑沦

---

① 饶宗颐：《老子想尔注校证》，上海：上海古籍出版社，1991年，第12页。

② 陈广忠：《淮南子》，北京：中华书局，2012年，第1-5页。

者，言万物相浑沦而未相离也。视之不见，听之不闻，循之不得，故曰易也。易无形埒，易变而为一，一变而为七，七变而为九。九变者，究也，乃复变而为一。一者，形变之始也，清轻者上为天，浊重者下为地，冲和气者为人；故天地含精，万物化生。"①

这些文字暗引《老子》，内容显然是对《老子》"宇宙观"或"生成论"的发挥。然而根据前文所述，对大化规律的认识不是老子的哲学目标，而《老子》也无意构架宇宙生发演化的图式。那么，对于《老子》的这几章文字怎么看呢？根本在于"宇宙观"或"生成论"的认识属于没有明确《老子》之核心思想发生逻辑时对文旨产生的误判，而这种误判早就存在。可以说，这种误判是美妙的，它已经在客观上构成了中国哲学史上大化论的基本内容。不过，对于《老子》来说，误判终归是误判，分述简析之如下。

首先，关于"有无相生"之辨析。传世本《老子》四十章说："反者道之动，弱者道之用。天下万物生于有，有生于无。"复杂具体的事物来源于基础的有形质的存在，有形质存在来源于无物状之运动。这种解释看起来挺哲学的，也好似比较科学，然而与《老子》把有、无作为一对典型的对待性表现而举出的立场并不一致。《老子》第十一章就说："三十辐共一毂，当其无，有车之用。埏埴以为器，当其无，有器之用。凿户牖以为室，当其无，有室之用。故有之以为利，无之以为用。"器物之用，是统有无于一体的，老子确实强调了"无"，那只是因为人们的经验生活都注意"有"而忽略了"无"，所以"无"的存在需要特别指出。（当然，无、有二者，最终是要一并超越的）传世本《老子》似乎明确了"有生于无"之说，好在有了竹简本的发现，恰恰提供了新的解说方向。竹简本《老子甲3：3》写作"天下之物生于有，生于无"。统有无于一体，实是很深刻的论述。而后世的《老子》编抄者不解为什么天下之物生于有，还生于无，添加了"有"字，变为"有生于无"，反而割裂了有无统一，也由此把后代许多《老子》的研究者引入歧途。

其次，关于"无名，天地之始；有名，万物之母"之辨析。传世本《老子》第一章为："道可道，非常道；名可名，非常名。无名，天地之始。有名，万物之母。故常无欲以观其妙。常有欲以观其徼。此两者同出而异名，

① 杨伯峻：《列子集释》，北京：中华书局，1979 年，第 6-8 页。

同谓之玄。玄之又玄，众妙之门。"在这里，如果读成"无，名天地之始；有，名万物之母"，似乎也支持了无、有演化万物的观点。但这种断句方式恐未合理。一是，"名实"关系问题本是春秋时期哲学讨论的焦点问题，而"有无"问题是后来在魏晋时期才成为焦点的；二是，本章开篇讲"名可名"，下文顺承"无名""有名"问题在情理中，若是接"有无"问题，反而突兀。查诸资料，河上公注文、王弼注文都是以"无名""有名"读法断句的。《史记·日者列传》有谓："此老子所谓'无名者万物之始也'。"[①]可见，汉代就以"名"后断句读。然而，从宋代司马光、王安石等解老有了新的断句方式，即"无，名万物之始也；有，名万物之母也"[②]。近现代以来，很多《老子》的注家多从此读，恐未得其旨。另外，在传世本中，"无"或"无名"对应的是"天地"，"有"或"有名"对应的是"万物"。竹简本无此章，而帛书本两句均为"万物"，没有"天地"这一提法。也就是并不再强调"天地"到"万物"的层次级别。至此，关于"无欲，以观其妙；有欲，以观其徼"还是"无，欲以观其妙；有，欲以观其徼"的争辩也应给出结论了。笔者赞同李泽厚对这两句的读法，"'常无欲以观其妙，常有欲以观其徼'，也可以说是'排除目的性以认识道的本身'，'保持目的性以观察道的作用'，而这两者却实际是同一的，不过暂时的名称有异而已"[③]。

再次，关于"道生一，一生二，二生三，三生万物"之辨析。这句话是传世本《老子》第四十二章的前几句。这一章按文意其实分三层，这一部分构成一层，有独立意义，后面的两部分编入此章并不合适。对于这一章，《淮南子·天文训》早就有"一而不生，故分而为阴阳，阴阳合而万物生，故曰：'一生二，二生三，三生万物'"[④]的解释，后代注家也多沿着宇宙演化的方向进行诠说。如任继愈就说："在这里，老子说明了事物由混沌状态的气，逐渐分化为万物、由简到繁的过程。"[⑤]只有少数学者，如牟宗三、傅伟勋否认了"道"之"生"的宇宙论意义[⑥]。在这里应注意到《庄子》对这句话的理解。《庄子·齐物论》中说："一与言为二，二与一为

---

① （汉）司马迁：《史记》，北京：中华书局，2011年，第2791页。
② 王安石解第一章道："无，所以名天地之始；有，所以名其终，故曰'万物之母'。"
③ 李泽厚：《中国古代思想史论》，北京：生活·读书·新知 三联书店，2008年，第93页。
④ 陈广忠：《淮南子》，北京：中华书局，2012年，第152页。
⑤ 任继愈：《中国哲学史》（第一册），北京：人民出版社，2010年，第60页。
⑥ 刘笑敢：《老子古今》（修订版），北京：中国社会科学出版社，2006年，第468页。

三。自此以往，巧历不能得，而况其凡乎！"① 这显然是对《老子》这句话的诠释。再联系《老子》一章就提出了名言的"名可名""无名""有名"问题，《庄子》用"言"（概念、指称、判分）的视角去看所谓"一生二、二生三"是有道理的。即用"道"认识，其结果是整体的"一"的；而用"一"，就有了名言、概念的进入而成为区分差别之"二"，依此类推，事物的复杂性依靠人的认识之丰富。

最后，关于"道生之"之辨析。《老子》五十一章说："道生之，德畜之，物形之，势成之，是以万物莫不尊道而贵德。"对于这句话，大部分注家也从道生成事物、德涵育事物来理解。如陈鼓应对此句的翻译就是："道生成万物，德畜养万物，万物呈现各种形态，环境使各物成长。所以万物没有不尊崇道而珍贵德的。"② 在现代对道、德范畴的界定下这样理解，大概没什么问题，但对于"生""德"的含义还是应该回到老子时代做细致考察，以厘清道论发生的逻辑。根据《说文》，"生，进也。"又有，"生，起也。""道生一"或"道生之"这里的"生"不宜作"产"解，而应解为"引起"。而"德"在甲骨文中从直从行，与"循"字近，段玉裁注为"行而有所取"，闻一多说为"示行而视之之意"③。《庄子·大宗师》中有"以德为循"④。可见，"德"字原义是指选择某种行为。李泽厚说："'德'正是由此'循行''遵循'的功能、规范义转而为实体性能义，最终变为心性要求义的。"⑤ "德"在早期运用时应该是与礼仪传统有关及重大政治行动相关的一套行为，而老子"德畜之"便应是循"道"，依上文道性无为的理解，即为循"无为"。这一解释也符合早期研究者对道家思想的判断。司马谈《论六家要旨》说道家："以虚无为本，以因循为用。"⑥ 《韩非子·解老》则说："凡德者，以无为集，以无欲成，以不思安，以不用固。为之欲之，则德无舍；德无舍，则不全。"⑦

① 陈鼓应：《庄子今注今译》，北京：中华书局，2009 年，第 80-81 页。
② 陈鼓应：《老子注译及评介》（修订增补本），北京：中华书局，2009 年，第 257 页。
③ 闻一多：《古典新义》，北京：古籍出版社，1956 年，第 516 页。
④ 陈鼓应：《庄子今注今译》，北京：中华书局，2009 年，第 187 页。
⑤ 李泽厚：《中国古代思想史论》，北京：生活·读书·新知 三联书店，2008 年，第 86 页。
⑥ （汉）司马迁：《史记》，北京：中华书局，2011 年，第 2851 页。
⑦ （清）王先慎著，钟哲点校：《韩非子集解》，北京：中华书局，1998 年，第 130 页。

三、所谓"辩证法"与"贵柔论"辨析

对于《老子》的研究，近现代以来有一个认识，就是它有着丰富的辩证法思想。这几乎成为一种共识而写入各种中国哲学的教科书，连一向看不上孔子的黑格尔都盛赞《老子》有辩证法智慧。

辩证法是从西方引入的哲学概念，用以指一切真实存在的科学或事物普遍联系和发展的规律。中国哲学有辩证法元素是毋庸置疑的，然而中国古代哲学的辩证法以至宇宙论总离不开人的活动，这是必须要注意的。也就是说，中国古代哲学的"辩证法"还是与西方哲学传统的辩证法有着显著不同的，它强调人的主体自觉对事件发展趋势的决定性影响。《老子》凡言"天道"的地方，无一不是在谈人事，正所谓"善言天者，必有验于人"[1]。

怎么看待《老子》的所谓"辩证法"思想呢？上文已经提出道性无为是老子的核心思想，无为是对于差别性存在泯除的要求。为此，老子必须不断举出对待性现象以展开论述。然而，老子不是为了讲现象的相对而来，而是用意于指出对待性事物，一则不是事物的本质属性，二则是差别导致祸乱，因此对立现象恰恰是超越的对象。所以，如果肯定《老子》有"辩证法"元素，那也要明确不是其哲学的归宿。可以说，老子并非有意于讲辩证法。下面从普遍认为《老子》讲辩证法的几则略为分析。

传世本《老子》第二章说："天下皆知美之为美，斯恶矣。皆知善之为善，斯不善矣。故有无相生，难易相成，长短相形，高下相倾，音声相和，前后相随。是以圣人处无为之事，行不言之教，万物作焉而不辞。生而不有，为而不恃，功成而弗居。夫唯弗居，是以不去。"老子举出了几个对待性表现，美恶、善不善、有无[2]、长短、高下、音声、前后等，这一切表现都是对比而来的[3]，标明了事物存在相对而有的辩证性质。然而，对这一章不可断章取义地去理解，因为下文的"是以"后面的话才是老子想说的关键所在。"无为之事"与"不言之教"就是倡导泯灭差别看问题，"圣人"

---

[1]　姚春鹏：《黄帝内经·素问》，北京：中华书局，2010年，第329页。

[2]　此处之"有无相生"可进一步佐证上文关于老子并不强调"有"从"无"生出的观点。

[3]　其他几个比较明显，唯有"音声"争议颇多，有学者主张属于编抄者为增加排律衍入。其实，音应指谐律，而声则为一般响声，亦可属比较而有。

把对立的现象超越后，没有主宰、占有的意识，事物的发展获得了伸展其自身可能性的巨大空间，"夫两不相伤，故德交归焉"（第六十章）。

《老子》第五十八章说："其政闷闷，其民淳淳；其政察察，其民缺缺。祸兮福之所倚，福兮祸之所伏。孰知其极？其无正。正复为奇，善复为妖，人之迷，其日固久。是以圣人方而不割，廉而不刿，直而不肆，光而不耀。"这一章的福祸转换的提法，也有所谓辩证法色彩。人们习惯用"塞翁失马"的故事为之做出案例说明。事实上，"塞翁失马"出自《淮南子·人间训》，本就是用一个故事演绎了《老子》本章的思想，并指出："故福之为祸，祸之为福，化不可极，深不可测也。"① 但是必须指出从《淮南子》对本章的理解也已经断章取义了。同第二章一样，应该看到老子在这里想说的是"是以"之后的话，意即正因为福祸相互转化，才要跳出二者对待性的"迷"，而以道性修养理想人格，"方而不割，廉而不刿，直而不肆，光而不耀"就是对于两端的超越。知晓福祸转化的规则并去利用它为人服务，这种认识没有触碰到老子哲学的边际。

再如《老子》第九章说："持而盈之，不如其已。揣而锐之，不可长保。金玉满堂，莫之能守。富贵而骄，自遗其咎。功遂身退，天之道。"张松如解释本章说："在这里，老子看到了正反、强弱的相互转化，摸到了辩证的边缘。但是，他把这种转化看作是无条件的、宿命式的，这是小农经济自然主义的反映，是自发论。这样就把其中本来富有生机的朴素辩证法思想抽象化、神秘化了，并从而导向了消极的'无为'。"② 老子所说的转化是不是有条件的呢？很明显，是有的。盈、锐、满、骄就是条件。这里基本上是一则"反者道之动"（第四十章）的举例式论证。老子认为事物有向其面向之反方向运动的特点，建立在先秦自然哲学成果的基础上，极热则寒、重阴则阳的原理在中医的论治实践中都有运用。但即使如此，老子仍不是在论述事物发展辩证相对的原理。其实，老子在这里突出的重点并不是转化这一现象。本章举出的事例都与储积财富有关，它是告诫人们要警惕片面追求财富潜藏着的危险。

与"辩证法"的认识相关联，还有一种老子"贵柔"的说法，这与《老子》文字的论说方式有关。一方面，《老子》文本举水为喻，第八章有

① 陈广忠：《淮南子》，北京：中华书局，2012年，第1055页。
② 张松如：《老子说解》，济南：齐鲁书社，1998年，第60页。

所谓水德七善——"居善地，心善渊，与善仁，言善信，正善治，事善能，动善时"；另一方面，《老子》文字强调了柔软的事物能够战胜刚强的事物，如第七十八章说："天下莫柔弱于水，而攻坚强者莫之能胜，以其无以易之。弱之胜强，柔之胜刚，天下莫不知，莫能行。是以圣人云：受国之垢，是谓社稷主；受国不祥，是为天下王。正言若反。"第七十六章说："人之生也柔弱，其死也坚强。万物草木之生也柔脆，其死也枯槁。故坚强者死之徒，柔弱者生之徒。是以兵强则不胜，木强则兵。强大处下，柔弱处上。"另外，《老子》有些篇章文字虽不用"柔"这个字眼，但基本意思也一致，如处下、拙、不敢、朴等，第六十七章比较知名，很多人把它当成老子的人生箴言，其文曰："我有三宝，持而保之。一曰慈，二曰俭，三曰不敢为天下先。慈，故能勇；俭，故能广；不敢为天下先，故能成器长。"

　　从"无为"这一核心观念出发，可以很容易得出老子并非"贵柔"的判断。首先，老子以水为喻，是说道性无为，善的表现也应是一种自然趋势、自然呈现，就如水之趋下一样。其次，老子提倡处下、柔弱，并不是其终极追求。"无为"需要超越两端对立看事物的方式以及由此引起的纷争。人们争什么呢？历史经验表明，没有人愿意争弱、争下、争柔，都是在争强、争上、争刚。所以老子便强调说其实大家可以注意到，柔弱有它生命力更强大的一面。《老子》在第二十八章提出了"知守"的原则："知其雄，守其雌，为天下谿。为天下谿，常德不离，复归于婴儿。知其白，守其黑，为天下式。为天下式，常德不忒，复归于无极。知其荣，守其辱，为天下谷。为天下谷，常德乃足，复归于朴。朴散则为器，圣人用之，则为官长，故大制不割。"也就是说，要认识雄、白、荣的危险，用其反面表现来对治它。老子的"贵柔"是作为消泯差别的手段出现的，刚柔也是对立性观念，也终要归到"无为"上去。亦即，手段目的并非终极目的。第四十三章论述"柔"与"无为"的关系说："天下之至柔，驰骋天下之至坚。无有入无间，吾是以知无为之有益。不言之教，无为之益，天下希及之。"刘笑敢以为"无有为至虚，是至柔的发展"[1]，甚得宗旨。

---

①　刘笑敢：《老子古今》（修订版），北京：中国社会科学出版社，2006年，第476页。

四、所谓"权谋论"与"消极论"辨析

围绕《老子》一书的还有两种认识颇具影响，它们给老子学说的地位带来了负面的评价，这就是"权谋论"与"消极论"。"权谋论"的老子古已有之，而"消极论"的老子虽是近世关于思想的历史价值评价中出现的，但影响很大，几乎一度成为《老子》本身的标签。

班固《艺文志》本就说《老子》是"君王南面之术"，这没有太大问题。事实上，古代帝王将相也热衷于对《老子》的研究。老子关心政治，当然也希望他的思想能成为统治层的施政资源。道论是"无为"的理论支持，不存在愚弄百姓或借以掩饰的情况。如果说称之为"君王南面之术"还说得过去，那么说"实质便不外一个装字"① 就有些过了。对于善为士者"微妙玄通，深不可识"（第十五章）的修养境界，古棣也认为："所谓'深不可测'就是心中的计谋、所思所虑不被人窥察出来。"② 这实在有些把老子妖魔化了。

老子的"无为"是道用的表现，不是刻意隐藏什么。对此，一般人不知，更不会用。用歪了的成了耍阴谋，而未能体认老子思想与情怀的就会横生指责。对《老子》持"权谋论"者除古代因儒道之争而抱有狭隘学派意识、现代因左之思潮而负有成见外，论述取证资料多集中在《老子》文中表达现象转换性质的几篇文字。"阴谋论"于情于理都说不通，且古今学者多有辩驳，因此我们仅举出两则为例，不复赘言。

《老子》第七章说："天长地久，天地所以能长且久者，以其不自生，故能长生。是以圣人后其身而身先，外其身而身存。非以其无私邪？故能成其私。"明代学者薛蕙转述了程颐所言"老子之言窃弄阖辟者也"，指出："夫圣人之无私，初非有欲成其私之心也。然而私以之成，此自然之道耳。"③ 天地没有自生的意识，没有生死的观念，是超越对立而展现的。圣人无先后、外存来对待身，所以身之存在也超越了一般人的认识。成其私的"私"不是私欲，也不是私有，是无私之私、私之无私。在这里，老子的哲学已经跳跃到"道"性"无为"的层次，只是顺承上文下来而已。在

---

① 张舜徽：《周秦道论发微》，北京：中华书局，1982年，第12页。
② 古棣、张英：《老子通》（上册），长春：吉林人民出版社，2001年，第344页。
③ （明）薛蕙：《老子集解》，惜阴轩从书本，上卷。

此处望文生义，只能说对老子的思想还缺少有效认知。

《老子》第三十六章说："将欲歙之，必固张之；将欲弱之，必固强之；将欲废之，必固兴之；将欲取之，必固与之。是谓微明。"对于这一章的"阴谋论"之解说，始作俑者是韩非子。他的《韩非子·喻老》专以案例解读了这几句话："越王入宦于吴，而观之伐齐以弊吴。吴兵既胜齐人于艾陵，张之于江、济，强之于黄池，故可制于五湖。故曰：'将欲歙之，必固张之；将欲弱之，必固强之。'晋献公将欲袭虞，遗之以璧马；知伯将袭仇由，遗之以广车。故曰：'将欲取之，必固与之。'起事于无形，而要大功于天下，'是谓微明'。"① 对于此种认识，高亨、陈鼓应、张松如等诸先生都有反驳。如高亨说："此诸句言天道也。或据此斥老子为阴谋家，非也。老子戒人勿以张为可久，勿以强为可恃，勿以举为可喜，勿以与为可贪，故下文曰'柔弱胜刚强'也。"② 老子以自然事物发展的自我否定性特点作为比类提出为政的诫慎之语，切不可错解。

"权谋论"的解说《老子》在近代以来已少有相应者，然而"消极论"却从者甚众。持《老子》"消极论"者对老子所倡之"不争""知足"为代表的思想意识和"小国寡民"的社会理想进行了批判，认为老子一方面有不能正视历史规律之愚昧，另一方面又有劝诱百姓安于现状之险恶。其实，用积极、消极的眼光看历史上的哲学家本身就可以商榷。首先，任何古代哲学家的思想基本上都是在其时代作为新的思潮出现的，都属于对时代的"反动"，都是"积极"的，只不过"积极"的内容不同罢了，即使如隐士哲学也是对个体生命的一种积极关照。其次，中国古代哲学思想的基本关切点在人，不管以何种形式展开其论说体系，其基础逻辑大致就在人是什么（人性）、人如何做（工夫）、人的去处（理想人格）这个范围内，人的发展是核心，当然是积极的。在此认识基础上，下文对于《老子》的"不争""知足""小国寡民"再简述辨析之。

传世本《老子》中有多达 8 次"不争"③ 这个词汇。如："夫唯不争，故天下莫能与之争，古之所谓曲则全者，岂虚言哉！"（第二十二章）"善为士者不武，善战者不怒，善胜敌者不与，善用人者为之下。是谓不争之德，

---

① （清）王先慎著，钟哲点校：《韩非子集解》，北京：中华书局，1998 年，第 159 页。

② 高亨：《老子正诂》，北京：清华大学出版社，2011 年，第 58 页。

③ 《老子》所说"不争"的核心意思并不是"不争斗"，而是不争功，这在本书下文有专题。

是谓用人之力，是谓配天，古之极。"（第六十八章）统治阶层为了利而"争"，显然是一种"有为"，是役民于劳而致社会混乱的动因，是老子的"无为"所要超越的对象，所以他一再强调"争"之害与"不争"之益。因此，老子所说的"不争"不是消极哲学，它所强调的是为上者不可与民争功夺利。

《老子》也有多处讲到"知足"，仅这个字眼就出现过4次。如："名与身孰亲？身与货孰多？得与亡孰病？是故甚爱必大费，多藏必厚亡。故知足不辱，知止不殆，可以长久。"（第四十四章）"天下有道，却走马以粪；天下无道，戎马生于郊。罪莫于可欲。祸莫大于不知足，咎莫大于欲得。故知足之足，常足矣。"（第四十六章）同"不争"一样，老子所指需要"知足"的是社会当权者，不是百姓。以我们现在的经济学原理看，似乎私欲一定程度上在阶级社会扮演了拉动经济发展的角色。老子确实没有谈及私欲的积极作用，因为他关注的问题是另一个方面，那就是私欲的拉动潜藏着"辱"的危险，不能"长久"。

"小国寡民"的争论一直颇为激烈，是理解《老子》的一个难点，其实也是懂得老子的一个关键所在。其文字出现在传世本《老子》第八十章："小国寡民。使有什伯之器而不用；使民重死而不远徙。虽有舟舆，无所乘之；虽有甲兵，无所陈之；使民复结绳而用之。甘其食，美其服，安其居，乐其俗。邻国相望，鸡犬之声相闻，民至老死不相往来。"传世本《老子》的次序安排显然是经后世整理者专而为之的，至少部分篇章是，如第一章的道论与第八十章的治论。怎么看这一章？研究者多认为此章描绘的是老子所认为的社会理想状态，恐仍未能达《老子》之旨。一般的知识分子还知道历史不会倒退发展，老子作为一位智者难道会天真到想象社会能退归原始吗？一个大谈道性无为的哲学家怎么会出一个低级的傻主意呢？

"小国寡民"不是老子的社会理想。老子的理想很清楚，在《老子》第三十五章就有："执大象，天下往；往而不害，安平太。"安、平、泰是他的社会理想状态。老子一再讲"争"的害处、欲望不止的危险，要上层学会泯除两端对立的意识，以"无为"使事物最大程度上展现自身生命力（自然）。这种展现是"道"之"大象"为用，天下发展不以物欲牵引而消解了危机，是安全、平和、泰然的。那么"小国寡民"呢？老子在看似心平气和、娓娓道来描绘一种远古社会图景时，透露出的是他对统治者过度有为的抨击与物欲推动下社会发展的担忧。老子想提醒人们，要看到物质丰富的环境中裹挟来的"恶"，人的"美好"的丧失。他希望人们能够懂得"素朴"状态下人没有被"异化"一面的珍贵，这应该成为人的归宿理想样态之一。

可以参考《庄子·天地》所述故事确定以上判断。"子贡南游于楚，反于晋，过汉阴，见一丈人方将为圃畦，凿隧而入井，抱瓮而出灌，滑滑然用力甚多而见功寡。子贡曰：'有械于此，一日浸百畦，用力甚寡而见功多，夫子不欲乎？'为圃者仰而视之曰：'奈何？'曰：'凿木为机，后重前轻，挈水若抽，数如洪汤，其名为槔。'为圃者忿然作色而笑曰：'吾闻之吾师，有机械者必有机事，有机事者必有机心。机心存于胸中则纯白不备。纯白不备，则神生不定；神生不定者，道之所不载也。吾非不知，羞而不为也。'"① "机械"的使用，确实可以成为推动生产发展的有力手段。然而，它是一把"双刃剑"，"机事"导致"机心"，人站在了自身生命发展的对立面。社会生产的发展是历史的基本规律，无可阻挡，也正因此，如老庄提出这种警告不是更有价值，也更值得深思，甚至有些可爱吗？

对《老子》的解读也应该多层面的进入，如魏源《老子本义》所言："《老子》之书，上之可以明道，中之可以治身，推之可以治人。"② 对《老子》思想，一方面，要肯定古今研究者的成果是老学发展的构成部分，每个时代、每个人的老子都可以有不同；另一方面，要回到老子，回到他思考的对象、思考的方法与思考的结果，去读懂中国哲学发生的时期这位"冷眼热心"③ 的思想家究竟想带给我们什么。老子的治论、道论、玄论在其逻辑范围或精神世界本就是无缝衔接的整体，不能撕裂它，也不能简单地以先见之论去统一其文字。老子说："知我者希，则我者贵。"（第七十章）也正因此，才需要重新回到其文本，静下心来，与这位智者进行跨越千年的对话。

---

① 陈鼓应：《庄子今注今译》，北京：中华书局，2009 年，第 344 页。

② （清）魏源：《老子本义》，清光绪袁氏刻渐西村舍汇刊本，下卷。

③ （清）胡文英：《庄子独见》，上海：华东师范大学出版社，2011 年，第 6 页。

第八章

《老子》校读五题

先秦文献都有传抄过程中被加工的现象，这一点在其他文字较为博赡的典籍影响不大，但对于《老子》则不同。《老子》文字过简，属于格言体，个别字的写法不同，就可能导致句意概念完全不同，以至直接影响老子哲学的基本指向。人们已经习惯了对于《老子》传世本的阅读和对于其文意的接受，然而如果仔细考究，今文本仍有不少很难读通的地方存在，这有可能本身就是写本讹乱造成的。时至今日，《老子》写本原貌如何，可能已永远无法得知了，但帛书本、楚简本《老子》的出土则为文本的对校提供了重要帮助。由传世本与出土本对照，"宠辱若惊""有物混成""挫其锐""圣人皆孩之""清静为天下正"等几处文字都可以有其他读法，以使其更合章意与老学宗旨。

一、"宠辱若惊"校读

1. 问题的提出

"宠辱若惊"一词出自传世本《老子》第十三章，王弼本相关字句写为"宠辱若惊，贵大患若身。何谓宠辱若惊？宠为下，得之若惊，失之若惊，是谓宠辱若惊"。傅奕本相应文字与之相同，帛书甲、乙本除使用几个异体字外主要内容亦与之一致。对应"何谓宠辱若惊"的河上公本与竹简写本文句无"若惊"二字，而河上公本对应"宠为下"处为"辱为下"。有认为本应是"宠为上，辱为下"的，"辱为下"与"宠为下"的写法都是脱字所致，因而也就有按此观点补齐者。俞樾就认为："河上公本作'何谓宠辱？辱为下'，注曰'辱为下贱'。疑两本（指王弼本与河上公本）均有夺误。当云'何谓宠辱若惊？宠为上，辱为下。'河上公作注时，上句未夺，亦必有注，当与'辱为下贱'对文成义，传写者失上句，遂并注失之。陈景元、李道纯本均作'何谓宠辱若惊？宠为上，辱为下'，可据以订诸本之误。"① 俞樾之说，为高亨等学者所认可。但从现在的《老子》诸本看，帛书本、竹简本均作"宠为下"，该非抄本夺误。造成上述猜测的原因还是在于注家不解既然问"何谓宠辱"，下文怎么就解释了一个"宠"。刘笑敢认为"宠辱"是偏义复词，"宠辱"就是"宠"②。此说于本章无法解释"宠辱若惊"与"贵大患若身"的并列论说方式，因为"贵大患"亦偏于"贵"显然不通。看来若依河上公本、竹简本的"何谓宠辱"，也只是"何谓宠辱若惊"的省写，其实下文论述的就是"宠辱若惊"的问题。老子之所以说"宠为下"，是因为"反者道之动"（第四十章），事物的运动有自我否定的基本规律，"宠"本处上，但其趋势为向下，所以说"宠为下"。河上公本"辱为下"的写法是描述了事物存在的一般状态，陷入常理，不及"宠为下"更合老学宗旨，该是原抄者不解"宠为下"之意而改。

解决了上述问题，这一章的关键难点便是在"宠辱若惊"这里。已成为现代词汇的"宠辱不惊"很好理解，是指对名誉地位超然的态度，但《老子》原本的"宠辱若惊"怎么理解呢？在此，从两方面理解都有困难，一是从常人的经验而言，本来"宠"是"好事"，"受宠"之人应该"喜"而不会"惊"；二是理解为老子在警告人莫以"宠"为好，应担忧未来的危险，问题便是接下来为何又说"失之若惊"呢？

2. 注家的态度

我们看古今几种代表性注解。王弼注谓："宠必有辱，荣必有患，宠辱等，荣患同也。为下，得宠辱荣患若惊，则不足以乱天下也。"③ 王弼把宠辱看作相对而同的关系，但既然有得宠受辱等且皆使人惊，其对象就是普通人了，非天下主，与下文"寄天下""托天下"不合。吴澄注说："宠犹爱也，名位之尊，人以为荣，反观之则辱也，故知道者不爱，而爱之者于

① （清）俞樾：《诸子平议》，北京：中华书局，1954年，第146页。
② 刘笑敢：《老子古今》（修订版），北京：中国社会科学出版社，2006年，第206页。
③ （魏）王弼著，楼宇烈校释：《王弼集校释》，北京：中华书局，1980年，第29页。其中，"宠辱等"处之"宠"字原作"惊"，楼宇烈先生据陶鸿庆说校改。

此而惊焉，谓不能忘之而以之动心也……谓之辱者，以其为卑下而不足为尊高也。或者食慕于未得之先，一旦得之而惊焉，迷恋于既得之后，一旦失之而惊焉。是宠此辱而惊之者也，故曰宠辱若惊。"① 吴澄把"宠"用作动词，以下文得失指的就是对于"辱"的态度，是人对于"尊"反观的结果，其实是添文意发挥。吕惠卿注曰："宠者，畜于人者也，下道也，宠而有其宠，则辱矣。吾之所以有辱者，以吾有惊，未得之则惊得之，既得则惊失之，若吾无惊，吾有何辱？则宠之有辱者，亦若是而已。"② 吕惠卿说因为"惊"而有"辱"，便是把文本的原意给颠倒了。苏辙注曰："所谓宠辱非两物也，辱生于宠而世不悟，以宠为上，而以辱为下者皆是也。若知辱生于宠，则宠顾为下矣。故古之达人，得宠若惊，失宠若惊，未尝安宠而惊辱也。所谓若惊者，非实惊也，若惊而已。"③ 苏辙接受了王弼关于宠辱等观的观点，但显然注意到了解释"惊"字的困难，便说"非实惊也，若惊而已"。释德清说："宠为下，谓宠乃下贱之事也。譬如嬖幸之人，君爱之以为宠，虽厄酒齑肉必赐之。非此，不见其为宠；彼无宠者，则傲然而立。以此较之，虽宠实乃辱之甚也。"④ 德清视宠为辱之甚，但若如此解，便不应有"失之若惊"。

陈鼓应把本章译为："得宠和受辱都感到惊慌失措……什么叫做得宠和受辱都感到惊慌失措？得宠仍是下等的，得到恩惠感到心惊不安，失去恩惠也觉惊恐慌乱，这就叫作得宠和受辱都感到惊慌失措。"⑤ 陈鼓应还说"得宠仍是下等的"，故得失皆惊，但这显然不合常理，也不合老学。任继愈译为："人们爱虚荣以至于惊恐……什么叫爱虚荣以至于惊恐？虚荣本来就不光荣，得到它，为之惊喜，失掉它，为之惊惧，这就叫作爱虚荣以至于惊恐。"⑥ 任先生把"辱"说成是"虚荣"，是脱离《老子》文字的发挥。许抗生对于本章的帛书写本翻译为："受侮辱的人，一旦受到宠爱就会像受惊骇一样……为什么说受侮辱的人受到宠爱就会像受惊一样呢？这是因为受到宠爱的人是下贱的，所以得到宠爱就像受惊一样，失去宠爱亦像受惊

① （元）吴澄：《道德真经注》，粤雅堂版，卷一。
② （宋）吕惠卿：《道德真经传》，清抄本（清丁丙跋），卷一。
③ （宋）苏辙：《苏子由道德经注》，尊经阁文库藏钞本，卷一。
④ （明）释德清：《老子道德经解》，金陵刻经处刻本，卷上。
⑤ 陈鼓应：《老子注译及评介》（修订增补本），北京：中华书局，2009年，第110页。
⑥ 任继愈：《老子今译》，北京：古籍出版社，1956年，第9页。

一样，这就叫'宠辱若惊'。"① 许先生加了一个前提"受侮辱的人"，这是改文而释。尹振环根据竹简本的写本译为："人啊！总是受到尊荣与耻辱，好像受到惊恐……什么叫受到尊荣与耻辱，都好像受到惊恐？当然受到尊荣的惊恐要小些。得到尊荣会惊恐，失去尊荣也会惊恐。这就叫受到尊荣与耻辱，好像受到惊恐。"② 尹先生以受宠惊恐为小，其实并无法解释"得之若惊"，也流于俗论。

仅通过古今诸家的集中解说就可以看出，其实这句话古来无达释。其中一个最关键的问题在于"惊"字难以处理。因为"惊"是一种对事态度，如"宠辱若惊"是无为治国者的态度不通，治国者不能超越事象，时时处"惊"中，与"无为"的态度并不匹配；若认为是普通人的态度也不通，普通人视"宠"为上，不存在得失皆惊的情况。既然以"惊"字解读为"惊惧"不通，那有必要对照出土本的写法重新校读。

3. 出土本的写法

本章帛书甲、乙本文字与传世本没有重要区别，那么此处主要看竹简本。"宠辱若惊"一章对应文字在郭店楚简《老子》写本乙组 2:4③。"惊"，竹简本写为从"糹"从"賏"，整理者认为竹简本写定的是"缨"字，但根据传世本训为了"惊"④。赵建伟⑤、廖名春⑥等据音义相通，亦同意"缨"读为"惊"。如上文所言，读为"惊"很难顺畅章意。魏启鹏认为"缨"应为"撄"之借，义为"扰乱、侵扰"⑦。释为"扰乱"与文下内容并不能相合，特别是与"贵大患若身"缺少整体相关性。裘锡圭在《郭店楚墓竹简》的按语中根据字形结构分析认为该字仍可读为"缨"，但在后来的文章中主张竹简本相应"惊"的字为"譻"，读为"荣"，认为比"惊"更合理，而且句式结构一致了⑧。实际上，读为"荣"其词性并未能取得与"身"的对应，也就是并未能取得句式结构的完全一致。

---

① 许抗生：《帛书老子注译与研究》，杭州：浙江人民出版社，1982年，第80-81页。

② 尹振环：《楚简老子辨析》，北京：中华书局，2001年，第291页。

③ 郭店简本原句前有"人"字，当为书写者断句误置，应从上一章末。

④ 荆门市博物馆：《郭店楚墓竹简》，北京：文物出版社，1998年，第118-119页。

⑤ 赵建伟：《郭店楚简老子校释》，陈鼓应主编：《道家文化研究》第十七辑，北京：生活·读书·新知 三联书店，1999年，第264页。

⑥ 廖名春：《郭店楚简老子校释》，北京：清华大学出版社，2003年，第408页。

⑦ 魏启鹏：《楚简老子柬释》，台北：万卷楼，1999年，第46页。

⑧ 裘锡圭：《"宠辱若惊"是"宠辱若荣"的误读》，《中华文史论丛》2013年第3期。

4. 本文的结论

"宠辱若惊"与"贵大患若身"是排比句。"宠""辱"是相对观念，"贵""大患"也是相对观念，两句句式相同，中间都是"若"（释为"就如同"）字，那么与"身"处在同一位置的"惊"必是同一词性。竹简本相当于"惊"的字原被读为"缨"，这提示我们思考，按照"缨"能不能读通？

《说文》："缨，冠系也。""缨"是帽子上的带子，用以代指帽子。《礼记·玉藻》："始冠，缁布冠，自诸侯下达，冠而敝之可也。玄冠朱组缨，天子之冠也。缁布冠缋緌，诸侯之冠也。玄冠丹组缨，诸侯之齐冠也。玄冠綦组缨，士之齐冠也。缟冠玄武，子姓之冠也。缟冠素纰，既祥之冠也。垂緌五寸，惰游之士也。玄冠缟武，不齿之服也。居冠属武，自天子下达，有事然后緌。五十不散送，亲没不髦，大帛不緌。玄冠紫緌，自鲁桓公始也。"① 根据《礼记》所记，古代人着帽规则十分细致，基于身份差别、处境差异等，所戴帽子都有特别规定，而有的帽子则在"冠礼"之后就被弃置而任其腐朽了。这便是同为帽子，因情势各异而有"宠"有"辱"。"贵大患若身"亦是此意。"身"是同样的，但时获显达，时致卑微，时为人称誉，时被人诟病，因所处境遇而有"贵"有"贱"。以"宠辱"看"缨"是被世俗价值所困惑，以"贵患"视"身"则是把自身限定在具体角度支持的得失成败范围了。照"缨"的读法，本章下文为，"何谓宠辱若缨？宠为下，得之若惊，失之若惊，是谓宠辱若缨"，意思是"宠"与"辱"相互转化，今天作为"得之"的"缨"有"为下"的自我否定态势，便会"失之"，故而以"宠""辱"价值观物是狭隘的，正如"缨"之或"宠"或"辱"，这就是"宠辱若缨"。以"缨"论"荣辱"，中间连接"若"字，表明此处正是《老子》常用的比类式论说方式。

对于常态价值超越以获得道性认知事物的机会，《老子》第二章说："故有无相生，难易相成，长短相形，高下相倾，音声相和，前后相随。是以圣人处无为之事，行不言之教。"与此章"有""无"、"难""易"、"长""短"、"高""下"、"音""声"、"前""后"等所承担的功能一致，本章的"宠""辱"是一对相对概念，老子举出它，便是要人认识这种价值

---

① 胡平生、张萌：《礼记》，北京：中华书局，2018年，第572页。

判断的限制方面，而要求人超越它，虽然下文是接续另一个点即"身"展开的，但正如超越"身""为天下"的"无身"一样，老子希望人们以"无缨"的高度解除"宠辱"的束缚。薛蕙的注从"宠""辱"的相互转化入手颇具启发性："宠，尊荣人也。人无宠则无辱，苟有宠则必有辱。宠非宠也，辱之道也。人之累于宠者，常若有惊悸而不得宁矣。"① 限于文本，古人未能摆脱以"惊"为释，但薛蕙此种解说已接近该章宗旨。

二、"有物混成"校读

1. 问题的提出

"有物混成"是在论说《老子》关于道论的基本观念时被经常引用的一词，原句出自传世本第二十五章。该章前两句句意是一个整体，我们将其纳入讨论范围。王弼本写为："有物混成，先天地生。寂兮寥兮，独立而不改，周行而不殆，可以为天下母。吾不知其名，字之曰道，强为之名曰大。"其中，"周行而不殆"一句，帛书本、竹简本均无。思文意，道为至大的整体性，不可能做周行运动，该句必为后抄者为丰富文意而加，然与老子思想并不相合。

"混"，在先秦文字是水流丰涌的意思，《孟子·离娄下》的"原泉混混"② 即用此意。若依"混"字的原义，"有物混成"则是物之丰涌状态。之后的"先天地生"顺承此意便易产生望文取义的解释。王夫之在《周易外传》专门批评了这句话，指出其意自身存在的矛盾："然则老子之言信乎？曰：非也。道者，天地精粹之用，与天地并行而未有先后者也。使先天地以生，则有有道而无天地之日矣，彼何寓哉？"③ 王夫之的理解是没问题的，即"道"是"天地精粹"，如果"道"能够脱离"物"而存在，其实是自相矛盾的。老子哲学的核心关切在于事物存在的自然性特点作为无为政治的依据问题，关于道作为宇宙衍发生成之论的起点问题是随着汉代以来宇宙论问题的铺排而诉诸的。也就是说，"道"是事物本身整体性存在的特质，不是一个先于万事万物的混沌物质。在这个意义上，"道"与

---

① （明）薛蕙：《老子集解》，惜阴轩丛书本，上卷。
② 杨伯峻：《孟子译注》，北京：中华书局，2010 年，第 175 页。
③ （清）王夫之：《周易外传》，北京：中华书局，1977 年，第 159 页。

"物"无二。元气论思想的发展对于道论的借用影响了对《老子》理解的结果。其实，所谓"先天地生"无非是强调"道"不是任何存在的具体派生物，有其本身的绝对性。此一点，正如孙以楷所指出："所谓'道生万物'，并不是说'道'这个范畴产生万物，而是说道所指称的客观存在产生万物。"[①] 明确了这一点，其实无法面对"有物混成"这一提法。如果"有物"存在在"先"天地的，那就是有独立在事物存在的绝对本体，这显然不符合老学指向，也不符合中国古典哲学人本色彩的基本特点。这句话诠释的困难还在于"有物混成"这几个字，"有物"与"混成"皆难以与老子哲学统摄一体。

2. 注家的态度

对于本章文字，古今注家有两个基本理解方向，即作为生成源头的"道"与作为认识本底的"道"。林希逸注谓："有物混成，道也，无极而太极也。其生在天地之先，言天地自是而出也。寂兮寥兮，不可见也。独立而不改，常久而不易也。周行而不殆，行健而不息也。可以为天下母，天下万物之所由生也。"[②] 吴澄注说："此章有物混成，物谓道也。混浑通，混成谓不分判而完全也。先天地生，首章所谓天地之始，四章所谓象帝之先也。"[③] 林注、吴注代表了对于此章生成论意义的诠释方向，即"道"相当于"无极"而"太极"从"无"到"有"的一个标志阶段。这看起来没什么问题，但其实是借用了易学关于宇宙衍生图景的模式而来的，一方面不合老子道在人事的宗旨，另一方面无法解决"道"脱离事物存在的物性悬置问题。苏辙注曰："夫道，非清非浊，非高非下，非去非来，非善非恶，混然而成体。其于人为性，故曰'有物混成'，此未有知其生者。盖湛然常存，而天地生于其中耳。"[④] 吕惠卿注谓："有炁也，有形也，有质也，而天、地、人之位分可闻也，可见也，可搏也，而耳、目、心之官辩是物也，未见炁与形质者也。炁形质浑沦而未相离者也，而视之不可见，听之不可闻，搏之不可得，则其形不可得而见也，故吾不知其名，而命之其义可言也，故字之曰道。不知其名，以心契之也。字之曰道，以义言之也。道之

① 孙以楷：《老子通论》，合肥：安徽大学出版社，2004年，第372页。
② （宋）林希逸：《道德经真经口义》，上海涵芬楼影印本，卷二。
③ （元）吴澄：《道德真经注》，粤雅堂版，卷二。
④ （宋）苏辙：《苏子由道德经注》，尊经阁文库藏钞本，卷一。

为物，用之则弥满六虚，而废之莫知其所，则大岂足以名之哉？强为之名而已。"① 苏注、吕注的注释方向是认识论问题，即"道"是浑然的表现，是泯灭了事物具体性质的统一性特质。但"道"并不是不要事物的具体性质，而是以之为事物性质的统一性表征。也就是说，以"混"为消除，并不合老子所要的共同性或抽象性。

任继愈翻译本章前两句说："有一个浑然一体的东西，它先于天地而生。无声啊又无形！它永远不依靠外在的力量，不停地循环运行。它可以算作天下万物的根本。我不知道它的名字，把它叫作'道'，勉强再给它起名叫作'大'。"② 陈鼓应译为："有一个浑然一体的东西，在天地形成以前就存在。听不见它的声音，也看不见它的形体，它独立长存而永不休止，循环运行而生生不息，可以为天地万物的根源。"③ 许抗生对相应文字依帛书本进行译文："有东西混成一体，先于天地而生。无声又无形呵！独立存在而永无改变，可以为生育天地的母亲；我未知它的名字，就叫它为'道'。我勉强为它起个名叫做'大'。"④ 尹振环对于本章对应文字的竹简本写法翻译为："有种状态形成于宇宙混沌之初，它先于天地而存在。它有胜过一切的肃穆庄严、独立长存、无边无际，它可以作为天下万物的本源。不知道它的名字，给它取个名字叫作'道'，我再勉强给它取个名字叫作'大'。"⑤ 以上，可见当今学者对于该章文字不管是基于何种抄本的，基本的理解方向就是"道"是"混然"一体的，是具体事物源头性质的独立存在物。这种解释脱离了老子所处时代哲学的关切中心，更受到了近代以来关于宇宙演化之说的影响。

3. 出土本的写法

今本"有物混成"之"物"字，帛书本如之，竹简本对应字从牛从首，今已无此字，学者解读各异。竹简本整理者读为"道"，魏启鹏亦主之⑥，恐不确，若如此，便没有下文"字之曰道"。赵建伟主读为"象"，并从字

① （宋）吕惠卿：《道德真经传》，清抄本（清丁丙跋），卷二。
② 任继愈：《老子今译》，北京：古籍出版社，1956年，第19页。
③ 陈鼓应：《老子注译及评介》（修订增补本），北京：中华书局，2009年，第164页。
④ 许抗生：《帛书老子注译与研究》，杭州：浙江人民出版社，1982年，第102页。
⑤ 尹振环：《楚简老子辨析》，北京：中华书局，2001年，第229页。
⑥ 魏启鹏：《楚简〈老子〉柬释》，台北：万卷楼图书有限公司，1999年，第20页。

形、章文做了论述①。虽《老子》有"执大象""其中有象"等说法，但相对今本"执大象"一句的竹简写本在丙组本身就有，"象"字同于今本。另有读为"壮""将"等者，置于句中均不易读通。裘锡圭读为"状"，认为比"物"更合理②。

"混"，帛书本作"昆"。对于该字，帛书本的释读者一般直接处理为"混"之假借。对应"混"的字，竹简本写为"蟲"。郭店楚简整理者以为"蟲"为"蚰"之误，"蚰"即"昆"之本字，主张可读为"混"③。若"蟲"为"蚰"之误，则该字不应读为"混"，虽有古"昆""混"相通的情况，但现在的训释是按照厘正文义而为的。丁原植即以"混"有水势盛大之义，认为此处引申为对涌现之状的描述④。刘信芳根据《说文》关于"昆，同也"，认为"蟲"读如"同"⑤。廖名春认为"蟲"为"蚰"之误，而"蚰"为"昆"音近而借，此处义当"混同、混合、混融"⑥。以上，直接读为"同"是以义范字，读为"混"是受今本写法影响，而解释为"混合"之类还是受到今字用法的干扰。

4. 本文的结论

对于"有物混成"之"物"字在竹简本的写法，本文认同裘锡圭读为"状"的观点。在老子的思想里，"道"有物性，但本身并不是独立的存在物，说其"其中有物"（第二十一章）是可以的，说其"复归于无物"（第十四章）也是可以的。如果说，"有物混成"则未必合于老子思想。或因原字已退出汉字系统，帛书本、传世本因形近将其改为了"物"。

对于"有物混成"之"混"字，帛书本写为"昆"是可取的，不应以传世本为据以之通"混"。因"昆"本有"众虫"之意，与竹简本一致，这说明传世本的改写存在问题。也就是说，"混"反而是"昆"之假借。以竹简本的"蟲"为"蚰"之误，可取。"蚰"，《说文》："虫之总名也，从

① 赵建伟：《郭店楚简老子校释》，陈鼓应主编：《道家文化研究》第十七辑，北京：生活·读书·新知 三联书店，1999 年，第 271-272 页。

② 裘锡圭：《以郭店〈老子〉为例谈谈古文字》，《中国哲学》第二十一辑，沈阳：辽宁教育出版社，2000 年，第 187-188 页。

③ 荆门市博物馆：《郭店楚墓竹简》，北京：文物出版社，1998 年，第 112、116 页。

④ 丁原植：《郭店竹简老子释析与研究》，台北：万卷楼图书有限公司，1998 年，第 130 页。

⑤ 刘信芳：《荆门郭店竹简老子解诂》，台北：艺文印书馆，1999 年，第 25 页。

⑥ 廖名春：《郭店楚简老子校释》，北京：清华大学出版社，2003 年，第 408 页。

老子论衡

二虫。"而《说文》对于"昆"的解释是"昆，同也"，实质是"群虫之同"。"昆""蚰"二字，音同义近。老子是以"昆"（众虫）喻事物不同而类同，则"昆成"之物是从具体事物抽象出来的共同性。由此，传世本"有物混成"应读为"有状昆成"，意思便是这一情状是事物所推出之共同性（道）。

"有状昆成"句传世本的下文是"先天地生，寂兮寥兮，独立而不改，周行而不殆，可以为天下母"。"先天地生"并不是指一种脱离具体事物存在的"道"先于具体事物而有，而是强调其整体性与决定性，"寂兮廖兮"在竹简本使用异体字，专家训读各异，但基本意思是描述道超越感性认识的一面是没问题的。"独立而不改"，竹简本写为"蜀立而不亥"，笔者主张"亥"字读为"垓"，指界限，意即"道"有完整性，是不能以分别视角把握的。传世本把"亥"写为"改"，是不能解释为"道"不改易的，"道"随物赋形赋性，哪有"不改"的道理①？"周行而不殆"为后增，前文已述。"可以为天下母"是论"道"的决定性。从以上后文展开的意思再回头看"有状昆成"，便可进一步明确，老子是把"道"视为从事物具体性质抽象出来的一种独立性、自洽性、整体性，它不能离开事物而独立存在，决定事物的具体表现，但又是统一未分的共同性。

三、"挫其锐"校读

1. 问题的提出

"挫其锐"在传世本和帛书本有两处。《老子》第四章王弼本写为："道冲而用之或不盈，渊兮似万物之宗。挫其锐，解其纷，和其光，同其尘。湛兮似或存，吾不知谁之子，象帝之先。"其中"挫其锐，解其纷，和其光，同其尘"，这一句在第五十六章重出。陈鼓应据"渊兮似万物之宗"与"湛兮似或存"正好相对，疑这四句为羼误而入②。第四章无竹简本文字对照，虽因帛书本本章亦有此四句，不少专家仍主张此四句原存，但陈先生言之成理，笔者同意羼入之说，或传世本、帛书本源自同一误抄祖本。

《老子》第五十六章王弼本写为："知者不言，言者不知。塞其兑，闭

---

① 若依"独立而不改"的写法，也可以理解为其不以人的意志为转移，即客观性。
② 陈鼓应：《老子注译及评介》（修订增补本），北京：中华书局，2009年，第71–72页。

其门，挫其锐；解其分，和其光，同其尘，是谓玄同。故不可得而亲，不可得而疏；不可得而利，不可得而害；不可得而贵，不可得而贱，故为天下贵。"

以"挫其锐"所处的第五十六章位置，其与"塞其兑""闭其门""解其分""和其光""同其尘"构成排比系列。《老子》行文，有一显明特点就是，对于一观点用排比的方式反复论述，其文义指向一致。因此，要弄清"挫其锐"所指，需要看看与其存在排比关系的字句的基本意思。"塞""闭"都是关闭的动作，"兑""门"也都是路径，"塞其兑，闭其门"①，就是关起门来，实质是要求人在认识事物时调整精神活动指向。因为"道"是事物的整体性，人执着于感官、经验所获知的事物具体性质会对道性体认形成干扰，因此必须屏蔽它们。"和其光，同其尘"，是泯灭事物的各项微细差别。此组句子为对于事物的认知而言的，所以"光"不应理解为修养者自身的光芒，"尘"也不是尘世，应解读为自身的照察之"光"和对应之"尘"。即如"用其光，复归其明"（第五十二章），"光"是对事物的细致区分，"尘"也是精神对事物分别而言。在这种理解下，"和""同"也是消除意义的，与排比的"塞""闭""挫""解"一致。虽然这与今之"和光同尘"意义差别较大，但必须回到《老子》文本才能还原其含义。"解其纷"，"解"是"消解"，"分"诸本为"纷"，可理解为世事之纷扰，但王本之"分"却可以理解为"分别"②。"解其分"，就是消除分别观念。虽古"分""纷"二字可通用，但王弼本的写法于今用法更相符。周围意思都落实了，最后就是"挫其锐"。可是，按照今本的写法能读出的含义很难与同组句子处在同一序列。

2. 注家的态度

在这里，我们集中看一下注家对于"挫其锐"所在的"塞其兑，闭其门，挫其锐；解其分，和其光，同其尘，是谓玄同"句的理解。李息斋注说："塞其兑，谨其出也。闭其门，闲其人也。挫其锐者，治其内也。解其纷者，理其外也。和其光者，抑其在己也。同其尘者，随其在物也。无出

---

① 竹简本"塞""闭"互换，作"闭其兑，塞其门"，意思无别，但"兑"有"口"之意，"闭"的对象为"口"，"塞"的对象为"门"，竹简本写法可能为原貌。

② 《说文》："分，别也。"其实，不以"纷"为"分"，也可以理解为"分别"。纷，本身有"争执，纠纷"之义，《史记·滑稽列传》即有："谈言微中，亦可以解纷。"

无入，无内无外，无己无物，是谓玄同。"① 苏辙注曰："唯塞兑闭门以杜其外，挫锐解纷和光同尘以治其内者，默然不言而与道同矣。"② 李息斋、苏辙的注相似，他们引入了《庄子》"定乎内外之分，辩乎荣辱之境"③ 的观念，以消泯事物分别的理解诠释该句，属于修养成就的解说方向，非看待事物的角度而言。林希逸解说道："又塞兑闭门，而藏之于密。必挫其锐而磨砻之，使无圭角。必解其纷而条理之，使不紊乱。必和光同尘，而不自眩露。此所谓至玄，至妙、同然而然之理也。"④ 吴澄注谓："此爱身存我也……必先塞其言所从出之兑，而后能闭其气所从出之门……此处世应物也。先自钝其锐，以不锐解人之纷结；先自暗其光，以不光同人之尘昏。在己在人之锐钝光暗两无分别，与世齐同，妙不可测，故曰玄同。"⑤ 林希逸引入《易传》"退藏于密"⑥ 进行解释，是理解该句为圣人治道境界的。吴澄注也是从修身治世而言的。如此理解看似没什么问题，但实质上是对治世者修养成绩的至高要求，而老子的无为并不以之为前提。老子讲述道存在的整体性特色，是为了给其无为治世的主张提供理论支持，而不是以之为修身圭臬。这一点正是古今注家未辨明之处。且以上注家皆以"锐"为"锋芒"，"分"为"纷扰"，但如此理解，其中之"其"下之字，就会忽而指自身功能的特点，忽而指外在对象的状况，失去了所指的统一性。

当代学者也对"挫其锐"多解释为收敛锋芒。对于"塞其兑，闭其门，挫其锐；解其分，和其光，同其尘，是谓玄同"，任继愈翻译为："塞住（知识的）穴窍，关上（知识的）门户，不露锋芒；超脱纠纷，蕴含着光耀，混同着垢尘，这就叫作'玄同'。"⑦ 陈鼓应翻译为："塞住嗜欲的孔窍，闭起嗜欲的门径，不露锋芒；消解纷扰，含敛光耀，混同尘世，这就是玄妙齐同的境界。"⑧ 许抗生对于帛书本的翻译为："堵塞他的耳目，关闭他认识的大门，泯灭他的智慧的光芒，使他同尘埃一样（无知、无欲）。挫

① （明）焦竑著，黄曙辉点校：《老子翼》，上海：华东师范大学出版社，2011 年，第 139 页。
② （宋）苏辙：《苏子由道德经注》，尊经阁文库藏钞本，卷三。
③ 陈鼓应：《庄子今注今译》，北京：中华书局，2009 年，第 18 页。
④ （宋）林希逸：《道德经真经口义》，上海涵芬楼影印本，卷二。
⑤ （元）吴澄：《道德真经注》，粤雅堂版，卷三。
⑥ 周振甫：《周易译注》，北京：中华书局，第 245 页。
⑦ 任继愈：《老子今译》，北京：古籍出版社，1956 年，第 42 页。
⑧ 陈鼓应：《老子注译及评介》（修订增补本），北京：中华书局，2009 年，第 274 页。

伤他的锋芒，除去他的纷争，这就叫作'玄同'（与'道'玄同）。"① 尹振环对于竹简本翻译为："堵塞他们的交往，关闭他们的学问，羼和他们的光亮，挫去他们的锋芒，混同于尘埃之中，解除他们的纷争，这叫深奥的同。"② 以上诸先生的释读，表面可通，细究则存在问题。在上者"不露锋芒"是故作高深，还是超然无为？既"不露锋芒"，又如何可"消解纷扰"呢？老子对于"学"的态度是"日益"，并不是对其有根本排斥，只是在强调它不是"为道"的方向。如果我们根据"挫其锐"所在的意群指向关闭认识事物的分别途径而体认道性之整体的话，最难解通的就是"挫其锐"这几个字，古今注家陷入解为修养之神秘状态论说还是困于这三字的干扰。

3. 出土本的写法

"挫其锐"，帛书乙本作"銼其兑"，所提示信息不够，但更古的帛书甲本作"坐其阅"则非常值得注意，帛书本研究者基本都以之通于"挫其锐"，并不可从。"挫""锐"在竹简本对应之字难读，释文整理者注为"简文待考"③。竹简本诸研究者所读各异，李零读为"挫其颖"，分析说："简文第一字从刀从畜，第三字从尔从贝，整理者照原文隶定，说'简文待考'，旧作按今本录写。这两个字的读法还值得研究，我们怀疑，简文第一个字也可能是'劊'字的讹写（'銼'，古书亦作'错'，或'銼''劊'），或者是个含义相近的字（今字书无此字）；第三个字从贝得声，似可读为'颖'。这里暂读为'銼其颖'。"④ 赵建伟认为此二字的意思是"收制愤怒"⑤。廖名春认为简本写法与"挫其锐"义近，通于"畜其锐"，即"掩盖其锋锐"⑥。

4. 本文的结论

对于"锐"在竹简本的对应字，竹简本的研究学者还是更多地受到传世本写法的影响，以之通于"锐"，其实这里应该特别注意到"塞其兑"之"兑"字和帛书甲本的"阅"字都是"兑"形之字，应该存在一致意思，

---

① 许抗生：《帛书老子注译与研究》，杭州：浙江人民出版社，1982年，第32页。

② 尹振环：《楚简老子辨析》，北京：中华书局，2001年，第245页。

③ 荆门市博物馆：《郭店楚墓竹简》，北京：文物出版社，1998年，第116页。

④ 李零：《郭店楚简校读记》（增订本），北京：中国人民大学出版社，2007年，第16页。

⑤ 赵建伟：《郭店楚简老子校释》，陈鼓应主编：《道家文化研究》第十七辑，北京：生活·读书·新知 三联书店，1999年，第289页。

⑥ 廖名春：《郭店楚简老子校释》，北京：清华大学出版社，2003年，第280页。

即指向认知事物通道的意义。查"锐"字的竹简本对应字，上为"尔"，似人形，下文两个"贝"字，形似人在"数钱"。而帛书甲本所用"阅"字的基本意思就是计算事物，《说文》："阅，具数于门中也。"《左传·襄公九年》有："商人阅其祸败之衅，必始于火。"① 因此，笔者断定帛书甲本所用"阅"字更接近《老子》古貌，竹简本用字应读为"阅"。后渐由帛书乙本之"兑"写至传世本之"锐"，讹误愈甚。

而对应"挫"字之竹简本用字为刀形，帛书甲本为"坐"，笔者疑其字为"剉"。剉，折损。《说文》："剉，折伤也。"由此，"剉其阅"即是要求把"算计"也关起来。"塞其兑，闭其门"是关闭认识外界的途径，"挫其锐，解其分"是不要差别，"和其光，同其尘"是泯灭区分，这就是要跳出常态认识而深刻（"玄"）把握事物同一性（"同"）。这样，这组词的基本含义就取得了完全一致，才能成为一种统一要求的"玄同"。在此基础上，接续下文超越亲疏、利害、贵贱的要求，"不可得而亲，不可得而疏；不可得而利，不可得而害；不可得而贵，不可得而贱"，自然顺畅。

四、"圣人皆孩之"校读

1. 问题的提出

"圣人皆孩之"出自《老子》第四十九章，王弼本该章文字为："圣人无常心，以百姓心为心。善者，吾善之；不善者，吾亦善之，德善。信者，吾信之；不信者，吾亦信之，德信。圣人在天下歙歙，为天下浑其心。圣人皆孩之。"本章无竹简本对应文字，帛书本、河上公本、傅奕本等在"圣人皆孩之"句前均有"百姓皆注其耳目"一句。王弼注有："人无为舍其所能而为其所不能，舍其所长而为其短，如此，则言者言其所知，行者行其所能，百姓各皆注其耳目焉，吾皆孩之而已。"② 由此看来，王弼所据之本亦有"百姓皆注其耳目"，今王弼本失此句，为后编抄者之误。有无此句，对于该句的理解有直接影响。存此句，则"百姓皆注其耳目"和"圣人皆孩之"形成对应关系。

据王本用字，"圣人皆孩之"所指不明，古来注家自行发挥较多，流于

---

① 杨伯峻：《春秋左传注》，北京：中华书局，1990年，第964页。

② （魏）王弼著，楼宇烈校释：《王弼集校释》，北京：中华书局，1980年，第130页。

精神修养高超之类为说，不似老子哲学风格。而别本也可能意识到了"孩"字解说遭遇的难题，便在文本中直接按理解修改该字，更致诠解多端，不知何从。

2. 各本写法与相应理解

对于"圣人皆孩之"，注家蜂说各执所取，与对"孩"一字的把握有关。该句无竹简写本，且帛书甲、乙本此句均残，因此对于"孩"字只能以现有各本用字并在诸家考论基础上分析了。

其一，该字，王弼本、河上公本作"孩"。对于"孩"，又有多种理解。第一种，使得百姓为婴孩。王弼注说："皆使和而无欲，如婴儿也。"① 陈鼓应、任继愈等基本依循是说。在这种理解里，在上为政者让百姓回归到婴孩的状态，是要百姓保持淳朴，这里显然颠倒了"无为"政治实施所指向的对象。实质上，"无为"不是限制百姓的，而是要求统治者的。第二种，是主观是看待百姓如婴孩。苏辙注说："彼方注其耳目，以观圣人之予夺，而吾一以婴儿遇之，于善无所喜，于恶无所嫉。夫是以善者不矜，恶者不愧，释然皆化，而天下始定矣。"② 张松如也翻译为"圣人却一律看他们做孩童"③。这种理解比前一种要好一些，但仍让人费解，为什么要把百姓看成孩童呢？看成"刍狗"（第五章）还差不多。第三种，是要求在上者怀慈柔于天下百姓。吕惠卿注谓："孩之也者，遇之以慈，待之以厚，虽有不善不信，犹善而信之，知其心之无常犹己而已矣。"④ 刘笑敢说："'孩'字当为意动用法，虽作动词，但只是意念上的动作，即圣人把百姓当作婴孩而呵护之，信任之，因任之。"⑤ 这种心灵哲学型的诠释不属于老子本怀，是在儒学德政观念的影响下，曲解老子思想的结果。第四种，"圣人"以"孩"要求自己。徐复观说："圣人皆孩之的方法，亦只是圣人自己抱一守朴，不给百姓以扰动。亦即是无为而治。"⑥ 这种理解是符合老子思想的，却不合"孩"这一字的用法，作为名词的"孩"如此嵌入文意实难顺读。

---

① （魏）王弼著，楼宇烈校释：《王弼集校释》，北京：中华书局，1980年，第129页。

② （宋）苏辙：《苏子由道德经注》，尊经阁文库藏钞本，卷三。

③ 张松如：《老子说解》，济南：齐鲁书社，1998年，第278页。

④ （宋）吕惠卿：《道德真经传》，清抄本（清丁丙跋），卷三。

⑤ 刘笑敢：《老子古今》（修订版），北京：中国社会科学出版社，2006年，第517页。

⑥ 陈鼓应：《老子注译及评介》（修订增补本），北京：中华书局，2009年，第246页。

其二，严遵本写为"骇"，并发挥文义称"感动群生，振骇八极"①，殊不成句。

其三，遂州本、敦煌本己本作"恘"，本字不通，只可通释。

其四，从傅奕本作"咳"，"咳"有小儿笑之意，但按本字解说亦难通。徐梵澄说："且将使百姓安乐，圣人咳然而笑也。"② 池田知久亦译为："圣人却只是天真地笑着。"③ 此种理解陷于迂曲牵强为说。

其五，马叙伦以"孩"或"恘"通"咳"，并引入《说文》"咳，兼咳"为说④。马先生所主亦能合于老子思想，但存在两个问题在于，一是本说纯为贯通文意而为，缺乏足够的证据；二则考察《老子》文本之逻辑，该句应为"圣人"和"百姓"状态之对称，是"圣人皆孩之"应是"圣人"自身状态，而不是"圣人"对待百姓的态度。故而，马先生之说仍未足为取。

其六，以"孩""咳"等诸字通"阂"。朱谦之《老子校释》说："'孩''咳'一字，因其为借字，故亦作'骇'作'咳'。《晏子外篇·第八》：'颈尾咳于天地乎！'孙星衍曰：'咳与阂同。'亦以'咳'为'阂'。"⑤ 取"阂"之下，又见两种解释：第一种，百姓"注其耳目"，圣人就需要关闭它们，使得他们无知无欲。高亨说："即谓闭塞百姓耳目之聪明，使无闻无见也，此老子之愚民政策耳。"⑥ 此说亦为古棣等诸先生所取，但置"无为"为百姓所需本不合老子宗旨，愚民之说则更不足取。第二种，"阂"为圣人关闭自己的精神外露。辛战军该句译文为："群臣百官全都贯注其耳目以伺察君王之好恶，而明道之君则总是阂闭敛藏其心而毫不显露其意。"⑦ 赵静译为："百姓都关注耳目等感官欲望，圣人则收敛耳目欲望，重视内在的禀赋。"⑧ 辛先生取承"百姓"而"阂"，赵先生取对"百姓"而"阂"，一为心机，一为修养，皆失文本文意与思想宗旨。

① （汉）严遵著，王德有点校：《老子指归》，北京：中华书局，1994年，第41页。
② 徐梵澄：《老子臆解》，北京：中华书局，1988年，第71页。
③ ［日］池田知久著，王启发、曹峰等译：《问道——〈老子〉思想细读》，桂林：广西师范大学出版社，2019年，第623页。
④ 马叙伦：《老子校诂》，北京：中华书局，1974年，第449页。
⑤ 朱谦之：《老子校释》，北京：中华书局，1984年，第197页。
⑥ 高亨：《老子正诂》，北京：清华大学出版社，2011年，第76页。
⑦ 辛战军：《老子译注》，北京：中华书局，2008年，第195页。
⑧ 赵静：《老子导读》，北京：北京师范大学出版社，2019年，138页。

3. 本文的结论

弄清"孩"的意思，必须联系其上文所指。前文已指出王本应据它本补"圣人皆孩之"前之"百姓皆注其耳目"一句。"注"，贯注，指集中精神。帛书甲本作"属"，二字义同。高明说："'属''注'二字同谊，乃谓百姓皆注意使用耳目体察世情，以智慧判断是非犹如王弼注云'各用聪明'。"[①] 百姓有追求幸福生活的自我需求，自然想方设法谋发展、求进步，这就是"注其耳目"。有注家理解为百姓眼界低，尽要耳目聪明，或百姓注意"圣人"的表现，都未能会得文义。"圣人皆孩之"与"百姓皆注其耳目"相对，"圣人"对应"百姓"，"孩"对应"注"。

通过分析以上诸家解说，可以看出，无论"圣人皆孩之"之"孩"，写为"孩"还是"咳""骇""恗"等，其本字皆无法顺读，而以"孩"通"阂"既有古文先例，是可取的。也就是说，"孩"应取傅奕本之"咳"，而"咳"通于"阂"，是"关闭"的意思。只是这里"关闭"的不是百姓的"耳目"，也不是"圣人"自藏形迹以示高深，而是摒弃主观意志，任百姓发挥积极主动性。从上所析对应而言，"孩之"的"之"指代的不是"百姓皆注其耳目"，而是"耳目"，是"圣人"自己的"耳目"。上下文形成对照。简而言之，"百姓皆注其耳目，圣人皆阂之"就是说百姓有为、圣人无为，恰如《老子》第二十章所谓之"俗人昭昭，我独昏昏；俗人察察，我独闷闷"。

五、"清静为天下正"校读

1. 问题的提出

《老子》第四十五章王弼本章末最后一句为："躁胜寒，静胜热。清静为天下正。""躁胜寒，静胜热""清静为天下正"二句若以传世本用字，则意思"躁""静"是身体的状态，"寒""热"是天气情况，"躁胜寒，静胜热"以身体状态的调整应对天气，再转入"清静"为"天下"之理想状态，不唯上下文逻辑不顺，而且需要思考的是老子是不是真的主张清静？

如果我们认真考察老子的思想，并以一以贯之的原则看文本的相应论

---

① 高明：《帛书老子校注》，北京：中华书局，1996年，第63页。

述，就应该明确在老子的治世基本设计里，"无为"是对在上者的要求，用以保障"自然"即民之作为，"无为"是政治要求，不是修养要求，也就是无为政治的实现不以在上者自身修养的成就作为基本依靠。由此来看，老子当然主张"无为"，却没有必要一定提倡"清静无为"。对于"清静"二字有必要回到古本，重新厘定其读法。

2. 注家的态度

古人限于"清静"① 写法，解说起来皆难以自圆。苏辙注曰："夫躁能胜寒而不能胜热，静能胜热而不能胜寒，皆滞于一偏，而非其正也。唯泊然清净，不染于一，非成非缺，非盈非冲，非直非屈，非巧非拙，非辩非讷，而后无所不胜，可以为天下正矣。"② 苏注谓躁、静为偏，那么"清静"与"静"有何本质区别呢？吕惠卿注曰："今夫寒热者，天地之所为，有形之所不免也，而一躁焉，则可以胜寒，一静焉，则可以胜热。以一时之躁静，犹可以胜天地之所行，况夫体无为之清静，以为天下正，则安往而不胜者乎？"③ 吕注谓躁、静可以奏效，无为之清静便往而能胜，二者之间又存在何种必然关联？林希逸注道："躁之胜者，其极必寒。静之胜者，其极必热。躁静只是阴阳字，言阴阳之气滞于一偏，皆能为病。惟道之清静，不有不无，不动不静，所以为天下之正，犹曰为天下之式也。"④ 林注亦以躁、静为偏，以清静为道超越阴阳之表现，看似解说合乎宗旨，但是若依此看，实质是以无为赋予"清静"以别偏执"静"，只是脱离文本的一厢情愿。吴澄也以此为解释方向："清静，无为也，心者无一尘之滓，寂然不动也。正犹正长之正，犹言为天下君也。夫为天下之君者亦多事矣，然弊弊焉有为者，岂能为之哉？惟清静无为者，无为而无不为，故能为天下正，所谓相反而相为用也。或谓胜热之静与胜寒之躁为对，各偏于一，惟清静之静无与为对，静中有动，动静一致而无所偏，故能为天下正。"⑤ 吴澄之解不谓不周密，但他可能意识到了以"清静"和"无为"的问题，在演绎

① 傅奕本作"知清靖，以为天下正"，帛书本整理为"清静，可以为天下正"，则"清静"不是指"天下"本身的，而是对于治世者的要求，比"清静为天下正"理解起来方便，但仍与老子思想不合。
② （宋）苏辙：《苏子由道德经注》，尊经阁文库藏钞本，卷三。
③ （宋）吕惠卿：《道德真经传》，清抄本（清丁丙跋），卷三。
④ （宋）林希逸：《道德经真经口义》，上海涵芬楼影印本，卷三。
⑤ （元）吴澄：《道德真经注》，粤雅堂版，卷三。

了本章思想后，仍说"其论虽高，盖非本旨"。

当代学者对于"躁胜寒，静胜热。清静为天下正"一句，照字面意思解释居多。任继愈译为："急走能战胜寒冷，安静能克服暑热，无为清静可以做天下的首领。"[1] 陈鼓应翻译为："疾动可以御寒，安静可以耐热，清静无为可以做人民的模范。"[2] 二位先生的直译，实质无法在二句之间贯通逻辑。

3. 出土本的写法

该句帛书乙本残余"趮朕寒"几字。甲本原作"趮胜寒，靓胜炅，请靓可以为天下正"。许抗生依帛书本翻译为："疾动可以战胜寒冷，安静可以战胜炎热，清静无为可以成为统治天下的君长。"[3] 此译无别于上述诸解。

竹简本原作"桌胜苍，青胜然，清清为天下正"。《郭店楚墓竹简》读为"燥胜凔，清胜热，清静为天下正"[4]。尹振环把"躁胜寒，静胜热。清静为天下正"的竹简本对应文字读成"噪胜苍，青胜燃，清靖为天下定"，并译为"虫鸟喧闹胜过满目苍凉，青青葱葱胜过房舍田野燃烧，清淡安静为了天下安定"[5]，所持之论在其著作中有详说。尹先生之论别有心裁，但所主偏离老子哲学中心。马叙伦[6]、朱谦之[7]引述古说，指出"躁"当为"燥"，其说在竹简本发现之前，言之成理。

《郭店楚墓竹简》把"苍"字释读为"凔"，能够读通。《逸周书·周祝》谓"天地之间有凔热"，"凔热"即寒热。"静胜热"的"静"字在竹简本为"青"，不同下文之对应"清静为天下正"之"清静"用字。刘信芳以之为"静"，谓酷热之时，心静可以减轻人的烦热感受[8]。该说受传世本影响，不足取。楚简本整理者把"青"读为"清"、"热"读为"然"是可取的。"燥胜凔，清胜热"，就是寒来暑往、暑来寒往的意思。老子意谓，自然界的现象如此。关键是下文的"清静为天下正"如何处理了。"清静"在竹简本原写为"清清"，"清"字下有重字符号，说明是两字重出，且用

① 任继愈：《老子今译》，北京：古籍出版社，1956 年，第 84 页。
② 陈鼓应：《老子注译及评介》（修订增补本），北京：中华书局，2009 年，第 237 页。
③ 许抗生：《帛书老子注译与研究》，杭州：浙江人民出版社，1982 年，第 17 页。
④ 荆门市博物馆：《郭店楚墓竹简》，北京：文物出版社，1998 年，第 118 页。
⑤ 尹振环：《楚简老子辨析》，北京：中华书局，2001 年，第 310 页。
⑥ 马叙伦：《老子校诂》，北京：中华书局，1974 年，第 134 页。
⑦ 朱谦之：《老子校释》，北京：中华书局，1984 年，第 184 页。
⑧ 刘信芳：《荆门郭店竹简老子解诂》，台北：艺文印书馆，1999 年，第 65 页。

字不同可以通"静"的"青"，而是加了水字旁的"清"。刘信芳认为"清清"不同于"清静"，它包括"躁""静"在内，是一种自我调节的处事方法①。刘先生所言，可备一说，然自我调节之说，亦与老子思想不太贴合。廖名春以第二个"清"字，当为"静"之借字②。如此便同于今本，但若以写为重文符号的"清"字会一本字、一假借总是不令人信服。

4. 本文的结论

从上述内容看，竹简本"喿胜苍，青胜然，清清为天下正"的释读还是存在一定问题。由"寒热往来"的意思看，《郭店楚墓竹简》读为"燥胜沧，清胜热，清静为天下正"基本可靠。只是"清清"不能处理为通于传世本的"清静"，而应按原写法读。"燥""沧""清""热"是寒热两端的天气，但"飘风不终朝，骤雨不终日"（第二十三章），天气的变化有其自然均衡的相互制衡之道。因此，激烈的天气变化不会持久，只有平稳自然的"清清"③ 才是天下之常道（"正"）。正，合于法则的。《说文》："正，是也。"老子贯以天道类比人道，这两句是老子以气候变化的自然现象比类治世之道，意在说，采取激烈的手段作用于天下并不能持久，顺遂自然之性的常态才是合乎规则的正道。

以上对于《老子》文本几处存在难题的文字的解读，主要是从保持老子思想的一致角度进行辨析的。当然，这种辨析必须在得到《老子》文本特别是出土本支持的前提下进行。实质上，由于《老子》古本写于秦统一文字之前，很多用字已退出汉字系统，完全恢复其貌或已无可能，但在现有材料的支持下对于个别难读文字反复推究其可能释读方向，而不是简单以之通于传世本还是必要的。

---

① 刘信芳：《荆门郭店竹简老子解诂》，台北：艺文印书馆，1999 年，第 65–66 页。
② 廖名春：《郭店楚简老子校释》，北京：清华大学出版社，2003 年，第 478 页。
③ 清，本就有凉爽舒适之意，今词语仍有"月白风清""清新自然"之类。

第九章

老学析正三题

关于"老聃贵柔"的论定在《吕氏春秋·不二篇》就有了，之后的老学史中，以老子尚柔也是基本观点，甚至有因学派对立与时代思潮的排斥归此尚柔为诈术与消极者。然而，如果回到《老子》文本，分析尚柔观念源出的文句，可以发现此种理解纯属于释老者误读的结果。其中，"不争""清静"的概念与"正言若反"的解说方式的正确理解对于准确把握《老子》文旨特别重要，原因在于这些表述被误读之甚以致恢复其本来意义首先需要克服后世界说的强大影响。

一、"不争"析正

"不争"在《老子》是较为重要的概念，传世写本出现多达 8 次。但如果仔细辨析，就可以明确，"不争"在文本中的内涵并不统一，不能以一概之解释将其归为具有完全固定内涵的概念。无论何种文句环境中的"不争"，其实都没有"不竞争"或"不斗争"的含义。

1.《老子》文本的"不争"

《老子》文中的不争有三种类型，以王弼本为参照，分别在以下各处。

第一种"民不争"，第三章 1 处："不尚贤，使民不争；不贵难得之货，使民不为盗；不见可欲，使心不乱。是以圣人之治，虚其心，实其腹，弱其志，强其骨。常使民无知无欲，使夫智者不敢为也。为无为，则无不治。"

第二种"天道不争"，第八章 2 处："上善若水，水善利万物而不争。

处众人之所恶，故几于道。居善地，心善渊，与善仁，言善信，正善治，事善能，动善时。夫唯不争，故无尤。"① 第六十八章1处："善为士者不武，善战者不怒，善胜敌者不与，善用人者为之下。是谓不争之德，是谓用人之力，是谓配天古之极。"第七十三章1处："勇于敢则杀，勇于不敢则活。此两者，或利或害。天之所恶，孰知其故？是以圣人犹难之。天之道，不争而善胜，不言而善应，不召而自来，繟然而善谋。天网恢恢，疏而不失。"

第三种"圣人不争"，第二十二章1处："曲则全，枉则直，洼则盈，敝则新，少则得，多则惑。是以圣人抱一为天下式。不自见，故明；不自是，故彰；不自伐，故有功；不自矜，故长。夫唯不争，故天下莫能与之争。古之所谓曲则全者，岂虚言哉！诚全而归之。"该处"不争"在第六十六章重出1次："江海所以能为百谷王者，以其善下之，故能为百谷王。是以欲上民，必以言下之；欲先民，必以身后之。是以圣人处上而民不重，处前而民不害，是以天下乐推而不厌。以其不争，故天下莫能与之争。"第八十一章1处："信言不美，美言不信；善者不辩，辩者不善；知者不博，博者不知。圣人不积，既以为人，己愈有；既以与人，己愈多。天之道，利而不害。圣人之道，为而不争。"

2. 注家的理解

对于《老子》中的"不争"，古来注家就注意到了其作为老学基本观念的重要性，于专门章节进行阐释发挥，特别是对于老子以水比类社会治理之道这一点。吕惠卿注曰："天下莫柔弱于水，而攻坚强者莫之能先，故以事则善能。源泉混混，不舍昼夜，盈科而后进，故以动则善时。要之出于不争，而以居善地为本，故曰夫唯不争，则天下莫能与之争，故无尤。"② 吴澄注曰："夫惟有道者之上善，不争处上而甘于处下，有似于水，故人无尤之者。尤谓怨咎，众人恶处下而好处上，欲上人者有争心，有争则有尤矣。"③ 二人之注有代表性，古注基本持以上解说方式。他们注意到了老子论水之不争，实为论人，又推为人上善之境界支持了无争心这一态度，但

---

① 第八章"水善利万物而不争"一句，河上公本、傅奕本如之，帛书乙本有残，甲本作"水善利万物而有静"。本章下文言水德"七善"，所论不是"静"的问题，而是"不争"，且章末曰"夫唯不争，故无尤"，以"夫唯"回应前文，所以以传世本写法更合理。

② （宋）吕惠卿：《道德真经传》，清抄本（清丁丙跋），卷一。

③ （元）吴澄：《道德真经注》，粤雅堂版，卷一。

实质上并没有说明白为什么不争会导致天下人都无法与之争这个问题。

关于"不争"的解读中，最难面对的就是"夫唯不争，故无尤"或"夫唯不争，故天下莫能与之争"。因为若把"不争"理解为不与人竞争，可以表明自处修养境至高，但你不争，不能保证别人不与你争，恐怕是他人争起来少了个对手更加便利了，怎么会"无尤"或"天下莫能与之争"呢？"不争"在《老子》的解读中，就出现了两种基本方向，一种是反对老学者，认为"不争"是一种手段，目的是得到更大的好处；另一种是支持老学者，以圣人道德醇厚之类的观念讲一些大而化之的话，完全偏离了老子对于社会治理之道的深刻思考。这两者，一为古代有学派狭隘意识的儒家学者往往有之，一为当今释读《老子》为之圆满其说者有之。

朱熹一向对于老子学说持有偏见，评论老子的"不争"亦归于阴诈之类。在《朱子语类》中有："老子之学只要退步柔伏，不与你争。才有一毫主张计较思虑之心，这气便粗了……'知其雄，守其雌，为天下溪；知其白，守其黑，为天下谷。'所谓溪，所谓谷，只是低下处。让你在高处，他只要在卑下处，全不与你争。他这个工夫极难。常见画本老子便是这般气象，笑嘻嘻地，便是个退步占便宜底人。虽未必肖他，然亦是它气象也。"①即使对于传统思想反思极为深刻的王夫之，对于"不争"也仍以"擅利"为论。他说："善居道者，为其微，不为其著；处众之后，而常德众之先。何也？众人方恶之，而不知其早至也。逆计其不争而徐收之，无损而物何争？而我何尤？使众人能知其所恶者之为善，亦将群争之矣。然而情之所必不然也，故圣人擅利。"②

老子的学说，其基本视野是为一种理想政治提供哲学基础，虽为向在上为政者之建言，但若以之为权术、诈术之类，是低估了老子作为一个哲学家的高度。现在的老学研究已经摆脱了出于学派狭隘和历史思潮对老子哲学解读的影响，对于斥"不争"为阴诈以图获利的观点是不须多辩的。

当代学者对于"不争"，往往多从修养论的角度解释，意思是没必要争或不值得争。朱晓鹏解释"不争"说："理想的人生由于不需要着意去作为和成就什么，因而可以少私寡欲，少私寡欲也就不存在争斗了。老子认为，圣人就具有这种'不争之德'（第六十八章）。所谓'不争'，就是要排除

① （宋）黎靖德编：《朱子语类》，北京：中华书局，1986年，第2996页。
② （清）王夫之：《老子衍 庄子通 庄子解》，北京：中华书局，2009年，第8页。

各种功名利禄的诱惑，拒绝各种身外之物的牵累，以保持一种本然的生命存在。"① 刘笑敢对于"不争而胜"解释说："我们要问自己，为甚么要去竞争？是不是为了生活得更好、更充实、更愉快？如果是，那么，当竞争让你感到痛苦时，是否应该退出？是否应该另外寻找能让你愉快的生活方式？你不争，别人也就不必与你争，也就摆脱了竞争的痛苦。"② 池田知久说："'水'的存在方式是不与别人争强斗胜、不要求胜而与别人争、安于大众所厌恶的底层位置的'不争''谦下'伦理的比喻、象征。同时，正如'不争''谦下'的伦理被评价为'几于道'所显示的那样，它相当于'道'的亲属，其内容与'道'几乎是一致的。因此，掌握'不争''谦下'的伦理就几乎意味着把握'道'本身了。"③

以上引述各位治老专家的观点应视为老学基本观点的延伸可及之论，而不是老子关于"不争"的本意。因为"不争"作为老子政治哲学实践原则的构成内容，它要求的重点不在于执政者的人生修养或伦理情怀这个内向的限定，而是在治国方略所持的基本态度这个外向的要求。作为人生境界的"不争"，或是人应该修养有成的方面，但对于治国而言，其实是迂阔而毫无实际意义的说法。老子的政治哲学有其本身思考的周密性和合理性，这种依赖于个体的修养之说，只能出自儒家之口。换句话说，心灵哲学的解说可以用以解读《老子》，却并非老子之初衷。

3. "不争"与无为的合理对应

明确了在《老子》的"不争"不是心灵建设的要求，亦非从伦理方向与道的接近，应该把其还原到老子哲学的中心观念——"无为"这一视野中看，即关于"不争"的要求，实质是保障了无为本身的畅通。下面以此为基本立场，看《老子》文本中三种类型的"不争"。

第一种类型的"民不争"只有 1 处，并不是老子关于"不争"的主要观念，但仍需读通句意。老子的政治设计是上无为、下自然，百姓是社会发展的主力军，所以"不争"绝不是无所作为。"不争"应该置于整个章文中从整体来看，"不尚贤，使民不争；不贵难得之货，使民不为盗；不见可

---

① 朱晓鹏：《老子者学研究》，北京：商务印书馆，2009 年，第 347 页。
② 刘笑敢：《老子古今（修订版）》，北京：中国社会科学出版社，2006 年，第 675 页。
③ ［日］池田知久著，王启发、曹峰等译：《问道——〈老子〉思想细读》，桂林：广西师范大学出版社，2019 年，第 155 页。

欲，使民心不乱"，是一组排比句，句意所指统一，这是《老子》行文的基本特色。"贤"，不能解释为"贤能"。《说文》："贤，多才也。"蒋锡昌指出，"此字老子正用本义"①。用"贤"的本义解，就取得了该组句意的一致，"尚贤""贵难得之货""见可欲"都是鼓舞以专门的利益方向，使老百姓专以逐利。然而，社会发展是系统整体的作用结果，这种利益刺激能收得某些成效，但是也会引起民"争""为盗""乱"②。这里的"不争"，不是安于现状不发展，也不是消除竞争，而是使百姓遵循发展的合理性而不注重利益。因此，此处的"不争"补齐语意便是"不争利"。

第二种类型的"天道不争"4处，是以"天道"类"人道"，以自然秩序为人的社会治理顺应事物性质提出思考。在自然秩序，事物没有高低贵贱之分，其发展遵循自身的合理性。人却以主观判断而有所趋向，这个趋向就是"上"。在第八章，老子以水为例，指出水能"处众人之所恶"。水往低处流只是其本身性质，这就是"天道"，而所谓"居善地，心善渊，与善仁，言善信，正善治，事善能，动善时"是兼合"天道""人道"而言的，"夫唯不争，故无尤"实质是"人道"了，因为"天道"没有什么尤不尤的问题。这一章的要义在于，水无择而处下。第六十八章以超越一般人的高明者（"善"）"不武""不怒""不与""为之下"为论，还是在举例，并不是讲做事的法则，而是说有这种情况存在，应该从中发现能带来的启发。这种启发便是"不争之德"，既是"人之力"，又是"天之极"，是"人道"与"天道"所共取的。"不武""不怒""不与"本质上就是"为之下"，这还是处下。第七十三章同样举出"勇于敢则杀，勇于不敢则活"这种超乎人预料的现象，指出事物发展"或利或害"，是复杂因素作用的，"天之所恶"不易为知，"圣人犹难之"，仍强调人的主观判断能力在事物的系统性面前还是很不足的。"天之道，不争而善胜"是说自然有自我均衡性，给人的启发就是不争先未必不能为先。综合这种类型的"不争"，补足语意或为"不争上"或为"不争先"。也就是说自然事物发展的顺遂均衡的性质，提示人的社会治理之道应该不要完全囿于己见而主观妄为。

第三种类型"圣人不争"在传世本《老子》共3处，是老子关于"不

---

① 蒋锡昌：《老子校诂》，上海：上海书店，1996年，第20页。
② "使民心不乱"，帛书甲、乙本均无"心"字，作"使民不乱"。"争""为盗"都是行为方面的，因此帛书本无"心"字的写法更贴合文意。

争"的最中心指向，即治国者的"不争"。第二十二章从事物的"曲则全，枉则直，洼则盈，敝则新，少则得，多则惑"的自然辩证规律入手，谈"圣人"的抱一之道，具体表现为"不自见""不自是""不自伐""不自矜"。这三个"不自"实质就是"不争"的内容，用语有别，但核心意思一致，就是不以己居功。在上者凡欲建立某种不朽功业，就会凭主观判断役使百姓，从而陷入片面而不能"全而归之"，所以不争功业才能得以实践无为之道，反而成就天下事物的自然发展而有功。第二十二章与第六十六章的结论一样，"不争"句重出，但论述方式不一。第二十二章以事物的辩证特质而论，第六十六章以"江海"为喻进行启示。从江海以下而成为"百谷王"，比类"圣人"的"言下""身后"而有"天下乐推而不厌"之成效。不争言上、身前，还是不居功的具体表现。第八十一章亦是从事物普遍存在的辩证特征入手，"信言不美，美言不信；善者不辩，辩者不善；知者不博，博者不知"，由此推出"圣人不积"的观点，其结论在"天之道，利而不害"与"圣人之道，为而不争"的对应中表达出来。"为而不争"，是要让治世者像天道那样普遍利益事物而不居功，"为"便实质上为"无为"。综合本种类型的"不争"，补足语意便是"不争功"，目的是防止以争功之为而凭主观臆断指挥百姓。

由上述可见，《老子》文本中的"不争"不在于"不竞争"或"不斗争"，也不是不存"争心"。"不争"是"无为"实现的一种实践要求，不管是从百姓而言，还是从"圣人""天道"而言，其目标是最大限度地保障社会发展的自身合理性得到释放。"不争"与不妨碍意义的"无为"是相契对应的。

二、"清静"析正

"清静"在传世本《老子》仅 1 见，在竹简本《老子》可能根本不存在，因此它并不属于《老子》的范畴式观念，但在对于老子思想的解读中却成了重要的聚焦对象，这和道教对于"清静"的重视反施作用于老学有关，也和释读者模糊了"清静""无为"的差别，将二者混为一谈有关。

1. "清静"的出处与解读

"清静"出现在《老子》传世写本在第四十五章章末最后一句，王弼本为："躁胜寒，静胜热。清静为天下正。"

此句中"躁胜寒，静胜热"与"清静为天下正"两者之间的逻辑关联当然是需要注家论说明白的重点。王弼注曰："躁疲然后胜寒，静无为以胜热，以此推之，则清静为天下正也。静则全物之真，躁则犯物之性，故惟清静乃得如上诸大也。"① 王弼直接把"静胜热"的"静"作为"清静"之"静"，而且将其与"无为"联系起来。李息斋注曰："盖世之言道术未有不偏，如躁胜寒而不可以胜热，静胜热而不可以胜寒，要其各有所止也。惟清静无为，虽不求胜物，而天下之物莫能胜之，故曰'清静为天下正'。"② 李息斋的注在古注中更有代表性，他们以"躁""静"为偏，认为"清静"不同于"静"，是超越了偏的理想状态，而且以之等同"无为"。把《老子》的"无为"与"清静"联系起来理解已经成了古人普遍接受的方式，以致以为学老便要学习"清静"，如《汉书·汲黯传》记载："黯学黄老言，治官民，好清静。"③ 唐代诗人姚合的《寄绛州李使君》有："独施清静化，千里管横汾。"④

当代解读者一般也是把"清静""无为"联系起来讲，如："为了安全长久的生存和发展，老子主张'清静''无为'（《老子·三十七章》）的修养原则和谦虚谨慎、朴素内敛的处事方式。"⑤ 对于"清静为天下正"之"正"，有注家理解为"君长"。高亨注解说："在生活方面，活动可以战胜寒冷，静止可以战胜炎热。在政治方面，清而无欲，静而无为，可以做天下的君长。（清静的政治，无为而无不为，故能取得大的政治效果。）"⑥ 陈鼓应认为老子强调"静"是有其思想背景的，一是他看到统治层的纵欲生活遂发出警告，唤醒大家要在多欲中求清静；二是目睹统治者扰民实况，"一再地呼吁为政要'清静'，不可干扰民安。在《老子》书上，除了十六章以外，凡是谈到'静'的地方，论旨都在政治方面"⑦。

之所以古今注家把"清静"与"无为"联系起来而制造了《老子》文

---

① （魏）王弼著，楼宇烈校释：《王弼集校释》，北京：中华书局，1980 年，第 123 页。
② （明）焦竑著，黄曙辉点校：《老子翼》，上海：华东师范大学出版社，2011 年，第 115 页。
③ （汉）班固：《汉书》，北京：中华书局，2012 年，第 2019 页。
④ 《全唐诗》（增订本）第 8 册，北京：中华书局，2008 年，第 5691 页。
⑤ 赵静：《老子导读》，北京：北京师范大学出版社，2019 年，第 130 页。
⑥ 高亨：《老子注译》，郑州：河南人民出版社，1980 年，第 104 页。
⑦ 陈鼓应：《老子注译及评介》（修订增补本），北京：中华书局，2009 年，第 39 页。

老子论衡

本根本就不存在"清静无为"这个观念，还是在于对于第四十五章文字的阅读直接影响到了对于老子哲学的理解。"清静"是一种修养要求，"无为"是一种政治设计，虽不能说二者完全不相干，但是"无为"是构建上、下之间的关系，并不以"清静"的达成为先决条件。甚至可以说，一个在上者自身"清静"了，但政治设计却是专制的，就不是"无为"。所以，把"无为"与"清静"联起来看，会干扰对于"无为"内涵的合理解读，而把"无为"与"清静"分开来看，才会准确把握二者的适用范围。

2. 老子的"静"与道教的"清静"

"清静"在《老子》没有那么重要，它是道教的重要观念。道教的主张把人的精神从物欲、事务的干扰中摆脱出来，减少对人的生命力的消耗，这种基本理念可概括为"清静"。《正统道藏》所收道经冠以"清静"为名的即有《太上老君说常清静妙经》《太上老君清静心经》《太上玄都妙本清静身心经》《太上清静元洞真文玉字妙经》等。在道教具有重要位置的《太上老君说常清静妙经》以"清静"作为修炼道法的基本理念，经中说："人能常清静，天地悉皆归……常应常静，常清静矣。如此清静，渐入真道。"①

既以"清静"为基本观念，不同于一般治老者把"清静"往"无为"解释，道教学者更乐于对《老子》文本"清静"本身进行发挥，演说为清静以治国的方向。杜光庭《道德真经广圣义》解释"躁胜寒，静胜热。清静为天下正"说："圣人知冲缺之行可以持盈，澄静之方可以制动。成其动则清静自着，抑其躁则柔和自彰，可以率天下于无为，归万方与贞正，法阴阳寒暑之运，见生死得失之源，于兹明矣。"② 更有许多道教学者把《老子》直接往养生之道铺排，而不再关注治国一事。清代道教名家黄元吉解说上句即道："至于清明在躬，虚灵无物，一归浑穆之天，概属和平之象，又何躁、何寒、何静、何热之有哉？学者具清静之心，化寒暑之节，而吾身之正气凝，即天下之正道立矣，又何患旁门之迭出耶？"③

说《老子》本身并不观念化"清静"，并不是说老子没有"静"的要求。事实上，除以上第四十五章外，《老子》中还有多个"静"字出现，可

---

① 《太上老君说常清静妙经》，《道藏》第 11 册，第 344 页。

② （唐）杜光庭述，周作明校理：《道德真经广圣义校理》，北京：中华书局，2020 年，第 571 页。

③ （清）黄元吉撰，蒋门马校注：《道德经注释》，北京：中华书局，2012 年，第 192 页。

归为三类。第一类：第十五章称"善为士者""深不可识"的状态时有"孰能浊以静之徐清"，第十六章有"致虚极，守静笃"和"归根曰静"，这里的"静"都是体道的方式。老子指出，对于道的认知不同于常态路径，需要通过精神的专一回到整体性体认的状态上来。这里的"静"不是治国之道，而是为道论的周全而设，是认知"道"的问题。第二类：第二十六章"重为轻根，静为躁君"是以事物相互转化的辩证规律提示勿主观妄为而丢失根本。第三类：第三十七章"不欲以静，天下将自命"、第五十七章"我好静而民自正"、第六十一章"牝常以静胜牡，以静为下"。以上的"静"字不是修身要求，而是不施为之意，是"无为"的另一种提法。综上可见，"静"要么是用以认知"道"，要么是作为"无为"的一种表现，但并不是"静"了才能"无为"，这是两码事。

3. "清静无为"非老子思想

"躁胜寒，静胜热。清静为天下正"对应的句子在竹简本原写为"桑胜苍，青胜然，清清为天下正"，《郭店楚墓竹简》读为："燥胜滄，清胜热，清静为天下正。"[①] 其他竹简本释读者的观点也基本如此。这个读法还是有一定的问题。"清静"在竹简本原写为"清清"，"清"字下有重字符号，说明是两字重出，且用字不同可以通"静"的"青"，而是加了"氵"的"清"。把重写的"清清"处理为一字为"清"、一字通于"静"是不可取的。如果没有别的材料提供新的解释方式，"清清"二字以原写法读最合理。

"燥胜滄，清胜热"，"燥""滄""清""热"是寒热两端的天气，但"飘风不终朝，骤雨不终日"（第二十三章），气候的变动遵循其自身的自我否定规律，表现为寒来暑往的相互制衡之道。在系统作用下，过于激烈的天气必定不会持久，唯有贴近于自然常态的"清清"才是天下之常道（"正"）。正，合于法则的。《说文》："正，是也。"《老子》文本以天道比类人道是其行文的基本特色，这两句正是老子以气候变化的自然之道比类治世之道。老子的意思是，采取激烈的手段干扰百姓的生存状态是无法持久为功的，顺遂百姓发展的自然需要和释放内部活力是常态的，也是最合理的。

---

① 荆门市博物馆：《郭店楚墓竹简》，北京：文物出版社，1998年，第118页。

以上本文对于竹简本"清静"二字的读法提出了新的认识，但即使在传世本的写法里，"清静"和"无为"的关系也需要厘清。如果我们认真考察老子的思想，并以一以贯之的原则看文本的相应论述，就应该明确在老子的治世基本设计里，"无为"是对在上者的要求，用以保障"自然"即民之作为，其本身是政治要求，不是修养要求。因此，老子当然主张"无为"，却并不一定主张"清静无为"。延伸而论，道教有"清静"，却并不是"清静无为"。"无为"的安放是有对象和环境要求的，它的对象是在上为政者，非一般修养人士；它是为优化政治而言的，非关生命境界的提升。也可以说，对于一般人而言，根本谈不上"无为"的问题；而"清静"作为修炼法门，也不是"无为"，它是一种积极自我调控的要求，本质是"有为"。

白居易对于"清静"之道于治国之用分析道："夫欲使人情俭朴，时俗清和，莫先于体黄老之道也。其道在乎尚宽简，务俭素，不眩聪察，不役智能而已。盖善用之者，虽一邑一郡一国至于天下，皆可以致清静之理焉。昔宓贱得之，故不下堂而单父之人化。汲黯得之，故不出阁而东海之政成。曹参得之，故狱市勿扰而齐国大和。汉文得之，故刑罚不用而天下大理。其故无他，清静之所致耳。"[1]"清静"是自身修养状态，"无为"是治国的基本原则。从白居易的这段话可以明显看出，他所说的"清静"实质只是"无为"而已。

三、"正言若反"析正

"正言若反"在《老子》文本出现只有一次，却是被特别关注的一词。之所以如此是因为《老子》文本本身就使用大量的对待概念为论，而"正言若反"相当于老子对于如此行文方式的一个自我总结。

1. "正言若反"的基本释义

"正言若反"出自《老子》第七十八章，其文为："天下莫柔弱于水，而攻坚强者莫之能胜，以其无以易之。弱之胜强，柔之胜刚，天下莫不知，莫能行。是以圣人云，受国之垢，是谓社稷主；受国不祥，是为天下王。

---

[1] 朱金城：《白居易集笺校》，上海：上海古籍出版社，1988 年，第 3451 页。

正言若反。"对于"正言若反"句,古今注者有从章句上下文理解者,也有从《老子》全篇理解者。有个别注家以为,"此句疑是后人注语,不是《老子》本文"①。该句无竹简写本,但帛书本写法即如此,注语羼入的可能性不大。

对于"正言若反"一语,王弼无注,河上公注曰:"此乃正直之言,世人不知,以为反言。"② 即老子所做的治国原则与常人所欲相背,表述出来的正话也似反话一般。与此观点类似,林希逸注曰:"盖位至高者,不可与天下求胜,须能忍辱,则可以居人之上。垢与不祥,不可受之受也,似反一世之常言,其实正论,故曰正言若反。"③

吴澄以"正言若反"归入下"和大怨"一章,并解释说:"老子以反为道之动,德之玄,故虽正言之每若反于正。正而若反,亦如明而若昧,进而若退,直而若屈,巧而若拙之类,盖若昧乃所以为明,若退乃所以为进,若屈乃所以为直,若拙乃所以为巧,若反乃所以为正。下文言和怨者正欲救助善人,而反不足以为之,此正言若反也。"④ 吴澄之注,从《老子》章意整体理解,又联系下文进行解读,指出"正言若反"的意思在于正向作用往往收获反面效果。

徐梵澄说:"名受其诟,实亦不祥。唯有道者处之,可以无咎。为社稷主必受诟,为天下王必不祥,此名实之似不相当也,乃实然。故曰'正言若反'。"⑤ 徐先生以名、实之不相当论"正言若反",角度不同于诸家,但仍是从事物存在之辩证特征而言的,可以一说备之。

2. "正言若反"的意义发挥

对于"正言若反",更多古今治老者敏锐地觉察到该语与《老子》整篇的言说方式乃至哲学思想的基本特色都有关系。

清代高延第认为"正言若反"是老子自明其旨的关键之语,在《老子证义》中说:"此语并发明上下篇玄言之旨。凡篇中所谓'曲则全,枉则直,洼则盈,敝则新''柔弱胜强坚''不益生则久生''无为则有为''不争莫与争''知不言,言不知''损而益,益而损',言相反而理相成,皆

---

① 高亨:《老子注译》,郑州:河南人民出版社,1980年,第162页。
② 王卡点校:《老子道德经河上公章句》,北京:中华书局,1993年,第298页。
③ (宋)林希逸:《道德经真经口义》,上海涵芬楼影印本,卷四。
④ (元)吴澄:《道德真经注》,粤雅堂版,卷四。
⑤ 徐梵澄:《老子臆解》,北京:中华书局,1988年,第116页。

'正言'也。"① 高延第把"正言若反"与《老子》行文中对待关系相关联，归之为相反相成之道理，其论已揭示了《老子》的辩证法特色。

对于《老子》文字的辩证色彩，刘笑敢称老子有一种"大正若反"的智慧："老子有丰富的正反统一的辩证观念，其最基本的命题形式就是正反相依（'音声相和，前后相随'）、正反相生（'有无相生，难易相成'）和正反互转（'曲则全，枉则直'）。这几个命题都是对外在世界对立双方的依存、相生、互转的关系的描述。"②

董京泉也以为"正言若反"有总括《老子》宗旨的意义，提示应该跳出本章看问题："不仅本章如此，而且《老子》全书讲的道理本来皆为'正言'。然而在传统和世俗看来，则大体皆属'反言'，所以老子用了一个'若'字以概括之。'正言若反'是一个思想深邃的哲学命题。"③

《老子》文字的辩证色彩是为读者所普遍认识的，"反者，道之动"（第四十章），事物有自我否定的基本规律，其发展的方向是走向自身的反面，但社会治理之道是不是也要绝对遵循这种自然辩证法呢？如果是，那岂不是使社会发展永远陷入正、反相互转换而不停歇了吗？老子的无为之道本身的价值也就荡然无存了。对此，张岱年说："正面的状态，容纳了反面的成分，才是比较圆满的状态。正面的状态，预先容纳了反面的成分，即可不再转化为反面了……老子认为，结合了'反'的正，也是'正'的圆满状态。"④ 张岱年把《老子》的"正言若反"归为"以反求正"的智慧，比只以辩证法的视角看老子哲学而流于对文字表述特点的探究要深刻得多。陈鼓应、白奚在《老子评传》中也持如此观点，其文说："这里的'反'字意味着既是又不是，是正与反、肯定与否定的统一。由于事先容纳了反面的成分，看上去像是反面，实际又不是，这种正反结合的正面才是高级的、完满的、真正的、长久的正面，才能立于不败之地。"⑤

虽"正言若反"只是出现在第七十八章的结尾，但将其置于老子哲学标志性表述进行理解是合理的，这是《老子》文本大量使用对立性概念和对待性表述所支持的，但是这样无疑会指向一个观点，就是老子"尚柔"。

① （清）高延第：《老子证义》，清光绪十二年诵翠山房刻本，卷下。
② 刘笑敢：《老子古今》（修订版），北京：中国社会科学出版社，2006 年，第 461 页。
③ 董京泉：《老子道德经新编》，北京：中国社会科学出版社，2012 年，第 633 页。
④ 张岱年：《中国哲学发微》，太原：山西人民出版社，1981 年，第 345 页。
⑤ 陈鼓应、白奚：《老子评传》，南京：南京大学出版社，2001 年，第 203-204 页。

为了不陷入转化无止，人选择的就是处下、慈、柔弱一方，这样便能兼合上、勇、刚一方，从而立于不败之地。那如何处理"柔"与"无为"的关系呢？老子所标举的核心价值是"无为"，这是基本常识，但"柔"实质上也是一种"为"。如果不能合理开释二者的关联，便会使对老子哲学的把握离开其中心理念。

3. "正言若反"与"无为"的关系

从《老子》文本看，其正、反对待关系表述集中在两个方面，一方面是事物自身的矛盾性质，另一方面是事物发展自我否定性质。分析这两种"正言若反"的基本指向，应该能够从中理解其表述与哲学宗旨之间的基本关联。

对于第一种类型的"正言若反"，我们以《老子》第四十五章为例，文曰："大成若缺，其用不弊。大盈若冲，其用不穷。大直若屈，大巧若拙，大辩若讷。""成""缺"、"盈""冲"、"直""屈"、"巧""拙"、"辩""讷"都构成对立关系，人对事物的判断非"成"即"缺"、非"盈"即"冲"、非"直"即"屈"、非"巧"即"拙"、非"辩"即"讷"，但这是人以主观特定视角认识事物的结果，并不是事物自身的本质属性。人从自己的主观臆断出发，去判断事物、役使事物，就会陷入片面，对有些事物有利，也会对有些事物有害，因为事物存在的整体性特点并不是人的主观价值世界所能框架的。因此老子便说"大成""大盈""大直""大巧""大辩"，所谓"大"即是跳出了人看待事物的常态视角而有超越性的待物态度。因而"大成若缺"其实是非"成"非"缺"，其他亦同理。这里不是追求一种"成"，更不是接受一种"缺"，而是要求不以陷入主观认识的"成""缺"视角来限制自身对事物发展的看法。当然，这种看法是提供给在上为政者的。老子在这里提供了无为的社会治理之道的哲学基础，是希望为政者不以主观认识盲目以所谓"正价值"来指挥百姓，因为社会发展是巨系统，顺其自然性、复杂性才能最合理地允许其积极性伸展开来。

对于第二种类型的"正言若反"，我们以《老子》第七十六章为例，其文曰："人之生也柔弱，其死也坚强。万物草木之生也柔脆，其死也枯槁。故坚强者死之徒，柔弱者生之徒。是以兵强则不胜，木强则兵。强大处下，柔弱处上。"在本章，老子以比类式方式进行论述，举出的是两个自然现象，人与万物草木。活着的生命体是"柔"的，死的生命体则僵化，这是人所共有的生活经验，由此老子得出结论。在"是以"之后的"兵强则不胜，木强则兵。强大处下，柔弱处上"一句，"兵强则不胜，木强则兵"还是以兵与木进行再比类，意思是这是普遍的道理，而"强大处下，柔弱处上"则是最终的观点。老子希望在上为政者接受这个观点，是希望他们选择"柔弱"为政，指出暴力专制的政治其走向是趋下而覆灭的，慈柔待物反而会有向上而发展的空间。老子之所以这么说，是因为在上者皆以为控制手段越强烈，社会治理的效果就越好，他们本身的选择是"强大"，没有人愿意选择"柔弱"。因为要通向"无为"，其手段便要消解"强大"，这种消解在指向上看就是"柔弱"这一方向，亦即离开"强大"，面向的就是"柔弱"。虽面向"柔弱"是对冲"强大"的要求，但"柔弱"却只是手段而不是终极目标——老子的终极目标只有"无为"，最大限度不干扰民生。这里的"正言若反"，所取并非"强""弱"任何一方，"正"通达"无为"，"反"是消减意义的。

从以上两种"正言若反"来看，老子的目标并不在于"柔"或"处下"，无论从认识角度而言还是从实践方向来说，"反"的价值都在于使认识与实践指向无为。从这种立场把握《老子》的相关论述，就能够保障我们对其哲学思想的把握趋向一致，也更能明确其对道论或无为政治思考的深刻。

对于《老子》的"不争""清静""正言若反"等作出"尚柔"色彩的解读，和对于句意、字词的考察有关，更与对其思想的整体把握有关。如果能够清晰地认识到，老子的处下"不争""柔弱胜刚强"等提法，是基于保障社会发展的自然秩序或无为政治而言的，就不会轻易把《老子》文本的这些表述作出望文生义的解释。老子哲学是为一种理想政治提供哲学基础，有反思现实的效果，却又有超越经验范围的设计，这是对于其思想难以把握的重要原因，为其如此，回到《老子》文本本身，特别是结合出土本进行对照，更谨慎地对关键字句作出不使其思想支离的解读是非常必要的。

第十章

《老子》对道教气论学说阐释的影响

怎么看道教与老子的关系？一段时间以来，人们喜欢把道家与道教分割清楚。道家是作为中国重要哲学思想之一而存在的，道教则是目的在于长生久视的宗教，二者确有不同。但过多地分析其相异，而忽视二者的密切关系，显然是不妥当的。从养生的核心观念看，道教从来没有离开过老子。

《老子》一书并无直接的"气论"论说，（《老子》中"气"只有3处，为"冲气以为和""专气致柔""心使气曰强"）然而对后代气论学说的建立，尤其是道教对"气论"的阐释影响最大的却莫过于《老子》。其原因在于，首先，中国哲学是目标于"究天人之际"的学问，其核心内容包括宇宙论或本体论的建构都依赖道家学说，而中国哲学的真正突破是始于《老子》的，因此，《老子》对以后在"道论"理念下建立起来的"气论"产生了深刻的影响；其次，当道教人士把老子奉为祖师之后，他们多自觉地从《老子》中寻找炼养实践的理论依据，从而使得在他们视野中的《老子》更多了用于解释养生技术层面的内容。

一、从道本论到气化说

因后世诠注者把本体论的线索追溯至《老子》，遂以为老子在思想史上第一次论述了天地起源的问题，因而有学者认为孔子是中国第一位伦理家，老子是中国第一位哲学家。在《老子》第一章中对"道"的形上学存在做了规范式描述："道可道，非常道；名可名，非常名。无名，天地之始。有名，万物之母。故常无欲以观其妙，常有欲以观其徼。此两者同出而异名，同谓之玄，玄之又玄，众妙之门。"这样一个超越了具体实相的存在，被视为万物复杂纷纭变化的本体。对于其本身样态，在《老子》第十四章中描述道："视之不见名曰夷，听之不闻名曰希，搏之不得名曰微。此三者不可致诘，故混而为一。其上不曒，其下不昧。绳绳不可名，复归于无物。是谓无状之状，无物之象，是谓惚恍。迎之不见其首，随之不见其后。执古之道，以御今之有。能知古始，是谓道纪。"（第十四章）

对于作为本体性质的道如何演化万物，这是道教炼养家所关心的，因为只有落实到现存生命的特质才属于他们可以把控的内容。陈鼓应认为，气化论的产生是对道论的补充。他说："老子的道论开创了中国哲学史的形上学传统，其后，黄老及庄子等进一步发展了这一传统，并提出气论来补充道论之不足。气化论的提出主要是为了便于说明道化生万物的过程，以及万物之间的统一性。因此，气一般是作为道和万物之间的中间环节。"[1]

在后世道教炼养学说成熟起来以后，炼养家对老子道论的诠释也是从气论去理解的。宋代天师张嗣成著《道德真经章句颂》，一开篇对《老子》第一章的诠释中就赋予了"气"的非有非无的双重身份，使它可以顺理成章地完成道与万物间的连接。

> 道何形象强名之，说得分明说又非。无有有无相造化，只于理气究真机。咦，未悟非无非有，若为常道常名，从渠自感自胎，成这个了无形影。

> 道者何？理与气耳。因于无者理，着于有者气。有此理，道所以名有；有此气，道所以形无。理常于无而神，故自然而性。气常于有而空，故自然而命。[2]

这种非有非无看起来是矛盾的，对于古代哲学的此种论调，恩格斯评论"一切都存在，同时又不存在，因为一切都在流动，都在不断地变化，不断地生成和消逝"说："这是原始的、素朴的、但实质上正确的世界观。"[3]

在《老子》的道论中，道创生万物是无目的、无意志、无意识的，道

---

① 陈鼓应：《道家在先秦哲学史上的主干地位》，《道家文化研究》第十辑，上海：生活·读书·新知 三联书店，1996 年，第 19-20 页。
② （宋）张嗣成：《道德真经章句训颂》，《道藏》第 12 册，第 626 页。
③ 《马克思恩格斯选集》第 3 卷，北京：人民出版社，2012 年，第 790 页。

并非是万物主的身份，"天地不仁，以万物为刍狗；圣人不仁，以百姓为刍狗"（第五章）。也就是道是自然的存在，其体用皆具有自然性，它似乎是万物主，然而"生而不有""为而不宰"，与上帝的功能相似，可是以非主宰者存在的。

"人法地，地法天，天法道，道法自然"（第二十五章），对《老子》的这段话不能过多地去纠缠人怎么法地、地怎么法天等问题，因为老子在这里想说的是"法自然"，也就是人、地、天、道都落在"法自然"上。王弼对法自然的解释是："法自然者，在方而法方，在圆而法圆，于自然无违也。自然者，无称之言，穷极之词也。"①

在《老子》中多处论述自然的意义，认为违背自然的作为，是不能长久的，也是一定会失败的。"希言自然。故飘风不终朝，骤雨不终日。孰为此者？天地。天地尚不能久，而况于人乎？故从事于道者，同于道；德者，同于德；失者，同于失。同于道者，道亦乐得之；同于德者，德亦乐得之；同于失者，失亦乐得之。信不足焉，有不信焉。"（第二十三章）"企者不立，跨者不行，自见者不明，自是者不彰，自伐者无功，自矜者不长。其在道也，曰余食赘行。物或恶之，故有道者不处也。"（第二十四章）

这种自然自发的规律性，越来越得到现代科学界的响应。耗散结构物理学家普里戈金说："依照在中国占统治地位的哲学概念，宇宙是在自发的和谐之中，现象的规则性并不是来自外部的当权者。相反，自然、社会和天国中的这个谐和发源于这些过程中存在的平衡，这些过程是稳定的，互相依存的，并在非一致的谐和中彼此共鸣。"②

道法则自然，由此建立的气论当然必须遵循这个原则。宋代气论之大成者张载的《正蒙·太和》说："太虚不能无气，气不能不聚为万物，万物不能不散而为太虚。循是出入，是皆不得已而然也。"③

在道教人士的视野里，万物都有其本身的规律性，和顺自然按自然法则行事，不人为地强加干涉，就能在和谐中促进彼此的生生之性。《太平经》说："天地之性，万物各自有宜，当任其所长。"④成玄英通过对《庄

① （魏）王弼著，楼宇烈校释：《王弼集校释》，北京：中华书局，1980 年，第 65 页。
② ［比］普里戈金著，曾庆宏、沈小峰译：《从混沌到有序》，上海：上海译文出版社，1987 年，第 85 页。
③ （宋）张载：《张载集》，北京：中华书局，1978 年，第 7 页。
④ 王明编：《太平经合校》，北京：中华书局，1960 年，第 203 页。

子》的疏解强调了顺万物之性的道理，他说："夫物各自治，则天下理矣……所有施行之事，教令之言，咸任物自为，而不使物从己。如此，则宇内苍生自然从化。"①

道教学者认为只有顺万物自身的气机变化规律，才能利用这样的规律达到真正的逍遥。因此，在应待事物时，要做到无心。无心就如明镜一般，物来则显，显示事物的本来面目。因循万物的状态是不知所以然，不知所以应，不以利害之心判断事物，以法因人，就是自然之道了。

二、从"反者道之动"到气的返还之道

一个虚无状态存在的道怎么化生万物？这曾是困扰道教理论家的一个棘手问题。在后代的阐释中，他们慢慢认识到，道是恍惚存在，但不等于没有，"其中有精""其中有信"，也就是道本身包含了化育万物的可能性。对这个化育的过程的描述，用较形象化的气论是对抽象的道论的有力补充。《老子》的"道生一，一生二，二生三，三生万物。万物负阴而抱阳，冲气以为和"（第四十二章）被理解为气化模式的重要理论支持。对此《系辞》有"太极生两仪"②的论说，但总嫌过于模糊。我们看道教著作《性命圭旨》对此的解说：

> 夫天地之有始也，一炁动荡，虚无开合，雌雄感召，黑白交凝，有无相射，混混沌沌，冲虚至圣，包元含灵，神明变化，恍惚立极，是为太易，是为有始之始。始也，是谓道生一也，是曰元始。

> 夫天地之太极也，一炁斯析，真宰自判，交映罗列，万灵肃护，阴阳判分。是为太极，是谓一生二也，是曰虚皇。

> 阴阳既判，天地位焉，人乃育焉，是谓二生三也。

> ……是谓三生万物也。③

《庄子·至乐》讲"察其始而本无生""变而有气"④。在道教学者看来，"本无生"即道，道生出气，气化为万物。那么，道判分为万物之后，

---

① （晋）郭象注、（唐）成玄英疏：《庄子注疏》，北京：中华书局，2011年，第235、238页。
② 《系辞上传》："是故《易》有大极，是生两仪。两仪生四象。四象生八卦。"
③ 《性命圭旨》，《藏外道书》第9册，成都：巴蜀书社，1992年，第509页。
④ 陈鼓应：《庄子今注今译》，北京：中华书局，2009年，第484页。

成为具体事物的道性，事物的运动也就是道动的具体体现。其运动特性是怎样的呢？《老子》第四十章认为，"天下万物生于有，有生于无"从而"反者道之动"。也就是说，道动的特性是反、复的。

在《老子》中有大量标示对反意义的言辞，如：有无、盈冲、曲全、损益、长短、前后、明昧、进退、成缺、大小、多少、高下、远近、厚薄、重轻、静躁、白黑、寒热、瞰昧、歙张、朴器、光尘、壮老、雌雄、实华、正反、同异、美丑、善恶、强弱、利害、祸福、生死、荣辱、愚智、吉凶、兴废、进退、主客、是非、巧拙、辩讷、公私、难易、真伪、怨德、贵贱、贫富、治乱，等等。这些词汇标志着道的运动可能的对反方向。

道动的自我否定，也就是"复"。透过纷繁复杂的表象，道性往复的规律是一致的，"致虚极，守静笃。万物并作，吾以观复。夫物芸芸，各复归其根。归根曰静，是谓复命。复命曰常，知常曰明，不知常，妄作，凶。知常容，容乃公，公乃全，全乃天，天乃道，道乃久，没身不殆"（第十六章）。对于这一章，道教丹道家非常重视，他们多引用此章作为他们丹道理论的最重要依据之一。如俞琰《周易参同契发挥》说："《道德经》云：'致虚极，守静笃，万物并作，吾以观其复。'盖修丹效验出乎虚之极、静之笃，与天地冥合，然后元气从一阳而来复。"[1] 再如明代危大有论道："人体自然之妙用，犹天地之于万物。作者动，复者静，斡旋枢机，运炼元和，含养胎息，则真气来复，返本还元矣。"[2]

丹道家运用往复来立论受了五代时道士谭峭《化书》的影响，可以说《化书》搭起了《老子》和内丹的桥梁，如书中所论："道之委也，虚化神，神化气，气化形，形生而万物所以塞也。道之用也，形化气，气化神，神化虚，虚明而万物所以通也。是以古圣人穷通塞之端，得造化之源，忘形以养气，忘气以养神，忘神以养虚。虚实相通，是谓大同。"[3]《化书》把道与形气神的衍生联系起来讲，使得炼化反复的理论路线铺平了。

丹道家认为人的元神本处虚灵的状态，到处胎儿时期，元神落入上丹田，此时神气相抱。人出生后，进入后天阶段，识神夺舍投胎，聪慧开发，心神便落入中丹田。五千四百日破体之时，神气剥离，元炁化成交感之精

① （宋）俞琰：《周易参同契发挥》，《道藏》第20册，第239页。
② （明）危大有：《道德真经集义》卷三，《道藏》第13册，第557页。
③ （五代）谭峭：《化书》，《道藏》第23册，第589页。

注入下丹田。待人不断消耗精气，精气竭尽，元神离体，人自死亡。反之，如果能将精气固藏，并炼精而使之还原为元炁；再炼炁而使神气相抱，进一步神气入上田，结圣胎，灭掉识神，最后炼神而进入虚空便完成后天返先天之功，最终以至超越生死得大自在。

早期的丹道著作崔希范的《入药镜》就直接转化《老子》的文字讲："归根窍，复命关，贯尾闾，通泥丸。"后代注者更给以气化模式的说明，如元王道渊《崔公入药镜注解》："当复命之时，神飞海底，存火熏蒸，精化为气。"①

三、从虚静无为到守一固本论

在道教人士那里，从《老子》的推天道明人事的论述方式，发展出了道教身国同构的解读原则，他们认为《老子》中讲到的国可以理解为身、民可以理解为气，于是对"我无为而民自化，我好静而民自正，我无事而民自富，我无欲而民自朴"（第五十七章）就有了全新的解读内容。

《老子》第十章："载营魄抱一，能无离乎？专气致柔，能婴儿乎？涤除玄览，能无疵乎？爱民治国，能无为乎？天门开阖，能为雌乎？明白四达，能无知乎？生之、畜之。生而不有，为而不恃，长而不宰，是谓玄德。"爱国治民，也就是贵生治身，其核心原则是抱、一以解决离、分的问题。儒家学者朱熹在这一章也读出了道教意味的内涵，他说："今人多思虑役役，魂都与魄相离了。老氏便只要守得相合，所谓'致虚极，守静笃'，全然守在这里不得动。又曰'专气致柔'，不是守字，却是专字，便只是专在此，全不放出，气便细；若放些子出，便粗了也。"②

道教学者更以这种抱守专气如婴儿的状态作为结丹的基本功。如俞琰说："修炼之功，至简至易，不过抱元守一，专气致柔，如婴儿耳。是故作丹之际，亦无他术，但虚心静默，凝神在于气穴，顺其往来，绵绵延延，勿令间断，久之则神自凝，息自定。息定而气聚，气聚而丹成。"③

在丹道兴起之前，"守一"曾作为道教炼养的最主要的方法之一流行。

---

① （元）王道渊：《崔公入药镜注解》，《道藏》第 2 册，第 884 页。

② （宋）黎靖德编：《朱子语类》，北京：中华书局，1986 年，第 41 页。

③ （宋）俞琰：《周易参同契发挥》，《道藏》第 20 册，第 221 页。

考其根底，"守一"实质上也是受《老子》启发而有的。《老子》第二十八章有："知其雄，守其雌，为天下豁。为天下豁，常德不离，复归于婴儿。知其白，守其黑，为天下式。为天下式，常德不忒，复归于无极。知其荣，守其辱，为天下谷。为天下谷，常德乃足，复归于朴。朴散则为器，圣人用之，则为官长，故大制不割。"第三十九章有："昔之得一者，天得一以清，地得一以宁，神得一以灵，谷得一以盈，万物得一以生，侯王得一以为天下正。"这种知守原则和"一"的本根性相结合催生了守一法门的产出。

从"道"到"一"，看起来没有太大区别，但在道教是重要的。"道"是本体，是源头，然而是无法操作的，也就是无法解决方法论的问题。"一"则不同了，气化的规律可以用"一"来说明。"一"是把"道"气化，是无到有的具象存在。持守身体的整体性，就成了"守一"，也进一步发展出了"守真一""守玄一""守一明"等种种方法。

在道教早期的很多经典中都谈到守一的重要性。晋代道教学者葛洪认为，守住"一"就是守住了"玄"或"道"。他说："老君曰：'忽兮恍兮，其中有象；恍兮忽兮，其中有物'，一之谓也。"在他看来，"一"就是道，守此"真一"不失，可以有"陆辟恶兽，水却蛟龙，不畏魍魉、挟毒之虫，鬼不能近，刃不敢中"[1]种种奇效。

与"一"相背道的就是"多"。人在对待周围事物时，被欲念牵引，就是"离"了。《老子》减少分别、不见可欲、虚静等主张引起了道教炼养家的充分重视。《老子》第二章说："天下皆知美之为美，斯恶已。皆知善之为善，斯不善已。故有无相生，难易相成，长短相形，高下相倾，音声相和，前后相随。是以圣人处无为之事，行不言之教，万物作焉而不辞，生而不有，为而不恃，功成而弗居。夫唯弗居，是以不去。"第三章讲："不尚贤，使民不争；不贵难得之货，使民不为盗；不见可欲，使民心不乱。是以圣人之治，虚其心，实其腹；弱其志，强其骨。常使民无知无欲，使夫智者不敢为也。为无为，则无不治。"这种超越分别的治国大纲，在道教炼养学说里成为了养生准则。

道教的任何养生手段都以对虚静的获得作为大的背景，如果漠视这一

① （晋）葛洪：《抱朴子·内篇·地真》，《道藏》第28册，第243页。

点，而仅仅去追求具体的技术方法，那是舍本逐末的。《老子想尔注》中非常强调清净对气和畅的影响，如："求生之人，与不谢，夺不恨，不随俗转移。真思志道，学知清静，意当时如痴浊也。以能痴浊，朴且欲就矣，然后清静能睹众微。内自清明，不欲於俗，清静大要，道微所乐。天地湛然，则云起露吐，万物滋润；迅雷风趣，则汉燥物疼，道气隐藏，常不周处。人法天地，故不得燥处。常清静为务，晨暮露上下，人身气亦布至。"①

正因需要清静无为，历代的道教养生家才把"宝精、爱气、啬神"作为养生实践的准则履行。以啬来持气，源头仍为《老子》，如第五十九章："治人事天，莫若啬。夫唯啬，是谓早服；早服谓之重积德；重积德则无不克；无不克则莫知其极；莫知其极，可以有国；有国之母，可以长久。是谓深根固柢，长生久视之道。"第四十八章："为学日益，为道日损。损之又损，以至于无为，无为而无不为。取天下常以无事，及其有事，不足以取天下。"

四、从玄牝之门到玄关一窍

《老子》第六章："谷神不死，是谓玄牝。玄牝之门，是谓天地根。绵绵若存，用之不勤。"这句话引起了道教养生者的极大兴趣。"玄牝之门"到底何指？在早期的对《老子》赋以养生意义诠释的著作《老子河上公章句》中就开始了形而下的气的解读：

《老子河上公章句》对第六章的解释是："谷，养也，人能养神则不死也。神，谓五藏之神也。肝藏魂，肺藏魄，心藏神，脾藏意，肾藏精与志。五藏尽伤，则五神去矣。""玄，天也，于人为鼻。牝，地也，于人为口。天食人以五气，从鼻入藏于心。五气清微，为精、神、聪、明、音五性。其鬼曰魂，魂者雄也，主出入于人鼻，与天通，故鼻为玄也。地食人以五味，从口入藏于胃。五味浊辱，为形、骸、骨、肉、血、脉六情。其鬼曰魄，魄者雌也，主出入人口，与地通，故口为牝也。""根，元也。言鼻口之门，是乃通天地之元气所从往来。"②

《老子河上公章句》把口鼻作为玄牝之门，认为口鼻是人沟通天地之气的路径之所在，并进一步与养神不死联系了起来。唐代道教大家杜光庭仍

① 饶宗颐：《老子想尔注校证》，上海：上海古籍出版社，1991年，第19页。
② 王卡点校：《老子河上公章句》，北京：中华书局，1993年，第21-22页。

采用这一说法，在他的论述中，把呼吸之气和元和之气更自由地实现了转换。《道德真经广声义》卷九说："夫玄，天也，于人为鼻；牝，地也，于人为口。元和之气，慧照之神，在人身中出入，鼻口呼吸相应，以养于身。故云'谷神'也。""天地任气自然，故长存也。人鼻口呼吸，当绵绵微妙若可存，复若有无，不当烦急劳倦也。"①

对于"玄牝之门"究竟何指，历来多有争论。张道陵的《老子想尔注》是以男女生殖器为"玄牝之门"的，后来还有上丹田为玄、下丹田为牝等说法。不过宋代丹道大家张伯端对把"玄牝之门"认定是身体某一部位的说法是不屑的，在《悟真篇》中说："玄牝之门世罕知，休将口鼻妄施为。"②

在内丹学全面兴起之后，丹道学者认为丹道炼精化气、炼气化神等过程中，气化实现的关键点是打开玄牝之门这个关口，即玄关。他们讲了各种各样的玄关，其不同实质是由下手工夫所异造成的，究其本无外乎神气变换的特定位置。

元代李道纯强调玄关妙在悟入，不可执着于形下找寻，其《中和集》讲："用功之妙，要在玄关。玄关者，至妙至玄之机关也，宁有定位？著在身上即不是，离了此身向外寻找亦不是。泥于身则著于形，夫玄关者，只于四大、五行不著处是也。余今设一譬喻，令汝易于领会：且如傀儡手足举动，百般舞蹈在乎线上关捩，实由主人使之。傀儡比得人之四大一身，线比得玄关，抽牵的主人比得本来真性。傀儡无线，则不能动。人无玄关，亦不能运动。汝但于二六时中，行、住、坐、卧著功夫，向内求之。语、默、视、听是个甚么？若身心静定，方寸湛然，真机妙应处，自然见之也。"③

对玄关的极端重视，尚有清代著名内丹学者黄元吉，在《乐育堂语录》中，几乎无处不谈玄关。他认为玄关是修士第一要务，玄关窍开了，就可以了解千经万典之义。他说："可见学人修养之时，忽然静定，一无所知所觉，突起知觉之心，前无所思，后无所忆，干干净净，即乾元一气之本来面目也……如酒醉之夫迷睡路旁，忽地一碗凉水从头面喷去，猛然一惊而醒，始知昏昏迷迷一场空梦，此即玄关窍也。昔南极仙翁示鹤臞子，真元心体实自玄关一窍寻来，动静与俱，随时皆有，但非感动，无以觉耳。试有人呼子之

---

① （唐）杜光庭：《道德真经广圣义》，《道藏》第14册，第359页。
② （宋）张伯端著，王沐注：《悟真篇浅解》，北京：中华书局，1990年，第96页。
③ （元）李道纯：《中和集》，上海：上海古籍出版社，1989年，第64-65页。

名，子必应之：'有。'此一应是谁？虽曰是口，然主宰其应者，是真元心体⋯⋯即呼即应，真元显露⋯⋯此窍只在此息之顷，以前不是，以后不是。""玄关者，太极将分、两仪将判之时也。当玄关来临时，修者似睡非睡，似醒非醒，忽焉一觉而动，此时一灵独运，即是真意。此时，前念将去，后念未续，此一觉，当下即是，转眼即非，毫厘之间，心息相依，神气合，无中而生有，既是活子时，就是玄关一窍。"①

李道纯、黄元吉及《性命圭旨》等一系的丹道被称之以"中派"，他们广采三教学说，强调把中庸之道、佛学的中道和道教的中窍合起来参悟，大力提倡以"中"为玄关窍的守中理法。李道纯说："此中字，玄关明矣。所谓中者，非中外之中，亦非四维上下之中，不是在中之中。释云：不思善，不思恶，正恁么时，那个是自己本来面目？此禅家之中也。儒曰：喜怒哀乐未发谓之中。此儒家之中也。道曰：念头不起处谓之中。此道家之中也。此乃三教所用之中也。易曰：寂然不动，中之体也。感而遂通，中之用也。老子曰：致虚极，守静笃，万物并作，吾以观复。易云：复其见天地之心。且复卦，一阳生于五阴之下。阴者，静也。阳者，动也。静极生动，只这动处，便是玄关也。汝但于二六时中，举心动念处着工夫，玄关自然见也。见得玄关，药物火候，运用抽添，乃至脱胎神化，并不出此一窍。"②

"守中"显然受到了守一存神的道教基本方法的影响，然而追溯其源头，"守中"也是他们从《老子》那里拿来的。《老子》讲："天地之间，其犹橐籥乎？虚而不屈，动而愈出。多言数穷，不如守中。"（第五章）

在道教炼养者那里，通过守中，实现了对《老子》理念的养生化转换，其要点以达到气质中和为追求目标，而中和的表现又与自然、无为连接起来，它们被视为实践中和的必要途径。

《老子》一书对道教气论体系的构建有非常深远的影响。一方面，道教以老子为教主，其关于养生的操作方法都自觉地从《老子》中找寻相关依据；另一方面，炼养家把从《老子》解读出的关于人的精神世界虚静、控制嗜欲的主张作为道教炼养的核心理念。在生、道、气同一的理论背景下，道教学者成功实现了《老子》玄上的道论向道教养生的形下气论的角色转变。

---

① （清）黄元吉：《乐育堂语录》，上海：上海古籍出版社，1990 年，第 15—16 页。
② （元）李道纯：《中和集》，上海：上海古籍出版社，1989 年，第 90—91 页。

第十一章

马克思主义物质观视角的
"道之为物"论衡

　　"道"是《老子》的核心概念，继承了这个核心概念的学派便被称为"道家"，然而"道"具体所指为何，却是一个学者多为争讼的问题。

　　"道"本身有着十分复杂的含义，这已是学界所共知的常识。具体到"道"与"物"的关系，其间亦存在多重联系，陈鼓应将之总结为本原关系、本体与现象关系、形下与形上关系、体用关系和一多关系①，这也为广大研究者所接受。然而，如果再进一步追问，"道"本身是不是"物"的问题，则是一个必须要解答而不易解答的难题了。

　　关于"道"是否为物质性存在，古代注老学者很少会涉及，因为显然这一问题是随着学界对于唯物、唯心的哲学阵营划分的自觉而产生的。当然，古人仍然讨论了与之相近的基本问题，那就是"道"属"有"或"无"的问题。虽然古人讨论问题不是以现代世界观的基本界限出发的，但在相当多的学者看来，对于古代思想范畴做一些唯物、唯心的裁定还是必要的，这当然会涉及老子的"道"。对于老子之"道"的唯心、唯物性质的争论是在特定历史时期以现代哲学观念衡量古人思想造成的，这其中受到很多非学术因素的影响，似乎已经是一个过时的话题。当代学者对于"道"的性质的研究，更集中在其复杂性的设定方面，并且认为唯心主义、唯物主义的划分是现代哲学的视角，不能以之测量不存在如此意识的古人思维。其实，这种看法是有偏颇的。一方面，接受"道"的复杂性，与判断"道"

---

① 陈鼓应：《论道与物关系问题——中国哲学史上的一条主线》，《哲学研究》2005 年第 7 期。

的本质属性并不矛盾；另一方面，古人没有唯心、唯物的学术意识，不等于在其对于基本范畴的设定是完全混乱的，因为一个明晰的概念一定具有准确的性质，否则也就谈不上是为哲学之思考。因此，对于"道"基本属性的研究并不陈旧，而恰恰是应在剥离了非学术因素影响之后，能够持公正的态度回头再看这一问题。

一、老子关于"道"的性质的描述

除在陈述道用时亦有零星论述外，《老子》文本中对于"道"的本质的观点集中在传世写本第一章、第四章、第十四章、第二十一章和第二十五章，这五章文字大体可分为三种类型。

1. "道"是物

第二十一章载："孔德之容，惟道是从。道之为物①，惟恍惟惚。惚兮恍兮，其中有象；恍兮惚兮，其中有物；窈兮冥兮，其中有精。其精甚真，其中有信。自古及今，其名不去，以阅众甫。吾何以知众甫之状哉？以此。"第二十五章载："有物混成②，先天地生。寂兮寥兮，独立而不改，周行而不殆③，可以为天下母。吾不知其名，字之曰道，强为之名曰大。大曰逝，逝曰远，远曰反。故道大，天大，地大，王亦大。域中有四大，而王居其一焉。人法地，地法天，天法道，道法自然。"

2. "道"不是具体物，不属于感觉器官认识对象

第十四章载："视之不见名曰夷，听之不闻名曰希，搏之不得名曰微。此三者不可致诘，故混而为一。其上不皦，其下不昧。绳绳不可名，复归于无物，是谓无状之状，无物之象。是谓惚恍。迎之不见其首，随之不见

---

① "道之为物"，《老子》传世本写为此，而帛书甲、乙本皆作"道之物"。传世本有增删文字使字句整饬的倾向，"为"字或为后增入。若依帛书本，"道之物"可译为"道这种事物"，而传世本的"道之为物"，则应理解为"道作为事物"。二者虽只有一"为"字之差，语意分量还是不同的。"道之为物"也曾被解读为"道创造事物"，差别就更大了。

② "有物混成"，竹简本写法不同，使用异体字，应释读为"有状蚰成"。虽按照竹简本写法不为"物"字，但"状"指向的也是物状，不存在根本差别。

③ "周行而不殆"一句在帛书写本、竹简写本均无，此句该是通行本编抄者因误解老子道论增入而有的。

其后。执古之道，以御今之有①，能知古始，是谓道纪。"

3. "道"不是具体物，但又确定存在

第一章载："道可道，非常道；名可名，非常名。无名，天地之始；有名，万物之母。故常无欲以观其妙，常有欲以观其徼。此两者同出而异名，同谓之玄。玄之又玄，众妙之门。"第四章载："道冲而用之或不盈，渊兮似万物之宗。挫其锐，解其纷；和其光，同其尘②。湛兮似或存，吾不知谁之子，象帝之先。"

虽然以上各章在不同的《老子》写本文字有所出入，但所表达的基本观点的指向是一致的。老子在以上章节已经基本完整地表达了他对于道的本质属性的设定，不论是古人讨论的"有""无"问题，还是今人争议的唯心、唯物问题，在上面的文字中都有明确的答案。

二、学者关于"道"的属性的认识

古代注老者有关于道的本质是"无"和"有"的两种态度。说"无"是从其作为万物的本体而言的，认为只有消泯了个性的"无"才有成为具体事物依据的可能，以王弼为代表，为贵无玄学家所认可。这种观点是对于老子道论超越性特点的片面强调，在《老子》并没有专以"无"论"道"。说"有"是从道衍生万物而言的，这部分原因是来自对于文本的误读，部分原因是受到汉代以来元气论思想的影响而反格了道论，以河上公注为代表，唐宋以来注家从之者较多。当代学者对于"道"本质性质的争论，是随着哲学阵营划分的意识而兴起的，基本上是前期以之为唯心主义者较多，这受到了以批判态度看待传统思想的思潮影响；后期以之为唯物主义者有之，缘于受科技进步及科技哲学观念之影响；也有部分学者认为对于"道"的本质性质的讨论是不必要的。

---

① "执古之道，以御今之有"，帛书甲、乙本均作"执今之道，以御今之有"。注家多以为帛书本误抄，但甲、乙本同时误抄的可能性不大。"执古之道，以御今之有"是以不变的眼光看发展的事物，"执今之道，以御今之有"则是以发展的眼光看问题，从而知"古始"——社会进步的历程。由此看，帛书本的写法反而更胜。

② "挫其锐，解其纷，和其光，同其尘"在传世本五十六章重出，考其文意，第四章该处文字应为乱简羼入。

1. 唯心主义

老子的道论属于唯心主义，这在新中国成立后直至二十世纪七十年代末是较为基本的观点，至二十世纪八十年代初的各种中国哲学史教材中采纳坚持此观点的也还有不少。如："《老子》的'道'，没有任何物质内容和特性，不能为人的感知所反映和认识，是一个唯心主义的结构。"① 再如："老聃的'道'不是别的，乃是脱离了自然界而独立存在的世界理性、绝对理念或精神，就是脱离了物质而独自运行的抽象规律。这样的'道'，是没有的。'天地万物有道'，这是唯物主义的命题；'道生天地万物'，这是唯心主义的命题。老聃的哲学绝不是唯物主义，而是货真价实的客观唯心主义。"②

认定"道"为客观唯心主义的，多将其与西方哲学的绝对精神等相比附。张岱年指出"道"与"绝对精神"并不相同，但"道"实体化的预设还是存在问题的。在《中国古典哲学概念范畴要论》中，张岱年对于"道"的复杂深刻含义有言简意赅的分析，认为在老子这里，"道是无为的，即没有目的、没有意志的，道没有所谓精神作用的特点，所以道不同于近代西方唯心主义哲学家所谓超时空的绝对精神。老子的道论可谓一种客观的观念论。老子肯定天地万物具有普遍规律，这是他的理论贡献，但他把普遍规律实体化了，认为是最高实体，就陷于失误了"③。

当代研究《老子》的专家持"道"为唯心设计的立场，主要是基于他们认为老子所谓的"道"作为一个非物性的存在而具有生成具体事物的功能这一点进行判断的。高亨说："道永远无形体，是谓'常无'。道产生了天地，这就解答了天地的来源问题。天地永远有形体，是谓'常有'。天地产生了万物，这就解答了万物的来源问题。在这里，首先鲜明地表现了老子的唯心主义成分。"④ 古棣认为，"道"论的思维与佛教唯心是相通的，"老子的客观唯心主义哲学体系，与佛家唯心主义哲学不同，但二者在若干观点上、思想方法上是相通的，因为它们都是唯心主义"⑤。

显然，上述观点仍受到"左"的思潮的影响，但摆脱了此种影响的学

---

① 萧萐父、李锦全：《中国哲学史》（上卷），北京：人民出版社，1982年，第110页。
② 孙叔平：《中国哲学史稿》（上）：上海：上海人民出版社，1981年，第100页。
③ 张岱年：《中国古典哲学概念范畴要论》，北京：中国社会科学出版社，1989年，第25页。
④ 高亨：《老子注译》，郑州：河南人民出版社，1980年，第22页。
⑤ 古棣、张英：《老子通》（上部），长春：吉林人民出版社，1991年，第12页。

者虽不以"唯物""唯心"为说，但仍有不少学者持"道"为虚拟、纯理念等观点并进行了相关论说。陈鼓应认为："老子哲学的理论基础是由'道'这个观念开展出来的，而'道'的问题，事实上只是一个虚拟的问题。'道'所具有的种种特性和作用，都是老子所预设的。老子所预设的'道'，其实就是他在经验世界中所体悟的道理，而把这些所体悟的道理，统统附托给所谓'道'，以作为它的特性和作用。"① 朱晓鹏认同陈先生之说，亦认为："老子的道论就具有这种鲜明的猜想性质，因而我们可以把它看作是一种理论上的'虚拟'。"②

以"道"为唯心、虚拟等，根源于在这些学者看来，"道"还是具有独立在事物之外的基础性质，这是把"道"的超越性与整体性脱离开具体存在来看了，违背了老子关于二者"同出而异名"（第一章）的基本论定。

2. 唯物主义

把"道"理解为唯物主义存在，与近些年来部分科学家以之譬喻现代科学的新认识和注老者对于现代科学成果的借鉴有关系。

现代物理学前沿的场论等基本观念，有统一性和具体属性双重性质的特点，部分受过道家文化影响的物理学家遂用"道"比附其物理观念，如汤川秀树用"道"解释基本粒子、卡普拉用"道"解释场、李政道用"道"解释测不准定律，等等。实质上，物理学家也只是对于"道"这一范畴的借用，对于老子的"道"本质在于"人道"等特点，他们并没有系统的认识。

当代研究《老子》的学者，有不少人受到现代科学观念的影响，认为老子的哲学观点不仅与科学认识相符，而且有超越现代科学之处。冯达甫说："中国古代关于人的哲学，一般都讲宏观的人天观，惟有老氏是微观、宏观两个方面都谈到了，而尤其着重地谈了微观的人天观。书里第一章的'道'与'常道'，'名'与'常名'，'无'与'常无'，'有'与'常有'的提出，便是讲的物质世界微观、宏观两方面的层次都不可穷尽；而'玄之又玄'的实际含义，正在于对这无限层次的不断探索。直到现代，科学家才对自然界两方面的层次有了深入的探讨，逐步开拓出新的天地。"③ 王

① 陈鼓应：《老子注译及评介》（修订增补本），北京：中华书局，2009年，第1页。
② 朱晓鹏：《老子哲学研究》，北京：商务印书馆，2009年，第101页。
③ 冯达甫：《老子译注》，上海：上海古籍出版社，2007年，第13页。

老子论衡

西平解释《老子》第一章说："所以老子这里所说的'玄''妙'，就是他所'观'得到的'道'，在'无'的状态下的细小微粒。这种微粒聚则成形，显示出'物'之形状；散则为气，显示'无'的状态。这和现代科学的物质构成以及分子、粒子、电子、光子学说不谋而合。"[①]

很显然，上述以"道"为"物"的观点实质上是把"道"等同于具体物，不管是粒子，还是场。老子对于"道"的认识来源于对于人类社会的深刻观察，而不是基于科学认识，以"道"为具体物不仅搞混了哲学物质内涵与物理学物质观念，而且从道论的生成逻辑上也存在问题。这种观点不会提升道论哲学的高度，反而会抹杀老子思想的贡献。

3. 其他观点

对于汉代以来注家以本体释"道"归于"无"、以生成释"道"归于"有"，古人早就有关于"道"不能简单归属的认识。苏辙即道："道非有无，故以恍惚言之。然及其运而成象，著而成物，未有不出于惚恍者也。"[②]

当代部分学者认为不能置"道"于唯心、唯物问题进行讨论，是因为老子本身就没有说明白，在这个问题上是矛盾的。任继愈说："老子提出的取代上帝的最高发言权的'道'，是精神，是物质，他自己没有讲清楚。"[③]许抗生认为，说老子是唯心主义、唯物主义都是各执一偏，"老子哲学本来是既有唯心主义思想的一面（这是主要的），同时也有唯物主义思想的一面。老子对'道'的解释是很复杂的，本来就充满着矛盾，我们决不能把这种复杂的问题作简单化的分析。老子一会儿把'道'解释为'无'或'理'的东西，一会儿又把'道'看成是原始混沌的未分化的物质。这样就使他自己陷入了矛盾之中"[④]。

也有学者认为，"道"不构成是否为物质层面讨论的原因在于老子的"道"并非在此种层面而言。刘笑敢指出"道"不能简单地归于"有"或者"无"，它"有而似无，兼赅有无"，说"有"是因为它是万物根源，说"无"是因为它不是具体的有。同时，他又认为："严格说来，也可以说道只是一种符号，这种符号不是实有，那么这个符号所指的对象应该是实有。

---

① 王西平：《老子辨正》，西安：三秦出版社，2015 年，第 6 页。
② （宋）苏辙：《苏子由道德经注》，尊经阁文库藏钞本，卷二。
③ 任继愈主编：《中国哲学史简编》，北京：人民出版社，1973 年，第 266 页。
④ 许抗生：《帛书老子注译与研究》，杭州：浙江人民出版社，1982 年，第 130 页。

只是在一般约定俗成的情况下，我们没有必要把这个符号和它所指区别开来。"①

持"道"无法确定属性的观点，是注意到了在《老子》文本中，"道"本身所具有的复杂性，但之所以有此判断，根本上还是如上所述没有把"物"的哲学范畴与具体物的存在这个问题区分开来。

三、马克思主义物质观视野的老子之"道"

"道"显然是中国古典哲学的重要概念，是以老子为代表的思想家对于事物性质的哲学高度的把握。因此对于老子"道"的本质属性的认识必须跳出纠缠于具体物这一思考的误区，以哲学范畴去衡量才行。对于"道"的物质属性，《老子》文本是十分明确的，第二十一章所谓"道之为物，惟恍惟惚。惚兮恍兮，其中有象；恍兮惚兮，其中有物。窈兮冥兮，其中有精。其精甚真，其中有信"即是明证。老子以"有象""有物""有精""有信"反复申明其基本性质，无须多辩，关键是如何理解的问题。

不管是把"道"归为具体物质还是以之为唯心理念，实质上都陷入了马克思批判过的理论困境，即对对象只是从客体的或者直观的形式去理解，而不是"把它们当作感性的人的活动，当作实践去理解"②。列宁在《再论工会目前局势及托洛茨基和布哈林的错误》举了玻璃杯用途的例子，指出玻璃杯有很多用途，但仅从其形式定义是无法说明其不同用途的③。

1. 客观性

从马克思主义哲学的角度判断是否为物质的核心要素是看其是否有客观属性。列宁指出："对象、物、物体是在我们之外、不依赖我们而存在着的，我们的感觉是外部世界的映像。这个结论是由一切人在生动的人类实践中作出来的。"④

《老子》第二十一章称"孔德之容，惟道是从""自古及今，其名不去，以阅众甫"即是对于"道"不依赖人的意识而存在的性质的描述，特别是

① 刘笑敢：《老子古今》（修订版），北京：中国社会科学出版社，2006年，第288页。
② 《马克思恩格斯选集》第1卷，北京：人民出版社，2012年，第133页。
③ 《列宁选集》第4卷，北京：人民出版社，2012年，第418-419页。
④ 《列宁选集》第2卷，北京：人民出版社，2012年，第78页。

第二十五章"独立而不改"一句，则直接与现代哲学对于物质含义的论述相近。所谓"独立而不改"① 就可以理解为，它具有客观独立性，不以人的意志为转移。以往的研究者往往把"独立而不改"解读为"独立而不依附任何东西"②，这是不准确的。老子既然说"恍兮惚兮，其中有物"（第二十一章）、"道生之，德畜之，物形之，势成之"（第五十一章），分明就是说，是不能脱离具体物而谈论"道"的。

"独立而不改"一句，是斥"道"为唯心主义的重要证据（另一证据"周行而不殆"，据古本无），也是我们以之为唯物主义的关键材料。孰是孰非，还是应该回到《老子》文本，从整体篇旨上把握才行，即老子从来没有承认过一种独立在事物之外的物状是事物的依据。

"道"表征的是事物的客观性，是其整体性、自然性的特点，即事物自身是一个完整的系统，其发展是在内部要素整合（"负阴而抱阳"）与外部要素作用之下（"冲气以为和"）形成的动力，因此它的运动有不以人的主观意志为转移的自然性（"道法自然"）。这是老子强调"尊道而贵德"（第五十一章）的原因所在，即也可以理解为，老子铺排道论的目的在于强调事物有其发展的内在规律，顺应这种内在规律，即为"有道者"（第二十四、三十一、七十七章）。

2. 能够为人的感觉所反映

马克思主义哲学对于物质认定的另一个重要点在于人的主观认知能力能不能反映它。在《老子》中有不少文字强调了"道"不在人的感觉器官认知范围之内，这是就"道"非具体事物而言的，而不是否定了"道"可以被人所把握，这一点下文再论。

"道"不属于感官所触及的对象，但能够被人认知是肯定的，如果不能被人把握，老子又何以言"道"呢？因为"道"不属于直接感知对象，有人便认为其有神秘色彩。但老子是一位思想家，不是教主，他的哲学的神秘成分是读者未能解其意而产生的错误判断，在老子而言却是"以道莅天下，其鬼不神"（第六十章）的。

《老子》第十六章载："致虚极，守静笃，万物并作，吾以观复。夫物

---

① 竹简本该句原写为"蜀立不亥"。《说文》："蜀，葵中蚕也。"而"亥"可通于"核"，指界限。"蜀立不亥"就可以指"道"既内在又超越的性质。

② 高亨：《老子注译》，郑州：河南人民出版社，1980年，第64页。

芸芸，各复归其根。归根曰静，是谓复命。复命曰常，知常曰明，不知常，妄作，凶。"这一段话是老子观察"道"的途径，即在事物"并作""芸芸"中去把握其根本性，这个根本性就是"复"。所谓"复"，就是"反者，道之动"（第四十章）。也就是说，老子在事物的"芸芸"运动中观察出来一个其存在的基本规律——自我否定性，这与现代哲学的论断又是高度吻合的。如列宁所说："辩证法自身包含着否定的要素，并且这是它的最重要的要素。"① 老子的观察不脱离具体事物，但又不是限制于具体事物的，因为他讲的是事物存在的最一般规律，所以不能以感知范围的所得作为一般规律。也正是在这个意义上，第四十七章说："不出户，知天下；不窥牖，见天道。""天道"是可以见的，即能为人的感觉所复写，但又不是对事物具体性质的把握，不是"出户""窥牖"所得，是思维进一步抽象的结果。

3. 哲学范畴

老子的"道"当然属于哲学范畴，因此对于其物质属性也应在哲学范畴的视野下进行评价，但事实上研究者往往忽视了这一点。

在哲学范畴定义物质，最核心的原则就是物质不是具体物，而是实物之总和。恩格斯在《自然辩证法》中说："物、物质无非是各种实物的总和，而这个概念就是从这一总和中抽象出来的。"② 也就是说，所谓"物质"其本身是个抽象概念，有总和性质，并不是指某一物质。列宁认为"物质是标志客观实在的哲学范畴"，是"不依赖于我们的感觉而存在，为我们的感觉所复写、摄影、反映"③ 的。正是从物质的哲学观出发，孙以楷指出："道是客观的，但不是某一实存无体……其实说到底，老子是告诉人们：道是非具体物质实体，用现在的范畴表述，道就是物质。物质这一范畴，到近代哲学中才成为科学的范畴。至今许多人乃至科学家都分不清具体实体与物质的不同。"④然而，此种观点并没有引起大家的充分注意，学界对于"道"的物质性判断问题，基本还是停留在具体实体有无的衡量下的。

《老子》文中反复强调"道"的"无"的特点，本身就是从其非具体

① 《列宁全集》第 55 卷，北京：人民出版社，1990 年，第 195 页。
② 《马克思恩格斯选集》第 3 卷，北京：人民出版社，2012 年，第 939 页。
③ 《列宁选集》第 2 卷，北京：人民出版社，2012 年，第 89 页。
④ 孙以楷：《老子通论》，合肥：安徽大学出版社，2004 年，第 290 页。

实体而言的。第十四章所言"视之不见名曰夷，听之不闻名曰希，搏之不得名曰微"论述"道"的非具体性，"夷""希""微"都是说其不可感知的性质，而"三者不可致诘，故混而为一"则是从"道"的总体性而言的。"无状之状，无物之象"更是表明"道"作为哲学范畴的特点，"无状""无物"是非实体，"之状""之象"为总和。第四章亦是如此，在"渊兮似万物之宗""湛兮似或存"的描述中，"渊兮""湛兮"都是具体而"无"的特点，而"万物之宗""似或存"则属于总体而"有"的特点。

可能在主张"道"为哲学范畴、非具体实体时会遭遇关于从《老子》文本找出"道"衍生万物的字句进行的诘难，因为"道"作为实在事物才有生成具体事物的可能。对于此种诘难需要从对于文本中相应的句子的解读进行回应。

确实，《老子》文本中有几处可能往生成论方向释读的文句，主要是在第二十五章"先天地生"、第四十二章"道生一，一生二，二生三，三生万物"、第五十一章"道生之"几处。这里的"生"古来以其为事物从简到繁的衍生是习惯解说的方向，这与完整中国古典哲学理论体系的基本构想有关。林希逸注第四十二章即曰："一，太极也。二，天地也。三，三才也。言皆自无而生。道者，无物之始，自然之理也。三极既立，而后万物生焉。万物之生，皆抱负阴阳之气，以冲虚之理行乎其间，所以为和也。"①

然而以"生成"解释"生"并不是对于《老子》之"生"的唯一理解方式，早在王弼就是从崇本角度为释的，其注曰："万物万形，其归一也，何由致一，由于无也。由无乃一，一可谓无，已谓之一，岂得无言乎。有言有一，非二如何，有一有二，遂生乎三，从无之有，数尽乎斯，过此以往，非道之流，故万物之生，吾知其主，虽有万形，冲气一焉。百姓有心，异国殊风，而得一者，王侯主焉。以一为主，一何可舍，愈多愈远，损则近之，损之至尽，乃得其极。既谓之一，犹乃至三，况本不一而道可近乎，损之而益，岂虚言也。"②今人牟宗三基本接受了王弼的观点，指出："'道生之'者，只是开其源，畅其流，让物自生也。此是消极意义之生，故亦曰'无生之生'也……总之，它不是一个能生造之实体。它只是不塞不禁，畅开万物'自生自济'之源之冲虚玄德……故表示'道生之'的那些宇宙

---

① （宋）林希逸：《道德经真经口义》，上海涵芬楼影印本，卷三。
② （魏）王弼著，楼宇烈校释：《王弼集校释》，北京：中华书局，1980年，第117页。

论的语句，实非积极的宇宙论的语句，而乃是消极的，只表示一种静观之貌似的宇宙论语句。"①

对于"生"，《说文》曰："生，进也。象草木生出土上。"辛战军说："'生'不是产生、生育、生殖的意思。而是如'雨过之后天空生出一道彩虹'的'生'字，是展现出、显现为的意思。"② 因此，把《老子》的"生"训释为"在先"或"决定""促成""展现"等，解读为"道"这个总体规定性对于具体事物性质展开的决定性特点，本来就没什么问题。《老子》的生成论之所以流行，还是在于后代的释读者首先接受了一个"道"的生成衍展观念而简单望文生义责其文本的原因。

4. 实践视角

马克思主义哲学的物质观特色在于从人本身的实践出发在人与物的关系中去确定物本身的内涵。列宁强调，"生活、实践的观点，应该是认识论的首要的和基本的观点。这种观点必然会导致唯物主义"③，因此，"必须把人的全部实践——作为真理的标准，也作为事物同人所需要它的那一点的联系的实际确定者——包括到事物的完整的'定义'中去"④。实践性虽不是物质本身的属性，却是确定物质本身属性的哲学基础。

中国哲学的特色在于"推天道以明人事"，古代思想家很少会关心纯粹的自然问题。老子的"道"是由治理之道和实践之道反求事物的总体特性而形成的哲学概念，所以《老子》文本的"道"从来就没有离开实践这一基本视角，这在章句中表现的非常显明，如"王乃天，天乃道，道乃久，没身不殆"（第十六章）、"大道废，有仁义"（第十八章）、"天下有道，却走马以粪"（第四十六章）、"道者万物之奥，善人之宝，不善人之所保"（第六十二章）、"天之道，利而不害。圣人之道，为而不争"（第八十一章），等等。老子以思考社会实践，特别是国家治理的基本遵循的"常道"作为判断事物基本性质的逻辑起点，也以之作为理论归宿。因此，实践性是"道"的最根本特征之一。

"道"是物质性的，老子有意识地强调了这一点，在于他的思考正是在

---

① 牟宗三：《本性与玄理》，桂林：广西师范大学出版社，2006年，第138-139页。
② 辛战军：《老子译注》，北京：中华书局，2008年，第172页。
③ 《列宁选集》第2卷，北京：人民出版社，2012年，第103页。
④ 《列宁选集》第4卷，北京：人民出版社，2012年，第419页。

人与物的关系衡量中进行的。"道常无为而无不为，侯王若能守之，万物将自化"（第三十七章），这是老子言必称"道"的目的，即老子反复申明"道"的物性，在于提示治世之道要遵守客观规律，不能任凭主观意识妄为而造成对于社会生产秩序的破坏。这一点正如列宁所说："马克思和恩格斯是唯物主义者。他们用唯物主义观点观察世界和人类，看出一切自然现象都有物质原因作基础，同样，人类社会的发展也是受物质力量即生产力的发展所制约的。生产力的发展决定人们在生产人类必需的产品时彼此所发生的关系。用这种关系才能解释社会生活中的一切现象，人的意向、观念和法律。"①

　　"道"在《老子》的表述是零散的，但又是系统的。零散表现在其依靠的文本本身为格言体，内容不集中；系统在于，老子对于"道"本身的属性特征有周密的思考，以至于这种思考与当代哲学家对于该问题的审察有了诸多相通之处。这种古今思想的契合是令人惊叹的，但一点也不奇怪，因为对于世界本身的深层关切和深入思考一定会引领哲学家触及这个类同的根本问题，而对该问题做出超越一般人的认识，该是哲学家们所具有天赋了。如果不存偏见，老子正是以极简的笔墨，明确了这一基本观点，"道"是标志事物客观性质的哲学范畴，它建立在具体事物基础上，不脱离具体事物，作用于具体事物，是事物发展的生生动力，而遵守事物的客观属性，是治国之道的基本遵循。

---

① 《列宁全集》第 2 卷，北京：人民出版社，1990 年，第 6 页。

第十二章

"玄德"的现代审视：我们在多大程度上需要一种自然秩序

　　"道"作为中国哲学的基础性范畴被理解为普遍的存在法则，相应地依"道"而行即为"德"，其基本含义为"得"。这种理解当然是符合道论建立的基本视野的，也给思想家诠释自然、社会、人生之诸种面向开拓了广阔空间，但回归道论基本问题铺设的《老子》却仍特别需要注意，老子的基本关切与后世对于其哲学延伸的诠释是两码事。老子的"道"是为其政治设计提供的哲学基础，是以"天道"类比"人道"的共约性范畴。在老子看来，"天道"是自然均衡的，"人道"亦应自然发展。其实，"天道"自然与"人道"自然是不同的，"天道"之自然是为必然，而"人道"之自然则为应然。"天道"必然表现在其为无意志性存在而对万物无所主宰，"人道"应然的保障则是在上为政者限制主观意志干扰民生秩序——这便是"无为"。因此，所谓"无为"其实本身就与普通民众不相干，它是对在上者而言的，不清晰这一点也就无法理解"道"，无法理解"无为"，也无法理解"道"与"无为"之间的关系。自战国以来，黄老学者把"无为"解读为"君无为，臣有为""循理而举事""德化"①，以至对于"无为而无不为"的过度开释，皆是强调了"为"的高妙，也都不是老子无为的核心要义，或者换句话说，这些诠释方向正是没有实质把握"无为"内涵而自我开拓的结果。然而，如上诠释却充分影响了老学史，也影响着中国哲学史。

---

　　① 《慎子·民杂》有："君臣之道：臣事事，而君无事。"《管子·形势解》有："明主之举事也，任圣人之虑，用众人之力，而不自与焉。"《淮南子·修务训》有："若吾所谓无为者……循理而举事。"《尹文子》有佚文："尧德化布于四海。"

由此，今日之《老子》研究，再回到"无为"生成的逻辑和构成要素去检查这一问题仍然是必要的。为此，本文以"玄德"线索寻绎老子本怀的内蕴与外摄，也更以之推求当代治理体系与治理能力现代化进程中老子哲学应有的借鉴意义。

老子把"无为"成就社会发展的"得"称为"玄德"。"玄德"一词在《老子》两见，分别在第十章、第五十一章。第十章载："明白四达，能无为乎？生之、畜之，生而不有，为而不恃，长而不宰，是谓玄德。"第五十一章载："故道生之，德畜之。长之、育之、亭之、毒之、养之、覆之。生而不有，为而不恃，长而不宰，是谓玄德。""玄德"所在的两处章句，意思一致。"生之""畜之""长之""育之""亭之""毒之""养之""覆之"是"为"，"不有""不恃""不宰"是"无为"，可见"玄德"本身就是"为"与"无为"的统一。对于"玄德"，王弼注曰："不塞其原，则物自生，何功之有。不禁其性，则物自济，何为之恃。物自长足，不吾宰成，有德无生，非玄如何。凡言玄德，皆有德而不知其主，出乎幽冥。"[1] 王弼的注是抓住了要害的，即所谓"玄德"其实是通过自我权力的限制以保证事物生机的成就。吕惠卿注说："道至于无知，则真知也，是其所以人貌而天也，夫何功名之累哉？生之畜之，生而不有，为而不恃，长而不宰者，乃其所以为天也。玄德无他，天德之谓也。"[2] 吕注则看到了另一面，即"玄德"是"天德"，是人去效法天。"天"即现在意义的自然，本身有利有害，老子希望人学习的是其无意志的一面，不能因其比类的具体内容而有执着。进一步，"天道"倾斜于"人道"的"玄德"本身表现在"无为""知止"和"辅"三个方面。

一、无为自化

在《老子》的三个中心概念中，"道"是依据，"无为"是原则，"自然"是造成的结果。三者之中，只有"无为"是属于可操作层面的，因此它也是老子论述着笔最多的问题，并不在于是否行文中使用了"无为"这一字眼，它在《老子》本身是群组性概念。

---

① （魏）王弼著，楼宇烈校释：《王弼集校释》，北京：中华书局，1980年，第24页。
② （宋）吕惠卿：《道德真经传》，清抄本（清丁丙跋），卷一。

老子十分清楚其哲学具备的两种特点，一是"甚易知，甚易行"（第七十章），一是"无为之益，天下希及之"（第四十三章）。"易知"是其表述起来很简单，"易行"是做起来也不难，但为什么"天下希及"呢？在古代专制社会，为政者需要加强统治集权，对百姓进行全面限制是通常做法，"无为而治"并不具备施行的社会基础，老子的理想只能是空想。在研究者那里，他们内心知道，老子的设想不是消极的，最终是要推进社会发展，于是便刻意钻研，"无为"到底是一种什么高妙的"为"的方式——是不露痕迹、道德感化还是因势而为，最终才能造就"无为而无不为"（第三十七章、四十八章）。这样的解读实质是进入了理解的误区。"无为"本身是作为消解"有为"而来的，其重心在"无"而不在"为"。学者们总是唯恐"无为"落空，才进行种种脱离《老子》文本的推求。他们没有充分注意到，"无为"和"自然"是一对关系，"无为"本身是为了保证"自然"而提出的，而"无为"与"自然"的对象不同，"无为"是对在上者而言的，"自然"是对民众而言的。同样，"无为"是从君而言的，"无不为"是从民而言的。如果我们把"无为"和普通民众联系起来，把"自然"与治国者联系起来，那就完全没有办法理解《老子》，所说的话就会是那种空泛无意义的话，遗憾的是，这种话古来就有，现在也还很多。

对于"无为"与"自然"之间的关联，《老子》第五十七章有集中论述："以正治国，以奇用兵，以无事取天下。吾何以知其然哉？天下多忌讳，而民弥贫；民多利器，国家滋昏；人多伎巧，奇物滋起；法令滋彰，盗贼多有。故圣人云：我无为而民自化，我好静而民自正，我无事而民自富，我无欲而民自朴。"本章分三个层面展开论述，"以正治国"至"以此"是第一层次，先以明确观点提出问题；"天下多忌讳"至"盗贼多有"是反面表现；"故圣人云"之后是正面结论。"无为""好静""无事""无欲"皆属于"无为"系列，"自化""自正""自富""自朴"皆属于"自然"系列。"圣人"以"无为"促成了"民"之"自然"，这便是"玄德"。

对于《老子》之"自然"的解读，特别要注意其与现代词义的区别，这是一个影响从整体理解老子哲学的问题。"自然"的原意是"自主"，其词义的中心在于"自"，"然"是接尾词，"自然而然"的意思是后有的，这已经为学者的研究所确认①。由此来看，"无为"是给"民"之"自主"提供伸展环境。说老子的目标是"民主"（民之自主）一点儿不为过，这既是词义所能支持的，更是篇章宗旨所指向的。

需要思考的一个问题是，老子为什么主张"无为"，如果以之为站在统治者立场愚民或站在民众立场攻击时政都低估了老子作为哲学家思考的高度。老子希望的是实现社会"往而不害，安平太"（第三十五章）的发展，即在社会发展中损害缩减到最少，利益增加到最大，这才是老子的理想。

我们之所以说老子在进行一种终极思考，是因为"无为"的给出是基于现实政治乱局反思的结果，更是基于对于事物自身性质把握的结果。在老子看来，应该把发展的自主权交给民间，原因在于各个发展单元本身是被"道"性作用的，而"道"性又是"无状之状，无物之象"（第十四章）、"其出弥远，其知弥少"（第四十七章），是超越了人的主观认知能力的。所以自生秩序是最优秩序，人为操控往往造成妨碍和损害。

"道"性最集中表现在整体性这一点上。《老子》第二章说："天下皆知美之为美，斯恶已；皆知善之为善，斯不善已。故有无相生，难易相成，长短相形，高下相倾，音声相和，前后相随。是以圣人处无为之事，行不言之教，万物作焉而不辞，生而不有，为而不恃，功成而弗居。夫唯弗居，是以不去。"章文前面列举"美恶""善不善""有无""难易""长短""高下""音声""前后"皆是指"天下皆知"，即人认识事物从对待出发的特点。从非此即彼的视角看事物，本身就是对于事物的片面认识，但这是人适应环境的所需，而对于社会这个复杂的有机体，专门角度的看问题就很有局限了。因此，章文后面以"是以"转向"圣人处无为之事"就是由超越对待的局限给出"无为"，从而取得"而不有，为而不恃，功成而弗居"的"玄德"成效。第五十六章载："知者不言，言者不知。塞其兑，闭其门，挫其锐，解其纷，和其光，同其尘，是谓玄同。故不可得而亲，不可得而疏；不可得而利，不可得而害；不可得而贵，不可得而贱，故为天下贵。""知者不言，言者不知"不是对于人的常态认知活动而言，更不是自作高深、故作神秘，这是谓道性是事物被系统作用的特点，但人的认识却只能是沿着专门角度发生的。人把握事物总在"亲疏""利害""贵贱"

① ［日］池田知久著，王启发、曹峰等译：《问道——〈老子〉思想细读》，桂林：广西师范大学出版社，2019 年，第 499-502 页。

的价值范围内，但事物的存在并不是按照人的主观意志生成的，只有超越对待价值才为"天下贵"，那就是"玄同"的认识要求，即泯灭（"塞""闭""和""同"）常态认知通道。

老子说事物的"道"性，横说竖说，无非是要讲君王治理之下的社会各个基层单元，也是受到各自系统作用的，一概以某种原则框架它、支配它，不惟取不到想要的结果，往往还会适得其反。第二十九章说："将欲取天下而为之，吾见其不得已。天下神器，不可为也。为者败之，执者失之。故物或行或随，或歔或吹，或强或羸，或挫或隳。是以圣人去甚，去奢，去泰。"事物"或行或随，或歔或吹，或强或羸，或挫或隳"是在人的主观认识里一定落入具体表现的差别，是形诸的，视角不同，人所产生的判断亦有别。但天下是"神器"，不在人的经验认知范围。"器"是可以形诸的事物，那什么是"神器"呢？《周易·系辞上》说"神无方而易无体""阴阳不测之谓神"①，"神"是说没有一种角度可以限制它②，"神器"其实便是超越了一般的"器"，即"道"性。老子以此给出结论，"甚""奢""泰"这些看起来正向的价值，也不是"圣人"之所取，原因在于它们其实也是限于角度的主观认知结果，在社会的系统性面前"或利或害"（第七十三章）。第五十四章载："善建者不拔，善抱者不脱，子孙以祭祀不辍。修之于身，其德乃真；修之于家，其德乃余；修之于乡，其德乃长；修之于国，其德乃丰；修之于天下，其德乃普。故以身观身，以家观家，以乡观乡，以国观国，以天下观天下。吾何以知天下然哉？以此。"这是老子对于以整体观整体的论述。"身""家""乡""国""天下"等皆可以有两种认知角度，一是以分裂的眼光看，一是以整体的眼光看。"不拔""不脱"的效果之所以有是因为这里的"建""抱"不是以主观形诸的角度而进行的，因此把"天下"等置为整体性观照的对象，便是"以天下观天下"，泯灭了局部性把握的角度，就有了整体性把握事物的机会。"其德"之"真""余""长""丰""普"都是"玄德"的表现，是不以差别眼光看待事物，使其自然性得到充分展开的结果。

---

① 周振甫：《周易译注》，北京：中华书局，1991 年，第 233、234 页。
② 对于"阴阳不测之谓神"，晋韩康伯注曰："方体者，皆系于形器者也。神则阴阳不测，《易》则唯变所适，不可以一方一体明。"（《周易注》卷七）唐孔颖达注曰："神则寂然虚无，阴阳深远，不可求测，虽无一体可定也。"（《周易正义》卷七）皆是谓"神"指不可形诸的特点。

从上述可知，老子所主的"自然"本身就是对于在社会建设中自生秩序的渴求。有些人会有担忧：任事物自生，会不会导致社会混乱？对于这个问题，需要从两个方面理解，一是"无为"本身就不是啥事也不干，它有"制名"和"辅万物"的要求；二是"自化"不能完全规避乱局，但这不能成为放弃"无为"的理由，因为"有为"只能造成更大、更严重的乱局。所以一旦乱局出现，除了必要的政府干预，最主要的依靠还是民众自身智慧对于乱局的破解。《老子》第三十七章说："道常无为而无不为，侯王若能守之，万物将自化。化而欲作，吾将镇之以无名之朴。无名之朴，夫亦将无欲。不欲以静，天下将自定。""无为而无不为"本身就是"玄德"，它是"侯王"持守"无为"原则，万物"自化"的结果。"作"就是各基础单元纷纷发展引发了一定的纷争。造成了纷争怎么办——"镇之以无名之朴"，继续"无为"；"无欲"——不以主观意志作为治理社会的依据；"静"——给民间自主权，最后成就的是"天下将自定"——走出纷争。简而言之，一旦自生秩序面对了困境的挑战，还是要把解决问题的主动权给民众，把"作"看作是系统发展的一环。

新中国成立后，在社会建设中，相信群众、发动群众、依靠群众是一项基本要求，然而事实上我们的机关、干部总是管得太多、太细。老子所主张的自生秩序能不能有现实的回应？其实，现代社会对于老子所思考的问题提供了大量的正面经验和反面教训，对这些案例进行反思是今天的人能够更好地进入老子哲学世界的机会。

二十世纪五十年代，浙江省绍兴市诸暨县枫桥镇就有就地化解矛盾的做法。六十年代社会主义教育在全国兴起，枫桥干部群众创造了"发动和依靠群众，坚持矛盾不上交，就地解决。实现捕人少，治安好"的"枫桥经验"，以依靠群众方式对"四类分子"改造。为此，1963年毛泽东同志就曾亲笔批示"要各地仿效，经过试点，推广去做"。他在谈话中提道："诸暨的经验看，群众起来之后，做得并不比你们差，并不比你们弱，你们不要忘记动员群众。群众工作做好了，可以减少反革命案件，减少刑事案件。"[1]

随着时代的发展，枫桥人不断赋予"枫桥经验"新内容，出发点也实

① 汪世荣主编：《枫桥经验基层社会治理的实践》，北京：法律出版社，2008年，第2页。

现了从维护社会稳定到维护人民利益的转变。1978年4月，枫桥在全国率先给"四类分子"摘帽的做法得到肯定和推广。二十世纪八九十年代枫桥人依靠群众进行社会综合治理，坚持"小事不出村，大事不出乡，矛盾不上交"。他们自行制定《治安公约》，调节民事纠纷。1986年，乡、村处理治安和纠纷占比92.4%。社会主义改造时期，他们实现了不捕人。社会主义建设时期，枫桥的刑事案件发案率大大低于浙江省和诸暨市平均水平。进入新发展时期，"枫桥经验"转向的重点是基层民主自治，实现了社会稳定和经济发展的双丰收。所以，"枫桥经验"是阶级斗争背景下社会改造经验，是社会治安综合治理经验，也是村民基层自治经验。"枫桥经验"历经五十余年，仍然为人瞩目和值得继续推广的原因就在于它是最大程度调动群众积极性的典型。

　　"枫桥经验"正是老子所谓"自化"的样板，其当代核心要素包括党建统领、人民主体、"三治结合"、共建共治共享和平安和谐等，是在确定范围的前提下力图实现最大可能的自治。枫桥人珍惜和维护"枫桥经验"，在基层建设中真正落实民主，重大事项决策包括提出环节、调研环节、民主环节、听证环节、决定环节、公开环节①等。他们在基层社会管理实践中逐渐形成了一套完整的综治组织体系，包括完善制度社会治理组织体系、社会治理服务体系、社会矛盾化解体系、社会安全防控体系、社会治理信息体系和社会公平执法体系等②。"枫桥经验"的一个突出表现就是群众的创新智慧表现得十分充分，在这里以创新力驱动，实现了社会整体和谐发展的效果。这不就是"往而不害，安平太"（第三十五章）吗？中国老百姓具备不具备自我管理的基本素质，能不能做好自我管理，基层自治是否具备条件，"枫桥经验"给出了肯定的答案。

　　枫桥人能够做到的，全国其他地方一样可以做到。当然，这之中政府的引导、指导是必要的，然而"指导"不是"代劳"，"行于大道，唯施是畏"（第五十二章），以"治人事天莫若啬"（第五十九章）的态度对待百姓才是"玄德"。

　　①　汪世荣主编：《枫桥经验基层社会治理的实践》，北京：法律出版社，2008年，第161页。
　　②　中国法学会"枫桥经验"理论总结和经验提升课题组：《枫桥经验的理论构建》，2018年，北京：法律出版社，第20页。

二、制名知止

不管是左的思潮之下判断"无为"为消极哲学，还是现代老学研究者为"无为"作种种周全之圆说，可能都忽视了"无为"本身的真正内涵。从字面理解"无为"没什么问题，只是"无为"不是消极，更不是放纵或无政府主义，"无为"的核心要义是不要插手不该管、管不了的事，老子从来都没有主张在上为政者放弃一切"为"。第八十一章说："天之道，利而不害。圣人之道，为而不争。"这里就是明确的"为"，只是以"不争"（不争功）作为限制，即此表现为"玄德"。

在保障民之"自化"的目标下，在上者需要做的，一是限制管控范围，不属于必管范围的绝不管，把自主权还给民间；二是采取必要措施为基层自治提供保护。亚当·斯密在《国富论》主张的政府有三个基本职能：一是公共产品的提供，如道路、桥梁、照明等，二是国防，三是产权的界定和保护。亚当·斯密的观点值得重视，我们常说把权力关在笼子里，关键也还在于笼子要明确。这个笼子不明确，"无为"就得不到保障。因此，"无为"并不是政府什么都不做，恰恰相反，"无为"需要依靠政府，特别是法律、制度的给出。难能可贵的是，这在《老子》同样进行了论述。第三十二章载："道常无名，朴虽小，天下莫能臣也。侯王若能守之，万物将自宾。天地相合以降甘露，民莫之令而自均。始制有名，名亦既有，夫亦将知止。知止可以不殆。譬道之在天下，犹川谷之于江海。"章文前半部分论"无为"之道，"侯王"以"道"性原则治理国家，成就万物"自宾""自均"的自生秩序，这是"玄德"。章文后半部分就是讨论"制名"的问题，"制""名"都是划定界限、确定范围，底线不能碰，"始制有名"是社会治理对于制度的依赖，但离不开制度，不能等同于政策，所以老子又特别指出"知止"的一面。名法制度如果不是起确定范围的作用，而是成为规定生存具体方法的存在，就会使社会发展陷入"殆"的困境，失去活力。苏辙注曰："圣人散朴为器，因器制名，岂其徇名而忘朴、逐末而丧本哉？盖亦知复于性，是以乘万变而不殆也。"[1] 也就是说，"因器制名"却不

---

[1]　（宋）苏辙：《苏子由道德经注》，尊经阁文库藏钞本，卷二。

能为"名"所困而逐末,其目的还是"复性",伸展道性。

上文之"枫桥经验"的取得,不是脱离政府而有的,恰是得到各时期政府的肯定、总结、鼓励而持续发展的。"枫桥经验"专业调查组的结论是:"枫桥的村民自治是在政府的引导下进行的。但是政府的引导又是恰当的、合理的、适度的,政府的介入并没有窒息人民群众的创造,没有妨碍老百姓自治权利的行使,没有扼杀人民群众的智慧。相反,正是因为政府的合理引导和监管,村民自治才没有流于形式,村民自治才真正有效地运作,村民的权利才得到了有效的保障,村公共产品和公共服务才能够不断被创造出来,村民自治才真正得到落实。"①

"无为自然"是从反到正的"玄德","制名知止"是从正到反的"玄德"。在老子看来,一个理想的政府,既要制定规则,又要限制权力,特别是不能以私利和居功为出发点来做事。在一般人看来,人的作为无非以名利为目标,但政府却不能挟以名利。因此,众人不愿意做的事,政府要去做。《老子》第八章讲的就是这个道理:"上善若水。水善利万物而不争,处众人之所恶,故几于道。居善地,心善渊,与善仁,言善信,正善治,事善能,动善时。夫唯不争,故无尤。"这一章老子以水为比类,提出了在上者"为"的基本要求,简言之即为"利万物而不争"的"利""不争"兼合之"玄德"。

新中国改革开放取得的巨大成就带给人们的启示就是,政府要把发展权交给群众,释放民间活力。政府隐退"无为",百姓自谋生路("自宾")、自我发展("自化")。历次改革都不是要政府管得多、管得细,而是考量一下哪些政还可以简、哪些权还可以放。刘笑敢在就"改革开放与无为之益"这一话题论述时说:"中国的改革首先在农村成功,基本上是放开了对农民种甚么、种多少、如何种的限制,是减少政府'指导''控制'的结果。因为农民最知道当地的土壤、气候适宜种甚么,最知道自己需要甚么。给农民自由,就是'辅万物之自然',农村改革成功就是'无为之益'的体现。城市改革困难得多、复杂得多,但基本方向也是要让企业和经营者有更多的主动性和灵活性,而不是规定他们生产甚么、生产多少。其方向和'无为而治'也是一致的。"② 亦如许小年指出的:"市场上有数

---

① 汪世荣主编:《枫桥经验基层社会治理的实践》,北京:法律出版社,2008年,第16页。
② 刘笑敢:《老子古今》(修订版),北京:中国社会科学出版社,2006年,第480页。

老子论衡

亿的消费者，个人的收入和品味千差万别；市场上有数千万企业，每一家的资金、技术、产品各不相同。若想驾驭市场，一要掌握每个消费者和每个企业的信息，二要拥有控制每个消费者和每个企业的手段。再强大的政府也不敢声称拥有这样的能力吧，此事非人力所及，只能留给上帝，经济中的上帝就是市场。"①

改革开放的伟大成就当然是中国共产党不朽的功绩，但这个成绩不是管得多取得的，而是开释了一个方向取得的，这不就是老子所说的"玄德"吗？政府在民众积极发展时所做的是肯定积极方向、总结经验、提供法律保障和维护社会安定的环境，这些都是"始制有名"的方面。

我们的邻居俄罗斯也经历了一系列改革，但总体成绩不大，这和强势政府的存在有关。俄罗斯的改革表明，一夜之间打碎旧的经济体制是可以的，但一夜之间法治体系却难以建立起来。"始制有名"无法完成，民众的自生秩序也无法激活，最终政府角色和民众观念的转变都无法在短时期内完成。其高调对抗西方国家可以满足部分民众的期待而起到暂时填补秩序之需，但从长久看，失去的却是宝贵的机会。

在政府主导的转型中，对高增长的渴求是政府组成的必然逻辑，于是动员社会资源就成了必要手段，但古典经济学的基本理论告诉我们，仅靠动员社会资源是无法保障持续经济增长的，造成的反而是资源消耗和经济衰退。若想防止政府强制性配置资源，社会必须保护产权和保证契约的执行，这当然需要一个完善的法律体系。因此，"制名"的存在从来都在"无为"的施行中在场。

2008 年金融危机以来，关于自由市场的怀疑曾一度在全球范围内蔓延。对于此次危机本身是源自政府过度插手还是市场失灵本身就有争论，我们不去讨论它，只是关注到政府职能的另一个方面，即危机干预。进行必要的危机干预当然是政府应该做的，不过怎么做、做多少都是应该系统考量的。部分经济学家因市场的失灵转向凯恩斯主义，这是一个值得认真研究的问题。凯恩斯主义的基本假设是所谓"动物精神"，即认为经济个体是非理性的，放任非理性的成分扩展会引起纷乱。这个假设基本是可靠的，但不能由此推论政府的完美主义。事实上，在市场面前，政府也不是完美的，

① 许小年：《从来就没有救世主》，上海：上海三联书店，2011 年，第 9 页。

而政府一旦出错，它给经济造成的破坏就会更大。所以两害相权取其轻，把属于市场的还给市场才是上策，"化而欲作，吾将镇之以无名之朴"。市场的发展亦不是直线的，相信其内生动力，这是一方面，另一方面即在关键时期可以进行必要的危机干预。

危机干预本身的应有之义就是有限干预，从时间节点到干预范围皆是如此，即"知止"。针对金融危机解决中的政府功能，许小年说："毫无疑问，在危机时期，政府应动用一切法律赋予的手段，尽快稳定金融市场……政府必须做出明确的承诺，一旦金融系统恢复正常，政府将立即退出市场。这个承诺必须是可信的，也就是公众能够监督执行的。"[①]《老子》第九章说"功遂身退，天之道"，还是"玄德"的要求，既"功成"，又"身退"。对于一般做法而言，"功成"可能没有那么困难，"身退"才是困难的。这既需要排除私欲，又需要有认识社会本身是复杂机体的智慧，还需要对基层民众有信心。

主观意志不成为打破"制名"的力量，才能真正不扼杀民间的积极性。凭主观意志做事，哪怕是自己认为的好事，却往往会取得相反的效果。《老子》第十九章说："绝圣弃智，民利百倍；绝仁弃义，民复孝慈；绝巧弃利，盗贼无有。此三者，以为文不足，故令有所属，见素抱朴，少私寡欲。"[②]"圣""智""仁""义""巧""利"都是正价值，老子仍要求"绝""弃"它们，原因在于正价值也不能成为绑架政府过度参与民之自治的理由。

当前，中央提倡以社会治理取代社会管理，一字之差，其中的内涵发生了重要变化，目的就是要淡化政府在百姓自主发展的存在。治理依靠的是制度，制度越完善，人治的成分就越少，官僚主义也就越少。邓小平同志指出："官僚主义是一种长期存在的、复杂的历史现象……我们的各级领导机关，都管了很多不该管、管不好、管不了的事，这些事只要按照一定的规章，放在下面，放在企业、事业、社会单位，让他们按照民主集中制自行处理，本来可以很好办，但是统统拿到领导机关、拿到中央部门来，就很难办。谁也没有这样的神通，能够办这么繁重而生疏的事情。这可以

---

① 许小年：《从来就没有救世主》，上海：上海三联书店，2011年，第35页。
② 本章竹简本写法没有对于儒家价值的强烈批判，但也是对于标榜正向方向的质疑。本文此处以传世本文意为释。

说是目前我们所特有的官僚主义的一个总病根。"①

制度完备了，百姓按其所需进行生产，就很少关注人治的问题。《老子》第十七章说："太上，下知有之。其次，亲而誉之；其次，畏之；其次，侮之。信不足，焉有不信焉。悠兮其贵言。功成事遂，百姓皆谓我自然。"最好的社会治理者，在百姓中的存在最少，"圣人处上而民不重"（第六十六章），百姓以为"自然"如此。对百姓"信不足"，反而造成百姓对于当政者"不信"。在"上"而只是"下知有之"，这仍是"玄德"所至的表现。

三、辅物自然

除了提供必要的制度保障，政府在促进民间"自化"方面还有一个职能，就是提供必需的协助。在保证民"主"的前提下，政府作"辅"。

《老子》第六十四章载："为者败之，执者失之。是以圣人无为，故无败；无执，故无失。民之从事，常于几成而败之。慎终如始，则无败事。是以圣人欲不欲，不贵难得之货；学不学，复众人之所过。以辅万物之自然，而不敢为。""无为""无执""不欲""不学"是限制为政者过度有为的要求，而"辅万物之自然"则属于必要有为之方面，两者合起来，是"玄德"的基本标识。林希逸注曰："众人之所不欲者，圣人欲之；众人之所贵者，圣人不贵之。难得之货，借喻语也。众人之所不学者，圣人学之；众人之所过而不视者，圣人反而视之。复，反也。此亦借喻语也。圣人惟其如此，于事事皆有不敢为之心，而后可以辅万物之自然。"② 林注把握了关键，就是"辅"其实是在"不敢"基础上的"为"，也就是"为"必须谨慎，由此而不致过度。突出"辅"，就是要"民主"，不光是给出空间，还要政府引导。

之所以说老子的设想只能是空想，是因为任何制度没有超越社会经济基础的可能。没有经济基础的保障，古代的民主也只能停留在意识范围，不存在实践空间，如陈曙光所指出的："古希腊时期萌发了很好的民主理念，但此后的两千多年里一直没有盛行起来，更没有转化为相应的民主实

---

① 邓小平：《邓小平文选》（第二卷），北京：人民出版社，1994 年，第 287-288 页。
② （宋）林希逸：《道德经真经口义》，上海涵芬楼影印本，卷四。

践，一个重要的原因就是缺乏与之相适应的经济条件。"① 当生产的发展，社会的进步最终使"各尽所需、按需分配"② 和"每个人的自由发展是一切人的自由发展的条件"② "自由人联合体"③ 由理想变成现实时，人类真正的、完全的自由和平等就实现了，真正的、完全的民主也就实现了。共产主义的民主，就是社会的一切成员完全平等的、富有成效的管理社会生活的制度。在其发展过程中，无产阶级领导的社会主义革命具有决定性的意义。马克思主义在考察和把握"民主"概念所表达的实际社会和政治生活内容时，不仅将民主问题同国家和阶级统治结合起来，揭示民主的本质，而且从历史唯物主义的角度，把握民主和人类发展和人类解放之间关系的问题。因此，马克思主义所追求的真正的民主，即人类的彻底解放。

从上述意义中可以看出，社会主义民主的建设就是共产主义民主的试验区。我国推行基层群众自治，《中华人民共和国宪法》第 111 条明确规定了基层群众自治制度的宪法地位。这一制度本身就是在政府指导下施行民主的设计。作为根本制度的社会主义制度内含着社会主义民主的必然要求，在此基础上进一步形成的作为根本政治制度的人民代表大会制度，以及中国共产党领导的多党合作和政治协商制度、民族区域自治制度和基层群众自治制度，共同构成了我国基本政治制度的基础。在四项基本政治制度中，基层群众自治制度的基层性、民主性、广泛性使得这一制度在推进中国特色社会主义民主建设，乃至推进国家治理现代化进程中都有着特殊的重要意义。桂华撰写《赋予基层治理更大能动性》一文说："基层治理作为国家治理的组成部分，面对的是千差万别的群众，以及不同人群差异化的生产生活诉求，这决定基层治理需要具备一定的自主性。基层治理靠群众参与，涉及不同群众利益关系的调平，需要不同群体的协商、合作、妥协及达成共识……政府提供基本公共服务，为人民群众追求美好生活规划空间和创造条件，不需要替代群众自身的意愿。"④

在 1953 年决定建立居委会进行讨论的时候，彭真就指出，居委会的性质是群众自治组织，而不是政权组织，不是政权组织的"腿"⑤。一段时间

① 陈曙光：《论马克思主义民主观》，《马克思主义研究》2015 年第 5 期。
② 《马克思恩格斯选集》第 1 卷，北京：人民出版社，2012 年，第 422 页。
③ 《马克思恩格斯选集》第 2 卷，北京：人民出版社，2012 年，第 126 页。
④ 桂华：《赋予基层治理更大能动性》，《环球时报》2020 年 12 月 18 日。
⑤ 彭真：《论新中国政法工作》，北京：中央文献出版社，1992 年，第 426 页。

以来，关于村民自治制度争议的核心是，乡镇政府与村委会之间的关系是"领导"还是"引导"。不少干部主张乡镇政府与村委会之间的关系应该是领导关系，他们认为如果以指导关系开展工作，这会使国家的相关任务如计划生育等在农村基层难以得到贯彻落实。彭真通过摆事实、讲道理的方法，反复解释村民自治作为民主训练班的历史意义所在，最终使引导关系原则赢得了多数干部的支持。

基层群众自治需要肯定文化传统的同时进行社会转型。枫桥本身是文化名镇，枫桥群众把当地重视礼、重视和等传统文化转换为现代公民意识的有效补充，成就了"枫桥经验"典型，真正实现了"自治、德治、法治"相结合的要求，这代表了基层群众自治制度的发展方向。"枫桥经验"表明，在基层单位的转型中既要"政治现代化"，又要"政治稳定"，是可行的。在这个转型中，政府"辅万物之自然"的职能主要是要做好引导，特别是"中""西"源流问题。"中"即中国源流，长期的集权主义政治传统限制了基层自治的发展经验的积累，继续推行基层自治需要有引导性力量的支持。"西"即西方源流，既要看到民主价值的广泛适用性，又要防止西方金钱式民主、放纵式民主观念的侵蚀。

长期以来，我国实行城乡二元分治的治理体制，取得了大量经验。在对经验进行总结的基础上，2015 年，国务院召开会议，首次提出了"放管服"改革的概念。"放管服"，是简政放权、放管结合、优化服务的简称。"放"即简政放权，降低准入门槛；"管"即创新监管，促进公平竞争；"服"即高效服务，营造便利环境。2016 年 5 月 9 日，李克强总理在全国推进简政放权、放管结合优化服务改革电视电话会议上明确表示，转变政府职能、提高工作效能还有很大空间。李克强说："'放管服'改革实质是政府自我革命，要削手中的权、去部门的利、割自己的肉。计利当计天下利，要相忍为国、让利于民，用政府减权限权和监管改革，换来市场活力和社会创造力释放。以舍小利成大义、以牺牲'小我'成就'大我'。"① 从"放管服"的基本含义看，它与《老子》所讲的"辅万物之自然"的要义十分贴近。政府要提供的是服务，而不是替百姓做主。《老子》第四十九

① 中华人民共和国中央人民政府网，《总理说丨以敬民之心行简政之道，总理说这些事必须要做》，http：//www.gov.cn/xinwen/2016-08/11/content_5098862.htm。

章："圣人无常心①，以百姓心为心。善者，吾善之；不善者，吾亦善之，德善。信者，吾信之；不信者，吾亦信之，德信。圣人在天下歙歙，为天下浑其心。圣人皆孩之②。""圣人"不把自己的主观认识强加给百姓，百姓所求就是他的意志。对于周围事物的态度不以从自我认知的"善""不善"或"信""不信"出发，"浑其心"于天下，就像失去了聪明睿智一般。因为百姓是有自我发展的需求的，他们"皆注其耳目"，即奋发图强，而"圣人皆孩之"，给百姓提供最大的发展空间。

一个社会的发展是需要创新驱动的，而创新的主战场只能在基层、在市场、在民间，而不是政府机关，创新依赖的是制度而非政策。这正是老子所要求为政者以"辅"的角色自居的原因，也正如马克思强调："不是国家制度创造人民，而是人民创造国家制度。"③ 政府管得少，民间创新就会蓬勃发展起来，政府的责任即总结民间的创新，相应地建立市场规则和监管机制。

"辅"的意义在于，确定民为主的地位。在现代市场建设中，首先是要在经济生活中恢复个人地位，确立经济权利自主、企业自治和契约自由的原则。把权力还给民间，这是邓小平在对转变政府职能的要求中反复要求的。他指出："要加大地方的权力，特别是企业的权力。企业要有主动权、机动权，如用人多少、要增加点什么、减少点什么，应该有权处理。企业应该有点外汇，自己可以订货，可以同国外交流技术。有些事情，办起来老是转圈，要经过省、部、国家计委，就太慢了。"④ 邓小平要求"改变生产关系，改变上层建筑，改变工农业企业的管理方式和国家对工农业企业的管理方式，使之适应于现代化大经济的需要"⑤，这种要求正是老子所标举的"玄德"的现代应有之义。

在当代改革中，放手让百姓做事，不把不该管的事情纳入管控的范围，不以政府为全知全能这仍是需要广大社会治理者，特别是基层官员形成的观念。《老子》第七十一章说："知不知，上；不知知，病。夫唯病病，是

---

① "圣人无常心"，帛书乙本写为"圣人恒无心"，推文义，以"无心"为是，唯此才能"以百姓心为心"。

② "圣人皆孩之"前傅奕本、河上公本、帛书本均有"百姓皆注其耳目"一句，王本应为误脱。

③ 《马克思恩格斯全集》第3卷，北京：人民出版社，1995年，第40页。

④ 邓小平：《邓小平文选》第2卷，北京：人民出版社，1994年，第131页。

⑤ 邓小平：《邓小平文选》第2卷，北京：人民出版社，1994年，第135−136页。

以不病。圣人不病，以其病病，是以不病。""知""不知"二者兼合是"玄德"，"不知""知"二者合并是陷入困境的根源。改革开放以来推动的经济民主的关键是转变政府职能，简政放权，实现经济管理民主化。其重要意义在于将经济权力从政治权力的包揽与束缚中解放出来，促进政治权力与经济权力一体化格局的瓦解，实现政府职能的转变，进而实现整个社会的经济民主。政府扮演"辅"的角色，必须在引导群众的过程中尽职尽责。

老子基于其所生活社会政局混乱、民生艰难的局面进行终极理想政治的思考，从而开出"无为"这一基本原则以成就"玄德"。正是由于老子的思考是从终极意义出发的，这使得他的政治思想具有了形而上的性质，也使得他的思想有超越时代之价值。老子之"玄德"不仅可以与当代经济学家所论有遥相呼应之处，而且从正反两方面都为当今世界之发展所证实。因此，进一步明晰"玄德"的内涵和意义，对于当前处于改革转型期的中国社会不无裨益，对于中国哲学对话世界文明亦当有所贡献。

老子通释

学习《老子》的基本方法①

　　选择《老子》作为基本学习材料，就锻炼读元典能力来说，是最合适不过的。《老子》涉及的问题最多，悬而未决的问题最多，争议最多，需要解决的也最多。宏观的问题、微观的争议都有，先秦之后的书基本没有这方面的问题。先秦的书，《孝经》有真伪争议，《尚书》也有今古文问题，但是它们的思想是什么没太大争议，而对于《老子》中的一段话随便拎出来，没争议的几乎不存在。《老子》整本书的宗旨就有争议，时代也有争议，作者也有争议。所以这本书历史上就比较受关注，民国之前的有代表性注本也有近几百种之多，而且角度各异。看到有争议的观点会去对比、判断和选择，这就给独立的思考带来了方便。如果平时思考要有惰性的话，这时候就必须积极起来。《老子》悬而未决的问题使得它作为进行研究的试验品资质较高，能锻炼我们的择别能力。再有，不管是讲中国哲学的深度也好，还是高度也好，《老子》显然是一个代表。有些西方的哲学家由于误解瞧不起孔子，也会对中国其他的思想流派的高度有一定的质疑，但是对老子就不会了。老子可以代表中国思想的高度。就这两点来说，选择《老子》作为元典阅读是最合适的。

一、老子其人与《老子》其书

　　具体到《老子》这部书，它涉及的问题非常多，也非常复杂，历来对

---

　　①　本文是笔者带学生读《老子》时导读性质的一节课，今整理为文字稿置此，缘于考虑普通读者对于《老子》的基本知识有所准备。限于来源，文字较为口语化，部分内容有重出。

于它的研究成果差不多也是最多的。它引起的关注比《庄子》《孟子》《论语》等都要多，从战国时期就有《韩非子》里面《解老》《喻老》，算是最早对《老子》的解释作品，汉代以来关于《老子》的研究的著作就层出不穷，现在每年还有大量解读《老子》的书出版。但是总起来《老子》这部书很麻烦，也非常特殊，主要表现在两个方面。一方面是，它是中国哲学史上独一无二诗化语言风格的作品——半诗体，读起来朗朗上口，"道可道，非常道""无名，天地之始；有名，万物之母"（第一章），但又不全是这种诗化的语言。第八章"水德七善"是三个字的句子，第九章"持盈"、第十章"生而不有"是四个字的句子，第十一章"有无利用"又是几种句子混用，既有节奏，又不呆板。《老子》这种半诗半文的文体，在中国文化史上是独一无二的。另一方面，《老子》整本书没有一个人物、没有一个地点、没有一个时间、没有一个事件。《易经》里很多卦辞都是和具体故事相关的，《诗经》也是人物信息丰富，而《老子》里面居然没有一个事件，没有给我们透露时间、地点之类的信息。《老子》唯一有的信息是可能引述了铭文，如《金人铭》的"强梁者不得其死"出现在通行本《老子》第四十二章。这样，《老子》就很特殊，凭文本不太好推断这本书及作者的相关情况。

任何判断都要讲材料依据，如果说老子这个人是谁不知道，那是没学问；如果用了好几节课搞不清楚老子这个人是谁，那就是学问。老子是哪儿人？也不太清楚。司马迁的人物传记是把老子的具体村镇写出来的，和汉高祖刘邦、孔夫子一样享受了这种特殊待遇，文中说老子是"楚苦县曲仁里人"[①]，然而这个地方是现在的什么地方，也不是很确定。河南鹿邑县、安徽的涡阳县相聚百公里左右，都说是老子故里。鹿邑这儿汉朝有老子庙、唐朝有太清宫，得到皇家的认可，唐玄宗的碑铭、宋真宗的碑铭都在，但是安徽涡阳也有天静宫考古之类，对于老子到底是哪儿人，汉朝人就搞不清了。太清宫还有老子母亲的墓，却没有老子的，因为老子出关走了，不知道哪去了，这是《史记》说的，而《庄子》里面有老子死了的记述。司马迁关于老子的资料基本来自《庄子》，但又和对道家的认识有关，大道无言，老子本人不想说，是出关的时候关令要求强为之著书，做了五千言。

① （汉）司马迁：《史记》，北京：中华书局，2011 年，第 1897 页。

《史记》汇集的老子的资料只是采自《庄子》寓言加一些传闻，不是可靠的资料。老子出关，还成为道教的老子的标志性形象，也引起了与佛教的争论。其实，秦惠文王时才置函谷关，老子如果是春秋时人怎么会出函谷关？有人还说，老子出的是大散关，那更不可能，大散关之置要更靠后。司马迁采撷了《庄子》里面关于老子的寓言，但是《庄子·养生主》有"老聃死，秦佚吊之，三号而出"[1]，司马迁就没有采用，汉代以来就开始神化老子，一个不知所踪的结局，大概是人们所期望的。

司马迁是西汉初年的人，距离老子时代已经几百年了，其《老子传》提供了三种老子——李耳、太史儋、老莱子，也说明他本身是不确定的。而就是这个《老子传》历史上还被改来改去的，早已不是原貌了。日本学者武内义雄就说这个《老子传》只有几个字是可靠的了。对于老子的籍贯，唐代陆德明《老子音义》所引《史记》是"陈国相人"与今本"楚苦县人"就是不一样的[2]。关于老子本人的情况，史料所给出的基本上是一笔糊涂账。现在种种猜测层出不穷。有人说老子活得比较长，老子是"老先生"的意思。这个说法并不可靠，孔子活了七十多岁，孟子活了八十多岁，在那个时代都是高寿了，岂不都是老子？"老"应该还是一个姓，老子不应姓李，姓李按传统应该叫李子，而且据考春秋时期尚无李姓。李耳这个说法估计和老聃这两个字的早期写法有关，金文里面李、老形近，而金文的字也有繁字从简的惯例。当然，老子故里也是李氏源头，这是后起的说法。唐朝之后，李耳这个说法就很流行了，和皇帝姓李也有很大关系，而且唐朝时造了大量道经，都是托于老子的。如果没有足够强大的理由，就像孔子、孟子、孙子的叫法，老子也应姓老。有人说老子不是一个人，是一个家族。这也有点凭据，周代的许多职业还是家族传承的。老子是"守藏史"，管理图书、档案、国家资料的。这种差事是受专门的职业训练的家族承担的，所以也有《老子》是这个家族作品的可能。《老子》的作者是谁？那只能是老子，如果说成李耳或老聃等，其实是都不严谨的。

汉代以来，有一种叙事叫作孔子见老子。这个叙事反映了时代思潮的走向。因为三代以来，讲"革命"，通过对天命的诠释来确定政权的合法性，这种对人天关系的处理也是最重要的哲学思考。人安顿生命，需要明

---

① 陈鼓应：《庄子今注今译》，北京：中华书局，2009年，第114页。

② （唐）陆德明：《经典释文》，上海：上海古籍出版社，2012年，第537页。

确天是什么，人生存的依据是什么，人往哪儿去。这些思考都与天人关系这个大课题相关。孔子肯定了天的权威性，一般认为这是他的天命观。有一次，孔子不想说话了，《论语·阳货》说"予欲无言"，子贡就说你这个老师不说话，那我们怎么办呀？孔子就说："天何言哉？四时行焉，百物生焉。天何言哉？"① 现在讲孔子自然观的、讲孔子生态思想的都喜欢引用这句话，其实有点过度诠释了。孔子就是不高兴了，说老天也没说话，地球不照样转吗？我说什么话呀？发个牢骚。孔子有没有天道自然的思想需要从其思想体系整体看。孔子的特点是在肯定天的权威的同时，回避对"天道"的诠释。子贡就说："夫子之言性与天道，不可得而闻也。"② 对于人性，孔子只是说"性相近也，习相远也"③。孔子回避形上问题，讲道德实践的必要性，强调"仁"作为人的本质的合理性。老子把天降到次要位置，讲"道大，天大，地大，人亦大。域中有四大"（第二十五章），老子的道来自"天之道"，强调了"道"是消解神圣、张扬规律性、人性的。不过，使人从被天奴役到彻底解放，到现在还是做不到。孔子没颠覆"天"，也可能是意识到了这一点。孔子的仁学是对来自宗教传统的"礼"的新解释，强调二者的统一，打的是复古周礼的旗号。这样看来，孔子见老子不太可能。老子是反对礼的，认为"礼者，忠信之薄而乱之首"（三十八章），孔子怎么会向这么一个人去请教礼呢？如果孔子见老子真的存在，那孔子见的应该不是这位道家思想的老子（《礼记·曾子问》记述孔子"从老聃助葬于巷党"④，这种老子明显是属于民间的）。孔子如果去过洛阳，可能目标也是在于查阅历史档案，他以"微言大义"编写《春秋》必然需要相关材料。为什么汉朝人喜欢这种叙事呢？汉初是黄老之术治国，罢黜百家以后又独尊儒术。这个故事就做了这么一个连接，孔子是见过老子问过礼的。思潮的转向，以一个故事被轻描淡写地处理了，汉砖、汉墓壁画都津津乐道这个故事。

　　《老子》的著作者是老子，反过来，老子的著作还是叫成《老子》规范，而不能称为《道德经》，"经"的称谓是受了儒家经学传统影响，后又

① 杨伯峻：《论语译注》，北京：中华书局，2009 年，第 185 页。
② 杨伯峻：《论语译注》，北京：中华书局，2009 年，第 45 页。
③ 杨伯峻：《论语译注》，北京：中华书局，2009 年，第 179 页。
④ 胡平生、张萌：《礼记》，北京：中华书局，2018 年，第 389 页。

老子论衡

由道教经籍建立需求而日渐影响的。按照子学习惯，称《老子》是规范的。当然，道教的人一定称其为《道德经》的，那是把它看成宗教典籍了。

一般认为，《老子》这本书的形成应该有一个时间段中持续被编写的过程，而不是传说的那种一下写出来的。竹简本《老子》的出土，更支持了这一认识。

现存《老子》版本很多，大体分为出土本和传世本。出土本主要是竹简本、帛书本，传世本也是通行本，影响最大的是河上公本和王弼本。刘笑敢做了对几种《老子》版本对勘的工作，得出了《老子》不同版本在历史发展中有文字趋同的结论。不同版本的《老子》互相照着改来改去，越来越趋同，河上公本和王弼本内容差不多。《老子》文字的调整一直在持续，通行本《老子》的分章早就进行了，但第八十一章的分法直到清代以后才完全定型，其他分章的版本也就基本依此进行调整。

通行本《老子》是大家熟知的本子，也是过去古人研究《老子》的材料，最重要的是河上公本。传说，河上公是一位隐居在河边的隐士，汉文帝刘恒去向他请教，他并不起来施礼。汉文帝就说，普天之下莫非王土，你在我的国土上怎么还不臣服呢？河上公就升到了空中。当然，这只是故事而已，河上公何许人也已无从查知，可能也只是伪托的一个人。《汉书·艺文志》里面没有录入《老子河上公章句》这本书，所以这本书基本还是东汉以来的作品。可能正是因为汉文帝采取了以道家思想治国的方式，所以人们才把这个传说加在他这儿。《老子》河上公章句本基本是传世的《老子》的祖本[①]。汉朝时候还有两本重要的《老子》版本，一是严遵的《老子指归》[②]，现存本属于残篇；一是传为张道陵所做《老子想尔注》[③]。"道教"的称法与张陵这个人关系比较大，他发起了五斗米教，尊奉老子，老子是被动地被拉来入伙了。不过，张陵只是尊奉老子的道，并没有把自己的教团叫作道教，而且在《想尔注》还反对以"道"为教，但是道教的创始人这个称号却加到他头上了。《想尔注》并不一定是张陵所做，有人认为是其孙张鲁所为。这本书在历史上遗失了，后来是敦煌藏经洞又发现了残卷。影响最大的通行本注释作品是只活了二十三岁的天才哲学家王弼的《老子道

① 中华书局道教典籍选刊系列中有王卡先生的《老子河上公章句校注》可以参考。
② 中华书局出版有王德有先生点校本《老子指归》。
③ 上海古籍出版社出版有饶宗颐先生的《老子想尔注校证》。

德经注》。王弼有《周易注》《老子注》，还有《周易略例》。传世本《老子》还有两个需要注意一下：一个是易州龙兴观景龙碑本，唐代景龙二年所刻，正面是道经，背面是德经，是唐玄宗为《老子》做注所用的底本，清代严可均认为此本为《老子》诸本之最；另一个是傅奕本，据说是东晋时彭城人挖楚霸王项羽的妾的墓所得，后来辗转到了唐朝崇道排佛的领袖傅奕手中，这应该算是一个古本，但是流传下来的是傅奕对照通行本加工过的本子，虽然也提供了一些重要参考，但总体上与通行本差别不大。清代焦竑的《老子翼》就力推傅奕本，认为这是最好的本子。传世本《老子》文本趋同的现象之所以存在，恐怕也与当时这些本子的原始材料都不是善本、不理想而据它本校证有关。上面所提到的几种《老子》都不同，保留了校对者认为有价值的地方，但又差别不大，所以总体上都属于传世本序列。

1973 年，长沙马王堆汉墓里出土了帛书本《老子》甲本和乙本，内容比较完整（乙本相对甲本残缺少一些），是足本，和通行本基本可以对应。这就带来了问题，本来折腾上千年的本子定型了，但出来一个显然更早的本子，帛书本是西汉初年的[①]。虽然帛书本与今本《老子》能够章章对得上，也就是说，在那个时代的《老子》版本和现在的通行本差别不是太大，但文字出入挺多，这就需要考量哪一种文字更可靠。而且帛书本与今本次序不一样，今本是道、德两篇，帛本书是德、道两篇，哪种安排更合理呢？帛书本的这个次序可能更合理，因为先有德，再到道，是由生活的经验、战争的经验、政治的经验提升到形而上的层面的思考，符合道论的生成逻辑。中国哲学的创生应该是从实践经验转向寻求形而上依据，而不是从形上思考再延伸出它的道路。这是从合理性来讲的，但是《老子》的祖本可能就完全没有分这种篇章。通行本与马王堆本相比，句式更加整饬、读起来朗朗上口，而马王堆本语气词"也"比较多，这提示我们通行本是不断被有意识向着"理想"版本加工的结果。

1993 年荆门郭店楚简本的《老子》出土解决了一个问题，就是这本书产生的时代。过去在这个问题上争议较多，有人持《老子》晚出论，认为《老子》产生在战国中后期或者汉代初年，还有观点认为《老子》比《庄

---

① 帛书乙本避刘邦讳，但不避汉惠帝刘盈和汉文帝刘恒讳，因此其写成时间大概在刘邦与刘盈、刘恒之间。帛书甲本则并不避刘邦讳，写成的时间更早。

子》要晚。竹简本的出现基本上可以使这个问题的争议暂时搁置了①，荆门楚墓的时代是战国中期，这个时候《老子》已经在社会上流行了，那老子肯定是早些时期的人，也就是说，《史记》所记老子的生存时期基本是可靠的——春秋中晚期。再早一些的《老子》能不能出现？不太可能，思想的成熟和系统化离不开时代的限制。竹简本解决了一个问题，也带来了问题。竹简本《老子》甲、乙、丙三组去掉重复的，大概也就是通行本《老子》的三分之一的篇幅。再一点就是"重要"篇章缺失，如大家熟知的特别能标志《老子》形上思想的"道可道，非常道"之类的文字就没有。总字数少，篇章缺失，那么竹简本是节选本还是更近祖本的原貌呢？竹简本是太子的老师教太子的本子，假如说它就是原本，那么后来的《老子》就是被添加了文字的（有人怀疑郭店竹简被人盗了一部分，这可能性不大）。这个问题不好下结论，大部分学者还是认为简本是节选的②。如果是节选的，那选的那一部分就值得研究。比如，通行本第一章显然是比较重要的，就没有选。那么竹简本不是从重要性出发考虑节选的，而是特定立场。这也可以提示我们，形而上层面的思考在最初的《老子》可能不是特别重要，包括"无为""自然"等概念也没有被专门有意突出。也就是说，把"无为"等词当成《老子》的核心概念是和老子之后的人对文本进行不断加工有关系的。

通行本晚出，而帛书本、竹简本虽然早，但又不是善本，过去抄书的人是下层知识分子，写错字、白字很多，书籍的形成和保存过程中，错简、串简也存在，因此也不能完全拿早的版本去校勘后出的。现在的研究《老子》也可以必须参照多种版本，一种文本的文字可能就是错讹了的，几种对照就可以有新发现，这是古人没有的条件，也是需要下功夫的地方。当然，现在还有北大汉简本，与帛书本差别不是太大，真伪还存在一定争议，也可以提供参考。

《老子》的这种格言式写法，是属于独立创作，还是文字摘录呢？这也需要考虑。《老子》挺像摘录的，内容上表面看不是非常统一，有讨论形上

① 实际上，《老子》成书是一个复杂的问题，其文字在一段时期内是动态变化的，以何时的本子作为《老子》定本是牵涉多种问题的。

② 有一个证据就是见诸《庄子》部分引述《老子》的话，但竹简本并没有收入，而传世本是有收入的。

哲学，有治国之道，有军事用兵，还有人生修养。一本书包罗万象，好像给我们现在人多角度解释《老子》提供了支持，但是在作者那儿是不太可能的，他不可能写一本书没有主题论点。那么，问题还是在于正确解读《老子》，把看似分散的论述串联到一个焦点问题上。另外，半诗化语言的统一格式也提示我们，《老子》应该出自一人之手，而且是集中创作，如果是多人作品合成或摘录就很难有统一的语言风格。那么，看似分散的主题内在是如何关联的，下文集中讨论这个问题。

二、《老子》的思想

关于《老子》的作者、版本等问题大致有个认识后，还需要对这本书的思想主旨或文本性质有个基本判断。从文字看，《老子》基本包括了三种内容。一是道论，关于道家哲学的，谈论"道"是什么。这部分内容不是非常多，但是很重要，如果没有这些内容，《老子》就会黯然失色，算不上哲学经典了。二是治论，谈论国家治理的，《老子》中有大量文字关于"邦""国""天下"的、关于"上"与"民"关系的、也有涉及军事的，毛泽东、章太炎、李泽厚都有《老子》源出兵家的认识①。治论部分是《老子》的核心所在，是其最想表达的内容。三是玄论的，"静虚极，守静笃。物并作，吾以观其复。归根曰静，静曰复命"（第十六章）、"载营魄抱一，能无离乎？专气致柔，能如婴儿乎？涤除玄览，能无疵乎"（第十章），《老子》的这类文字有点神秘色彩，是关于认识事物的原则的，大体属于认识论。这三部分文字是怎样的关系？道论与治论怎么联系？不是一句简单的"道是根据、治是实践"就能解决的。玄论的"专气致柔"等成为道教借以修炼养生之道的理念，而道教追求的"长生久视"也就出自《老子》第五十九章。道教的原则是"返"，一是返回到婴儿那种生命力旺盛的状态，二是返回到道性上去，这都是借用了《老子》。玄论在老子本人那里的价值又何在呢？这些都需要在研究《老子》时思考。《老子》不可能没有主旨或存在多个主旨，其思想内容一定存在内在逻辑关联。我们需要在学习时重新

---

① 《老子》行文如"将欲歙之，必固张之；将欲弱之，必固强之；将欲废之，必固兴之；将欲取之，必固与之"（第三十六章）与《孙子兵法》辩证色彩的语句有相似之处（《孙子兵法·计》有"怒而挠之，卑而骄之"等）。

整合《老子》，而不是肢解《老子》。古代人注释《老子》也试图以统一的视角去看，但视角多样，就造成了宗旨多样的《老子》。有人说《老子》是形上哲学，有人说是政治哲学，有人说是军事哲学，有人则认为是养生哲学。汉代的《老子河上公章句》和《老子想尔注》从养生、修炼讲《老子》，主张爱惜精气和男女合气之道。《老子指归》归于治世之道，王弼的《老子注》则以形而上方向贵"无"。由此看来，对于《老子》的宗旨从汉代以来就各持己见了。这些注家提供的观点丰富了中国哲学的史料，但也造成了学习困扰。所以在充分了解古人注解的基础上，最好的办法还是回到《老子》文本身，这很重要！

当代很多《老子》的研究著作可以参考。帛书本、竹简本、王弼本、河上公本、想尔注本、严遵本等都有专门的校正和研究的成果，也有一般《老子》的注译的。像陈鼓应的《老子注译及评介》被称为"《老子》小百科"，修订版把集中版本存在的问题都谈到了，也引入了多家观点，是研究《老子》入门比较好的资料。刘笑敢《老子古今》对勘了五种文本，并且就专题有深入研讨，很值得参考。诸子集成本朱谦之的《老子校释》底本为景龙碑，也很有价值。这方面成果很多，不一一列举。总之，研究《老子》还是要站在学术前沿，注意吸收已有成果，但又必须有创新精神。

一般对于研究结论，是需要有切实证据支持的，而对于《老子》所形成的判断往往只能是一种推测或猜测，这也是其迷人的地方。宋代以来，也包括如今的一些《老子》释读者，每逢解释困难，往往就说是错简、漏简了，其实这种可能很小，这就属于不负责任的胡乱猜测。当然胡乱猜测是不行的，研究《老子》必须回到老子关切的问题和其解说方式的同情式理解上来。在这里，我们需要注意三个方面：第一，把《老子》和后代对《老子》的诠释区分开来；第二，把《老子》和作为道家学派的《老子》区分开来；第三，把《老子》和老子区分开来。

第一个要求是把《老子》和后代对《老子》的诠释区分开来。《老子》这本书在历史上被学问家广泛关注，不仅是道家立场的人研究它，很多儒家学者都有对《老子》的注释，如苏辙、王安石、王夫之等；也有些帝王将相对《老子》的注解，唐玄宗、明太祖等；佛家高僧也有解《老子》的，比如明末四大高僧之一的憨山德清；当代研究《老子》的著作每年都会有很多种。这些书对于《老子》主旨和具体语句的理解都有很多分歧。这种分歧从对先秦经典进行重读的汉朝就开始了。中国哲学经典的解读方式有汉学、宋学之分，汉学即始于汉朝。汉朝设五经博士，为学重文字的考证，不过多发挥意义，也有代表性人物，如刘向、许慎、郑玄等。清代考据之学是汉学的复兴。宋学不完全排斥文字，但更重要的是对章旨意义进行解读，宋代的朱熹、张栻、杨时等如此去看儒门经典。不过，汉学、宋学也是相对的，汉朝人解读《老子》恰恰是对其思想的解读，这与《老子》思想一度成为汉代前期社会意识形态有关。汉代早期以汉文帝为代表实行休养生息政策、以黄老治国，在政治史上取得巨大成功，开创了盛世局面。后世中国历史上的历次盛世或多或少都有老子思想在其中发挥积极的作用，包括盛唐时期、北宋仁宗时代、小尧舜金世宗时代等。老子思想得以政治实践突出的是汉代前期，其学说一度被作为社会的主流意识形态树立。也就是从这个时候老子从一位学者走上了神坛，汉朝开始建老子庙，这种行为和祖先崇拜有关。人们不只是崇拜自己的祖先，还包括对我们这个民族做出重大贡献的人物，黄帝陵、炎帝陵、伏羲庙等就是这个性质。汉朝时候老子被神圣化，建老子庙。河南鹿邑太清宫就是在老子庙的基础上修建起来的。因为老子的思想在汉朝时候传播范围非常广，民间有传播，官方也有传播，也就有很多杰出的知识分子对《老子》进行注释。河上公的《老子河上公章句》既讲治世之道，又讲去欲涵养之道。为什么我们现在还会把《老子》作为修养身心的书去读？这与河上公注影响有非常大的关系。严遵的《老子指归》、张陵的《老子想尔注》都有影响，而王弼形而上的解读道论成为中国哲学史上诠释《老子》的重要方向。现在研究《老子》必须注意到，汉代的老子思想诠释决定着后代对老子思想接受的基本范围，对于老子本人在讲什么，大家已经忽视了这个问题。也就是说，我们要小心对《老子》的理解是不是被牵着鼻子走的。征诸实际，沿着特定方向，对《老子》解说越说越离谱的往往有之。他们认定《老子》是在讲养生的，那么每一句都应理解为养生之道；写成治国安邦话语的，也是养生之道的比喻。其他方向贯通《老子》的，亦是如此。基调的奠定，就是汉代的这几种《老子》注释。所以第一个问题就是要把后代对《老子》的注释和《老子》本身的区分开来。这是回到《老子》本身要排除的第一个干扰，也是最重要的干扰。研究《老子》要避免以今释古、以后释前，回到老子那个时代，循那个时代关注问题与文字特点的蛛丝马迹去理解它。

第二个要求是要把《老子》和道家学派的《老子》区分开来。为什么要做这种区别？汉代以来把老子视为道家人物，把《老子》分为道、德二篇。好像《老子》的核心观念就是道、德，是道家学派的立场。这其实是概念不断被聚焦的结果。对照古本、今本可以看出，通行本《老子》抨击仁、义、礼等儒家观念的字句，竹简本基本缺失。比如"夫礼者，忠信之薄，而乱之首"（第三十八章），竹简本就没有。这也反映出，把老子置于道家人物立场去抨击儒家可能只是我们一厢情愿，也由此将《老子》置于道家视角观察，也存在以后释前的问题，需要谨慎。当然，对传统观念进行反思，一定是符合老子哲学产生的逻辑的，只是不要把这种反思轻易甩到儒道对立上去。老子说："失道而后德，失德而后仁，失仁而后义，失义而后礼。"（第三十八章）"礼"是老子那个时代的核心观念，是传统信仰，可能是老子反思、批判的对象，但是不是出自学派歧见呢？老子也反对智、反对强，但并不是针对儒家理念。他认为仁、礼、智等的彰显张扬，会束缚生机，特别是会成为大伪流行的外衣。郭店竹简本缺失抨击儒家思想的言论，原因可以有两种，一是竹简本的适用者太子师作为思想保守者删掉了此类言论，二是传世本多出来的这些言论是学派自觉意识下追加上的。汉朝人做学问，在《史记·论六家要旨》才把老子归到道家，而老子本人并不认为自己是道家的。"道"这个字在《老子》成书之前就存在，不是老子的创造。《易经》《尚书》都有，而且其含义都是从具体的、形象的存在抽象到规律性的意义上去的。也就是说，道所蕴含的形而上意义的指向，也不就是老子赋予的。那么，老子本人是不是应该归到后来的道家呢？这就需要全面考量。把《老子》和道家的《老子》区分开的意义就在于，在研究《老子》的时候不会轻易把《老子》的每句话和道家哲学结合起来，粗暴地实现老子的哲学化。《老子》的形而上理解，是老子之后的人不断加工的结果。"道""无为"等这些所谓道家概念的出现频率通行本都要高于竹简本，也高于帛书本。后代的文本加工不断地强化突出了《老子》的核心概念。我们不因此否定老子把这个"道"作为它的一个核心的哲学概念，但是认为老子并没有刻意地去突出它，因此要排除把老子作为道家学派的领袖这种刻板认识的干扰。老庄都被视为道家，其实老庄的差别是非常明显的。庄子的"道"和老子的"道"不是往一个地方用的。庄子对于治国理政不感兴趣，关心的是个体生命的终极自由之路如何走出来。《老子》被用于养生的解读是后代的问题。"生之徒，十有三；死之徒，十有三；人之生，动之于死地，亦十有三。夫何故？以其生生之厚"（第五十章），老子嘲笑狭隘的养生之道，对于个体生命安顿亦不感兴趣。也就是说，老庄关心的问题就不是一码事。把老子在一定程度上从道家身份剥离，这是研究《老子》回归老子的一个前提。

第三个要求是要把《老子》和老子区分开来。现在大家意识中的"老子"是伴随《老子》诠释不断被想象的结果，添油加醋丰满起来的，本来"老子"是虚的，影影绰绰不太清楚。老子的形象来自《史记》，根源上来自《庄子》，其实没有可靠的证据说明老子这个人到底是谁。现有的资料提供的是一个非常矛盾的老子。《史记》里面记述了三个老子，而且可能是被篡编了文字的。司马迁对于老子本身不清楚，就写了一些主要取自《庄子》的传说。孔子见过老子，老子说："良贾深藏若虚，君子盛德容貌若愚。"① 这有道理，金庸小说里面写的一些正儿八经、道貌岸然的像岳不群那种君子剑的人基本就不是好人的设定，邋遢不羁的莫大、令狐冲，甚至一身流氓气的人反而充满侠肝义胆，这也是阅尽人生而有深刻的社会经验见诸笔端的。老子教训孔子那么两句话，孔子如醍醐灌顶，然后走了。故事不错，但也只是一个鸡汤味道十足的故事，思想家是不需要心灵按摩的。而后，司马迁又说老子"居周久之，见周之衰，乃遂去"②。这一"老子出关"故事中的老子形象也成为古代塑造老子艺术形象的基本样貌。"老子出关"这个故事影响力大，因为大家愿意相信这个故事，特别是老子被树立成道教的教主以后，不知所踪比确定死了当然更神秘。不过在道教和佛教的对立中，又借着这个事续编了老子化胡，惹了不少官司。总之，要把真实的老子和后代树立起来形象的老子（当然还包括被宗教化的教主身份的老子）区分开来；要把雕刻在山上的刻板印象的老子和著述《老子》的老子区分开来。不恰当的老子形象对于我们理解《老子》也会形成很大干扰。

排除干扰、回归老子，对老子哲学要义简单给出一个概括是有必要的，这样在阅读具体章节时，就大致有个方向，可以围绕这一点进行论证抑或质疑。老子哲学核心的治国方略，这个方略是以"道"作为依据的，而道来自于超越价值式的对事物的把握，这就是治论、道论、玄论的关系。后

① （汉）司马迁：《史记》，北京：中华书局，2011 年，第 1898 页。
② （汉）司马迁：《史记》，北京：中华书局，2011 年，第 1899 页。

老子论衡

世把《老子》当成智慧之书，把道论当成普世性的道德价值，是对其不断诠释的结果，也是《老子》应该延伸出来的意义。所谓应该延伸出来的，就是它本来并无意于此。老子讲治理是找了形而上依据的，解决一个何以如此的问题。正如黑格尔的辩证法原则，一种抽象的存在就有落实延伸的可能。

《老子》的设定阅读对象其实是统治层，因为它一直在谈治理，是为在上者谏言的。"民之饥，以其上食税之多，是以饥。民之难治，以其上之有为"（第七十五章），在老子看来，老百姓为什么管不好？因为在上者乱折腾。"民不畏死，奈何以死惧之"（第七十四章），老百姓不怕死，靠恐吓是解决不了问题的。在国家治理中，主动的一方是"上"，治的对象是"民"①。"五色令人目盲，五音令人耳聋，五味令人口爽，驰骋畋猎令人心发狂"（第十二章），这显然指的是在上者，作为下层的"民"哪有机会五色、五音啊？"人多伎巧，奇物滋起；法令滋彰，盗贼多有"（第五十七章），老子反复说这个道理：在上者手段越丰富，国家反而越昏乱。因此，治论是《老子》思想形成的基础。

怎么去治理国家呢？老子认为，沿着一定的特定目的去治理国家或沿着一定的价值判断去做事情，一定是有局限的。每一事物有它的整体的生命力，有它的应然之义，有它本身发展的内部逻辑，沿着一定方面去提携它，反而会戕害它的另一方面，这就是拔苗式发展最终归于限制。老子还特别关注到，统治者治理国家往往是以私欲为出发点的，如物欲、权欲等，这就导致更大的伤害。老子作为史官进行反思，从对国家治理的关注走向一种哲学思考的重要原因，就是他发现特定价值取向的标举，往往适得其反。老子哲学的特色是否定，否定就完了，再追问否定之后的就偏离了其重心，但是大家习惯对"无为"是什么"为"津津乐道，因为以往的生活经验缺乏"无"的支持。老子只是说"有为"应该削减，应该被限制，没有说"无为"是一种什么样的状态，但是我们历代的《老子》诠释者又有多少人不是挖空心思在解释"无为"是一种怎样高妙的"为"呢？老子从来没有强调"无为"是一种怎样特殊的手段或高明的智慧，反而是强调这

---

① 在春秋时期，人、民所指有别，赵纪彬《论语新探》辨析十分清楚。在《老子》中，这个情况也存在，"人"基本是在上者，"民"是社会下层，人、民有分别，但也有混用的。到孟子时期，"人"已经完全转化为生物意义的人了。

个道理很简单（第五十七章，"吾言甚易知"）。在老子看来，简单得很，如果不去"为"，不去过多的妄为，那么事物本身的生命力就会被激发出来、伸展出去。谁不想富有，谁不想过得好？只要不去限制他，他的生命力就会萌发起来，就如王夫之所讲，"物之自治，天之道也"①。一人们很容易产生这种担忧，如果社会不去管理、不去设立种种规则、不去采取各种手段，那不就乱了吗？这就是没有真正懂得《老子》才堕入的思维误区。老子的重点是在强调凡是采取手段的往往是沿着特定的方向特别是延伸满足私欲的这种方向去的，而不在于另外一种态势是什么。老子的终极选择是"安平泰"（第三十五章），这是消除了特定物欲为引导而促进事物本身生命力发展的状态。老子把这种思考引向形而上的存在叫作"道"。

在《老子》中与"道"相关的这种概念有很多，最典型的是"一""自然""无为""朴"。"道"的存在特点是整体的、无分的，有分就是有价值选择和方向，有方向就会有限制。所以，老子讲："昔之得一者，天得一以清，地得一以宁，神得一以灵，谷得一以盈，万物得一以生，候王得一以为天下贞。"（第三十九章）君王得"一"，天下太平，这是因为选择了"一"之后事物本身展现出来的状态就是"自然"。"无为"是趋向"道"的要求，"有为"就不符合"道"。"朴"是标志或表征事物整体性的概念，是指"无分"的状态，"朴散则为器，圣人用之则为官长，故大制不割。"（第二十八章）"道"和"器"是相对的，一个道世界，一个器世界，"器"是有具体规定性、具体属性的存在。"朴"是泯灭了规律性、属性的要求，而"不割"即是不分，就是整体性观照。"一""自然""无为""朴"指向了共同原则，这是我们能够把《老子》串起来的关键点。

总体来看，《老子》为社会治理原则找一个终极根据——道性，认为沿着一定的价值选择去做就是"有为"，"有为"则形成局限、造成伤害，消除了选择就能贴近"道"，也就是整体性的观照。任何思想不可能横空出世，没有其思潮基础的，在老子时期的典籍已经有了"道"的形而上解说的方向。老子又更进了一步，在部分篇章强调道是物性的，"有物混成，先天地生"（第二十五章），"惚兮恍兮，其中有象。恍兮惚兮，其中有物。窈兮冥兮，其中有精。其精甚真，其中有信"（第二十一章）。在老子的设定中，道是物性

① （清）王夫之：《庄子解》，北京：中华书局，1964年，第100页。

的，但是不可得，其性质是无，超越人的经验把握范围，因为他说"视之不见名曰夷，听之不闻名曰希，搏之不得名曰微……是谓无状之状，无物之象，是谓惚恍。迎之不见其首，随之不见其后"（第十四章）。这看起来很矛盾，"道"超越我们一般把握事物的方式，但又是真实的存在。"道"是不能被人把握的存在，因为我们的生活经验中没有这种东西。

其实，先秦的文献里面有不少对超越感知能力把握事物的论述，如稷下学派的《管子四篇》。《管子·内业》说："四体既正，血气既静。一意搏心，耳目不淫，虽远若近。"① 《管子·心术下》说："专于意，一于心，耳目端，知远之证。能专乎？能一乎？能毋卜筮而知凶吉乎？能止乎？能已乎？能毋问于人而自得之于己乎？故曰，思之。思之不得，鬼神教之。非鬼神之力也。其精气之极也。"② 老子也认为在消除了价值选择的认知之后会有对事物整体性体认的状态呈现，常态认识事物的方式本身的思维是被局限的。老子主张人把这个常态的思维价值导向的方式纠正了之后才可以达到真实性的体认，所以才讲"不出户，知天下；不窥牖，见天道"（第四十七章）。

《老子》这本书难懂，也恰恰在于它的思维特点有些不在人们习惯的方式里面，而其文字简略又给各种各样的解读提供了可能。当然给了《老子》解读巨大空间的还有其"以物取象"的言说方式，"飘风不终朝，骤雨不终日"（第二十三章），从自然现象来说，人类社会亦当如此。所谓"观天之道，执天之行"③，古人试图用物象的变化来揭示一种永恒的规律，这种比类式思维有牵强的地方，也有卓越之处，同时给多种理解开了方便之门。研究《老子》，既要排除干扰，还要对其思维方式、言说方式有同情式理解。

读《老子》的目的，一是把握中国哲学的思想体系与构造，二是锻炼研究中国哲学的能力，三是感受中国哲学的思维方式。西方人的思维方式和中国人的思维方式有巨大的差异，思维成果的差别也很大，但是现代学科系统又是以西方学术视野建立的，不按照西方学科系统、范畴去研究中国哲学将会无所适从。把中国哲学作为一种学问来研究，很难离开西方的方法支持，这是科学精神应该秉持的，但建立自身话语系统的意义在于提示我们要注意，

---

① 陈鼓应：《管子四篇诠释》，北京：商务印书馆，2006年，第120页。
② 陈鼓应：《管子四篇诠释》，北京：商务印书馆，2006年，第171页。
③ 《黄帝阴符经》，《道藏》第1册，第821页。

就是不能完全以西方的方法彻底解构中国哲学，会导致忽视中国哲学自身的特色，也忽略了其真正有贡献的成果。因此，读《老子》就是要深入到典籍里，体认中国哲人说话的方式。另外，研读经典还可以提升中国民众的哲学素养，甚至把这种素养能够内化为个人素质。这需要对经典反复涵泳，也正是做学问应该归向的目的地。

道 篇

第一章

【原文】

道可道，非常道；名可名，非常名[1]。无名天地之始，有名万物之母[2]。故常无欲，以观其妙；常有欲，以观其徼[3]。此两者同出而异名，同谓之玄，玄之又玄，众妙之门。

【训释】

[1] 道，《说文》："道，所行道也。从辵从首。一达谓之道。"《释名》："道，导也，所以通导万物也。"常，帛书甲本作"恒"，"常"为避汉文帝刘恒讳而改，意同。

[2] 此句有"无，名天地之始；有，名万物之母"和"无名，天地之始；有名，万物之母"两种读法，详见"解析"。始，《说文》："始，女之初也。"意谓女子含孕。母，《说文》："母，牧也。从女，象怀子形。一曰象乳子也。"即分娩乳子。"天地之始"帛书乙本作"万物之始"，笔者认为，通行本的改写避免了重复，但会陷入宇宙生成论的理解方向，因此不从。

[3] 妙，帛书甲本作"眇"，乙本缺。细小意。《庄子·德充符》："眇乎小哉，所以属于人也。"① 徼，帛书乙本作"噭"。《说文》："噭，吼也。一曰噭呼也。"本义为呼喊。通行本改定的"徼"可释为"边界"，亦通。

---

① 陈鼓应：《庄子今注今译》，北京：中华书局，2009 年，第 179 页。

道
篇

233

考文意，妙、徼二字应恢复古本眇、嗷为好。

【校证文】

道可道，非常道；名可名，非常名。无名万物之始，有名万物之母。故常无欲，以观其眇；常有欲，以观其嗷。两者同出，异名同谓，玄之又玄，众妙之门。

【译文】

道用以指导实践，但一旦落在专门方向去运用，就不是那种超越了具体规定性的道。名用以指称事物，但指向特定事物时就会被限定，而不能成为总体的名。事物整体呈现的相状无法用概念范畴去描述，而其局部特征的展现，则进入了语言指称的范围。所以消除价值引导地看待事物就会体察其统一性，而特定价值导向地看待事物就只能注意其外部表现。这是认识同一事物的两种视角，结果不同，但都是在建立主客体的联系，这种联系复杂而深刻，是一切现象的出发点！

【解析】

此一章历来解说纷纭，为《老子》中极难理解的一章，却又非常重要，是《老子》道论的总纲领。《老子》原书的顺序已无从得知，但通行本整理者把"道篇"置前，并以这一章为首，实是有道理的。本章无竹简本可以对照，帛书甲乙本均有，乙本有残缺。

"道可道，非常道；名可名，非常名。"这一句有三个"道"字，历来解说五花八门，其实第一、第三个"道"字很明显属于价值论意义上的（不把"道"视为本体论，而视为价值论是本书的基本立场），关键是第二个"道"。注者多解释为"说道"之"道"，笔者认为这并不合理。一方面，此种用法是不是合乎春秋乃至战国早期用法，已有质疑；另一方面，为什么要谈到"道"的言说问题呢？《老子》全书并未有此论述意向，"言语道断"乃是出自佛教典籍的观念。此"道"字用作动词是肯定的，其实就是"道千乘之国"①（《论语·学而》）的用法，"道"为实践之义。《说

① 杨伯峻：《论语译注》，北京：中华书局，2009 年，第 4 页。

文》解释"道"为"所行道也"，《释名》说"道，导也"，也都支持了"道"为"行道"的基本意义。"道"被玄虚化是老子之后的哲学家们干的事，与老子本怀并不搭，但有一点可以帮助理解，就是"道"是一种抽象存在，如同绝对精神的发展，要进行自我否定，落到事项表现上来，这就是"道可道"，但一落入事项表达，就有具体属性，就丧失了伸展其他方向的可能，这便是"非常道"。同理，"名可名，非常名"也是这个意思，只是"道"是价值范围，"名"是认识范围。引出"名"一是为了接续下文，二是在于认识与价值是有统一性的，都是人在活动中产生的主客体关系。

"无名天地之始，有名万物之母。"此句有"无，名天地之始；有，名万物之母"和"无名，天地之始；有名，万物之母"两种读法。前者显然受到贵无论影响，把《老子》的道论演绎成"无"从王弼以来就有，受佛教影响之下的中国哲学回头清算干脆把"无"扔给了《老子》来承担。其实，《史记·日者列传》有"此老子所谓'无名者万物之始'也"① 的引述，表明起码汉代人还是读为"无名""有名"的。宋代司马光、王安石以"无""有"断句之后，历代多有追随者，现代学者也多有依从，这恐怕还是对《老子》宗旨缺少根本性把握的结果。其实，名学是先秦各家都关注的问题，名、实关系的讨论往往是他们刨根论事找的基点，而且上文就是落在"名"上的，这里断为"无名""有名"应该没问题。"天地之始"帛书本作"万物之始"应该为原貌，证据有二，一是上文《史记》所引为"万物之始"，二是王弼的注也说"故未形无名之时，则为万物之始"②。通行本修订者改"万物"为"天地"初衷大概是为了使文字免于重出，但从"天地"到"万物"上下文呼应却给道之生成演化的诠读打开了方便之门。因此，从"万物"到"天地"看似小事，笔者却只能坚决改回。这样，表述对同一事物的不同判别而不是事物发展的不同阶段特点，才符合老子思想，也符合上下文逻辑的一贯。这一句的"始""母"都与女性相关。始，《说文》："始，女之初也。"意思是女子出嫁含孕。母，《说文》："母，牧也。从女，象怀子形。一曰象乳子也。"意思是分娩乳子。在这里，老子打了两个比方。"无名"，是事物整体未分的状态，就像是一个生命体的"始"；而"有名"则是处在母子关系序列的"母"。比方就是比方，没有

---

① （汉）司马迁：《史记》，北京：中华书局，2011 年，第 2791 页。
② （魏）王弼著，楼宇烈校释：《王弼集校释》，北京：中华书局，1980 年，第 1 页。

必要在比方本身太较真去考量"始"与"母"到底是什么状态。老子用这个比方意在说明，始、母都是母子同体的一种存在，整体去看是一个，属性选择就是两个。无名，是不以差别去对待事物的；有名，便是按照我们视野里事物的不同去看东西。这里的"始""母"同样是认识角度，不能理解为道衍化事物的阶段。

"故常无欲以观其妙，常有欲以观其徼。"这一句也有两种读法，一是"故常无欲，以观其妙；常有欲，以观其徼"，一是"故常无，欲以观其妙；常有，欲以观其徼"。后者断句方式仍然是突出道论归于"有""无"关系或贵无的结果，为笔者所不取，不复赘述①。"妙""徼"是通行本的文字，帛书乙本"以观其妙"这个地方残缺，甲本为"以观其眇"，另一处甲乙本皆为"以观其噭"。帛书本的释读者基本都以通行本校证了帛书本，认为"妙""徼"更准确。妙，是玄妙；徼，是边际。这样该句就可以大致翻译为：排除目的性观察其玄妙，保持目的性观察其端倪。可是，问题是什么是"玄妙"？"道"怎么就玄妙了？看起来是给道的不可捉摸点缀了神秘的气氛，但其实等于什么也没说明白。而"眇"是微小、渺茫之意，"无欲以观其眇"就是排除目的性地对待事物，事物就像不存在。"噭"的意思是"呼唤""叫喊"，可引申为事物的外在特征，"有欲以观其噭"即是保持目的性认识事物，就容易抓住其特征表现。"妙""徼"代替"眇""噭"是能够讲得通的，但仍不如从帛书本为好。

"此两者同出而异名，同谓之玄，玄之又玄，众妙之门。"本句帛书本写为"两者同出，异名同谓，玄之又玄，众妙之门"，依此则并不是二者皆名为"玄"，只是强调二者是对同一事物的观察，而因角度不同而结果有异，取义更理想。这一句注者争论的一个焦点是到底是哪"两者"，是"道""名"？还是"无""有"？还是"无欲""有欲"？其实，根据我们选择的断句方式和释读角度，此问题已经不存在了。"无名"与"无欲"是统一的，"有名"与"有欲"是统一的，"名"与"观"都是相联系的。两种观察角度"同出"，都是主体的人对于客体存在的关系，但"异名"结果不同。对于下文的"玄"字的理解，尤要排除以后释前的干扰。玄学兴起，"玄"字被《老子》解释者大做文章，"玄之又玄"又成为道教重玄学的理

---

① 帛书本此处文字为"故恒无欲也以观其眇，恒有欲也以观其所噭"，亦表明帛书本的立场是断在"无欲""有欲"这个地方。

论渊薮。"玄"金文的写法是两个小谷，《说文》的解释是"黑而有赤色者为玄"，都有"幽深"的含义，不过这里笔者不取"深邃不可捉摸"之义，而是取"精深难以理解"之义，认为老子在强调人的发展归结到最基本的出发点是判别人与物的联系，而这一点却恰恰存在不易为一般人了解的深刻问题。这个问题是所有复杂联系的源头——"众妙之门"。

这一章讨论了从道性和物性观察事物的两种角度。说到底，所有存在是关于人的存在，但是以特定价值或抱持目的地去认识事物，事物的价值就是不完整的，它的整体合理性就会有被限制或被伤害的可能，所以"无名""无欲"对待事物，尤其是治理社会，正是把合理性还给治理对象，让其沿自身内部逻辑发展，这就是"道"性的观察。中国古代哲学家很少会关心纯粹的自然问题，也不太研究纯粹的本体性问题，如果一定说老子把"道"归到某种范畴，笔者宁愿把它归为认识论或价值论。"道"是观察事物的视角，也是治世的原则，这二者是统一的。以这种视角为原则提供政治哲学的理论基础，老子在第一章就是干了这个事。

第二章

【原文】

天下皆知美之为美，斯恶已；皆知善之为善，斯不善已。故有无相生，难易相成，长短相较，高下相倾，音声相和，前后相随[1]。是以圣人处无为之事，行不言之教，万物作焉而不辞，生而不有，为而不恃，功成而弗居[2]。夫唯弗居，是以不去。

【训释】

[1] 倾，帛书乙本、竹简本皆作"盈"。音声，《说文》中音、声互训，但又说"生于心有节于外，谓之音"。《礼记·乐记》也有："声成文，谓之音。"① 可见，音与声意大致同，而差别在音指有节奏之声。

[2] 辞，帛书乙本、傅奕本、竹简本皆作"始"。生而不有，帛书本、竹简本无。

---

① 胡平生、张萌：《礼记》，北京：中华书局，2018年，第714页。

【校证文】

天下皆知美之为美，斯恶已；皆知善之为善，斯不善已。故有无相生，难易相成，长短相较，高下相盈，音声相和，前后相随。是以圣人处无为之事，行不言之教：万物作焉而不始，为而不恃，功成而弗居。夫唯弗居，是以不去。

【译文】

治世者去寻求美，往往会导致丑滋生；治世者去倡导善，往往会引起恶流行。事物总是相对而有的，就如有无、难易、长短、高低、音声、前后这些观念一般。所以，高明的治世者不去刻意作为，不胡乱指挥，在事物开始萌发时不规划它，在事物发展中不干涉它，在事物发展成熟时也不彰显自己存在的意义。正是因为不以自己为存在，所以这种存在也才有意义。

【解析】

本章有竹简本对照，出土本与传世本有不同，但不影响整体章义的解读。这一章往往被引用来作为老子哲学辩证法特色的例证，"天下皆知美之为美，斯恶已；皆知善之为善，斯不善已"，包括"有无相生，难易相成，长短相形，高下相倾，音声相和，前后相随"，都从文字上呈现了事物存在相互依存、相互转化的特点。不过，对于哲学思想在经典中的表达，不能仅仅停留在文字表面，特别是停留在部分文字而造成断章取义，必须要看其最终归入的地方才能说这是其思想。上述引述的两句归入到哪儿了呢——"是以"——"是以圣人处无为之事，行不言之教，万物作焉而不辞，生而不有，为而不恃，功成而弗居。"也就是说，前面辩证法色彩的内容仅仅是铺垫而来的，后面才是老子想说的，我们切不可打断他的话。

"天下皆知美之为美，斯恶已；皆知善之为善，斯不善已。"这一句一般理解为美恶、善不善相对而有，表现在翻译上，如陈鼓应译文为："天下都知道美之所以为美，丑的观念也就产生了；都知道善之所以为善，不善的观念也就产生了。"① 这种翻译方式很普遍。人们都不知道美，也就没有

---

① 陈鼓应：《老子注译及评介》（修订增补本），北京：中华书局，2009 年，第 64 页。

丑，把事物的相对性归于人的主观认识，这一理解好像挺有哲学道理的。可是，美丑善恶虽非完全客观，但恐怕也不完全就是人们的主观观念吧？再者，人认识事物本来就是基本能力，谈这个问题有什么意义呢？总不能让人浑浑噩噩、无知无识。其实，这里有两个关键点不能忽略。一是"天下皆知美之为美"不应理解为老百姓主动追求美，而应理解为是君王或在上者标举的治世之道使百姓归向美。限于时代条件，《老子》的读者只能是在上者，老子的话是对在上者的谏言，是老子对于施政得失的评论。呼应后面的"是以圣人处无为之事"，这里也只能是君王之道。二是"斯不善已"处竹简本作"此其不善已"，也提醒我们"斯""此其"都是说"引起"或"导致"，而不是"显示"。此一句上下部分为以不同字词表述同一意思，《说文》本就言"美与善同意"，"恶"与"不善"显然也同义。上下文互文同义，这是《老子》文字的一个典型特点。老子意谓，治世者标举好的东西，往往会适得其反，引起虚诈巧伪流行。这种生活经验很容易获得，高唱美德的人不见得真有美德，之所以喊着有美德，是因为在上者提倡美德，美德者有好处。提倡好的东西不对吗？提倡好的本身的动机当然是没毛病的，但是老子提醒好的动机却往往带来相反的效果。在《庄子·徐无鬼》中武侯想要为爱民而罢兵，请教徐无鬼。徐无鬼说："爱民，害民之始也；为义偃兵，造兵之本也。君自此为之，则殆不成。凡成美，恶器也。君虽为仁义，几且伪哉！形固造形，成固有伐，变固外战。君亦必无盛鹤列于丽谯之间，无徒骥于锱坛之宫，无藏逆于得，无以巧胜人，无以谋胜人，无以战胜人。夫杀人之士民，兼人之土地，以养吾私与吾神者，其战不知孰善。胜之恶乎在？君若勿已矣，修胸中之诚，以应天地之情而勿撄。夫民死已脱矣，君将恶乎用夫偃兵哉！"① 这段话是对老子此句的理想注脚。历史上，横征暴敛、祸害百姓、战乱频仍、民不聊生，哪一次不是以"爱民"的美好口号发端的呢？所以，《老子》此章的第一句话不是对百姓追求美、善的批评，而只是对于在上者以特定价值追求治国可能带来的伪诈与祸乱的担忧！

"故有无相生，难易相成，长短相较，高下相倾，音声相和，前后相随。"上一句描状社会治理的现象，这一句"故"之后就是回答何以如此。

---

① 陈鼓应：《庄子今注今译》，北京：中华书局，2009 年，第 674 页。

何以如此呢？因为事物的相对存在是其本有的特点，有、无相对而生，难、易相待而成，长、短相较而见，高、低相益而有，音、声相应而出，前、后相随而来。没有一种事物处于一个方向固定不变，都有转化为对立面的可能。这是自然事物的存在规律，是天道。"高下相倾"的"倾"，帛书本、竹简本都作"盈"，指高低增益，改"盈"为"倾"或为避汉惠帝刘盈之讳。这里有无、难易、长短、高下、前后都是反义词，只是音声这一对好像不在同一序列。刘笑敢认为："'音声相合'一句讲相似之物的和谐，与全文内容不一，只起一种铺排烘托的作用，这里可以暂不讨论。"① 更多数注家不知出于何种原因，对于这个问题选择了回避。其实声、音确实差别不大，经常互用，但是差别也还是有的，《说文》说"生于心有节于外，谓之音"，《礼记·乐记》也说"声成文谓之音"。也就是说，与其他相比、相待而产生的观念一样，音、声这一对也是比较的结果，植入同一序列并不存在问题。老子在此句是用事物存在的相对转化这一普遍规律提醒人们物极必反、弄巧成拙很正常。当然，用天道讲人道，其实是有其理论缺陷的，人类社会的发展有其特殊性，与自然事物的存在并不是一码事。这个地方我们应体认中国思想先哲论证问题的方式，而不可求全于老子了。

"是以圣人处无为之事，行不言之教，万物作焉而不辞，生而不有，为而不恃，功成而弗居。夫唯弗居，是以不去。"这里就是展现圣人之道了，这是老子一贯的论说方式，即效法天道即圣道。正是因为事物相待而有，抱有特定价值导向的政令效果往往适得其反，所以应该超越，超越相对性视角，也超越功利性，以不做为做，以不说为说。具体而言，如何建立与事物的关系呢？笔者"校证文"把"行不言之教"这句话后面的标点修改为冒号，因为下面的几句就是无为之事、不言之教的表现。"生而不有"不见于帛书本、竹简本，敦煌写本、遂州碑本也没有此句，基本可以断定传世本"生而不有"一句为后增入。"辞"傅奕本、帛书本、竹简本均为"始"，"始"该为原貌。"万物作焉而不始"，"作"是万物发起，"而"后面就是圣人"不始"，意谓不对事物的发展做规划设计。同理，"为而不恃，功成而弗居"也是指万物"为"而圣人"不恃"、万物"功成"而圣人"弗居"。因为这里的"作""为""成"，是万物"自作""自为""自成"，

---

① 刘笑敢：《老子古今》（修订版），北京：中国社会科学出版社，2006年，第142页。

圣人不去做干扰的"始""为",当然也不"居"功了。那圣人岂不惨了点？一点儿也不。因为他不规划、不干扰、不占有，所以他才是圣人。从古代以来很多注者都解释为圣人做事生养事物不占有、作育万物不恃能、成就万物不居功，把圣人描绘成"活雷锋"，一是没有注意到上文的无为、无言，执拗于"为"的高妙，二是没有体会到"为而不恃""功成而弗居"二者只是承前省略了"万物"，关键还是对老子的圣人无为、百姓自为根本宗旨缺少共鸣。

这段话文义比较清楚，关键是厘清了《老子》此一章的逻辑线索。第一句"天下皆知美之为美，斯恶已；皆知善之为善，斯不善已"说明人道往往是动机与效果相悖，第二句"故有无相生，难易相成，长短相形，高下相倾，音声相和，前后相随"是天道如此，第三句"是以圣人处无为之事，行不言之教，万物作焉而不辞，生而不有，为而不恃，功成而弗居。夫唯弗居，是以不去"则是圣人效法天道。从人道反思天道，再学习天道，就成为圣人之道。这就是笔者一再主张的，道是治世原则，从天之道对人之道的启发或模范作用中抽象出来，也可以说，道是一种关系存在而非本体性质存在，是排斥关系的关系存在。这一章虽然没有"道"这个字眼，但其实文字是在三种"道"的表现中跳跃。

本章核心章旨是无为之道。从不实行无为之道的坏处，拉来无为之道的根据，再推出无为之道的原则和标显无为之道的意义。

第三章

【原文】

不尚贤，使民不争；不贵难得之货，使民不为盗；不见可欲，使民心不乱[1]。是以圣人之治，虚其心，实其腹，弱其志，强其骨。常使民无知无欲，使夫智者不敢为也。为无为，则无不治。

【训释】

[1] 贤，《说文》："贤，多才也。"段玉裁《说文解字注》说："贤，多财之称。引申之凡多皆曰贤。人称贤能，因习其引申之义而废其本义矣。"见，通"现"。

【校证文】

不尚贤，使民不争；不贵难得之货，使民不为盗；不见可欲，使民不乱。是以圣人之治，虚其心，实其腹，弱其志，强其骨。常使民无知无欲，使夫智者不敢为也。为无为，则无不治。

【译文】

不提倡聚敛钱财，百姓就不会忙于争斗；不追求难得稀有的东西，百姓就不会去当盗贼；不以物质为诱惑，百姓就不会陷入纷乱。所以高明的治世者治理社会，不喊口号、不灌输理念，让百姓心安于自身事务而不铤身走险，使得百姓不被巧智奢欲所牵引而甘冒风险。这样，治世者没有发号施令，反而可以使得天下太平。

【解析】

这一章各版本差别不大，没有竹简本对照，整体上是继续对贤能治世的原则进行论述。所谓国富民强，倡导老百姓多挣钱、物质丰富总是好事吧？这个问题没那么简单。因为物欲确实能够推动社会发展，却也往往以丧失道德为代价，一旦没有底线，局面就不可收拾，理想的发展是不在欲望的驱使下进行的生产。

"不尚贤，使民不争；不贵难得之货，使民不为盗；不见可欲，使民心不乱。""尚贤"是《墨子》的基本主张之一，本处"不尚贤"曾被理解为针对墨家观念而发而用于论述《老子》晚出。这种论述方法本身就存在问题，很难说《墨子》专门举出尚贤之前并没有尚贤观念。《老子》此处"不尚贤"恐怕和推举贤能无关。对于《说文》解释"贤"为"多才"，清代段玉裁《说文解字注》认为"贤"本就是"多财"，而后引申义的"多才"因多用而使人忽视了其本意，这应该是可靠的。"贤"之一字，本身就是"贝"字底，原意应该与财富相关。此一句三部分中，后二者明显与物质有关，那么第一部分也不应突兀地提到不应推举贤能的问题，不仅不符合文字环境，与下文讨论的物与欲的关系也不相应，且《老子》整本书也没涉及到此问题。所以，注家此句译为"不标榜贤才异能，使民众不争功名"①虽与《老子》思想宗旨无违，却也未能得当。"不见可欲，使民心不乱"帛书乙本作"不见可欲，使民不乱"，刘笑敢认为通行本增加了"心"字，可能是受到了儒家影响而为，看起来比较深刻了，但并不符合道家精神②，笔者十分赞同这一观点。老子关注的是形之于外的，心里乱，不出来作乱，管他作甚？增一"心"字实是画蛇添足，此处"心"与下文"虚其心"之"心"不是一码事。这里是在说凡是引以物质诱惑的社会管理，不管是"贤""货"，还是"可欲"，都会使得民众眼中只有财货而唯利是图，胆子大的"智者"就铤而走险，一旦投机倒把、假冒伪劣、坑蒙拐骗的行为盛行，倒霉的还是底层百姓，而良知泯灭的代价就是社会陷入混乱而无法归治。

"是以圣人之治，虚其心，实其腹，弱其志，强其骨。"这一句在讨论物的必要与欲的控制问题。很多注者主张，"虚其心，实其腹，弱其志，强其骨"的对象是"圣人"自己，在上者不胡思乱想，自然就不会祸害百姓，看似有道理，但是上下文都是"治"民的问题，这里也是圣人之"治"，恐怕还应把这十几个字理解为治世原则。"实其腹""强其骨"就是要让百姓吃上饭，有生活保障；"虚其心""弱其志"就是要防止人被鼓动的唯利是图，别的都不重要。老子从来不反对发展，绝不是所谓的"消极主义者"，他只是提醒人们唯利是图是危险的。物质的积累和物欲横流是两码事，历史经验表明，如果只鼓舞人们增加对物质的欲望，即使短时间内促进了社会发展，但是往往代价巨大。实腹强骨是物的必要，虚心弱志是欲的控制。这中间的界限不是那么分明，好像极高明的智慧才会拿捏得准，其实哪有那么复杂，一个"无为"就是了，因为谁不想吃好、穿暖呢？不鼓动、不限制，老百姓就会该干啥干啥，伸展的就是其发展合理性。

"常使民无知无欲，使夫智者不敢为也。为无为，则无不治。"这一句傅奕本作"常使民无知无欲，使夫知者不敢为。为无为，则无不为。"这应该是"无为而无不为"这个观念已被认定为老子治世之道的归宿的影响之

① 此为陈鼓应先生所译，见于中华书局《老子注译及评介》（修订增补本）第70页。陈先生在评介中已注意到了蒋锡昌氏关于"多财"的观点，并认为"颇可参考"，不知为什么译文却没有参考。

② 刘笑敢：《老子古今》（修订版），北京：中国社会科学出版社，2006年，第144页。

下对文本的修改。历代诠读《老子》者绕不明白，总怕"无为"落空，有了"无不为"就踏实了，其实，老子的"无为"是消减在上者，"自然"是还给在下者，"无不为"并不是其突出的概念，如果"无不为"，那也是在下者的"自为"，这一点必须清楚，否则就谈不上对老子哲学的把握。"常使民无知无欲，使夫智者不敢为也"，这里的"无知"挺容易让人迷惑，其实老子绝不是主张把老百姓弄成愚昧无知的人，而是说特定目标鼓吹之下使得百姓的"知""欲"充满了"利益"二字。社会的动乱、刑事案件不都是在谋利驱使之下的"智者""敢为"吗？这种警告和愚民有什么关系？所以，老子说"为无为，则无不治"，在上者不为，是不枉顾现状搞一刀切，也不引以贪欲，国家自然安定繁荣。

　　这一章本就是对无为政治的意义进行论述，容易引起争议的是老子是不是主张愚民，不易理解的是在上者不管怎么做反而会使社会平稳发展。对于《老子》主张愚民治国，在过去讲得比较多，一是儒家将其作为道家甚至道教作品攻击时，一是极"左"的年代批判旧哲学时，本身都有斗争色彩，虽所论粗陋，却也影响甚大，一时难以清除。此章语句的理解也往往不太容易，特别是对于"常使民无知无欲"错解普遍，辛战军翻译为"总是使得广大民众处于纯真质朴之中而不用智慧，不生欲望"①，用词已经尽可能追求美好了，但还是容易让人生疑。难道百姓不能有智慧吗？不让百姓有智慧，不就是愚民吗？我们在上文的分析已陈明，这里的"无知无欲"是反对巧智贪欲，绝不是反对一切智慧和基本生理欲望。况且老子主张无为释放活力，而愚民恰恰需要大有作为地进行"洗脑"不是吗？至于"无为"为什么能够造成"无不治"的社会蓬勃发展，这是《老子》全书讨论的最核心问题，结合社会历史经验反复体会自然就能明白，事物的发展是其内部需要，限制其生命力的往往是在上者的种种规定。清代以来的闭关锁国，使得我们丧失了现代化发展的良机而受列强的欺辱；新中国的改革开放，把发展的积极性还给了人民。事物要求发展是道性，不折腾、去束缚，就顺其自然之性而进，标举物质财货，却会使人利欲熏心而恣肆妄行。

① 辛战军：《老子译注》，北京：中华书局，2008 年，第 19 页。

第四章

【原文】

道冲而用之或不盈，渊兮似万物之宗[1]。挫其锐，解其纷，和其光，同其尘[2]。湛兮似或存，吾不知谁之子，象帝之先[3]。

【训释】

[1] 冲，傅奕本作"盅"。《玉篇》："冲，虚也。"《说文》："盅，器虚也。"盈，傅奕本作"满"。《说文》："盈，满器也。"渊，《广雅·释诂》："渊，深也。"

[2] "挫其锐，解其纷，和其光，同其尘"，这一句在第五十六章重出。

[3] 湛，《说文》："湛，没也。"子，《广雅·释言》："子，似也。"帝，通"蒂"。

【校证文】

道盅而用之或不盈。渊兮似万物之宗，湛兮似或存。吾不知谁之子，象帝之先。

【译文】

道不是实体性质的存在，但它的作用却不可穷尽。它深入地支持着所有事物，却无法寻觅它的踪迹。我无法说它像什么，是一切现象和存在的根源。

【解析】

道是什么样的存在？这是《老子》的注释者必须面对的问题，给出的答案也是五花八门。有主张道是一种纯粹的理念，有主张道是一种实体性存在，有主张道是似无当有的存在，等等。本章、第二十一章、第二十五章等都有类似对道体性质的论述。笔者认为，一是我们关心的关于道的实在与否的问题，大概并不作为一个需要阐明的问题进入了老子的视野，所以对于此问题的关切毋宁说是我们受今日研究习惯之影响而迫切需要回答；

二是综合《老子》全篇，老子更强调了道用的确实，也就是道的实践的可靠性，老子是由这一点回头肯定了道本身的无可质疑的存在意义。我们的生活经验中缺少对非实在性质的事物的运用，所以《老子》才在反复申明"道"是一种观察角度与治世原则的基础上，强调了它的真实性，如果我们把这种真实与经验范围的任何一种存在对号入座，大概恰恰辜负了老子的良苦用心。若不谓，且看此章，明明可以理解为老子说道是"不存在"的"存在"（事物本身的整体性、合理性，体不在而用在），仍有许多学者却理解此"存在"是一种"不存在"。

"道冲而用之或不盈，渊兮似万物之宗。"冲，傅奕本作"盅"，《说文》中注"盅"为"器虚"，并专门引述说："《老子》曰：'道盅而用之'。"俞樾认为，"盅"训"虚"与"盈"正相对，"盅"当为《老子》古字①。"冲"字也是"虚"的意思，但"盅""盈"二字皆为"皿"字底，一为虚，一为实，正好构成对应关系。众注家往往理解此句的意思是，道体是虚的，但用起来却取之不尽。笔者认为，此处的"盅"恰是老子在强调"道"非实体性质存在，它是一种整体性，是事物自身的合理性，不是某种"东西"，所以是虚的，不能把这种虚执意理解为有的特殊状态。老子是在强调道体无而用有，它虽然不是我们经验世界的某种存在，但其作用确实，而且表现在所有事物。"渊兮，似万物之宗"也是说"道"的作用具有普遍性，"渊"是深藏，并不能直接观察它，但又是"宗"，是决定者、推动者、主导者。

"挫其锐，解其纷，和其光，同其尘。"此一句与第五十六章传世本该句完全一致，已多有学者指出应为错简重出。陈鼓应据"渊兮似万物之宗"与"湛兮似或存"正好相对，疑这四句为羼误而入②。对于这一观点，笔者十分认可。仍有部分学者认为，此几句为思想重现，且与上下文语意贯通，特别是根据帛书本亦有此四句，不应视传世本为误③。对于先秦古籍不可因解读困难就随便更改文字或认定为乱简，但这四句不仅句式与本章不合，且所论内容为践行道用的要求，和本章所论道本身的意义也不是一个主题。即使排除两句带有"兮"字的句子本身呼应，很难想象上下文都在说"道"

① （清）俞樾：《诸子平议》，北京：中华书局，1954年，第144页。
② 陈鼓应：《老子注译及评介》（修订增补本），北京：中华书局，2009年，第71–72页。
③ 高明：《帛书老子校注》，北京：中华书局，1996年，第242页。

老子论衡

本身作用之确实，而中间插入了论述落实"道"的原则的话，因此"校证文"删去此四句，译文也从略。此几句出现在此章，帛书本已有（本章无对应竹简本），大概是乱入已久。

"湛兮似或存，吾不知谁之子，象帝之先。"湛，《说文》："湛，没也。"《小尔雅·广诂》："没，无也。"此处用"湛"字说存，还是摆明了强调"道"是非实有性存在。笔者认定"挫其锐，解其纷，和其光，同其尘"四句为乱入，而"渊兮，似万物之宗"是道的作用普遍，"湛兮似或存"是体无实在，那么这二句合起来其实与"道冲而用之或不盈"是一个意思，因此，断句时把"道冲而用之或不盈"断为一句，而合"渊兮，似万物之宗""湛兮似或存"为一句。前面是无体有用，接下来是有用无体，上下贯通，文意呼应。对于"吾不知谁之子，象帝之先"，注家往往理解"子"为"儿子"，而王弼注"帝"为"天帝①"后，该观点为大部分学者所接受，于是便可译为："我不知道它是谁的儿子，好像是上帝的祖先。"②高亨也说："象帝之先，犹言似天帝之祖也。"③ 这样道就是一种先天的存在，是离开具体事物的，也是生成万物的来源。甚至，由于它是"帝"之先的，那么道的物性优先于帝的神性，此一句竟可成为中国无神论思想的源头活水。陈鼓应评论说："在这里，老子击破了神造之说。"④ 然而，笔者坚持认为，《老子》中的几处"先"字并不一定是先后之义，而是强调本来如此，统一性体认的结果就是事物本来具备其完整合理性，即道性；相状性观察的结果便为其各种特征的伸展，也就是物性。那么，如何看待"子""象""帝"这几个字呢？《广雅·释言》说："子，似也。""吾不知谁之子"也就是说"道这种存在很特殊，不好比拟，我不知道咋说才好"。而对于"象""帝"，孙以楷指出，"象，指具象；帝，通'蒂'"⑤。虽然孙先生最终的解说还是归道于"先于原初具象存在"，但仍给予笔者重要启发，那就是"象"是现象，"帝"是结果，"象帝之先"就是道是现象和存在的内部作用者。这与上文就完全统一起来了，那么本章三组句子是一个意思。老子还是在表达，道的存在无法形拟，而作用却实实在在！

① （魏）王弼著，楼宇烈校释：《王弼集校释》，北京：中华书局，1980 年，第 11 页。
② 许抗生：《帛书老子注译与研究》，杭州：浙江人民出版社，1982 年，第 70 页。
③ 高亨：《老子正诂》，北京：清华大学出版社，2011 年，第 10 页。
④ 陈鼓应：《老子注译及评介》（修订增补本），北京：中华书局，2009 年，第 73 页。
⑤ 孙以楷：《老子通论》，合肥：安徽大学出版社，2004 年，第 290 页。

这一章对于笔者坚持道论的性质为价值论一说是"严峻"的挑战，因为历来的解说者均把此章做道体具有玄虚性质及为事物生发之源头的解释，而且文字上好像也支持了这一点。陈鼓应翻译此章为："道体是虚的，然而作用却不穷竭。渊深啊！它好像是万物的宗主；幽隐啊！似亡又实存。我不知道它是从哪里产生的，但可称它为天帝的宗祖。"① 道如果是一种先于具体事物的独立存在，就一定有具体物质性。且不说老子时代没有关于宇宙大爆炸的物理学猜想，即使老子对宇宙的本源问题产生了浓厚兴趣，这个本体或本源性质的"道"如何和他的无为治国之道连接呢？笔者认为，"道"是价值原则，是保护每个事物本身的整体性，也就是伸展其合理性，谢绝目的性、排斥导向性。老子认为事物遵循自身逻辑整体发展是确实的，这样"道"不能说没有，但又不能归入任何一种可以描摹的事物。所以对于老子的道性虚无的论说，究竟应理解为一种存在的无状，还是无状的存在呢？应该是前者。严复在《老子评语》给此章按评说："此章专形容道体，当玩'或'字与两'似'字方为得之。"② 笔者想，所谓"或""似"，说到底就是体没有而作用存在罢了。

第五章

【原文】

天地不仁，以万物为刍狗；圣人不仁，以百姓为刍狗[1]。天地之间，其犹橐龠乎？虚而不屈，动而愈出[2]。多言数穷，不如守中[3]。

【训释】

[1] 刍狗，古代祭祀时用草扎成的狗。

[2] 橐龠，代鼓风吹火用的器具。屈，穷尽，傅奕本作"诎"，义同。

[3] 多言，帛书乙本作"多闻"。穷，《玉篇》："穷，极也。"

【校证文】

天地不仁，以万物为刍狗；圣人不仁，以百姓为刍狗。天地之间，其

① 陈鼓应：《老子注译及评介》（修订增补本），北京：中华书局，2009年，第73页。
② 严复：《严复集》，北京：中华书局，1986年，第1077页。

犹橐龠乎？虚而不屈，动而愈出。多言数穷，不如守中。

【译文】

大自然没有偏爱，任由万物自然生长；高明的治世者也没有偏爱，任凭百姓自己发展。天地之间不就像一个鼓动的风箱吗？看起来没有实在的东西，但其发动起来却生生不息。施令的发放作用非常有限，反不如任其自然。

【解析】

此一章河上公本、王弼本、傅奕本差别不大，"校证文"照王本录入，无改动。本章对应竹简本只有中间部分的文字："天地之间，其犹橐龠与？虚而不屈，动而愈出。"在竹简本出现之前，这一章关于"天地不仁""圣人不仁"的文字曾作为儒道互绌的例证使用。但传世本几处看似攻击儒家思想的言论在竹简本并没有，使得这一讨论陷入比较尴尬的境地。当然，有可能竹简本是节选本，而上述文字恰恰被节选掉了。但更重要的是，学派自觉意识在老子时代不存在。孔子代表的儒家是传统的继承者，而老子对于传统治世理念提出了很多质疑，这看起来是老子针对儒家观念而发，其实老子反思的是施政原则，并非是对学派观念而去的。后世的写本在学者陷入狭隘的学派意识后有一定程度的加工，也可以理解。其实，老子和孔子的观点有相通之处，也有诸多不同，这种不同基本不是对同一问题的看法存在观点差异，而是关注点本身不太一样。老子的理想人格是"圣人"，本章、第二章、第三章都有"圣人"，通行本《老子》共出现"圣人"32处，可谓频率极高。"圣人"是什么人——以无为为原则的治世者，辅万物之自然的法道者。老子不谈"君子"（只在通行本第三十一章论述军事问题时因居位需要出现了"君子"）。孔子的理想人格是"君子"，《论语》中"君子"这个字眼出现107次。"君子"是什么人？——当位的人，在相应的位置上，合于礼的要求，并自觉修养向上的人。孔子不怎么说"圣人"，谈到这个问题时只是说："圣人，吾不得而见之矣！得见君子者，斯可矣。"[①] 在孔子看来，社会精英层的修养是重要的，影响着整个社会的

---

① 杨伯峻：《论语译注》，北京：中华书局，2009年，第72页。

风气。老子则认为，最好的政治是把自由空间还给老百姓。这二位关注的基本不是一个问题。孔子也谈到了"无为"，他说："无为而治者，其舜也与？夫何为哉？恭己正南面而已矣。"① 孔子的"无为"依靠的是舜这种理想人君"恭己"的修养，无为是目标。老子的"无为"则是希望"侯王若能守之，万物将自宾"（第三十二章），与侯王修养无关，无为是要求。在读《老子》时，联系儒、道或老、孔的观点进行分析是有必要的，可以更好地把握他们各自的思想特色，但是把不在同一语境下的问题进行比较就应该谨慎了。所以，下文的"守中"之"中"与儒家"中道"之"中"也没有可比性，一是虚无、不实有，一是端正、不极端。刘笑敢《老子古今》第三十八章的"析评引论"② 中谈论儒家、道家观念的对比十分深刻，是其书最精彩的部分，可以参考。

　　"天地不仁，以万物为刍狗；圣人不仁，以百姓为刍狗。""刍狗"是古代祭祀时用草扎成的狗，作用类似于现代的花圈。《庄子·天运》说："夫刍狗之未陈也，盛以箧衍，巾以文绣，尸祝齐戒以将之；及其已陈也，行者践其首脊，苏者取而爨之而已。"③ 文意与《老子》此处同。"天地不仁，以万物为刍狗"是天道无为，"圣人不仁，以百姓为刍狗"是治世者效法天道的圣道。《说文》："仁，亲也。"《孟子·尽心上》："亲亲，仁也。"④《荀子·大略》："仁，爱也，故亲。"⑤ 仁，是建立爱的关系。大自然对于任何事物都不建立"爱"的关系，任事物都在自身的生命力下存在。天地看似是事物的主宰者，却无任何偏私地对待它们，好像它们就如同用草扎成的狗一样，有时成为神品，有时成为废品，随其自然之性而已。理想的治世者对待百姓也是一样，无偏私、不区别对待、不干扰，任他们发挥自身的积极性。有认为此处之"百姓"应为百官，不似今天之大众。韦昭给《国语·周语》"百姓兆民"注说："百姓，百官也。官有世功，受氏姓也。"⑥ 一方面，很多传统观念在老子所生活的时代其实正处演变时期，《老子》中的"百姓"与"人""民"（人、民在春秋时期含义亦不同）基本上

　　① 杨伯峻：《论语译注》，北京：中华书局，2009 年，第 160 页。
　　② 刘笑敢：《老子古今》（修订版），北京：中国社会科学出版社，2006 年，第 424-433 页。
　　③ 陈鼓应：《庄子今注今译》，北京：中华书局，2009 年，第 402 页。
　　④ 杨伯峻：《孟子译注》，北京：中华书局，2010 年，第 284 页。
　　⑤ 方勇、李波：《荀子》，北京：中华书局，2015 年，第 435 页。
　　⑥ 徐元诰：《国语集解》，北京：中华书局，2002 年，第 48 页。

都属于相对于在上者的"下";另一方面，即使"百姓"指"百官"也不影响其思想所指——圣人无私心、不干涉，百官各守其职、各尽其能。不过，笔者还是倾向于"百姓"约略即今天所谓之"大众"。

"天地之间，其犹橐龠乎？虚而不屈，动而愈出。""橐龠"，古代冶炼时用以鼓风吹火的装置，橐为外之椟，龠为内之管，犹今之风箱。王本的"屈"或傅奕本"诎"都是穷尽的意思。老子用风箱打了一个比方，风箱的里面是空的，但鼓动起来却能不断吹出空气。道对于事物的作用也是一样的，它是每个事物自身的合理性，是推动事物发展的基本力量。一种事物的合理性相对于其他事物来讲，就是其特殊性，如是则特殊性无穷无尽。潜在的意思就是，若是具体治理的手段，只能对一方面特殊性下手，而对于其他方面不是妨碍，就是伤害。

"多言数穷，不如守中。"学者对于此处是"多言"还是"多闻"，各持己见。河上公本、王弼本、傅奕本作"多言"，帛书本、龙兴碑、想尔注本等作"多闻"，有些学者主张据帛书本"多闻"为旧。但是《老子指归》与《淮南子·道应训》所引也为"多言。"大概汉代就有"多言"与"多闻"的分歧了。根据文意，"多言"指施政者发放号令，而"多闻"则解起来绕弯子，还是以"多言"为好。事物的发展纷繁复杂，在上者如果针对事物的具体特点去管理它，就会陷入政令频出不能停止却奏效甚微的窘境。高明的做法是，"守中"。"中"通"冲"或"盅"，就是虚无、不存在。"守中"就是把与事物的联系设定为非联系。

这一章老子以"刍狗""橐龠"为喻继续论述无为治世之道的原理。多用比方的方式论道也是《老子》的文字特色，一方面，由于道用本身十分抽象，不太容易形诸笔端描述，尤其是在语言还比较贫乏的古代；另一方面，中国古代哲人本身惯于用自然事物的特点推论社会发展规律。比类式论述的优势在于可以把不太容易理解的内容形象地表达出来，而缺点在于比方就是比方，古人往往局限于比方本身，而混淆了喻体与本体。"刍狗"用以说解除关系式对待事物，"橐龠"则用以解说事物本身都有各自的合理性与特殊性，这种特殊性不可穷尽。事物存在的特点只是人遵循特点价值或目的性认知的结果，它自身的整体合理性才是其发展的内部逻辑，按照主观意愿去号令事物，怎么会照顾到所有的复杂性呢？最高明的治理之道便是把事物还给事物的"守中"，"中"（虚）也就是解除关系。至于过去有些学者批评"圣人"剥夺百姓自由，把百姓当成刍狗愚弄，无时不侮辱百姓人权，则是斗争哲学的产物，并不值得反驳。老子不会站在百姓的立场上号召百姓起来反抗，也不会站在统治者的立场上教唆其如何对付百姓。他只是深刻思考着社会动荡不安的深层原因，转而给千百年来人类社会发展的共同难题提供答案。

第六章

【原文】

谷神不死，是谓玄牝，玄牝之门，是谓天地根[1]。绵绵若存，用之不勤[2]。

【训释】

[1] 谷，帛书乙本作"浴"。牝，《说文》："牝，畜母也。从牛匕声。"牝牡指雌雄两性。

[2] 勤，帛书甲乙本均作"堇"。《广雅·释诂》："堇，少也。"

【校证文】

谷、神、不死，是谓玄牝，玄牝之门，是谓天地根。绵绵若存，用之不堇。

【译文】

天地万物的复杂性由类似母性生发功能而产生。它空虚、神妙又不消亡，冥冥不可见，但作用无穷。

【解析】

这一章文字不多，但理解起来难度不小，特别是容易被其中文字的神秘气氛引导转向形而上的本体释读，甚至解说为宗教、方术色彩的秘密义方向。本文在此引入一些解读，以体认《老子》诠释的丰富，也理解此章阅读的困难。对于"玄牝"究竟为何物，注家莫衷一是，于是便有形而下的种种猜想。河上公认为是口鼻，其《老子河上公章句》说："玄，天也，于人为鼻。牝，地也，于人为口。天食人以五气，从鼻入藏于心。五气清微，为精、神、聪、明、音声五性。其鬼曰魂，魂者雄也，主出入于人鼻，与天通，故鼻为玄也。地食人以五味，从口入藏于胃。五味浊辱，为形、骸、骨、肉、血、脉六情。其鬼曰魄，魄者雌也，主出入于人口，与地通，故口为牝也。"① 《老子想尔注》则认为是男女生殖器："牝，地也，女像之。阴孔为门，死生之官也，最要故名根。男茎亦名根……道造之何？道重继祠，种类不绝……能用此道，应得仙寿，男女之事，不可不勤也。"② 该种注释方向，演绎至道教炼养家，便把"玄牝之门"视为作内丹的"玄关一窍"，清代黄元吉解说道："第此门也，是阴阳往来之路，天地造化之乡，人物发生之地，得之则生，失之则死。凡人顺用之则为死户，圣人颠倒之则为生门。人欲炼丹以成长生久视之道，舍此玄牝之门，别无他径也。非天地之根而何？修士垂帘观照，混沌无知时，死凡心也。忽焉一觉而动，生道心也。所谓静则为元神，动则为真意。是其中胎息一动，不要死死执着丹田，必于不内不外间，观其升降往来，悠扬活泼，即得真正胎息矣。"③ 此类认识至今络绎不绝，至多可视为借助《老子》文本阐述自家学说，却不可视为《老子》文本的严肃诠释。但是此种解释却造成了非常广泛的影响，当代严肃的治老学者亦不乏此论。蒋锡昌《老子校诂》说："'谷神不死，是谓玄牝'言有道之人，善引腹中元气，便能长生康健，此可谓之微妙之生长也。此章言胎息导引之法，诸家多不明此旨，故于'谷'字曲为异解而不知非也。"④ 徐梵澄怀疑《老子》文字中羼入了不少方士之言，凡言道生成之论盖此类，其《老子臆解》注释此章说："疑此乃就养神、制气、辟谷、导引诸术为言。力内而气外，'绵绵兮'二句，与调气之事合。"⑤ 朱谦之也怀疑说："《老子》书中，实包含古代医家之言。"⑥ 大概，徐、朱先生已经意识到了，养生之道的解释其实与《老子》宗旨并不一致，只能怀疑他言掺入。虽历代有往道体演化、形上妙有方向的诠释，多以后世之概念进入，且往往隔靴搔痒。宋代范应元的《老子道德经古本集注》

① 王卡点校：《老子道德经河上公章句》，北京：中华书局，1993 年，第 21—22 页。
② 饶宗颐：《老子想尔注校证》，上海：上海古籍出版社，1991 年，第 9 页。
③ （清）黄元吉撰，蒋门马校注：《道德经注释》，北京：中华书局，2012 年，第 26—27 页。
④ 蒋锡昌：《老子校诂》，上海：上海书店，1996 年，第 36 页。
⑤ 徐梵澄：《老子臆解》，北京：中华书局，1988 年，第 9 页。
⑥ 朱谦之：《老子校释》，北京：中华书局，1984 年，第 39 页。

说："门者，指阴阳也。以其一辟一阖，往来不穷而言也。阴阳者，以道之动静而言也。动而曰阳，动极而静曰阴。动极而静，静极复动，开阖不忒，生育无穷。"① 此以动静阴阳述道性，源出易学，而与《老子》所论实不相干，今人翻译此章也多词不达意。古棣《老子通》译此章说："像河谷那样空虚的道，是永远不死的，它是原始的老祖母。这个老祖母，它是天地的根源。微细的像根线，模模糊糊地存在着，它的作用不会穷尽。"② 这个老祖母像根线，画面感让人有点儿不敢直视……诸多认识精彩纷呈，确实丰富了人们的视野，成为中国哲学资料库的宝贵组成部分，开拓了注家的研究方向，但《老子》本义怎么认识呢？笔者想，还是置于一贯认识的立场看看能不能解说得通吧。

"谷神不死，是谓玄牝，玄牝之门，是谓天地根。"这里有两个关键词，"谷神""玄牝"。高亨认为"谷神""玄牝"③ 都是道之别名。这其实等于没做解释。古代医家把"谷神"视为人的食物运化能力所维持的基本生命力，丹家把"玄牝"视为人体精气整体转化的窍点，但此种认识显然是后起的，是受到《老子》影响转而以《老子》的名词冠在自家理念上所为。帛书乙本"谷"作"浴"，本来古代"浴""谷"通用，有些专以"浴"解出"澡雪精神"方向就更离谱了。笔者认为，"谷神不死"，应该读为"谷、神、不死"，是言说以道观察事物的特点，"谷"——空虚，"神"——生机，"不死"——不息。这是"玄牝"。牝，是母性。"玄牝"便是万物在道性的作用下各自延伸，就像母体生育的力量。这种"玄牝之门"，事物之来由，就是自然事物的根本。概而言之，事物被道性所作用，生生不息，这个道性不来自外面，而是其自身的合理性与整体性。

"绵绵若存，用之不勤。"高亨认为，"绵""昬"古通用，"绵绵"即"昬昬"，犹"冥冥"，不可见之意④。笔者赞同此观点。"勤"，帛书乙本作"堇"。帛书本的注家许抗生、高明均改"堇"为"勤"，认为"堇"为"勤"之误。其实，"堇"是少的意思，"不堇"指不可穷尽，不应改回。此一句是指道用无尽，却不能直接看到它的存在。

---

① （宋）范应元：《老子道德经古本集注》，续古逸丛书本，上卷。

② 古棣、张英：《老子通》（上部），长春：吉林人民出版社，1991 年，第 626 页。

③ 高亨：《老子正诂》，北京：清华大学出版社，2011 年，第 13 页。

④ 高亨：《老子正诂》，北京：清华大学出版社，2011 年，第 14 页。

本一章本来不困难，释读者还是对于《老子》比类式论说缺少足够的理解，就如上文所说，陷入喻体与本体的混淆，执着于比方道的性质的"玄牝"而不能自拔，生出种种言说方向。对于《老子》的诠读，如果能立足于道的作用视野解释清楚的话，不好拉来其他名类入赘，这也是奥卡姆剃刀的原则。笔者检索此章之解说时找到了两则材料，一是虽然受时代思潮影响，对老子哲学整体把握方向有偏差的任继愈在《老子今译》反而对此章做出了较为准确的翻译："空虚看不见的变化永不停止，这叫作'玄牝'。'玄牝'之门，这叫作天地的根。[它]绵绵不断，似乎永存，用之不尽。"① 一是明代的学问家薛蕙在《老子集解》力辟众说，主张"玄牝之门"绝不是某一物，"或者乃随语生解后，指一处为玄牝之门，殊失之矣"。他对于道性有体无的认识令人叹服："曰谓之谷则非有也，谓之神则非无也。又曰谷神之可见者特其因应焉耳。虽曰可见，而不可见者存焉是何也？盖可见者皆彼万物之迹，而非其本体也。显其因应之妙用，藏其虚无之实体，此谷神之所以为神也。非通神明之德者，孰能识之！"② 此一说，亦让笔者坚定了信心，知《老子》者，古来有之！

第七章

【原文】

天长地久。天地所以能长且久者，以其不自生，故能长生[1]。是以圣人后其身而身先，外其身而身存[2]。非以其无私邪？故能成其私[3]。

【训释】

[1] 此句句末之"生"遂州本、景龙碑本、易玄本、吴澄本均作"久"。河上公本、帛书乙本、傅奕本、严遵本均作"生"。

[2] 帛书乙本为"是以耵（圣）人退其身而身先，外其身而身先，外其身而身存"，甲本为"是以声（圣）人芮（退）其身而身先，外其身而身存"，可证乙本"外其身而身先"为衍文。

[3] 非以其，帛书乙本、傅奕本均为"不以其"。

① 任继愈：《老子今译》，北京：古籍出版社，1956年，第5页。
② （明）薛蕙：《老子集解》，惜阴轩丛书本，上卷。

【校证文】

天长地久。天地所以能长且久者，以其不自生，故能长久。是以圣人后其身而身先，外其身而身存。非以其无私邪？故能成其私。

【译文】

常言说得好："天长地久"。天地之所以能长久存在，因它们的存在是无自我意识的生存，反而能够长久。故而高明的治世者自我要求甘居人后，结果反而为世人标榜；把自己置之度外，反而为世所长存。这难道不是因为他们的无私，反而成就了一般人眼中的"私"吗？

【解析】

本章文字较为直晓，无难解之处。"校证文"改"长生"为"长久"。在"训释"部分，特地对于"生""久"相异、衍文及帛书本与傅奕本一处细节的统一问题注出，意在使广大读者体会《老子》两种帛书本来源不同且非精心抄写，而傅奕本虽在修订后与通行本相近而文本趋同，但其确实来源于古本。此章无竹简本。《老子》一书的传世本在流传过程中，对照修改，使得文字相近①。而竹简本、帛书本虽是古本，但并非善本。由此，对于《老子》的研究必须广泛参照现有诸本，大胆假设、小心求证，方可不为文字所障。

"天长地久。"此言似为老子引述古代成语。借由人所共知的自然现象，引向道性思考与治世之道的选择，是老子论说的基本方式。深刻的问题，必可由人们所熟知的现象导入而论说清楚。

"天地所以能长且久者，以其不自生，故能长生。"在《老子》诸种版本中，"长生"有之，"长久"亦有之。朱谦之对照多本做了论述，认为"长久"为旧②。高明在《帛书老子校注》据帛书本亦为"长生"，且《老子》第五十章有"生生"之说，认为朱说不确③。究竟是"长生"，还是

---

① 这一点从王弼注本特别可以看出，王弼注释中所引《老子》部分原文并不与其录入的《老子》文本一致。可见，王本的《老子》文本已被修订而非原貌了。

② 朱谦之：《老子校释》，北京：中华书局，1984年，第29-30页。

③ 高明：《帛书老子校注》，北京：中华书局，1996年，第251页。

"长久"？看起来"长久"接续句首，"长久"接续句中，也都能讲得通。笔者认为，此处关键还是怎么理解中间的"不自生"。很多注家解释此处的"不自生"为"自益其生"，整句意思就为，天地之所以长久存在，因其不刻意保护（养生）自己的存在，所以反而长久生存。这样理解，不合常理、不合逻辑。不合常理在于，人有益生之需，天地哪来的益生？用第五十章人之"生生"之说，回头讨论天地"不自生"的问题并不得当。不合逻辑在于，为什么不特别自我保护了，反而长存呢？所以，此处之"不自生"就是没有自我生存的意识，也只有这样解释才能和下文"外其身而身存"对应起来。再者，此章开篇就是"天长地久"，此处仍是呼应句首。天地没有自我存在意识，也就是不以目的性、价值性导向规划自己的存在，是顺其自然之性的，所以无所谓生，也就无所谓亡。

"是以圣人后其身而身先，外其身而身存。"这就是专讲圣人合于天道的自然之道了。为什么圣人谦卑处下、无为居后，反而"身先"了呢？不是自己跑到前面去了，而是百姓信赖他，把他推到前面去了。他从来没有标榜自我，"外其身"，但在人们那里却"永垂不朽"，是因为大家认可他。"后其身而身先""外其身而身存"其实是一个意思，榜样是大家拥戴出来的，不是自我包装出来的。天天想着自己，视野里就没有别人，怎么能赢得尊重？天天想着别人，完全忘了自己，别人就会肯定他。道理很简单，做人亦如此。

"非以其无私邪？故能成其私。"老子用"无私"讲"成其私"，这也是其常用的论说方式，即"以反求正"。不过，就一般理解，大家都明白，这里老子是把后面的"私"字加了引号的。一般人求不朽，是私欲，是目的，而圣人"无私"不求显名达身，所以为人推崇却也只是成了别人眼中的"私"，而非他自己的"私"。

这一章老子继续"推天道以明人事"，从一个人所共知的"天长地久"入手，讲天道。天道无私，因而得顺其自然之性。由天道推明圣人之道，不对自身做自私性安排，反而成就了"不朽"。对于这段话很多人喜欢从圣人的自我修养去除私欲、私德等角度进行论说，这么解释虽然没什么问题，但其实没有把握住老子的核心。老子还是在强调，事物自然之性是最重要的，天地如此，人亦如是。圣人"后身""外身"，不以自己存在为存在，不自我标榜，就是不以特定价值方向对待自己，也不以此限制别人，是顺乎道性的表现，并不在于节欲问题。换句话说，老子其实关注的一直是治世者对于百姓的态度，即使谈到欲望的问题，也是说欲望会更加祸害百姓，落的点是在"关系"上。有些注家紧紧抓住此章"私"字不放，做出不少文章，有点儿"狠斗私字一闪念，灵魂深处闹革命"的意思了。任继愈认为，老子是要以退为进，从而为了得到更多好处，以"无私"达到自私的目的①。薛蕙转述程子的话，"老子之言窃弄阖辟者也"②，即在程子看来，老子是搞阴谋诡计。薛蕙表示不解，因为明明老子此章落在"无私"上啊！当然，任先生的认识、程子之论皆由特定时代学术环境的影响。但是把老子哲学当成权谋之术以售在当今不还是层出不穷吗？一代伟大的哲学家竟被消化成阴谋家，老子之悲乎？时人之悲也？！

第八章

【原文】

上善若水[1]。水善利万物而不争，处众人之所恶，故几于道[2]。居善地，心善渊，与善仁，言善信，正善治，事善能，动善时[3]。夫唯不争，故无尤[4]。

【训释】

[1] 上，通"尚"，崇尚。

[2] "水善利万物而不争"，帛书甲本作"水善利万物而有静"，帛书乙本作"水善利万物而有争"。几，近。

[3] 地，《释名·释地》："地，低也。其体底下。载万物也。"与善仁，帛书乙本作"予善天"，甲本脱字。正，傅奕本作"政"，正、政古通用，《说文》："政，正也。"

[4] 尤，《玉篇》："尤，过也，怪异也，责也，多也，怨也。"

【校证文】

上善若水。水善，利万物而不争，处众人之所恶，故几于道。居善，

---

① 任继愈：《老子新译》，上海：上海古籍出版社，1985年，第74页。
② （明）薛蕙：《老子集解》，惜阴轩丛书本，上卷。

地；心善，渊；与善，天；言善，信；正善，治；事善，能；动善，时。
夫唯不争，故无尤。

【译文】

应该推崇善德的表现犹如水那样的特性，能够泽被万物却不争名夺利，
并不拒绝处于人们所厌弃的地方，如同"道"的自然状态。这样的人居不
求为知，心思沉静，一视同仁，言出有信，精简政令，处事任用贤能，举
动符合时节。正是因为高明的治世者像水一样不去争夺什么东西，所以也
不会有所谓过失。

【解析】

对于这一章诸家释读分歧较多，一个集中的难点在于"善"上。在
《老子》此章"善"是何意？考察春秋时期的文字，"善"既可以作"善
良"用，亦可以作"善于"用。《诗·邶风·凯风》"母氏圣善，我无令
人"① 这里是"善良"，《左传·襄公二十八年》"庆氏之马善惊"② 这里是
"惯于"，亦即"善于"。"居善地，心善渊，与善仁，言善信，正善治，事
善能，动善时"这几句似可支持训"善"为"善于"，但"上善若水"处
"上善"后跟"若水"，有些注家也坚持此处"善"用作动词，就不合理
了。同一篇文字中，老子就"善"论"善"，"善"的基本词性都不相同是
不可能的。也就是说，此章之"善"还是"善德"之义。但是《老子》第
二章明确说"皆知善之为善，斯不善已"，好像是反对"善"的，怎么此处
又标举"善"呢？高亨干脆区分了圣人之治的反对"善"与"上善之德"
的肯定"善"，说："此章言上善之德也。若圣人则有不然者。二章曰'圣
人处无为之事'，是无所谓'事善能'也。又曰：'行不言之教。'是无所谓
'言善信'也。五章曰：'圣人不仁，以百姓为刍狗。'是无所谓'与善仁'
也。"③ 那么，回到根本问题，老子是不是反对"善"呢？对这个问题的认
识实质上关系到对其哲学特点的基本把握。老子当然不会反对"善"，反对
"善"恐怕真的有点儿反社会了。老子反对的是假以"善"之名的政治，以

① 周振甫：《诗经译注》，北京：中华书局，2002 年，第 46 页。
② 杨伯峻：《春秋左传注》，北京：中华书局，1990 年，第 1148 页。
③ 高亨：《老子正诂》，北京：清华大学出版社，2011 年，第 17 页。

"善"为治理原则的结果，一是伪善流行，二是借"善"之名的恶成为奴役人的枷锁。大家都推"善"，结果恰恰走向反面，"恶之花"反而显得美艳。老子反对的是作为工具性的"善"，而对于达成实际价值的"善"必然是接受的。因此，主观上不以"善"为标榜，而客观上造就了"善"，自然是社会治理的理想。老子大概谈的就是这个问题罢。严复对于此章之评语"道固无善不善可论。微分术言，数起于无穷小，直作无观，亦无不可，乃积之可以成诸有法之形数。求其胎萌，又即在无穷小之内。此道之所以尽绝言蹊也"① 可谓达《老子》章旨之言。

"上善若水。"元代学者吴澄注曰："上善，谓第一等至极之善，有道之善也。"② 当今，研究老子者，亦多理解"上善"为"最高明的善"。那么"上善"就是对着"下善"，甚至"中善"所说的了，我们欢迎"上善"，似乎应该对比一下"下善"，还要讨论一下"善"是不是总是"好"的。然而，老子并没有给其他档次的"善"出场机会。事实上，在古代汉语"上""尚"通用，《广雅》说："尚，上也。"因此，此处之"上"当解为"尚"。"上善若水"正是批判"善之为善"的作为手段之"善"的，因为当"善"作为主观选择时，就是人在自己认识的范围内有为地推动社会发展的价值趋向，而"水"则不如此，它不做主观选择，只随其自然之性。这种"善"不作为价值判断出现，是超越性的，正如王夫之所说："不著其善，故善。"③ 水哪里有什么善不善的问题，人们识别出的它的"善"，其实是其性，自然之性。

"水善利万物而不争，处众人之所恶，故几于道。"这就是水的自然之性。这里的"善"还是"善德"，而不是"善于"，如果理解为"善于"就又把水的作用推到主观作为了。人的主观选择是趋利避害的，所谓"无利不起早"，任何价值选择必然有功利性目的，资源有限就会陷入"争"，完全没有功利性的地方就是"众人之所恶"了，谁也不会去，但水会去，因为水往低处流，这是它的性质，不是它的主观选择，它没有"争"。"水善利万物而不争"，帛书甲本作"水善利万物而有静"，乙本作"水善利万物而有争"。乙本的"争"若通为"静"，那么"有静"也能讲得通，水静静

① 严复：《严复集》，北京：中华书局，1986年，第1078页。
② （元）吴澄：《道德真经注》，粤雅堂版，卷一。
③ （清）王夫之：《老子衍 庄子通 庄子解》，北京：中华书局，2009年，第8页。

地流淌，也是不争。帛书本甲、乙本皆同出一误可能性不大，或许帛书甲乙本有共同祖本，而此处皆为"有静"，河上公注此章"众人恶卑湿垢浊，水独静流居之也"① 似乎也指向"有静"有来头。传世本"不争"是根据《老子》文义（第八十一章有"为而不争"）修改的，还是另有祖本？此问题无关章旨，但笔者疑"不争"恐为原貌，因此章句末"夫唯不争"显然是回应上文的。此亦证，对于传世本与帛书本的差异，不可一概以帛书本为准。这一句关于水德的描写，概而言之，水只是随其自然之性，所以这种特点"几于道"，近乎道性。因为所谓道性，就是事物按照其本身合理性存在与发展。章文至此是说自然之道，给治理之道树立了模范。

　　"居善地，心善渊，与善仁，言善信，正善治，事善能，动善时。"上文已论，此处之"善"不能理解为"善于"，从而解释出"居住善于处下""精神善于沉静"，等等。那么，"善"是名词，又如何接后面的"地、渊、仁、信、治、能、时"呢？笔者认为，"地"等七个字是表述"居"等"善"的特征，因此此句应该读为"居善，地；心善，渊；与善，仁；言善，信；正善，治；事善，能；动善，时。""地"指低下，天尊地卑，《释名·释地》："地，低也。""居善，地"是甘愿生活在低处、不起眼的地方。"渊"指深隐、深沉。"心善，渊"就是精神状态能安静自守，不总是琢磨着出头。"与善仁"，帛书乙本作"予善天"。高明说："经文所谓'予善天'犹言水施惠万物而功遂身退好如天。且经文多韵读，'心善渊，予善天，言善信'，'渊''天''信'皆真部字，谐韵。今本作'与善仁'者，'仁'乃'天'之误，或为后人所改。"② 此处用"仁"字不合《老子》章旨，笔者采纳高明的观点。"予善，天"就是对待周围事物不以自己的主观认识作为依据，随其自然。"言善，信"，有必要说话时言之可信。有句话说，"撒谎是政治家的特权"，如果政治家都不扯谎了，也就是老子所说的无为治国者了吧。"正善治"，"正"与"政"古通用，傅奕本就改作了"政"，孔子曾对季康子说："政者，正也。子帅以正，孰敢不正？"③ "治"，此处不宜解为"治理"，而是应据《荀子·修身》"少而理曰治"④ 的用法，

① 王卡点校：《老子道德经河上公章句》，北京：中华书局，1993年，第29页。
② 高明：《帛书老子校注》，北京：中华书局，1996年，第257页。
③ 杨伯峻：《论语译注》，北京：中华书局，2009年，第127页。
④ 方勇、李波：《荀子》，北京：中华书局，2015年，第16页。

解为简要而有条理。"正善，治"就是把政令减少到保证社会运转的最低限度。"事善能"的"能"不是指"能力"，而是指"贤能"，《说文》："贤能而疆壮者称能杰也。""事善，能"即处理事务不越俎代庖，而是任用贤能使各尽其职。最后，"动善，时"便是行动能够不主观造作，符合切实条件，合于时而动。以上七个方面总的意思是，"圣人"甘居人后，不标榜自己的存在，对事物的理解避免陷入主观，必要说话时讲诚信，必要施令时把握"少而效"的原则，做事放手委以贤能，行动与时相谐。这些要求便是高明治世者的无为施政原则。

"夫唯不争，故无尤。""尤"，就是过失，《玉篇》："尤，过也。"以上说水的德性是"不争"的，而上面圣人之道的七个表现也可以归为"不争"，因此"圣人"便像"水"没有忧患一样、没有过失可言。

老子此章以水之道喻圣人之道，落在圣人之道上。"居善地，心善渊，与善仁，言善信，正善治，事善能，动善时"七个方面被称为"水德七善"，广为释读者接受。张松如认为此章是老子的《水之歌》，"下面七句，都是水德的写状，又是实指上善之人，亦即通过水的形象来表现'圣人'乃是道的体现者"[①]。这一观点比较普遍，就是七个方面是水的特点，也成为圣人的样貌。但是问题是说水"居善地，心善渊，与善仁"还可以接受，水哪里来的"言善信，正善治"呢？笔者认为，"水善利万物而不争，处众人之所恶，故几于道"就是水的自然之性了，核心是"不争"，而以上七个方面透射出的也是"不争"而已，切不可把治世之道的七种"人德"写照归为"水德"写状。也有些《老子》的阅读者没有对"善良""善于"进行合理区分，把七个"善"（与对"善"后面领着七个字的断句读法有很大关系）归于治世者种种积极表现（善于，本身就隐含了主观能动去做的意思）。刘笑敢《老子古今》的"析评引论"认为，老子哲学是"消极"与"积极"的统一，因为"不争"所以可以展现出"居善地，心善渊，与善仁，言善信，正善治，事善能，动善时""这一系列处理实际事务的积极方面"[②]。这种观点还是值得商榷的。老子哲学的宗旨是批判"有为"，所有的"有为"都要批判，不管动机是好的还是坏的，因为在他看来，"有为"是陷入主观的，不可能照顾事物所有合理性，一定是被局限的，只有彻底的无为，

① 张松如：《老子说解》，济南：齐鲁书社，1998年，第55页。
② 刘笑敢：《老子古今》（修订版），北京：中国社会科学出版社，2006年，第178-179页。

才能最大限度地释放自然。此章之"善"，是"圣人"根本不存"善"念，更不以"善"作为旗号、工具作为治世条令，而结果是造就了符合自然道性的"善"。一言以蔽之，此"善"非彼"善"。

第九章

【原文】

持而盈之，不如其已[1]。揣而梲之，不可长保[2]。金玉满堂，莫之能守。富贵而骄，自遗其咎[3]。功遂身退，天之道[4]。

【训释】

[1]"持而盈之"之"持"，帛书甲、乙本皆作"揰"，竹简本为"上屮下木"构成之字。持，《说文》："握也。"

[2]揣而梲之，河上公本作"揣而锐之"，傅奕本作"㪣而梲之"，帛书乙本作"㨃而允之"、甲本缺，竹简本作"湍而群之"。

[3]遗，《广雅·释诂》："遗，余也。"咎，灾祸。

[4]功遂身退，傅奕本作"成名功遂身退"，河上公本作"功成名遂身退"，帛书乙本作"功遂身退"，竹简本作"功遂身退"。

【校证文】

揰而盈之，不如其已。揣而群之，不可长保。金玉满堂，莫之能守。富贵而骄，自遗其咎。功遂身退，天之道。

【译文】

沉醉于蓄积越来越多的钱货，不如早早罢手；挖空心思聚敛来的财富，是不能长久保存的；金银财宝堆了一屋子，却没有人能守得住。大富大贵的人往往骄傲自得而生出祸患。功业成就却退居人之后，这是自然之道啊！

【解析】

这一章文字诸本之间文字差异较大，特别需要注意的地方是"揣而锐之，不可长保"处。但文字的差异并不太影响基本章旨，该章道理其实容易理解，需要思考的是老子所描述现象的生成原因是什么，老子又何以谈到这些问题？

"持而盈之，不如其已。"各版本差异在"持"这个字。王弼本、河上公本、傅奕本皆作"持"，应是版本趋同的结果。两种古本并不一样，帛书本甲、乙本均为"揗"，帛书整理者解作"殖"，高明认为"揗"为"持"之别构①。竹简本相应的字"上屮下木"，整理者认为应读作"殖"。"持"，《说文》："持，握也。"如果按照"持"解，意思大概就是"手中意境握持其物仍然贪多欲得而抓握不止，倒不如及早罢手为有得"②。主张此处应按传世本为"持盈"者，一个根据是大概"持盈"本身就是古语，老子是就古语而说。《国语·越语下》有："夫国家之事，有持盈。"③《管子·白心》有："持而满之。"④《淮南子·道应训》托孔子而讲了"持盈"的故事："孔子观桓公之庙有器焉，谓之宥卮。孔子曰：善哉！予得见此器。顾曰：'弟子取水！'水至，灌之，其中则正，其盈则覆。孔子造然革容曰：'善哉！持盈者乎！'子贡在侧，曰：'请问持盈。'曰：'益而损之。'曰：'何谓益而损之？'曰：'夫物盛而衰，乐极而悲，日中而移，月盈而亏。是故聪明睿知，守之以愚；多闻博辩，守之以陋；武力毅勇，守之以畏；富贵广大，守之以俭；德施天下，守之以让。此五者，先王所以守天下而弗失也。反此五者，未尝不危也。'"⑤"持盈"是古语吗？以上证据好像并不充分。《国语》《管子》《淮南子》都是汉代编定的作品，恐怕反而受了汉代学者识读此处为"持盈"的影响。伪《尚书·大禹谟》"满招损，谦受益，时乃天道"⑥恐也化裁了"持盈"之义。"持盈"一词已为成熟汉语，衍生了"持盈履满""持盈守成""持盈保泰"等成语。但解读《老子》正是要避开后世接受干扰，回到文本本身去思考。如果是"殖而盈之"能不能解呢？"殖"，《说文》："殖，殖膏久殖也。"《广雅·释诂》："殖，积也。""殖而盈之，不如其已"就是"一门心思蓄积钱财，不如早早罢手"，也讲得通。孰是孰非呢？从现有材料看，大概从汉代文本就存在分歧了。

---

① 高明：《帛书老子校注》，北京：中华书局，1996 年，第 259 页。
② 辛战军：《老子译注》，北京：中华书局，2008 年，第 38 页。
③ 徐元诰：《国语集解》，北京：中华书局，2002 年，第 575 页。
④ 陈鼓应：《管子四篇诠释》，北京：商务印书馆，2006 年，第 213 页。
⑤ 陈广忠：《淮南子》，北京：中华书局，2012 年，第 710-711 页。
⑥ 王世舜、王翠叶：《尚书》，北京：中华书局，2018 年，第 365 页。

笔者考虑两点：一是帛书乙本、竹简本皆非"持"，整理者读为"殖"不应忽视；二是考察以下两句所指皆为蓄积财货，而《老子》排比式论述往往所指统一，且"持盈"是"不加控制"，不见得是论钱财问题，不如指向蓄积钱财明确。因此，应从古本读为"殖而盈之"，而不是从今本改回"持而盈之"。宋代陈景元《道德真经藏室纂微篇》引述严遵本作"殖而盈之"①，查今《老子指归》无此文，但严本注释文字为"财货累积以生患咎，不如未盈而止矣"②，可见严遵本原文亦应为"殖而盈之"，此又一证。

"揣而梲之，不可长保。"几种主要《老子》版本"揣而梲之"处皆不同，此为王弼本，河上公本作"揣而锐之"，傅奕本作"攠而梲之"，帛书乙本作"𢹂而允之"、甲本缺，竹简本作"湍而群之"。"揣"，《说文》："揣，量也。度高曰揣。一曰捶之。"这样对"揣"取"捶"义而按照"捶使尖锐"理解，则河上公本改定的"揣而锐之"易说得通，其他版文字较难解，译注者也往往以此理解。张松如的译文是："捶击得尖尖的，不可能长久完好。"③ 这种译法比较普遍。也有在此基础上加以引申理解的，如陈鼓应的翻译："显露锋芒，锐势难保长久。"④ 此处，各版本差异大，已经很难断定祖本文字原貌了。大概古代注释者也是面对棘手的文本才往易晓处加工的。傅奕本、帛书本、竹简本可能有讹写而使此处文字不易解读，却没有明显支持"锤击使尖锐"的理解方向。如上所说，该章老子讨论的是一味积敛钱货的危险，而此句上下文都是围绕聚累财富问题而言的，这个地方谈到锋芒问题并不合章旨。有注者根据竹简本"湍而群之"，认为此处"湍"读为"搏"，"搏而群之"的意思是"聚众"⑤，恐怕亦不合理。笔者认为，"群"与上句"盈"、下句"满"是一组相近的词，意指"多"，而"湍"无论理解成"揣""搏"还是"攠"，都应该是"搜刮攫取"的意思，这样才能和上下文及此章所指统一起来。"揣而群之，不可长保"即是"满心思蓄积钱财，到头来却无法长久保得住"。

"金玉满堂，莫之能守。""金玉满堂"诸本或作"金玉盈室""金玉满室"，不影响文义。该句的意思就是"弄得满屋子金银财宝，没有人能够长

---

① （宋）陈景元：《道德真经藏室纂微篇》，《道藏》第 13 册，第 663 页。
② （汉）严遵著，王德有点校：《老子指归》，北京：中华书局，1994 年，第 130 页。
③ 张松如：《老子说解》，济南：齐鲁书社，1998 年，第 58 页。
④ 陈鼓应：《老子注译及评介》（修订增补本），北京：中华书局，2009 年，第 90 页。
⑤ 魏启鹏：《楚简老子柬释》，台北：万卷楼，1999 年，第 37 页。

久守得住"。人们常说"挣钱容易守财难"，俗语也讲"穷不过三代，富不过三代"。照理说，创业挣钱需要克服的困难多、投入的劳动多，而守富就不需要太多付出，但是我们身边的富裕家庭迅速衰败的例子比比皆是，往往是父辈辛辛苦苦挣来的钱会很快被子孙糟蹋光。相声演员郭德纲说："穷转富，富转穷，哪有百世富家翁？"老子惯常从自然现象、人生经验讲道理，这里说的就是这种普遍现象。

"富贵而骄，自遗其咎。"这一句是对以上三句的总结，"富贵但自以为是的人，必遭祸患"。"反者道之动"（第四十章），老子似乎在宣扬一种物极必反的道理。寒来暑往、极则必反，自然现象如此，人生现象好像也是如此。自然现象自有其运转的法则能够把现象的两端转换说清楚，人生现象为什么会遵循这个规律呢？难道是只能诉诸于高高在上或隐藏在背后的裁定者吗？张松如意识到了这个问题，论述道："在这里，老子看到了正反、强弱的相互转化，摸到了辩证的边缘，但是，他把这种神秘转化看作是无条件的、宿命式的。这是小农经济自然主义的反映，是自发论。这样就把其中本来富有生机的朴素辩证法思想抽象化、神秘化了，并从而导向了消极的'无为'。"① 其实，问题并非如此，《老子》此章的"骄"显然就是矛盾转换的条件。也就是说，在人道而言，规律一样存在，即人去攫取财富"盈""群""满"未必就会倒霉，只有自己也觉得自己了不起、高人一等时，才会即使眼前有坑也会满不在乎地往里跳。据《明史》，古代著名巨富沈万三修筑了三分之一的南京城，又请求出资犒劳军队。朱元璋发怒认为沈万三高抬了自己的地位，把他流放到云南去了。有钱人本身就是大家眼中的焦点，稍不留神，栽跟头比一般人反而容易。

"功成身退，天之道。""功成身退"，傅奕本作"成名功遂身退"，河上公本作"功成名遂身退"，帛书乙本、竹简本皆作"功遂身退"。可见，"名成""名遂"为古本所无，是《老子》的整理者根据自己的理解加入的。然而，这一理解恰恰违反了《老子》宗旨。圣人要完成功业，还有成就名声，才退居二线吗？许多释读者讲解这一"身退"的道理，便举出张良、范蠡、郭子仪等，意谓老子提倡一种事成隐退机制。蒋锡昌说："二章'功成而不居''功遂'与'功成'谊同，皆指人民而言，'身退'即'不

---

① 张松如：《老子说解》，济南：齐鲁书社，1998年，第60页。

老子论衡

居’之意，乃至圣人而言。‘功遂身退，天之道’谓人民功成，而圣人身退不居，此乃自然之道也。盖圣人如贪人民之功以为己有，又复守金玉、骄富贵，则其结果必致得不偿失也。诸家解者多以‘功’字就圣人言，不知圣人名且无之，何有于功乎？"① 此一说甚得《老子》宗旨，在老子那里，凡是说干事的都是指老百姓，凡是劝其放手的都是指在上者。"骄"必败，圣人之治世，辅万物之自然，"功成"也不看做是自己的一番作为所致，也就没有突出自己的意识和要求，所以"身退"。

老子在这一章从积累财富会走向反面讲了物极必反的道理，告诫人们如果私欲膨胀、骄奢过度必然会招致败亡，因此退身隐后，才能立于不败之地。"揣而盈之，不如其已。揣而锐之，不可长保。金玉满堂，莫之能守"这几句是不是警告治世者不能瞩意于积聚财富呢？笔者不这么看，从"天道"谈治世之道是《老子》比类式论述的基本套路，此章亦然，只不过这里是"商道"。对于商道的现象，老子得出了"富贵而骄，自遗其咎"的结论，接下来"功成身退"才是转向"治道"，落在"治道"合乎"天道"上。老子意谓，做生意光盯着钱，最后落得个一场空，是因为事物本身是复杂的，唯一方向的执持只能走向失败；治世者面对的社会也是复杂的，给民众以自我发展，不占据功劳，甘居人后，也就像富贵时戒慎不骄一样。有些人对《老子》鸡汤式阅读写了一些"道德经与商道"的书，岂不知老子从不教人赚钱，这一章即使从表面理解也只是告诫有钱人，而不是造就有钱人。买这些书发不了财，还多花了一本书的钱。比尔·盖茨2008年退休，捐出全部580亿美元的个人资产给慈善基金会，倒是有点《老子》生意经的意思了，我们一些妄图世世代代富足、忙着打造"富二代"的土财主真得好好向他学习。但《老子》不是生意经，这一章还是给治世者打比方、讲道理。

第十章

【原文】

载营魄抱一，能无离乎[1]？专气致柔，能婴儿乎[2]？涤除玄览，能无

① 蒋锡昌：《老子校诂》，上海：上海书店，1996年，第54页。

道篇

疵乎[3]？爱民治国，能无知乎？天门开阖，能无雌乎[4]？明白四达，能无为乎[5]？生之、畜之，生而不有，为而不恃，长而不宰，是谓玄德[6]。

【训释】

[1] 载，帛书乙本作"戴"。营魄，即"魂魄"。《灵枢·本神第八》："故生之来谓之精，两精相抟谓之神，随神往来者谓之魂，并精出入者谓之魄。"①

[2] 专气致柔，帛书乙本作"抟气至柔"。

[3] 览，帛书乙本作"鉴"，古"览""鉴"通用。疵，《说文》："疵，病也。"

[4] 能无雌乎，傅奕本、帛书乙本均为"能为雌乎"。

[5] 该句帛书乙本作"明白四达，能毋以知乎"。

[6] 该句帛书甲、乙本皆无"为而不恃"，应该不是抄录时误脱，应为传世本据第五十一章"生而不有，为而不恃，长而不宰，是谓玄德"补入。

【校证文】

戴营魄抱一，能无离乎？抟气至柔，能婴儿乎？涤除玄览，能无疵乎？爱民治国，能无知乎？天门开阖，能为雌乎？明白四达，能无为乎？生之、畜之，生而不有，长而不宰，是谓玄德。

【译文】

能使得形神相抱合一不离吗？能使得气机柔和得像婴儿一般吗？能使得精神之镜一尘不染吗？爱护百姓、治理国家能不凭自己的主观判断吗？应对黎民浩荡能以处下之态吗？听政无所不见能顺万物之自然吗？事物自行生成发展，理想的治世者任其自有不居，随其自长不主，这就是高明的道德表现。

【解析】

竹简本没有收入这一章文字。傅奕本、王弼本、帛书本前六句均为反

① 姚春鹏：《黄帝内经·灵枢》，北京：中华书局，2010 年，第 934 页。

问语气，河上公本则统统改为肯定式语气，效果反不如问句更有力。王弼本、傅奕本作反问的"能无"，帛书本皆为"能毋"，意近，"毋"含有训导之意，更好。

"载营魄抱一，能无离乎？""载营魄抱一"接下来的几句都是四字组成的句子，唐玄宗为《道德经》作注，曾以"载"为"哉"之假借而归入上篇句尾，即"功遂身退，天之道哉"①。然而，竹简本仅有的两个分章符号之一就划在"天之道也"后面，看来为了句式整齐裁掉"载"不可取。有人仍据《诗经》之"载驰载驱"②的用法，认为此处的"载"也是虚词。"载"，帛书乙本作"戴"，"戴"与下面的"抱"相呼应，均含"合"意，可通。而《楚辞·远游》有："载营魄而登遐兮。"王逸注曰："抱我灵魂而上升也。"③可见，汉人即以"抱"训"载"。由此，"载"亦可通。"载"与"抱"互文见义，"载营魄抱一""无离"就是使"营魄"合一无分。"营魄"河上公注曰："营魄，魂魄也。"④什么是魂魄？这个并不陌生的词汇在汉代是有专门所指的。《左传·昭公八年》的疏云："魂魄，神灵之名，附形之灵为魄，附气之神为魂也。"高诱给《淮南子·说山训》的注有："魄，人之阴神也；魂，人之阳神也。"⑤这些说法都比较笼统难懂。还是专业的医书说得清晰，《黄帝内经·灵枢·本神第八》说："故生之来谓之精，两精相抟谓之神，随神往来者谓之魂，并精出入者谓之魄。"⑥也就是说，"魂魄"其实都属于精神功能之构成，意识自觉部分的属于魂，机体功能反映的属于魄，约略相当于今所讲之条件反射和非条件反射。"魂"是自觉的，属于智能；"魄"是自然的，属于本能。汉之后，道教炼养学说兴起，丹家有"炼魂制魄"一说，正是意欲使得支配形体的整体功能性与表征精神的整体功能性二者合一，其源头即为先秦以来已流行的形神合一的修养原则。《庄子·在宥》中广成子向黄帝讲修炼之道，即为："无视无听，抱神以静，形将自正。必静必清，无劳汝形，无摇汝精，乃可以长生。目无

---

① 今传本仍"载"字从本章。（唐）李隆基：《唐玄宗御注道德真经》，《道藏》第11册，第845页。

② 周振甫：《诗经译注》，北京：中华书局，2002年，第75页。

③ （宋）洪兴祖：《楚辞补注》，北京：中华书局，2015年，第131页。

④ 王卡点校：《老子道德经河上公章句》，北京：中华书局，1993年，第34页。

⑤ 陈广忠：《淮南子》，北京：中华书局，2012年，第912页。

⑥ 姚春鹏：《黄帝内经·灵枢》，北京：中华书局，2010年，第934页。

所见，耳无所闻，心无所知，汝神将守形，形乃长生。①"道教重视"守一"，《西升经》说"丹书万卷，不如守一"②，《抱朴子·内篇》也有"子欲长生，守一当明"③的说法。对"守一"论述较系统的是《太平经》，其文为："古今要道，皆言守一，可长存而不老。人知守一，名为无极之道。人有一身，与精神常合并也。形者乃主死，精神者乃主生，常合即吉，去则凶。无精神则死，有精神则生。常合即为一，可以长存也。"④道教发展起来的"守一"既有其养生方士探索之源流，也受到《老子》《庄子》等道家经典的影响，《老子》第三十九章谓"昔之得一者，天得一以清，地得一以宁，神得一以灵，谷得一以盈，万物得一以生，侯王得一以为天下正"，其重"一"之说为养生家所重视。而此处《老子》所述"营魄合一"之道，显然也是就当时在贵族圈流行的养生修炼方法而言的。老子问他们：有没有体验精神与形体无分统合的状态？

　　"专气致柔，能婴儿乎？""专气致柔"，帛书乙本作"抟气至柔"。《管子·内业》有"抟气如神，万物备存。"房玄龄注为："抟，谓结聚也。"⑤那么，"专气"即应为"抟气"。而"致柔"是去追求"柔"，"至柔"可理解为到达"最柔"，文意更胜。因此，"抟气至柔"比"专气致柔"可取。《庄子·庚桑楚》化裁《老子》第五十六章与此章之意，用于老子给南荣趎讲"卫生之经"的要旨，只是把"婴儿"称为"儿子"，文中说："卫生之经，能抱一乎？能勿失乎？能无卜筮而知吉凶乎？能止乎？能已乎？能舍诸人而求诸己乎？能翛然乎？能侗然乎？能儿子乎？儿子终日嗥而嗌不嗄，和之至也；终日握而手不掜，共其德也；终日视而目不瞚，偏不在外也。行不知所之，居不知所为，与物委蛇，而同其波。是卫生之经已。"⑥老子对气的调摄至于状态婴儿的描述，取其和柔而生命力旺盛的表现。"抟气"有精神专注之粗细，对应神气统一之刚柔，气之柔顺便可与婴孩身体之柔软相拟。魏源说："言专一纯固，无所发露，所谓纯气之守也。有一毫失之

①　陈鼓应：《庄子今注今译》，北京：中华书局，2009年，第304页。
②　《西升经》，《道藏》第11册，第501页。
③　（晋）葛洪：《抱朴子·内篇·地真》，《道藏》第28册，第243页。
④　王明：《太平经合校》，北京：中华书局，1960年，第716页。
⑤　黎翔凤撰、梁运华整理：《管子校注》，北京：中华书局，2020年，第877页。
⑥　陈鼓应：《庄子今注今译》，北京：中华书局，2009年，第641页。

粗，则刚而不能柔，必如婴儿之和气内充，一而不杂，而后为至柔也。"①
"抟气至柔"其实与"载营魄抱一"是一回事，老子便又提出：能不能做到
神气合一像婴孩那样呈现出整体性的和柔？

"涤除玄览，能无疵乎？"早在帛书本面世之前的著作中，高亨就做出
了"玄览"即"玄鉴"的判断②，帛书本的出土证明他是正确的。"鉴"是
镜子，"玄鉴"是心镜。镜子必须洁净方照清楚东西，心镜亦必须清明洁净
才好清晰地观察事物。《淮南子·修务训》说："清明之士，执玄鉴于心，
照物明白。"③"疵"就是毛病。心镜若被私欲染着，便丧失了鉴照事物明白
的能力。老子的发问就是，能洗涤自己的心灵，做到一尘不染吗？

"爱民治国，能无知乎？""治国"，帛书乙本作"活国"，不通，当系笔
误。此句与下面的"明白四达"帛书乙本跟的都是"能毋以知乎"（甲本
缺），应该是有一处误重抄。而王弼本、傅奕本取此处为"无知"，"明白四
达"处为"无为"，河上公本恰恰相反。刘笑敢认为，王弼本的安排更合理，
治国不以智，明白通晓仍实行无为，文字更顺④。"知"，通"智"。对于治国
者，自信自家心智卓越，便会采取种种手段，于是驱民与役而民益邪僻、政
陷混乱。此处老子反问的是，爱护百姓、治理国家能不依赖自己的心智吗？

"天门开阖，能无雌乎？""能无雌乎"，傅奕本、帛书乙本均为"能为
雌乎"，"能无雌乎"显然是误写。此一句不太容易理解，关键是"天门"
所指不清楚。大部分学者集中在三种理解，一是"天门"指"道"，二是
"天门"指人的官窍或心灵，三是"天门"指"天下之所从由"。蒋锡昌认
为，"天门"即指"道"而言，该句意谓"道有动有静，有雄有雌，圣人当
居静不为动，为雄不为雌也"⑤。主张天门为感官的，特举出《庄子·天运》
有"其心以为不然者，天门弗开矣"⑥为证。高亨说："盖耳为心之门，目
为色之门，口为饮食言语之门，鼻为臭之门，而皆天所赋予，故谓之天门
也。"⑦照此理解，这句话的意思就是，人的感觉器官在接触外物时有动有

① （清）魏源：《老子本义》，清光绪袁氏刻渐西村舍汇刊本，上卷。
② 高亨：《重订老子正诂》，北京：古籍出版社，1957年，第24页。
③ 陈广忠：《淮南子》，北京：中华书局，2012年，第1158页。
④ 刘笑敢：《老子古今》（修订版），北京：中国社会科学出版社，2006年，第191页。
⑤ 蒋锡昌：《老子校诂》，上海：上海书店，1996年，第62页。
⑥ 陈鼓应：《庄子今注今译》，北京：中华书局，2009年，第408页。
⑦ 高亨：《老子正诂》，北京：清华大学出版社，2011年，第19页。

静，要善于守静（为雌）。徐梵澄也认为"天门开阖，能无雌乎"与下面的"明白四达，能无为乎"四句一贯都是指心理境界①。第三种认识总体上比较少，但也源流久长。王弼的注即为："天门，天下之所从由也。开阖，治乱之际也，或开或阖，经通于天下，故曰，天门开阖也。雌，应而不倡，因而不为，言天门开阖能为雌乎，则物自宾而处自安矣。"② 苏辙注为："天门者，治乱废兴所从出也。既以身任天下，方其开阖变会之间，众人贵得而患失，则先事以徼福；圣人循理而知天命，则待唱而后和。《易》曰：先天而天弗违，非先天也；后天而奉天时，非后天也。言其先后常与天命会耳。不然先者必蚤，后者必莫，皆失之矣。故所谓能为雌者，亦不失时而已。"③ 杨增新的《老子日记》认为"天门"纯就"自然"而论。他说："门者万事万物之所从出，门有开有阖，自然而开、自然而阖，不参人为，故曰天门。"又道："老子所谓'天门开阖'只是不失其时、不失其机而已，自然之谓道，自然之谓天，开阖以天，故曰天门。"④ 杨增新之论，可备一说。以上三种观点到底取何者为好呢？笔者认为还是应该把此一句放在该章文字中整体分析，"载营魄抱一""专气至柔"与"涤除玄览"都属于对身心修养之道的论述。"爱民治国"是治国，是面向百姓的。"明白四达"后面跟"无为"或"无知"，也应是对治理而言的。因此夹在中间的"天门开阖"必是理解为治世的要求才更合理。薛蕙指出："以上三者言治身之道，下三者言治国之道。天道一开一阖如门户然，故曰天门。譬圣人之道能鼓舞一世也。雌，柔弱也。圣人之道虽能役使群众而必以柔道行之。易曰：'用九，见群龙无首，吉。'此之谓也。"⑤ 薛蕙之说，笔者深以为然。老子此处的反问就是，百姓来来往往，能甘心居后，不去过多干涉吗？

"明白四达，能无为乎？"这句话文意比较直白。人做事情不管是真明白还是假明白，只要是自以为明白的，往往会坚持自己的认识，并以之作为行为准则。如果治世者能对世事非常洞然，他选择的恰恰只能是"无为"，因为万事万物各有其复杂的要素作用，给其最大限度的自主，便是最高明的政治。老子的最后一个反问是，假使慧智周知万物，能顺乎自然吗？

① 徐梵澄：《老子臆解》，北京：中华书局，1988年，第14页。
② （魏）王弼著，楼宇烈校释：《王弼集校释》，北京：中华书局，1980年，第23页。
③ （宋）苏辙：《苏子由道德经注》，尊经阁文库藏钞本，卷一。
④ 杨增新：《补过斋读老子日记》，1926年刊本，卷一。
⑤ （明）薛蕙：《老子集解》，惜阴轩丛书本，卷上。

"生之、畜之，生而不有，为而不恃，长而不宰，是谓玄德。"帛书甲、乙本此处均脱"为而不恃"，应该不是抄录时误脱，而是传世本整理者根据第五十一章"生而不有，为而不恃，长而不宰，是谓玄德"文本补入。不过，"为而不恃"或有或无，对此句意思的整体理解并不造成影响。有学者认为此句与上文关联不大，主张此句为第五十一章错简重出。也有学者认为，该为意思重现。孰是孰非，已不好定论。我们还是把这些文字放在这里，看看能不能承接上文讲得通。上文前三句讲修养之道，后三句为治世之道，这里便是对道性实践中治世者与民的关系思考的再升华。薛蕙说："通结上文，畜，养也。宰，制也。玄德，谓其德深远不可测也。人身之有神气犹国之有民物也。治身以有为则神乱，治国以有为则民扰。故治身者之养神气必刳心去智外其身而不自生，治国者之养民物必在宥天下委万物而无所与。夫无以生为者，形将自正。无以天下为者，万物将自化。是谓黄老之玄德，而非世俗之所谓德也。庄子曰：静而圣，动而王。盖治身理国初无二道故也。"① 薛蕙的认识很有道理，但是此处有"生""畜"等词，与上三句的治身之道联系稍嫌牵强。因此，笔者认为，这里通结的还是治世三句的内容。因为治世者无为，"生"，生成；"畜"，发展，都是事物自身的自然之性，所以"生而不有"，任百姓自由生存繁衍不以己为居有者，"长而不宰"，任百姓自行养护发展不以己为领导者，这就是"玄德"，最深刻的思想、最高明的手段。

这一章的整体结构就是这样，从论治身之道的原则，到论治世之道的原则，到依道性实践的理论总结。在对全章内容理解的基础上，还需要明确一个问题，就是三个论点，第三个是对第二个的总结，逻辑连接没问题，第一个与第二个即治身之道与治世之道是什么关系呢？学者基本上都认为修身是治世的基础条件，一个人声色犬马，不进行人生修养或者没有心灵的超越、对大道的体认，是不能很好的治世的。孙以楷说："人不能洁身自好，修身是为了治国，是为了社会大众。所以老子又提出政治哲学的原则。"② 这样理解就把修身与治国统一起来了，符合"修齐治平"的基本要求。但是老子心目中的理想治世者是一个"纯粹的人"吗？老子强调他的话"甚易知，甚易行"，该不会有对治世者修炼至"无离""无疵""婴儿"

---

① （明）薛蕙：《老子集解》，惜阴轩丛书本，卷上。
② 孙以楷：《老子通论》，合肥：安徽大学出版社，2004年，第311页。

的要求。对于理想政治而言，治世者的个人德性可以放在其次，只要他放下（无为）就行。征诸实际，中国古代政治史上给百姓以休养生息而造就的历次盛世，统治者未必德操卓越过人，汉文帝就崇信佞臣邓通。所以笔者认为，治身之道在老子看来仍属于自然之道，是用以比类治世之道的无为原则的。治身"无离""无疵""婴儿"的要求，核心在于合一，不存营魄分别之念，不存心灵、气象之念，才能获得统一的整体性。治国也是要求"一"，体认整体性，就是不以特定属性析别事物，而加以主观影响。老子时代的贵族有尚养气、导引之术的风尚，他正是以对他们乐于操持的活动为喻讲治国的道理的。至于后代的养生家有反过来把"爱民治国"的"民""国"理解成体内气血，将全章视为养生修持之法则，则属于借《老子》论自家学理，与《老子》的初衷无关。

第十一章

【原文】

三十辐共一毂，当其无，有车之用[1]。埏埴以为器，当其无，有器之用[2]。凿户牖以为室，当其无，有室之用[3]。故有之以为利，无之以为用。

【训释】

[1] 辐，《说文》："辐，轮辏也。"车轮中的直木，外连车辋，内连车毂。《周礼·考工记》说："轮辐三十，以象日月也。"① 共，通"拱"，拱凑，会集。毂，《说文》："毂，辐所凑也。"车轮中心的圆木，周围与车辐的一端相接，中有圆孔，可以插入车轴。

[2] 埏，用水和土。埴，黏土。为器，制作陶器。《荀子·性恶》："故陶人埏埴而为器。"②

[3] 户牖，指门窗。《淮南子·氾论训》："夫户牖者，风气之所从往来。"③

---

① 徐正英、常佩雨：《周礼》，北京：中华书局，2018年，第907页。
② 方勇、李波：《荀子》，北京：中华书局，2015年，第379页。
③ 陈广忠：《淮南子》，北京：中华书局，2012年，第781页。

【校证文】

三十辐共一毂，当其无，有车之用。埏埴以为器，当其无，有器之用。凿户牖以为室，当其无，有室之用。故有之以为利，无之以为用。

【译文】

制作车轮时，将三十根辐条连接在车毂，车毂中空，车轴才能贯穿其中使车轮转动而达成车的作用。糅和黏土制作陶器时，使器物中空才能以其盛装东西而实现器物的功用。开凿门窗建筑房屋时，留出其中空的地方才能供以住人而发挥屋子的功能。因此，实有的存在有其作用，空无的存在亦能有其价值。

【解析】

本章无竹简本，其余诸本差别不大，"校证文"照"王弼本"录入。对于本章的意旨，注家争议不多，比较突出的分歧集中在，老子于此是强调有、无二者的互相作用，还是突出了"无"的价值意义？

"三十辐共一毂，当其无，有车之用。"这一句传统的读法就是按照上面此句断句的方式而有的，而清代毕沅提了一种新读法广受关注。毕沅根据《周礼·考工记》郑玄注文有"利转者，以无有为用也"，读《老子》本句为"三十辐共一毂，当其无有，车之用"①。当然，如果确定此种读法为准，后面两句同类句型也就相应统一起来。对于这种读法的"无有"又有两种理解，一是"无有"就是"没有"，二是"无有"是说"无"与"有"两个方面，而后者的理解直接影响到对本篇《老子》章旨的认定，那就是老子是不是在强调有、无相互作用，呈现了浓厚的辩证色彩？对于毕沅的读法，学界有从之者，也有不从者。其实且不论毕沅所用材料权威性如何，"以无有为用也"与"当其无有车之用"二处"无有"语法成分是有不同的。"利转者，以无有为用也"，此处"无有"用作名词，而如果此章按此读法读为"当其无有，车之用"，则缺少谓语动词。如固取毕说，且穿凿论说，勉强而为之，实不足取。毂是车轮中间可贯穿车轴的部分。车轮的辐条连着毂，这是有形所见，

---

① （清）毕沅：《老子道德经考异》，经训堂丛书本，卷上。

而无形的作用是中空可纳车轴使之在内运转。于是，具体有形的物件与无形但有用的存在共同支持车子发挥了其功能。

"埏埴以为器，当其无，有器之用。""埏"，帛书甲本为"然"，乙本为"撚"，皆为"埏"之假借。"埏"是用水糅和土，"埴"是作陶器的黏土。陶器用陶土做成，内里中空才能盛东西。此句的意思仍是强调，有形的陶土因为其中空这种存在的发挥功用才成为陶器。

"凿户牖以为室，当其无，有室之用。"户牖，即门窗。有些释读者解此句为，有了门窗这些凿空的地方，房子才好气流畅通、自由出入，其实不必过于执文解义，室的特点与上文"器"一样，里面是空的，才好住人。之所以说"凿户牖"，无门无窗基本就算不上是房屋了，只能说是挖了个洞。有个故事说梁思成于1946年访问美国建筑大师赖特，赖特问他此行的目的，梁道是来学习建筑学的。赖特挥手道："回吧！最好的建筑理论在中国。"接着便引用了《老子》里面的这句话。此一趣事，未详可靠性如何，但虚实相得而益彰，参差错落而有致，善借自然因素挪入人工所为，正成为建筑审美之风尚。只是老子此处无关审美，亦无关建筑学。多角度的释读增添了《老子》的魅力，但不应该因此就认定其义本来如此。

"故有之以为利，无之以为用。""利"就是"用"，"用"也是"利"，此处即为常用之"利用"上下文互文见义，因此"有""无"也是平等陈设，并无偏重。老子总结以上三句，提出"有"的存在、"无"的作用互相支持而实现了事物的功能。王弼注说："言无者，有之所以为利，皆赖无以为用也。"[1] 按照他的理解，老子是要落到"无"的宗旨，并在"贵无论"的导向下，把"无"归为"有"之本体。这是老子道论玄虚化与形上方向解读的结果，其间既有批判汉代烦琐儒学、名教沦为工具的现实需要，亦有受到佛学空观之影响。这种对老子道论的解说历史影响极大，可以说拓展了中国哲学形上探索的新空间，却不能以后释前而抹杀了老子哲学真正的价值。

既不可将王弼尚无之说视为《老子》本章之意归，那么这一章的宗旨何在呢？这一章有、无相对，相互依存、相互成就、相辅为用，看起来有些辩证法的味道。高亨也说："此章亦《老子》之相对论也。"[2] 但在前面章节的解说中，本书已经提出"辩证法"不是《老子》的归宿，或者可以

---

[1] （魏）王弼著，楼宇烈校释：《王弼集校释》，北京：中华书局，1980年，第27页。
[2] 高亨：《老子正诂》，北京：清华大学出版社，2011年，第21页。

说，老子的辩证法只是看起来像，却不是他的价值趋向。解老者有观点以正是因事物处于矛盾普遍状态，有、无属性相对，非有即无的认识事物是我们的普遍误区，因此超越有、无就属于道性的达成。这种认识确实与老子思想基本相合，但作此解在此章并得不到章文支持，若以之为解，只能属于过度诠释。薛蕙评述此章说："章内虽互举有、无而言，顾其指意，实所以即有而发明无之贵也。盖有之为利，人莫不知；而无之为用，则皆忽而不察，故老子借数者而晓之。"① 陈鼓应亦有类似论述："一般人只注意实有的作用，而忽略空虚的作用。老子举例说明：一、'有'和'无'是相互依存，相互为用的。二、无形的东西能产生很大的作用，只是不容易为一般人所察觉。老子特别把这'无'的作用彰显出来。"② 对于薛、陈论述，笔者都赞同。就人的一般生活经验而言，习惯于对实有的存在投入更多的注意力，而少有意识到其实生活中有些"无"却发挥着巨大的作用。老子对于车毂、陶器、房室的"无"的论述仍属于比类式论述，意在指出生活中很多器用实是有、无共同作用的结果，有些"无"很重要，而"道"就是类似的存在，它没有体，但施用切实。因为对非实有性存在之用缺乏认识，老子才举出上述事例以类道性，但并不是彰显事物有、无支持的辩证道理，也并非落在拈出"无"这样的另类存在或归结到"无"之本体。

第十二章

【原文】

五色令人目盲，五音令人耳聋，五味令人口爽，驰骋畋猎令人心发狂，难得之货令人行妨[1]。是以圣人为腹不为目，故去彼取此[2]。

【训释】

[1] 五色，青、红、黄、白、黑五种颜色。五音，角、徵、宫、商、羽五个音级。五味，酸、苦、甘、辛、咸五种味道。爽，《广雅·释诂》："爽，伤也。"《淮南子·精神训》："五味乱口，使口爽伤。"高诱注："爽，

---

① （明）薛蕙：《老子集解》，惜阴轩丛书本，卷上。
② 陈鼓应：《老子注译及评介》（修订增补本），北京：中华书局，2009 年，第 102 页。

病。病伤滋味也。"① 畋，田，古二字通。

[2] 帛书乙本本句作"是以圣人之治也，为腹不为目，故去彼而取此"。

【校证文】

五色令人目盲，五音令人耳聋，五味令人口爽，驰骋畋猎令人心发狂，难得之货令人行妨。是以圣人之治也，为腹不为目，故去彼取此。

【译文】

色彩缤纷、光鲜艳丽使人双目昏花，莺歌燕舞、欢声喧哗使人两耳失聪，美食佳肴、珍馐好酒使人味觉麻木，奔驰打猎使人心智迷狂，金银财宝使人举动失常。所以高明的治世者管理国家，使百姓热情于丰衣足食而摒弃奢靡欲望的诱惑，即去除"人欲"而取其"天理"。

【解析】

本章帛书本语句次序与传世本不同，"五色使人目盲"后跟的是"驰骋田猎使人心发狂，难得之货使人之行妨"，再接"五味使人之口爽，五音使人之耳聋"，不似传世本"五色""五味""五音"一组相邻，再述"驰骋田猎"与"难得之货"。帛书甲、乙本次序一致，说明不是误抄，而是再次证明它们有共同之祖本来源。这一次序问题也说明帛书本确实有不胜传世本之处，而句式整饬、朗朗上口之文多为后世所为——《老子》一书有不断被群体再创作的过程。

"五色令人目盲，五音令人耳聋，五味令人口爽，驰骋畋猎令人心发狂，难得之货令人行妨。"爽，古代就有明快、伤害两种意思，"盲""聋""狂""妨"皆意为伤害，那么"爽"便也是伤害，《广雅·释诂》："爽，伤也。""五色""五音""五味"都是作用于人的感觉器官的，产生视觉、声觉、味觉。感觉器官接受刺激也有个反应的度，过度刺激和频繁刺激都会使其反应失准，直到丧失反应能力。生活在现代社会的人，对这一点的感受应该比老子所在时代更明显的多，因为现在色、声、味之丰富远非古代社会所能比。现在一个班级里很少有不戴眼镜的孩子，不是读书读的，

---

① 何宁：《淮南子集释》，北京：中华书局，1998年，第513页。

而是看电子产品看的。成年人天天端着手机，眼睛结膜受到损伤视物模糊，也是"五色令人目盲"。靠声音辨别处理求偶等重大活动的鸟类，生存受到极大的威胁，因为人类的噪音太大了。于鸟如此，于人同样是"五音令人耳聋"。欧洲环境署（EEA）发布报告称，每五个欧洲人中就有一个人因受到噪声污染影响而心脑血管出现问题和认知能力下降。在饮食上，人追求味觉刺激，于是使用各种添加剂，吃来吃去，却只能回味"小时候的味道"。古人生活单调，游戏活动也就是"驰骋畋猎"了，而今天各种电子游戏、竞赛活动层出不穷。子夏说："虽小道，必有可观者焉，致远恐泥，是以君子不为也。"① 沉迷于游戏不能自拔，已经成了现在年轻人所患之通病，人们为之苦恼，却也束手无策。"难得之货"不是生活基本需求范围的，钻石、黄金有生产功能，但人追逐它是因为它们被认定为珍贵之物，蜂拥毕至、投机取巧、尔虞我诈、铤身犯险、杀人越货不都是为了这些财物吗？黎巴嫩著名的诗人纪伯伦曾经感叹："我们已经走得太远，以至于忘记了为什么而出发。"人类追求的声色刺激看起来未必就是生活之必需，而且是自己主动去搭乘了一辆没有回程的远去列车。

"是以圣人为腹不为目，故去彼取此。"这一句帛书乙本作"是以圣人之治也，为腹不为目。故去彼而取此"，主要是多出"之治"。有没有"之治"本章意思所指可以完全不同。通过对《老子》文本的阅读，可以明确地感受到，老子不管是比类自然之道，还是分析社会现象，最终都是落在治世之道的选择上，这是其思想重心，也是行文章旨所归。如果此处没有"之治"，则可以把此章理解为圣人修身的自我要求，而历代注家此解说方向居多。帛书本有"之治"的出现是非常重要的，这俩字省不得，由此文本便是由分析人被奢靡欲望裹挟的现象而思考治世之道的终极选择。圣人之治，关心老百姓是不是填饱肚子了，对于精神生活的追求不是去限制，而是不作为目标。本篇译文专以"天理""人欲"之宋代儒家关切之概念引入，意在指出道德理性与生理欲望的矛盾古今都有、中外长存，康德的理性批判所谈的不也是这个问题吗？这并不是以后释前，而是说人生存面对的基本问题会作为一个开展哲学思想的基础关切点进入思想家的视野。

本章语义明晰，然而对于老子此章之立场则诸说纷纭，有治身说、养

---

① 杨伯峻：《论语译注》，北京：中华书局，2009 年，第 198 页。

生说、愚民说、物质发展优先说等。前文已述，老子并不以治身为政治合理的前提，起码不是作为一个核心问题而提出的。第十章的治身之说实为比类论述，而此章"是以圣人之治也"归结上文，开示下文，则是从社会现象的普遍道理论述治世应选择的基本原则，并非对圣人自身修养的要求。也有人认为，老子时代的百姓食不果腹，没有享受奢侈生活的机会，根本不存在"五色""五音"等问题，所以篇章对象应该还是贵族，落在对其生活方式的警告上。其实，老子是对文明发展的根本方向问题提出了思考，并不是区分君、民层次而言。治身之说不可取，去欲而保持身心安静的养生之理解当然亦不可取，虽然此章之理念确实可以转换为养生圭臬。愚民之说在特定时期流行，根本不属于正常的学术视野问题，不须多说。但对于此段的解读仍有诸多注家不能摆脱老子所述理念带来的消极影响。张松如的译文是："缤纷的色彩使人目盲，铿锵的音乐使人耳聋，鲜美的滋味使人口伤，纵马驰骋去打猎使人心浮发狂，稀有难得的财物使人的行为失常。因此圣人治理百姓呀，只把肚皮填饱而不求饱眼福。所以是舍那后者而取这前者。"① 这种理解甚不可解。不用说高明的治世者，不高明的也不会以为老百姓满足基本生存所需就行，从而限制其发展。所谓国富民强，即使昏君也会希望百姓富庶。老子绝不会倡导消极哲学，不以发展的眼光看问题不仅是幼稚的，而且也是愚昧的。孙以楷评论得非常好："老子正是看到了欲望的反向传导作用，告诫统治者要注意调控。老子的表达当然不够准确清晰，但是恐怕也很难说是狭隘愚昧的反历史主义。"② 克服了愚民说的影响，也有些注家把老子的治世之道归于使百姓保持素朴的状态。蒋锡昌说："'腹'者，无知无欲，虽外有可欲之境而亦不能见。'目'者，可见外物，易受外界诱惑而伤自然，故老子以'腹'代表一种简单清静、无知无欲之生活，以'目'代表一种巧伪多欲，其结果竟至'目盲……耳聋……口爽……发狂……行妨'之生活。明乎此，则'为腹'则为无欲之生活，'不为目'，即不为多欲之生活。'去彼取此'谓去目（多欲之生活）而取腹（无欲之生活）也。"③ 陈鼓应亦谓："'为'腹，即求建立内在宁静恬淡的生活。为目，即追逐外在贪欲的生活。一个人越是投入外在化的旋涡里，

---

① 张松如：《老子说解》，济南：齐鲁书社，1998 年，第 73 页。
② 孙以楷：《老子通论》，合肥：安徽大学出版社，2004 年，第 318 页。
③ 蒋锡昌：《老子校诂》，上海：上海书店，1996 年，第 67 页。

则越是流连忘返，使自己产生自我疏离，而心灵日愈空虚。因而老子唤醒人要摒弃外界物欲生活的诱惑，而持守内心的安足，确保固有的天真。"①蒋、陈先生的说法是现代解老比较普遍的，虽不违老子思想，但总感觉隔靴搔痒，有点鸡汤式哲学的滋味。人的欲望本身就因人自身的生存而存在，"为目"是欲望，"为腹"何尝不是呢？怎么就能使人内心清净呢？如上文所言，笔者认为老子还是站在文明进程的大背景下思考问题的，那就是认为以满足欲望为目标的生产裹挟着潜在威胁，也使人丧失了主体性，而成为物欲的奴隶，即马克思所谓之"异化"。对于人为"发展"所困，上文"解析"部分第二段已有较多罗陈。人的生产是个体生存与确证的需要，这就是"为腹"，但一旦物站在自身的对立面，人就会被物所占有，这就是"为目"。马克思在《1844 年经济学哲学手稿》中论述说："在通常的、物质的工业中（人们可以把这种工业看成是上述普遍运动的一部分，正像可以把这个运动本身看成是工业的一个特殊部分一样，因为全部人的活动迄今都是劳动，也就是工业，就是同自身相异化的活动）人的对象化的本质力量以感性的、异己的、有用的对象的形式，以异化的形式呈现在我们面前己的、有用的对象的形式，以异化的形式呈现在我们面前。"② 或谓，把老子与马克思思想相联系是不是离谱了。实质上，我们这么解说不仅文意畅通，而且也能得到同时代哲学家关注此问题的佐证，《庄子·天地》中的汉阴丈人一节谈的就是这个问题③。陆九渊说："东海有圣人出焉，此心同也，此理同也；西海有圣人出焉，此心同也，此理同也。"④ 人类文明的基本问题古今中外都有面对，思考凭借不通，语言方式相异，但宗旨意趣必然相通。严复评点此章谓"凡逐物者，未有不失其本者也"⑤，徐梵澄则称老子"亦深中近代西洋文明之病"⑥，二先生之论皆达者之言。物欲推动社会发展，也迷失了作为人本身的主体性，老子警告对百姓毋鼓以声色犬马，还是要求落在对上者无为的要求上。物质丰富，人役物，精神享受亦在其中，老子并不反对精神享受。

① 陈鼓应：《老子注译及评介》（修订增补本），北京：中华书局，2009 年，第 106-107 页。
② ［德］马克思：《1844 年经济学哲学手稿》，北京：人民出版社，2000 年，第 88-89 页。
③ 陈鼓应：《庄子今注今译》，北京：中华书局，2009 年，第 344 页。
④ （清）黄宗羲、全祖望：《宋元学案》，北京：中华书局，1986 年，第 1884 页。
⑤ 严复：《严复集》，北京：中华书局，1986 年，第 1080 页。
⑥ 徐梵澄：《老子臆解》，北京：中华书局，1988 年，第 16 页。

第十三章

【原文】

宠辱若惊，贵大患若身[1]。何谓宠辱若惊？宠，为下得之若惊，失之若惊，是谓宠辱若惊[2]。何谓贵大患若身？吾所以有大患者，为吾有身，及吾无身，吾有何患！故贵以身为天下，若可寄天下；爱以身为天下，若可托天下[3]。

【训释】

[1] 惊，竹简本原作"婴"，整理者读为"惊"。患，《玉篇》："患，祸也，疾也。"

[2] 河上公本作"辱为下。得之若惊，失之若惊，是谓宠辱若惊"。

[3] "若可寄天下""若可托天下"之"若"与前文"若"字不同，此处用为顺接，犹"而""乃"。

【校证文】

宠辱若婴，贵大患若身。何谓宠辱若惊？宠为下，得之若惊，失之若惊，是谓宠辱若惊。何谓贵大患若身？吾所以有大患者，为吾有身，及吾无身，吾有何患！故贵以身为天下，若可托天下；爱以身为天下，若可寄天下。

【译文】

或毁或誉的人身，就如同或宠或辱冠婴一般。为什么说或宠或辱如冠婴一般？得宠便又会转向失势，所谓得到就像婴带，所谓失去也像婴带，这就是或宠或辱如冠婴一般。为什么说或毁或誉就是我们的人本身？人之所以为忧患所困扰，是因为在意自身罢了。一旦对自身无所顾忌，那么还有什么可担忧的！所以对于对自身以天下之物去看的人，才可以把天下委托给他；对于爱护自身视以天下之物存在的人，才可以把天下交付给他。

【解析】

历来解老者对此一章的解析差别非常大。刘笑敢认为各抄本编者因原文本句意不够清晰明确或增或删造成了较多差异①。竹简本缺字，但段首与段末有分章标志，说明其分章与今本同。本章开篇"宠辱若惊，贵大患若身"，接下来又对其分别论述，最后归结到其对于治世原则的启示。与第七章"天长地久"、第八章"上善若水"起篇论述方式相近，许是老子就古语、时语切入而解说治世之道。这一篇解说纷纭，且往往自相矛盾，下面先看一下涉及到的基本点，然后提出思考。

"宠辱若惊，贵大患若身。"这一句中"惊"和"大患"因与下文的连接释读有难度，就成为了解读者关注的焦点所在。"惊"，竹简本整理者认为竹简本写定的是"瓔"字，但根据传世本训为了"惊"。魏启鹏认为"瓔"应为"擾"之借，义为"扰乱、侵扰"②。裘锡圭主张竹简本相应"惊"的字为"瞥"，读为"荣"，认为比"惊"更合理，而且句式结构一致了③。魏、裘先生注意到了"惊"字解说文义的困难，开出"扰乱"释义和句式结构一致的诠读方向，但释为"扰乱"于文下的展开不易嵌入，特别是与"贵大患若身"缺少整体相关性，而读为"荣"实质上并未能取得句式结构的完全一致，不过此种释读立场仍给予了笔者极大的启发。"贵大患若身"一句解读困难，尤其是与下文相结合时。有释"贵"为"重视"者，有释"贵"为"畏惧"者，不一而足。高亨说："此句义不可通，疑原作'大患有身'，'贵'字涉下文而衍。"④查帛书本、竹简本亦为"贵大患若身"，高先生的判断，未能得到古本的支持。

"何谓宠辱若惊？宠，为下得之若惊，失之若惊，是谓宠辱若惊。"这一句中间有以河上公本为代表"辱为下"和王弼本"宠为下"的两种写法。也有人认为本应是"宠为上，辱为下"的，"辱为下"与"宠为下"的写法都是脱字所致，因而也就有按此观点补齐者。晚清著名学者俞樾支持此观点，认为："河上公本作'何谓宠辱？辱为下'，注曰'辱为下贱'。疑两本（指王弼本与河上公本）均有夺误。当云'何谓宠辱若惊？宠为上，辱为下'。河上公作注时，上句未夺，亦必有注，当与'辱为下贱'对文成义。传写者失上句，遂并注失之。陈景元、李道纯本均作'何谓宠辱若惊，

---

① 刘笑敢：《老子古今》（修订版），北京：中国社会科学出版社，2006年，第205页。
② 魏启鹏：《楚简老子柬释》，台北：万卷楼，1999年，第46页。
③ 裘锡圭：《"宠辱若惊"是"宠辱若荣"的误读》，《中华文史论丛》2013年第3期。
④ 高亨：《老子正诂》，北京：清华大学出版社，2011年，第22页。

宠为上，辱为下'，可据以订诸本之误。"① 从现在的《老子》诸本看，帛书本、竹简本均为"宠为下"，该非抄本夺误，造成上述猜测的原因还是在于注家不解上文的"宠辱"下文怎么就剩了一个。刘笑敢认为"宠辱"是偏义复词，"宠辱"就是"宠"②。此说可以统一此段文字，但与"贵大患若身"就不好统一句式了，因为视"贵大患"亦偏于"贵"未免牵强。"惊"，就是害怕。于是，各家解释纷纷发挥为什么"宠辱"会"惊"，特别是"宠"导致的"惊"，"宠"明明是"上"怎么就"下"了？本来得宠是"好事"，"得宠"的人也会"惊"，难道都有老子哲学的素养？即使解读为老子在警告人莫以"宠"为好，要战战兢兢、如临深渊，还是那个问题，和后面要展开的论述的相关性在哪里？薛蕙的注从"宠""辱"的相互转化入手颇具启发性："宠，尊荣人也。人无宠则无辱，苟有宠则必有辱。宠非宠也，辱之道也。人之累于宠者，常若有惊悸而不得宁矣。"③ 结合帛书本"宠之为下也"的写法，那么"宠为下"未可便理解为"宠"是处于"下"的，而是事物处于转化发展之中，正因"宠"在高处，所以有"之为下"的趋势，"反者道之动"（第四十章）嘛！当然，今日之"宠辱不惊"虽源出《老子》此处，其义已与老子本义无关。

"何谓贵大患若身？吾所以有大患者，为吾有身，及吾无身，吾有何患！"这句话看起来语义明白，但解说者译出来的文字却又甚不可解。注家以"贵"为"尊贵"或"看重"，纷纷解说"大患"为何物，各自有一番论证，均属离开文本的自我发挥。高明引述焦竑的观点，认为经文"身""患"二字倒置，"贵大患若身"即"贵身若大患"④。"患"的基本含义就是"祸患"。改为"贵身若大患"就容易解读得多了，但是这里如果把"身"视为"祸害"，那么与下文又"以身为天下"前后矛盾。焦竑之说，取之者甚多，也造成这些注家在解说章旨时前后释义不一，说来说去，就如把本不属于一体的料子往一起缝补，别扭得很。薛蕙眼光独到，他把"宠""辱"看成相反的概念，把"贵""大患"也看成相反的概念，说："人无贵则无患，苟有贵则必有患。贵非贵也，大患之道也。人之累于贵

① （清）俞樾：《诸子平议》，北京：中华书局，1954年，第146页。
② 刘笑敢：《老子古今》（修订版），北京：中国社会科学出版社，2006年，第206页。
③ （明）薛蕙：《老子集解》，惜阴轩丛书本，上卷。
④ 高明：《帛书老子校注》，北京：中华书局，1996年，第279页。

者，若有身之为累矣。"① 虽然此说仍与下文连接存在问题，不过薛蕙在缺少古本支持时能讲出这番话已属难能可贵了。

"故贵以身为天下，若可寄天下；爱以身为天下，若可托天下。"这一句话王弼本、河上公本都是先"寄天下"后"托天下"，而傅奕本、帛书本皆先"托天下"后"寄天下"，竹简本"为天下"前脱字，然后跟的是"若可以托天下矣"，后一句为"爱以身为天下，若何以达天下矣"。有些学者按照竹简本"达"字做了解说。从这句看，"贵"②"爱"都是"提倡"，而"寄""托"都是"交付"，上下互文，解释起来没问题，也就不必再引入别的解释。这句话的传统解读最有问题，上文明明指向"无身"就"无患"，这里何以又"以身为天下"呢？老子到底如何安排"身"与"天下"的关系？有学者认为是利己主义，不因天下伤身；有学者认为是大公无私，为天下忘身；有学者则认为前后之"身"并不同，前者为私身，后者为公身。不管怎样解说，都难以克服文本表面上前后矛盾之处。古棣大发奇想，干脆说老子想要摆脱肉体之躯，是灵魂不灭论③。这种较离谱的诠释其实并不乏见。在《淮南子·道应训》有对这一句话的发挥，讲了周人祖先的一个故事："太王亶父居邠，翟人攻之。事之以皮帛、珠玉而弗受。曰：'翟人之所求者地。无以财物为也。'大王亶父曰：'与人之兄居而杀其弟，与人之父处而杀其子，吾弗为。皆勉处矣！为吾臣，与翟人奚以异？且吾闻之也，不以其所养害其养。'杖策而去。民相连而从之，遂成国于岐山之下。大王亶父可谓能保生矣。虽富贵，不以养伤身；虽贫贱，不以利累形。今受其先人之爵禄，则必重失之。[生之]所自来者久矣，而轻失之，岂不惑哉！故《老子》曰：'贵以身为天下，焉可以托天下；爱以身为天下，焉可以寄天下矣！'"④ 用于对亶父因爱护百姓舍掉王权反而赢得百姓、天下的评点的"贵以身为天下，焉可以托天下；爱以身为天下，焉可以寄天下

① （明）薛蕙：《老子集解》，惜阴轩丛书本，上卷。
② 笔者怀疑竹简本所脱处未必使用的是"贵"字。从竹简本的"宠辱若惊"处写法看，帛书本等抄录已经存在问题。传世本、帛书本上文"贵大患若身"，下文"贵以身为天下"，两个"贵"字的意思没有根本不同，但对解读还是形成了干扰，注家往往以为下文的"贵"由上文承续而来。其实，上文是"贵"与"患"对应，下文则为"重视"或"推崇"。下文是否为"贵"，只能期待再有新的古本出现以证了。
③ 古棣、张英：《老子通》（上部），长春：吉林人民出版社，1991年，第434页。
④ 陈广忠：《淮南子》，北京：中华书局，2012年，第651-652页。

矣"，已经悄悄改成了反问句式的"焉"——怎么可以，"以身为天下"就是老子反对的了。这一改则化腐朽为神奇，可是晚出的《淮南子》此一改动并未得到写本支持，不用说今天的帛书本、竹简本，蒋锡昌在《老子校诂》中对该句列出 27 种版本之异都未有一种跟从《淮南子》者。看来，严肃的学者还是不会因释读困难而信手修缮文本的，这一点让人肃然起敬。

把此章的基本材料梳理一遍之后，我们再看几位严肃学者对此章的翻译。许抗生的译文为："受侮辱的人，一旦受到宠爱就会像受惊骇一样。尊贵珠宝财货这类大祸害的东西，就像尊爱自己身体这个祸根一样。为什么说受侮辱的人受到宠爱就会像受惊一样呢？这是因为受到宠爱的人是下贱的，所以得到宠爱就像受惊一样，失去宠爱亦像受惊一样，这就叫'宠辱若惊'。怎么说尊贵财货这类祸害，就像看重身体这类祸根一样呢？这是因为我所以有祸害就是在于我有身体，待到我没有身体时，还有什么祸害呢？所以崇尚以自己的身体为天下大家的，就可以托付天下给你；喜爱以自己的身体为天下大家的，就可以托付天下给你。"① 陈鼓应翻译为："得宠和受辱都感到惊慌失措，重视身体好像重视大患一样。什么叫得宠和受辱都感到惊慌失措？得宠仍是下等的，得到恩惠感到心惊不安，失去恩惠也觉惊恐慌乱，这就叫得宠和受辱都感到惊慌失措。什么叫重视身体像重视大患一样？我所以有大患，乃是因为我有这个身体，如果没有这个身体，我会有什么大患呢？所以能够以贵身的态度去为天下，才可以把天下寄托给他；以爱身的态度去为天下，才可以把天下委托给他。"② 任继愈的译文是："（人们）爱虚荣以至于惊恐，把大患像生命一样看重。什么叫爱虚荣以至于惊恐？虚荣本来就不光荣，得到它，为之惊喜，失掉它，为之惊惧，这就叫作爱虚荣以至于惊恐。什么叫把大患像生命一样看重？我所以有大患，正由于过分考虑到自己，若不考虑自己，我还有什么祸患呢？所以只有把天下看轻、深知自重的人，才可以把天下的重任担当起来。只有把天下看轻、深知自爱的人，才可以把天下的重任交付给他。"③ 以上几位"忠实"原文的译法，都不可避免地陷入"爱身"却去"为天下"这个怪命题中。

笔者根据《老子》的行文习惯，认为老子在对问题展开论述时，往往

---

① 许抗生：《帛书老子注译与研究》，杭州：浙江人民出版社，1982 年，第 80-81 页。
② 陈鼓应：《老子注译及评介》（修订增补本），北京：中华书局，2009 年，第 110 页。
③ 任继愈：《老子今译》，北京：古籍出版社，1956 年，第 9-10 页。

就人们熟悉的自然存在、人生现象或时语俗语来切入，之后引向治世之道的讨论。"宠辱若惊，贵大患若身"可能为古成语或时语，下文以两个"何谓"分别论，该是对引述材料发表见解，弄明白这一句是理解全篇的关键。"宠""辱"与"贵""大患"是两对相反词，这便很容易让人联想起《老子》第二章"故有无相生，难易相成，长短相形，高下相倾，音声相和，前后相随。是以圣人处无为之事，行不言之教"的论述方式。而两句句式相同，中间都是"若"（释为"就如同"）字，那么与"身"处在同一位置的"惊"必是同一词性。竹简本相当"惊"的字原被读为"缨"，这提示我们，按照"缨"能不能读通？《说文》："缨，冠系也。""缨"是帽子上的带子，用以代指帽子。《礼记·玉藻》："始冠，缁布冠。自诸侯下达，冠而敝之可也。玄冠朱组缨，天子之冠也。缁布冠缋緌，诸侯之冠也。玄冠丹组缨，诸侯之齐冠也。玄冠綦组缨，士之齐冠也。缟冠玄武，子姓之冠也。缟冠素纰，既祥之冠也。垂緌五寸，惰游之士也。玄冠缟武，不齿之服也。居冠属武，自天子下达，有事然后緌。五十不散送，亲没不髦，大帛不綏。玄冠紫緌，自鲁桓公始也。"① 根据《礼记》中的这段话，古代不同的人戴不同的帽子，身份不一、处境不同，帽子都有讲究，而有的帽子是"冠礼"之后就被弃用任其自腐的，这不正是同为帽子，沦落各异而宠辱不同吗？"贵大患若身"亦是此意。"身"是一样的，但有时显达，有时卑微，有时为人称誉，有时被人诟病，时贵时贱。以"宠辱"看"缨"是被世俗价值所困惑，以"贵患"视"身"则是把自身限定在特定意义观照的范围了。"何谓宠辱若缨？宠为下，得之若惊，失之若惊，是谓宠辱若缨。""宠"与"辱"相互转化，今天作为"得之"的"缨"却只能处在"为下"的态势，便会"失之"。因此，争"宠"未免是狭隘的。接下来，以"缨"论及"身"便还是老子的比类式论说。"何谓贵大患若身？吾所以有大患者，为吾有身，及吾无身，吾有何患！"人喜欢"身"为"贵"，不愿意"身"为"患"，但是从"身"的视角看"身"，便只能得出"身"之"贵""患"特征的获得，因此"无身"——超越"身"的观照，才"无患"。老子凡说对反范畴，无一不归结在超越！怎么超越呢？"故贵以身为天下，若可寄天下；爱以身为天下，若可托天下。"以"身"作为"天下"

① 胡平生、张萌：《礼记》，北京：中华书局，2018年，第572页。

去观照，就是离开"身"的特性，将其消解于"天下"自然，主要是离开主观臆断与个人功利、价值导向，那么此"身"就不会由己而生出种种治世之策，而是"无为"，因此便可以"寄托"于天下。这与第七章之"外其身而身存"实有相通之处。

笔者在薛蕙注、裘锡圭思考等启示下，对《老子》此章试图按照所认一贯之治世归向中心关切与比类式言说方式进行了上述解读，的确属于不揣冒昧的"独出心裁"之论。得失之处，只好俟方家正之了。

第十四章

【原文】

视之不见名曰夷，听之不闻名曰希，搏之不得名曰微[1]。此三者不可致诘，故混而为一[2]。其上不皦，其下不昧。绳绳不可名，复归于无物，是谓无状之状，无物之象[3]。是谓惚恍[4]。迎之不见其首，随之不见其后[5]。执古之道，以御今之有，能知古始，是谓道纪[6]。

【训释】

[1] 帛书乙本作"视之而弗见，（命）之曰微。听之而弗闻，命之曰希。捪之而弗得，命之曰夷。"夷，《广雅·释诂》："夷，灭也。"《国语·周语下》："是以人夷其宗庙。"① 希，《尔雅》："希，罕也。"《老子》第七十章有："知我者希。"搏，《说文》："搏，索持也。"捪，《说文》："捪，抚也。"微，《说文》："微，隐行也。"《玉篇》："微，不明也。"

[2] 帛书甲本作"三者不可至计，故匪（而为一）"。帛书乙本为"三者不可至计，故綑而为一"。匪綑，帛书本整理者认为皆为"混"之假借。诘，《说文》："诘，问也。"计，《说文》："计，会算也。"

[3] "其上不皦，其下不昧"，帛书甲本作"一者，其上不攸，其下不忽"；帛书乙本作"一者，其上不谬，其下不忽"。皦，《广韵》："皦，明也。皎也。"昧，《广雅·释诂》："昧，冥也。"帛书本所用"攸""谬""忽"原字义于此不易读通，整理者皆处理为通行本用字之假借。"绳绳不可名，复归于无物"，帛书甲本作"寻寻呵不可名也，复归于无物"，乙本

---

① 徐元诰：《国语集解》，北京：中华书局，2002 年，第 101 页

大致同。绳，《说文》："绳，索也。"寻，《说文》："寻，绎理也。"

[4] 帛书乙本作"是胃沕望"，"胃""沕""望"皆被整理者处理为假借字。傅奕本作"是谓芴芒"，"芴芒"亦为"惚恍"之假借。

[5] 帛书乙本为"随而不见其后，迎而不见其首"。

[6] "执古之道，以御今之有"帛书本皆为"执今之道，以御今之有"。执，持守。御，治理。有，通"域"。《诗·商颂·玄鸟》："方命厥后，奄有九有。"《毛诗正义》："九有，九州也。"《国语·鲁语上》："共工氏之伯九有也。"韦昭注："有，域也。"① 纪，纲领、纲纪。《诗·大雅·棫朴》："纲纪四方。"②

【校证文】

视之不见名曰夷，听之不闻名曰希，捪之不得名曰微。此三者不可致诘，故混而为一。其上不曒，其下不昧。寻寻不可名。复归于无物，是谓无状之状。无物之象，是谓惚恍。迎之不见其首，随之不见其后。执今之道，以御今之有，能知古始，是谓道纪。

【译文】

"道"啊，眼睛看不见它的形状，耳朵听不到它的声音，双手也无法触及它的存在。听觉、视觉、触觉在它这儿是无效的，因为它的整体性存在却不属于三者所捕捉的分属特性。这种整体性无上下明暗，无法寻觅指称。它根本是不在具体事物范围的，因此是一种不存在的存在；它无情形的运动，可称为"恍惚"。迎着它也不会看见它的端倪，跟随它也不会发现它的踪迹。落实"道"于今天的政治，便能懂得古代的圣人之治是如何达成的。以上，可以是关于"道"的纲领性认识了。

【解析】

这一章无竹简本写本，帛书本用字与传世本差别较大，但对文句意思的理解不太有影响。本章主旨是论述道非具体存在的性质，诸注家的认识没有根本差异，但本章也牵涉到对道之为"物"的理解，则因对道的根本

① 徐元诰：《国语集解》，北京：中华书局，2002年，第155页
② 周振甫：《诗经译注》，北京：中华书局，2002年，第407页。

性质所持之异，各陈己见，笔者在第二十一章的"解析"对此问题集中论述。

"视之不见名曰夷，听之不闻名曰希，搏之不得名曰微。"这一句帛书本用"夷""希""微"的次序不同，但"夷"是"灭掉"，"希"是"少"，"微"是"小"，其实都是借以指"不存在"。"夷""希""微"几个字很有特点，并不是对"道"的真实性的否定，而只是对"视""听""搏"认知结果的否定。此句的意思就是，对一种有实质作用的"存在"，以感觉能力去考察，它却并不存在。"搏"，帛书乙本对应的字是"揗"。"揗"是"抚摸"的意思，相较"搏"更与文义合。传世本的一个做法是把古本使用的较为生僻的字改成易读的，这当然有助于一般人读懂《老子》，但也有些地方因改写者对原字义理解偏差导致改写后句意偏离或不通了。

"此三者不可致诘，故混而为一。"帛书甲乙本均为生僻字借"混"，应按通行本解。"致诘"，帛书乙本作"至计"，都是"追究、思考"的意思。这里是在进一步说，"道"根本不属于人的感知范围，它并不属于常态认识的事物序列，以视觉、听觉、触觉去把握它这个路线根本就不对，所以不可"致诘"。为什么呢？因为它"混而为一"，是整体无分的。

"其上不皦，其下不昧。绳绳不可名，复归于无物，是谓无状之状，无物之象。""皦""昧"① 相反，意思就是"明""暗"。事物往往处上部者得光线充分而明，处下部者少光照而暗。但此处上下文互文，不必纠结于"皦""昧"的具体所指。老子意在说，"道"既然是整体性存在，就不能以认识事物明暗即光线特征的功能把握。此句还是指向"道"无独立实体。帛书本此句前有"一者"，也就是这里是在描述"一"的特征。通行本删掉并不可取，可能会造成理解偏差。上句的"此三者"之"此"则为通行本所加，并无必要。可见，传世本的文本加工既提供了理解帮助（如上文生僻字的简易化），也有造成理解困难的（如上文改"揗"为"搏"，有很多注家理解为"抟"之误），还有的根本就没有必要（如上句之"此"及下文"迎之""随之"次序颠倒）。刘笑敢认为，此处的"一"是性质无别、浑沦不分之意，与第四十二章"道生一"及第三十九章"天得一以清"之

---

① 帛书甲本用字为"攸""忽"，乙本用为"谬""忽"，用字与传世本差异极大，然其义已不易辨析。笔者根据其用字推测，帛书本此句还是强调"道"拒绝形拟、分析的特征。

"一"不同①。对此，笔者并不认同。"一"本身在《老子》即是对事物的统一性、整体性的认识，这种性质也就是道性，所以"道"是"强字之曰"（第二十五章），而"一"是对它无分性的描述。"道"就是"一"，"一"就是"道"。《文子》说"道者，一立而万物生焉""万物总而为一"②，正得《老子》之旨。至于历来多因第四十二章的文字，理解"一"为"道"的派生之物，实出于对章文的误读，笔者在相应章节做出了解说。我们在此可以断言，老子不可能对"一"在文本中做出两种哲学含义的设定。"绳绳不可名"，"绳"，《说文》："绳，索也。"注家以"微细"或"无头绪""连绵"等意解"不可名"之特点颇为牵强。高亨先生认为"绳绳"实为"黽黽"之误，"黽"与"冥"同，则为"冥冥"，义为不可见③。高先生之论可备一说。但帛书甲、乙本同为"寻寻"，说明原有古本就是"寻寻"。帛书本注家多释"寻寻"为"绳绳"，其实《说文》解释"寻"为"绎理也"，"寻寻"就是去探求研析，下接"不可名"，完全顺畅，比"绳绳"文义要盛。既存在，又无法制名指称，那么这种存在是非常特殊的，在于无法把它作为认识和思维对象。它从根本上（"复归"并不是运动，而是可以理解为"说到底""根本上"）来说是"无物"的，是以"不存在"为"存在"的，这便是"无状之状"。"道"虽然体无，却发挥着作用，这就是"无物之象"。

"是谓惚恍。"帛书甲本缺。乙本作"是胃汌望"，傅奕本作"是谓芴芒"，皆被注家理解为假借，从传世本文字。但"汌"本身是"隐没"的意思，"望"也还是指向"象"，"汌望"便是以一个词概括了"无物之象"，应该更接近祖本，而用"惚恍"有理解为存有但不易清晰把握的可能，并不十分理想。据帛书本"寻寻呵不可名也"有"也"字作为语气断句标志，上面两句似应重新断句为"其上不曒，其下不昧，绳绳不可名。复归于无物，是谓无状之状。无物之象，是谓惚恍"④。

"迎之不见其首，随之不见其后。"帛书本这两句颠倒，先"随之"后"迎之"，意思没有什么不同。至此，老子不过反复用不同的字句，论述

① 刘笑敢：《老子古今》（修订版），北京：中国社会科学出版社，2006 年，第 213 页。
② 王利器：《文子疏义》，北京：中华书局，2000 年，第 31、117 页。
③ 高亨：《老子正诂》，北京：清华大学出版社，2011 年，第 24 页。
④ 本书原文引入时按照楼宇烈先生校释之《王弼集校释》中《老子道德经注》标点。

"道"不在常态感受和思维的对象范围内。古人没有现在这么丰富的语言，只能一再对人的惯常对象化方式认知"道"的途径进行否定，因此切不可拘泥于其具体字句所指，而是要从整体上把握其思想宗旨。

"执古之道，以御今之有，能知古始，是谓道纪。""有"通"域"，《诗·商颂·玄鸟》说"奄有九有"①，"九有"就是"九州"。"纪"就是纲领，"道纪"即是关于"道"的总纲。这一句，帛书乙本作"执今之道，以御今之有，以知古始，是胃道纪"。甲本缺字，但前面也是"执今之道"。因此不应为误抄，而是其祖本如此。很多注家认为传世本改成"执古之道"是合理的，"古""今"相对，符合行文逻辑，但是下文"能知古始"的"古"不也是正好与上文的"今"形成呼应关系吗？事实上，"执今之道，以御今之有"更合理，道非实体性存在，并不是把古代的"道"可以搬到现在来，只能是从现在治世的要求落实现在的"道"。但是"道"之理是相通的，现在落实"道"有成，便会理解古代的开明政治是如何造就的，这就是"以知古始"。古人喜欢借古喻今，一直相信远古时代有所谓圣王之治的黄帝、尧、舜、禹时代。老子也是借此论今之"道"，在其书中屡次出现类似于"古之善为道者"（第六十五章）的句子。不一定就是老子真的相信古代的太平盛世，言古讽今是常用的论说方式罢了。

如本章最后的落脚点，这一章也是关于道论的一个总纲式论述。前面几句全都是在讲"道"不属于人的感官把握的对象，也不属于人的思维分析探究的对象，是"无物"的，也是我们讲的体无，后面讲执"道"为用并拉出历史经验为印证则是"道"用。归到总纲而言，"道"没有独立实体，但其作用真实存在。如果我们把老子的文字理解为"道"是恍恍惚惚、不好认识的东西一直蔓延到现在，就违背了老子对"道"的基本设定。道教的人讲体"道"，是把它作为实体性存在的，甚至把古仙常有也作为信仰支撑。《老子想尔注》给此章最后一句注释说："何以知此道今端有？观古得仙寿者，悉行之以得，知今俗有不绝也。能以古仙寿若喻，今自勉厉守道真，即得道经纪也。"② 这只是道教的认识，是道论在宗教信仰领域的新面貌，与老子之道论已经完全是两码事了。

---

① 周振甫：《诗经译注》，北京：中华书局，2002年，第547页。
② 饶宗颐：《老子想尔注校证》，上海：上海古籍出版社，1991年，第17页。

第十五章

【原文】

古之善为士者，微妙玄通，深不可识。夫唯不可识，故强为之容^[1]。豫焉若冬涉川，犹兮若畏四邻，俨兮其若容，涣兮若冰之将释，敦兮其若朴，旷兮其若谷，混兮其若浊^[2]。孰能浊以静之徐清？孰能安以久动之徐生^[3]？保此道者不欲盈，夫唯不盈，故能蔽不新成^[4]。

【训释】

[1] 为士者，河上公本、竹简本亦作；帛书本、傅奕本则作"为道者"。士，《说文》："士，事也。"段玉裁注："凡能事其事者称士。"识，《玉篇》："识，知也。"

[2] 豫，帛书乙本用为"与"，二字通。《说文》："豫，象之大者。"犹，《尔雅》："犹如麂，善登木。"《史记·吕太后本纪》："犹豫未决。"索隐："犹，媛类也。卬鼻，长尾，性多疑。"①《礼记·曲礼上》："所以使民决嫌疑，定犹与也。"孔颖达疏谓"犹与"皆兽名，"此二兽皆进退多疑。人多疑惑者似之，故谓之犹与。"涉川，帛书乙本作"涉水"。俨，《尔雅·释诂》："俨，敬也。"容，河上公本、傅奕本、帛书本、竹简本皆为"客"。涣，《说文》："涣，流散也。"

[3] 此句帛书本、竹简本皆非反问句。帛书甲、乙本比较统一，乙本为"浊而静之徐清，女以重之徐生"。竹简本为"孰能浊以静者，将徐清。孰能庀以迬者，将徐生"。《集韵·纸韵》："庀，治也。"迬，行止，古亦同"往"

[4] 保此道者不欲盈，竹简本作"保此道者不欲尚呈"。蔽不新成，竹简本无，傅奕本作"敝而不成"，帛书本亦用"敝"之异体字。

【校证文】

古之善为士者，微妙玄通，深不可识。夫唯不可识，故强为之容。豫兮若冬涉川，犹兮若畏四邻，俨兮其若客，涣兮若冰之将释，敦兮其若朴，

---

① （汉）司马迁：《史记》，北京：中华书局，2011年，第343页。

旷兮其若谷，混兮其若浊。孰能浊以静者，将徐清。孰能庀以趏者，将徐生。保此道者不欲尚呈，夫唯不呈，故能敝而不成。

【译文】

以前善于修养自身的士人，精微幽隐而玄妙通达，行藏深厚而不易被人了解。正因为他们不易被了解，所以勉强描述他们的状态：小心翼翼像冬天行走在冰上，谨谨慎慎像周围存在危险，庄重以待如在人家做客，神情放松如春雪消融，质地淳厚似未经雕琢，心胸宽广似深山幽谷，浑然朴纯似不澈之水。能以静来处理治乱会使之清晰起来，能以止来管理民众以使之发展起来。高明的治世者不逞己能，也正因此，所以他们不按自己的意志去追求政绩。

【解析】

这一章以古之"为士者"示今之在上者，希"保此道"而治国。本章有竹简写本文字，但缺少对应"旷兮其若谷""夫唯不盈，故能蔽不新成"的文字。从文意看，传世本多出来的文字于章意无明显扩充而有偏离，疑为后人嫌原本文义不足而增加。在一些关键字上，本章几种写本差异较大，以至于对祖本原所用字已不易推测，但整体章旨则仍能清晰看见。"为士""涉川"二处王弼本与竹简本同，与帛书本不同，这种情况比较罕见。这提示：一是确实各本均有不同祖本，二是歧异问题由来已久。

"古之善为士者，微妙玄通，深不可识：夫唯不可识，故强为之容。"此句有"为士者""为道者"之歧异①。王弼本、河上公本、竹简本是"为士者"，帛书本、傅奕本则作"为道者"。查《老子》，"为士者""为道者"均有提到，第六十五章有"古之善为道者"，第六十八章有"善为士者"。此处作"为士者""为道者"也均能讲得通，但显然"为士者"更符合文义。"为道者"是以道治国，第六十五章即是。此处下文六个"兮"字句②的排比描述是人自身的修养表现。很多学者受《庄子》将"道"往生命哲

---

① 另有俞樾主"为士"为"为上"之误，古棣等从之。此说纯为按照《老子》中有"上民""太上"之说来推测，从出土的古本看并不可靠。

② 王弼本第一句用"焉"，其余六句皆为"兮"字。河上公本统一为"兮"字。帛书本用"呵"，竹简本用"乎"。这与《老子》流传过程中文法习惯的改变有关，也与地域写本纳入本区域的用语习惯有关。

学延伸及道教修炼之说的影响，也认为老子在主张一种体道要求。事实上，在《老子》的"道"即为治世之道，与自身修持并无逻辑关联。这是本书一贯的释读立场，而且可以发现，此种释读立场能够贯彻《老子》全文，而且对其思想把握更统一、更合理！此章下文"为士者"的精神表现实为治世选择的类比道理。不解乎此，便无从安排"士"与治世之间的关系。士，在先秦是社会阶层，有文士、武士，二者的区分实质也并不严格。士增强自身修养，出来为官则为大夫，拒绝与政权合作就是隐士。

《书·牧誓》："是以为大夫卿士。"① 《礼记·曲礼》："列国之大夫，入天子之国，曰某士。"② 士，或为用或不为用，或出仕或隐士，前提都要对自身进行合理修养。不善于修养的士急于逞能表现，善于修养的士则谨小慎微地对待周围的事物。为什么"微妙玄通，深不可识"？因为他们不张扬、不外露，安以自守，所以从言行表现不太能看出他们内心的状态。士的修养表现不太引人注意，因此以下便是勉强描述，"强为之容"。

"豫焉若冬涉川，犹兮若畏四邻，俨兮其若容，涣兮若冰之将释，敦兮其若朴，旷兮其若谷，混兮其若浊。"帛书本此句起首有"曰"字，那么后面"兮"字句都是对"为士者"的"士德"描摹。这一句帛书本用字多有不同，然文义无不同，因此从传世本理解即可。"豫焉若冬涉川，犹兮若畏四邻"是一对。"犹""豫"本都是生性小心多疑的动物，古人早就用以指人的个性特点，此处二字互文。"冬涉川"就是从冰上走，所谓"如履薄冰"。"畏四邻"就是对周围环境保持警惕，"如临危境"。"俨兮其若容，涣兮若冰之将释"是一对。"容"，河上公本、傅奕本、帛书本、竹简本皆为"客"，王弼本作"容"应是承上之误。"俨"是举止得当，神情专注，做客人有个做客人的样子。"涣"是消散、放松，像春风扑面、冰雪消融。二字互相限制，就是一个待人处事之度，不端着架子，也不随随便便。"旷兮其若谷"文义稍有偏离，是说这"为士者"心胸豁达、虚怀若谷，与其他各"兮"字句意所指聚焦在"精神内藏"的状态不太一样，为竹简本所无，应为老子之后的编者所加。"敦兮其若朴，混兮其若浊"为一对。"为士者"敦厚淳朴、浑然众人，保持着璞质的自然本色，不矫揉造作，不盘算构营。

---

① 王世舜、王翠叶：《尚书》，北京：中华书局，2018 年，第 140 页。
② 胡平生、张萌：《礼记》，北京：中华书局，2018 年，第 82 页。

"孰能浊以静之徐清？孰能安以久动之徐生？"这句话帛书乙本为"浊而静之徐清，女以重之徐生"，竹简本为"孰能浊以静者，将徐清；孰能庀以迬者庀，将徐生"。帛书本与传世本差别不大，整理者读"女"为"安"、"重"为"动"，统一到传世本。这样解读有一个问题，上半句是以"静"对待"浊"，"静"是自我要求，"浊"为外部情况，按此解读则下半句为以"动"对待"安"吗？以"动"制"动"尚为老子所批判，怎么可能用"动"去扰"安"呢？此处切不可机械地以辩证出反招去理解，老子哲学是有他的无为归宿的。看来帛书抄本已经无法提供它释的方向了。对于竹简本，释读者也基本将文义统一到传世本了。"庀"，整理者疑为"安"之误写。"迬"，裘锡圭[1]、李零[2]皆认为从"重"或"动"。尹振环不同意"庀"为"安"之误，认为"庀"为"治理"的意思，也不同意"迬"为他字之借，认为该字通"往"，并将这一句译为"谁能对混乱加以管束、控制？那将会慢慢澄清；谁是能够医治以往的人？那将会慢慢发生变化与生长"[3]。这样的理解显然不合常理，亦不合老子宗旨。但尹先生认为"迬"不为他字之借启示笔者，"迬"本身有"行止"的意思，能不能理解为"跬"呢？句意也就是以停止（消除手段式操控）来对待治世，这与上半句的言说逻辑一致，与老子思想亦通。总体来看，这两句与上文"士德"不在一个层面上，明显地从自我修养转向了治世之道，目标是清明、发展，措施是自静、自止。

"保此道者不欲盈，夫唯不盈，故能蔽不新成。"竹简本作"保此道者不欲尚呈"，没有后面"夫唯不盈，故能蔽不新成"对应文字。"蔽不新成"傅奕本、帛书本为"敝而不成"，胜于王本。"敝而不成"就是不以自己的判断去发现"敝"，也不以自己的意志去追求"成"，与老子整体思想一致。相比"不欲盈"和"不欲尚呈"，虽"不欲盈"亦能通，但不如"不欲尚呈"文义更能承续上文。"为士者"的整体表现不就是精神内敛、不逞能的状态吗？治国者不胡乱表现、啥事都要出头指挥，不就是"不呈"吗？二者恰恰能通。如此，才能把上文所说落到此处定锤。由此，"夫唯不盈，故能蔽不新成"应是老子之后的编者采撷第九章"持而盈之，不如其已"、第

① 荆门市博物馆：《郭店楚墓竹简》，北京：文物出版社，1998年，第114页。
② 李零：《郭店楚简校读记》（增订本），北京：中国人民大学出版社，2007年，第4页。
③ 尹振环：《楚简老子辨析》，北京：中华书局，2001年，第187-189页。

四十五章"大成若缺，其用不弊"等文意添加而来的。

陈鼓应说："本章是对体道之士的描写。"① 这一认识比较普遍，注家往往皆以为本章为"为士"或"为道"者修养之要求。笔者已指出这一点，老子并不把个人修养的达成作为以道治国的必要条件。即使主张其落在治世之道的释读者，也以为是"为士"者治世所当为。笔者认为，主张本章为体道宗旨者还是没有体会到老子论述问题的方式。本章开篇"为士"者的描述实质仍是比类之说，其后文字在"孰能"二句后再归结到治世之道亦同此理——顺乎自然，不折腾。为士者增强内涵建设不忙于表现自己以至"微妙玄通"，为政者也应当静、止以治世以至政通人和、生机勃勃。过去有些注家把"士德"表现视为治世者伪装的效果，认为这是统治者统治百姓的权术——不让人看出来。古棣、张舜徽均有主张老子为"君人南面之术"之说，认为"南面之术"是一种政治手段，如本章的"深不可测"便认为是"所思所虑不被人窥察出来"②。对于《老子》作"手段式"解读从韩非就有，直到今天更多有企及由读老获得神秘的隐藏诡术或胜人手段者，这种加诸《老子》的东西影响远未肃清，是令人痛心的。《老子》讲政治哲学，不是为在上者服务的，反而充斥着对在上者妄为的批判。他思考理想的社会治理终极原则，服务的是所有人。刘笑敢有一段精辟论述，照录于此："就《老子》全书来说，虽然不乏治天下、取天下的见解原则，但都是作为哲理、智慧来说的，是'学'而不是'术'，有理想而无权谋。《老子》思想的中心关切是天下、社会、人文，而不是政治、政权，更不是权术。所谓道家'乃君人南面之术'的说法，只适于兴起于战国中后期、流行于汉初的黄老道家，不适于《老子》，也不适于《庄子》内篇所代表的基本思想。"③

第十六章

【原文】

致虚极，守静笃，万物并作，吾以观复[1]。夫物芸芸，各复归其根[2]。

---

① 陈鼓应：《老子注译及评介》（修订增补本），北京：中华书局，2009 年，第 119 页。
② 古棣、张英：《老子通》（上部），长春：吉林人民出版社，1991 年，第 344 页。
③ 刘笑敢：《老子古今》（修订版），北京：中国社会科学出版社，2006 年，第 225 页。

归根曰静，是谓复命^[3]。复命曰常，知常曰明，不知常，妄作，凶^[4]。知常容，容乃公，公乃王，王乃天，天乃道，道乃久^[5]。没身不殆。

【训释】

[1] 竹简本作"至虚，恒也；守中，笃也。万物方作，居以须复也"。笃，《尔雅·释诂》："笃，固也。"作，《玉篇》："作，起也，造也。"须，等待。《韩非子·外储说左上》："吴起须故人而食。"① 本句帛书乙本作"至虚极也，守静督也。万物旁作，吾以观其复也"。甲本个别用字不同。

[2] 竹简本作"天道员员，各复其根"。帛书乙本作"天物魂魂，各复归其根"。

[3] 帛书乙本作"曰静。静，是谓复命"。

[4] 帛书乙本作"复命，常也。知常，明也。不知常，芒，芒作凶"。

[5] 王，《说文》："王，天下所归往也。"道乃久，帛书甲本残缺，乙本脱"久"字，与下句连为"道乃没身不殆"。

【校证文】

至虚，恒也；守中，笃也。万物方作，居以观复。天物芸芸，各复归其根。曰静，是谓复命。复命曰常，知常曰明。不知常，妄，妄作凶。知常，容，容乃公。公乃王，王乃天，天乃道，道乃没身不殆。

【译文】

虚以待物才是永恒之道，持守空无才能稳定发展。对于万事万物的盎然生机，不妨静静待其回归自身合理性。天地间的事物纷纷纭纭，各遵守其内在生命力的作用。遵守其内在生命力叫作"静"，就是顺其天然之性。这种顺天性就叫"常"，懂得这个道理才是高明的人。不懂得"常"的人，会妄加作为，导致局面不可收拾。懂得"常"的人包容事物的不同特性，做到大公无私，则天下归心，从而符合天道，这样才会永远不使自己陷入困顿之中。

① （清）王先慎著，钟哲点校：《韩非子集解》，北京：中华书局，1998年，第265页。

【解析】

这一章情况比较复杂，涉及到竹简本相比传世本、帛书本内容缺少的问题，也涉及到重要句子用字、断句的问题，这都会对整个篇章主旨的解读产生影响。竹简本对应本章的文字为"至虚，恒也；守中，笃也。万物方作，居以须复也。天道员员，各复其根"，没有从"归根曰静"到"没身不殆"的对应文字。

"致虚极，守静笃，万物并作，吾以观复。"按照传世本的写法，"致虚极，守静笃"便是"尽量使得心灵虚寂，坚守清静"①。但是竹简本该句作"至虚，恒也；守中，笃也。万物方作，居以须复也"。"至虚""守中"本身的判断用词及下面接"万物"的情况提示我们："至虚""守中"不是修养身心的要求，而是对待事物的原则。传世本的"极"，大概是加工者因竹简本的"恒"（本作"亘"）与"极"近而写的，"'恒''极'相近，常被混淆"②。"至虚，恒也"，便是虚以待物，才会持久。"守中"第五章曾出现，"中"通"冲"，也是空虚之义。"笃"是稳固，与"恒"的意思差不多。"守中，笃也"就是守空虚之道才能扎实，与"至虚，恒也"互文见义，这是《老子》论述时常用的手法，上下文呼应，对一个观点重复强调传达，但又避免文字重出，读起来朗朗上口。"致虚极，守静笃"帛书乙本作"至虚极也，守静督也"（甲本个别字异体），两个"也"字作为判断式语气词的使用也提示我们该句断句方式应为"至虚，极也；守静，督也"。"致虚"到"极"与"致虚"本身就是"极"意思显然不一样，前者是修养要求，后者则完全可以理解为治世原则。"万物并作，吾以观复"，竹简本是"万物方作，居以须复也"。"方"，整理者读为"旁"。其实"方"亦可通，且比"旁"更恰当，"万物方作"就是事物正在生发生机。"居"传世本、帛书本皆为"吾"，不如"居"更合文义，当为形近之误。"须"为等待。"复"是保持自身的状态，没有被打乱、被夺取。"居以观复"就是静静地待在那里任万物发展。以上以竹简本为基本支持的解读应该是合理的，因为下文就是讲治世原则，这样才能整体统一。如果不按此解，只能把这里理解为为政者修持身心，联系下文，便是薛蕙所谓此篇为"内圣外

① 任继愈：《老子今译》，北京：古籍出版社，1956年，第12页。
② 李零：《郭店楚简校读记》（增订本），北京：中国人民大学出版社，2007年，第8页。

王之道"①。一方面，这与我们反复强调的老子对为政者的设定不一致；另一方面，古人手中的写本仅传世本，很难突破文本限制而作他解，现在有帛书本、竹简本等古本，不就应该拨开迷雾，试着去贴近老子本怀吗？

"夫物芸芸，各复归其根。""夫物"各本有"夫物""凡物""天物""天道"之异。"物"纷纭发展，"道"的作用还是通过"物"而显现，所以竹简本用"道"不理想。而"夫物""凡物""天物"之异则与文意没有影响，但考虑老子强调天道自然的物性，因此上面"校证文"取帛书本所用之"天物"。"芸芸"用字王弼本、帛书本、傅奕本、竹简本皆不同，意思没有差别。"夫物芸芸"就是"万类霜天竞自由"。"根"是事物发展的自身基础。"各复归其根"就是"我的地盘我做主"。《庄子·在宥》有"万物云云，各复其根"②，应该是对《老子》此处的引述。

"归根曰静，是谓复命。"此一句开始无竹简本对应文字，而"归根曰静"或"曰静"（帛书本）的句式即表明以下内容（传世本刻意用"曰静""曰常""曰明"的"曰"字句表理论归结，用五个"乃"字句表理论推导）是接着"归根"问题发挥而来的，那么包括帛书本在内的诸本完全可能是编写者发挥文意写入诠释性文字丰富了《老子》文本。所以，《老子》一书的作者大概并不能归为某位老子，而是有一肇始之老子，后面的"老子们"参与了编写。在历次抄本写成中，又有抄读者以己意改写字句的做法。《老子》一书的复杂性本身就是很突出的问题，要追根究底不容易，而何为根底却是需要首先确定的。此句帛书乙本为"曰静，静，是谓复命"，比通行本更理想，因为不是"归根"了才叫"静"，是"静"方能使"归根"。《礼记·中庸》："天命谓之性。"③"命"，即事物的天生之性。"静"是治世者的态度，"复命"是民众的状态。这便是在讲，所谓静，就是要不随意干涉而给事物自我发展的空间。

"复命曰常，知常曰明，不知常，妄作，凶。""复命"才是恒常之道，是事物发展遵循的终极规律。懂得这个道理（"知常"）就是明白人，不懂得这个道理的人就一定会妄加作为，结果就是"凶"的，陷入种种麻烦和混乱局面。

---

① （明）薛蕙：《老子集解》，惜阴轩丛书本，上卷。
② 陈鼓应：《庄子今注今译》，北京：中华书局，2009年，第310页。
③ 胡平生、张萌：《礼记》，北京：中华书局，2018年，第1007页。

"知常容，容乃公，公乃王，王乃天，天乃道，道乃久。"这句话存在断读的问题。上文"不知常，妄作，凶"，帛书乙本为"不知常，芒，芒作凶"，甲本也有相当于"妄"的两个"芒"字，应当不属于误重抄。刘殿爵认为应当读作"不知常，妄，妄作，凶"，相应的"知常容，容乃公"读为"知常，容，容乃公"。"不知常"与"知常"相对，"妄"与"容"相对①。笔者认可刘殿爵的读法，这样读才是合理的，要不怎么看"知常容"都别扭。"容"就是包容不通的事物，其结果自然是一团和谐的"公"。事物的个性、积极性都能展现，也就造成天下归心、归向的"王"。这符合自然之"天"性，也是"道"性。劳健认为此句之"王"失韵，应为"全"，并做了细致论证②，但其论未能与出土帛书本用字取得一致。刘笑敢说，古本不合后人道理的例句很多，出土古本证实推论的相当少，历史事实与我们今天的逻辑常常不一致，"改善原本的逻辑、语言、体例与恢复古本旧貌往往不可两全"③。

"没身不殆。"此句在帛书本接在"道乃"后，帛书本无上文的"久"字。从文义考察，"久"字用得累赘。刘笑敢认为："考察从古本到传世本演变的一般情况，帛书本可能本来如此，后来的编者为句式的整齐、对仗而补'久'字。"④ "道乃没身不殆"就是落实无为之道治理国家，终其一生不会深陷泥沼、耗尽生命却适得其反。

从以上解析，笔者已经明确了章文所指，治世者"虚""中"或"静"是给万物顺其自身合理性、完整性自我实现，这是"常""明"。"知常"落实治世之道，便与天道自然的道理统一起来。"王乃天，天乃道"，这是倒过来说的，从人道去反观合于天道。这一章往往被作为体道工夫的解读。陈鼓应说："本章强调致虚守静的工夫。致虚即是心智作用的消解，消解到没有一点儿心机和成见的地步。一个人运用心机蔽塞明澈的心灵，固执成见会妨碍明晰的认识，所以致虚是要消解心灵的蔽彰和厘清混乱的心智活动。"⑤ 孙以楷说："这一章，老子论述了体道的根本原则：致虚极，守静笃。老子告诉人们：道并不神秘，道无非是万物的共同本质，观道必须从

① 刘殿爵：《马王堆汉墓帛书〈老子〉初探》（上），《明报月刊》1982 年 8 月号。
② 劳健：《老子古本考》（上册），台北：艺文印书馆，1941 年，第 20 页。
③ 刘笑敢：《老子古今》（修订版），北京：中国社会科学出版社，2006 年，第 232 页。
④ 刘笑敢：《老子古今》（修订版），北京：中国社会科学出版社，2006 年，第 230 页。
⑤ 陈鼓应：《老子注译及评介》（修订增补本），北京：中华书局，2009 年，第 127 页。

观物入手，通过对万物的感性认识去获取对道的认识。"① 应该说，帛书本、传世本的文本都为这种解读提供了可能。虽然竹简本《老子》本身性质尚无定论，但《老子》写本有一个不断被加工、整理和扩充的过程是肯定的。从本章情况看，《老子》的改写者、扩写者融入了对"道"的新的理解，他们把"道"的实践与生命实证结合起来，把从巫传统而来的消泯身心的感受而产生的"虚无"的要求视为体道的途径。这本身的确与道整体、超越的实践要求是具备统一性的，但通观《老子》文本，可以说，这与老子的道体无用的设定不是一码事。道可"体认"的认识，客观上为中国哲学工夫论方向的论说提供了重要资源，但也在一定程度上干扰了对老子哲学的理解。我们不反对把体道、道体虚无、道是事物形上化表述等理解纳入老子道论体系，但这个体系是其顺延出来的，不在其核心范围。老子的核心关切有其本身的自洽性，这种自洽性是文本完全支持的。明确了这一点，不仅不会降低中国哲学的高度，反而会对古代哲人论述问题之深刻由衷感佩。

第十七章

【原文】

太上，下知有之[1]。其次，亲而誉之[2]。其次，畏之。其次，侮之[3]。信不足，焉有不信焉[4]。悠兮其贵言[5]。功成事遂，百姓皆谓我自然[6]。

【训释】

［1］吴澄本作"太上，不知有之"。

［2］河上公本作"其次亲之誉之"。傅奕本作"其次，亲之；其次誉之"。帛书甲本作"其次亲誉之"，乙本有缺。竹简本同帛书甲本。

［3］帛书本作"其下，侮之"。竹简本为"其次侮之"。

［4］傅奕本作"故信不足，焉有不信"。帛书本、竹简本作"信不足，安有不信"。安，王引之《经传释词》："安，犹于是也，乃也，则也。字或作'案'，或作'焉'，其义一也。"②

---

① 孙以楷：《老子通论》，合肥：安徽大学出版社，2004年，第336页。
② （清）王引之：《经传释词》，长沙：岳麓书社，1984年，第33页。

[5] 帛书本作"犹呵其贵言也"。竹简本作"犹乎其贵言也"。

[6] 帛书本作"成功遂事，而百姓谓我自然"。竹简本作"成事遂功，而百姓曰我自然"。

【校证文】

太上，下知有之。其次，亲誉之。其次，畏之。其次，侮之。信不足，安有不信。犹兮其贵言。功成事遂，百姓皆谓我自然。

【译文】

最好的治世者，只是让民众知道有他这么个存在。次一等的，民众会称颂他。再次一等的，民众会畏惧他。最差的，便是民众会痛恨他了。在上者信不过百姓，百姓也就无法信任在上者。高明的治世者，对于发号施令非常谨慎。于是百姓取得成就、事情顺遂，就会觉得一切只是水到渠成而已。

【解析】

政治哲学一定程度上属于领导哲学，这一章就是从百姓"评价机制"看领导当得怎么样。章文明晰，历代注家对本章主旨无甚争议，解读也多合情合理。

"太上，下知有之。"吴澄本改为"不知有之"，该是出于使文字表述更加强调"无为"政治的目的，其后多有从之者，然其改法并未得到古抄本的支持。"太上"及下文的几个"其次"，有多种理解，有人认为是远古、中古、近古时代排序者（如此即最好政治在远古，所谓世风日下，托古言今亦为老子所用——此说可通），有人认为是排序治理的优劣者，有人认为是排序领导的良莠者，也有人认为其复合了多重含义者。以上说法对于文章主旨的理解没有影响，本文取领导排序之说，因从下文"亲而誉之""畏之""侮之"等看，分明是在下者对统治者的态度，是指向人的。最高明者治世以无为，群众对于领导只是知道有这么个人而已。高亨注曰："太上，最高之君也。下知有之者，民知有君而无爱恶恩怨于其间也。"① 此说恰得

① 高亨：《老子正诂》，北京：清华大学出版社，2011年，第30页。

其旨。

"其次，亲而誉之。"该句河上公本作"其次亲之誉之"，傅奕本作"其次，亲之；其次誉之"，但帛书本、竹简本都为"其次亲誉之"。"其次亲誉之"当为古貌，"亲而誉之""亲之誉之"等，应是后世编抄者为了使句式整饬而做了文字加工。由此，亦可见《老子》文本嬗变之进程。次一等的领导者以有为治世、施以仁政、想百姓之所想、干扰少，且有所惠及，百姓便会亲近他、称誉他。不过，政策一落入有为，成效本身就会受制于时、空等条件，当然不如"太上"无为既合理又省力。

"其次，畏之。"再下一等的治世者，对民众不信任，完全依靠严刑峻法驱使百姓。百姓对这样的领导当然是心存畏惧的。

"其次，侮之。"帛书本该句作"其下，侮之"，但竹简本仍为"其次侮之"，大概是帛书本的编写者改字以强调这是最下等的了。侮，是轻侮、慢易，也可理解为痛恨。最差的领导，百姓表面上对他敷演、怀恨在心、看不上。

"信不足，焉有不信焉。"帛书本、竹简本作"信不足，安有不信"。此句的第一个"焉"，帛书甲本作"案"。按照王引之《经传释词》的说法，"安"是"于是""则"的意思，也写为"案"或"焉"。那么王本的第一个"焉"是个句中的连接词（于是），而后一个"焉"则是句尾语气词（罢了）。为防错解，还是以取古本为好。对于这句，注家一般理解为统治者信用不足，百姓就不信他。任继愈翻译为："不值得信任，才有不值得信任的事情发生啊。"[1] 陈鼓应翻译为："统治者的诚信不足，人民自然不相信他。"[2] 若依此，等于老子是说了一句废话。蒋锡昌说："上以仁义为治，以峻法为威，以巧诈为事，此皆由大道废降，君信不足而后出此。故曰'信不足'。上以仁义为治，下则亲而誉之；上以刑法为威，下则畏之；上以巧诈为事，下则侮之；此皆由君信不足于天下，下乃以不信应之，故曰'焉有不信'。"[3] 蒋先生的解说对后人很有启发，也就是必须把"信不足"问题与上文联系起来，此一句是通结上文的。不过，笔者认为，"信不足"不是指统治者本身的信用问题，而是指其对百姓的"信"。治世者越是不信任百姓

① 任继愈：《老子今译》，北京：古籍出版社，1956年，第13页。
② 陈鼓应：《老子注译及评介》（修订增补本），北京：中华书局，2009年，第130页。
③ 蒋锡昌：《老子校诂》，上海：上海书店，1996年，第111页。

（"信不足"），放手让百姓去干，就越会采取种种政策手段，导致民受其害而对在上者失信（"安有不信"）。

"悠兮其贵言。"上文以"信"问题通结后，这一句就转入了"无为"之益的论说。"悠"多释为"高妙"，勉强可通，而傅奕本、帛书本、竹简本皆为"犹"，则"犹"当为古字。"犹"，谨慎。"贵言"，重言而希言。"犹乎其贵言也"便是指君王以不言之教行无为之政，不随意发号施令。

"功成事遂，百姓皆谓我自然。"注家对于这里"百姓"是说自己"自然"还是称赞在上者"自然"有争议。笔者认为，此必为百姓自认。其一，君无为、民自然是老子政治哲学的基本设定；其二，百姓哪里懂得以"自然"这种高明的范畴称颂人；其三，从竹简本用"曰"不用"谓"，则是"自以为本当如此"。"自然"在《老子》通行本出现5次，此为第一次，合理诠释这一概念非常重要，是准确把握老子思想的一大关键。"自"，《说文》："自，鼻也。象鼻形。凡自之属皆从自。"人常以指鼻子说"我"，"自"便引申为"自己"。"然"，古通"燃"，《说文》："烧也。""然"字后借用作代词、叹词、副词、连词、助词等，其本意则用"燃"。"自然"多有释为本来样子的，此一说不为不确，然在老子哲学的语境中并未切中要害。"然"古用法即有"成"之意。《大戴礼记》"楹之铭曰：毋曰胡残，其祸将然"① 之"然"即此。蒋锡昌批评了谢无量关于"自然"为"究极之谓也"与胡适释以"只是自己如此"的说法，认为"老子所谓'自然'皆指'自成'"。② 孙以楷则说："德治虽好，但毕竟以德治人，是一种居高临下的父母官的姿态。法治亦好，但往往并不完全体现百姓的意志与要求。老子主张的是让百姓自正、自化，也就是百姓自己治理自己。这可以称之为自然主义的自治主义。"③ 蒋、孙先生所主都很有道理。当然，把"自然"解释为"自己如此"也可以包括"自成"的意思，但把"自然"的"自成"含义强调出来是特别必要的。"无为"不是一种消极的状态，是释放积极性给百姓。由"自主"而"自成"，推动社会发展才是老子的选择。或谓，这会不会是我们强加的主观意愿，而并非老子有这么突出的思想呢？任何思想的产生都不会是孤立突兀的，老子思想在他的时代也并不

---

① 高明：《大戴礼记今注今译》，台北：台湾商务印书馆，1988年，第218页。
② 蒋锡昌：《老子校诂》，上海：上海书店，1996年，第113页。
③ 孙以楷：《老子通论》，合肥：安徽大学出版社，2004年，第339页。

乏见。《帝王世纪》记载，帝尧之世"天下大和，百姓无事。有八十老人，击壤于道路……吾日出而作，日入而息，凿井而饮，耕田而食，帝力于我何哉"[1]。此歌或不属帝尧时代，但源自先秦还是可信的。《论语·公冶长》中有："子贡曰：我不欲人之加诸我也，吾亦欲无加诸人。子曰：赐也，非尔所及也。"[2] 不也是这种思想在儒家的讨论吗？而《庄子·知北游》道："天地有大美而不言，四时有明法而不议，万物有成理而不说。圣人者，原天地之美而达万物之理。是故至人无为，大圣不作，观于天地之谓也。今彼神明至精，与彼百化。物已死生方圆，莫知其根也。扁然而万物，自古以固存。六合为巨，未离其内；秋豪为小，待之成体；天下莫不沈浮，终身不故；阴阳四时运行，各得其序；憪然若亡而存，油然不形而神；万物畜而不知：此之谓本根，可以观于天矣！"[3] 这正是庄子对"自然"的合理解说。"自然"作为关系设定的根本原则，确实可以延伸到其他领域理解。比如在德国，家长一般不会强加小孩子学很多技能，而是注重带孩子多出去走走，让孩子自己产生兴趣。我们很多家长培养孩子非常卖力，结果孩子长大之后厌倦学习，德国反而产生了一百多个诺贝尔奖获得者。这里有"自然"。有时候，一种系统的体制反而会成为羁绊，于是就有了体制外高手碾压体制内的现象，比如郭德纲的相声。这里也有"自然"。"自然"是高的价值范畴，但在《老子》来说，只是治世之道。

相比于前面几章，我们需要从文字对照、含义推理等方面确定章旨为治世原则的论述，此章就简单多了。虽然对于具体文意仍存在诸多争议，但此章在谈治国之道是确定的共识。这正好需要我们思考这样一个问题：《老子》是不是有一个核心论题？在其全书是不是统一在这个核心问题？只要《老子》是创作性作品而非摘录性质（《老子》文本半诗化语言具有独特性，并在全篇保持一致，指向其为专门创作），答案必是肯定的。即使现代的学者构建了一个庞杂的体系，也还是从一个中心问题出发的，老子那个时代写东西必定还是应世之需而来。明确这一点很重要，它可以提示我们尽可能在一个关切点上读通《老子》，而不是解说出各种方向。其实，历来多主题的解读，一是来自文本本身的困难，二是来自注家自身的相互干扰。

---

① 刘晓东：《帝王世纪》，沈阳：辽宁教育出版社，1997年，第10页。
② 杨伯峻：《论语译注》，北京：中华书局，2009年，第45页
③ 陈鼓应：《庄子今注今译》，北京：中华书局，2009年，第601-602页。

老子论衡

虽然多视角的进入、多价值的阅读丰富了老子哲学，却也湮没了老子哲学的真正价值。老子关心的社会治理之终极理想模式问题，是从人类存在的意义出发的，有超越时代的价值，是人类思想史上的瑰宝。

第十八章

【原文】

大道废，有仁义；慧智出，有大伪；六亲不和，有孝慈；国家昏乱，有忠臣[1]。

【训释】

[1] 本章傅奕本："故大道废，焉有仁义。智慧出，焉有大伪。六亲不和，有孝慈；国家昏乱，有贞臣。"帛书乙本："故大道废，安有仁义。知慧出，安有（大伪）。六亲不和，安有孝慈；国家闷乱，安有贞臣。"甲本个别用字有不同，"国家"作"邦家"。竹简本为"故大道废，安有仁义。六亲不和，安有孝慈。邦家昏□，安有正臣。""慧智"，河上公本、傅奕本、帛书本皆为"智慧"。

【校证文】

大道废，有仁义；六亲不和，有孝慈；国家昏乱，有忠臣。

【译文】

顺应自然之道治世的弃绝，仁爱正义则成为价值追求；家庭不和睦，孝敬慈柔于是被倡导；国家政治陷入昏乱局面，效忠政权就是社会需要了。

【解析】

本章内容总体上比较直晓，解说者思想剖析深度有异而释读方向基本一致。这一章有竹简本丙组对应文字，与上一章似一整体①，而传世本以两部分内容可以相对独立而分章，由此亦可见《老子》文本加工中分章变化

---

① 帛书本、竹简本开篇都有一"故"字，可视为承上文；竹简本对应文字与上章间无专门符号或空格而本篇文末有分章标志。

之一斑。竹简本缺少对应"慧智出，有大伪"的文字，应该是古貌。老子此章是反、正对显的，"大道废""六亲不和""国家昏乱"是反，"仁义""孝慈""忠臣"是正，先"反"后"正"。"慧智出，有大伪"是先"正"后"反"，论说方式不一，且《老子》此章并不是讨论"伪"的问题，由此，该句是后编者增入以加强论点或为使整饬为四句无疑，然而这一做法却对观点表达形成了一定的干扰。这种现象在《老子》中并非孤例，而帛书本亦有"智慧出，安有大伪"一句，则编改的做法由来已久①。河上公本、王弼本删掉了连接词"安"，使得排比的后半部分皆为三字句，读起来更有力、上口，则是编改的工作更进了一步。

　　"大道废，有仁义；慧智出，有大伪；六亲不和，有孝慈；国家昏乱，有忠臣。"王弼本删去的连接词，傅奕本作"焉"，帛书本、竹简本作"案"或"安"。与上一章一样，此处"焉"或"安"训为"于是"。"焉""安"都有用在句中表反问的功能，此处切不可作此解。这样解，句子照样可以通顺下来，意思却完全不一样了，不符合老子思想。"国家"，竹简本、帛书甲本作"邦家"②。《诗经》《论语》都用"邦家"或"家邦"③，而不用"国家"，且从"邦""国"在先秦古籍的使用来看，春秋时期的"邦家"过渡到战国时期的"国家"是明显的，并非出自避讳之需。"家"是血缘关系，"邦"是地域关系，与分封制有关。而"国"是都城为中心的地域，其广泛使用正是分封制瓦解、郡县制形成的时期。刘笑敢指出："了解了中国文化、特别是古代家族特性在中国文化的深远影响，才能深刻理解'邦'字与'国'字在古代的意义之不同，才能减少我们对老子的'小邦寡民'的误解。"④ 各本"正臣""贞臣""忠臣"的使用，意思没有不同，但反映了文字搭配习惯的变化。老子此章意谓仁义、孝慈、忠臣是人们用私智、

---

　　① 此不足以证明竹简本为原本，其他抄本为后编者在其基础增写而来。竹简本本身就是三组，三组之间文字有重叠，提示其本身大概就非全本，且竹简本为战国时期楚简，同为战国作品的《庄子》所引《老子》多处为简本所无者。当然，这又与《庄子》文本的编辑问题相关联。这个问题比较复杂，暂时不好有定论，只好等待考古的新发现了。

　　② 帛书甲本作"邦家"，乙本作"国家"。其他用字，甲本也更多借字。这提示甲本祖本比乙本更早。

　　③ 《诗经·大雅·思齐》有"以御于家邦"，《诗经·小雅·南山有台》有"邦家之基"和"邦家之光"，《论语·子张》有"夫子之得邦家者"。

　　④ 刘笑敢：《老子古今》（修订版），北京：中国社会科学出版社，2006年，第257页。本文以上关于"邦家""国家"之不同观点，亦采之刘先生观点，上书第249至257页对该问题辨析甚详。

私欲治国、无欲无求、合于大道自然的状态失去之后的产物。在老子看来，仁民爱物、家庭和谐、上下齐心都是人的自然天性，现在标示为价值标准正是社会陷入时弊所致。仁义、孝慈、忠臣是儒家所支持的价值观念，那么老子是不是针对儒家观念而进行的批评？竹简本出土后，学者发现对应一般认为激烈批评儒家价值的第十九章的文字简本并不支持。老子时代并没有专门作为学派的儒家，其思想针对儒家而发是不可能的。但儒家政治理想是社会"正价值"从上到下的贯通，强调规则本身的意义，这与老子所主肯定是有差异的。可以说，老子关心一种终极的政治理想，而儒家多是就和顺基础的秩序建设而发的，谈论的焦点本身就有差别，观点相异也就很正常了。不过，相异归相异，却不是学派对立语境下的互怼。如果说有批评，表现在增入的"慧智出，有大伪"之处，老子是批评把非道德的东西道德化而导致假道德。

　　本章是对有为治世失败局面的呈现。对于古本中陈述时是用"安"这种表示顺接的词，还是应理解为文句对应关系的用法。即"仁义"与"大道废"对应、"孝慈"与"六亲不和"对应、"忠臣"与"国家昏乱"对应。也就是说，特定价值导向的政治、伦理，看起来很美，实质是政治失去平衡、伦理失去秩序的表现。在老子看来，仁义这种道德价值追求是在自然状态遭到破坏后才显现出来的。有些注家从原始社会"公有"而不立政治明目至剥削社会私有而仁义张举去分析，认为在原始自然状态时，人们混混沌沌、自我意识朦胧、智慧缺乏，而这种状态被打破后，智慧滋长，也才有欺骗、虚伪的流行。这样理解当然可以，但老子绝非一味复古或借古讽今者，他批评的就是现实政治。他是在警示人们，仁义、孝慈、忠臣流行，只是看起来美好，其实它们是被已经沦丧的事物推出来的渴望。仁义、孝慈、忠臣本身不好吗？当然是好的。不过，人们缺少什么才会希望得到什么，大喊道德时其实正是缺德的时候。孙以楷有一段精辟的论述："老子的论述使我们想起了恩格斯的论点。他说，正因为有偷盗现象，人们才提'偷盗可耻'的道德信条。道德所提倡的，正是社会所缺失的。人为的道德信条，都是治社会病症的药方。社会无病，则返朴归真。"① 很多注家集中于讨论，标举一个东西，就有若干伪的流行，这受补入的"慧智出，

　　① 孙以楷：《老子通论》，合肥：安徽大学出版社，2004年，第345页。

有大伪"的影响。其实，在这一章老子基本不是在谈论"伪"之危害，而是辩明特定价值导向的社会治理，看起来倡导的都是美好的事物，但实质上是社会整体失衡的表现，从而申明其无为政治的合理性。即老子相当于回答了这么一个责难：仁义、孝慈、忠臣难道不好吗？

第十九章

【原文】

　　绝圣弃智，民利百倍；绝仁弃义，民复孝慈；绝巧弃利，盗贼无有[1]。此三者，以为文不足，故令有所属，见素抱朴，少私寡欲[2]。

【训释】

　　[1] 竹简本作"绝知弃辩，民利百倍。绝巧弃利，盗贼亡有。绝伪弃虑，民复季慈"。绝，《玉篇》："绝，断也，灭也。"

　　[2] 竹简本作"三言以为辨不足，或命之或乎属。视素保朴，少私寡欲"。属，归附，会合。

【校证文】

　　绝知弃辩，民利百倍；绝巧弃利，盗贼无有；绝为弃作，民复季子。此三者，以为文不足，故令有所属：见素抱朴，少私寡欲，绝学无忧。

【译文】

　　杜绝依靠以自以为是的察知和分辨为基础进行的管理之道，百姓能够大获其利；消除凭借机巧蛊惑和利益诱惑的施政纲领，盗贼也就消弭无影了；放弃以有作有为方式推进的治世原则，民众则会归于朴实纯真。以上三方面的要求如果作为警示还不够的话，那就记住这三句话：保持素朴、减少欲望、消除钻营。

【解析】

　　本章属于对治世以"无为"与"有为"原则效果的对比，所论清晰，注家对于章旨指向基本意见一致，但竹简写本的重大差异使得具体文句辨析之说丛生。对于下一章句首之"绝学无忧",本书按部分学者的意见提到了本章篇末。蒋锡昌说:"此句自文谊求之,应属上章,乃'绝圣弃智……绝仁弃义……绝巧弃利'一段文字之总结也。"① 高明同意这一观点并指出:"帛书甲、乙本皆不分章,此经文上承'少私寡欲',下接'唯与阿,其相去几何',中间无明显章界。古籍章次,多为汉人划分,如秦之仓颉、爰历、博学三书,原不分章,汉间里书师将其并为一书,断六十字为一章,即其例。今据帛书甲、乙本验之,今本章次非老子之意,亦必汉人所为,并不完全可信。"② 也有学者认为"绝学无忧"应该独立成章。③ 竹简本"绝学亡忧"接在相当于传世本第四十八章后,中间有隔断记号。据此,刘笑敢指出:"竹简本此句本属下读,不可能在传世本第十九章之末。"④ 从文字关系看,"绝知弃辩"对应"见素抱朴","绝巧弃利"对应"少私寡欲","绝为弃作"对应"绝学无忧",正好一一对应,而中间又有"三言以为辨不足",正是指向以三项原则承上结出。且"绝学无忧"句型特点与"见素抱朴""少私寡欲"一致,如果仅仅是巧合,说不过去。因此,笔者依从将其提至此之说。至于竹简本该句所在位置问题确实是重要参考,但竹简本本身非善本,有乱、错之可能,而帛书本、传世本二章相邻,也必有其源头祖本可参。

"绝圣弃智,民利百倍;绝仁弃义,民复孝慈;绝巧弃利,盗贼无有。"这里是"三绝""三弃",属于老子惯用的消解式论说方式。老子常常不以正价值方向为论,而是通过指出人们选择的治世原则的问题所在以反显正。问题是"绝弃"的对象是什么?此句是竹简写本与帛书本及以后各本最有差异的一处了。帛书本、传世本第一句是"绝圣弃智"。圣,《说文》:"圣,通也。"《书·洪范》:"睿作圣。"孔传云:"于事无不通谓之圣。"由此,圣人是智慧的象征,"圣""智"所指是统一的。不过,从《老子》全篇看"圣人"不应该属于老子弃绝之对象。老子设置"圣人"为无为治世的理想人格,对"圣人"是给予正面赞誉的,第二章有"是以圣人处无为之事,行不言之教",第四十九章有"圣人恒无心,以百姓之心为心",第五十八

① 蒋锡昌:《老子校诂》,上海:上海书店,1996年,第122页。
② 高明:《帛书老子校注》,北京:中华书局,1996年,第315页。
③ 尹振环:《楚简老子辨析》,北京:中华书局,2001年,第280-281页。
④ 刘笑敢:《老子古今》(修订版),北京:中国社会科学出版社,2006年,第273页。

章有"是以圣人方而不割，廉而不刿，直而不肆，光而不耀"，如此等等。"圣人"必不在老子批评之范围，此处之改写是违背了老子思想宗旨的。竹简本对应"绝圣弃智"的文字作"绝知弃辩"。"知""辩"本身也有统一性，都是知人去认知、识别事物。按照主观认识的结果形成治世之策，事物的复杂性就无法得到全面观照，其自身合理性被限制，利益自然就会受损。放弃主观方向性认识与由此开出的治理方案，百姓各发挥其积极性，自然就利益百倍于其被有限设定之时。传世本与竹简本在弃绝对象上统一的是"绝巧弃利"，不过竹简本在第二项，帛书本及其他各本均在第三项。这大概是帛书本及其后各本考虑前两句都是接"民"的情况、第三句接"盗贼"，句子更整齐。《墨子·鲁问》说："利于人谓之巧。"① 即"巧"也是为了营"利"，"巧""利"统一。如第三章"不尚贤，使民不争；不贵难得之货，使民不为盗；不见可欲，使民心不乱"，推崇如果社会治理鼓舞以利益至上，人就会唯利是图、颠覆道德底线，从而铤身犯险而盗贼横行。只有"绝巧弃利"，消除利益诱惑，才会"盗贼无有"。"绝仁弃义"的情况复杂一些。"绝仁弃义"是不是符合老子的思想呢？第十八章"大道废，安有仁义"，说明"仁义"确实不是老子的第一选择，但"仁义"未必就是老子弃绝的对象，就像第十八章不是讨论要不要"孝慈""忠臣"的问题，而是重点在于表明不以无为治世，这些现象就会产生。老子否定的不是"仁义"价值本身，而是手段性社会治理模式。也可以说，"仁义"虽不是老子支持的治国价值标杆，但也不属于其集中抨击的对象。明确了这一点，便可知道"绝仁弃义"表面看起来符合老子思想，其实根本不是那么回事。这对理解《老子》很重要，即老子反对的是手段，哪怕是假以美好的手段，而不是美好本身。这么说，"绝仁弃义"这句话未必错，就看怎么理解。不过，竹简本的写法让我们不必这个问题继续纠结了。竹简本对应文字写作"绝伪弃虑"，李零读作"绝伪弃诈"②，不少学者依从此说。但是摒弃虚伪、狡诈本是不言自明的道理，老子专门提出恐怕简本实在没有必要。竹简本"伪"本从心从为，可视为用心去"为"，未必是巧伪。"虑"本从虍从心，"虍"读音与"乍"通，有些学者依此读为"诈"，但是为什么就不能读为"作"呢？庞朴说："伪、诈从未有任何积极意义，从未有谁提倡

① 吴毓江：《墨子校注》，北京：中华书局，1993 年，第 740 页。
② 李零：《郭店楚简校读记》（增订本），北京：中国人民大学出版社，2007 年，第 5 页。

过、维护过；宣称要弃绝它，迹近无的放矢。所以这种解释难以成立。如果定它为'绝为弃作'，便一切通顺了。"① 笔者同意庞先生之说，"校证文"依之。"为""作"是一个意思，与上文的"知""辩"、"巧""利"各组本身一致，且三组词皆"有为"之别说而已，这正符合老子文字的论说方式。竹简本与"孝慈"相当的字原为"季子"，释读者一般按照传世本读了，但上一章"六亲不和，安有孝慈"处之"孝慈"与此处字形相异。研究者提出了新的看法，崔仁义、裴锡圭、廖名春等都认为应读其本字。"季"是"小"，"季子"指稚子的精神状态。从思想看，传世本以去"仁义"对"孝慈"是可以的，和"季子"不搭，而竹简本以去"为作"对"季子"才恰当，和"孝慈"搭配不起来。"绝为弃作，民复季子"，就是不干扰、不支配，使百姓恢复质朴纯真的状态，浑然天成如赤子一般。

"此三者，以为文不足，故令有所属，见素抱朴，少私寡欲。"以上"三绝""三弃"是限制性要求，"以为文不足"②，作为治世者本身遵从格言的表述有点欠缺，于是就概括出以下三点对应之（"令有所属"）。"见素抱朴"竹简本作"视素保朴"，裴锡圭认为"视"读为"示"，"示素""保朴"比"见素抱朴"更合理③。"视素保朴"是从正面肯定说的，"少私寡欲"则是从反面否定而言，都是要呈以纯真本质杜绝私欲成为治世动力。"少私寡欲"后还有从下一章提到这儿的"绝学无忧"。学者一般把"无忧"视为"绝学"之结果，陈鼓应即译为"弃绝异化之学可无扰忧"④。但如果"绝学无忧"归属此章之末，其句式特点应该与"见素抱朴""少私寡欲"保持统一。这几个短语是动宾结构，"素""朴"、"私""欲"都是名词，对词之间含义基本一致，那么"学"与"忧"也应是意思相同，"绝学""无忧"不是顺承关系，而是并列关系。忧，《玉篇》："忧，心动也。"这里"忧"应该就是"思索"的意思。"绝学"要求治世者不为治国之道构造特定学说，"无忧"则是指治世者不必苦心于探求治理良策。任何学说和措施都来自对客观事物价值性识读的结果，但事物本身存在难以穷尽的

---

① 庞朴：《古墓新知》，《中国哲学》第二十辑，沈阳：辽宁教育出版社，1999 年，第 11 页。

② 文，竹简本对应字，学者有读为、释为"弁""辨""使""史"多种，原字形近"文"，笔者仍读为"文"。

③ 裴锡圭：《以郭店〈老子〉为例谈谈古文字》，《中国哲学》第二十一辑，沈阳：辽宁教育出版社，2000 年，第 185 页。

④ 陈鼓应：《老子注译及评介》（修订增补本），北京：中华书局，2009 年，第 143 页。

复杂性和运动性，因此对于事物性质的识读往往是受其特点条件局限的，用以指导治世则会形成对事物自身发展规律性的干扰与破坏。

　　本章竹简本与传世本的差异对于章旨解读影响很大。在研究《老子》的过程中一直有一个试图在解读中恢复古本的问题。但是这一问题本身很复杂，正如我们强调过的，《老子》应视为集体创作的结果，何者为古本很难界定。如果最先的那位老子只写了几行字，那还有恢复的必要吗？再者，郭店楚简本《老子》大量使用的是今天早已不用的异体字，假设真的原字都照录出来，大家可能都不认识了。古人用过的字，今天不用了，古人有过的字义，今天恐怕也已不同。所以，恢复古貌是必要的，由此才能避免盲目跟从后世改写者限于其自身理解而歪曲了的《老子》本义，但恢复古貌必然有一个限度问题。对于这一章，"绝圣弃智"问题，孙以楷解释说："老子所要绝去的'圣'，也是工具化的道德规范，是与仁义礼智并举的理性工具。总之，老子所尊崇的是自然之圣人、自然之智者；所反对的是变成了治人工具的道德框框'圣''智'。"① 如此理解，不可谓不高明，但既然竹简本能够对章句提供更为合理的解说方向，还是应该在竹简本文字的帮助下试着对其做出更符合老子思想的诠释，这便是古本的价值所在。本章在竹简本出土前为关切儒道互绌问题的学者所注意，简本出土后使得这一问题的讨论渐趋冷淡。对于儒道对立的现象如何理解，刘笑敢的论说很精辟："任何社会都需要一定的伦理道德体系，因此孔子的学说有历久而常新的价值。任何人类群体都喜欢自然而和谐的人际关系，不喜欢强制性压迫和干涉，所以老子的人文自然的理想历久而不衰。"② "儒家和道家都受到过严重的歪曲或误解。儒家曾被优秀的知识分子批评为'吃人的礼教'，其原因之一就是统治者在利用儒学的道德原则时阉割了孔子学说中重个人体悟、不强加于人、不强求于人的基本精神，使儒学成为单纯控制和扼杀生命灵性的工具。这和后代学者努力划清孔老界限也不无关系。"③ 本章文字所进行的大幅修改，是追求观念集中、强化所为，也是学派意识滋生之时的做法，正可以由此透视思想史之变迁特色。一部蓄意放大的"儒法斗争""儒道对立"历史，夸大了先秦哲学家的思想差异，加重了人们的误解，也

① 孙以楷：《老子通论》，合肥：安徽大学出版社，2004 年，第 347-348 页。
② 刘笑敢：《老子古今》（修订版），北京：中国社会科学出版社，2006 年，第 268-269 页。
③ 刘笑敢：《老子古今》（修订版），北京：中国社会科学出版社，2006 年，第 269 页。

老子论衡

使得有些后代学者自觉进入"斗争""互绌"的行列，但是凡有此狭隘意识者，其思想高度往往是受到严重自我压制的。中国封建思想史上再无孔老般人物，原因是多方面的，但与学派意识的侵蚀不无关系。朱子、阳明未能摆脱，黄宗羲、王夫之也未能完全摆脱之。

第二十章

【原文】

绝学无忧。唯之与阿，相去几何[1]？善之与恶，相去若何[2]？人之所畏，不可不畏[3]。荒分其未央哉[4]！众人熙熙，如享太牢，如春登台[5]。我独泊分其未兆，如婴儿之未孩[6]。儽儽兮若无所归[7]。众人皆有余，而我独若遗。我愚人之心也哉！沌沌兮[8]！俗人昭昭，我独昏昏；俗人察察，我独闷闷[9]。澹兮其若海，飂兮若无止[10]。众人皆有以，而我独顽似鄙[11]。我独异于人，而贵食母。

【训释】

[1] 帛书甲本作"唯与诃，其相去几何"，乙本"诃"作"呵"。竹简本作"唯与呵，相去几何"。唯，应答词。《汉书·韩信传》："唯信以为大王弗如也。"颜师古注："唯，应辞。"① 诃，斥责之辞，也写作"呵"。《说文》："诃，大言而怒也。"

[2] 帛书本作"美与恶，其相去何若"。竹简本作"美与恶，相去何若"。

[3] 帛书乙本作"人之所畏，亦不可以不畏人"，甲本残缺严重。竹简本作"人之所畏，亦不可以不畏"。

[4] 帛书乙本作"望呵，其未央哉"，甲本缺。傅奕本同王本而少虚词"哉"。荒，广大而无边际。《诗经·周颂·天作》："天作高山，大王荒之。"毛转曰："荒，大也。"望，通"荒"。《释名·释姿容》："望，茫也，远视茫茫也。"央，尽头；未央，没有尽头。《楚辞·离骚》："及年岁之未晏兮，时亦犹其未央。"②

[5] 帛书本作"众人熙熙，若飨于大牢，而春登台"，其中"熙"使

---

① （汉）班固：《汉书》，北京：中华书局，2012 年，第 1641–1642 页。
② 林家骊：《楚辞》，北京：中华书局，2015 年。第 25 页。

用异体字，"飨"通"享"，"大"通"太"。熙熙，欢乐的样子。《汉书·礼乐志》："众庶熙熙，施及夭胎。"颜师古注："熙熙，和乐貌也。"① 太牢，古谓牛羊豕三牲具备之祭祀。《庄子·至乐》："具太牢以为膳。"成玄英疏："太牢，牛羊豕也。"②

[6] 傅奕本作"我独魄兮其未兆，若婴儿之未咳"。帛书乙本作"我博焉未垗，若婴儿未咳"，甲本缺失文字，"博"作"泊"，"垗"作"佻"。泊，河上公本作"怕"。《汉书·司马相如传》："于是楚王乃登阳云之台，泊乎无为，澹乎自持。"颜师古注："泊、澹，皆安静意也。"③ 兆，本指龟占时之形纹，引申为征兆、迹象。咳，通"孩"，小儿。《说文》："咳，小儿笑也。"《史记·扁鹊列传》："曾不可以告咳婴之儿。"④

[7] 傅奕本作"儡儡兮其不足以无所归"，帛书乙本作"累呵，似无所归"，甲本缺失严重。儽，疲劳，同"儽"。《广雅·释诂二》："儽，劳也。"儡，《说文》："儡，相败也。"

[8] 帛书甲本作"惷惷呵"，乙本作"湷湷呵"。沌沌，昏昧无知的样子。

[9] 傅奕本作"俗人皆昭昭，我独若昏；俗人皆詧詧，我独若闷闷"。帛书乙本作"鬻人闷闷，我独若昏呵。鬻人察察，我独闽闽呵"，甲本亦作"鬻人"，其他关键字使用不同异体字。昭，《说文》："昭，日明也。"昭昭，明亮的样子。昏，《说文》："昏，日冥也。"昏昏，愚钝的样子。察，《说文》："察，复审也。"察察，明审清晰的样子。《史记·屈原贾生列传》："人又谁能以身之察察，受物之汶汶者乎？"⑤ 闷，《说文》："闷，懑也。"闷闷，浑噩的样子。

[10] 傅奕本作"淡兮其若海，飘兮似无所止"。帛书乙本作"沕呵，其若海。望呵，其若无所止"，甲本"沕"为"忽"。

[11] 傅奕本作"众人皆有以，我独顽且图"。帛书乙本作"众人皆有以，我独闵以鄙"，甲本缺字，"鄙"作"悝"。顽，愚钝。《广雅·释诂一》："顽，愚也。"鄙，蔽固不通。《释名》："鄙，否也。"

① （汉）班固：《汉书》，北京：中华书局，2012 年，第 972 页。
② （晋）郭象注、（唐）成玄英疏：《庄子注疏》，北京：中华书局，2011 年，第 338 页。
③ （汉）班固：《汉书》，北京：中华书局，2012 年，第 2212 页。
④ （汉）司马迁：《史记》，北京：中华书局，2011 年，第 2434 页。
⑤ （汉）司马迁：《史记》，北京：中华书局，2011 年，第 2187 页。

老子论衡

【校证文】

唯之与呵，相去几何？美之与恶，相去若何？人之所畏，亦不可以不畏人。荒兮其未央哉！众人熙熙，如享太牢，如春登台。我独泊兮其未兆，如婴儿之未孩。儽儽兮若无所归。众人皆有余，而我独若遗。我愚人之心也哉！沌沌兮！众人昭昭，我独昏昏；众人察察，我独闷闷。澹兮其若海，飂兮若无止。众人皆有以，而我独顽以鄙。我独异于人，而贵食母。

【译文】

唯诺与指责，其间有多少差别？美丽与丑恶距离有多远？人所畏惧的人，也不能不畏惧畏惧他的人。所有的一切都没有边际啊！周围的人忙忙碌碌、熙熙攘攘追逐物欲满足与精神享受，我却淡泊无求，像一个不懂事的婴孩，浑浑噩噩不知道该去哪里。大家似乎都志得心满，我却只有怅然若失。我这就如同个痴人吧，一脸茫然无知。别人精明，我愚钝。他们透彻，我糊涂。沉醉吧，如大海漂泊；漂泊吧，让心无所止。人们都力求有所作为，我孤单地保持我的冥顽不通。我之所以与众不同，是因对事物贯以整体认识啊。

【解析】

这是《老子》中文字最多的章节之一，也是在文字上较为难以读顺的章节之一。竹简本仅有对应"人之所畏，不可不畏"前面的几句，未能提供重要帮助。高亨云"本章文句颇多窜乱，无可諟正"①，刘笑敢也说"本章语句多扑朔迷离，相当费解"②，有一定的道理。对于《老子》文字之考论，前贤所进行的研究是在得不到如今发现的古本支持的情况下进行的，但对于本章文字之考量，突出的表现是在二十世纪三十年代，几位学者做出了与古本契合的论证。对于传世本"唯之与阿"之"阿"，刘师培在《老子斠补》（1936）中认为应为"诃"以与"唯"反③；蒋锡昌先生《老子校

① 高亨：《老子正诂》，北京：清华大学出版社，2011年，第37页。
② 刘笑敢：《老子古今》（修订版），北京：中国社会科学出版社，2006年，第277页。
③ 刘师培：《老子斠补》，宁武南氏校印本，1936年。

诂》（1937）认为王弼本、河上公本"善之与恶"当为"美之与恶"①；俞樾《诸子平议》（1934）认为王弼本、河上公本"顽似鄙"当为"顽以鄙"②。上述前辈出自理校的观点，得到了帛书本的支持，实是令人赞叹。本章竹简本对应部分整体意思可以相对独立成一个单元，指向政治建设建立在相对待表达的基础上。这提示我们，有没有可能帛书后各本的后半部分来自增写或其他材料引入？该章后半部分对"独异于人"的待物状态的描摹当然可以作为对上文反问句做出的回答，但除了本章老子从未提及"我"与"俗人"的对比问题，让人心存疑惑。笔者只能按照解老的一贯立场予以诠释，而待有新发现提出新思考了。

"绝学无忧。"该句本书已将其提至第十九章"校证文"句末。

"唯之与阿，相去几何？""唯"，是应承。"阿"，通"诃"，是叱责。既然这里说"相去几何"，应该是指对于同一件事的思考角度不同或立场不同，就会有"唯诺"与"呵斥"之差别。事情本身或无不同，造成的态度完全不一样，是人们依照自利进行价值判断的结果。

"善之与恶，相去若何？"根据古本，此句当作"美之与恶，相去何若"，且第二章"美"与"恶"相对、"善"与"不善"相对，盖古用法即"美""恶"对称，后渐迁为"善""恶"对举，编者因此改写。"若何""何若"则义无不同。对一个人行为的美丽与丑恶的认识，也会因置于不同的利益范围考虑而结果迥异，行为本身并不携带价值属性。

"人之所畏，不可不畏。"这句话的传统译法是："别人所怕的，就不能不怕。"③"众人所畏惧的，我也不能不有所畏惧。"④ 若果依此理解，且不说与上文无法进行逻辑连接，这种毫无意义的话怎么会被写进格言式论文呢？该句帛书乙本作"人之所畏，亦不可以不畏人"，甲本缺失较多，而竹简本基本同于帛书乙本。通行本文字过于简洁，有造成歧解的可能，而古本则意思更明确些。"人之所畏"，百姓对于在上者因以苛政严刑统治而心有畏惧；"亦不可以不畏人"，在上者的统治权来自百姓，"水能载舟，亦能覆舟"，在上者反而应该时时对百姓心存敬畏。也就是说，对于上、下位置

① 蒋锡昌：《老子校诂》，上海：上海书店，1996年，第124页。
② （清）俞樾：《诸子平议》，北京：中华书局，1954年，第147页。
③ 任继愈：《老子今译》，北京：古籍出版社，1956年，第14页。
④ 陈鼓应：《老子注译及评介》（修订增补本），北京：中华书局，2009年，第143页。

关系，如果视角不同，看法也可以根本不同。这也正如今天之称顾客为"上帝"，或称国家领导人为"人民的公仆"。

"荒兮其未央哉！"这句话出现在这里与上下文衔接都不顺。查《老子》"兮其"结构为句者，第十五章有"豫焉若冬涉川，犹兮若畏四邻，俨兮其若容，涣兮若冰之将释，敦兮其若朴，旷兮其若谷，混兮其若浊"一组，第十七章有"悠兮其贵言"。前文已论第十五章之"旷兮其若谷"为竹简本无，疑为后加，而该句意思正与"荒兮其未央"（傅奕本无"哉"）相类。第十七章之"悠兮其贵言"虽有竹简本相当句子，但该句上接几种在上者治世的反响，下接功成自然，"兮"（竹简本用"乎"，帛书本用"呵"）字句唯此一个，本身出现的位置也有突兀。当然，我们无法要求古人书写与今日所理解之行文逻辑一致，但上述几处巧合仍让笔者生疑，此种类型的句子有没有在《老子》文本的形成中有特定事项？也许，这类问题永远无法找到答案了。那么，现有抄本把此句处理在这里的解释只有一个理由，即视角转化看事物反映着大家的利益追求的不同，这样去看，无有穷尽，而下文正是逐利与超越利益关照的两种人生态度，勉强可通。

"众人熙熙，如享太牢，如春登台。"从这句开始是"众人"与"我"的几组对比。"熙熙"，指众人忙忙碌碌。太牢，是用牛、羊、猪肉进行的祭祀，"享太牢"就是吃美食。台，是台榭楼阁，"春登台"就是看美景。所谓"天下熙熙，皆为利来；天下攘攘，皆为利往"①，无利不起早，人们追逐的"利"不是物质享受，就是精神享受。

"我独泊兮其未兆，如婴儿之未孩。""泊"诸本有"博""魄"之异，"兆"有"姚""佻"之别，皆为异体字，从王弼本即可。河上公本"泊"作"怕"，高亨认为"怕"为本字，并引《说文》"怕，无为也"为证②。查诸本用字皆指向通"泊"，且上下文皆论"我"澹然之貌，不必强以"无为"为释，高先生之说当不确。"兆"，迹象。"泊兮其未兆"就是安心自守，无所行动。咳，通"孩"。《说文》："咳，小儿笑也。"一般释者皆解释"婴儿之未孩"为"婴儿还不会笑的淳朴状态"③，笔者以为所谓"如婴儿之未孩"就是"如婴孩未"，像稚子之无知。与上一句形成对照，众人被

---

①　（汉）司马迁：《史记》，北京：中华书局，2011 年，第 2821 页。

②　高亨：《老子正诂》，北京：清华大学出版社，2011 年，第 34 页。

③　刘笑敢：《老子古今》（修订版），北京：中国社会科学出版社，2006 年，第 275 页。

利益牵动忙得不亦乐乎，"我"像个懵懂孩子安然自若。根本原因不是人生境界高、定力深，而是在于在老子看来，人们所追逐的对象其实靠不住，正向上文所说，换个角度看，辉煌没准就成了荒唐。

"傫傫兮若无所归。""傫"，各本用字有差别，基本都是"傫"字的假借。"傫"，本以指疲惫懒散的样子。"我"不追名、不逐利，当然也累不着。"傫傫兮若无所归"，便是指对周围人所认的利益毫无兴趣、无动于衷。

"众人皆有余，而我独若遗。""余""遗"相对。众人"有余"，是有想法、拿定了主意。我"若遗"是全无心思，"怅然若失"。王弼注此句甚得旨，"众人无不有怀有志，盈溢胸心，故曰'皆有余'也。我独廓然无为无欲，若遗失之也"[1]。

"我愚人之心也哉！"大家普遍认为值得追逐的东西，"我"不去索求，有"好处"不要，一般人看来，这人犯"傻"。

"沌沌兮！"或作"惷惷呵"或作"湷湷呵"，都是表面看起来昏昧无知的样子。

"俗人昭昭，我独昏昏；俗人察察，我独闷闷。""俗人"，帛书本是"鬻人"，《道藏》收入的河上公本为"众人"。"鬻人"，帛书本整理者读为"俗人"。"俗人"不见于《老子》他处，仍从前文为"众人"较好。陷入利益驱动的人并不是俗不俗的问题，不争名夺利也不是就高超了。老子谈论的是人以获利的眼神看待世界，就"昭昭"而满眼是机会，"察察"而分析得头头是道；"我"不以事物的价值性而自取，视野的东西也就不能打破我的"昏昏""闷闷"。"昏""闷"各本使用了多种异体字，意思一致，都是浑然自专。上、下半句用不同字形成互文，意思即你"慧眼识珠"，我"沉默是金"。

"澹兮其若海，飂兮若无止。"这一句与"荒兮其未央哉"意思相近，且与上下文连接也不顺畅。"澹""飂"二字各本多有差别，但总体看来，前者指"平平淡淡"，后者指"飘飘忽忽"。所谓"心若浮云常自在，意似流水任东西"，大概就是这个意思。

"众人皆有以，而我独顽似鄙。""以"，作为、行用。《玉篇》："以，用也。"《论语·为政》"视其所以"[2] 就是这个用法。"似"，根据帛书本当

① （魏）王弼著，楼宇烈校释：《王弼集校释》，北京：中华书局，1980 年，第 47 页。
② 杨伯峻：《论语译注》，北京：中华书局，2009 年，第 16 页。

老子论衡

为"以"，训为"而且"。"顽""鄙"，都是"不开化"的意思，引申为专默无趋。傅奕本、帛书本使用"闷""悝""图"等字，视为异体字则可。这句话与"众人皆有余，而我独若遗"意思一样，大家忙得不亦乐乎，"我"这儿风平浪静。

"我独异于人，而贵食母。""食母"一词较为怪异，而帛书本的文本亦未能提供他释的可能。根据《老子》第一章谓"有名万物之母"，第二十五章谓"有物混成……可以为天下母"，第五十二章谓"天下有始，以为天下母"，"母"则是事物原初的性质。"食"，刘师培主张为"得"[①]，其义则通，可备一说。此句应为通结"众人"与"我"比较之上文而出，众人看到的是事物的"有用性"，"我"则排除功利性观察，而以"整体性"对待。老子意谓，人对于事物所开出的价值意义，往往是在特定条件与认识之下的，这当然是对的，却也未为全。

本章文字理解总体上有一定难度。我们虽然可以把此章分成上下两段（即竹简本对应部分为上段，其余为下段），但按现有材料，还是视为一章内容。而且不管这两部分是否划分为一章，其观点既然是属于"老子"的，具备内在一致性应该没问题。在这个前提下，我们把本章内容作上下打通理解。如何理解这一章的主旨呢？陈鼓应说："老子说明他在生活态度上，和世俗价值取向的不同：世俗的人，熙熙攘攘，纵情于声色货利；老子则甘守淡泊，澹然无系，但求精神的提升。在这里，老子还是显示出和人群的疏离感。"[②] 老子会不会自以为"得道"而摆出与众不同的样子或自我感觉精神孤独呢？我想做这种思考，还是对老子思想宗旨的把握有偏差。"泊""儽""沌""澹"等都是安守澹然，"未兆""无归""无止"都是不骚动、不行动，之所以如此，不是精神高洁自牧，而是以另外视角看问题时对于利益鼓动的社会生活持有戒心。人们乐于追逐的事物，本身都会带来另一面的"反"效应。比如，建设一流大学是好的，但天天围绕指标转，越走越远，最后发现学校违背了育人的初衷。不盯着专门条条杠杠，不是就不发展了，而是在摆脱了"有以"后，获得了"荒兮""若海""无止"的广阔空间。老子提供了认识事物、思考发展的另外的角度，是他的理论依靠。这里的"我"不是治世者，是哲学家本人。如果要求在上者都能有

① 刘师培：《老子斠补》，宁武南氏校印本，1936年。
② 陈鼓应：《老子注译及评介》（修订增补本），北京：中华书局，2009年，第144页。

"愚人之心"才能管理好社会，那要求太高了，真需要"哲学王"当政了。老子讲说了易行的"无为之道"，然后在这里相当于对其理论支持做了深刻解释，——我这么说是有道理的！唯有如此理解此章内容，才能将其纳入老子思想体系。老子绝不是在提倡装聋作哑的无知无识，也不会志存高洁地不与世俗合作，而是对于根本原则的洞悉！

第二十一章

【原文】

孔德之容，惟道是从[1]。道之为物，惟恍惟惚[2]。惚兮恍兮，其中有象；恍兮惚兮，其中有物；窈兮冥兮，其中有精；其精甚真，其中有信[3]。自古及今，其名不去，以阅众甫[4]。吾何以知众甫之状哉？以此。

【训释】

[1] 孔，小窟窿。《玉篇》："孔，窍也，空也。"容，用。《释名·释姿容》："容，用也，合事宜之用也。"

[2] 帛书乙本作"道之物，唯望唯沕"，甲本"沕"作"忽"。

[3] 帛书乙本作"幼呵冥呵，其中有请呵。其请甚真，其中有信"。信，有征信，有验证。《广韵》："信，忠信。又验也。"

[4] 帛书乙本作"自今及古，其名不去，以顺众父。"甫，通"父"。《释名》："父，甫也，始生己者。"众父，天地万物。

【校证文】

孔德之容，惟道是从。道之为物，惟恍惟惚。惚兮恍兮，其中有象；恍兮惚兮，其中有物。窈兮冥兮，其中有情；其情甚真，其中有信。自今及古，其名不去，以阅众甫。吾何以知众甫之状哉？以此。

【译文】

事物的任何表现，都离不开道的作用。道这种物质，没有独立实体存在。虽然没有独立实体存在，但一切现象由它作用；虽然没有独立实体存在，但一切事物由它构成。我们无法指认道的存在，可它又是确实的；它

老子论衡

真真实实，表达为一切征验。道自古至今，都是万事万物离不开的存在。我如何知道事物之所以为其事物呢？据此而言。

【解析】

本章文字读通没有多大困难，而《老子》的诠读者有根本分歧的是对于"道之为物"到底为何物的认识。通行本的"精"作为一个关键字，其训解直接影响章旨甚至老子道论的基本设定，需引起重视。本章没有竹简本对应文字，传世本相比帛书本句式更整齐。

"孔德之容，惟道是从。""孔"，河上公注为"大"，王弼注为"空"，后世学者依从河上公之说者居多。于是，"孔德"便被释为"大德"或"盛德"。学者也多依河上公，把"孔德"理解为体现道性的大德之人。许抗生翻译即为："大'德'的人的一切容止，都只是随从着'道'的。"① 事实上，把"孔德"理解为"人"并没有任何文字根据。"道"是事物存在的整体规律性，有什么样的"大德"的人能够完全循道而行不偏离？老子标举道性无为的治世理念，是希望在上者能够法效之，可没有认为存在行能不离道大德之人。本章下文全讲道体无而作用之真实，根本就没有大德的事。恐怕在这里把"孔德"释为"大德之人"还是想当然了。其实，王弼注"孔"为"空"，解读起来费周折，河上公注为"大"也不好通。"大德"从"道"有啥值得说的？强调"道"的普遍性，从微末处论才合言说逻辑。"德"者，得也，即事物表现出来的状态。"容"是"用"的意思。该句则是在说，哪怕是细小存在的呈现，也离不开道的作用。这是在通行本中第一次将"道"与"德"联系起来。"道"的本意就是"道路"，而"德"则是"走路"。道是事物存在最本质的性质，德则是这种性质表现出来的种种状态，二者是一而二、二而一的关系。由此分析，也更可以明确"孔德"绝不可能是"人"。

"道之为物，惟恍惟惚。""道之为物"，这几个字很重要，老子明确说"道"是"物"，这在《老子》中亦唯此一处。过去有些学者把"为"理解为"创造"，"道之为物"即是"道创造万物"，并以之贯彻下文。然而帛书甲、乙本均为"道之物"，其所主便不攻自破。"恍""惚"，帛书甲本作

---

① 许抗生：《帛书老子注译与研究》，杭州：浙江人民出版社，1982年，第96页。

"望""忽"，乙本作"望""沕"。帛书《老子》这几个字的使用不仅在本章统一，在全书也统一。另外，"恍""惚"河上公本作"怳""忽"，傅奕本则用"芒""芴"。"恍惚"二字更为今天的人们所熟知，与王本《老子》的传播不无关系。我们已经无法确定最早合理使用的字是什么了，只是把"望沕""芒芴"视为"恍惚"之假借则可。很多学者往往受自身认识与词汇今译的影响，把"恍惚"理解为影影绰绰的存在，如此即可隐含——"道"精细，不好"看得见"，但"瞪大眼睛看"，还是"有"。这种理解是十分有害的，会把老子苦心拈出的"道"既拉入庸俗，又推向神秘。其实，所谓"恍惚"，就是"道"拒绝感官认知的特性，不是"不容易"，而是"不属于"。范应元注道："道本不可以物言，此言为物者，盖万物皆出于道也。道不可以有言，故曰惟恍惟惚。谓以道为无，则非无；以道为有，则非有。然而万象由斯而见，万物由斯而出。"① 应该说，生活在宋代的范应元能做出这一番解说已属难能可贵。这一章正是反复解说"道"本身存在的"悖论"，——它是"物"，但看不见；它看不见，但有现象、物性；它找不到，但很真实。

"惚兮恍兮，其中有象；恍兮惚兮，其中有物。"这里的"象"与第四章"象帝之先"的"象"是一个意思，具象、现象。"惚兮恍兮，其中有象"即指出"道"不可见，但一切现象就是它的作用。"其中有物"承上文"道之为物"，就成了"物"有"物"。是不是矛盾呢？不矛盾。上文的"物"是对"道"根本属性定论，这里的"物"就是我们一般认识的"物"。"恍兮惚兮，其中有物"即指出"道"不可形诸之，但一切事物不离它的功能。

"窈兮冥兮，其中有精；其精甚真，其中有信。""窈冥"与"恍惚"是一个意思，都是强调"道"非我们常态感知之事物。它不属于感知层面的对象，因此"窈冥"。至于"精"，过去学者多解释为"精微""精气""精微之气""精微的物质"等，意谓"精"不同于上文之"物""象"这种现象界的范畴，与"道"本身有统一性，是事物的精华性质的表现。"精"其与"道"扯在一起，就很容易联系出"道"之极精微实体物性。但帛书甲、乙本"精"俱作"请"，这提示我们重新考虑"精"字之义。

---

① （宋）范应元：《老子道德经古本集注》，续古逸从书本，卷上。

"精""请"可以通"情"。《荀子·修身篇》说:"体倨固而心执诈,术顺墨而精杂污;横行天下,虽达四方,人莫不贱。"杨倞注:"精,当为情。"①《荀子·君子篇》:"世晓然皆知夫为奸则虽隐窜逃亡之由不足以免也,故莫不服罪而请。"这里的"请",俞樾也主张读为"情"②。"精""请""情"三字互为通假的情况,在先秦文献并不乏见③。根据上下文文义与老子思想特色,通行本此处之"精"、帛书本此处之"请"必通为"情"。《战国策·秦策》"请谒事情"④,这里的"情"指"实"。《论语·子路》有"上好信,则民莫敢不用情"⑤,这里的"情"也是"实"的意思。高明指出:"'窈呵冥呵,其中有情',乃承上文'其中有象''其中有物'而言。谓虽窈冥深远似不可见,但其中则存实不虚。'其情甚真,其中有信',此乃进而阐述其中之实不仅存在,而且甚真,并以其自身之运动规律可供信验。后人不知'精'字当假为情,皆读为本字,则释作'精神''精力''精灵''精气'或谓'最微小的原质',等等。诸说虽辩,但皆与《老子》本义相违,均不可信。"⑥高先生之说甚确。其实,明白《庄子·大宗师》"夫道,有情有信"⑦即是暗引此处,便进一步坐实了"精""请"通于"情"。"情"是"事实","真"是"不虚","信"是"可靠",那么所谓"有精""甚真""有信"就是用不同的词反复强调表达一个意思:虽然"道""窈冥"无体可言,但它的存在却不容置疑!至于文中的"其中"不便按现在的意思理解为"它里面",老子只是说"道"体之"恍惚""窈冥"与作用之真实本身是统一的。

"自古及今,其名不去,以阅众甫。"马叙伦根据本章用韵,推论"自古及今"应为"自今及古"⑧,为出土帛书本所证。不管是"自今及古",还是"自古及今"都是强调"道"用之普遍。"名不去",不是有一个真实的"名字"存在,名以道实,是事物离不开"道"之功用。古"甫"与

① (清)王先谦:《荀子集解》,北京:中华书局,2012年,第28-29页。
② (清)俞樾:《诸子平议》,北京:中华书局,1954年,第288页。
③ 本文关于"精""请""情"三字互为通假的观点引用了辛战军先生的观点。辛战军:《老子注译》,北京:中华书局,2008年,第89-90页。
④ 缪文远、缪伟、罗永莲:《战国策》,北京:中华书局,2012年,第109页。
⑤ 杨伯峻:《论语译注》,北京:中华书局,2009年,第133页。
⑥ 高明:《帛书老子校注》,北京:中华书局,1996年,第332页。
⑦ 陈鼓应:《庄子今注今译》,北京:中华书局,2009年,第199页。
⑧ 马叙伦:《老子校诂》,北京:中华书局,1974年,第249页。

"父" 通，《释名》："父，甫也，始生己者。" "众甫" 即 "众父"，也就是万事万物。"阅"，意即 "历"，帛书本写作 "顺"，可解为 "应"，意思差不多。"道" 用，空间上遍及 "孔德" "众父"，时间上横贯 "今" "古"。

"吾何以知众甫之状哉？" 我如何知道 "此万事万物之为万事万物" 或 "此存在之为存在"[①] 呢？

"以此。" 这是本章最后再呼应章始，申言 "道" 性是任何事物不能或离不开的，它是事物的本质属性。

本章论述的重点是 "道" 的 "物性" 的两个方面：其一，"道" 恍惚窈冥；其二，"道" 真实存在。这两者合起来用以对 "道" 的性质进行论述方可，不可偏废。古代学者治老，对于 "道" 的物质属性问题不是没有论述，但没有纳其为焦点问题。至今研究老学者似乎无法回避这个问题了，这一方面是现代学术话语范畴要类属清晰之要求，另一方面也是唯物、唯心阵营划定之需要。当然，老子本人过去也因此以唯物主义、唯心主义哲学家等被迫冠名。其实，中国哲学史上的哲学家必会论及唯心、唯物的问题，但并没有唯物、唯心学派的意识，因此他们的哲学思想中往往唯心有之、唯物亦有之，自身内部并不完全统一。今天对于古代思想的学术研究，需要这种现代视角，但不宜过度泛滥以其衡量并不适于它的哲学问题。虽然老子本人没有意识到这个问题给大家造成了这么大的麻烦，但我们对于老子 "道" 之 "物性" 做出评判还是必要的，好在他实质已较明确地论说了这个问题。对于 "道" 的性质，诸家解说纷纭。有人认为 "道" 是精微物质，直至解释为现代种种科学名词；有人认为道纯粹是思维本身的存在，直至解释为绝对精神；有人认为道是逻辑应有而实际并不存在的，直至斥责此范畴本身之荒谬。刘笑敢说："严格说来，也可以说道只是一种符号，这种符号不是实有，那么这个符号所指的对象应该是实有。只是在一般约定俗成的情况下，我们没有必要把这个符号和它所指区别开来。说道是无，则因为它不是任何具体的实有，不是任何可确指可证实的有，这种 '有' 没有任何规定性，因此也可称为 '无'。"[②] "道不是普通所谓的有，也不是普通所谓的无，它实有而非无，把道明确定义为 '无' 的是王弼，而不是

① 引号中的两种译法为徐梵澄先生所言，徐先生并指出于此表述华文较拙，西语 Being 等更便。徐梵澄：《老子臆解》，北京：中华书局，1988 年，第 30—31 页。
② 刘笑敢：《老子古今》（修订版），北京：中国社会科学出版社，2006 年，第 288 页。

《老子》。"① 应该说，刘先生所论是深刻的，但笔者仍只是部分同意刘先生的观点。我们在"道"的有无问题上论来论去，可能是没有真正静下心来去仔细琢磨《老子》文本而贴近老子。老子反复说的"视之不见""听之不闻""恍惚""窈冥"等否认的不是"道"本身，是标明"道"不在感知范围内。对于"道"，本章于"道之物"之"有情""甚真""有信"等解说还不够充分、不够明显吗——"道"实有！此亦如苏辙所说："状，其著也；象，其征也。'无状之状，无物之象'，皆非无也。"②

说"道"实有，即肯定了"道"的物质性。但是，学界一般认为"道"无法视听、不可言说，即非物，从而有"《老子》的'道'，没有任何物质内容和特性，不能为人的感知所反映和认识，是一个唯心主义的结构"③之论。与此对应的观点，就是把"道"视为可以去体证或获取的独立对象，这种解说较多，但是基本都是"江湖野语"。越是鸡汤式解读《老子》者，越倾向于把"道"看成一种实在的，甚至人格性的存在，因为缺少充分的学术素养，对于无体有用之存在缺乏认知，更容易受困于生活经验的知识范围。上述两种认识都属偏离之见，根本原因在于对物质与具体物质实体这两个范畴没有分清楚，混淆了概念。孙以楷说："道是客观的，但不是某一实存无体……其实说到底，老子是告诉人们：道是非具体物质实体，用现在的范畴表述，道就是物质。物质这一范畴，到近代哲学中才成为科学的范畴。至今许多人乃至科学家都分不清具体实体与物质的不同。"④ 孙先生所言甚是。恩格斯在《自然辩证法》中说："物、物质无非是各种实物的总和，而这个概念就是从这一总和中抽象出来的。"⑤ 也就是说，所谓"物质"其本身是个抽象概念，有总和性质，并不是指某一物质。列宁认为"物质是标志客观实在的哲学范畴"，是"不依赖于我们的感觉而存在，为我们的感觉所复写、摄影、反映"⑥ 的。他在《再论工会目前局势及托洛茨基和布哈林的错误》举了玻璃杯用途的例子，指出玻璃杯有很多

① 刘笑敢：《老子古今》（修订版），北京：中国社会科学出版社，2006 年，第 289 页。
② （宋）苏辙：《苏子由道德经注》，尊经阁文库藏钞本，卷二。
③ 萧箑父、李锦全：《中国哲学史》（上卷），北京：人民出版社，第 110 页。
④ 孙以楷：《老子通论》，合肥：安徽大学出版社，2004 年，第 290 页。
⑤ 《马克思恩格斯选集》第 3 卷，北京：人民出版社，2012 年，第 939 页。
⑥ 《列宁选集》第 2 卷，北京：人民出版社，2012 年，第 89 页。

用途，但仅从其形式定义是无法说明其不同用途的①。"道"的物质性正是在这个层面上讲的。它拒绝对应性的一面，是"无"，但不是不可以被人所反映，其标示世界统一性的一面是"大"，展现事物发展规律性的一面是"德"，浑然整体性的一面是"一"，生存合理性的一面是"自然"，运动的自我否定一面是"复"。这些对于"道"的特征的描状不就是老子对"道"的"复写"吗？由此看来，"道"的物质属性没有任何问题。"道"是不离开事物的总体之特征与内在功能性，不独立在"物""象"之外。这种"总"功能性不能以人们惯以形诸的任何方面可以概括，却是完完全全的真实存在。事物的整体"道"性，也正是治世之道选择"无为"以使其内在合理性充分展现的理论基础。

或谓，对老子关于"道"的物质属性的论断作此解读是不是过度诠释了？笔者不否认引入了现代哲学的观点来分析"道"，因为不如此则不易使老子的思想放在现代学说视野进行评析，而更重要的是，笔者深信哲学家属于他那个时代，也属于未来，老子思想代表中国哲学的高度，道论只是他的政治哲学基础，不是其理论归宿，但其思维展开的过程中，一定会触及到这个根本问题，由此而做出"科学"的物质观论断一点儿也不意外。

第二十二章

【原文】

曲则全，枉则直，洼则盈，敝则新，少则得，多则惑[1]。是以圣人抱一，为天下式[2]。不自见故明，不自是故彰，不自伐故有功，不自矜故长[3]。夫唯不争，故天下莫能与之争[4]。古之所谓曲则全者，岂虚言哉[5]！诚全而归之[6]。

【训释】

[1] 曲，弯曲。《说文》："曲，象器曲受物之形。"全，保全。《说文》："全，完也。"枉，弯曲。《说文》："枉，衺曲也。"直，帛书乙本作"正"。洼，古同"洼"。

① 《列宁选集》第4卷，北京：人民出版社，2012年，第418-419页。

［2］帛书本作"是以圣人执一，以为天下牧"，其中原甲、乙本"圣"字皆为异体字。式，准则。《说文》："法也。"牧，统治、管理。

［3］不自是故彰，帛书乙本作"不自视故章"，顺序在"不自见故明"前。不自矜故长，帛书本作"弗矜故能长"。

［4］该句帛书甲、乙本皆无"天下"。

［5］帛书乙本作"古之所胃曲全者，几语哉"。几，微妙。《说文》："几，微也。"

［6］诚，信、确实。

【校证文】

曲则全，枉则直，洼则盈，敝则新，少则得，多则惑。是以圣人执一，以为天下牧。不自见故明，不自是故彰，不自伐故有功，不自矜故长。夫唯不争，故天下莫能与之争。古之所谓曲则全者，几语哉！诚全而归之。

【译文】

常言道，委曲求全，矫枉过正，水流低处，除旧迎新，知足即富，财多命殆。所以高明的治世者以整体性作为管理百姓的根本原则。在上者不凸显自己，便能明理成事；不自以为是，便能政绩彰显；不自称伟业，便能成就功业；不骄傲自满，便能声名久播。社会治理者不以取得功绩为目的，而天下人恰恰把功劳记在他身上。古人所谓"委曲求全"等道理，真的是很微妙啊！确实，人无意于功利选择，却往往取得功绩成果。

【解析】

本章以"古语"引入，以"辩证"方式论"抱一"的道理，反对自我膨胀，是对治世之道的原则性论述，难点在于对"不争"哲学的诠释上。本章没有竹简本对应文字，各本文字差异不大。帛书本该章处于传世本第二十四章之后。本章"不自见故明，不自是故彰，不自伐故有功，不自矜故长"恰对应第二十四章"自见者不明，自是者不彰，自伐者无功，自矜者不长"，帛书本章序似更合理。

"曲则全，枉则直，洼则盈，敝则新，少则得，多则惑。"此句可称为"六则辩证法"。"曲则全"，自然事物以曲形更能适应环境而生存，这是生物进化使然。事物相互影响与作用，圆曲形缓解了冲击，留出了融和空间。"枉则直"，即是今日所谓之"矫枉必须过正"，对于失衡的事物，向相反的方向施加作用，超过本然之正，松手后才能依其弹性而获正直状态。吕惠卿说："曲者，曲之自然也。枉者，曲之使然也。"① 也就是说，"曲则全"是就自然现象而言的，"枉则直"是就人生经验而发的。"洼"即"洼"，洼地。"洼则盈"是说洼地有敛聚之势能蓄水而满盈。"敝"是败坏的，"新"是新鲜的。旧的不去，新的不来，"敝则新"指事物新陈代谢。"洼则盈"是自然规律，"敝则新"则可以指自然现象，也可以用以指社会发展的规律。"少则得""多则惑"则就人生经验而有，特别是对于金钱。财富没有多寡，满足了人的切实需要的对象是人驭物而主体获得肯定的"得"，永不休止地追逐金钱则是物驭人而丧失主体的"惑"。这里的"六则"，前五个前面的"曲""枉""洼""敝""少"皆为人的常态价值选择所不取的一面，而第六个的"多"则是人乐于选择的观念。有人主张第六则为后人羼入，然帛书本即有，或为羼入已久，或为老子根本没有特别着意句式的完全一致性，只是就转化关系进行了铺陈。这"六则"应该基本上都来自古语，后文说"古之所谓曲则全者"属于省略说法，用"曲则全"代表这里的六句。这六项有的属于自然现象，有的属于人生经验，都是落在辩证转化的关系上，宗旨就是"反者道之动"（第四十章）。简单来说，事物有自我否定的动力，向相反方向的发展是其基本规律。而后引出下文的治世选择，这里的材料仍承担比类功能。老子意谓，事物有自我实现的特点，所以圣人选择不以功利价值导向治世，也不凭个人自足而鼓吹功绩。

　　"是以圣人抱一，为天下式。""六则"是比类辩证转化的普遍，这一句"是以"就转入治世之道了。本句帛书本作"是以圣人执一，以为天下牧"。"牧"是治理、管理的意思。《庄子·天道》有"使天下无失其牧乎"②，《逸周书·周祝》有"为天下者用牧"③，与《老子》之"牧"用法相同，即指社会治理。"执一"而"牧"，比"抱一"为"式"更显明地直接指向治世问题。"一"就是整体性原则。事物的复杂性是由其本身发展的要素决定的，用整体原则相待，就是使之沿合理路线开展出来。

① （宋）吕惠卿：《道德真经传》，清抄本（清丁丙跋），卷二。
② 陈鼓应：《庄子今注今译》，北京：中华书局，2009年，第375页。
③ 贾二强：《逸周书》，沈阳：辽宁教育出版社，1997年，第75页。

"不自见故明，不自是故彰，不自伐故有功，不自矜故长。"此句帛书本次序、用字都有不同，但根本句意没有实质差别，可以基本按通行本理解。"自见"就是表现自己；"自是"就是自以为是，帛书本用为"自视"，整理者读为"自示"，就是表露自己；"自伐"是自我夸耀；"自矜"是自我赞美。"自见""自示""自伐""自矜"是动词，省略了其携带的宾语，这个被省略的对象是什么呢？"自"系列是被"不"否定的，根据上文辩证转化的比类原则，"故"后面的内容就是"自"所应后而省略的。"明"是明白事理而政治清明，"彰"是政绩得以彰显，"功"就是有成就，"长"就是声名远播，指向的都是治世有成。这样，四句话其实就统一起来了。用不同字词以同一句式表达一个意思，正是《老子》文本的重要特色之一。这里说不追求政绩反而取得政绩，与上文的"六则"便能呼应起来。"六则"是天道如此，"四故"是人道使然，皆为否定式价值原则取得肯定式价值成果。

"夫唯不争，故天下莫能与之争。"这一句只从表面上去看会造成比较严重的曲解，实质上中间"故"字领起两边的词语还是承上表达而来。薛蕙注意到了这一点，指出："'夫惟不争'复申'不自见'四句之意，'天下莫能与之争'复申'故明'四句之意。"① 这样，所谓"不争"不是"不争哲学"，也没有"不争原则"，只是就"不争功"而言。要不，怎么也讲不通。老子的意思是说，不抱着获取功绩的想法去治国，就不会胡折腾，就能够遵循客观规律办事，反而会取得成就。不要政绩，百姓把政绩给你；天天光想着政绩，就会把正常事弄混搞乱。

"古之所谓曲则全者，岂虚言哉！"古语所讲之道理，老子用以解说社会治理之道。天道向人道的伸展，在这里是辩证法普遍性的支持。这里的"曲则全"，帛书本省为"曲全"。《庄子·天下》"人皆求福，己独曲全"② 该是暗引此处，则省语应是《老子》原貌。"岂虚言哉"就是真实可靠，与下文"诚全而归之"呼应，但意思重出。帛书乙本用为"几语哉"（甲本缺），"几"为"微妙"，意思即为"真是微妙的说法啊"。帛书本的写法显然更胜，但未必本即如此。

"诚全而归之。""诚"，确实。最后这一句，再肯定得"全"。这里的

① （明）薛蕙：《老子集解》，惜阴轩从书本，上卷。
② 陈鼓应：《庄子今注今译》，北京：中华书局，2009年，第935页。

道篇

331

"全"到底是"曲则全"的"全",还是有些注者解为"全天下归心"之"全"呢?笔者认为,老子这里的"全"确实另有意义,已经出离了"曲则全"的范围,但也不是只归于理想政治而言,而是代表了上文"则""故"之后的所有正价值。老子以天道比人道,最后落在积极意义上,"全"就是老子哲学的价值归宿。

关于《老子》"不争"的理解,是一个重要问题。不当的理解,歪曲了老子思想,也对老子宗旨的追求之判断产生了严重干扰。对于"不争",斥老子哲学消极者,便坐实了证据;支持老子智慧者,也只能反复申说一些自己看起来也未必觉得有理的价值超越式逻辑。早在《淮南子·原道训》即有"以其无争与万物也,故莫敢与之争"[①] 一说,由此来看,汉代人对老子思想这种解读已经走偏了。这一偏两千年,现代人对"不争"的解释也仍没有厘清。比如对于"夫唯不争,故天下莫能与之争"这一句的一般翻译,就是"只有不争斗,因此谁也不能与他相争"[②]。这既不合常理,也没有深邃智慧而言。如果把"不争"放在与他者相处的关系中去理解,高尚的不与人争,别人要争怎么办?特别是国与国之间,流氓国家从来有之,人家欺负到家门来了,我们还"不争"吗?应该"寸土必争"吧!"不争"确实在《老子》中是比较重要的概念。通行本《老子》谈到"不争"的除本章外,还有第三章"不尚贤,使民不争"、第八章"水善利万物而不争,处众人之所恶,故几于道……夫唯不争,故无尤"、第六十六章"以其不争,故天下莫能与之争"、第六十八章"是谓不争之德,是谓用人之力,是谓配天古之极"、第七十三章"天之道,不争而善胜,不言而善应,不召而自来,繟然而善谋"、第八十一章"圣人之道,为而不争"。从以上"不争"的使用看,除"第三章"为"不争利",其余皆为"不争功"。为什么"不争"这么重要?因为在上者治世,往往"争功",以政绩作为评价标准,于是按照能够支持"成就"的种种方面驱民于役,不管现实条件,漠视事情发展的合理性与复杂性。一句话,"争"不管是取利还是贪功都会导致"有为","不争"则"无为"。"不争"不是处理国家关系的态度,也不是安排上下级关系的标尺,而是在治世原则上不争功,不唯功是图。本篇整体上讨论的都是"争功"的问题,老子用心拈出古语,以天道类人道,告诫辩

---

① 陈广忠:《淮南子》,北京:中华书局,2012年,第10页。
② 许抗生:《帛书老子注译与研究》,杭州:浙江人民出版社,1982年,第99页。

证转化道理，解说大家都不愿意选择的方向之可取，可谓"寄谢悠悠世上儿，不争好恶莫相疑"①。

第二十三章

【原文】

希言自然[1]。故飘风不终朝，骤雨不终日[2]。孰为此者？天地。天地尚不能久，而况于人乎？故从事于道者，道者同于道，德者同于德，失者同于失[3]。同于道者，道亦乐得之；同于德者，德亦乐得之；同于失者，失亦乐得之[4]。信不足焉，有不信焉[5]。

【训释】

[1] 希，傅奕本作"稀"。希，停止。《玉篇》："希，止也。"

[2] 飘，义同"飙"。《玉篇》："飙，旋风也。"飘风，疾风。终朝，从日出到早饭的时间。

[3] 帛书乙本为"故从事而道者同于道，德者同于德，失者同于失"。

[4] 帛书乙本为"同于德者，道亦德之；同于失者，道亦失之"。

[5] 帛书甲、乙本均无此句。

【校证文】

希言自然。故飘风不终朝，骤雨不终日。孰为此者？天地。天地尚不能久，而况于人乎？故从事而道者同于道，得者同于得，失者同于失。同于得者，道亦得之；同于失者，道亦失之。

【译文】

在上者不号令指挥，在下者便能顺应本身发展规律。所以从自然现象看，疾风不会横吹一早晨，暴雨也难以持续一天。谁在指挥着刮风、下雨啊？是天地。天地的指挥作用都不能持久下去，何况治世的君王呢？由此以道性看待事物的人会得到事物本身完足发展的成效，以利害得失看待事物的人，则会获得利害得失的回馈。得失利害，有得道、有失道，不一而足。

---

① 杜甫《莫相疑行》中句。（清）仇兆鳌：《杜诗详注》，北京：中华书局，2015 年，第 1002 页。

【解析】

本章从自然之道论及治世之道，线索清晰，然而部分句意解读困难，历来解说纷纭。这一章没有竹简本对应文字，帛书本部分文字与传世本相比有重要不同。

"希言自然。"此一句有主张移入上一章句尾者，有主张与第五章"多言数穷"部分相连者，也有主张独立成章者，但帛书本即在此。与第五章"多言"指挥相反，"希言"是"少说话"，以无为原则对待事物。高亨主张"希"当作"常"，"希言"即"常言"①，为主观猜测，未见古本证据。这里的"自然"既是自然界的"自然"表现，即"天地"任万物"自然"，也是社会治理的"自然"原则，即"从事者"任百姓"自然"。这一句话总括全章，以下再分开论述，先说自然之道，再说社会之道。虽然以下确实属于"自然界"现象，但这里的"自然"却不是"自然界"。古人相当于"自然界"的词一般为"天地"等，切不可因今日词汇之意而影响句意理解。这是一句高度凝练的话，"希言自然"，即主导者"希言"，任被支配者"自然"。这一句表全章宗旨，相当于"篇题"。

"故飘风不终朝，骤雨不终日。""飘风""骤雨"都是很激烈的天气现象，"终朝""终日"都指时间短。空气的强对流不可能持续很长时间，这是科学规律，老子此处引入则来自观察自然变化的经验总结。有学者主张此句与上文无因果关系，判断"故"字为后添，而帛书本无此字可为佐证。但第一句总括全文，然后以"故"字承思想宗旨接入论据本身是合理的，或许"故"字确为后加，但加之无妨。

"孰为此者？"谁主宰了自然界的剧烈天气呢？

"天地。"是天地。其实"天地"本身也是自然事物，也遵循自然事物本身的存在规律，是"自然"的。但此处老子为了以之与人事形成呼应关系，就把"天地"视为"主宰者"。天气或和风细雨，或晴空万里，属于"天地"以"无为"任其自变，而暴风骤雨则是"天地"以"有为"的方式号令指挥造就的剧烈天气了。其实，暴风骤雨也没有支配者，终归还是一种"自然"。此处，应明白老子思想指向，不可执着于比类本身的合

---

① 高亨：《老子正诂》，北京：清华大学出版社，2011年，第40页。

理性。

"天地尚不能久，而况于人乎？""天地"虽是自然变化的"主宰者"，它们也不能不顾事物本身的合理性任性而为，那么人亦应如此。"人"本身都属于"天覆地载"的，比"天地"还低一个档次。这就是天道自然与人文自然的连接了。《老子》中从来没有孤零零地论述天道自然问题，所讲自然规律最终一定是要落到对社会治理的启发上。这一点特别需要引起注意，从自然之道到治世之道是老子的逻辑，而后世的解读却又往往从治世之道开向人生之道与普遍之道了。这里的"人"不是普通人，更不是老百姓，而是治世者。蒋锡昌说，"人"指"有为之君"①。此说甚确。

"故从事于道者，道者同于道，德者同于德，失者同于失。"此句帛书乙本为"故从事而道者同于道，得者同于得，失者同于失"。甲本除有误字外，基本同于乙本。俞樾说："下'道者'二字，衍文也。本作'从事于道者，同于道'。王弼注云：'从事于道者，以无为为君……而物得其真，于道同体，故曰'同于道'是王氏所据本，正作'从事于道者，同于道。'然以河上公注观之，则二字之衍久矣。"②俞樾所论为帛书本所证，而其论述凭借正是对文献材料的把握，非以文义妄推。传世本多出的"道者"应为《老子》文本编写者出于主观考虑"整饬"之目的而为，然而以"从事于道者"领起后面的"道者""德者""失者"，就会被解为"从事于道"有三种不同的情况，造成了章句意思的根本不同。古"德"字同"得"，傅奕本此章即用"得"字。"得"与"失"构成上下文互文关系，即"得失"，不便分释之。"从事"即治理国家之事。老子意谓，治理国家有两种大方向原则。一是以道性观待万物，那么万物就获得顺其道性的自然发展；二是以"得失"的利益立场看待社会民众，其效果也就有得失利害。只有上下句联系起来看，才能解释得通。否则谁会主动以"失"去对待事物呢？"得失"就是取价值、找好处的治世立场。在此立场之下，有时确实"得"好处了，有时结果却是恰得其反的"失"。

"同于道者，道亦乐得之；同于德者，德亦乐得之；同于失者，失亦乐得之。"此句帛书乙本为"同于得者，道亦得之；同于失者，道亦失之"。帛书甲本有残缺，内容基本同乙本。传世本此句已被改得面目全非，无法

---

① 蒋锡昌：《老子校诂》，上海：上海书店，1996 年，第 157 页。
② （清）俞樾：《诸子平议》，北京：中华书局，1954 年，第 148 页。

解读。古注家无帛书本参考，所做解说虽晦涩艰深，但基本都是在"任性"发挥。这句话帛书本写得比较简洁，然意思仍不十分明确。笔者依然把"得""失"联系起来看，那就是以利害得失去治理国家是人们的一般选择，但是这样有时会有所"得"，但也有控制不住、不愿接受的"失"，就不会有道性把握事物的结果。"道"被限定在"得""失"，于是有时符合事物规律而"得""道"，有时违反事物规律而"失""道"，所谓"道亦得之""道亦失之"。

"信不足焉，有不信焉。"此句系第十七章"信不足，焉有不信焉"意重。马叙伦认为："此二句疑一本有十七章错简在此，校者不敢删，因复记之，成今文矣。"① 错简之说，注家往往有之而不足为信，但马先生此论为出土帛书本所证。

本章虽章旨基本清楚，然而传世本的句子却烦琐而不通，而帛书本的文字提供了重要解读依据。通观历代本章章义之解说，被文本材料所限制，所论基本并不足取。由此我们考虑对《老子》思想解读的文本依靠问题。相较古本，传世本加工痕迹明显，虚字多有删减，句式更加整齐，然也有部分文字因改编者的理解而改写导致意思偏离的。传世本影响久远，传播范围广，但对于文字的难通之处，应以古本作为重要参考。过去治老者虽有关于景龙碑、傅奕本、范应元本等何本为优的论辩，但出土本面世以后，必须重视古本。在这一点上，有不少当代学者尚缺少文本互参的自觉。帛书甲、乙本应有共同祖本，但可能并不出自同一抄写范本，甲本多有残缺，且用字较乙本异体字更多，二者相比乙本更有价值②。竹简本虽相对是残卷，且文字识读苦难，但应该成为重要参考。现在有些帛书本、竹简本的校读者往往遇到与今本《老子》不同的用字就轻率地读为今本之字，这是不合适的，应该看原字是否能读得通，是否能更有彰明老子哲学宗旨的解读方向。离开老子本怀自说自话已经成为老学的一种典型现象，这里除后世解说方向深刻影响外，对《老子》缺少多文本的对勘也是重要原因。每个人绘画自己的老子是允许的，然而回归老子却是必须要完成好的工作。现在看来，这项工作尚没有做好。

---

① 马叙伦：《老子校诂》，北京：中华书局，1974年，第265页。

② 此亦有不同意见。日本学者池田知久《问道——〈老子〉思想细读》一书认为甲本最优，并以之解读。

第二十四章

道

篇

【原文】

企者不立，跨者不行，自见者不明，自是者不彰，自伐者无功，自矜者不长[1]。其在道也，曰余食赘行[2]。物或恶之，故有道者不处[3]。

【训释】

[1] 帛书乙本作"炊者不立，自视者不章，自见者不明，自伐者无功，自矜者不长"。企，河上公本作"跂"。企，踮起脚跟而立。《说文》："企，举踵也。"跂，与"企"义同。《玉篇》："跂，跂踵，行不正。"

[2] 行，古与"形"通。

[3] 帛书乙本作"物或恶之，故有欲者弗居"。

【校证文】

企者不立，跨者不行。自见者不明，自是者不彰，自伐者无功，自矜者不长。其在道也，曰余食、赘行。物或恶之，故有道者弗居。

【译文】

踮起脚想立得高却站不住，叉开腿想走得远却行不动。自求凸显，便不能明理成事；自以为是，便不能彰显政绩；自称伟业，便不能成就功业；自满骄傲，便不能声名久播。如果从道本身的完整性去看，这些自我夸耀行为就是残羹剩饭、赘肉骈枝。人们厌弃这些东西，所以能以道性治国者当然不会自居其功。

【解析】

本章的基本意思明确，传世本文字通畅基本没有什么障碍，而帛书本有两处重要不同且本身解读困难，需要注意，一处是"炊者"，另一处是"有欲者"。帛书本本章在第二十二章前，对应该章之"不自示故章，不自见故明，不自伐故有功，弗矜故能长"。本章无竹简本对应文字。

"企者不立，跨者不行，自见者不明，自是者不彰，自伐者无功，自矜者不长。"这一句帛书本的主要不同在于无"跨者不行"一句,而"企"作"炊"。对于"炊",帛书本整理者认为应读为"吹",是导引术的一种,但这种识读会导致整个句子无法通解。孙以楷则以"吹"为"吹嘘",后文的内容皆论吹嘘表现与危害①。孙先生的解释照顾到了与下文的统一,但"吹"为"吹嘘",实际上只是今人之用法。徐梵澄则取原字以之为"炊"事,谓"炊"必弯腰为之,而无法立身②。这也不合理,因为这里的动作必是属于"余""赘"方合篇旨,"炊"事则非。高明认为"炊""企"二字古音同通假,"炊"当据今本读为"企"③。许抗生认为"炊"为"跂"(河上公本用之)之误④。高明和许抗生二位的依据不同,但都主张从今本。笔者认为按今本能够读通,且思想与老子哲学宗旨相符时,本句以今本读就可以。"企",踮脚。《说文》:"企,举踵也。""跂"意思差不多,也是提起脚跟向上,《荀子·劝学》"吾尝跂而望矣"⑤ 即用此意。"企""跂"都是踮起脚试图立得高一些,但"不立",站不稳,"企""立"前后相应。由此,"炊"应从"企"或"跂"。"跨",叉腿。"跨者不行"就是叉开腿想要步子大一些,但是没法迈进。举踵、叉腿都属于主观想突出表现,结果适得其反,因此是多此一举的"余""赘"之为。这是人生经验的"自然之道",下文的"自见者不明,自是者不彰,自伐者无功,自矜者不长"就是治世之道了,形成比类式联系。"跨者不行"帛书甲、乙本均无,该不属于漏抄。有学者认为如无此句,"企者不立"因与下文不属于一种表达便成为孤句,故当有"跨者不行"。也有人认为,"企者不立"本是单句,不必成偶。原本如何,没有新材料支持,已无法判断。若以"企者不立"独立成句,则与上一章"希言自然"用法相近,类似篇题一类。"自见者不明,自是者不彰,自伐者无功,自矜者不长"与第二十二章相对,帛书本两处句序与用字也本身相应。第二十二章"不自见故明,不自是故彰,不自伐故有功,不自矜故长"是前否定,本处是后否定,意思一样,都指向在上者自我邀功、居功、夸功目标之下的社会治理,会导致视野狭隘而失功。治世有功,自然为人敬仰,非要自吹自捧,就是多此一举,不只有害,反

① 孙以楷:《老子通论》,合肥:安徽大学出版社,2004 年,第 366 页。
② 徐梵澄:《老子臆解》,北京:中华书局,1988 年,第 31 页。
③ 高明:《帛书老子校注》,北京:中华书局,1996 年,第 335 页。
④ 许抗生:《帛书老子注译与研究》,杭州:浙江人民出版社,1982 年,第 97 页。
⑤ 方勇、李波:《荀子》,北京:中华书局,2015 年,第 2 页。

而引人厌恶，是赘行。

"其在道也，曰余食赘行。""余食"，是吃饱了之后剩下的饭菜，这些饭菜不光多余，而且已饱腹者视之反胃而嫌弃。"赘行"是身体上多余的肉，也是被人厌弃的。易顺鼎指出"行"通"形"，并举出《列子·汤问》"太形、王屋二山"之张湛注"形当作行"而认为古二字相通①，多为学者从之。这一句是反过来，说不自然的治世之道好比是剩菜臃瘤，治世的赘行如身体之赘形，多出来的东西不是好东西。

"物或恶之，故有道者不处。""物"指众人，"物望""物论"即"众望""众论"。这一句的意思是，如同众人对于"余食赘行"的厌恶一样，高明的治世者也要弃绝自我膨胀！这一句帛书本作"物或恶之，故有欲者弗居"。上文"四自"所论与第二十二章所言为一事，就是"居功"，因此"不处"还是从帛书本为"弗居"好。至于帛书本之"有欲者"，则很难理解。帛书甲、乙本均作此，对应第三十一章的"有道者"也是"有欲者"，因此不为误抄。高明认为，"欲"读为"裕"，而"裕"通"道"，"有欲者"则还是"有道者"，并举出了种种证据②。高先生所论不无道理，可是一句话里的两个"道"，为什么后面用"欲"而前面用"道"呢？如果说是"有欲者"为专门词以指"有道者"，为什么本章与第三十一章对应的帛书文字为"有欲者"，而对应通行本第七十七章"孰能有余以奉天下？唯有道者"的仍为"有道者"呢？刘笑敢认为，第二章即有"常有欲也"之说，老子并不绝对排斥有欲③。虽然此处之"有欲"不便理解为"贪欲"，但《老子》的"不欲"与"无欲"共10见，对"欲"的排斥是很明显的，第二章只是对比之下的使用。刘殿爵认为，"有欲者"的"欲"是梁惠王"将以求吾所大欲也"的"欲"，就是那种大野心④。这样不居功，是为了更大的政治抱负的实现。老子本身就反对"大"其政，恐怕根本不会在价值归结上落到这个地方。总之，帛书本"有欲者"写法令人费解，又恰无竹简本可对照，也可能只好存疑吧。

本章所说"不居"为略语，即不居功，如第二章之"功成而弗居"。老

---

① （清）易顺鼎：《读老札记》卷上，清光绪十年刊本。
② 高明：《帛书老子校注》，北京：中华书局，1996年，第338页。
③ 刘笑敢：《老子古今》（修订版），北京：中国社会科学出版社，2006年，第309页。
④ 刘殿爵：《马王堆汉墓帛书〈老子〉初探》（下），《明报月刊》1982年9月号。

子所谓之"居"不另指他居，专以指"居功"。"居功"与"争功"约略为一事，都是老子所反对的。第八十章"小国寡民"为反"大"，此为反"功"，即排斥今所谓之"好大喜功"。老子为什么反对好大喜功呢？封建集权治世者，不惟贪利，聚敛天下之财货为自家子孙世代享受，而且也贪名，想名垂青史。因此，他们便在各处指挥，意图使政绩尽快全面表现出来，这样就容易忽视事物的复杂性，漠视其本身各自的不同情况，就会造成损失。孙以楷说："一切不自然的行为，就像人身上的赘瘤，不仅是多余的，而且是有害的。"① 这一点，古代王朝的历史记忆多的是，当代社会建设吸取如"大跃进"给生产带来严重破坏的教训也是非常有必要的。治世者唯功是图，看起来是想对社会发展有推进、对百姓生活有帮助，但往往就会导致拔苗助长而成为"企者""跨者"。

第二十五章

【原文】

有物混成，先天地生[1]。寂兮寥兮，独立而不改，周行而不殆，可以为天下母[2]。吾不知其名，字之曰道，强为之名曰大。大曰逝，逝曰远，远曰反[3]。故道大，天大，地大，王亦大[4]。域中有四大，而王居其一焉[5]。人法地，地法天，天法道，道法自然。

【训释】

[1] 帛书本作"有物昆成，先天地生"。竹简本对应"物混"的字均异体。混，浑然。《说文》："混，丰流也。"《玉篇》："混，大也。"

[2] 帛书本、竹简本均无对应"周行而不殆"文字。寂、寥，竹简本均使用异体字。寂，寂静。《说文》："寂，无人声。"寥，空廓。《玉篇》："寥，寂也，廓也。"

[3] 逝、远，竹简本用字不同。逝，远行而去。《说文》："逝，往也。"反，同"返"。

[4] 竹简本作"天大，地大，道大，王亦大"。

[5] 竹简本作"国中有四大安，王句一安"。域，帛书本亦作"国"。

---

① 孙以楷：《老子通论》，合肥：安徽大学出版社，2004年，第368页。

【校证文】

有状昆成，先天地生。寂兮寥兮，独立不改，可以为天下母。吾不知其名，字之曰道，强为之名曰大。大曰逝，逝曰远，远曰反。故道大，天大，地大，王亦大。域中有四大，而王居其一焉。人法地，地法天，天法道，道法自然。

【译文】

事物本身的整体属性，不依赖于它物而生成。它不在人的感官认知范围内，保持着其本身的相对独立性，天地万物都以此为存在根据。我不知道这种整体属性叫什么，就称其为"道"吧，也可以勉强说它是"大"。"大"于是遍及万物，遍及万物则远在天边，远在天边而近在眼前。所以说，"道"是大而遍及的，"天"是大而遍及的，"地"是大而遍及的，"王"也是大而遍及的。天下有这四大，"王"是其中一个。"人"应该取法于地，"地"应该取法于天，"天"应该取法于"道"，而"道"只在于顺遂事物的自然性。

【解析】

本章是在《老子》中较为重要的一章，论述了道的根本性质及道与人的关系，有概论性质。老子对道论展开论说的每一章都有其专门线索，这一章的线索在于"大"。本章有竹简本对应文字，个别用字与今字差别太大，已无从确考。

"有物混成，先天地生。"混，是水流丰涌的意思，《孟子·离娄下》"原泉混混"① 即用此意。"有物混成"则是物之丰涌状态。"有物混成"，帛书本作"有物昆成"，"昆"字一般认为是"混"之假借，但"昆"本有"众虫"之意，而竹简本用为"蟲"，恰能对应。那么"混"反而是"昆"之假借。笔者认为，老子是以"昆"（众虫）喻事物不同而类同，《说文》即说"昆，同也"，则"昆成"之物是从具体事物抽象出来的共同性，"有物昆成"便是众物所推出之共同性（道）。"物"，竹简本对应字从归从首，

---

① 杨伯峻：《孟子译注》，北京：中华书局，2010 年，第 175 页。

竹简本整理者读为"道",恐不确,若如此,便没有下文"字之曰道"。裘锡圭读为"状",认为比"物"更合理①,笔者从之。"先天地生"这句话如果仅望文取义很容易曲解。王夫之在《周易外传》专门批评了这句话,指出其本身的矛盾:"然则老子之言信乎?曰:非也。道者,天地精粹之用,与天地并行而未有先后者也。使先天地以生,则有有道而无天地之日矣,彼何寓哉?"②另外,也有些关于"道"为客观唯心主义的论述,也以此句为依据。从表面来看,确实如此,道先于天地,在具体事物前存在,不就是理念先于物质嘛。笔者已反复申论,老子无关于宇宙衍发生成之论,其思想指向的"道"是事物本身整体性存在的特质,不是一个先于万事万物的混沌物质。做事物源生之解读是汉代以来元气论思想发展对于宇宙论有开拓并影响了对《老子》理解的结果,也是对《老子》表事物浑然性质的词想当然推向理解为具体事物之前的结果。其实所谓"先天地生"无非是强调"道"不是任何存在的具体派生物,有其本身的绝对性。此一点,正如孙以楷所指出:"所谓'道生万物',并不是说'道'这个范畴产生万物,而是说道所指称的客观存在产生万物。"③

"寂兮寥兮,独立而不改,周行而不殆,可以为天下母。""寂""寥"是《老子》中继"恍惚""窈冥"等之后又出现的一对描述道的非感官认识的物性特质的词。"寂""寥"都是拒绝视、听的"不存在"特点。王弼说"寂寥,无形体也"④,甚确。"寂""寥"二字竹简本均使用它字,而学界识读不一。从竹简本特点来看,凡是相状性描写,特别是比喻类词汇用字与今本差别均较大。对这些词汇,我们可能无法完全对应为现代文字,古人用过的一些类状恐已湮没在思想史的进程之中了,而对应文字已随之埋葬。在这些词句的处理上,可以以传世本为基础看看能否读通,再决定是否参照竹简本获取另外的启发。"独立不改"是强调"道"本身是事物整体合理性的表现,有相对独立性,不以人的意志为转移,是客观的。"周行而不殆"为帛书本、竹简本所无,定为后编者所加无疑。许抗生认为,"道"本身其大无外、其小无内,不可能作"周行"运动,今本对"道"

① 裘锡圭:《以郭店〈老子〉为例谈谈古文字》,《中国哲学》第二十一辑,沈阳:辽宁教育出版社,2000年,第187-188页。
② (清)王夫之:《周易外传》,北京:中华书局,1977年,第159页。
③ 孙以楷:《老子通论》,合肥:安徽大学出版社,2004年,第372页。
④ (魏)王弼著,楼宇烈校释:《王弼集校释》,北京:中华书局,1980年,第63页。

老子论衡

的理解有误①。许先生之说很得其理。"道"有绝对性、客观性是相对人的主观认识而言的，它本身是"昆成"之物，不离开具体事物而存在。由此看来，这个道理今人不好把握，古人弄错也很常见。查帛书本、竹简本均无，判断为后人所加之句，基本都不能完全合于老子思想。看来，哲学家的精神世界真不是一般文人可以达到的。"天下母"为通行本的写法，范应元判断应为"天地母"，认为古本如此②，后多有从之者。看上文是"先天地生"，后文"四大"亦以"天地"论，似有理，且为帛书本所证，然而竹简本却仍为"天下母"。由此，"天下母"之说古已有之。"可以为天下母"是说"道"对天下万物有决定作用。事物不管具体表现怎样，总离不开其本身整体合理性的作用，这个整体合理性就是"道"，是事物都依存的，因此有共同性，但并不是离开事物而单独存在。做此理解不是过度诠释，而是唯此才能统一全篇思想。这一章前两句的"生""独立""周行"等词，容易造成曲解。陈鼓应把本章前两句译为："有一个混然一体的东西，在天地形成以前就存在。听不见它的声音，也看不见它的形体，它独立长存而永不休止，循环运行而生生不息，可以为天地万物的根源。"③ 辛战军译为："在天地未成之前，有一个混混沌沌的'物'就已先存在了。它是那样的空虚寂寥啊，又是那样的寂寞宁静！它独立于世而无物可比，从古至今没有丝毫改变；它时时事事都在发挥着作用，遍行于万事万物而毫不倦怠。"④如陈鼓应、辛战军二位类似的理解是比较普遍的，应该说，这样的理解受到了古代诠释、当代西方科学、哲学思潮等多重影响，不但把老子的道论推向了客观唯心一边，而且没有把握住道论即使是本体论，也是价值本体。

"吾不知其名，字之曰道，强为之名曰大。"这一句各本没有多大差异。事物整体性质的这种存在，超越了我们一般把握事物沿着具体属性去认知的特点。"名"是用以道"实"的，这种"实"却非经验范围之内，所以命"名"也只能勉强而为之。虽勉强谓之，也不是毫无根据。一是"道"，根据是"道"为可行，代表事物所遵循之规律性；一是"大"，根据是相对人的经验范围之"小"，"大"为超越性——普遍而无体。

①　许抗生：《帛书老子注译与研究》，杭州：浙江人民出版社，1982 年，第 101 页。
②　（宋）范应元：《老子道德经古本集注》，续古逸丛书本，上卷。
③　陈鼓应：《老子注译及评介》（修订增补本），北京：中华书局，2009 年，第 164 页。
④　辛战军：《老子译注》，北京：中华书局，2008 年，第 104 页。

"大曰逝，逝曰远，远曰反。""曰"即"于是"。竹简本相当"逝""远"的字，诸家解说莫衷一是。"逝"为远行而去，无不至。《说文》："逝，往也。""反"是"返回"。那么"逝""远"与"反"实质上是形成互文并诠释"大"的特性，不可机械地理解为"大"了就往远处去，去了最后又回来。这句话的意思即是指向，道是其大无外的，遍及一切事物，但正因它遍及一切事物，所以又对遍及的性质（大）自我否定而落在事物的现实存在（反）。总之，"道"既超越又具体。"大"则是非多为大，而是于自体为大。

"故道大，天大，地大，王亦大。"本句竹简本作"天大，地大，道大，王亦大"，语序与帛书本、传世本不同，或系抄写之误。也有主张竹简本主人为儒家人物（一起出土的多有儒家典籍），不接受"道"排在儒家主体信仰"天"前而改，但后文之序列仍是"天法道"。不过如何排序并不影响该句之落脚，即"王亦大"。为什么这几项都具备"大"的特点呢？"道"是普遍作用一切事物的，自然为"大"；"天""地"则是万事万物存在所依靠的环境，也自然为"大"；而"普天之下莫非王土"，"王"是统治者，对百姓而言，也是"大"。不过，这里的"王亦大"完全没有颂扬王权的意思，说其"大"，老子是要讲"大"的事物有共同特点，即尊自然，让其庇佑下的事物发展其合理性。

"域中有四大，而王居其一焉。""域"帛书本作"国"，竹简本相应的字，亦被识读为"国"。古"国""域"通，可从今本。竹简本作"国中有四大安，王句一安"。"安"当为语气词。也有解为"安静"的，便译为"国中有四大则安宁平静，王是安宁平静中之一呵"①。这样解读很是令人费解，因为如果"王"瞎折腾，"域中"便无所谓"安"。这句话强调，所谓"大"是要落在"王"。这正是老子哲学的基本特色，"天道"必定落于"人事"。"王亦大""王居其一"的举出是珍贵的思想成果，不仅在于对道性与王治统一而言，且在于这是春秋人文主义精神对人的主体性肯定的表现。老子以对人的力量的赞美代替了对上帝神灵的臣服无疑是巨大的思想进步。人的社会发展与"天""地"的自然之道相应，本来就是中国古典思想生发的重要原点，老子把"人"的存在放在更广阔的空间去思考其应然

① 尹振环：《楚简老子辨析》，北京：中华书局，2001年，第229页。

性是睿智的。《易传》贲卦的彖辞说："刚柔交错，天文也；文明以止，人文也。观乎天文以察时变，观乎人文以化成天下。"① 这一观点与《老子》不断引入天道于社会规法合理性的论述不无相通之处。傅奕本根据下文为"人""地""天""道"序列而改"四大"之"王"为"人"纯属机械之举，"王亦大"为道人为之事，下面以"人"出现本来就没什么不合理的。

　　"人法地，地法天，天法道，道法自然。"这一句诸本没有什么不同，然而注家解读却众说纷纭。河上公注说："道性自然，无所法也。"② 他把前面的"法"理解为"效法"，而后面的一个"法"与"道"相连为"道法"。一"法"二用本不合理，而"道法"之说也非老子所有。唐代李约《道德真经新注》别出心裁断句为"人法地地，法天天，法道道，法自然"，意思是后面的"法"都是"人"所"法"，人遵法地之无私载、天之无私覆、道之无私生而成自然妙理③。这种说法得到了部分学者的支持。高亨进一步说："李约读法，义颖而莹，善矣。但余疑此文原作'王法地，法天，法道，法自然'，重地、天、道三字，后人所益也。"④ 李约之读法固属节外生枝之论，需再拉来意义嵌入，高亨所说亦得不到古本支持。其实，此句常见之理解，即释"法"为效法，各点依次递进上去则可。"人法地"就是人遵法地之规则；"地法天"为地遵法天之规律，"天法道"为天遵法道性，"道法自然"即道循自然性。只是笔者认为，这里并不能机械地扣住文字，认为"人"要如何"法地"，"地"要如何"法天"，等等。这一句递进过去，最终都是落在"法自然"。"法自然"是思想归向，即"人""地""天"都要"法自然"。王弼说："法自然者，在方而法方，在圆而方圆，于自然无所违也。自然者，无称之言，穷极之词也。"⑤ 这一说法甚得老子之旨。说到底，自然性就是道性，即事物本身的内在合理性，是老子之道所传达的最高原则，绝不能与今日所谓"大自然"混为一谈。刘笑敢说："老子所说的自然包括自发性、原初性、延续性和可预见性四个方面。自然的这四层意含可以概括为两个要点，即动力的内在性和发展的平稳性。而更

　① 周振甫：《周易译注》，北京：中华书局，1991年，第80页。
　② 王卡点校：《老子道德经河上公章句》，北京：中华书局，1993年，第103页。
　③ （唐）李约：《道德真经新注》卷二，上海涵芬楼影印本。
　④ 高亨：《老子正诂》，北京：清华大学出版社，2011年，第44页。
　⑤ （魏）王弼著，楼宇烈校释：《王弼集校释》，北京：中华书局，1980年，第65页。

概括的说法则是总体状态的和谐。"①

　　本章论述了"道"的基本性质，"先天地生"的绝对性，"大"的普遍性，"反"的自我否定性；它"寂兮寥兮"不属于具体物质，"独立而不改"不以人的意志为转移；最终落在"人"遵"道"而行的必要性。虽用语不多，但几乎是一部简明老子"唯物辩证法"。不过，我们要注意，老子的道论不管起点作何铺排，最后一定是落在行"道"——践行自然上。明确老子思想的重心所在，就不会被部分文字所困而生出种种曲解。老子关于"昆"或"寂""寥"的使用有使其表述模糊的一面，然而因为道本身超越经验把握事物的特点，这种模糊是必要的。刘笑敢认为，这不是老子哲学的局限或缺点，正是其过人之处，是"意识到了人类对于宇宙万物的终极问题的认识上的局限。道的含义的模糊性与其内涵的丰富性、启迪性是密切合一的"②。刘先生所论是深刻的。道的模糊性存在特点，是对应人按照专门价值属性认识事物而言的，切不可将其归于混沌生万物而论。即使不同意笔者关于"混"实为"昆"之假借的观点，也不可将"混"解为"混合"，更不能解为"混浊"。《续高僧传》卷三慧净责难道士于永通说："有物混成，为体一故混？为体异故混？若体一故混，正混之时已自成一，则一非道生。若体异故混，未混之时已自成二，则二非一起。"于永通"遂茫然，忸怩无对"③。造成这种尴尬场面的，正是缘于古人对"道"为宇宙生发本体的认定脱离了老子本来关于道为价值本体的设置。今人若何？学者当慎思之。

第二十六章

【原文】

　　重为轻根，静为躁君[1]。是以圣人终日行不离辎重[2]。虽有荣观，燕处超然，奈何万乘之主，而以身轻天下[3]？轻则失本，躁则失君[4]。

【训释】

　　[1] 根，本。躁，躁动。《说文》："躁，疾也。"君，主宰者。

---

①　刘笑敢：《老子古今》（修订版），北京：中国社会科学出版社，2006年，第320页。
②　刘笑敢：《老子古今》（修订版），北京：中国社会科学出版社，2006年，第324页。
③　（唐）道宣：《续高僧传》，《高僧传合集》，上海：上海古籍出版社，1991年，第122页。

［2］圣人，傅奕本、帛书本均作“君子”。辎重，外出远行携带的物质。《汉书·韩安国传》：“王恢、李息别从代主击辎重。”颜师古注曰：“辎，衣车也。重谓载重物车也。故行者之资，总曰辎重。”①

［3］“虽有荣观，燕处超然”，帛书乙本作“虽有环官，燕处则昭若”。荣观，华丽的宫馆。荣，华美。观，通“馆”，宫馆。燕，安闲。《诗经·周颂·雝》：“燕及皇天，克昌厥后。”毛传：“燕，安也。”“万乘之主”帛书甲、乙本均作“万乘之王”。

［4］河上公本作“轻则失臣，躁则失君”。

【校证文】

重为轻根，静为躁君。是以君子终日行不离辎重，虽有荣观，燕处超然。奈何万乘之王，而以身轻天下？轻则失本，躁则失君。

【译文】

重相较于轻当然是根本，而安闲相对躁动则为主宰。所以君子的行动不离开其物质保障，虽有华丽的宫馆也会安闲自处。为什么一个大国的侯王，却以轻率和躁动的态度处理天下之事啊？要知道，轻率会失去治国之根本，躁动则会失去治理基础。

【解析】

本章文字难度不大，但意思不好理解，古人之解说、今人之翻译，多不成话。造成这种情况，一是部分文字的释读不准确，二是对于《老子》比类式论述问题的为文的方式没有足够的认识。本章没有竹简本对应文字，帛书本文字对部分关键字词的确定有帮助。

“重为轻根，静为躁君。”这一句诸本基本一致，帛书本个别用字不同，皆可视为通于传世本用字。“根”就是“根本”，“君”在这里与“根”同义，也是“根本”的意思。“根”“君”都是强调基础性存在。注家多普遍理解此句意为“重为轻的本，静为躁的主”②或“厚重是轻率的根本，静定

① （汉）班固：《汉书》，北京：中华书局，2012年，第2094-2095页。
② 许抗生：《帛书老子注译与研究》，杭州：浙江人民出版社，1982年，第103页。

是躁动的主帅"①，如此，很难讲得通。厚重如果是轻率的根本，那轻率就成了厚重所培育的，同理，静定也支持着躁动。这不仅不合老子思想，与正常思维逻辑亦不相合。老子这里的表述确实比较模糊，但从下文关于"不离辎重""燕处"的论述看，此处实质上是在强调轻、重相比，重为根本，静、躁相对，而静是根本，所以人选择重、静。薛蕙说："此非但校其贵贱本末之不同，意在安危存亡之不同尔。"② 正得老子之旨。

"是以圣人终日行不离辎重。""圣人"，傅奕本、帛书本均为"君子"。传世本相较帛书本有改写增加"圣人"写入次数的现象③，但此处的改写是不应当的。"圣人"是治世的高明者，而"君子"是有修养的人。此处描写"君子"持身的自我要求表现意在启示在上的"万乘之主"亦应如此。"不离"，帛书乙本作"不远"，意思没有不同。"辎重"是出门带的东西。该句的意思是，君子不离开自己的基本保障，而轻率远行。这里是论"轻"和"重"的关系。虽然"辎重"一词本身有"重"字，但这里的"重"主要是指物质现实条件之"重要"。

"虽有荣观，燕处超然，奈何万乘之主，而以身轻天下？""荣观"帛书本作"环官"，整理者认为通"阛馆"而指旅行必经之"极躁"之地，但没有必要一定要与"远行"之事连接起来。有认为"荣观""燕处"为两种不同规格的居处，也不可靠。"燕"本就有"安闲"的意思，《诗经·周颂·雍》"燕及皇天"④ 之"燕"即用此义。"超然"帛书乙本作"昭若"，"昭"该为"超"之借，"若""然"通，则"昭若"即"超然"。"君子终日行不离辎重"是君子重"辎重"不轻率而行。"虽有荣观，燕处超然"则是君子虽坐拥丰厚的财富，却能"超然"而"静"。则这两处分别是老子对"重为轻根，静为躁君"在君子修养的表现举出例证，一是行，一是居。行不"轻"，居不"躁"，都是不枉为，这样理解也才能与下文打通起来。"万乘之主"，帛书本作"万乘之王"，是大国的治理者。至于对"身轻天下"的诠释，注家多与第十三章"身为天下"之说联系起来。高明认为："即轻以身为天下。则同第十三章'贵以身为天下''爱以身为天下'之反谊。"⑤

---

① 陈鼓应：《老子注译及评介》（修订增补本），北京：中华书局，2009 年，第 168 页。
② （明）薛蕙：《老子集解》，惜阴轩丛书本，上卷。
③ 刘笑敢：《老子古今》（修订版），北京：中国社会科学出版社，2006 年，第 329 页。
④ 周振甫：《诗经译注》，北京：中华书局，2002 年，第 511 页。
⑤ 高明：《帛书老子校注》，北京：中华书局，1996 年，第 361 页。

这种理解也基本上为注家所认同。许抗生译此句为："那末为什么拥有万乘兵车的诸侯王要把自己看得轻于天下呢？"[1] 任继愈则译为："为什么身为大国的君主而用自己看轻天下呢？"[2] 许先生所译是"看轻自己"，任先生所译是"看轻天下"，都是基于"身""天下"之相较。其实，这一章的"身轻天下"与第十三章"身为天下"所说的不是一个问题。这里的"轻"分明是从上文顺过来而又合于下文的"轻""重"之"轻"，也即"轻率"之"轻"。老子意思是说，坐拥天下的人，应该重天下的基本条件，不可轻率而行，虽财物丰厚也不可躁动而为。下文落在"轻""躁"，此处必是省了"躁"字，这样才能与前文、后文统一起来。而用"轻"未用"躁"，则当是嫌文字啰唆而省。老子意思是，君子能持重安闲修身，在上者不也应该由此而获得启发施以无为而治吗？但为什么恰恰相反，以轻率、躁动的"持身"面对黎民百姓和社会治理呢？

"轻则失本，躁则失君。"河上公本不解此处之"本"对应开篇之"根"，又把"君"理解为"君主"，遂改"本"为"臣"，后世的注家多有从之者。这样看起来就容易理解了，意思是，帝王妄为，会导致失去臣下的支持，甚至失去君主的位置。但是，这样是改写文字的结果，而且也脱离了老子行文逻辑。这里还是呼应开篇之"重为轻根，静为躁君"，老子告诫为国者，轻、躁而行，是属于不顾现实条件的，是属于迷惑于物质欲望的，最终会失去现实条件的保障和物质基础的支持，而陷入治理的混乱局面。

本章是以君子持身修养的重、静原则喻示治国之道。在老子看来，君子修身有两个特色，一是谨慎做好物质保障，二是小心对待物质诱惑，这样才不易让自己陷入困顿。而治国的侯王应该明白，治国与持身是一个道理，治国者应该从君子的持身修养中获得启发，不轻率有为而致以政害民误国。造成这一章历来解说之语本身凌乱不通的，除对个别字句把握有问题外，关键还是对于老子比类论述问题的一贯方式缺少深入领会，而没有把"君子"与"万乘之主"乃至"圣人"在本章的角色摆清楚。《老子》中"君子""万乘之王""侯王""上""圣人"等在文本中都有出现。"君子"虽源出社会出身阶层之别，但在老子所在时期，已渐渐演变成对修养

① 许抗生：《帛书老子注译与研究》，杭州：浙江人民出版社，1982年，第103页。
② 任继愈：《老子今译》，北京：古籍出版社，1956年，第20页。

有得的知识分子阶层的称法。他们不是专属的治国者，有参与政治的，也有游离政权层之外的。"万乘之王""侯王""上""圣人"则都是治国者，其中"万乘之王""侯王""上"只是指地位为社会统治者，他们可以有为施政，也可以无为而治，而一旦施以"无为"则属"圣人"了。"圣人"可以看作是《老子》所设的理想人格，只不过老子所谓之"圣人"与庄子之"圣人无名"①、孟子之"大而化之之谓圣"② 及后世儒家所谓之"圣人"，包括"内圣外王"之"圣人"都不同，它没有那么多要求，只是在上而能以无为作为治国纲领者。

第二十七章

【原文】

善行无辙迹，善言无瑕谪，善数不用筹策，善闭无关楗而不可开，善结无绳约而不可解[1]。是以圣人常善救人，故无弃人；常善救物，故无弃物，是谓袭明[2]。故善人者，不善人之师；不善人者，善人之资[3]。不贵其师，不爱其资，虽智大迷，是谓要妙[4]。

【训释】

[1] 辙迹，帛书乙本作"达迹"。瑕谪，帛书本作"瑕适"。筹策，帛书本使用异体字。关楗，帛书乙本作"关籥"。绳约，帛书乙本作"绳纆"。辙迹，车行过的痕迹。瑕谪，瑕疵。《经典释文》："瑕，疵过也。谪，谴责也。"③ "瑕适"义同。《管子·水地》有："瑕适皆见，精也。"房玄龄注："瑕适，玉病也。"④ 筹策，古代所用的计算工具。关楗，禁闭门户时所用的横木、竖木。绳约，绳子。

[2] 帛书乙本作"是以圣人恒善救人，故无弃人，物无弃财，是谓曳明"。曳，《说文》："曳，臾曳也。"臾曳，束缚捽捹之意。

[3] 帛书乙本作"故善人，善人之师；不善人，善人之资也"。

[4] 要妙，帛书本作"眇要"。

① 陈鼓应：《庄子今注今译》，北京：中华书局，2009 年，第 18 页。
② 杨伯峻：《孟子译注》，北京：中华书局，2010 年，第 310 页。
③ （唐）陆德明：《经典释文》，上海：上海古籍出版社，2012 年，第 539 页。
④ 黎翔凤撰、梁运华整理：《管子校注》，北京：中华书局，2020 年，第 757 页。

【校证文】

善行者无辙迹，善言者无瑕谪，善数者不用筹策，善闭者无关楗而不可开，善结者无绳约而不可解。是以圣人常善救人，故无弃人；物无弃财，是谓曳明。故善人，善人之师；不善人，善人之资。不贵其师，不爱其资，虽智大迷，是谓眇要。

【译文】

善于行走的人不依靠车辙的痕迹，善于言谈的人不依靠专门的词句，善于计算的人不依靠筹策，善于锁门的人不依靠门梢也使人不能打开，善于捆缚的人不依靠绳子也使人不能解开。所以高明的治世者能够一直善于对所有人都有帮助，不会有所遗弃。能做到使事物没有被遗弃，就是一种深邃之明。因此，善人是对人之善者的界定，却是从与不善人的对比而来的。不提倡善者之榜样，也不重视善、不善之区别，虽然本身充满智慧，但表现出似有迷惑的样子，这是微妙的关键所在。

【解析】

本章文字通解的困难不大，难点在于对其思想深度的把握。本章没有竹简本的对应文字，帛书本在个别文字上差异较大，影响到对篇旨的整体理解。

"善行无辙迹，善言无瑕谪，善数不用筹策，善闭无关楗而不可开，善结无绳约而不可解。""善行""善言""善数""善闭""善结"后帛书本皆有"者"字，这样传世本与帛书本的主语有人、事之别，然以有"者"更合文义。"辙迹""瑕谪""筹策""关楗""绳约"帛书本用字均有不同，但皆可视为与传世本用字相通，依传世本解读则可。传统解释这五"善"多有不准确者，第一个最容易释义荒唐。注者往往解释第一句为"善于行走的人，不留痕迹"①，然而此于理完全不通，再怎么善于走，也还是留有痕迹的，即便是飞行也有轨迹可循啊。吴澄解释说："善行者以不行而行，故无辙迹。"② 依此，则本身所谓"行"就是"不行"了，遂置五个"善"于一堆废话。其实，"无"字不能机械地理解为"没有"。这五个"善者"

---

① 陈鼓应：《老子注译及评介》（修订增补本），北京：中华书局，2009年，第171页。

② （元）吴澄：《道德真经注》，粤雅堂版，卷二。

是一组，从"善数不用筹策"看就明白，"无"其实是"不用"。"辙迹"是车走的痕迹，车依之而行，有矩可依，则是车行之工具。"瑕谪"指玉上的瑕疵，用以代表语言落入的有形质之地，指说话工具。"筹策"是计数的工具。"关楗"是关门的工具。"绳约"是打结的工具。那么这句话就是说，善于行走的人不依靠车辙的痕迹，善于言谈的人不依靠专门的词句，善于计算的人不依靠筹策，善于锁门的人不依靠门梢也使人不能打开，善于捆缚的人不依靠绳子也使人不能解开。为什么离开工具的人，才是善于做事的人？工具限定了人与物作用的方式，循规蹈矩不但不会有创新，有时还有缺陷。工具的作用总是表现在特定范围。而有创新能力的"善者"，就会离开人们对工具的机械依靠，审时度势而行有成效。这是基于人生经验的自然之道。

"是以圣人常善救人，故无弃人；常善救物，故无弃物，是谓袭明。"这一句"是以"一转，就是从自然之道转向比类治世之道了。为什么"圣人常善救人，故无弃人"？其背后的道理《老子》下文有进一步解说。归根结底，道性观照在于整体性观照。"善"救人的根本在于，在上者不以个人主观判断、意愿去待人视物。薛蕙说："世所谓君子者，其道狭而不广其施，偏而不公，人之善者喜其同，已而救之，其不善者知恶而不知爱也。夫如是故恶人之化而善者，寡矣。圣人之心含弘光大，其施诸物也，公而不私，盖将曲成万物而不使一物不得其所，此圣人常善救人之事也。人物被圣人之道化，因各有所成就，所以无可弃之人、无可弃之物也。"① "常善救物，故无弃物"，帛书本作"物无弃财"，推其文义，传世本必为编写者据"常善救人，故无弃人"一句改写，以使句式整饬。然而，"救人"于理可通，"救物"就谈不上了。其实"物无弃财"便是说"圣人"善于"救人"，使人都能得用，不被"弃"，就如物尽其用一般，由此而导出"是谓袭明"。看起来，两个"弃"字确实啰唆，其实第一个"弃"字是承上，第二个"弃"字是启下②。"袭明"帛书乙本作"曳明"，甲本使用"曳"从心异体字。"袭明"各家解说都有不同，有"重明"者，有"因袭之明"者，有"化导之明"者。笔者认为，传世本用为"袭"，当是编写者不解原

① （明）薛蕙：《老子集解》，惜阴轩丛书本，上卷。
② 如此解释，可通，但文字之烦琐问题依有存在。因没有竹简本可以参照，只好对现有之帛书本文本作此解释。如果将来有古本发现，未必存二"弃"字。

字而改，帛书甲、乙本共同用"曳"体之字，必有所本，没有其他材料前，应以"曳明"解为好。"曳"，《说文》："曳，臾曳也。""曳"本有微末的意思，结合本章帛书本下文"是为眇要"及第三十六章"将欲取之，必固予之，是谓微明"看，这里的"曳明"应当是"微妙之明"，指向一般人不易洞察之道理。薛蕙说"袭，藏也。其理虽明而难知也"①，正得其旨。老子给出的治世之道，落实是不难的，但道理之深刻却非一般人所能了解。这是一易一难，是两码事。

"故善人者，不善人之师；不善人者，善人之资。"这一句的难点在前半部分。"善人者，不善人之师"，按此就是"善人是不善人学习的对象"，这种浅显的道理还有必要作为哲理格言写进惜字如金的《老子》吗？该句帛书乙本作"故善人，善人之师；不善人，善人之资也"（甲本有残缺），前面的"善人之师"不可轻易视为脱"不"字，反而可能是传世本编写者不解文义而妄加"不"字。"师"，本指众多。"资"，有条件之义，《战国策·秦策一》"三资者备"② 即用此义。这里的"资"指对照、支持。"不善人者，善人之资"，就是好人是从坏人堆里挑出来的。"师""资"形成呼应关系，意思是所谓"善人"是划定一个范围，这个范围是以好人的标准（师）而对照坏人的框框（资）而来的。帛书本这里没有"者"字，更合适。因为文句所论就是我们一般划分类"好人""坏人"的问题。看来，前面传世本去掉"者"不合适，此处加了"者"也不合适。

"不贵其师，不爱其资，虽智大迷，是谓要妙。""贵""爱"都是"重视"。意思也就是不要从好人堆里挑坏人，也不要从坏人堆里挑好人。自以为明白的人往往对自己的观察力很自负。其实，事物的复杂性往往超过我们一般把握事物的能力范围，自以为是的人往往正是迷惑的人。而真正有智慧的人，却像迷惑的人一样，不恃己智择别事物。这种"虽智大迷"，叫作"要妙"。帛书甲、乙本"要妙"皆为"眇要"。以文义看，"眇要"为上。"眇"指微茫，"要"乃问题之关键。"眇要""曳明""微明"都是一个意思——这个道理是深刻的。但"要妙""眇要"皆不入韵，或古本另有其字。

本章历代的注释多是在自我发挥，把圣人不加分别的"常善救人"视

① （明）薛蕙：《老子集解》，惜阴轩从书本，上卷。
② 缪文远、缪伟、罗永莲：《战国策》，北京：中华书局，2012年，第89页。

为大胸怀、大包容心等表现。其实，早在王弼的注解，就比较准确地诠释了《老子》此章之意："圣人不立形名以检于物，不造进向以殊弃不屑。辅万物之自然而不为始，故曰'无弃人'也。不尚贤能，则民不争；不贵难得之获，则民不为盗；不见可欲，则民心不乱。常使民无欲无惑，则无弃人矣。"① 也就是说，所谓"圣人"能"不弃人"只是在于任人"自然"而已。老子此章未见"自然"字眼，但实质上处处落在"自然"上。自恃己能的人，就会用私智别物而有种种针对性的做法，这方法、那对策，都属于"工具"，都不属于"善者"所为。摒弃个人主观判断或个人私欲为中心的妄为而自会能回归事物发展的应然性，无为而治就像不以"辙迹""瑕谪""筹策""关楗""绳约"等做事方式一样，当然"无迹可寻"。治世者对于人进行"善人""不善人"之区别，就有相应的区别对待，这种设计"有为"，戕害我们所不能完全把握的事物的积极性。对于老子本章所论，不可拘泥文作极端推测，说难道不管坏人吗？其实，老子无非是告诫在上为政者，要警惕任何理由的有为。严复认为，《庄子·养生主》篇所主与此章章旨，并说："其所以善行、善言、善数、善闭、善结，皆不外依乎天理……人二，善不善而已。吾能贵爱之，天下尚有弃者乎？"② 此论之所以合老学大旨，在于严复所言是以老子整体思想乃至道家思想的哲学高度回头看文而发。孙以楷说："最高明的无为而治只把握大道原则，人人自觉于道，自然合乎规矩，民自化、民自正，无须借助各种条条框框（说教、筹策、栓梢、绳索）。一个社会的自由度与无为而治成正比。但实际情况往往是栓、梢、绳索、说教太多。其根源在于不了解人、不信任人。"③ 孙先生所论虽仍然没有很好地把作为比类使用的材料与治世之道区分开来，但所发指向人本身发展的合理性与无为政治的关系，无疑是把握了老子哲学的关键所在。

第二十八章

【原文】

　　知其雄，守其雌，为天下谿。为天下谿，常德不离，复归于婴儿。知

---

①　（魏）王弼著，楼宇烈校释：《王弼集校释》，北京：中华书局，1980 年，第 71 页。
②　严复：《严复集》，北京：中华书局，1986 年，第 1086 页。
③　孙以楷：《老子通论》，合肥：安徽大学出版社，2004 年，第 382 页。

其白，守其黑，为天下式[1]。为天下式，常德不忒，复归于无极[2]。知其荣，守其辱，为天下谷[3]。为天下谷，常德乃足，复归于朴[4]。朴散则为器，圣人用之，则为官长。故大制不割[5]。

【训释】

[1] 式，法式，楷模。《诗经·大雅·下武》有："成王之孚，下士之式。"①

[2] 忒，差错。《诗经·大雅·抑》有："取譬不远，昊天不忒。"②

[3] 帛书乙本作"知其白，守其辱，为天下浴"。甲本"白"作"日"。

[4] 朴，质朴。《说文》："朴，木素也。"

[5] 大制，国家治理的总纲。《商君书·靳令》有："重刑，明大制；不明者；六虱也。"③ 割，割裂。《广雅·释诂一》："割，断也。"

【校证文】

知其雄，守其雌，为天下溪。为天下溪，常德不离，复归于婴儿。知其白，守其黑，为天下式。为天下式，常德不忒，复归于无极。知其白，守其辱，为天下谷。为天下谷，常德乃足，复归于朴。朴散则为器，圣人用之则为官长，故大制不割。

【译文】

懂得"雄"的凶险，转向"雌"的方向，去天下人不愿意选择的低处。能够去天下人不愿意选择的低处，就使永恒之德性相随，像婴孩一般以淳朴无分的眼光看待事物。懂得"白"的危殆，转向"黑"的方向，去天下人不愿意选择的洼处。能够去天下人不愿意选择的洼处，永恒之德性才能充足，而回复到自然本初的素朴纯真状态。质朴的东西分离开来就有各色各异的具体事物，高明的治世者用这个道理来把握全局，因而所用的总则就是不分别而待吧。

---

① 周振甫：《诗经译注》，北京：中华书局，2002 年，第 419 页。
② 周振甫：《诗经译注》，北京：中华书局，2002 年，第 458 页。
③ 石磊：《商君书》，北京：中华书局，2011 年，第 102 页。

　　本章无竹简本对应文字，而以帛书本与传世本对照则有文本改嬗的问题需要引起注意。从二者对比看，有三个重要不同。一是帛书本"知守"次序为"雄雌""白黑""白辱"，而传世本为"雄雌""白黑""荣辱"；二是帛书本不仅重复三组"为天下"，也重复对应"常德"的三组"恒德"，似意在突出"恒德"；三是对待的词，传世本之"荣辱"，帛书本为"白辱"。清末学者易顺鼎说："此章有后人窜入之语。《庄子·天下篇》引无'知其黑'至'知其荣'二十三字，盖老子原文。老子本以雌对雄，以辱对白。后人不解辱为黑义，以辱对白为自周至汉古义。此其窜改者显然者一也。为天下式，则与溪谷不类，其显然者二也。王弼已为'式'字等句作注，则篡改已在魏晋之间。"① 帛书本《老子》出土后，不少学者认为古人引述并非逐字抄写，《庄子》所引不足为凭，古本并不支持易顺鼎说法。笔者认为，帛书本虽为古本，但仍为汉初传抄之本，对其祖本进行加工的痕迹是明显的，这一点从与竹简本的对照就可以看出。《庄子·天下》所引本章为："老聃曰：知其雄，守其雌，为天下溪；知其白，守其辱，为天下谷。"② "白""辱"相对，已为帛书本证明。而《老子》第四十一章"大白若辱"则进一步说明在《老子》是"白""辱"对应的。至于"荣辱"，《老子》述为"宠辱"，第十三章即有"宠辱若惊"。那么"白""辱"相对时的"辱"是什么意思呢？《礼记·仪礼》"士昏礼"有"今吾子辱"，其注曰"以白造缁曰辱。"由此来看，"辱"即"黑"，"白""辱"即"白""黑"。既然有一组"白""黑"，断无再写入另一组的可能。而且，"为天下溪""为天下谷"意思一致，"溪""谷"都是低洼的地方，跟随"白""黑"的"为天下式"则不在同一序列，进一步体现了其为窜入的可能。再就是三组"知守"，传世本与帛书本次序不一，其实是由"朴"字接续问题造成的。笔者推测，其文本嬗变之线索必应如此：《老子》原本即是"雄雌""白辱"相对的两组。"白""辱"相对为古义，汉初编写者已不能理解，于是在保留"白""辱"一组的基础上添加了"知其白，守其黑，为天下式。为天下式，恒德不忒。恒德不忒，复归于无极"一句；但

---

①　（清）易顺鼎：《读老札记》卷上，清光绪十年刊本。
②　陈鼓应：《庄子今注今译》，北京：中华书局，2009年，第935页。

老子论衡

这样增入一句，不仅"知其白"重出，且其原本"知白守辱"后面是落在"复归于朴"，而接续"朴散则为器"的，"知白守黑"则落在"复归于无极"致无法接上"朴散则为器"，成为一个怪异文本；至传世本编写者①则一是干脆改成"荣""辱"相对，使合语言常理，又避免重出，二是调整次序，使后增入的"白""黑"移为中间一组，而"荣""辱"一组落在的"复归于朴"仍能接续"朴散"的问题。笔者虽如有如上推测，但未见古本支持前，"校证文"仍保留"知白守黑"一句，只改"荣"为"白"，但译文则取"辱"为"黑"意，因此，"知白守黑"相应的句子不译。

"知其雄，守其雌，为天下谿。""雄""雌"的"知守"问题后面接的是"天下"，说明这里的"雄""雌"非一般泛指的对立两面。"雄"是积极进取的富国强兵之"有为"之道，"雌"是小心谨慎的不妄作为之"无为"之道。"为天下谿"往往被理解为因政治清明而得天下归心，但老子哲学并不是出于以无为手段获取天下百姓认可的设计，因此，这里的"为天下谿"还是指"守雌"，是处于一般人认为之低、下而不愿意选择的地方。下文的"为天下谷"，也是一个道理。老子的意思是，认识到"雄"本身的多面性，特别是锐意博取往往不顾客观事物的复杂性而造成破坏，就应该保持戒惧而退守"雌"，就像大家嫌弃的低、下之地，反而能任事物于其中从容而行。这一章的论述都是如此，是先说治世要求，而后举出类比的自然之道。

"为天下谿，常德不离，复归于婴儿。"处于低谷，是以"无为"保障了事物能发挥其自身的积极性，这合于道性的总要求，即常德。此种状态对于执政者而言，就如婴儿一般。不是像婴儿之柔和，也不是像婴儿之生机勃勃，而是以婴儿之淳朴无分、不以善恶、贵贱的价值立场看待世界而相类，如此理解才能与前文离开"雄""雌"对待相顺，也才能与下文的"朴"呼应起来。

"知其白，守其黑，为天下式。"如上文分析，这是窜入的一句。"为天下式"的写法不理想，一则与自处"谿""谷"不一；二则"知"一方而选择"守"另一方作为治世策略，虽然基本不违老子哲学，但是给"智慧

---

① 《淮南子》引述了"知其荣，守其辱，为天下溪""知其雄，守其雌，为天下谷"句，而未引"白""黑"一组，则"荣""辱"相对的修改早在汉初就存在了，但它本未必增入"知白守黑"一句。

说""阴谋论"等解说也提供了可能。

"为天下式,常德不忒,复归于无极。"这里说此种治世总则是符合"常德"没有差错的,从而复归到无极。"无极"的写法也有问题,一是此观念晚出,在老子中仅此窜入的一处,非老子哲学之范畴;二是与之同一位置的"婴儿""朴"都是比类,而"无极"则不是。后世编者改入的文字基本都不能与老子思想、文本保持一致,这种现象也表明了老子之言确实是"甚易知"而又"莫能知"的。明乎此,诠释者种种离奇解说之存在也就不足为奇了。

"知其荣,守其辱,为天下谷。"此一处取帛书本文字,即"知其白,守其辱,为天下谷"。"白""辱"即"白""黑",此处用以指自以为明明白白的治世之策与自处浑浑噩噩的治世态度。自以为明明白白,其实往往是基于某些问题判断的经验所得而恣肆推至他物而来。自以为是,就会草率作为造成不良后果。守"辱",就是把自己放在浑噩混沌的"无知"状态,似处于常人不屑、不取的低洼处一般。

"为天下谷,常德乃足,复归于朴。""朴",《说文》的解释为"木素"。"知白守辱"而处下,使得事物顺衍德性而充分发展,对于执政者而言,就如朴木一般。婴儿之淳朴,木之素朴,都是未分、整体之性状。

"朴散则为器,圣人用之,则为官长。""朴"是未经雕琢之素木,分割、加工就成为各种器具,这是人为的方向。俗话说,木已成舟,成舟即为舟,便不能再成为其他木器。高明的治世者依此道理治世。"用之"的"之",有不少注家理解为"器",不当。衡量上下文,这里的"之"便只是明乎"朴散则为器"这个道理,因此守"朴"而"不割"。帛书本无"之"字,意思其实也还是一样的,不能理解为"圣人为人所用"①。传世本《老子》有 8 处出现"朴"字,说明"朴"是老子有意识突出的道性。这里虽然是从木之素朴引入,"朴""器"相对有具体指向,不完全是哲学层面的"道器"之说,但《老子》此处之"朴"已隐含形上意义了,因为它接下来就以"朴"的整体性介接治理的整体性。正如天道向人道的伸展,"道"本身被范畴化,"朴"作为自然之道、治世之道的共同整体性,也被凸显而成专门"范畴"。只是对于这个范畴,后世的诠释者显然缺乏足够的

---

① 刘殿爵:《马王堆汉墓帛书〈老子〉初探》(下),《明报月刊》,1982 年 9 月号。

老子论衡

敏感性而没有充分解说、发挥。薛蕙认为"官长无一职而众职无不统也"，与"道无一物而万物莫不由也""朴无一器而众器无不具也"① 是一个道理。言之成理，可备一说。

"故大制不割。"《老子》中每一章的"故""是故""是以"都很重要，它提示读者下面是思想归结亮观点的地方了。"大制"就是国家治理的总则，"不割"就是无分。以上论述都是在讲"无分""整体"的道理，现在落在治世之道的选择就是不以识别与价值判断作为种种有为手段来进行社会管理，把社会看作一个内部有生命力的有机体，保护其自足、自成。

对于本章文字，厘清传世本改写的干扰，内容所指是比较清楚的。文中强调了守雌、守辱，处谷、处溪的重要。但是这是不是老子治世哲学之归宿？当然不是。本章的文字很明确，是要落在"朴""不割"这一整体观照的论点上的。对于《老子》文本必须从整体理解，章文、全篇都应思想一致才有机会读懂老子。此章常常被用为老子贵柔的例证材料，然而老子贵柔一说，即为错读《老子》的表现。柔性、谦卑确实是中华优秀传统文化的重要观念，也是古代政治治理的重要经验。与帛书《老子》同时出土的《黄帝四经》就有相关论述。《十大经·雌雄节》说："夫雄节者，涅之徒也。雌节者，兼之徒也。夫雄节以得，乃不为福，雌节以亡，必得将有赏。夫雄节而数得，是谓积殃。凶忧重至，几于死亡。雌节而数之，是谓积德。慎戒毋法，大禄将极。"② 这里的雌雄问题与《老子》本章有相关性，但并非思想一致。周克殷商以来，基于商亡之教训，周民反思、忧患意识特别浓厚，这种意识影响了中华民族的民族文化心理，反躬内省、戒骄戒躁成为我们处理人事、政事的重要原则。孙以楷说："真正强大的，决不示人以强大，他知道强中自有强中手，反而能韬光养晦；真正尊崇的，决不炫耀尊荣，他知道只有承担别人的痛辱，才能赢得人们心中的真正尊荣；真正富有的，也决不骄人，他知道天外有天、人外有人。守柔、守辱，这是中国人人生智慧的结晶，是人生经验的积淀与升华，也是对人生价值的一种追求。"③ 孙先生的解说是能彰显中华民族的谦德智慧的，但是我们需要注意的是，这一美好传统与《老子》哲学的指向是两码事。陈鼓应说：

道
篇

---

① （明）薛蕙：《老子集解》，惜阴轩丛书本，上卷。
② 陈鼓应：《黄帝四经今注今译》，北京：商务印书馆，2007年，第271页。
③ 孙以楷：《老子通论》，合肥：安徽大学出版社，2004年，第387页。

"在雌雄的对待中，对于'雄'的一面有透彻的了解，而后处于'雌'的一方。'守雌'的'守'，自然不是退缩或回避，而是含有主宰性在里面，它不仅执持'雌'的一面，也可以运用'雄'的一方。因而，'知雄守雌'实为居于最恰当妥当的地方而对于全面情况的掌握。"① 陈先生的解释把《老子》的治世策略归为高超、高明之手段，不谓不深刻，但与老子思想宗旨却是并不相符的。实质上，雌、雄相对，取刚欲强不符合道性，贵柔守辱也并不是道性的表现，道是"朴"的，是整体无分的。老子之所以强调"知雄守雌""知白守辱"，是因为在上为政者往往选择的就是"雄""白"。"雌""辱""谷""豁"的意义在于两点，一是以选"雄"等而对冲、消解"雌"一方，所谓矫枉必须过正；二是知"雄"等之害，离开它，面向的就是"雌"一方，而到达的其实是"朴"。"柔"是过程性选择，不是终极选择，老子的终极选择只能是"朴"。还应清楚，老子此论专以对过度有为的治世者而言，非为灌给百姓的鸡汤。

第二十九章

【原文】

将欲取天下而为之，吾见其不得已[1]。天下神器，不可为也[2]。为者败之，执者失之。故物或行或随，或歔或吹，或强或羸，或挫或隳[3]。是以圣人去甚，去奢，去泰[4]。

【训释】

[1] 取，治理。《广雅·释诂三》："取，为也。"此句帛书甲、乙本均有缺文，相互对照适可补齐为"将欲取天下而为之，吾见弗得已"。

[2] 神器，神明之物。

[3] 帛书乙本作"故物或行或隋，或热或硅，或陪或堕"。甲本有缺文，所存部分用字也多为异体字。隋，古代祭祀用的残肉和残食。《说文》："隋，裂肉也。"《周礼·守祧》："既祭则藏其隋，与其服。"② 硅，碎石。《集韵》："硅，碎石也。"陪，通"培"。《玉篇》："培，益也。"隳，毁坏。

---

① 陈鼓应：《老子注译及评介》（修订增补本），北京：中华书局，2009 年，第 177 页。

② 徐正英、常佩雨：《周礼》，北京：中华书局，2018 年，第 466 页。

《玉篇》："隳，毁也。"

[4] 帛书乙本作"是以圣人去甚，去大，去诸"，"圣"使用异体字。甲本"诸"作"楮"。

【校证文】

将欲取天下而为之，吾见其弗得已。天下神器，不可为也。为者败之，执者失之。故物或行或隋，或疆或砇，或培或隳。是以圣人去甚，去奢，去大。

【译文】

想要以手段管理整个社会的，依我看最终都会落败。整个社会是一个有机体，不是可操控的对象。操控终归失败，把持终归落空。因为事物自身有聚有散、有合有分、有成有毁，所以高明的治世者注重避免以过度的标准、不当的目标及狂妄的追求作为社会治理的导向。

【解析】

本章基本章旨清楚，难点在个别句子的文义理解上，特别是"故物或行或随，或歔或吹，或强或赢，或挫或隳"一句。照传世本写成的字，意思就是"所以一切事物本来就有的前行，有的后随；有的轻嘘，有的急吹；有的强壮，有的瘦赢；有的小错，有的全毁"①。这样的翻译读起来别扭，是因为此种理解有一个问题，老子举例说明事物变动不居的特点，会随随便便列出一些对举的概念吗？今日之解读，还是应该在帛书本的支持下，尝试对该章文字做新的厘定。

"将欲取天下而为之，吾见其不得已。""取"训为"为"，《广雅·释诂三》有："取，为也。"老子谈论的基本点是治理天下的选择问题，本章接下来的内容也是在这个方面讨论的，训"取"为"为"或"治"（河上公、蒋锡昌等主之）是合理的。部分学者②不同意此训，认为老子并不反对

---

① 任继愈：《老子今译》，北京：古籍出版社，1956年，第23页。
② 刘笑敢《老子古今》（修订版）第352-354页、第512-513页，对于"取"字有较丰富辨析，主"取"为轻易获得之意。笔者认为此说未合于章文，不赞同此解。刘先生解说虽丰，恐亦迁远。

"取" 天下，恐与老子一贯论述的焦点问题不合。传世本 "吾见其不得已"
的写法易产生歧义，有被解为 "取天下为不得不为之的事情" 的可能，而
帛书本 "吾见弗得已" 则是说以有为手段想要治世有成是办不到的，意思
指向就很明确了。

　　"天下神器，不可为也。" 天下是现实的存在，但又是复杂的有机体，
其内部因素、外部条件都在运动发展中，以个人的主观意愿去操作和掌控
它是不可能的。因为人认识、把握事物是沿着认识的角度去进行的，对有
些东西有效，就会对另外一些东西无效。神器，就是神圣之 "器"，"器"
是具体的工具性、对象性存在。天下看似具体的，但又是超越具体的，因
此是 "神器"。严复说："老子以天下为神器，斯宾塞尔以国群为有机体，
凡有识者，固不异人意。"① 严复以斯宾塞尔之 "有机体" 比 "神器" 十分
合理，由此亦可见哲学家论述问题之古今中外遥相呼应。易顺鼎认为 "'不
可为也' 下当有 '不可执也'"②，以与下句相应，并举出了多条证据，然
而帛书本却并不支持他的观点。或原本《老子》并非机械对应，即无 "不
可执也"，或帛书本已遗失该处。有无 "不可执也" 整体上对章文意思传达
没有重要影响，但从本章论述问题的重点看，应该是老子对于操（"为"）控
（"执"）的批判，笔者认同易顺鼎判断的基本面是正确的。

　　"为者败之，执者失之。""为" 的目的是 "成"，然而事与愿违，最终
落到 "败"；"执" 的目的是 "得"，结果也是与心愿相反，落得个 "失"。

　　"故物或行或随，或歔或吹，或强或羸，或挫或隳。" 为什么天下不可
"为""执"？这一句就是讲原因的，然而各本用字却十分令人费解。河上公
本、王弼本、傅奕本均为 8 个 "或"，用字各不相同。传世本的 8 "或" 显
然分成四组相反词，但意思所指纷乱，不似老子论说问题时往往以不同字
句反复强调事物的一类性质之风格。帛书乙本作 "故物或行或隋，或热或
硅，或陪或堕"，其文并不残缺，为三组 "或" 字。笔者认为，传世本多出
一组，应是改编者对于古本 "或" 无法识别为两两对应而增加的，没有更
理想的本子支持前，应该以帛书乙本为支持进行释读。我们先看第一、第
三组，把不好确定意思的第二组放在最后处理。第一组 "或行或隋"，"行"
通 "形"，用法与第二十四章之 "余食赘行"。隋，传世本皆改为 "随"，

①　严复：《严复集》，北京：中华书局，1986 年，第 1087 页。
② （清）易顺鼎：《读老札记》卷上，清光绪十年刊本。

老子论衡

但其本字指古代祭祀用的残肉和残食。《说文》："隋，裂肉也。"依此，第一组"或"，"行"（成形）是整的，"隋"是分的。第三组"或陪或堕"，"陪"通"培"。《玉篇》："培，益也。""堕"通"隳"，毁坏。《玉篇》："隳，毁也。"由此，第三组"或"，"陪"是使成形，"堕"则为使毁坏。第二组"或热或硾"之"热"无法与"硾"相对，这可能导致改编者增加它字以对而意思更加杂乱的原因。"硾"指碎石。《集韵》："硾，碎石也。"根据第一组、第三组的特点，与"硾"对应的字应该指向整的事物，然而乙本的"热"、甲本的"炅"均无此功能，则必为传抄之讹所致。傅奕本有"或彊或剉"一组，笔者疑原"彊"即与"硾"对。"彊"通"强"，本身有假合的意思，《玉篇》释为"坚"，与"硾"之"碎"适相对应。如此理解，三组"或"便全部指向事物或成或毁的变动不居性质，与老子论述问题的一贯特色相符。事物是运动变化的，想要支配它、控制它，便是以一成不变的眼光看问题，当然最终落空、失败。老子之所以举出成对之"或"，薛蕙看得很清楚："……其相反而不弃如此，延其自然之性也。然其性各自成而无不足，生各自遂而不相羡。此不可益，彼不可损，故为必败执必失也。"①

"是以圣人去甚，去奢，去泰。"帛书本对应"去泰"的文字为"去大"。"大"古与"泰"同义，但改为"泰"后有被理解为"安泰"的可能。"甚"也是"大"的意思。《左传·昭公二十八年》有"甚口"，孔颖达疏曰："谓大口也。""奢"，《说文》解为"张也"。"甚""奢""泰"意思差不多，都是指过度。问题是，这里的过度是什么过度？有些注家解说为，老子主张统治者消除个人过度的欲望，以使修养有得而成"圣人"。本书强调过，老子所谓之圣人的核心要求是治世施以无为，而非精神境界之高洁。此处薛蕙所持亦为此等见解："物各有自然之性，岂可作为而反害之也？是以圣人去甚、去奢、去泰，直任自然而已。圣人所谓甚、奢、泰者，非若后世夸淫逾侈之事，凡增有为于自然之外者，皆是也。"② 所谓"去甚""去奢""去泰"只是提出对过度治世手段的限制，而非对治世者自身操守而言。

本章对一般治世者以整个社会为操控对象的认识进行了告诫。简而言

---

① （明）薛蕙：《老子集解》，惜阴轩丛书本，上卷。

② （明）薛蕙：《老子集解》，惜阴轩丛书本，上卷。

之，天下不是"器"，它处于变化发展之中，有成坏、生灭的不同状态，不随着在上治世者的主观意志改变。天下这个"器"不是我们经验范围内的"器"，是复杂的巨系统，"或行或隋，或热或硅，或陪或堕"就是在强调其客观性。王弼说："万物以自然为性，故可因而不可为也。可通而不可执也。物有常性，而造为之，故必败也。物有往来而执之，故必失矣。"① 所谓"自然"性，不过就是我们今日所谓的客观性，司马光说"为之则伤自然，执之则乖变通"②，恰得其旨。

第三十章

【原文】

　　以道佐人主者，不以兵强天下，其事好还[1]。师之所处，荆棘生焉[2]。大军之后，必有凶年[3]。善有果而已，不敢以取强[4]。果而勿矜，果而勿伐，果而勿骄，果而不得已，果而勿强[5]。物壮则老，是谓不道，不道早已[6]。

【训释】

　　[1] 其事好还，帛书甲、乙本对应文字均残。竹简本为"其事好"，置于本章之末。

　　[2] 竹简本无对应文字。

　　[3] 帛书本、竹简本均无该句。

　　[4] 善有，河上公本、傅奕本均作"善者"。果，胜敌，克敌。《尔雅·释诂》："果，胜也。"

　　[5] 帛书乙本对应文字为"果而毋骄，果而毋矜，果而毋伐，果而毋得已居，是谓果而不强"，其中"果而毋伐"残缺"而毋"。竹简本对应文字为"果而弗伐，果而弗骄，果而弗矜，是谓果而不强"。

　　[6] 竹简本无该句。

【校证文】

　　以道佐人主者，不以兵强于天下。师之所处，荆棘生焉。大军之后，

① （魏）王弼著，楼宇烈校释：《王弼集校释》，北京：中华书局，1980年，第77页。
② （宋）司马光：《道德真经论》，正统道藏本，卷二。

老子论衡

必有凶年。善有果而已，不以取强。果而勿矜，果而勿伐，果而勿骄，是谓果而勿强。其事好。物壮而老，是谓不道，不道早已。

【译文】

以道性看待万物的治世者，不会凭军事威胁称霸天下。军旅征伐所及之处，破坏生产以至荆棘丛生。大规模的战争过后，伴随着的就是凶饥年份。如果有必要诉诸军事斗争，理想的状况是胜敌济难则罢手而不呈强暴于人。胜敌而不炫耀武力，胜敌而不自居其功，胜敌而不骄傲自满，这就是虽取得胜利但不耀武扬威。这种做法是得其分寸的。因为在军事行动中，由正义转入非正义就会导致因不合兵道的衰亡。

【解析】

本章竹简本对应文字为："以道佐人主者，不欲以兵强于天下。善者果而已，不以取强。果而弗伐，果而弗骄，果而弗矜，是谓果而不强。其事好。"对比传世本、帛书本，竹简本文字简明清晰，所论焦点集中，应更近《老子》之原貌，他本则有改增之痕迹。该章讨论治国中的关乎生死存亡的大事——军事斗争问题，需要明确的是，《老子》不是兵家之言，老子也并非一味反战。

"以道佐人主者，不以兵强天下，其事好还。""以道佐人主"即"人主以道相佐"，也就是以道性自然的原则治理国家的在上者。"国之大事，在祀与戎"[1]，国家免不了有对敌斗争的需要，这时候高明治世者的选择是该打的仗不得不打，但不可穷兵黩武，不可以武力本身为目的。"其事好还"一句历来解说颇费周折。"还"多解为"回报""报应"。杨增新说："何谓好还？人以善施于天，天必以善还于人。人以恶施于天，天必以恶还于人。还之数适其所施之数，而无或爽焉。作善降祥，作恶降殃，此理之一定而不可逃者，兵事其一也。"[2]杨增新的说法比较有代表性，这种认识把老子哲学归为沾染了神秘气息的报应论，非但不能使其道论理论深度有增，反而降低了其哲学高度。"其事好还"一处，还是需要借助古本找出新的解说方向。这几个字帛书甲、乙本均残缺。竹简本为"其事好"置于"果而

---

① 杨伯峻：《春秋左传注》，北京：中华书局，1990年，第861页。

② 杨增新：《补过斋读老子日记》，1926年刊本，卷三。

不强"之后，下面连接相当于第十五章的"长古之善为士者"，中间有分章符号。按照竹简本，至"好"字，本章就结束了，没有"还"。竹简本的整理者认为其脱"还"字，但后文（以竹简本则为"前文"）均为"果而勿"（或"果而弗"）句，是强调军事斗争的分寸、尺度，"好"恰有其义，或原文并未脱字。李零认为，竹简本原断句有误，"长"为"远"义，应从上，即"其事好长"①。此亦可备一说。

"师之所处，荆棘生焉。"这一句为竹简本所无。战争的破坏力巨大，导致正常生产无法进行，荆棘丛生。老子对不义之战是明显痛斥的，但这一句与下一句都是在讲战争的危害，而"果而勿"系列则是论述对敌斗争的分寸问题，虽以危害警示而使有尺度亦可通，然终与上下文相契略差。由此可知，此句、下句应为被后编者先后增入的内容。

"大军之后，必有凶年。"战争本身是灾难，同时往往会导致其他灾难接踵而至。这一句帛书本、竹简本俱无，且王弼本无注，大概是后世发挥文义的注文羼入正文而来。

"善有果而已，不敢以取强。""善有"为抄误，他本多为"善者"。"敢"字，俞樾根据景龙碑、王弼注文断为衍文②，为古本所证。"果"，指取得胜利。《尔雅·释诂》即谓"果，胜也"，而河上公注为"果敢"则失训而致曲解。王弼注："果，犹济也。言善用师者，趣以济难而已矣，不以兵力取强于天下也。"③"善者"是理想的治世者，在不得不选择对敌的军事斗争时，目标就是取得胜利，而不是称霸、逞强。这一点看似简单，然而不容易做到，且不论古代社会，当今世界霸权国家秀肌肉欺凌他国之事亦未曾断绝。

"果而勿矜，果而勿伐，果而勿骄，果而不得已，果而勿强。"该句三"勿"顺序在竹简本、帛书本、传世本皆不同。传世本是"勿矜""勿伐""勿骄"，帛书本是"毋骄""毋矜""毋伐"，竹简本是"弗伐""弗骄""弗矜"。由此亦可见古人传抄不类今日文本誊写之要求。"果而不得已"，帛书本为"果而毋得已居"，竹简本则无该句。帛书本增入该句显然是对上

① 李零：《郭店楚简校读记》（增订本），北京：中国人民大学出版社，2007 年，第 10-11 页。

② （清）俞樾：《诸子平议》，北京：中华书局，1954 年，第 150 页。

③ （魏）王弼著，楼宇烈校释：《王弼集校释》，北京：中华书局，1980 年，第 78 页。

三"毋"之总括，而传世本的改写则使之与上文处于并述关系了。"果而勿强"，帛书甲本作"是谓果而不强"（乙本脱"不"字），竹简本同于帛书本。显然，"是谓果而不强"是对上文"勿"组句的结论，而传世本去掉"是谓"则又使之成为与上文并列的成员了。由此来看，传世本句式整齐但意思偏离，帛书本语句啰唆而基本符合原旨，竹简本则简明晓畅。这一句还是应按照竹简本"果而弗伐，果而弗骄，果而弗矜，是谓果而不强"理解，战争当然以取胜（果）为目标，胜而休是老子的要求，"弗伐""弗骄""弗矜"都是反对自我夸耀、自居其功。为政者不期以功业、霸业，就不会取强。

"物壮则老，是谓不道，不道早已。"竹简本"物壮则老，是谓不道"置于相当传世本第五十五章后。古注家已有怀疑此句为重出之衍文者，竹简本似支持了此判断。但《左传·僖公二十八年》有："师直为壮，曲为老，岂在久乎？"① 据此，则"壮""老"非指普通事物，专以指用兵，而上文所论正为军事问题。或系此句确为后编者所加，然仍有所本②。"则"帛书本作"而"，是顺接关系。所谓理直气壮、理屈气短，军事行动中本来占理为"壮"，但"果而强"，赢了也不罢手，就会由"壮"转为师出无名的"老"，过了度，从而不合道义而衰败。严复说："不道之师，如族庖之刀，不折则缺，未有不早已者也。中国之以兵强者，蚩尤尚已。秦有白起，楚有项羽，欧洲有亚历山大，有韩尼伯，有拿破仑，最精用兵者也。然有不早已者乎？曰好还，曰早已。老子之言，固不信耶！至有始有卒者，皆有果勿强而不得已者也。今中国方欲起其民以尚武之精神矣。虽然，所望他日有果而已，勿以取强也。"③

本章文字明晓易解，难点是古本与今本的对勘、识读问题。从本章最能看出《老子》文本嬗变之轨迹，今本相较帛书本多出内容，帛书本相较竹简本多出内容。有些多出的内容类似于注解性文字，可以看作是沿文旨的进一步发挥，而有些发挥则偏离了老子哲学思想。各本否定用词之不同，

---

① 杨伯峻：《春秋左传注》，北京：中华书局，1990年，第458页。

② 笔者推测，本章该句应为《老子》原本所无。竹简本第五十五章有该文，而此章无，基本可以断定传世本的重出为后增。"壮""老"在该时代已不专指军事斗争中的正义与否问题，五十五章即用以指一般处事原则。后编者许知晓"壮""老"在《左传》等的用法，因此重写五十五章该句于此。

③ 严复：《严复集》，北京：中华书局，1986年，第1088页。

本章也对照明显，传世本用"勿"，帛书本用"毋"，竹简本用"弗"。看来老子的传抄过程中，抄写者对文字进行合乎时文之"订正"亦属自觉行为。相对多数章节以自然之道类比治世之道，此一章专以治世之道论。军事行动是国家的大事，是治世者需要面对的基本问题，这段话也没有明显的论述转向，所以本章不是以用兵为喻，而就是把军事活动作为治世的一项来论述的。过去多有以包括此章在内的涉及军事问题的讨论为老子用兵之道者，其实兵戎之事是国家政治面对的重要问题，是老子铺设治世之道无法回避的一面罢了。老子谈兵，并不是论说军事斗争中取胜的基本遵循，而是指出用兵应把握的尺度，该章如此，其他相关章节亦如此。老子警示世人战争的凶险与危害，但并不是绝对反对一切战争。说到底，你不去主动进攻他国，别人欺负到家门口，你还需要反抗呢。老子的主张是，如果不得不卷入战争，那么目标就是取得胜利。这个观点看似平淡无奇，但其实是深刻的，试看，有多少发动战争的是以取胜为目标啊？强占资源、攻取地盘、扩充国土，以至称霸天下不是一般战争发动的原因吗？徐梵澄说："自古立国，谁能去兵？养兵备寇，焉能无武？而兵连祸结，世所明见者也。然则如之何？老氏于此曰：'果而已矣。'意谓得果则已，善休善止。"①"果而勿强"与无为治世是什么关系？无为治世是老子对一般内政的要求，但外交会影响内政，特别是国与国之间的军事斗争对内政影响更大。想以军事手段称王称霸，就会驱民于役，还会有什么无为治世？不得不面对战争时，有理有节而行，就能最大限度地减少对百姓生活的干扰。

第三十一章

【原文】

夫佳兵者，不祥之器[1]。物或恶之，故有道者不处[2]。是以君子居则贵左，用兵则贵右[3]。兵者，不祥之器，非君子之器。不得已而用之，恬淡为上，胜而不美[4]。而美之者，是乐杀人。夫乐杀人者，则不可以得志于天下矣。吉事尚左，凶事尚右。偏将军居左，上将军居右，言以丧礼处之。杀人之众，以哀悲泣之[5]。战胜，以丧礼处之。

①　徐梵澄：《老子臆解》，北京：中华书局，1988年，第44页。

【训释】

[1] 佳，当作"佳"。该句帛书乙本作"夫兵者，不祥之器也"。

[2] 有道者，帛书甲本作"有欲者"，乙本残缺。

[3] 贵，尚。贵左，尚左。贵右，尚右。

[4] 恬淡，傅奕本作"恬憺"，帛书甲本作"铦袭"。《广雅·释诂》："铦，利也。"

[5] 泣，帛书本作"立"，竹简本作"位"。

【校证文】

夫兵者，不祥之器。物或恶之，故有道者不处。君子居则贵左，用兵则贵右。兵者，不祥之器，非君子之器。不得已而用之，铦袭为上。勿美也，而美之者，是乐杀人。夫乐杀人者，则不可以得志于天下矣。吉事尚左，凶事尚右。偏将军居左，上将军居右，言以丧礼处之。杀人之众，以哀悲莅之。战胜，以丧礼处之。

【译文】

兵器，并不是祥瑞之物。众人都厌恶它，所以高明的治世者不以兵伐为荣耀。君子居处是尚左的，但用兵时则尚右。兵器，不是祥瑞之物，因此也并非君子所仰仗的事物，迫不得已用军事手段解决问题时，应以锐利的武器发起突然袭击，最快、最有效地解决战斗。对于兵器，不应该美饰它，因为美化兵器是嗜杀者所为。而以杀人为嗜者，是绝不可能得天下百姓归心的。吉祥的事情尚左，凶险的事情尚右。用兵杀人为凶事，因此偏将军处于左侧，而上将军居于右侧，以处置丧事的态度来对待它。在战争中，对于被杀的士兵，以悲哀的心情凭吊。一场军事行动，即使战胜了敌国，也应该以办理丧事的礼仪相待。

【解析】

本章文义明晰，注家对于章旨的把握无甚分歧，只是对个别词句的理解有所不同。竹简丙本第三组单独成篇，对应传世本本章。与竹简本相比，传世本文句有重复，语气不够流畅，或有后编文字写入。王弼《老子道德经注》未注此章，《正统道藏》中《道德真经集注》在此章释文引述了王弼注曰："疑此非老子之作也。"① 今本王弼注无此句，或王弼原有此认识，故不出注。然而，此章有竹简本出土，则其内容来自古本无疑。

"夫佳兵者，不祥之器。""佳兵"为河上公本、王弼本写法，傅奕本为"美兵"，当为由下文"不美"而来。不管是"佳兵"，还是"美兵"，解释起来都迂远别扭。古注者有以"佳"字当作"隹"者，认为属于发语词，然帛书本则无"佳"字（竹简本无此句），意思更加明确。本章的研究对象是"兵"，不是指士兵，而是指兵器。帛书本、传世本第一句给出断定：兵器再好也只是"凶器"。

"物或恶之，故有道者不处。"这一句与第二十四章尾句同，学者有以为此为错简重出者。传世本第一句与下文重，该句与第二十四章重，而竹简本本章从"君子居则贵左，用兵则贵右"开始，恰无前二句。由此来看，这两句被传抄者编入的可能性很大。这两句写入似乎是作为概括章旨用的。"物"，指众人。"有道者"，帛书本依第二十四章例，仍为"有欲者"，而颇费解。老子在这里强调的是，兵器是人所恐惧、厌弃的东西，以道性原则治国的人当然不会以此作为维持统治权的绝对依靠。

"是以君子居则贵左，用兵则贵右。"《左传·桓公八年》称"楚人上左"②，先秦有日常生活之礼贵左的基本约定。用兵一事，不是寻常之事，更不属于喜庆之事，时礼反其道而行之。老子举出这一点，在于说，以兵事为凶事，乃传统共识。

"兵者，不祥之器，非君子之器。"此句再加申明，兵器不是祥瑞之物，因此也不应该是在上为政者所完全仰仗的东西。一个国家不能缺少护国重器，但若以军事力量作为维护政权和确立国际关系的最基本依赖，往往强起来快，崩塌也迅速。

"不得已而用之，恬淡为上，胜而不美。""恬淡"或作"恬憺"，为传世本写法，这样使得句意解说颇为佶屈。吴澄的解释为："恬者，不欢愉，淡者，不浓厚，谓非其心之所喜好也。"③ 此种理解基本代表了以"恬淡"为文本的一般解读方式，虽勉强可以圆满其说（其实与"为上"亦不好搭

① 《道德真经集注》，《道藏》第 13 册，第 45 页。
② 杨伯峻：《春秋左传注》，北京：中华书局，1990 年，第 123 页。
③ （元）吴澄：《道德真经注》，粤雅堂版，卷二。

老子论衡

配），但既不合于兵法，又不合于基本事理，也必不合于老子之思想。劳健《老子古本考》认为，诸本异同，自古分歧，循其音义，皆不可通。今考二字乃"铦锐"之讹，谓兵器但取铦锐，无用装饰也①。查帛书甲本二字作"铦袭"，乙本、竹简本也用"铦"字，而另一字为从龙之异体字，证明劳健之说还是有独到之处的，而古本整理者把二字之别种写法都读为"恬淡"，显然是不当的。笔者赞同依帛书甲本写为"铦袭"的释读。"铦"，利器，锋利。《广雅·释诂》说："铦，利也。"《墨子·亲士》有："今有五锥，此其铦。"②"袭"，乘其不备，偷偷地进攻。《左传·庄公二十九年》有："凡师有钟鼓曰伐，无曰侵，轻曰袭。"③"不得已而用之，铦袭为上"，谓不得不以军事解决问题时，以锋利的武器发起突然袭击，尽快结束战斗而减少战争带来的灾难为最佳选择。裘锡圭认为，竹简本用字应读为"铦功"，"功"为尖利④，可备一说。至于"铦袭"或"铦功"怎么讹变成了"恬淡"，辛战军认为，原因在于"铦"古与"锬"通，抄者使注字混入而致编改失察⑤。"胜而"，帛书本、竹简本、傅奕本俱无，该为编抄者所加。"不美"，应该指的是对兵器的美化、装饰。老子的意思是，武器锋利就行了，不必美饰之。传世本加了"胜而"便由对"兵器"本身的论述转向"军事行动"的论述，与该句文意不合。

"而美之者，是乐杀人。"从春秋晚期出土的文物看，这个时候贵族有装饰武器的风气，或雕龙画虎，或嵌以黄金、美玉。老子认为刻意追求武器之华美是不正常现象，因为武器终归是杀人工具，美化之是缺少同情心，是以杀为嗜的行为。

"夫乐杀人者，则不可以得志于天下矣。"以杀为嗜的人，只能是刽子手，当然不可能得到天下百姓的拥戴。《孟子·离娄上》说："桀纣之失天下也，失其民也；失其民者，失其心也。得天下有道：得其民，斯得天下矣。得其民有道：得其心，斯得民矣。得其心有道：所欲与之聚，所恶勿施，尔也。"⑥杀为人所极恶，乐杀则失天下。

① 劳健：《老子古本考》，1941 年本，卷上。
② 吴毓江：《墨子校注》，北京：中华书局，1993 年，第 2 页。
③ 杨伯峻：《春秋左传注》，北京：中华书局，1990 年，第 244 页。
④ 陈鼓应：《道家文化研究》第十七辑，北京：生活·读书·新知 三联书店，1999 年，第 51 页。
⑤ 辛战军：《老子译注》，北京：中华书局，2008 年，第 126-127 页。
⑥ 杨伯峻：《孟子译注》，北京：中华书局，2010 年，第 156 页。

"吉事尚左，凶事尚右。"此句并下一句，实质上是老子对于用兵贵右做出的解释。日常吉祥之事，贵左为上；凶丧之事，以右为上。

　　"偏将军居左，上将军居右，言以丧礼处之。"出动军队时，偏将军处在上将军之左侧，上将军则处在偏将军之右侧。《礼记·少仪》说："乘兵车出先刃，入后刃，军尚左，卒尚右。"郑玄注云："左，阳也，阳主生。将军有庙胜之策，左将军为上，贵不败绩。右，阴也，阴主杀。卒之行伍以右为上，示有死志。"为什么兵事贵右呢？老子说，这由于把战争视为丧事。《礼记·檀弓上》记述有："孔子与门人立，拱而尚右，二三子亦皆尚右。孔子曰：'二三子之嗜学也，我则有姊之丧故也。'二三子皆尚左。"①这说明先秦行丧礼是尚右的。

　　"杀人之众，以哀悲泣之。""泣"，通"莅"，临视。诸本或"泣"或"位"或"立"，皆为"莅"之异字。《广雅·释言》："位，莅也。"王念孙《疏证》说："古者位、莅、立三字同声而通用。"一场战争下来，牺牲生命众多，幸存之人应该以悲哀的态度凭吊亡者。刘笑敢说："这里的'杀人众'，显然是己方所杀的敌人，至少也包括敌人，而'以悲哀莅之'，说明他的立场是人类的立场，而不是一军、一国、一派的立场。这当然不符合阶级分析的原则，却符合人类和平的崇高理想。"②

　　"战胜，以丧礼处之。"这就是说，即使打了胜仗，也不是"好事"，最理想的当然是不发生战争。胜利了，但战争对生产造成了巨大破坏，牺牲的生命也不能再有机会回来，所以应以丧礼对待。此一番话要点还是在于告诫战争的危害，劝为政者以消弭战争为理想选择。

　　本章接上一章，论述了老子对于战争的基本态度。在老子看来，不管战争的结果是胜利还是失败，战争都不是好事，因此不要轻易发动战争。传世本《老子》有十章涉及军事问题，但非目标于用兵之道而为兵书是显然的。唐代王真《道德经论兵要义述》那种老子无一章不言兵之论，实是迂见，不须驳辩。老子以古军法之礼作为论据，指出对战争视以凶祸之事，不只个人的看法，也是人们的共同态度。老子的思想不是鸡汤，也不迂腐。老子深知战争威胁的现实性，指出不得不面对战争时，应如何应对才符合其无为之道。战争无法避免，特别是抵抗侵略的战争，一旦卷入战争，

① 胡平生、张萌：《礼记》，北京：中华书局，2018年，第130页。
② 刘笑敢：《老子古今》（修订版），北京：中国社会科学出版社，2006年，第367页。

以迅速取得胜利为理想选择。"以战则胜，以守则固"（第六十七章），打仗首先要打赢，其次是减少战争伤害，特别是珍惜人的生存权，减少杀戮。《孙子兵法》亦云："兵久而国利者，未之有也。"[1] 政治上的"有为"往往成为发动战争的原因，自然原则就更显示出其可作为共有理念之价值。刘笑敢说："正义、神圣、正确、道德等等概念都可能成为冲突、战争、暴力的旗号。成为以暴易暴的历史循环的催化剂，而自然的原则则不可能成为暴力和强权的工具……自然的原则不仅可以避免冲突，而且可以把政治领袖的才能从战场引导到会议厅，从暴力的较量引导到智慧的展现，从而有利于实现人类总体状态的和谐。"[2] 应该说，老子在一个最不人道的事上，表述了自己合理的人道的观点。

第三十二章

【原文】

道常无名，朴虽小，天下莫能臣[1]。侯王若能守之，万物将自宾。天地相合，以降甘露，民莫之令而自均[2]。始制有名，名亦既有，夫亦将知止。知止可以不殆[3]。譬道之在天下，犹川谷之于江海[4]。

【训释】

[1] 常，帛书本、竹简本作"恒"，"常"应为避讳而改。无名，竹简本作"亡名"。朴虽小，竹简本整理者识读对应文字为"朴虽微"。能臣，河上公本、帛书乙本、竹简本皆为"敢臣"。

[2] 该句帛书甲、乙本均有残缺，对照补齐文字为"天地相合，以俞甘洛，民莫之令而自均焉"。

[3] 河上公本为"知之，所以不殆"，傅奕本、帛书乙本、竹简本为"知止所以不殆"。

[4] 川谷，帛书乙本、竹简本作"小谷"。于，帛书本、竹简本作"与"。

---

① 陈曦：《孙子兵法》，北京：中华书局，2011 年，第 23 页。
② 刘笑敢：《老子古今》（修订版），北京：中国社会科学出版社，2006 年，第 369 页。

【校证文】

道常无名、朴，虽小天下莫能臣也。侯王若能守之，万物将自宾。天地相合，以降甘露；民莫之令而自均。始制有名，名亦既有，夫亦将知止。知止可以不殆。譬道之在天下，犹小谷之与江海。

【译文】

道的基本属性是无可名状、整体无分的，虽然看似渺小，但天下万物没有能够凌驾于其上的。在上为政者如果能循道而行，世间万物就会自然有秩序地发展。就像天地之间气流运动形成雨水一样，老百姓不需要谁的指挥就会自我安顿、进步。社会治理之需，人们会形成制度，确定名分，但名分虽有，却也要懂得不能过分依赖它。只有名分功能在一定范围内，才可以不陷入困境而不能自拔。道处于天下之中，如小河流入了江海，无所不在，是所有事物的性质。

【解析】

本章文字明晰，且各本内容也基本一致，解读没有多少困难，虽对具体句子的断句读法注家有一定分歧，但于基本章旨的理解并不形成关键妨碍。

"道常无名，朴虽小，天下莫能臣也。"此为楼宇烈校释的《王弼集校释》①、王卡点校的《老子道德经河上公章句》② 等断读方式，另有读为"道常无名、朴、虽小，天下莫能臣也"的。这两种读法都别扭，"朴"分明是"道"的一种性质，专门列出来接转折是不恰当的，而"小"虽也是"道"的性质，其前有转折连词"虽"，与上文合并为同一序列也不当。该句还是应取陈鼓应等的读法："道常无名、朴。虽小，天下莫能臣也。"③ 前半句强调"道"的基本（"常"）性质，无名、素朴。无名，无法以命名的方式区别，因为它是无区别的，一落入"名"，便不是"道"。"朴"，是"木素"（《说文》），包含两个方面的意思，一是未分的，一是根据的。它

① （魏）王弼著，楼宇烈校释：《王弼集校释》，北京：中华书局，1980 年，第 81 页。
② 王卡点校：《老子道德经河上公章句》，北京：中华书局，1993 年，第 130-131 页。
③ 陈鼓应：《老子注译及评介》（修订增补本），北京：中华书局，2009 年，第 188 页。

不是任何器物，但正因如此，它可以成为任何器物。"朴"本身是与"器"相对的，都是具体概念，而"道""器"就是抽象的哲学范畴，所以用"朴"解说"道"性正是"道"被范畴化为与"器"相对的哲学概念的关键性中间环节。任何抽象的思维形成都一定会有其发展的线索，"道"这个中国哲学的基础性范畴正是从"所行道"与"木素"等具体感性材料中被抽象出来的。"虽小"，是说"道"似乎渺小的特点。《老子》凡使用"微""眇""小"之类的词语来说道的存在性特征，皆不应望文生义理解为"微小""细小"，而是指"道"无独立形体存在，却具有客观物质性。"朴虽小"，竹简本整理者识读对应文字为"朴虽微"。尹振环认为，应依原文读成"仆唯楼"，并翻译为"它仆从楼息于万物"[①]，可备一说。正是因为"道"是客观的，它不以人的意志为转移，所以"天下莫能臣"，不能驱使它，不能凌驾于其上。由此来看，老子便认为"道"是最高的、不可替代的管理原则。"能臣"，古本多为"敢臣"。"莫能"强调了"道"的客观绝对支配性质，"不敢"则是主观上自我限制，王弼本的改法似较原本文义更胜。

"侯王若能守之，万物将自宾。""侯王"，傅奕本写为"王侯"，误。"侯王"是在上的为政者，"万物"指被管理的在下之"民"，"宾"是归化。治下百姓相互礼敬而有序是在上为政者想要达到的政治目的，老子从"侯王"满足自己统治欲的需求出发，指出即使在这一目标之下，遵循道性以待，仍是最高、最佳的路线。竹简本此句下有分章符号，由此看出，此句之上的部分意思完整，可以单独成章。后文编入，许是后编者将认为相近的段落合入了一章。

"天地相合，以降甘露，民莫之令而自均。""降"，帛书本作"俞"，竹简本作"逾"。由此，盖《老子》原本即为"俞"之相关字，后世编者以其不易解而改写。注解者多以"俞"或"逾"为"降下"之意，实质上是受到改写字的影响。"俞"的基本意思是"答允"。人答允做事，往往是执行所受的指令，但老天下雨则是"自然"的"答允"，正如百姓不令而行，自足自均。这一句有两种读法，一是合为一句的"天地相合以降甘露，民莫之令而自均"，一是分为两句的"天地相合以降甘露；民莫之令而自

① 尹振环：《楚简老子辨析》，北京：中华书局，2001 年，第 219-220 页。

道
篇

均"，意思也就不一样。前者是"天地间（阴阳之气）相合，就降下甘露，人民不须指使它而自然润泽均匀"[1]，"令"的对象是"天地"；后者是"天地间阴阳之气相结合，就降下甘露；人民不用谁来下命令，而自然就均匀了"[2]，"令"的对象是"民"。老子的意思是事物不需要指挥而循其自然之性，这一点于天地自然和人间社会都是一样的。"天地相合，以降甘露"应属于"民莫之令而自均"的比类对象，读为并列的两句更恰当。

"始制有名，名亦既有，夫亦将知止。"老子不把社会治理理想化，指出制度、名分的创设是社会历史发展使然。然而，即使有了制度之分、百官之别、政策之异，在上的社会治理者也应懂得"知止"的道理，即把有为的指令限制在一定的范围内。至于什么范围适用于制度性管理，这可能就属于为政智慧的问题了，简单来说，能不管的都不管。有些人习惯把这里的"知止"与《大学》"知止而后有定"[3]相对比。《大学》的"知止"目标虽也是天下大治，然而是从对自身修养的要求去入手的，"止"是对于自身思想行为的限制；《老子》的"知止"是对于执政的手段式操控的限制，两者除了字眼相同，其实没有多少可比性。

"知止可以不殆。"在社会管理中，过度依赖政策性手段，就会陷入无休止的折腾，因为社会这个巨系统发展的因素复杂，往往计划异于实际状况。这样，为政者忙于应对新情况，在下者也被驱使奔趋不同方向，导致都疲惫倦怠。为政者应减少把持与指挥，还自由空间给百姓，最少的付出，反而会有最大的成效，这既需要勇气，也需要智慧。

"譬道之在天下，犹川谷之于江海。"有人认为此句为"江海所以能为百谷王者"章（第六十六章）之错简的，但帛书本、竹简本原本于此，错简之说不成立。实质上，老子只是于两处文字用了同一喻体而已，所论章旨并不是一回事。这句话显然是比喻，问题是怎么比喻的。蒋锡昌说："此句倒文，正文当作'道之在天下，譬犹江海之与川谷'。盖此文以'江海'譬道，以'川谷'譬天下万物。"[4]此种认识比较有代表性，因为在一般情况下，"道"比"天下"大，因此"川谷"这个"小"的应该是比喻"天

---

① 陈鼓应：《老子注译及评介》（修订增补本），北京：中华书局，2009年，第190页。
② 张松如：《老子说解》，济南：齐鲁书社，1998年，第187页。
③ 胡平生、张萌：《礼记》，北京：中华书局，2018年，第1161页。
④ 蒋锡昌：《老子校诂》，上海：上海书店，1996年，第220页。

下"，它归向"江海"，也就是"道"这个大的。但这样理解其实既不合老子思想，也与《老子》文本不合。"川谷"归入"江海"，是"川谷"决定了"江海"的性质，因为没有"川谷"就没有"江海"。同理，是"道"决定了"天下"属性，而不是反过来而言之。"川谷"，帛书乙本、竹简本写为"小谷"，"小谷"当为原貌。老子用"小谷"正是取其微末之意，"小谷"入于江海，无从觅迹，然而又无处不在。它的"在"与（王弼本本处之"于"字，帛书本、竹简本、河上公本、傅奕本皆为"与"，当为本字）"江海"的关系是，"江海"这个有形的存在即消弭之"小谷"。正如"道"之"在"与"天下"的关系——"天下"这个可见之物与"道"这个不可见之物的统一。

本章主旨是论说社会理想秩序的达成需依靠道性的引导，其特色在于比类式的论述方式反复使用，使自然比类与治世法则融为一体。本章从"道常无名"到"譬道之在天下"，自"道"开始，至"道"结束，用了"降甘露"和"于江海"两次类比，中间讨论对"道"的"守之"和对"名"的"知止"问题，可谓既是对老子思想的集中表达，又是其论述特点的集中表现。本章在竹简本分为两部分，前面强调事物的"自宾"，后面强调事物的"自均"，主旨的相通可能正是后编者将其编为同一章的原因。在老子看来，在一个系统里，动员各构成的积极性的管理是最佳原则，无法替代。虽然现实情况是，名分制度在一定的历史条件下往往是必要的，但过分的制度依赖就会造成压迫而成的僵化秩序，与"自均""自宾"的理想状态不啻是上下顺达畅通之别。失去了成员积极发展的活力，整个社会的活力也就无从谈起。

第三十三章

【原文】

知人者智，自知者明[1]。胜人者有力，自胜者强[2]。知足者富，强行者有志，不失其所者久，死而不亡者寿[3]。

【训释】

[1] 帛书乙本作"知人者知也，自知明也"，中间"知"字通"智"。

[2] 帛书乙本"胜"作"朕"。甲本有残缺，然有"胜"字，乙本当为误抄。

[3] 亡，帛书本作"忘"。

【校证文】

知人者智，自知者明。胜人者有力，自胜者强。知足者富，强行者有志。不失其所者久，死而不亡者寿。

【译文】

能够透彻了解别人的人属于聪慧者，而能够正确认识自身的人才属于明智者。能够战胜对手的人是有力者，而能够战胜自我的人才属于强者。有知足之心的人是富有者，而能够奋进图强的人是有志者。不失其所以自处的人会安身长久，死后仍被人们铭记的人可视为长存。

【解析】

本章由八个"者"字句构成，无竹简本对应文字，帛书本、傅奕本除多有虚词"也"外，没有重要不同。因此，"校证文"照王本录入，只有一个标点改动。本章文字直白明了，解读看似没多大问题，然而深读《老子》者一定会感受到此章置于老子哲学体系之困难。本章的话很明白，关键是搞清楚哪些话是老子的肯定选择，说这些话的目的何在。

"知人者智，自知者明。""知人""自知"，一个属于向外了解，一个属于向内认知。向外了解需要的是丰富的信息，依靠的是调查研究。向外把握事物，在信息充分的基础上，能够全面看待问题，就是"智"。向内认知则不同，它没有信息搜集途径，靠的是限制精神的外指向动势而呈现其本来的"澄明"。

"胜人者有力，自胜者强。""胜人"是对外取得胜利，靠的是实力。"自胜"是对内取得胜利，靠的是意志。"自知""自强"都属于自己限制的要求。在老子哲学里，限制自我目标还是在于保障自然秩序。刘笑敢说："《老子》强调个体有这种自我约束可以自我获益，其益处大大高于没有自我约束的结果……无论是个人、家庭、小团体和国家，都期望自然和谐的秩序。但失去自我约束，则可能破坏这种对大家都最好的局面，最终会伤害到包括自己在内的很多个体。"① 王弼注释本章前两句，用了两个"未若"："知人者，智而已矣，未若自知者超智之上也……胜人者，有力而已矣，未若自胜者无物以损其力，用其智于人，未若用其智于己也。用其力于人，未若用其力于己也。明用于己，则物无避焉，力用于己，则物无改焉。"② "未若"，表明前者是超越的对象，后者是超越的目标。不过，在对下文的注释中，王弼采用的是全然肯定的态度。这一立场也是历来《老子》注解者的基本选择。然而在同一篇文字中，老子 8 个"者"字句会有两种言说方式吗？注家之所以这样选择，是因为看起来下文不易寻找超越"对象"。

"知足者富，强行者有志，不失其所者久，死而不亡者寿。"照上文写法，这一句话似也应分为两句。楼宇烈点校的王本处理为一句，大概还是根据了王弼注对这一句所有"者"字的肯定式判断。富有，没有物质的量的规定，本质是需求得到满足的精神感受。所以，其本身是你觉得富有便富有了——富有只在于"知足"。人的意志不够，往往是被自身的惰性所困。人做事时会在意识中对自己的耐力、能力、持续力圈定一个范围，接近打破这个范围就难以坚持了。"强行"者能够勉励自己打破自我约束的范围，便是"有志"之士。"所"，不能机械地理解为"居所"，应该注解为"所处"。一个人持身立命，有其基本依赖和条件保障，谨慎地维护这种资源，就能使得自己不被置于被动和危险之中，以致获得平安久存。"亡"，帛书本作"忘"，而《意林》《群书治要》所引则为"妄"。《汉书·武五子传》有："臣闻子胥尽忠而忘其号，比干尽仁而遗其身，忠臣竭诚不顾钺之诛以陈其愚，志在匡君安社稷也。"颜师古注曰："忘，亡也。吴王杀之，被以恶名，失其善称号。"③ "亡""忘""妄"，古多通用。人死后随着身体的腐朽，也被人遗忘掉他曾经的存在，而能够使人不随身体的腐朽而变质的便是他的贡献被人们认可。春秋时期鲁大夫叔孙豹回答范宣子问什么是死而不朽时说："太上有立德，其次有立功，其次有立言，虽久不废，此之谓不朽。"④ 所谓"死而不亡者寿"，就是人虽离世但被世人铭记之"永垂

① 刘笑敢：《老子古今》（修订版），北京：中国社会科学出版社，2006 年，第 377-378 页。
② （魏）王弼著，楼宇烈校释：《王弼集校释》，北京：中华书局，1980 年，第 84 页。
③ （汉）班固：《汉书》，北京：中华书局，2012 年，第 2382-2383 页。
④ 杨伯峻：《春秋左传注》，北京：中华书局，1990 年，第 1088 页。

道篇

不朽"。

《老子》注家一般都以此章核心论旨为自我修养之要求，并引入种种"合理"的发挥进行解读，往往不乏心灵鸡汤的营养。本文一再强调，治世是施政要求虽然也和在上者自身的精神修养相关，但这种修养并不是无为政治的绝对必要条件，因此也并不是老子所关注的基本问题，被视为修养论的老子言论其实基本来自于误读。那么，怎么看这一章的内容呢？传统上，释读者往往以本章为老子所提之正面肯定式的自我限制类要求。但老子惯常的表达是消解式的，是以反而求正的，正取向不是其思想特点，故而本章看似简单明了，实则不易融入老子哲学体系。本章文字又恰无竹简本可以参照，笔者一度怀疑本章内容为《老子》编抄者增入的古格言（几句话都有类似格言的性质），但在没有有力证据前，只能暂时搁置怀疑，而在现有资料条件下做出解释。吴澄注意到了这一章的"另类"，谓："或曰：老子之道以昧为明，以弱为强，而此章言明言强，何也？曰：老子内非不明，外若昧尔；内非不强，外示弱尔。其昧其弱，治外之药。其明其强，治内之方，并行而不相悖也。"[1] 这种内外兼修论，实是阴谋论之摇篮，亦不合老子之旨。《老子》本章所论明显分为四组，"智""明"、"力""强"、"富""志"、"久""寿"，是不是都属于老子完全肯定的范围呢？蒋锡昌意识到了这个问题，认为老子的这种对组所论中，有"俗君"认识、有"圣人"认识。"知人""胜人"属于"俗君"所为，"自知""自胜"属于"圣人"所为，而"知足""强行""不失其所""死而不亡"则皆为"圣人"所为[2]。但这样认识的问题，笔者已于上文指出，是破坏了《老子》文本的论说方式统一性的。8个"者"字句的前四对没什么问题，"知人"和"自知"对比，"胜人"和"自胜"相较，明显是把前者作为超越对象的。且第十八章"智慧出，有大伪"、第三十一章"战胜，以丧礼处之"等对前者的批判式论断亦可佐证。严复批注说："逐物者智，坐明者明，智如烛，明如鉴。有力者外损，强者内益，足而不知，虽富，贫耳。"[3] 而在接下来的二"者"中，"知足"显然是老子肯定的，"强行"是不是呢？《墨子·

---

① （元）吴澄：《道德真经注》，粤雅堂版，卷二。
② 蒋锡昌：《老子校诂》，上海：上海书店，1996年，第221-223页。
③ 严复：《严复集》，北京：中华书局，1986年，第1089页。在该章解读中，严复亦未对章文后四"者"区别对待，反而对"强行"大加发挥，该为所处之时势所致。

经说上》有："志行，为也。"① 也就是说，这里的"强行者有志"是"有为"之举。老子是反对有为的，"为者败之"（第二十九章）。"强行者有志"应该也属于"俗君"所为，是老子道论所应超越的对象。"强行""有为"正是出于不知足之欲念而忽视现实条件之所取，"知足"则能顺乎自然而富足。至于很多注家认为这里的"强行"是坚持勤勉"行道"，则属于填字改文而释，实不足取了。当然，注家这么做的原因，正是因为此句在这一对"者"的后半部分，而依上文，后半部分是老子所肯定的。笔者推断，这一对"者"字句，必是传抄者出于某种目的或不经意颠倒了次序的②。而帛书本即如今本之次序，则讹误由来已久。受这一对"者"的干扰，前辈注家对最后一对"者"的全面肯定式解读也存在偏差。从老子哲学的整体价值取向看，"久"不应该是其选择，第二十三章即有"天地尚不能久，而况于人乎"。"俗君"之智停留在对于持身不离所处的认识，营构种种维护自身统治的条件，妄图"万岁"，然而，这一切终将灰飞烟灭，哪里有什么"共日月而长存"？只有"外其身"（第七章），不图己"久"，而有功绩于民族，才能"死而不亡"。这一对照样是"俗君"之"智"与"圣人"之"明"的比较。这样，8 个"者"字句分成四对，一是一般人的价值取向，一是老子所希望的高明的治世者理应的选择。这种表述方式正如"为学日益，为道日损"（第四十八章），举出前者并不是完全否定它，"智""力""志""久"本身没有问题，而是人们往往以之作为"有为""妄为"的动机，故而要以更理想之价值目标超越之。

第三十四章

【原文】

大道泛兮，其可左右[1]。万物恃之而生而不辞，功成不名有，衣养万物而不为主[2]。常无欲，可名于小；万物归焉而不为主，可名为大[3]。以其终不自为大，故能成其大[4]。

---

① 吴毓江：《墨子校注》，北京：中华书局，1993 年，第 479 页。
② 当然，亦不排除"老子"写这一句时只对举了"超越者"与"被超越者"，而没有注意到文句的一致表述。

【训释】

[1] 帛书乙本作"道沨呵，其可左右也"。傅奕本"泛"作"汎"。《玉篇》："泛，普博也。"

[2] 帛书乙本作"成功遂事而弗名有也。万物归焉而弗为主"。"遂事"二字原缺，此处以甲本补入。

[3] 帛书乙本作"则恒无欲也，可名于小。万物归焉而弗为主，可名于大"。

[4] 帛书乙本作"是以圣人之能成大也，以其不为大也，故能成大"。河上公本作"是以圣人终不为大，故能成其大"。

【校证文】

大道泛兮，其可左右。万物恃之而生而不辞，功成不名有，衣养万物而不为主。常无欲，可名于小；万物归焉而不为主，可名为大。是以圣人终不为大，故能成其大。

【译文】

道是普遍的，无处不在。它是事物生存发展的依靠却并不出于自己的主观设计，成就了事物但不以己为功，养育了万物却不自以为主。道没有自己的主观意志，可称之为"小"；道又是万物的依靠，但并不为主宰性存在，可称之为"大"。所以，高明的治世者不以自己为"大"，反而成就了"大"。

【解析】

本章无竹简本对应文字，帛书本与传世本相比，文字似烦琐，主要是重出"万物归焉而弗为主"与"圣人之能成大也"两句。在诸本中，王弼本最为简洁。"万物恃之而生而不辞"一句为帛书本所无，无法确定是传世本后增还是帛书本漏抄。而王本"以其终不自为大"省主语"圣人"，有造成歧解的可能。总起来，本章诸本文字之异，主要是简繁之不同，没有重要字词差别。"校证文"除"是以圣人终不为大"一句依河上公本外，其余照录王弼本。另外，从傅奕本的本章文字构成看，恰介于王弼本、帛书本之间，较王弼本有所繁，较帛本有所简，其于古本加工之痕迹明显。

"大道泛兮，其可左右。"该句帛书乙本作"道沨呵，其可左右也"，傅奕本作"大道汎汎兮，其可左右"。帛书本之"沨"应为"汎"之误，而传世本作"大道"应为突出道之至高地位乃添加"大"字。"泛"，有"泛滥"义，也有"普博"义，《玉篇》所注即为后者。该句中"泛"所取应为"普博"义，对这个字的理解会直接影响对本句含义的解读。这句话看似简单，但解说纷纭，代表性说法有三种。一是最一般性认识，"大道泛滥啊，周流在左右"①，"可左右"即是流动意，表明道不是静止的存在。二是左右即"佐佑"，如徐梵澄所言："固尝曰'以道佐人主'矣，则曰'道、汎汎兮其可左右'，左右者，佐佑也。亦屡言道之大，汎汎然遍无不入，可以左右人主也。"② 三是强调道的作用方式之弹性，如刘笑敢所论："这是强调道对万物没有主宰式的、严格的、不可移易的限定作用，换言之，道作为万物总根源与总依据，对万物的决定作用是弹性的、间接的、柔性的或曰弱性的。"③ 其实，后两种解释虽不无新意，但基本难以成立，"其可左右"以"兮"（"呵"）承上文"大道泛兮"，分明还是强调"道"存在之普遍。该句即是言说道之普遍广博，或左或右，无所不在。二位先生之解说虽符合老子思想，然与句意逻辑不合。至于第一种认识，基本符合文义，然不宜因对"泛"字望文生义而强调道之运动性的特点。道是客观存在，但非独立存在。它是事物自身的内在完整性，并非外在流行而来的。"泛"取"普博"义，指道普遍存在；"可左右"，则强调无所遗漏而已。

"万物恃之而生而不辞，功成不名有，衣养万物而不为主。"上面是道体存在的普遍，这一句再转入道用的自然。"万物恃之而生而不辞"为帛书本所无，王弼本第二章有"万物作焉而不辞，生而不有，为而不恃"，或此句为后编者照第二章之例因本处下文之"功成""不为主"而增入作为上文。依帛书本、竹简本，"不辞"在古本作"弗始"。实质上，"万物恃之而生而不辞"与"衣养万物而不为主"虽用词不同，意思却并无二致，似无重写一句之须。若该句果非帛书本漏抄，而系后加入，虽未与章旨相背，但委实并无必要。"衣养万物"帛书本为"万物归焉"，意思差不多。"衣

① 张松如：《老子说解》，济南：齐鲁书社，1998年，第196页。
② 徐梵澄：《老子臆解》，北京：中华书局，1988年，第49页。
③ 刘笑敢：《老子古今》（修订版），北京：中国社会科学出版社，2006年，第384-385页。

养"，河上公本为"爱养"，傅奕本为"衣被"。俞樾认为，衣、爱古字相通，而作"衣被"则为不达古义而妄改①。道作用事物的特点是两方面的，一是全面作用，"万物恃之""衣养万物"；二是不以己为用，"生而不辞""功成不名有""不为主"。帛书本对应该句为"成功遂事而弗名有也，万物归焉而弗为主"，文字简洁而意思无缺。

"常无欲，可名于小；万物归焉而不为主，可名为大。"这一句王弼本因上文无"万物归焉而不为主"一句避免了重复，而帛书本则重出该句，然按两处文意似乎都应有之，因此高明认为"老子原文本当如此"②。老子认为，道既"大"又"小"。何谓"大"？何谓"小"？所谓"大"，是描述"道"的普遍性，所有事物均有此性质，无一例外；所谓"小"，是描述"道"的非主观性，其作用虽普而有之，但非人为，亦非神灵之意志而为，因其非意志性存在，便如不存在一般。这里的"无欲"，不可理解为"没有欲望"或"没有私欲"，只是老子在强调"道"的无意识、非主观罢了。刘笑敢说："道之'大'的真正原因在于'道'实际是万物之根源和根据，而'道'自己又不宣称自己是万物的依靠。所以，所谓'大'与'小'只是道的特性的不同侧面。道之'大'名其功能、作用、贡献，道之'小'名其姿态、表现、特性。"③

"以其终不自为大，故能成其大。"帛书乙本作"是以圣人之能成大也，以其不为大也，故能成大"，傅奕本基本同之，都重出"是以圣人之能成大也"，文句嫌繁。王弼本的这句话很简略，但是省略了"圣人"有造成歧义理解的可能。河上公本作"是以圣人终不为大，故能成其大"似最理想。省掉"圣人"，会使人误以为"道"不为"大"，而成就了"大"。实际上，此处是一个关键转折处，是强调"圣人"以"天道"为效法对象而落实于"人道"，施无为治世。以自己为"大"，就是以主观意志支配、影响事物的发展，这样事物本身的内在合理性受到限制，就是对道性自然的"大"的破坏，成不了"大"。不以自己为"大"，把事物发展的自主性、积极性、整体性还给它们，不以主观意志干扰，反而成就了"道"之"大"。由此可知，人治的"道"之大，亦是"圣人"之"大"。"圣人"不以"大"为政

① （清）俞樾：《诸子平议》，北京：中华书局，1954 年，第 151–152 页。
② 高明：《帛书老子校注》，北京：中华书局，1996 年，第 408 页。
③ 刘笑敢：《老子古今》（修订版），北京：中国社会科学出版社，2006 年，第 384 页。

老子论衡

治目的，成就"大"，是客观使然，而且惟当其不以"大"为政治目的时，才有成就"大"之可能。

本章描摹"道"的大、小性质兼具之道理，意在强调治世者以之为楷模而成为"圣人"，论述方式还是比类式的。在"是以圣人终不为大"前诸句，皆为论自然之道，而该句之后则转入论治世之道。注家多不解老子"是以"这一关键转折，对上下文混同一起解说，虽似并无不通，但实质上并未把握老子思想之旨。老子的天道自然之论只是铺设，其最终无不落在人道法则上。天道是客观作用，人道则不然，它是主观作为，只是这种作为以在上者还事物的本身合理性为最高原则。我们强调"道"属于事物存在的根据性、整体性、自洽性、合理性、积极性等特点，似乎就是在论说事物本身为自然规律所作用的一面，但实际上"道"可视为规律性，却仍不能完全等同于今天我们意识中的"自然规律"。自然规律与"道"不同的是，自然规律的作用没有例外，只要在其纳入范围，必定导向某种结果，而道却并没有规定性方向和限定性内容，它只是一种事物自身发展的合理趋势。

第三十五章

【原文】

执大象，天下往；往而不害，安平太[1]。乐与饵，过客止[2]。道之出口，淡乎其无味，视之不足见，听之不足闻，用之不足既[3]。

【训释】

[1] 执，竹简本作"埶"。

[2] 过客止，帛书本作"过格止"。

[3] 道之出口，帛书本、竹简本、傅奕本皆为"道之出言"。本处第三个"不足"，他本一般皆为"不可"。既，《广雅·释诂》："既，尽也。"用之不足既，竹简本作"而不可既也"。

【校证文】

埶大象，天下往；往而不害，安平太。乐与饵，过客止。道之出言，淡乎其无味，视之不足见，听之不足闻，而不可既也。

【译文】

道之功用是没有具体形象的大图景，亦是天下万物趋往发展之大势；这种发展是非强迫、无损害的，于是呈现出平衡和富足的状态。不同于声色这一类仅仅停留在依靠刺激感官来吸引人，道好似一种没有滋味的存在，看不见、听不见，作用却不可穷尽。

【解析】

本章以"止"与"不可既"对比事物运动的两种状态，突出道性自然的特点。帛书本、河上公本、傅奕本与王弼本相比有文字出入，没有重要差别，但竹简本有两处关键不同，直接影响其思想内容，一处是对应"执大象"处，另一处是对应"用之不足既"处。

"执大象，天下往；往而不害，安平太。"什么是"象"？《易·系辞》说："象也者，像此者也。"孔颖达疏曰："言象此物之形状也。"而道是无形无状的，因此也就没有"象"。《老子》第十四章有"绳绳不可名，复归于无物，是谓无状之状，无物之象"，第四十一章有"大象无形"。所以所谓"大象"实质是"无象"。"执大象，天下往"，一般理解为君王持守无为不言之道，天下百姓就都归向他并尊其为君。王弼注即为："大象，天象之母也。〔不炎〕不寒，不温不凉，故能包统万物，无所犯伤。主若执之，则天下往也。"① 这样的解说有一个问题，无象的"道"怎么"执"呢？王弼以来的注家在接受了"执"之一字的前提下，很难做出合理解释。所幸本章有竹简本对应文字，提供了别种解释的可能。"执"在竹简本对应文字写为"埶"，释文整理者读为"执"，李零亦认为是"执"的混用②。尹振环指出，与第 11 简"执之者失之""无执故无失"两"执"字比较，在此章字不同，不是"执"，而是"埶"。尹振环引述了段玉裁《说文解字注》"《说文》无'势'字，盖古用'埶'为之"的说法，主张此"埶"即为"势"，并解释为"势力"，翻译此句为"盛大权势威力的形象，能使天下的人归附，归附而不受到伤害，大地安定平坦通泰"。尹先生进一步发挥，认

---

① （魏）王弼著，楼宇烈校释：《王弼集校释》，北京：中华书局，1980 年，第 88 页。

② 李零：《郭店楚简校读记》（增订本），北京：中国人民大学出版社，2007 年，第 35 页。

老子论衡

为这里的"势"便与法家所提相应，说："法、术、势中势的倡导者，一直认定为慎到，这当然不错。但追溯其源，老聃是其祖也。难道不是这样吗？"①裘锡圭认为"执大象"与"埶大象"均能讲得通。"埶"与"设"古音相近，古书有以"埶"为"设"的用例，"埶大象"即"设大象"②。其实，"设大象"与"执大象"没有本质区别，都是在上者依照守道治国的原则进行政策设计而使得天下归往，这样理解与老子以道性原则进行理论批判的铺设其实是不相符的。而尹振环解读为由于在上者的威势作用，使天下归往，这恐怕正是老子所批判的模式。笔者同意"埶"为"势"之读法，但认为这里的"势"其实不是哪个人人为主导的"势"。老子正是以"势"作为事物发展的内在需要这个趋势，它不是外在强加的，是没有指令的、无法形诸的，因此是"大象"。因为它是事物本身的合理性与积极性的整体表现，所以"天下往"——天下万物依循其需求与逻辑而发生、发展。解读为"势大象"是重要的，它表明事物被道性作用不是出于设计、支配，而是内在性质使然，而"执大象"则是外加的力量作用。实质上，"大象"既然"无象"，所执、所设也就必然不是"大象"，而是落入具体对象了。一旦政令偏离事物的整体性特点，就不能"往而不害"。安，一般释为"平安"，但王引之《经传释词》认为，"安，犹于是也……《老子》曰'往而不害，安平太'，言往而不害乃得平泰也"③。裘锡圭认为竹简本"安"的写法可以支持王引之的观点④。笔者从之。"平"，指平衡无偏。"太"，傅奕本作"泰"，帛书本、竹简本作"大"，意思基本相同，指丰富壮大。本句古注中，苏辙之注最能把握老学思想者，其文云："道非有无，故谓之大象。苟其昭然有形，则有同有异。同者好之，异者恶之。好之则来，恶之则去，不足以使天下皆往矣。有好有恶，则有所利有所害；好恶既尽，则其于万物皆无害矣。故至者无不安，无不平，无不泰。"⑤

"乐与饵，过客止。""乐"，指音乐。"饵"，《说文》："饵，粉饼也。"音乐形成对听觉的刺激，美食形成对味觉的刺激，这些都是有"象"的，

① 尹振环：《楚简老子辨析》，北京：中华书局，2001 年，第 324-325 页。

② 陈鼓应主编：《道家文化研究》第十七辑，北京：生活·读书·新知 三联书店，1999 年，第 53 页。

③ （清）王引之：《经传释词》，长沙：岳麓书社，1984 年，第 33 页。

④ 陈鼓应：《道家文化研究》第十七辑，北京：生活·读书·新知 三联书店，1999 年，第 53 页。

⑤ （宋）苏辙：《苏子由道德经注》，尊经阁文库藏钞本，卷二。

也是能够"驱使"人行为的对象。过客趋之，往往是受具体形象的东西影响，但这些东西对人的吸引是有限的，人的需求已得到满足或刺激不能持续，人就会舍之去。由此，再照应出下文"道"是不依靠有"象"的刺激驱使人的，但其作用不可穷尽。帛书本"过客"作"过格"，有人认为"过格止"对应上文"安平太"者，有点过于绕迂，且若"安"解为"于是"则更不能对应。帛书本用"格"应还是"客"之借。如上言，"止"对应的不是"太"，而是下文的"不可既"。"止"并不是吸引人止于此，而是说"乐与饵"这种"象"的作用非常有限而"止"，道的"无象"却是作用无尽而"不可既"。《老子想尔注》本将"乐"从上读，并释此句曰："诸与天灾变怪，日月运珥，倍臣纵横，刺贯之咎，过罪所致。五星顺轨，客逆不曜，疾疫之气，都悉止矣。"① 如此，则该句与天文现象有关。此解释虽别出心裁，但终究与上下文所论逻辑（乐饵之味与道之无味）不合，唯有增添了老学解说之丰富。

"道之出口，淡乎其无味，视之不足见，听之不足闻，用之不足既。""道之出口"，竹简本残缺，傅奕本作"道之出言"，帛书本作"故道之出言也，曰"。由此看来，古本当为"道之出言"，而帛书本之"曰"则无必要。"道之出言"并不是"道"说话，而是说这个"道"，我们来描述它的话如何如何。如何呢——简单来说，即没实体、有作用。"淡乎其无味"，与"乐与饵"的感觉刺激相比，道是没有具体相状的，当然也带不来什么刺激，"视之不足见，听之不足闻"，不属于视听所感范围。"用之不足既"，首先，"不足"，河上公本、傅奕本、帛书本、竹简本均为"不可"，则"不可"为原貌。其次，竹简本无"用之"，而作"而不可既也"，应当引起重视。"既"，尽了。《广雅·释诂》："既，尽也。"《庄子·应帝王》有："吾与汝既其文，未既其实。"② "不可"与"不足"不同，"不足"是强调"道"无形无相，因此"不属于"视听对象，"不可"是强调"道"的作用"不可能"有所穷止。而缺少了"用之"二字提示我们，"道"不是谁来用，它的起用是自然的。如果有这两个字，就会被解释为"用它却用不完"③，意思完全不同。

① 饶宗颐：《老子想尔注校证》，上海：上海古籍出版社，1991年，第44页。
② 陈鼓应：《庄子今注今译》，北京：中华书局，2009年，第240页。
③ 陈鼓应：《老子注译及评介》（修订增补本），北京：中华书局，2009年，第197页。

老子论衡

本章总体上论说道的作用的自然性，是内在于事物发展的。因此，它看不到、听不到，无法言说，却是事物遵循的一种大势。从读为"执大象"到读为"势大象"，是十分关键的。道本身体现的是自然秩序，是一种事物发展中遵循的规律性，其起作用是内在逻辑，并不是人为指挥。若在上者设置种种路线让百姓循道而行，反而就偏离了道。因为道是每个事物发展的需求与合理性，没有专门的路线可言，划出专门路线，就不是"大象"了。因此，"大象"是无法"执"的。读为"执大象"便把全篇看作是在上为政者以高明的手段造就了太平政治，这与老子思想完全背道而驰。如果是把"道"视为可用的策略去支配百姓，就会成为所谓"黄老"主张。刘笑敢对"黄老"与"老"之区别的论说十分精辟："黄老之学比老子思想更重视在实际政治领域中的具体运作和效果，因此，其理论视野不如老子思想开阔而深邃，也缺少老子哲学中的批判精神和理想主义的特点……将黄老之学概括为'君人南面之术'完全正确，但是将此套在《老子》之圣人身上就有些张冠李戴。"① 道的原则平淡无奇，没有神圣的外衣，与人的人伦日用相贯通。"势大象"完全肯定事物的主动性与积极性，这是最理想的发展模式，其过程是发展而无伤害（"往而不害"）的，其结果是不仅"大"——物质丰富，而且"平"——平均、平衡。笔者认为，老子政治哲学的理想归宿恰恰在"平太"二字。"小国寡民"（第八十章）、"大国者下流"（第六十一章）等均是批判式表达，是"手段"，而非"目标"，老子的目标正是人类的远大理想，物质极大地丰富且消除贫富差距（"平太"）——共同富裕。

第三十六章

【原文】

　　将欲歙之，必固张之；将欲弱之，必固强之；将欲废之，必固兴之；将欲夺之，必固与之。是谓微明[1]。柔弱胜刚强。鱼不可脱于渊，国之利器不可以示人[2]。

---

① 刘笑敢：《老子古今》（修订版），北京：中国社会科学出版社，2006年，第397页。

【训释】

[1] 帛书乙本作"将欲擒之，必古张之。将欲弱之，必古强之。将欲去之，必古与之。将欲夺之，必古予之，是谓微明"，甲本"擒"作"拾"。歙，《说文》："歙，缩鼻也。"

[2] 国之利器不可以示人，帛书甲本作"邦利器不可以视人"。

【校证文】

将欲歙之，必固张之；将欲弱之，必固强之；将欲去之，必固与之；将欲夺之，必固予之，是谓微明。柔弱胜刚强。鱼不可脱于渊，国之利器不可以示人。

【译文】

世间的事物将要收缩时，一定是先要扩张起来；将要软弱时，一定是先要强硬起来；将要离开时，一定是先要结合起来；将要失去时，一定是先要获得，这些道理幽微而显明。自处于柔弱的事物会替代强硬的事物，因此，鱼不可恃强跃出深渊，利国之器不可成为任刑之物。

【解析】

本章无竹简本对应文字，帛书本对应文字有差异，当是传世本抄误而致衍改所为，"校证文"从帛书本作校。本章以自然之道论说治国守柔之道的合理性，"微明"，连接前后文。过去以阴谋论贬老者往往举此为证，历史上已多有纠正者。而今日读老者，以辩证法视之，恐仍为停留在文字表面的看法。

"将欲歙之，必固张之；将欲弱之，必固强之；将欲废之，必固兴之；将欲夺之，必固与之。是谓微明。"此句帛书本与传世本关键的不同是，"将欲废之，必固兴之"，帛书本作"将欲去之，必古与之"。推测因"与"字之繁体与"兴"字之繁体近而误抄，而"去之""兴之"又无法形成对应，便有编抄者后再改"去之"为"废之"，遂成今传世本之貌①。传世本

---

① 又有论"兴"应为"举"，"废""举"对称者，皆为未见帛书本之揣测。帛书本面世，此章应以其为基本材料校勘。

后与"夺之"相对之"与之",亦应为抄误,据文意当从帛书本为"予之"。"歙",诸本写法多不同,河上公本作"噏",傅奕本作"翕",帛书甲本作"拾",帛书乙本作"擒",皆应通为"翕"。"歙",《说文》:"歙,缩鼻也。""翕",《尔雅·释诂》:"翕,合也。"二字意思相通,都是指聚敛、收缩。"固",帛书本作"古",应通为"固"。有以为通于"故"或"姑"者①,皆不当。这里强调的自然规律"本当"如此,非人为"故意""姑且"。"必"包含了"一定"的意思,但用为承接,如"则"②,而"固"则是"本然""一定","必固"合在一起用以强调"必然是"。这里的四个"必固"是说事物本身存在相互对立又相互依存的方面,它们以向相对的方面转化为发展规律。"将欲歙之,必固张之",意为开阖相对,张之后必阖。"将欲弱之,必固强之",意为强弱相对,强之后则弱。"将欲去之,必固与之","去"是离开,"与"是结合,这是离合相对,合之后则离。"将欲夺之,必固予之","夺"是失去,"予"是获得,这是得失相对,得之后则失。《老子》之解说者,多把后两句特别是最后一组解释为一方对另一方想要有所作为,而施以某种权且做法。这一方面受到了"阴谋"论、"权术"说的影响,另一方面是对关键字的意思理解出了偏差。"夺""予",并不是一方去"夺取"与"给予",而只是事物自身的"失去"与"获得"。四个"固"都是事物自身的发展规律,不是敌我斗争中要出来的手段。高亨说:"此诸句言天道也。或据此斥老子为阴谋家,非也。老子戒人勿以张为可久,勿以强为可恃。勿以举为可喜,勿以与为可贪耳。故下文曰'柔弱胜刚强'也。"③ 高先生此论非常准确,老子所言正是事物的"天道",是为了给下文的人道做准备的。老子意谓,事物处在矛盾转化之中,这是其基本属性("固")。这是辩证法,而且是非常深刻的辩证法。我们由此当赞叹古人之睿智,但另一方面我们必须认识到,下文才是老子想说的话,才是老子哲学的归宿。辩证法的呈现不是老子的目的,只是老子的说理证据。这个事物的矛盾属性之"天道"不是直接摆在那里的,是对客观世界深邃观察的总结,是幽隐的正确

---

① 所提证据为《韩非子·说林上》所引周书有"将欲败之,必姑辅之,将欲取之,必姑予之",但《韩非子》本身对老子哲学的释读是为其法家思想服务的,况《韩非子·喻老》所引仍用"固"字。

② 如《论语·述而》之"子与人歌而善,必使反之",《孔子世家》引述时使用"则"。

③ 高亨:《老子正诂》,北京:清华大学出版社,2011年,第58页。

道理，因此"是谓微明"。

"柔弱胜刚强。"矛盾相互转化，强弱互相更迭。老子之所以特别强调"柔弱胜刚强"者，强凌弱为常理，一般人所知，而以弱胜强则非一般认识范围。这里的"胜"不一定刻意解读为"战胜"，解为"替代"应更符合老子本意。

"鱼不可脱于渊，国之利器不可以示人。"上文老子把自然规律总结为"柔弱胜刚强"，这里便是强调主观作为时应明白对立双方转化的道理。"鱼不可脱于渊"一句显然是打比方，一般解释为"鱼不可离开水"，这样解释确实不太容易与上下文文意贯通。《韩非子·内储说下六微》篇的经文第一条说："权势不可以借人。上失其一，臣以为百。故臣得借则力多，力多则内外为用，内外为用则人主壅。其说在老聃之言失鱼也。"① 原篇下文对"老聃之言失鱼"有具体的解释："势重者，人主之渊也；臣者，势重之鱼也。鱼失于渊而不可复得也，人主失其势重而不可复收也。古之人难正言，故托之于鱼。"② 张富祥引入了上述《韩非子》的解释，强调"脱"不是"脱离"，而是"纵脱"，并认为如此理解才可以与下句"国之利器不可以示人"语意相合，"人主持国，不可使人臣涉足自己的权势范围，犹如不可使大鱼出没于深不可测的渊潭；权势是持国的利器，这利器不可假借于他人之手。"③ 张先生的解读虽可以将后两句统一起来，但这么理解却使得后二句文意无法与前面的矛盾转化之"天道"相应和。韩非子对于《老子》的解读多沿己意发挥，与老子哲学本身之指向多有背离，并不足凭。"鱼不可脱于渊"是比方是没问题的，从上下文看，应该是说鱼恃强跃出深渊展示于人，就会转入危险。"国之利器不可以示人"，这一句是本章全部文字要落在的地方。"利器"是指什么呢？古注家有"权道""赏罚""巧利"等诸说，今人又多有以为"武器"者。古代武器差别不大，不似今日有什么神秘大杀器，藏不藏的问题也不太存在。王弼说："利器，利国之器也。唯因物之性，不假刑以理物。器不可睹，而物各得其所，则国之利器也。示人者，任刑也。刑以利国则失矣。"④ 利器拿出来，还是统治百姓的工具。

---

① （清）王先慎著，钟哲点校：《韩非子集解》，北京：中华书局，1998年，第240页。
② （清）王先慎著，钟哲点校：《韩非子集解》，北京：中华书局，1998年，第244页。
③ 张富祥：《〈老子〉校释二题》，《中国哲学史》，2003年第1期。
④ （魏）王弼著，楼宇烈校释：《王弼集校释》，北京：中华书局，1980年，第89-90页。

"示"，不是一般的展示，而是炫耀和依仗。鱼在深渊是自然的，跳跃出来是恃强。利器使物各得其所是自然的，拿出来作为手段是恃强。凡是主观恃强，则不能长久，因为强弱转换是客观规律。阴谋论立场的解读，是说鱼要潜藏，武器也要隐藏，与上文权术之设亦能统一，然必与老子之本意相距甚远。

本章陷入阴谋论之解读由来已久。《韩非子·喻老》引述此章文字，并以案例发挥："越王入宦于吴，而观之伐齐以弊吴。吴兵既胜齐人于艾陵，张之于江、济，强之于黄池，故可制于五湖。故曰：'将欲翕之，必固张之；将欲弱之，必固强之。'晋献公将欲袭虞，遗之以璧、马。知伯将袭仇由，遗之以广车。故曰：'将欲取之，必固与之。'起事于无形，而要大功于天下，'是谓微明'。处小弱而重自卑，谓'损弱胜强'也。"[1] 陈鼓应的点评非常好："本章第一段乃是老子对于事态发展的一个分析，亦即是道家'物极必反''势强必弱'观念的一种说明。不幸这段文字普遍被误解为含有阴谋的思想，而韩非是造成曲解的第一个大罪人，后来的注释家也很少能把这段话解释得清楚。"[2] 古来多有以道家守柔立场为意在多获之计谋者，且引入种种案例解说之。薛蕙于此论述十分精辟："此章首明物盛则衰之理，次言刚强之不如柔弱，末则因戒人之不可用刚也，岂权诈之术？夫仁义圣智，老子且犹病之，况权诈乎！按《史记》记载，陈平本治黄帝、老子之术，及其封侯，尝自言曰：'我多阴谋，道家之所禁，吾即废亦已矣，终不能复起，以吾多阴祸也。'由是言之，谓老子为权数之学，是亲犯其所禁，而复为书以教人，必不然矣。"[3] 本章以"天道"比类"人道"，而在"人道"归结之前，老子又有"鱼脱于渊"的比喻，文字看似不多，实则分四部分：天道—天道总结—人道比喻—人道。阴谋论之解读，非出于学派狭隘，即出于低估了老子哲学之价值。此种理解古人已多抨击之，虽今日少有唱和者，但以老子智慧为驭人成事之权谋者并不乏见，对古哲所论曲解之甚令人叹息！

① （清）王先慎著，钟哲点校：《韩非子集解》，北京：中华书局，1998年，第159-160页。
② 陈鼓应：《老子注译及评介》（修订增补本），北京：中华书局，2009年，第201页。
③ （明）薛蕙：《老子集解》，惜阴轩丛书本，上卷。

第三十七章

【原文】

道常无为而无不为。侯王若能守之，万物将自化[1]。化而欲作，吾将镇之以无名之朴[2]。无名之朴，夫亦将无欲[3]。不欲以静，天下将自定[4]。

【训释】

[1] 帛书乙本做"道恒无名，侯王若能守之，万物将自化"，竹简本作"道恒亡为也，侯王能守之，而万物将自化"。化，《说文》："化，教行也。"

[2] 作，兴起。《说文》："作，起也。"镇，《玉篇》："镇，安也，重也，压也。"

[3] 无欲，帛书本作"不辱"，竹简本作"知足"。

[4] 天下将自定，帛书本作"天地将自正"，竹简本作"万物将自定"。

【校证文】

道常无为，侯王若能守之，万物将自化。化而欲作，吾将镇之以无名之朴。夫亦将知足，知足以静，万物将自定。

【译文】

道的基本性质就是无为，在上治世者如果能秉持这一观念，事物将会循自然秩序而发展。事物蓬勃发展，为政者以无法言说的素朴来对待它。事物被视以无法言说的素朴，也就没有过度的欲望。没有过度的欲望，天下万物自然就会安定。

【解析】

本章竹简本、帛书本对应文字与传世本相比有两处主要不同，一是相对传世本之"道常无为而无不为"，二者皆没有后面的"无不为"；二是传世本的"无欲"，帛书本、竹简本分别作"不辱""知足"。这一章突出的语言特点是顶针式论述，化—朴—不欲（知足、不辱），层层推进，显示了老子逻辑之"周密"。本章没有比类的用法，是对老子观点的集中概括。可以说，本段文字即《老子》之中心思想。

"道常无为而无不为。侯王若能守之，万物将自化。"帛书本、竹简本在此句皆没有"无不为"，由此看来，后人津津乐道之老子哲学的"无为而无不为"的观点属于老子哲学的范围，但并不是其强调的重点范畴。后世之所以乐于将老子本身无意聚焦的概念强化为其基本思想，其实还是不了解"无为"的基本内涵，而总是忧虑"无为"便会落空，从而抱定"无不为"才踏实起来。王弼本、傅奕本类似改动还体现在第三章、第三十八章、第四十八章等。所谓"无为而无不为"，不是一个外在的力量通过"无为"的方式作用而达到"无不为"的目的，而是外在"管理者"放手"无为"，从而给予事物顺其性自为的"无不为"。"无为"和"无不为"的主体是不一样的，"无为"的是"主宰者"，"无不为"的是"被主宰者"。范应元注解曰："虚静恬淡，'无为'也。天、地、人、物得之以运行生育者，无不为也。"① 恰得其旨。"道恒亡为也"，按照古本，老子在这里只是强调"无为或"无名"（帛书本作)② 是道的基本属性。"侯王"，是在上的为政者，这应该是老子所期待的读者——《老子》是写给他们看的。他们的努力目标是成为"圣人"——落实了无为治世之道的在上者。在上者"无为"，给在下者自组织发展的空间，使得其有充分的自主权，释放自身的积极性，这就是"自化"。"化"，《说文》："化，教行也。""化"，就是发展变化、进步。有解释"化"为"归化"者，意思是实行"无为"就会使得百姓归心，这还是受老子服务对象问题纠缠所作出的判断。帛书甲本"化"作"上为下心"的"为"之异体字，进一步证明"自化"即"自为"，所为"归化"之说并不可靠。上"无为"，下"自化"，是老子政治哲学的基本设计，至于多大程度上放手，这是另一个问题，因为过度有为是我们一直面对的问题。"无为"本身是思想问题，不是方法问题。刘笑敢说："从字面上看，无为"是对所有'为'的否定，实际上不可能如此。这是构词上的困难。有是肯定，无是否定。至于这个'无为'的'无'否定哪些'为'，需要从老子原文中去领会，在实践中也要自己把握。这是智慧，而

---

① （宋）范应元:《老子道德经古本集注》，续古逸丛书本，卷上。

② 竹简本、传世本皆为"无为"，"无为"当为原貌。帛书本写为"无名"，大概是为照应下文的"无名之朴"而改。

不是具体的行为原则。"①

　　"化而欲作，吾将镇之以无名之朴。""作"就是兴起。事物发展起来，越来越繁盛，就会有伸发空间的冲突和资源争取的矛盾，甚至会激起相互斗争。这时候怎么办呢？需要"镇"之，也就是管理、调摄它。然而"镇"是从一般管理者的角度而言的，老子拈出的"镇"的手段还是"无名之朴"。"无名"就是"朴"，老子用双重肯定突出了该原则的价值。"无名"是不以特定手段、措施给予方向性指挥，"朴"是保持其本来的状态。为什么看起来事物已经到了要"镇"的地步，还要以"无名之朴"待之呢？因为，事物的自为、自化是贯彻其发展各阶段之全过程的，矛盾本身的化解，当然也属于其"自化"范围。

　　"无名之朴，夫亦将无欲。""无名之朴"这几个字是传世本机械重复上文以保持顶真句式而有，反而会造成歧解。因为所谓"无欲"的不是"朴"，而是被"镇以无名之朴"的"万物"。帛书本此处重写"镇之以无名之朴"，亦无必要。竹简本无重出，该句直接写作"夫亦将无欲"，简洁明晰。"无欲"，河上公本、傅奕本作"不欲"，按照本章顶真的写作方式，王弼本此处当为误写。帛书本作"不辱"，竹简本作"知足"。"不欲""不辱""知足"，何者为原貌已不易判断。竹简本最古，用字也应更有参照价值。事物得到自我调节，使其发展在本身具备的合理性内，大概就是"知足"了。比如，饿了要吃饭是合理的，吃了充饥，满足了需求，没有过度在意吃了什么大餐就是"知足"的。而饿了反而不顾基本条件和本身需求，务必追求所谓山珍海味，就是不"知足"了。不受特定价值导向的说教和标榜牵系，事物的发展自然而然，这就是"知足"。

　　"不欲以静，天下将自定。""以"，是连接词，"而"的意思。"天下"，帛书本、竹简本皆作"万物"，"万物"当为古貌。"自定"，是传世本、竹简本的写法，帛书本作"自正"，意思相通。这里还是承上文"作"的提出而来的。"作"是看上去是乱的，而"镇之以无名之朴"的效果是"知足"。"知足"的情形下，事物就会各安因循本身整体性——"静"，而造就万物的整体和谐的"自定"。与"静"相当的字，竹简本释读者认为是"束"，并读为"静"，尹振环主张为"束"，按其本字解释——"用知足约

---

　　① 刘笑敢：《老子古今》（修订版），北京：中国社会科学出版社，2006 年，第 417 页。

束自己”①。可备一说。

　　本章总括老子道论的核心思想，申明给百姓自主权的哲学根据何在。虽《老子》全文并无“民主”二字直接出现，但其所论与当今之民主这一核心价值追求实有相通之处。严复说：“老子言作用，辄称侯王，故知《道德经》是言治之书。然孟德斯鸠《法意》中言民主乃用道德，君主则用礼，至于专制乃用刑。中国未尝有民主之制也。虽老子亦不能为未见其物之思想。于是，道德之治，亦于君主中求之不能得，乃游心于黄、农以上，意以为太古有之。盖太古君不甚尊，民不甚贱，事与民主本为近也。此所以下篇八十章有‘小国寡民’之说。夫甘食、美服、安居、乐俗，邻国相望，鸡犬相闻，民老死不相往来，如是之世，正孟德斯鸠《法意》篇中所指为民主之真相也。世有善读二书者，必将以我为知言矣。呜呼！老子者，民主之治之所用也。”② 严复所持之论，可谓慧眼独具。虽说“当官不为民做主，不如回家卖红薯”，但不管什么时候，好的基层管理是不能处处替老百姓拿主意的。二十世纪六十年代初，浙江省绍兴市诸暨县枫桥镇干部群众创造了“发动和依靠群众，坚持矛盾不上交，就地解决。实现捕人少，治安好”的“枫桥经验”。为此，1963 年毛泽东曾批示“要各地仿效，经过试点，推广去做”，“枫桥经验”由此成为全国典型。面对具体差别问题，政府不该过度管，也管不好，最终依靠群众才是最合理的基层治理原则。“枫桥经验”是基层政府动员（或放手）让群众自己解决问题，群众是主体核心，本质是走“群众路线”。老子所论，对当今社会的治理能力与治理体系现代化亦不无启示。

　　① 尹振环：《楚简老子辨析》，北京：中华书局，2001 年，第 200-203 页。
　　② 严复：《严复集》，北京：中华书局，1986 年，第 1091 页。

道
篇

德　篇

第三十八章

【原文】

上德不德，是以有德；下德不失德，是以无德[1]。上德无为而无以为，下德为之而有以为[2]。上仁为之而无以为，上义为之而有以为。上礼为之而莫之应，则攘臂而扔之[3]。故失道而后德，失德而后仁，失仁而后义，失义而后礼。夫礼者，忠信之薄而乱之首。前识者，道之华而愚之始[4]。是以大丈夫处其厚，不居其薄；处其实，不居其华[5]。故去彼取此。

【训释】

[1] 德，《说文》："德，升也。"《释言·释言语》："德，得也，得事宜也。"

[2] 傅奕本作"上德无为而无不为，下德为之而无以为"，帛书乙本作"上德无为而无以为也"。

[3] 该句帛书乙本"上义"为"上德"，据甲本为误抄。攘，推揉。《说文》："攘，推也。"攘臂，捋袖伸臂。扔，牵拉。《广雅·释诂》："扔，引也。"

[4] 始，帛书本作"首"。

[5] 处，帛书本作"居"。

【校证文】

上德不德，是以有德；下德不失德，是以无德。上德无为而无以为，上仁为之而无以为，上义为之而有以为，上礼为之而莫之应，则攘臂而扔之。故失道而后德，失德而后仁，失仁而后义，失义而后礼。夫礼者，忠信之薄而乱之首。前识者，道之华而愚之始。是以大丈夫处其厚，不居其薄；处其实，不居其华。故去彼取此。

【译文】

尊崇道德的治世者不以己得为出发点，却最终能与事物的德性相应；轻视道德的治世者以己得为出发点，反而最终与事物的德性相悖。崇尚德性的治世者依循自然无为并且不以个人主观意志为根据，崇尚仁爱的治世者有所作为但亦不以个人主观意志为导向，崇尚正义的治世者有所作为同时所凭借的也是个人的主观意志，而崇尚制度的治世者想要有所作为却无法得到积极响应，于是便生拉硬拽强制百姓依从。因此大道得不到彰显才有德性的遵循，而德性的缺失便有仁爱被倡导，仁爱亦无法贯彻就有正义的提出，正义也不能到场才会依靠制度。过度依靠制度，只会使真诚正直的东西越来越少而祸乱不断滋生。执着于主观认识，催生种种看起来美好的构设而实质只是蠢事的开端罢了。所以高明的治世者选择顺因事物本来自然之性的淳厚，而不鼓动外在观念导向的浅薄；选择存心朴实以尊重客观规律，而不营心浮华以夸耀主观构想。他们舍弃刚愎自用，尊重秩序自然。

【解析】

《经典释文》说："德，道之用也。"[①] "德"作为一个范畴，是中国古典哲学道论系统的重要构成，以道为体、以德为用成为古哲关于道、德关系的基本认识。与"道"本身从"道路"被抽象、形上化为哲学概念经历了一个不断被诠释而确定的过程一样，"德"成为基础范畴在一定程度上有作为价值形态使用的原因，也有诠释过程中不断被聚焦的原因，而前者则与《老子》，特别是《老子》本章关系密切。本章是《老子》集中展开德论的一章，亦是从德论评述治世的基本理念的一章。《老子》一书思想之深刻是一贯的，而文字之精彩则非推此章不可。然而历来关于此章之解说亦

德
篇

---

① （唐）陆德明：《经典释文》，上海：上海古籍出版社，2012年，第537页。

多纷纭且不能达意，其原因之一是传世本有重要编抄之误致使古注家很难不被此影响，二是解读者对本章几处关键字词的把握有问题，特别是"德"本身含义、"无为""无以为"的关系等。本章无竹简本对照文字，传世本与帛书本相比有重要不同。王弼本、河上公本之"上德无为而无以为，下德为之而有以为"，傅奕本作"上德无为而无不为，下德为之而无以为"。俞樾援入《韩非子·解老》① 所引，基本认同傅奕本的写法②，后多有从之者。然而，帛书乙本该句作"上德无为而无以为"③，并无"下德"如何之说，也根本不存在"无不为"的问题。认真考察文意，必得出帛书本写法更近原貌的结论。王弼本所据当是编抄者据上文有"上德不德，是以有德；下德不失德，是以无德"在"上德无为而无以为"后增"下德为之而有以为"一句，造成文义窜乱，傅奕本便在此基础上进一步修改文字致使文义乖离。传世本的编改实是解读者没有真正弄懂本章意思而草率为之的结果。高明说："此章主要讲论老子以道观察德、仁、义、礼四者之不同层次，而以德为上，其次为仁，再次为义，最次为礼。德仁义礼不仅递相差次，每况愈下，而且相继为生……今本衍'下德'一句，不仅词义重叠，造成内容混乱，而且各本衍文不一，众议纷纭。如王弼诸本衍作'下德为之而无以为'，则同'上义为之而有以为'相重；傅奕诸本衍作'下德为之而无以为'，则同'上仁为之而无以为'相重。由此可见，'下德'一句在此纯属多余，绝非老子原文所有，当为后人妄增。"④ 据此，"校证文"删去此句。

　　"上德不德，是以有德；下德不失德，是以无德。"这一章的"上德""下德"的主体是谁？注家多以人之道德涵育层级目之，实是对《老子》朝人生修养论方向释读的结果，古哲往往以佛家心灵哲学发挥，积至今则多鸡汤味十足。严遵《老子指归》以"上德"为"上德之君"，"下德"为"下德之君"，下文"上仁""上义""上礼"同样加以"之君"，并且把各类君主与时代发展之远近相对应。这种说法在古人比较多，一方面是对现实政治不满而厚古薄今，另一方面是相信存在所谓古代圣人垂拱而治的时

---

　　① 《韩非子·解老》作"上德无为而无不为"，但按其解说之文，当为"上德无为而无以为"，现文或为后改，而"下德为之而无以为"这一句同帛书本不存在，此亦该句传世本妄加之佐证。

　　② （清）俞樾：《诸子平议》，北京：中华书局，1954年，第152页。

　　③ 帛书甲本本章残缺较多，但从残篇看，其文字基本与乙本一致。

　　④ 高明：《帛书老子校注》，北京：中华书局，1996年，第259页。

代。历史地看问题，对于今人没有太多困难，于此要求古人则苛刻了。老子的思想的靶心问题是终极理想政治模式，所谓的"德""仁""义""礼"都是社会治理视野下的。严遵的认识基本是对的，不要把"君"之类型对应到时间顺序上就可以了。"上德""下德"所用之"上""下"，虽不无今日表明层次高低之义，但其实内涵还是有差别的。上，古同"尚"，指崇尚、尊崇。下，是轻视、排斥。"德"，有两个基本含义，一是"得"，得到；二是循道而行。这两个含义在今天看来差别明显，但在老子所在时代，它们本身就是统一的。在本章中的"德"字，既作为"得"使用，又作为"德"使用。准确地说，这里的"上德不德，是以有德；下德不失德，是以无德"，按今天的理解应该是"上德不得，是以有德；下德不失得，是以无德"。较早的《老子》注解是注意到了这一点的，如王弼注云："德者，得也。常得而无丧，利而无害。故以德为名焉。何以得德？由乎道也。何以尽德？以无为用。"① 再如，《韩非子·解老篇》说："德者，内也。得者，外也。'上德不德'，言其神不淫于外也。神不淫于外，则身全。身全之谓德。德者，得身也。凡德者，以无为集，以无欲成，以不思安，以不用固。为之欲之，则德无舍；德无舍，则不全。用之思之，则不固；不固，则无功；无功，则生于德。德则无德，不德则在有德。故曰'上德不德，是以有德'。"② 什么是"不德"（不得）和"不失德"（不失得）？注家多以个人私欲论之，其实不太准确。根据上下文和老子整体的思想，这里的"得"应该指的是在上者治国的主观意志及其外在政策措施表现。在老子看来，重视德性的人与轻视德性的人的根本区别是，减少以主观意志干扰事物还是突出自己的主观意志指挥事物。重视德性（"上德"），就限制个人意志（"不德"），顺事物自然之性，从而可以"有德"——与事物的道性相应；反之，轻视德性（"下德"）也就不把客观规律当回事，突出个人意志（"不失德"），反而"无德"——与事物的道性相违。

　　"上德无为而无以为，下德为之而有以为。"根据前论，"下德为之而有以为"为后加。此处需要注意的是"无为"与"无以为"的关系。"无为"是政治表现，重在行动；"无以为"是主观认识，重在动机。这一点明确了，同一种使用方式的下文之"有为""有以为"含义也就明了了。"上

---

① （魏）王弼著，楼宇烈校释：《王弼集校释》，北京：中华书局，1980年，第93页。
② （清）王先慎著，钟哲点校：《韩非子集解》，北京：中华书局，1998年，第130页。

德"的治世者是重视（"上"）事物的本身合理性（"德"）的，所以不干扰（"无为"），也没有主观意志的设想（"无以为"）。

"上仁为之而无以为，上义为之而有以为。上礼为之而莫之应，则攘臂而扔之。""仁""义""礼"，这几个基本概念后成为儒家所倡导的"五常"核心价值观的基本构成，但在这里指的是在上者以之为治国的基本原则，与伦理建设范围的使用并不相同。"仁"的基本意思是"亲"和"爱"。《说文》："仁，亲也。"《玉篇》："仁，郑玄曰'爱人以及物'也。"在上者崇尚"仁"，政治建设有个价值导向（"为之"），但不是出于个人的主观设想，而是从对方的需求出发的（"无以为"）。这当然是比较理想的政治了，但是凡"为之"必有强制性，自"上德"以下全都是"为之"的，也就都不是完全遵循自然秩序作用的，虽"仁"而所及范围必有偏狭。"义"，指公平正直。《释名·释言语》："义，宜也，裁制事物使合宜也。"治世者不管凭借的是"正义"，还是"道义"，都是主观认识的结果，是个人意志的反映（"有以为"）。这种"有为"结果往往是有所利，也不免有所害，因为道义也会成为绑架人的理由。"礼"，本是祭祀传统留下的社会秩序，多和等级有关，后更成为伦理法则。《释名·释言语》："礼，体也，得事体也。"老子这里说的"礼"更倾向于制度要求，它原本与人的道德情感相关，但随着其精神衰落而致沦为外在限制性约束，所以孔子批判徒有其表的"礼"，老子则认为崇尚"礼"而"为之"难以调动百姓内心的自觉（"莫之应"）。为政者不能坐视自己的政治设计得不到拥护，就会用强制手段推行之。"攘"，推搡。《说文》："攘，推也。""攘臂"，捋袖伸臂。"扔"，牵拉。《广雅·释诂》："扔，引也。""攘臂而扔之"，便是生拉硬拽、强迫百姓服从规则。虽然"礼"的设计本身并不一定存在问题，但流于教条化的东西会越来越与人性疏远则是必然的。

"故失道而后德，失德而后仁，失仁而后义，失义而后礼。"这句话是对上述"无为""有为"和"无以为""有以为"系列治法的总评价。还是上文指出的，没必要将其置于历史发展的演进中理解为"世风日下"，而应理解为老子给治世者的政治选项打分排序。王弼注说："以无为用，德其母，故能己不劳焉而物无不理。下此已往，则失用之母，不能无为而贵博施，不能博施而贵正直，不能正直而贵饰敬，所谓失德而后仁，失仁而后义，失义而后礼也。"① 在老子看来，越高明的政治在上者的主观构设越少。不干扰，也没想法，"你走你的路"，符合的是"道"，但依然存在关系的建立，这个关系则为"德"，这是最理想的；等而次之是无私地助人为乐，"爱的奉献"，这是"仁"；再次便为更积极的"男儿当自强"，这是"义"；最后"身不由己"，不听不行，就是"礼"。"失""后"不应望文生义理解为把握不了高级的，便只能选择下一等，这两个字强调的是后者比前者差。在老子的政治哲学视域下，这些价值有高低之分。当然，这个高低之分不能挪用到道德建设范围中去评判。

"夫礼者，忠信之薄而乱之首。""忠信"，诚实无妄。《玉篇》："忠，敬也，直也。"完全依仗制度强制手段的政治，会在短时间取得成效，但这种相应不是百姓发自内心的，语言的顺从、行动的附和可能只是出于被威逼利诱。制约的秩序，若能得到支持仅仅表现在形式上，无法从精神层面得以应和，是"忠信之薄"的。一旦紧绷的东西超过限度之耐受，便有系统性坍塌的危险，而这个危险的基因其实在"礼"的铺设就开始了——"乱之首"。薛蕙注云："礼未必无忠信，而乃忠信之薄也；非以为乱，而乃乱之首也。夫忠信之心，苟极其盛固有不言而信者。若夫卑体貌以示其敬，善辞令以谕其诚，礼文虽多而忠信之心浸以微矣，故曰忠信之薄。礼之务施报，非太上贵德之意也。施而不应，则攘臂而仍之。乡之揖让，适所以为争斗之阶也，故曰乱之首。"②

"前识者，道之华而愚之始。""始"，帛书本作"首"，义同。什么是"前识"？历来解老者多在该词的诠释上自说自话。《韩非子·解老》说："前识者，无缘而妄意度也。何以论之？詹何坐，弟子侍，牛鸣与门外。弟子曰：'是黑牛也而白题。'詹何曰：'然，是黑牛也，而白在其角。'使人视之，果黑牛而以布裹其角。以詹子之术，婴众人之心，华焉殆矣！故曰：'道之华也。'尝试释詹子之察，而使五尺之愚童子视之，亦知其黑牛而以布裹其角。故以詹子之察，苦心伤神，而后与五尺之愚童子同功，是以曰：'愚之首也。'"③ 韩非拉出神秘的"前知"论说，后来便多有以"先知"注解者。薛蕙注云："前识者，犹言前知。前识未必非道，而乃道之华

① （魏）王弼著，楼宇烈校释：《王弼集校释》，北京：中华书局，1980年，第94页。
② （明）薛蕙：《老子集解》，惜阴轩丛书本，下卷。
③ （清）王先慎著，钟哲点校：《韩非子集解》，北京：中华书局，1998年，第134-135页。

德
篇

也；非以为愚，而乃愚之始也。夫道之真务养其神明，虽光耀天下而含章不发。若夫用其聪明，逆知治乱、豫言祸福，此可以惊世骇俗，而反之身心无益也，故曰道之华。臆度屡中，遂将狃之，役神于外，乃惑谬之本也，故曰愚之始也。"① 薛蕙之说，大致符合老子该词之用意。老子反复强调治世安邦不能出于个人意志的主观想象，"前识"正是为政者先于物本身的构想，是脱离了事物本身规律的"成果"。不管它是从什么角度考虑的，设计又是多么周密，在实践中却往往无法得到验证，总归是"道之华"，是蠢事一桩。为什么？事物的复杂性和变化性，不一而足！

"是以大丈夫处其厚，不居其薄；处其实，不居其华。"本句的两个"处"，帛书本皆作"居"。同上句"始"的性质一样，大概是传世本为了避免用字相同而改。这里的"厚""实"与"薄""华"相对，显然是从上文"忠信之薄""道之华"而接续论下来的。"大丈夫立身敦厚，而不居于浇薄；存心笃实，而不居于虚华"② 类翻译，没有注意到本章文字的整体相关性。"处其厚"，赋予事物自主空间，事物秩序的和谐符合自身精神需求，有"忠信"可言，因此是"厚"的。"处其实"，治世者放下主观架设的孜孜以求，也不冠以美好之名的"道"，任事物的发展由其内在价值性"实"而伸展。

"故去彼取此。""去"什么？"取"什么？一言以蔽之，限制主观造作，释放客观积极性。

本章老子以"德""仁""义""礼"等概念论德之问题，涉及儒道关系，有两点需要注意，一是本章"儒家"概念范畴的引入问题，二是老子无为思想与儒家自觉意识的对比问题。对于前者，要意识到老子时代无后世儒、道对立的学派意识，本章所持之论当然不是针对抨击儒家观念而为之，而这些概念虽成为儒家的基本范畴，但在《老子》引用与后世儒家系统内相应概念之内涵并不完全相同。对于后者，我们知道孔子重视"安仁"，强调道德的自觉，也有"无为而治者，其舜也与"③ 的说法，似乎无为政治是儒道二家的共同追求，但其实差别很大，只是这种差别不应从学派对立去突出，而应往学术视野不同去理解。刘笑敢把孔子之无为与老子

---

① （明）薛蕙：《老子集解》，惜阴轩丛书本，下卷。
② 陈鼓应：《老子注译及评介》（修订增补本），北京：中华书局，2009年，第210-211页。
③ 杨伯峻：《论语译注》，北京：中华书局，2009年，第160页。

老子论衡

之无为之的不同概括为三个要点，所论十分精彩："第一，无为在孔子思想中是理想政治效果或表现，在老子思想中则是实现社会和谐的方法和原则。第二，无为在孔子思想中不过是虚悬一格的思想，并不是关键性的观念和方法，也不是努力的目标，而在老子思想中，无为是非常重要的原则和最基本的方法，是老子要推广的基本理论之一。孔子不讲无为，还是孔子。老子不讲无为，则不成其为老子。第三，孔子的无为而治的理想应该是通过德化与仁政等原则和方法来实现的，而老子的无为本身就是原则和方法，仿孔子之说法，我们可以说'我欲无为，斯无为至矣'，要实行无为之治需要的是智慧与决心，而不是其他方法。"① 简而言之，从《老子》去说儒道之对立当然有问题，由《论语》论儒道之相应也有问题。老子的哲学是政治哲学，肯定社会秩序的自然性；孔子的哲学是伦理哲学，肯定道德的自觉性，都是确立当代社会价值观应从古人那里继续汲取的滋养。

第三十九章

【原文】

　　昔之得一者，天得一以清，地得一以宁，神得一以灵，谷得一以盈，万物得一以生，侯王得一以为天下贞[1]。其致之[2]。天无以清将恐裂，地无以宁将恐发，神无以灵将恐歇，谷无以盈将恐竭，万物无以生将恐灭，侯王无以贵高将恐蹶[3]。故贵以贱为本，高以下为基[4]。是以侯王自谓孤寡不毂[5]。此非以贱为本邪[6]？非乎？故致数舆无舆[7]。不欲琭琭如玉，珞珞如石[8]。

【训释】

　　[1] 帛书乙本作"昔得一者，天得一以清，地得一以宁，神得一以灵，浴得一以盈，侯王得一以为天下正"。贞，同正。《论语·卫灵公》有："君子贞而不谅。"② 正，尊长。《尔雅·释诂》："正，长也。"《广雅·释诂》："正，君也。"

　　[2] 帛书乙本作"其至也"，傅奕本作"其致之，一也"。

---

① 刘笑敢：《老子古今》（修订版），北京：中国社会科学出版社，2006 年，第 432 页。
② 杨伯峻：《论语译注》，北京：中华书局，2009 年，第 168 页。

[3] 帛书乙本作"胃天毋已清将恐莲,地毋已宁将恐发,神毋已灵将恐歇,浴毋已盈将恐渴,侯王毋已贵以高将恐厥"。其中,"已灵将""盈"残,据甲本补。胃,同谓。莲,应为裂。歇,《说文》:"歇,息也。一曰气越泄也。"浴,同谷。渴,同竭。厥,同蹶。已,停止,完成。《广雅》:"已,成也。"

[4] 帛书乙本作"故必贵以贱为本,必高矣而以下为基"。

[5] 孤、寡、不穀,皆古侯王谦称。《礼记·曲礼下》:"于内自称曰不穀。"①

[6] 帛书乙本作"此其贱之本与",语气有不同。

[7] 河上公本作"故致数车无车",傅奕本作"故致数誉无誉",吴澄本作"故至誉无誉"。

[8] 帛书乙本作"是故不欲禄禄如玉,硌硌如石"。

【校证文】

昔之得一者,天得一以清,地得一以宁,神得一以灵,谷得一以盈,侯王得一以为天下贞。其至之,天毋已清将恐裂,地毋已宁将恐发,神毋已灵将恐歇,谷毋已盈将恐竭,侯王毋已贞将恐蹶。故贵以贱为本,高以下为基。是以侯王自谓孤、寡、不穀。此非以贱为本邪?非乎?故至誉无誉。不欲璙璙如玉,珞珞如石。

【译文】

自古以来,有能够在其发展中不失其根本的事物,天得其根本清朗明澈,地得其根本安宁稳定,神得其根本灵妙应验,河流得其根本充盈丰沛,侯王得其根本成为天下的君长。如果从极致追求而言之,天无休止地追求清朗会崩裂,地无休止地追求安稳会堕毁,神无休止追求地灵通会窒歇,河流无休止地追求充盈会干涸,侯王无休止追求君长地位会颠覆。所以,凡世间之物,尊贵的要以低微的为根据,崇高的要以卑下的为基础。因此,侯王自称为孤、寡、不穀,这不是以微末为根本吗?难道不是这样吗?因此拥有最高之美誉恰如丝毫无誉在身,自为如玉之洁,不若自为石之顽。

① 胡平生、张萌:《礼记》,北京:中华书局,2018年,第38页。

【解析】

本章无竹简本对应文字，反复对照诸本咀嚼文意，就会发现各本均有编抄所失，而致无理想写本可以参考。本章写本的文字之乖误，有致使核心文意完全偏离者，如传世本"无以"的写法；有致使文意陷入支离破碎者，如王本、帛本"数舆无舆"的写法；也有无关文意却难以统一者，如"碌碌"或作"禄禄""琭琭""録録"等。

"昔之得一者，天得一以清，地得一以宁，神得一以灵，谷得一以盈，万物得一以生，侯王得一以为天下贞。""昔"，自古以来，强调道理的一贯。"一"，是数序的开始，老子用以指事物出发的根据和基础。王弼注云："一者，数之始而物之极也。"① 注家多以"一"即"道"。从下文看，"一"标明事物发展于"微末"，与事物发展至"尊贵"相对，从"根据"或"整体性"理解是可以的。"一"与"道"相通，却并不能代表"道"的自足、自然、自为等特性，因此上"译文"只译为"根本"，不从一般注家译为"大道"。"清"，晴明朗澈。古人以为天在上以明澈为理想样态。天不失其根本，就能保持其朗澈。"宁"，宁静安稳。地在下以平稳承载育养万物为理想状况。地不失其根本，就能保障其平稳。"灵"，神妙灵验。此处之"神"，当指自然形态的"鬼神"，而不是人之"精神"。鬼神游荡以灵明可验为理想表现。神不失其根本，就能保证其灵验。"谷"，帛书本写为"浴"，且下文对应"竭"，故应指河流，而非谷物。溪流以水汽充盈为理想态势。谷不失其根本，就能保护其丰沛。"万物得一以生"，帛书甲、乙本皆无此句，且下文对应的"万物无以生将恐灭"亦无，不属漏抄。考文意，"万物"及"生"皆与上文所论不出同一序列，当为后世所增②，"校证文"遂删。上文皆为比类所设，而"侯王得一以为天下贞"为本句所落之处。"贞"，帛书本用"正"，二字同义。《广雅·释诂》："正，君也。""贞"，指至高的统治地位。侯王以维护其地位之崇高为政治理想。侯王不失其根本，就能保持其权威。"清""宁""灵""盈""贞"是事物发展自然呈现的结果，是内在机制作用的表现，也就是没有离开"一"这个出发点才能到达现在的理想目的地。

---

① （魏）王弼著，楼宇烈校释：《王弼集校释》，北京：中华书局，1980年，第105页。
② 严遵本亦无此句，但王弼注该句，则王弼所见文本有该句，由此，衍增已久。

"其致之。""致"有"得到""推衍"等注法，连接下文就是论述得不到"一"会如何如何，傅奕本便直接以此文意增字写为"其致之，一也"。苏辙注云："致之言极也。"① 而帛书乙本正是写为"至"，苏注可取。从下文文字看，"其致之"是一个转折。本来"清""宁""灵""盈""贞"是事物自然呈现的合理状态，但如果主观把这些"正面价值"作为追寻，就是不顾根本的"极致"索求。

"天无以清将恐裂，地无以宁将恐发，神无以灵将恐歇，谷无以盈将恐竭，万物无以生将恐灭，侯王无以贵高将恐蹶。"句中"万物无以生将恐灭"当为后增。此句最大的问题是关于"无以"的写法。按传世本写为"无以"便是解为"做不到"。任继愈翻译此句为："天不能保持清明，怕要破裂；地不能保持稳定，怕要震动；神不能保持神灵，怕要歇绝；河流不能保持充盈，怕要枯竭；万物不能成长滋生，怕要消灭；侯王不能保持地位的高贵，怕要亡国。"② 这是未见帛书本前普遍的理解。这样，老子就是说了一些人人皆见之常理，且与下文之文意无法联系成一个整体。帛书本"无以"写为"毋已"。"已"，完成、停止。《广雅》："已，成也。"《易·损》有："已事遄往。"③《左传·昭公十三年》有："且曰吾已。"杜预注："犹决竟也。"那么，"毋已"就是"无休止"的意思。高明说："由于今本经文皆有讹误，故各家释译也多背离老子本义。帛书甲、乙本则作'天毋已清''地毋已宁''神毋已灵''浴毋已盈''侯王毋已贵以高'，今本将'毋已'二字改作'无以'，尤其是将其中一个关键字'已'改作'以'，则原义全失。傅奕、范应元又将'毋以'改作'无以为'，失误更甚。"④ "裂"，崩溃。天不把"清"视为根本作用下的自然结果，如果无休止地追逐它，就会导致崩裂。"发"，读为"废"，古二字通用。《诗·小雅·四月》："废为残贼，莫知其尤。"毛传云："废，如字，一音发。""废"，堕毁。地不把"宁"视为根本作用下的自然结果，无休止地索求它，就会酿成堕毁。"歇"，停歇。神不把"灵"视为根本作用下的自然结果，如果无休止地争取它，就会陷入窒歇。"竭"，帛书本写为"渴"，干涸。谷不把

① （宋）苏辙：《苏子由道德经注》，尊经阁文库藏钞本，卷三。
② 任继愈：《老子今译》，北京：古籍出版社，1956年，第31页。
③ 周振甫：《周易译注》，北京：中华书局，1991年，第142页。
④ 高明：《帛书老子校注》，北京：中华书局，1996年，第279页。

老子论衡

"盈"视为根本作用下的自然结果，无休止地追寻它，就会造成枯涸。这四者还是比类，实际上自然事物没有主观意识，也不存在主观追求，如此论述，还是以自然秩序之价值转而为人道提出借鉴。以上论述最终还是为了论述侯王的至高地位应归于自生秩序，如果无节制地操控权力，就会被颠覆（蹶）。"无以贵高"，照与前文对应写法，应作"无以贞"。易顺鼎说："当作'侯王无以贞，将恐蹶'；'贞'误为'贵'。后人见下文'贵以贱为本，高以下为基'二句，以为承上文而言，妄于'贵'下又加'高'字，遂致踵讹袭谬，而义理不可通矣。"① 其说可从。而帛书乙本作"毋已贵以高"，或讹误已久。

"故贵以贱为本，高以下为基。"互文成义，高贵以下贱为基本。从一般道理来说，无下贱，也就无高贵，这是相互依存的矛盾体。进一步讲，高贵建立在下贱的基础上，是事物发展的理想状态，不是一步迈过来的，离不开其基础。但是老子在这里是落在人之道上的，更强调的是虽高贵而不自视为高贵，也不以其为价值目标。

"是以侯王自谓孤寡不穀。""不穀"，合音为"仆"，为百姓之称。《左传·僖公四年》："岂不穀是为？"杜预注："孤、寡、不穀，诸侯谦称。""侯王"是本身地位高贵，"孤、寡、不穀"则是"毋已贞"而自称。

"此非以贱为本邪？"因在上者不自视为高贵，所以虽身处高贵，而反以下贱之称自处，正是不失其根本的表现。

"非乎？"这里再次强调，难道不是这样吗？在上者自谓之俗是老子引入的论据，所以文中再以反问方式让读者思考这里所反映的不失根本的道理。

"故致数舆无舆。"这一句的写法差别很大，帛书甲本为"故致数与无与"，乙本为"故至数舆无舆"，河上公本作"故致数车无车"，傅奕本作"故致数誉无誉"。总起来说，大体是分为论述对象为"车舆"和"美誉"两种。以"车舆"论时，颇为费解，众说纷纭。郑良树说："此文可就字面解之。致，聚也。此谓虽聚有数舆车，当自谦无舆车；犹侯王富有民人，当自谦孤寡不穀也。"② 这倒有点如今俚俗之凡尔赛文学特色了。老子以前文比类，而从"贵以贱为本，高以下为基"之后则完全落在人道，此处突

---

① （清）易顺鼎：《读老札记》卷下，清光绪十年刊本。
② 郑良树：《老子新校》，台北：学生书局，1997 年，第 189 页。

兀出现"车舆"问题于文意乖离，不应取之。而作"致数誉无誉"时，又如何解释"数"呢？有释为"急切"者，有释为"反复"者，均可参考。而吴澄本径作"故至誉无誉"①。《庄子·至乐》有"至乐无乐，至誉无誉"②，或为即暗引此处。抄本文字之衍变，已无从考之，但意思很明确，此处正是老子承上文得出的结论，拥有至高的称誉的为政者恰恰是超越了对称誉孜孜追求的人。

"不欲琭琭如玉，珞珞如石。"此句异文颇多，"琭琭"诸本或作"禄禄""琭琭""録録"，"珞珞"或作"落落""硌硌"等，应该皆为相互通假之用。然"琭琭"本为玉有光泽的样子，而"硌硌"则为石之坚硬状，许为原字。此句有解释为"不想做什么高贵的美玉，或下贱的坚石"③ 的，意思是消除对事物的两端认识，从上文可以看出，老子还是强调不追求世俗所谓之"正价值"，当是谓虽处玉之尊但自甘石之贱。"不欲琭琭如玉，珞珞如石"实为"不欲琭琭如玉，而欲珞珞如石"之省文。蒋锡昌谓："言不欲琭琭如玉之高贵，宁珞珞如石下贱也。"④ 正得其旨。

本章的关键字是"一"，而"一"之论又落在"本"上。"一"标明了事物发展循其出发的根据和依赖其基础的特点，是"道"的一种特性，但不可视之为"道"之同名。"道"是涵盖了总体性质和容纳了各方面特点的。"朴"的无分性、整体性，"大"的普遍性、广博性，"德"的作用性、内在性等均是"道"的具体方面的特质，也都无法取代"道"。但是在强调"道"的专门特性时，又不得不引入上述词汇来标识之。本章对事物被其基础决定特点的论说，与"合抱之木，生于毫末；九层之台，起于累土；千里之行，始于足下"（第六十四章）所论相合，而对为政者不以至高地位为政治追逐目标的告诫又与"太上，下知有之"（第十七章）相通。《老子》之文本来就是一贯的，但此一贯之体认须建立在对章文剥茧抽丝的细致工作的基础上。本章从比类式论述得出"普遍规律"，转入论侯王不以高位为追逐，目标还是在于对逐位集权的"有为"的批判。其中"毋已""誉""玉石"等几处诠解的选择都会对整章的把握产生影响，若选取不当，可能

① （元）吴澄：《道德真经注》，粤雅堂版，卷三。
② 陈鼓应：《庄子今注今译》，北京：中华书局，2009年，第480页。
③ 任继愈：《老子今译》，北京：古籍出版社，1956年，第30页。
④ 蒋锡昌：《老子校诂》，上海：上海书店，1996年，第265页。

会使得章文陷入支离致使整体逻辑关联缺乏，也可能会使得对整篇文字的理解出现偏差。

第四十章

【原文】

反者，道之动；弱者，道之用[1]。天下万物生于有，有生于无[2]。

【训释】

[1] 反，竹简本作"返"。

[2] 竹简本作"天下之物生于有，生于无"。

【校证文】

反者，道之动；弱者，道之用。天下万物生于有，生于无。

【译文】

事物向相反的方向发展，是自然之道的基本规律；取弱守柔，是治国之道的根本纲领。天下的事物随着人们以差别眼光观察而呈现出来。

【解析】

本章有竹简本对应文字，且分章与今本一致。帛书本本章在第四十一章与第四十二章之间。今本此章与第四十二章所论主题皆类为形上意义的道，内容似相连，有学者主张二者原应合为一章。本章竹简本文字有重要差别，而这种差别也恰恰与对本章章旨理解的重大分歧对应。

"反者，道之动；弱者，道之用。"这一句话关键是两个字，即"反"和"弱"，一个问题在于字义，另一个问题在于所指对象。"反"，竹简本写为"返"，古二字通用，而注老之分歧恰在今二字之写法。一种是"反于无""反于静""反复"的理解，实际上取"返"之义；一种是"反面""对立面"或"转化"的理解，实际上取"反"之义。这两种理解都可以讲得通，但从根本上看，第二种理解其实可以包容第一种理解，这也正是二字的相通之处。注老者勉强做二字之别，或正是忽略了在古人那里这两种意思就不是撕裂的。"反"是一种动势（返），是向对立面（反）发展的动势。事物发展要向其本身对立面运动，也就是自我否定。按照辩证法原理，矛盾属性是事物的基本属性，事物要发展必然要进行自我否定。老子此一句实是对辩证法的基本规律的高度概括，人类的思想相通，对根本问题的认识古今相合，这一点并也不奇怪。对于"反"，钱钟书也说："'反者道之动'之'反'字兼'反'意与'返'亦即反之反意，一语中包赅反正之动为反与夫反反之动而合于正为返。"① 钱先生认为"反"与黑格尔的"否定之否定"理无二致，甚至说黑格尔"数十百言均《老子》一句之衍义"②。"反"是事物发展要遵循的规律，那么"弱"是所有事物要遵循的规律吗？事物发展有弱、有强，本就是不断转换自身所处态势的，老子为什么突出"弱"？古注家多解说事物要转回到虚静之类，现代翻译也往往语焉不明。"保持着柔弱的状态，是'道'的作用"③ "柔弱是'道'的作用"④ "道的作用是柔软的"⑤ 等说法，看了仍让人费解，本来"孔德之容，唯道是从"（第二十五章），道的作用怎么就弱了？看来，解老者没有把两个"道"区分开，才致难圆其说。"反者，道之动"是作为"弱者，道之用"的比类出现的，上文是自然之道，是述事物的基本属性；下文是治世之道，是告诫为政者的治理遵循。因为事物本身是对立转化的，一味取强反而会适得其反，因此减少控制使事物循动势发展才是高明的。"反"是事物发展的整体规律，有强制性，但绝非宿命论。"弱"是为政者应取之主观作为，遵不遵循自己看着办，但不代表不受限制。其实，老子用"动"和"用"已巧妙地表明，上文的"道"是以天道规律为下文的"道"的实践运用做示范的。为什么在上者要选择"弱"为用？一句话，强权、专制往往有过之，民主、自由往往有不及，老子以消解性手段作为政治实践必选项。

"天下万物生于有，有生于无。"这句话历来多被解为老子之宇宙生成论之语，这与后世对老子思想的解读受到气化宇宙观兴起思潮的影响有关，也与抄本本身文字之讹误有关。"天下万物"为传世本写法，傅奕本、帛书

① 钱钟书：《管锥编》，北京：中华书局，1979 年，第 446 页。
② 钱钟书：《管锥编》，北京：中华书局，1979 年，第 446 页。
③ 张松如：《老子说解》，济南：齐鲁书社，1998 年，第 232 页。
④ 任继愈：《老子今译》，北京：古籍出版社，1956 年，第 9-10 页。
⑤ 陈鼓应：《老子注译及评介》（修订增补本），北京：中华书局，2009 年，第 90 页。

本、竹简本皆作"天下之物"。王弼注云："天下之物皆以有为生，有之所始，以无为本，将欲全有，必反于无也。"① 王弼所据之本亦为"天下之物"，"天下万物"必为后改。"天下万物""天下之物"意思有微细的区别，"天下万物"可以用于论说万物的演化发展，而"天下之物"却往往用以判断事物的基本性质。本句的一般理解就是事物的有形有状，从无形无状演变而来，然而竹简本的写法提示了别种解释的可能。本句竹简本写为"天下之物生于有，生于无"，学者多以为简本脱一"有"字，其实未必如此。《老子》第二章即有"有无相生"，认为事物的有无亦从人的对待性认识而来。老子会从事物衍生的道理来谈问题，还是从人认识事物的特性来谈问题，只要能对《老子》章文有总体性认识不难做出判断。按照竹简本的写法，即"事物从有、无这种差别性认识中被表现出来"。按照《说文》"生，进也"，"生"本来有"引起"的含义，不一定解释为"生产""生化"。其实，即使没有竹简本的支持，也照样可以做出非生成论的解读。薛蕙即道："有者，即有名万物之母，非有形之物也。凡物之貌象声色，盈于宇宙，其用固至广矣，然皆生于有耳……有之极天蟠地变化不测，其动固至神矣，然实生于无耳。"② 按照薛蕙的说法，"有"并不是指事物的"有形"，而是指"有名"。"名"是人的主观参与，是人以自己的主观立场认识事物之价值属性，当然产生于"无名"——自然无判断。《文子·道原》③专有对"有生于无"的解释，应该还是把握了要旨的："无形而有形生焉，无声而五音鸣焉，无味而五味形焉，无色而五色成焉，故有生于无，实生于虚。"④

　　本章十分简明地论述"道"的性质，是《老子》道论集中表达的重要一章，章文的两句话也是人们喜欢引述的《老子》名句。但历来把此章归于老子道学宇宙生成论的影响极大，以致难以纠正。本章取何种解释直接关系到如何看老子哲学的基本宗旨，不可不认真辨明。老子哲学是政治哲学，虽然其政治选择以道论作为支持，但"道"的涵盖仍被限制在一定范围内。老子无意于以"道"作为宇宙发生论的承担者展开论述，因为这种

① （魏）王弼著，楼宇烈校释：《王弼集校释》，北京：中华书局，1980年，第110页。
② （明）薛蕙：《老子集解》，惜阴轩丛书本，下卷。
③ 《文子》先于《淮南子》而成书，虽经后人篡改润益，但不是完全的伪书。
④ 王利器：《文子疏义》，北京：中华书局，2000年，第30-31页。

论述不仅与主题无涉，还会干扰问题的集中。凡发明之《老子》有宇宙论体系，实是来自于望文生义的误解和后世读老者以古典宇宙观与现代科学知识强塞带来的曲解。尹振环认为竹简本"生于亡"意思是"发生于隐秘而看不见的无"①，并以本章在竹简本的位置质疑说："从十九章至二十五章无一不是政治生活与人生辩证法，会不会突然冒出一个'万物生成论''宇宙本体论'来呢?"②虽对尹先生所解文字，笔者并不同意，但其提出的思考是应注意的。老子有其核心关切问题，不是一个建立庞大体系的哲学家，这一点丝毫不减损《老子》的价值。汤用彤曾提出《老子》的道论是宇宙论，王弼才主要讲本体论，所主并不准确，依笔者所见，如果一定说道论是一种本体，宁可说为价值本体。现在不少解老者受现代科技进步和部分西方学者解读中国典籍角度的影响，以宇宙大爆炸理论等为"有生于无"提供佐证，并认为老子思想接近现代科学认识。其实，说《老子》存在反智性探索并不可靠，说《老子》支持了科学认识也没必要，因为在《老子》所谈问题与科学、科学精神本风马牛不相及。对于刘笑敢所说"应该重新思考老子之道与科学的关系，重新发掘老子之道中有利于科学发展的思想精神"③，笔者亦无法完全认同。老子哲学究竟在多大程度上影响（阻碍或促进）了科学精神与科学实践，这是值得研究的问题，但这也只是和人们对于老子哲学的接受有关系，与老子的思想主旨和思想构成本身关系不大。

第四十一章

【原文】

上士闻道，勤而行之；中士闻道，若存若亡；下士闻道，大笑之，不笑不足以为道[1]。故建言有之：明道若昧，进道若退，夷道若纇[2]。上德若谷，大白若辱，广德若不足，建德若偷，质真若渝[3]。大方无隅，大器晚成，大音希声，大象无形[4]。道隐无名，夫唯道善贷且成[5]。

【训释】

[1] 竹简本作"上士闻道，堇能行于其中。中士闻道，若闻若亡。下

① 尹振环：《楚简老子辨析》，北京：中华书局，2001年，第266页。
② 尹振环：《楚简老子辨析》，北京：中华书局，2001年，第265页。
③ 刘笑敢：《老子古今》（修订版），北京：中国社会科学出版社，2006年，第453页。

士闻道，大笑之，弗大笑，不足以为道矣"。帛书甲本全残，帛书乙本有缺文，其中"勤而行之"，亦作"堇能行之"。

［2］帛书乙本作"故建言有之：明道若费，进道若退，夷道若类"。颣，丝上的结。《说文》："颣，丝节也。"昧，不明。《广雅·释诂四》："昧，冥也。"

［3］该句帛书本、竹简本多有残缺。傅奕本"辱"从黑从辱，"媮"写为"媮"，"渝"写为"输"。质，《玉篇》："质，信也。"渝，污浊。《说文》："渝，变污也。"

［4］晚，帛书乙本作"免"，竹简本作"曼"。希，竹简本作"祇"。"大象"，帛书乙本、竹简本皆作"天象"。

［5］本句竹简本残。帛书乙本作"道褎无名，夫唯道，善始且善成"。"褎"与"褒"同，义为大。

【校证文】

上士闻道，堇能行于其中；中士闻道，若存若亡；下士闻道，大笑之，不笑不足以为道。故《建言》有之：明道若昧，进道若退，夷道若颣。上德若谷，大白若辱，广德若不足，建德若媮，质真若渝。大方无隅，大器免成，大音希声，大象无形。道褎无名，夫唯道善始且成。

【译文】

通达的士人闻听了道，仅仅能使自己的行为符合于道；中等资质的士人闻听了道，将信将疑，或循行或背离；鄙陋的士人闻听了道，就会轻视而嘲笑它，但不被人非笑，也就算不上什么"道"了。《建言》这本书说过：道的光明如昏暗，道的顺畅如结聚，道的发展如后退。高尚的道德反而像被幽深的山谷，纯洁的事物反而像染污的东西，广博的道德反而像有点欠缺，充斥的道德反而像有些薄弱，真实的朴质反而像污秽浑浊。至大的方正之物似没有棱角，至尊的器物似没有完成，至高的声音似没有响动，至宏的相状似没有形态。道是盛大的，因此无法形名类属，但只有道才使得事物有所生、有所成。

【解析】

本章帛书乙本在第三十九章之后，甲本有大面积残缺。竹简本"上士闻道"至"进道若退"写在乙组第九、十简上，"上德如谷"之后写在第十一、十二简上，"天象亡形"后残缺。有学者认为，第九、十简所论内容与十一、十二简所论有别，当分为两章。考本章文意，前半部分述道学超越一般政治经验之表现并引入古语为证，后半部分似在古语基础上进一步发挥，论绝高之道实潜自然日用之中而不迹显，如传世本处理为一章是可以讲得通的，然古貌究竟如何，恐怕终归不得而知。本章文字颇有相异难辨之处，然并不影响对整体章旨的把握。

"上士闻道，勤而行之；中士闻道，若存若亡；下士闻道，大笑之，不笑不足以为道。"这一句是说现象，后文由此展开原因分析。诸本差别关键在"勤而行之"上，帛书乙本作"堇能行之"，竹简本作"堇能行于其中"。作"勤而行之"，即上士资质高，能够理解"道"，闻听之后，便积极实践。这能够讲得通，但不理想，因为依"道"性治国，本是要事物循其自然之性，没有什么需要勤勉努力的，凡在上者辛苦构想、指挥，往往便不是"道"，包括自以为是"道"的做法。"堇"，通"仅"。传世本的"勤"，帛书本都写作"堇"，传世本"勤"这个字的使用恐怕是有问题的①，不可轻易把帛书本的"堇"读为"勤"了事。作"堇能行之"，即对于上士而言，行"道"并不容易。作"堇能行于其中"，即突出了上士所作符合了"道"，而不一定是出于主观设计，这种理解最能与老子思想契合。由此，竹简本的写法最胜。"若存若亡"即"或存或亡"，中士听闻"道"的特点是思想上将信将疑，行动上若即若离。下士"大笑之"，是最一般的普通人的态度。为什么大笑？因为以道治国，看起来没有深奥、周密的设计，又提倡减少对百姓的指挥，有悖常理。然而老子说"不笑不足以为道"，正是因为一般人缺乏认同，所以它更弥足珍贵。

"故建言有之：明道若昧，进道若退，夷道若纇。""建言"所指为何？有认为此为老子援引古语而谓，不一定便是古书。高亨说："'建言'殆老子所称书名。《庄子·人间世》篇引《法言》，《鹖冠子·天权》篇引《逸言》，《鬼谷子·谋》引《阴言》，《汉书·艺文志》有《谰言》（班自注不知作者）。可证名书曰'言'，古人之通例也。"② 高先生所言成理，可

① 第六章"用之不勤"、第四十一章"勤能行之"、第五十二章"终身不勤"，以"勤"解文都很别扭。

② 高亨：《老子正诂》，北京：清华大学出版社，2011年，第68页。

备一说。不管是不是出自古书，如果确定本段的三组词为老子引述而来，那就充分说明老子道论的产出并非完全来自于个人的思考或体悟，而是在前人认识的基础上进一步的集中表达。这种认识是重要的，它表明任何学说兴起都有时代需求，也有思想背景与源流，老子是智者，但绝不能被神秘化为空前绝后的先知或教主。竹简本本句后二组词次序颠倒，有缺文。"昧"，帛书乙本为"费"，竹简本释文以对应字为上弗下目，《说文》注为"目不明也"，与"昧"义同，或"费"为上弗下目之误。"纇"，帛书乙本写为"类"，古二字通。"纇"指丝上的结，引申为反常和不顺。《左传·昭公十六年》有："刑之颇类，狱之放纷。"孔颖达疏曰："服虔读类为纇，解云：'颇，偏也；纇，不平也。'""明道若昧"是光明的看起来昏暗，"夷道若纇"是顺畅的看起来杂乱，"进道若退"是发展的似乎在退步。注家一般以为这是得"道"之人的表现，但考察上下文并结合老子道论的基本观点，这里应是指的"道"本身作用的表现。它不出于人的主观的价值追求设计，其作用完全出于内在的合理性，因此往往表面呈现出来的与人们预期的有偏差，以为其"昧""纇""退"，实际上却动员了本身的积极性，是"明""夷""进"的。若理解为人的表现，那便又将"道"加以神秘气息或斥实践"道"为阴谋伪装了。

"上德若谷，大白若辱，广德若不足，建德若偷，质真若渝。""上德若谷""大白若辱""广德若不足"这三者诸本之间没有重要不同。"辱"即"黑"，傅奕本便写作从黑从辱。"上德"本是崇高的，然"若谷"，似低下。"大白"是高洁的，然"若辱"，似染污。"广德"是普遍的，然"若不足"，似欠缺。"建德若偷，质真若渝"，帛书本、竹简本都有残缺。傅奕本"偷"写为"媮"。"偷"，《玉篇》："偷，苟且也。""媮"，《玉篇》："媮，薄也。"作"偷"或"媮"亦都可通，但"媮"更胜。"建"通"健"，《释名·释言语》："健，建也，能有所建为也。""建德若媮"，即刚健其德反似薄弱存在一般。傅奕本"渝"写为"输"，二字通。王念孙《广雅疏证》云："输、渝古通用。""渝"，污浊。《说文》："渝，变污也。""质真若渝"，即真实质朴的事物反似污秽浑浊一般。这五组"若"是老子借上文引古语之后的引申发挥，核心意思同样是强调，道的自然作用不同人为构想，其积极意义并不从常态设想中取得，人所取向之价值在它这里只好冠以"上""大""广""健""质"等词。对于本句之文字，古来多有以窜讹纠正者，一是"大白若辱"的位置，二是"质真"的写法。张松如说："'大白若辱'句，自帛书起，就似有错简，敦煌本露了一点消息，但文义仍凌乱不畅，今移置'质真'句后，则'明道''进道''夷道'与'上德''广德''建德'，各为三句连续，且'若辱'上韵'若渝'，又'大白'下接'大方''大器''大音''大象'诸句，读起来就顺畅多了。"① 刘师培说："案上文言'广德若不足，建德若偷'，此与并文，疑'真'亦作'德'，盖'德'字正文作'悳'，与'真'相似也。'质德'与'广德''建德'一律，'广德'为广大之德，与'不足'相反；'建德'为刚健之德，与'偷'相反；'质德'为质朴之德，与'渝'相反，三语乃并文也。"② 张松如、刘师培两位先生所论皆成理，然并未取得古本支持，竹简本"大白若辱"位置同今本，且"真"使用了通之的"贞"字。或窜乱、讹误已久，或原作者并未重视句式整齐的问题。

"大方无隅，大器晚成，大音希声，大象无形。""大器晚成"是今熟用之语，然老子从不以正面鼓励的方式论述问题，该词今用之意并不合老子思想。帛书乙本作"免"，竹简本作"曼"。"免"，去掉。《广雅·释诂四》："免，脱也。""曼"，有"无"的意思。《广雅·释言》："曼、莫，无也。"不管取"免"还是"曼"，都是否定意义的，与本组"无""希"同一序列，今本写为"晚"必为讹错所致。"希"，竹简本作"祗"，不可解，当为它字之误。"大象"，帛书乙本、竹简本皆作"天象"，不可解，或皆出自误笔。"大方""大器""大音""大象"都是比类对象，是自然之道的整体气象。在"道"的作用下事物存在发展的自然呈现，不以特定导向为依据，因此"隅""成""声""形"等人所主观构设之范围并不能限制它，但不乏其用。

"道隐无名，夫唯道善贷且成。"本句竹简本自"道"字后残缺。帛书乙本作"道褒无名，夫唯道，善始且善成。""褒"与"襃"同，义为大。前文即言"道"之"大"，"道褒无名"是对上述内容的总结。"褒"比"隐"更合文意，因为这里不是强调"道"隐秘之不可识，而是强调"道"对于常态价值的超越性。"道"的作用是普遍的、盛大的，超越了人的思维概念框架（名）。"贷"敦煌本、帛书本都作"始"，今本之"贷"应为假

---

① 张松如：《老子说解》，济南：齐鲁书社，1998年，第242页。
② 刘师培：《老子斠补》，宁武南氏校印本，1936年。

借。"善始",是照顾到了所有要素与合理性;"善成",是不以专门方向为选择而取得整体的发展。这一切都只有在事物本身内在需求的道性作用下才有可能伸展开来。

本章论述以道治国对于世俗价值的超越,"道"不是人的主观设计,是事物发展的自我要求和整体合理性作用。也正因此,它表现出来往往不合于人的设想,不合于人选择出来的价值标签,便有上士、中士、下士的不同态度。刘笑敢说:"这个道就是人文自然之道,指涉的是人间之事,人为之事,关乎如何实践自然之行为原则,落实自然之价值意义,追求的是人生之自然、自适、自足,向往的是人世之自然有序与自然和谐。对很多人来说,这是不可能实现的目标,因为人们普遍相信,没有强权就没有秩序;没有拼搏,就没有自足……老子之道有非常普遍、易行的一面,也有非常难以落实的一面。其平易可行的原因不需要特殊的条件,只要承认自然的和谐高于强制的秩序,只要你认为自然的人生高于拼斗的人生,你就有办法逐步从现实的争斗、困境中逐步脱身。这不仅有利于自己摆脱是非利害之束缚,显然也有利于减轻、缓和社会上的忿唳不安之气。其难以实行的原因在于人们习惯于通常的或曰世俗的价值观念,在世俗的价值体系中不能超越、不能自拔,不能退身自适。"① 这段论述非常精彩,但是没有指出老子的人文之道其实是治世之道,建立于在上者与在下者之间的关系层面,在上者以减少强制与支配给在下者的发展而建设自然秩序提供空间。对于一个具体单元,比如一个人,如果他自己也"无为",顺其自然,那就只是懒惰罢了。大道自然和自强不息不矛盾,因为所指根本就不是一回事。

第四十二章

【原文】

道生一,一生二,二生三,三生万物[1]。万物负阴而抱阳,冲气以为和[2]。人之所恶,唯孤寡不榖,而王公以为称。故物,或损之而益,或益之而损[3]。人之所教,我亦教之[4]。强梁者不得其死,吾将以为教父[5]。

---

① 刘笑敢:《老子古今》(修订版),北京:中国社会科学出版社,2006年,第460-461页。

【训释】

[1] 生，《说文》："生，进也。象草木生出土上。""生"又通"性"，指禀赋。《书·君陈》："惟民生厚，因物有迁。"孔颖达疏："言人自然之性敦厚，因所见所习之物有迁变之道，故必慎所以示之。"

[2] 万物负阴而抱阳，帛书本残缺。抱，傅奕本作"襃"，二字通。冲，交融。《说文》："冲，涌摇也。"

[3] 帛书本残，从残存部分看相当传世本"损之而益""益之而损"的文字语序颠倒。

[4] 帛书乙本全残，甲本存字为"故人□□教，夕议而教人"。

[5] 帛书甲、乙本均有残缺，对照补齐为"故强良者不得死，吾将以为学父"。父，规则。《说文》："父，矩也。家长率教者。"学父，即教父。《广雅·释诂》："学，教也。"

【校证文】

道生一，一生二，二生三，三生万物。万物负阴而抱阳，冲气以为和。人之所恶，唯孤寡不穀，而王公以为称。故物，或损之而益，或益之而损。人之所教，夕议而教人。强梁者不得其死，吾将以为教父。

【译文】

道是统一性的表现，这种统一性被认识就成了主客双方，主客相交从而生发出新的存在，这些存在不断被接受便衍生了复杂的万物。事物包孕了对立的两方面，它们互相作用而展现出整体和谐的状态。人们不喜欢孤、寡、不穀这些字眼，但在上者却以此为自称。所以事物本来就是，有时看起来有损失却有收益，有时看起来有收益但其实是损失了。大家拿来教训人的东西，我并不以此准则。"强横的人没有好下场"，我反而把这种话牢牢记在心里。

【解析】

本章是《老子》中较为难理解的一章，原因有二：一是本章无竹简本对应文字，而帛书甲乙本均有大量缺文，特别是涉及到关键文字的残缺，使得传世本疑似讹误文字无古本可以参照校证；二是对于老子之宇宙化生论的解读所依据的主要是本章文字，其影响久远，对老子文本的理解形成了强大干扰。

"道生一，一生二，二生三，三生万物。"这一句一直被作为老子关于宇宙演化的基本模式来言说的。《淮南子·天文训》便引而释之道："一而不生，故分而为阴阳，阴阳合和而万物生。故曰：'一生二，二生三，三生万物。'"① 汉代元气学说兴起后，人们将"一"与"元气"对应，"二"与"阴阳二气"对应，"三"不太好解决，好在《老子》下文有"冲气以为和"，便说"三"为"阴气""阳气"加上"冲气"（或"和气"），之后便"生万物"。这种机械对应当然是粗糙的，历史上也在与佛教理论的论战中被找到了不少漏洞。近代以来，多有强调此句不宜指实理解，只处理为老子的创生基本理念即可。任继愈就说："在这里，老子说明了事物由混沌状态的气，逐渐分化为万物、由简到繁的过程。"② 然而问题正如笔者于第四十章所论，在思想上老子没必要拉出宇宙论问题，在论述逻辑上也不合文理。这句话被处理为万物生化说，与"生"之一字被想当然理解为"产生"关系很大。《说文》注"生"为"进也"，有"引起"的意思。"生"又通"性"，指本质、特征。因此，"生"不一定解释为"产生"。辛战军先生说："'生'不是产生、生育、生殖的意思。而是如'雨过之后天空生出一道彩虹'的'生'字，是展现出、显现为的意思。"③ 虽然《老子》中有"道生之"（第五十一章）、"生而不有"（第二章、第十章、第五十一章），但这都可以理解为"道"对事物的决定性而不是生发性。按生成论解释很难处理"道"和"一"的关系，由第三十九章所论分明"一"是"道"的性质，《黄帝四经·成法》也有"一者，道其本也"④，"一"如何又由"道"产生出来呢？如果以"生"为"性"就合理得多，即"道"的性质是"一"——整体性。整体的东西被人认知、判断就因有了对立关系而撕裂。早在《庄子·齐物论》就有暗引此句的论说："一与言为二，二与一为三。自此以往，巧历不能得，而况其凡乎！"⑤ "一"是"道"的整体

①　陈广忠：《淮南子》，北京：中华书局，2012 年，第 152 页。
②　任继愈主编：《中国哲学史》（第一册），北京：人民出版社，2010 年，第 60 页。
③　辛战军：《老子译注》，北京：中华书局，2008 年，第 172 页。
④　陈鼓应：《黄帝四经今注今译》，北京：商务印书馆，2007 年，第 291 页。
⑤　陈鼓应：《庄子今注今译》，北京：中华书局，2009 年，第 80-81 页。

性特点，有了思维、概念（言）就成了主客双方的"二"，再进一步就有比较基础上的差别性呈现，便是"三"，以至"万物"。也就是说，事物的复杂性是对立的表现，这种对立有赖于人的认识判断。人一旦泯灭、搁置这种主观认知，那么事物恢复的就是其整体性（道）。这样理解，与下文的内容才好联系为一个整体，即人的主观价值追求不应脱离事物自身的整体合理性设定。这一点王弼的注比较清楚："万物万形，其归一也，何由致一，由于无也。由无乃一，一可谓无，已谓之一，岂得无言乎。有言有一，非二如何，有一有二，遂生乎三，从无之有，数尽乎斯，过此以往，非道之流，故万物之生，吾知其主，虽有万形，冲气一焉。百姓有心，异国殊风，而得一者，王侯主焉。以一为主，一何可舍，愈多愈远，损则近之，损之至尽，乃得其极。既谓之一，犹乃至三，况本不一而道可近乎，损之而益，岂虚言也。"① 在王弼那里，虽然"以无为本"的解说与老子宗旨并不相符，但对这句话的理解无疑是超乎简单诉诸宇宙论之上的。

"万物负阴而抱阳，冲气以为和。""负"不是今日理解之"背负"的意思，其与"抱"同义，二字形成互文，指事物蕴有阴、阳两个方面。古来有些对《老子》道论的解释惯于用阴阳这一相对范畴加诸相关章节，其实此句为《老子》中存在的仅有一处"阴""阳"字眼。然帛书本对应文字全部残缺，原貌如何竟成未知。即使《老子》祖本依然有"阴阳"二字，也不是其着重突出的思想，解老者对阴阳的过度使用显然是受到了后世哲学形上体系构建之影响。"冲气"，帛书乙本残，甲本作"中气"，意思相通。上文已指出，"冲气"不是"阴气""阳气"之外的第三极，只是阴阳相互作用的状态，意谓事物的内部矛盾有其自身的调和方式。"冲气"一说既无哲学史依据，更无老子哲学依据。吴澄注谓"和谓阴阳适均而不偏胜"②，应是准确把握了文旨的。其实，这句话大体相当于今日哲学所谓之事物内部矛盾的对立统一关系，"阴""阳"是对立，"和"是统一。正如《庄子·田子方》所说："至阴肃肃，至阳赫赫。肃肃出乎天，赫赫发乎地，两者交通成和而物生焉。"③ 事物的特性与人的认知关联，而人的认知是出于对待而有的，阴、阳便是两个反面，这两个方面是一个冲和整体，

---

① （魏）王弼著，楼宇烈校释：《王弼集校释》，北京：中华书局，1980年，第117页。

② （元）吴澄：《道德真经注》，粤雅堂版，卷三。

③ 陈鼓应：《庄子今注今译》，北京：中华书局，2009年，第576页。

因此事物的根本属性也是整体性。

"人之所恶，唯孤寡不穀，而王公以为称。"有解老者以为此章分章有问题，此句以下当为另一章，因为显然上面属于形而上的道论，下面属于社会生活的人事。这种认识还是设想《老子》在纯粹的形上学论述下而做出的判断。其实，老子关于"道"的形上认识全是为其理想政治实践的构想而服务的，因此这一章前半节所论必然要落到治理之道上，本章分章一点儿问题也没有，看似内容差别大的两部分是有其内在逻辑联系的。上文不管是"道生"，还是"冲和"，焦点只有一个，那就是事物以整体性作为其基本特性，以此提示人们，事物正向的发展离不开其整体的依托。价值性是对立而有的，"王公"（傅奕本作"王侯"）是位之尊者，恰应提醒自己，不能脱离"群众基础"而自以为尊，因此以"孤""寡""不穀"这些俗人的眼光不喜欢的字眼"为称"（傅奕本作"自称"，帛书甲本作"自名"）。这一句与上文的衔接恰与第三十九章结构类同。第三十九章上论"得一"（整体性）问题，下接"高以下为基"而"侯王自谓孤寡不穀"，行文逻辑与思想传达与此完全一致。明乎此，便更应明确老子道论之思维范式与核心关切！

"故物，或损之而益，或益之而损。"事物整体存在，有其自身发展的内在合理性。看起来，有利益的价值导向（益），往往是以限制了其整体积极性（损）为代价的。反过来，在上者无为（损），却会激发在下者的极大的积极性（益）。从"道"的整体性至呈现事物之繁杂是自然之道，而损益的问题则是治世之道，都可以从"道"本身进行考量——整体性的偏离是一种"破坏"。

"人之所教，我亦教之。"帛书乙本此句全部残缺，甲本残存文字为"故人□□教，夕议而教人"。依传世本，缺字当为"之所"，然补足后仍不易读通。高明认为，"故""夕""议"均为假借字，假借"古""亦""我"。① 这样就是"所以人家怎样教导的，我也以此教导人"②。老子本就谓"众人皆有以，而我独顽似鄙。我独异于人，而贵食母"（第二十章），怎么会与"人"同呢？若果如此，便不是老子，老子的特色就在进行反其道的思考。注家便以为这里的"人之所教"，当为下文的"强梁者不得其

① 高明：《帛书老子校注》，北京：中华书局，1996年，第33-34页。
② 许抗生：《帛书老子注译与研究》，杭州：浙江人民出版社，1982年，第14页。

死"。这也不理想，因为对于该句，老子已有"以为教父"的论说，这里的"人"显然还是接上文"人之所恶"的"人"而来的。"人所恶"的，"王公"与之不同。"人所教"的，"我"亦与之不同。此句王弼注为："我之非强使人从之也，而用夫自然，举其至理，顺之必吉，违之必凶。故人相教，违之自取其凶也，亦如我之教人，勿违之也。"① 明显可以看出，王弼所注与今王弼本《老子》文本并不一致。再看严遵《老子指归》就更清楚了，"故众人之教，变愚为智，化弱为强，去微归显，背隐为彰，暴宠争逐，死于荣名。圣人之教则反之。愚之智，辱之荣，微以之显，隐以之彰，寡以之众，弱以之强。去心释意，务于无名，无知无识，归于玄冥。殊途异指，或存或亡。是以强秦大楚，专制而灭；神汉龙兴，和顺而昌。故强者离道，梁者去神，生主以退，安得长存？不求于己，怨命尤天，圣人悲之，以为教先。书之竹帛，明示后人，终世反之，故罹其患。"② 据此，"我亦教之"恰恰写反了，应该是"我不教之"。今本错讹，帛书本残缺，使得这一句原貌难以恢复，但基本意思应该能拎出来。所以"故""夕""议"几个字未必是假借，起码不是假借为"古""亦""我"这几个字。"夕"，《说文》注谓"莫也"。那么，按帛书甲本补齐后的现有文字"故人之所教，夕议而教人"，就可以理解为"由此，人们讲得道理，我是不会以此教导别人的"。

"强梁者不得其死，吾将以为教父。"据《说苑·敬慎》所录金人铭文字中有"强梁者不得其死，好胜者必遇其敌"③，则"强梁者不得其死"出自古训。"教父"即"准则""箴言"，老子拿来古语作为论据，并不代表这句话的实质在其受到多大程度重视。实际上，在金人铭中的该语无外是强调谦逊慎微自处，与老子思想建立在对事物存在和社会发展深刻思考基础上的表达不可同日而语。

对于本章"道生"之说的理解，影响到对于"道"的基本性质的认识。道是总根源、总规律、绝对精神等说法均有，"道"的相状虚无特点常常被热衷于宇宙观的学者用以描摹来自道家的演化图景。刘笑敢说："'道生一，一生二，二生三，三生万物'就是老子对世界万物生发演化过程所作的理

---

① （魏）王弼著，楼宇烈校释：《王弼集校释》，北京：中华书局，1980 年，第 118 页。

② （汉）严遵著，王德有点校：《老子指归》，北京：中华书局，1994 年，第 19 页。

③ 王天梅、杨秀岚：《说苑》，北京：中华书局，2019 年，第 540 页。

论假说的抽象化、模式化表述，反映世界有一个共同的起点，即共同的根源。这个共同的起始阶段或最初状态无法描述，也无法命名，只是勉强、姑且称之为道，从这个道所指代的那个阶段或状态逐步演化出宇宙最简单的存在形式，以后，从单一到繁多，从简朴到复杂，从浑沦到具体，逐步出现了我们所能看到的大千世界。"[1] 这种说法无疑是比较理想的中国哲学世界万物创生说的论述了，但是如何处理"道生"一组在《老子》全文的位置，又如何处理该句与下文的关系呢？道包括了根源、本体类意义是毋庸置疑的，却未必由之而伸展为生成学说，原因即在于它不应该属于老子哲学所必要触及的范围。而即使认定"道"为本体，也不应判属存在性质本体，老子说"大道废，有仁义"（第十八章），若道为万有本体，那么仁义本质上也是道了，何来"废"而有之之说？简而言之，"道"是世俗价值取向的否定和治世模范，它是思维范式与价值本体双嵌的。说它是思维范式是因"道"的意义在于比类，说它是价值本体是因"道"的意义在于超越。老子道学的现代解读必然借助到西方哲学的方法论，对于此章不以宇宙生成论解读的牟宗三、傅伟勋等学者即较多引入了西学的思想方式，认为"道生"表示"纵贯关系"或"在先"，本质上是以本体说"道"的，但老子哲学的西学形上式解释往往是脱离了老子本怀的自说自话，把简单的问题越说越偏，越说越复杂。徐梵澄独辟蹊径，以易理卦画之变动贯解此章，并说："易益之象曰：'损上益下，民说无疆。'——此章由道一而说万物，由万物而说阴阳，由阴阳而说损益。将以动王公者也，再喻以'孤、寡、不穀'，乃损之而益，意在损上益下。末言'强梁'，反应用'弱'。而谓'人之所教，亦议而教人'者，明此学非自己出；是则出于大易也。此其思绪幽远深邃，而文字之简省，涵义之丰富，在先秦诸子中，为罕见者。"[2] 徐先生之说非常独到。也有学者论述过《老子》与《易》的关系，二者思想上的相通必能勾连，学脉上的承继实是无法找到切实证据的。

第四十三章

【原文】

　　天下之至柔，驰骋天下之至坚，无有入无间，吾是以知无为之有益[1]。

① 刘笑敢：《老子古今》（修订版），北京：中国社会科学出版社，2006年，第467页。
② 徐梵澄：《老子臆解》，北京：中华书局，1988年，第64页。

不言之教，无为之益，天下希及之^[2]。

【训释】

[1] 无有入无间，傅奕本作"出于无有，入于无间"。帛书乙本有残缺，甲本作"无有入于无间"。间，间隙。《玉篇》："间，隙也。"无间，即至坚之物。

[2] 希，无有。《尔雅·释诂》："希，罕也。"及，达到。《广韵》："及，至也，逮也。"

【校证文】

天下之至柔，驰骋天下之至坚。无有入无间，吾是以知无为之有益。不言之教，无为之益，天下希及之。

【译文】

天底下最柔软的事物，反而能穿透世间最坚硬的东西。没有形体存在的东西却完全作用于有形质之物，这也就是我所谓无为的意义了。不以言说、控制的方式治理国家所具有的价值，天下人很难认识得到。

【解析】

本章无竹简本对应文字，帛书本残缺较多。诸本之间差别不大，而傅奕本等写为"出于无有，入于无间"，则"无为"连上文为"至柔"之效，失于老子哲学宗旨，本文不从之。因此，"校证文"改"志坚"后逗号为句号，其余照录王弼本。这一章从显至柔之用，延伸到论无为之价值，特别需要考量的是"柔"与"无为"的关系。

"天下之至柔，驰骋天下之至坚，无有入无间，吾是以知无为之有益。""驰骋"，形容马跑得快、自由，以此比喻水能任意穿透坚物。"间"指"缝隙"，"无间"指坚实细密之物。"无有入无间"，傅奕本作"出于无有，入于无间"，《淮南子·原道训》所引与其同，古今治老者，范应元、刘师培等亦主之。"无有"前有无"出于"，句意有别。如有"出于"，则"出于无有，入于无间"的主语是"至柔"，此句下之"无为之有益"亦因"至柔"之理而立，即整体为一句。如无"出于"，则"入无间"的主语可以是

"无有"，此句下之"无为之有益"为因"无有入无间"而来，即该句实为二句，前句"至柔"为后句"无为"之比类对象。与《老子》之行文逻辑相较，后者更为可靠。看来，汉代已有两种写法，而写本本身的小差别实际与对《老子》论说方式的体认有无有关。柔能胜坚为自然现象，为一般生活经验所忽略。而坚实的事物被没有独立形体存在的整体道性所推动，也是一般人所认识不到的。形体至柔乃至无形存在都可以有其巨大力量，因此不应漠视之，此为其一。柔弱能战胜坚强，无为也能胜出有为，柔胜坚在于持之以恒，无为胜有为在于事物在发展中消除了强加外在干扰（无有）而释放了其本身内在发展张力（无间），此为其二。如何减少过度干扰的有为？有为往往是争强好胜，守柔就是反其道的消解手段，目的地就是无为，因此守柔是过程，而不是目标，此为其三。总而言之，即使柔是老子无为政治的选项，它也不是老子哲学的价值归宿，而是过程手段。柔本身对于老子哲学兼具比类对象与对冲手段的功能，把它等同无为不足取，离开它谈无为是没有理解老子无为建立的丰富内涵。徐梵澄以王夫之所论解说道："'无间'者，无欲也。无欲可至于无为。有间则有隙可寻，他人乃得乘间投其所好，或激其所怒，因而驱使之，则志无不得，此古之为君主者所尤当警惕者也。"[1] 此论释"无间"为"无欲"，实则弃舍上文而衍义"无为"，并不足取。

"不言之教，无为之益，天下希及之。""教"，有"使"的意义，其对象是"民"，与今理解之言教并不完全相同。依赵纪彬所考，"教"与"导""使"互相联系，"教民"即"治民"[2]。因此，所谓"不言之教"，不应泛化为一种普遍意义上的高明智慧，在《老子》而言，其本身安置就在"上"与"民"之间的关系上。"天下希及之"，是说大家都不懂。这么简单的道理，为什么都不懂？因为一般设想想达到某种目的，就要指挥对象行动，"不言之教"是不指挥，"无为"又是不行动，怎么会有成效（"益"）呢？正是因为大家并不懂得事物本身是被"无有"所贯彻的，它是事物自我发展的积极性与合理性，如至柔之力量处于隐蔽状态一样，它也是内在的、整体的。

本章中"天下之至柔，驰骋天下之至坚"一句往往为主老子贵柔者多

① 徐梵澄：《老子臆解》，北京：中华书局，1988年，第65页。
② 赵纪彬：《论语新探》，北京：人民出版社，1976年，第82页。

德
篇

引述之箴言，然"柔"何能胜"坚"，"柔"又与"无为"何干，道理看似易晓却实须细究方明老子之理路。"无有"何能入"无间"，古人解说起来不易，便拉"气"来为说，现代人则有了科学知识支持。严复早就有"无有入无间，惟以太耳"①之论，王淮则说："无有者，至虚之谓也；无间者，至实之谓也。至虚是至柔之更进一层，何则？柔弱之用，由于虚无之故也；至实是至坚更进一层，何则？以今日物理学言之：物之至坚者乃因其'密度'之大，凡物之'密度'大至极处，必至于无间（空隙），故'至坚'之极，即是'至实'。准此，'无有入无间'，即是上文'天下之至柔驰骋天下之至坚'之进一步发挥与强调。合而言之，即谓虚无柔弱之道，无往不利，无物不克，天道（物理）、人事，两在不爽。"② 这类说法实不足取，老子毕竟不是以物理科学的认知来谈论事物的性质的。实质上是混同了"至柔"与"无有"的关系，"至柔"惟类"无为"而已。孙以楷说："由自然现象联想到做人的道理，老子认为人只有守柔才能战胜世上坚强的东西；人只有无为才能无所不为（因为无是本质）。把握本质、一般、规律，所有问题都可迎刃而解。"③ 孙先生指出老子是在"联想"，这是把握了要害的。然而孙先生发挥的观点却正是一般解老者通常的说法，是有代表性的，看起来循引老学而来，但其实存在问题。柔软的事物可以战胜坚强的事物，能不能成为大家遵守的一般法则呢？现实情况是，坚强的东西战胜柔软的东西更为常见！水滴石穿需经年累月，而钻头打孔的作用可是眼见为实的。社会生活的法则更是如此，怀柔感化足以动人，但外辱欺凌之下以暴制暴往往更加实际。至于无为才能无所不为，若成为一般信条奉行之，就更有问题。比如现在很多大学生缺乏上进心，不积极进取，总不能说他这是一种无为，将来会成为大才。官员懒政也不能冠以"无为"，而是"不作为"吧？对老子贵柔的歧解出自两个方向，一是守柔与无为的关系，二是无为的适用对象。老子的柔是作为比类使用的，是以自然现象的柔能胜强提示柔软的东西有其生命力强大的一面。因为在上治世者孜孜追求的是强权，由此而有种种措施维系之，消解、对冲它的方向就是守柔。柔不是无为，却是削减有为的手段。所以，守柔也只是对过度的政治治理而言的。同理，

---

① 严复：《严复集》，北京：中华书局，1986年，第1094页。
② 王淮：《老子探义》，台北：台湾商务印书馆，1972年，第179–180页。
③ 孙以楷：《老子通论》，合肥：安徽大学出版社，2004年，第445页。

老子论衡

无为也是在这个层面上的，不可滥用，它施用的范围只在治理者与被治理对象关系之间，即其实际内容应具化为少干预、少限制，给予基层发展更多灵活性、自主性。无为的是在上者，无所不为的是在下者，这一层设定不明了，就完全把对老子基本思考的解读引向误区。王弼此章注有云："气无所不入，水无所不出于经。虚无柔弱，无所不通，无有不可穷，至柔不可折，以此推之，故知无为之有益也。"① 文中所谓"推之"，类推也，比类也。可谓"推之"二字，道尽老学天机。柔是自然之道，无为则是治世之道。事物发展是对立统一、刚柔并济的，政治设计则是整体协和、进退有度的。

第四十四章

【原文】

名与身孰亲[1]？身与货孰多[2]？得与亡孰病[3]？是故甚爱必大费，多藏必厚亡[4]。知足不辱，知止不殆，可以长久[5]。

【训释】

[1] 亲，《说文》："亲，至也。"

[2] 货，财物。《说文》："货，财也。"多，推重、看重。《说文》："多，重也。"《汉书·灌夫传》有："士亦以此多之。"②

[3] 亡，丢失、丧失。《谷梁传·定公八年》有："非其所以与人而与人，谓之亡。"③

[4] 帛书本、竹简本无"是故"二字。"多藏必厚亡"帛书本残，竹简本作"厚藏必多亡"。

[5] 帛书乙本残，甲本、竹简本该句前均有"故"字。辱，受损伤。《孟子·梁惠王上》有："南辱于楚。"④

① （魏）王弼著，楼宇烈校释：《王弼集校释》，北京：中华书局，1980 年，第 120 页。
② （汉）班固：《汉书》，北京：中华书局，2012 年，第 2078 页。
③ 徐正英、邹皓：《春秋穀梁传》，北京：中华书局，2018 年，第 754 页。
④ 杨伯峻：《孟子译注》，北京：中华书局，2010 年，第 284 页。

【校证文】

名与身孰亲？身与货孰多？得与亡孰病？甚爱必大费，厚藏必多亡。故知足不辱，知止不殆，可以长久。

【译文】

声名与生命哪一个更值得珍惜？身体与财物哪一种更加重要？得到与失去哪一方危害更大？一味贪爱一定导致极大的耗费，过分聚敛必然造成重大损失。所以说，能够懂得世间自足道理的人可以避免受到损害，能够懂得不去干扰事物自然秩序的人可以脱离困境，由此而使得社会平稳长久进步。

【解析】

本章帛书乙本残缺严重，有竹简本对应文字，但各种写本间文字少有的基本一致。本章文意易晓，然注家解说其理顺畅无碍者则十分罕见，以致古今之注竟少有足取者，究其原因在于对《老子》比类式论说方式缺少认识，而混类比之结论入老学之价值目标。从《老子》文本看起来不起眼的转折词出现位置的加工也可以看出这一点，竹简本、帛书本的"故"转折词加在"知足"前，表明前面的内容属于比类，后面的内容是老子思想归结的地方，这应该是《老子》原貌。傅奕本、王弼本加在"甚爱"前，河上公本二处皆不加，都不理想。传抄者出于自己的理解，对于文本的"小改动"，恰恰反映了他们对于《老子》行文特色与思想传达缺少基本认识。"校证文"据古本恢复"故"之位置。

"名与身孰亲？""名"是"声名、名誉"，"身"为"生命"，"亲"指"爱、爱惜"。人的精神性存在是人的特质之一，而之中被世俗称道的名声往往是人极力想获取的，甚至不惜搭上肉体生命。对这种虚名的追逐值得吗？生活中，人们往往把虚名打造成了套在身上的枷锁，看得明白，摆脱不了。

"身与货孰多？""货"是财货利益，"多"指"重视"。上一句是让人思考生命与名誉何者为重，这一句便是比较生命与财产哪个更好，一是名，一是利。

"得与亡孰病？"对这句话的解说古来就有点问题，主要是在于把"亡"

字机械地理解为"死亡"，而上文两项比较中恰有"身"，于是便联系为"丧失生命"，王弼、司马光等基本是这么处理的，陈鼓应也译为："得到名利与丧失生命哪一样为害？"① 其实，"得到名利"与"丧失生命"都未必是好事，这样翻译不太成句。这里的"亡"与"亡羊补牢"之"亡"同义，就是"丢失"，未必即指丢失生命的"死亡"，也不必与上文联系为"亡身"。这一句与上文二句应为并列关系，虽就上文引发深入思考，但非简单纠合文字。老子在这里只是启人思考，人生有得有失，但得失真的像人们表面认识的那样吗？有时看起来是名利双收，但赔上了青春、健康；有时看起来远离名利诱惑，事业无成，但获得了心灵的宁静。何者为得？何者为失？这个问题老子并不想也没必要给出答案，他只是启发人们深入思考。对于这一点，李息斋注文发挥比较出色，其文曰："名不亲于身，货不多于身，得不偿其亡。而世人每责于名、溺于货，徇于得者，由其无所见也。我爱于物，爱多则我费，物藏于我，物众则我劳，小则辱，大则危，有不可胜悔者。"②

"是故甚爱必大费，多藏必厚亡。""多藏必厚亡"，帛书甲、乙本均残，竹简本作"厚藏必多亡"，考文意，显然"厚"与"藏"搭配、"多"与"亡"搭配更合适，传世本或为误抄。过分的贪爱就会不顾现实条件，最后造成人生倾覆，力殚财竭。一味只知道聚敛，偏离了正确方向越陷越深而不自知，终究导致一败涂地，人财两空。"人心不足蛇吞象""人为财死"，这种现象古今社会比比皆是。然而，老子是在给人们灌输人生智慧么？虽然这些道理可以作为人生哲学去接受，但老子真正的目的是在于引发读者去反思，"得""失"是对立转化的关系，在人生的对物欲、地位的追求中，并不乏见适得其反的状况，那么以"得"的价值目标作为治国有为之动力如何呢？由此而引出下文。

"知足不辱，知止不殆，可以长久。"上文是以人生经验的得失作为比类，指出所得未必就是好事，这里则讨论治世选择。在上者为政采取种种有为手段，目的就是有所得，其所凭借的是主观价值导向，但事物整体发展的相状却是受其自身发展规则所约束的，因此懂得这个道理应当"知足""知止"。"知足"不是消极地满足现状，而是知道事物有自身发展的动力、

① 陈鼓应：《老子注译及评介》（修订增补本），北京：中华书局，2009 年，第 235 页。
② （明）焦竑著，黄曙辉点校：《老子翼》，上海：华东师范大学出版社，2011 年，第 114 页。

活力。"知止"与《大学》的"知止"也是两码事,《大学》的"知止"是修养的自觉限制,属于自我约束;《老子》的"知止"是对政治建设中政令频出的必要限制,属于关系约束。不进行这种限制就会导致遭受损失之"辱"或陷入困境之"殆"。只有最大限度地把发展的自觉、自然还给百姓,才能循其合理而获得持续动力("长久")。

本章与第四十四章属于一种论述逻辑。老子要强调无为,必须把不无为的理由一一驳倒才行。人们会说,有所作为才能强大,才能有收获啊,不然怎么能做到?第四十四章是驳斥"强"这个理由,这一章便驳斥"得"这种借口。抨击"强",老子用自然现象的柔弱胜坚强作为比类,导出"无为";批判"得",老子用人生经验的得必有失作为比类,推出"知止"。世俗价值导向治世本身的不可靠得到确证,无为治世才能站住脚。只有处理以比类式论述才能获得对本章文字畅通无阻的理解,也才能以一贯原则把握老子思想。本章前两句的对比中凸显了"身"的重要性,但第十三章讲到"无身",第五十章反对"生生之厚",老子到底是"重身"还是"轻身"呢?这个矛盾如何解决?意识到此问题的学者,便种种曲为解说,辨析名利之身与肉体生命之不同,颇费周折。其实,这里"身"与"名""货"的比较是基于一般人生活经验教训的,由此老子再推类其毋以"得"心有为的观点。老子"重身""轻身"问题的讨论是没有必要的,因为它是一种伪命题,并不在老子哲学核心关切的范围,不能把其比类现象移植入其思想,就如自然辩证法不是其意在传达的中心思想一样。

第四十五章

【原文】

大成若缺,其用不弊[1]。大盈若冲,其用不穷[2]。大直若屈,大巧若拙,大辩若讷[3]。躁胜寒,静胜热[4]。清静为天下正[5]。

【训释】

[1] 弊,衰落,疲惫。贾谊《过秦论》有:"率疲弊之卒,将数百之众。"①

① 方向东:《新书》,北京:中华书局,2012年,第6页。

［2］冲，同"盅"，空虚。《说文》："盅，器虚也。"

［3］帛书甲本作"大直如诎，大巧如拙，大赢如炳"，乙本残余"如拙""绌"几字。竹简本作"大巧若拙，大成若诎，大直若屈"。诎、屈，皆同"曲"，弯曲。《广雅·释诂一》："诎，屈也。"《广韵》："屈，拗曲。"拙，拙劣。《说文》："拙，不巧也。"赢，有余。《说文》："赢，贾有余利也。"绌，不足。

［4］帛书乙本残余"趮朕寒"几字，甲本作"趮胜寒，靓胜炅"。竹简本原作"桌胜苍，青胜然"。

［5］竹简本原作"清清为天下正"。帛书乙本残缺，甲本原作"请靓可以为天下正"。正，合于法则的。《说文》："正，是也。"

【校证文】

大成若缺，其用不弊。大盈若冲，其用不穷。大直若屈，大巧若拙，大赢若绌。燥胜沧，清胜热，清清为天下正。

【译文】

自然完整的事物似乎留有缺憾，但其发展永不停止。自然充实的事物似乎有所空虚，但其进步没有穷尽。自然直的东西好像有弯曲，自然巧的现象好像有笨拙，自然余的存在好像有不足。热能代替冷，冷能替代热，只有平静温和才是老天常态的表现。

【解析】

本章帛书乙本残缺严重，甲本对应文字基本完整，然多异体字。竹简本对应"大直若屈，大巧若拙，大辩若讷"的文字为"大巧若拙，大成若诎，大直若屈"，次序不同，且后有分章符号。考本章内容，前论"大""若"问题，后论"胜""正"问题，焦点不一，然皆属老子对于自然之道的描摹，合于一章可通，但竹简本分为两章的做法似乎更加合理。本章传世本、帛书本、竹简本各写本可能都有一定问题，须细加考辨衡定。

"大成若缺，其用不弊。""成"是人为对事物发展理想状况的一种判断。"缺"与"成"相反，就是"不成"。"弊"或作"敝"，二字通，皆为穷尽之意。"成"是目标，目标达成了，也就失去了发展动力。自然的存在却不是这样，它们没有特定目标，没有一个理想的"成"，或者说它的"成"不是出于主观设计，因此虽"成"却兼有"缺"。正是因为事物循自然秩序的合理性而运动，因此它的发展没有停歇，"不弊"。"大成若缺"与"大器免成"（《老子》第四十一章对应帛书乙本）的道理一样，一个是从性质论，一个是从事物说。

"大盈若冲，其用不穷。""盈"是完满的样子。"冲"，是空虚，构成与"盈"相对的状态，即"不盈"。也就是说，《老子》是反对这种世俗价值追求的，第四章有"持而盈之，不如其已"，第九章有"道冲而用之或不盈"，第十五章有"保此道者不欲盈"。自然发展没有构设"盈"的目标，它的运动过程始终是"盈"而有"冲"的，内部的活力不断释放，新的矛盾又成为动力，因此，"不穷"，生机盎然。

"大直若屈，大巧若拙，大辩若讷。"这一句诸本间差别明显，从古本看，除竹简本顺序有不同外，主要是在"大辩若讷"上。帛书甲本相应的文字为"大赢如炳"，乙本残缺仅存"绌"字。帛书整理小组据甲本及《老子指归》补乙本本句为"大直如屈，大辩如讷，大巧如拙，大赢如绌"，较传世本而言，保留"大辩如讷"，而增"大赢如绌"，并不足取。查传世本、帛书甲本、竹简本本句皆为三组词，多出一组是不合理的。一方面，"屈""拙""绌""讷"皆为"出"字底，似老子有意为之，"辩"则不同；另一方面，"直""巧""赢"可以皆为对事物相状而言，"辩"则纯属人事，并不在同一序列。"大辩若讷"该为后编者改写①。从《老子指归》本章注文有"是以赢而若绌，得之若丧"② 一句及帛书乙本残余"绌"字看，《老子》原本或即"大赢若绌"。竹简本写为"大成如诎"，"大成"与上文重出。李零主张"成"读为"盛"，"大成若诎"为"大盛若诎"③，可通，备一说。然一篇中，有"成"通"盛"，有不通，终不理想。竹简该句错写的可能性较大。"赢"是多余，"绌"是不足，完全合乎老子的论述逻辑。由此，笔者之校证文即整理该句为"大直若屈，大巧若拙，大赢若绌"。"直""屈"相反，"巧""拙"相反，"赢""绌"相反，这三组较上文"大成"

---

① 推测，改写者所见的本子多为类于竹简本之"大成若诎"，因"大成"同于上文而改"大辩"，又"诎""讷"相近而讹成"大辩若讷"。帛书甲本"大赢若炳"，"绌"即写为"炳"。

② （汉）严遵著，王德有点校：《老子指归》，北京：中华书局，1994 年，第 27 页。

③ 李零：《郭店楚简校读记》（增订本），北京：中国人民大学出版社，2007 年，第 29 页。

"大盈"后跟"其用""不弊""不穷"而言是省写，但意思是一样的。自然天成的修直、奇巧、赢余，兼备弯曲、朴拙、不足，这些特征都是人们出于常态观念审视的结果，对待而有的概念中间用"若"（或"如"）字相连，分明还是否定了世俗价值原则，但唯有此，才能使得事物在主观设想之外获得"用"的生生不息发展。

　　"躁胜寒，静胜热。"在古本面世前，马叙伦、高亨、蒋锡昌、陈鼓应等多有主张此句文字有窜误者，至于误在何处则所主不一。蒋锡昌说："此文疑作'静胜躁，寒胜热'……言静可胜动，寒可胜热也。二句词异谊同，皆所以喻清静无为胜于扰动有为也。"[1] 然帛书甲本、竹简本所用字虽不同，但字序与今本同，则似古来如此。这一句帛书乙本此句残余"趮朕寒"，甲本原作"趮胜寒，靓胜炅"，整理者读同王弼本为"躁胜寒，静胜热"。"炅"，为"热"的异体字。《素问·举痛论》有："故卒然而痛，得炅则痛立止。"[2] 此处"炅"即"热"。从帛书本的写法看，所表达的文意应该同于传世本。按此理解，即是躁动可以战胜寒冷，安静可以战胜酷热。此犹《世说新语·夙慧》谓："晋孝武年十二，时冬天，昼日不著复衣，但著单练衫五六层，夜则累茵褥。谢公谏曰：圣体宜令有常。陛下昼过冷，夜过热，恐非摄养之术。帝曰：昼动夜静。谢公出，叹曰：上理不减先帝。"[3] 冷热为气候状况，动静为人的主观调整。由此，再引出下句以"清静"（自我调摄）而胜于天下的扰乱，意思可以讲得通。然而该句竹简本原作"喿胜苍，青胜然"，整理者读为"燥胜沧，清胜热"。"燥"为火热。"沧"为寒冷。《说文》："沧，寒也。"这里的"清"（"青"）应该是"清冷"之意，"热"则是热甚欲燃（"然"）。那么这一句就是纯就自然现象的寒来暑往、冷热更迭而言的。

　　"清静为天下正。""躁胜寒，静胜热""清静为天下正"二句若以传世本用字，则意思是："天气寒冷，身体多活动，可以战胜寒冷。夏天暑热，心静下来，可以战胜炎热。一切现象都是相辅相成的。在天下万事万物的周流中，清静是主导方向。把握清静无为就可以克服一切混乱，使一切有

①　蒋锡昌：《老子校诂》，上海：上海书店，1996 年，第 292 页。
②　姚春鹏：《黄帝内经·素问》，北京：中华书局，2010 年，第 331 页。
③　朱碧莲、沈海波：《世说新语》，北京：中华书局，2011 年，第 582 页。

序。"① 如此解读虽不谓不通，但笔者反复提到，在老子的治世基本设计里，是不以在上者自身修养的境地作为基本依据的，如此解兵不合老学总则。也就是说，老子有"无为"，却没有"清静无为"！延伸而论，道教有"清静"，却并不是"清静无为"。"无为"的安放是有对象和环境要求的，它是政治设计，不是修养原则。接续上文之竹简本之"杲胜苍，青胜然"，这句竹简本原作"清清为天下正"。"清"字下有重字符号，说明是两字重出，且用字不同可以通"静"的"青"，而是加了水字旁的"清"。因此，竹简本整理者处理此句为按照传世本文字读的做法恐怕是有待商榷的。那么按照竹简本的写法，合上文，"燥""沧""清""热"都是比较极端的天气，但"飘风不终朝，骤雨不终日"（第二十三章），激烈的天气变化不会持久，只有平稳自然的"清清"② 才是天下之常道（"正"）。由此看来，则这两句是老子以气候变化的自然现象比类治世之道，意在说，采取激烈的手段作用于天下并不能持久，顺遂自然之性的常态才是合乎规则的正道。尹振环把"躁胜寒，静胜热。清静为天下正"的竹简本对应文字读成"噪胜苍，青胜燃，清靖为天下定"，并译为"虫鸟喧闹胜过满目苍凉，青青葱葱胜过房舍田野燃烧，清淡安静为了天下安定"③，所持之论在其著作有详说。尹先生之论别有心裁，但笔者认为所主偏离老子哲学之中心，并不同意，兹录如上，以见对《老子》文本思想解读之丰富。

本章两段文字，后段为比类语句，已如上言，对于前一段的理解无疑关键是要把握"大"字。什么叫作"大"？对于"大成若缺"，王淮说："此言分别从'体''相''用'三方面描述盛德之士。'大成'就'体'而言，'若缺'就'相'而言，'不弊'就'用'言。谓盛德之士德性圆满，形容残缺，然而其所能发生之人格感召之作用，却是非常之深远。"④如此之论颇富哲学意味，且与《庄子》所主相通，然而老子的政治哲学是"盛德之士"修炼手册么？刘笑敢说："本章所说大成、大盈、大巧、大辩、大赢都不是一般的成、盈、直、巧、辩、赢，而是更为完满的成、盈、直、巧、辩、赢，它们之所以完满而不敝不穷，之所以未走到反面，就是因为

---

① 孙以楷：《老子通论》，合肥：安徽大学出版社，2004 年，第 452 页。
② 清，本就有凉爽舒适之意，今词语仍有"月白风清""清新自然"之类。
③ 尹振环：《楚简老子辨析》，北京：中华书局，2001 年，第 310 页。
④ 王淮：《老子探义》，台北：台湾商务印书馆，1972 年，第 183 页。

它们若缺、若冲、若屈、若拙、若讷、若绌，也就是说，它们包含了反面的因素，呈现了反面的姿态，因此成为更为圆满的更为正面的状态或价值。"[1] 刘先生虽然未明确指出此对人之修养而言，但还是指向了一种超越世俗价值追求的"大智慧"。刘先生所主"以反彰正"不谓不深刻，然而这种东西是人要去把握的呢，还是说是自然事物的内在本质呢？若"以反彰正"需要人把握才行，那谁能把握得了？老子哲学的意义还何在？"大成""大盈""大直""大巧""大赢"是五"大"，"若缺""若冲""若屈""若拙""若绌"是五"若"，"大""若"呼应，"大"后面跟的是世俗价值，是老子要超越的，"大"即超越。用什么来超越？——自然。因此所谓"大"，即自然。"成""盈""直""巧""赢"超越出来的状态，不出于人们限于认识范围的主观设计，在人们看来便会有其反面的"缺""冲""屈""拙""绌"。"有无相生，难易相成，长短相形，高下相倾，音声相和，前后相随"（第二章）。人们的认识本身是相待而有的，对于自然秩序的合理性，大概只有"塞兑""闭门"（第五十六章）才能有所体认。

第四十六章

【原文】

天下有道，却走马以粪；天下无道，戎马生于郊[1]。祸莫大于不知足，咎莫大于欲得，故知足之足，常足矣[2]。

【训释】

[1] 却，退回。《广韵》："却，退也。"粪，傅奕本作"播"，二字古同义。郊，荒野，此处指战场。《尔雅·释地》："邑外谓之郊。"

[2] 王弼本较河上公本等缺"罪莫大于可欲"对应文字。竹简本本句写为"罪莫厚乎甚欲，咎莫憯乎欲得，祸莫大乎不知足。知足之为足，此恒足矣"。憯，通"惨"。《说文》："憯，痛也。"咎，灾祸。《说文》："咎，灾也。"

① 刘笑敢：《老子古今》（修订版），北京：中国社会科学出版社，2006 年，第 490-491 页。

德
篇

【校证文】

天下有道，却走马以粪；天下无道，戎马生于郊。罪莫厚乎甚欲，祸莫大于不知足，咎莫憯于欲得。知足之为足，常足矣。

【译文】

能以符合道性的原则治理国家，天下和平，马匹都在耕田劳作；以违背道性的原则治理国家，战乱频仍，连母马都在战场上生产。没有比过度的欲望更有罪过的，没有比不知足更能带来祸患的，没有比满足奢欲更能带来危险的。一个自以为富足的人，得到的是恒久之富足。

【解析】

本章竹简本对应文字只有后半部分，而帛书甲本"天下有道""罪莫大于可欲"前都有分章符号，可见此章原并非一个整体。或后编者以前面是离道而导致战争，后面是欲望引起危险，二部分内容可以勾连，且都篇幅不大，而合在了一起。本章帛书本有较多残缺，除最后一句外，甲、乙本可对照补齐，用字有不同，文意无别。竹简本文序不同，用"厚乎""憯乎""大乎"一组似比他本文字重出"大于"更佳。王弼本少"罪莫大于可欲"一句，大概是因以为文意只是重复强调并无新意而删。

"天下有道，却走马以粪；天下无道，戎马生于郊。""粪"即"粪田"、播种。古来有疑"粪"字后有"车"者，然帛书本亦无，或为不解"粪"义而误判。有以"粪"取"弃除"义者，也不当。"走马以粪"是用不到战马而以之农用，"戎马生于郊"是农用之马也被拉到了战场。古时以公马作战马为通例，这里是指公马不足而征用母马，甚至征用怀孕的母马。马用之别，凸显出百姓生活情形之天壤，而根本在于国家治理的"道"。陈鼓应翻译此句说："国家政治上轨道，把运载的战马还给农夫来耕种。国家政治不上轨道，便大兴戎马于郊野而发动战争。"[①] 在上者各种折腾，不也是为了"上轨道"吗？道性无为，所谓"有道""无道"，区别还是在于是把生存发展权还给老百姓，还是把百姓视为驱使对象？而为政者一旦把百

---

① 陈鼓应：《老子注译及评介》（修订增补本），北京：中华书局，2009 年，第 240 页。

姓看作役使对象，便最终把百姓用为满足私欲的工具、战争的牺牲品。严复在此句加评语谓"纯是民主主义。读法儒孟德斯鸠《法意》一书，有以征吾言之不妄也"①，一语中的，乃评点《老子》画睛之论。

"祸莫大于不知足，咎莫大于欲得，故知足之足，常足矣。"这一句王弼本缺少的"罪莫大于可欲"，竹简本作"罪莫厚乎甚欲"。"可欲"，是满足欲望，但人之为欲，很多是正常范围的，满足它就不是"罪"，因此竹简本写为"甚欲"更合适。过度的贪欲把人推向罪恶，古今皆然。"罪莫厚乎甚欲"是从导致民不聊生的根源说，"祸莫大于不知足"也是从源头上分析祸乱之由来。看起来，事件都有其特殊性，而归到根本上都是个人私欲在作祟。"咎莫大于欲得"，竹简本释文为"咎莫憯乎欲得"，李零读作"咎莫险乎欲得"②，尹振环亦主简文"金"字通"险"③，今从之。"咎"是灾难，"险"是可能导致灾难，这是从自身来说的。在上者欲望不自遏，驱民于役，最终自己也会搭进去，身败名裂。"故知足之足，常足矣"，文意烦琐，注老者有主张"之足"多余应删者，司马光注本即无。今竹简本为"知足之为足，此恒足矣"则意思清晰得多，今本或为抄误④。什么叫作"足"？富足无法以数量的方式来衡定，它依据的是心理上的自我认可，也就是"知足"。一旦心理上"知足"了，那你也就是一直富有的人，"恒足"。至于如何心理上知足，这不在老子的讨论范围，他所论述的中心问题已经结束，后世注老者多有于此发挥是他们的事了。

本章前论战争之祸，而归于"失道"。"失道"便是有为，乃至妄为，而妄为往往是出自各自的私欲膨胀而驱民于水火。老子所处时代诸侯国之间的兼并战争天天发生，尸横田芜，造成巨大破坏，这一点无疑是他沉痛反思的对象。战争是对无为最大的背离，源于统治者的欲望。现在发起战争的也叫作"野心家"，野心不就是私欲膨胀、不知足。王淮说："凡道家皆为天生之和平主义者，此实缘于其自然主义之基本立场与无为而治之政治哲学。何以言之？盖宗'自然'则必主'无为'而反'有为'，有为之大且甚者，莫过于战争，故凡道家必反对'战争'而崇尚'和平'也。"⑤

① 严复：《严复集》，北京：中华书局，1986年，第1095页。
② 李零：《郭店楚简校读记》（增订本），北京：中国人民大学出版社，2007年，第5页。
③ 尹振环：《楚简老子辨析》，北京：中华书局，2001年，第179页。
④ 《韩非子·喻老》所引以为"知足之为足"。
⑤ 王淮：《老子探义》，台北：台湾商务印书馆，1972年，第187页。

德篇

从这一点看，《老子》的编纂者把前后部分连缀为一章是有道理的，当然根本上还是在于老子的思想本身就是一个体系，内容有内在一致性。需要注意的是，笼统地说老子反对欲望可以，但一定要明确这里的欲望是统治者的，特别是引起有为政治的欲望，与百姓的欲望无干。过去有些争论围绕老子对于欲望的反对会不会阻碍社会进步，因为欲望是推动社会发展的杠杆。孙以楷说："老子在本章中所讲的'富'主要不是经济学意义上的财富，而是精神上的富有。老子不会是如此浅薄的思想家：明明是个一文不名的穷光蛋，只要主观上自认为富有，就可以看作富裕了，就可以自认为是比尔·盖茨了。这真的是老子吗？否，这是对老子的丑化！我们再说一遍，老子所讲的是人生价值观，他所说的贫富，是人生意义的贫富，并不是经济学上的财产。把老子的这些观点硬拉到经济史上去评价，实在是很不恰当的。"① 其说论述入理，可供参考。但总起来，这里说的知足是从社会生产力的发展、物质丰富的动力而言的，而是避免陷百姓于灾难、自身于险恶的对奢欲之限制。

第四十七章

【原文】

不出户，知天下；不窥牖，见天道[1]。其出弥远，其知弥少[2]。是以圣人不行而知，不见而名，不为而成[3]。

【训释】

[1] 见天道，帛书乙本作"知天道"。窥，察看，观看。
[2] 弥，更加。
[3] 不见而名，《韩非子·喻老》所引为"不见而明"②。

【校证文】

不出户，知天下；不窥牖，知天道。其出弥远，其知弥少。是以圣人不行而知，不见而名，不为而成。

---

① 孙以楷：《老子通论》，合肥：安徽大学出版社，2004年，第455页。
② （清）王先慎著，钟哲点校：《韩非子集解》，北京：中华书局，1998年，第167–168页。

【译文】

人可以不到外面接触事物，就达到对天下事物道性的把握。对于道性的认知而言，人所用考察、思虑越多，反而会体认越少。所以高明治世者不由遍行而能知事物之本质，不由察见事物而能知其属性，不由施作为而能获得社会发展的成效。

【解析】

本章无竹简本对应文字，帛书本有残缺，主体内容无别，文意明了。查诸本，文字虚词增删各有所取。如王弼本"知天下"，傅奕本作"可以知天下"，帛书本作"以知天下"，一种文意，竟有三字句、四字句、五字句之别。刘笑敢说："句式变化之复杂说明流传过程中抄写者和传播者都有以己意润色、修饰古本的习惯，他们应该都是好意，然而使我们离古书原貌越来越远。"① 老子于此为其"无为"学说举出认识论基础，足见其思想之深刻，然而注老者对于这一章思想的把握偏差较大，特别是当今对《老子》进行的研究往往以唯心主义、神秘主义、直觉思维等论之，皆有所失。刘笑敢说："如果说老子哲学有神秘性或神秘主义，主要就表现在道的超越感官认知能力方面。从其他方面来说，老子哲学却反映了很强的理智精神。"② 其实，就笔者看，老子关于道的认知也不存在什么神秘主义，我们对其重大意义尚缺乏足够敏感。此亦如刘笑敢所说："高扬理性精神是人类的进步与成就，但贬低和忘记直觉的作用则是人类的浅薄与不幸。道家思想不是纯粹直觉的产物，而是理性精神和直觉体验相结合的结果。"③

"不出户，知天下；不窥牖，见天道。"此句上下互文，即"不出户窥牖，知天下之道"。又"天道"非感官"见"之范围，帛书甲、乙本皆作"知"，比传世本更理想，或传世本为避文字重出改之而反致失意。需要注意的是，一般所说，没有调查就没有发言权，那是指对事物具体性质的掌握。老子在这里所说的是"道"，也就是根本属性。两种认知方式都属于人类的认知功能所有，但认识的对象性质是不一样的。"道"性是泯灭了具体

---

① 刘笑敢：《老子古今》（修订版），北京：中国社会科学出版社，2006年，第501页。
② 刘笑敢：《老子古今》（修订版），北京：中国社会科学出版社，2006年，第394页。
③ 刘笑敢：《老子古今》（修订版），北京：中国社会科学出版社，2006年，第505页。

德
篇

特征的整体性，不在常态感觉器官和思维逻辑的对象范围，当然不能以"出户""窥牖"去把握。

"其出弥远，其知弥少。"老子进一步指出两种认识方式之别，那就是精神指向不同。对道性的体认，是以减少了常态思维的干扰为前提的，因此，越是"行万里路"，反而会"知"之愈少。一般人看来，这有违常理，但此处所知者正非常理。"出弥远"当然"知弥多"，不过，所知非"道"。注老者往往不做这两种认知对象的区别，便对老子之论品头论足实是完全不可取的。

"是以圣人不行而知，不见而名，不为而成。"老子无意于对上述内向式认知作具体介绍，引出上述问题的目的还是为"无为"政治作为论证支持，本句即归向之论点。"不行而知"是认知，由上文转接下来。"不见而名"是判断，"不为而成"是指导行动。"名"，即"命名"，是对事物性质，也就是对事物的整体性有所判断。《韩非子·喻老》所引为"明"，即不见事物而明白其属性，亦通，但未若通行本处理为递进关系更佳。人对事物的认知总是从特定价值属性出发的，以此引导事物发展则必被人的认知所及限制。事物的存在是有其内部合理性的（自然），这种东西无法被感官认识，也无法用语言传达，但是它是整体作用和支配了事物的存在与发展的，懂得这一点，应该"以辅万物之自然而不敢为"（第六十四章），从而"不为而成"。

本章是老子为其道论哲学提供了自己的认识论。虽然这不是老子思想所关注的核心问题，但是也属于老子所必须为之的所以然之论，而章节最后则又终于"不为"这一思想归宿。道是事物的整体性状态，本身不在对应具体属性的人的常态认知范围内，亦不属于逻辑推理之所得，因为人之思维特性仍必沿其基本外在认知要素而进行。这一点西方思想史少有触及，中国学人对其特点及重要价值也缺少认识。实质上，古人提供了另一种把握事物的方式，却一直没有引起我们的重视。其实在先秦文献，关于内求认知之论已有不少精辟论述，尤以《管子》四篇为上。《管子·内业》提出内有得则天下可治："君子使物，不为物使，得一之理。治心在于中，治言出于口，治事加于人，然则天下治矣。一言得而天下服，一言定而天下听，公之谓也。形不正，德不来；中不静，心不治。正形摄德，天仁地义，则淫然而自至神明之极，照乎知万物。中义守不忒，不以物乱官，不以官乱心，是谓中得。有神自在身，一往一来，莫之能思。失之必乱，得之必治。

敬除其舍，精将自来。精想思之，宁念治之，严容畏敬，精将至定。得之而勿舍，耳目不淫。心无他图，正心在中，万物得度。"①《管子》四篇提出了经由内修自己而把握外在事物的"修此知彼"之道。《管子·心术上》说："人主者，立于阴，阴主静。故曰：人主者立于阴，阴者静。故曰：动则失位，阴则能制阳矣，静则能制动矣。故曰：静乃自得。道在天地之间也，其大无外，其小无内，故曰：不远而难极也。虚之与人也无间，唯圣人得虚道，故曰：并处而难得。世人之所职者精也。去欲则宣，宣则静矣，静则精，精则独立矣；独则明，明则神矣。神者至贵也，故馆不辟除，则贵人不舍焉。故曰：不洁则神不处。人皆欲知而莫索之，其所以知彼也，其所以知，此也。不修之此，焉能知彼？"② 内向、内求式对事物整体性的把握，一直作为一种辅助性认知方式在中国古典哲学儒释道各家均有所存，明吕坤《呻吟语·存心》言"天地间真滋味，惟静者能尝得出；天地间真机括，惟静者能看得透；天地间真情景，惟静者能题得破"③，就是这种认知方式于人平素所知渗透的反映。古来此章之注少有得理之论，但对于体认道性这一点并不觉得有悖于理。唐无名氏撰《道德真经次解》谓："天下之道，一也。户内与天下无二也，但修其内，自知其外。天道与人道合，但修其身，天道必应，何假远行窥牖也。故圣人不以出门求，不以见闻取，不以言论得，自然而成也。"④ 今人惑于"科学"常识，反而既有责老子于科学、哲学之新知者，又有维护道家立场而百般争辩者。杨增新《老子日记》注此章谓："人同此心、同此性，以己之心度人之心，心无不同也。以己之性揆人之性，性无不同也。明乎此则不出户知天下矣。多读书、多阅报，亦可以不出户而知天下。"⑤ 此一说，殊不可取，若以之，则如今日之孩童智能手机在手而天下尽知矣。也有注家引述了《说苑·政理》作为佐证，其文曰："卫灵公谓孔子曰：有语寡人为国家者，谨之于庙堂之上而国家治矣，其可乎？孔子曰：可。爱人者，则人爱之；恶人者，则人恶之；知得之己者，亦知得之人；所谓不出于环堵之室而知天下者；知反之己者也。"⑥ 其

① 陈鼓应：《管子四篇诠释》，北京：商务印书馆，2006年，第104-108页。
② 陈鼓应：《管子四篇诠释》，北京：商务印书馆，2006年，第135-142页。
③ 王国轩、王秀梅：《呻吟语》，北京：中华书局，2018年，第38页。
④ （唐）无名氏：《道德真经次解》，正统道藏本，卷下。
⑤ 杨增新：《补过斋读老子日记》，1926年刊本，卷四。
⑥ 王天海、杨秀岚：《说苑》，北京：中华书局，1988年，第315-316页。

德篇

实，孔子所谓"推理"，虽也是"不行"，但仍是由"见"而"知"，老子所谓"体认"，是由"不见"而"知"的。注老者以之为证，恰是对老子哲学缺乏深入把握之表现。徐梵澄对于此章有精辟解说，谓："人之智性，本至灵至明，不囿于耳目之知者也。精神不淫于外，返观内省，一归于恬愉虚静，久乃发其本有之灵明，则可以知者大。识之知浅，智之知深，明则灵且大矣。识之知，见闻之类也；智之知，思虑之谓也。明则超乎见闻、思虑。见闻不可凭，然不可废也，依乎智；思虑不可凭，亦不可废也，终依乎明。识与智，犹外也；灵明，内也。修其内而废其外，则失其也巫，为天下笑。其弊害不可胜言。至若专务其外，则'其出弥远'，而所知与能知皆少。"[1] 另外，有必要指出两点。其一，把此章作老子哲学内求式认识论的解读，与《老子》文本中对于"自是""自见""前识"的批判丝毫没有冲突。对于"自是"之类已于所涉章节解说，正为老子所抨击之主观臆断，与对事物整体性或道性的把握完全不是一码事。其二，老子并不一定要求在上治世者具备"知天道"的能力，这里引入这个问题是从根本上解决论述的依据问题，对于在上者而言，需要做的是接受这个观点，他们的"无为"只是放手而已——"甚易行"（第七十章）。

第四十八章

【原文】

　　为学日益，为道日损[1]。损之又损，以至于无为，无为而无不为[2]。取天下常以无事，及其有事，不足以取天下[3]。

【训释】

　　[1] 竹简本作"学者日益，为道者日损"。益，增进。损，减少。

　　[2] 严遵本作"损之又损之，至于无为而无以为"。竹简本作"损之或损，以至亡为也，亡为而亡不为"。或，通"又"。

　　[3] 取，为。《管子·白心》有："道者，小取焉则小得福，大取焉则大得福。"[2]

①　徐梵澄：《老子臆解》，北京：中华书局，1988 年，第 68-69 页。
②　陈鼓应：《管子四篇诠释》，北京：商务印书馆，2006 年，第 197 页。

【校证文】

为学日益，为道日损。损之又损，以至于无为，无为而无不为。取天下常以无事，及其有事，不足以取天下。

【译文】

对天下事物的探究越深入，知识越丰富；对于道性的认知越深刻，凭借的知识就越少。道性的认知是以搁置了常态把握事物的知识体系而回归到事物的统一性为特点的，在这种回归中，能施以治国的原则只有无为了。在上者能够释放发展空间，在下者就可以充分积极作为。治理天下应以不折腾作为基本原则，热衷于折腾的人，是不可能取得天下太平的。

【解析】

本章帛书本残缺严重，竹简本缺"取天下常以无事，及其有事，不足以取天下"对应文字。诸本之间文意有别，章旨无二，"校证文"照录王弼本未做改动。本章需要注意的有两个点，一是"为学"与"为道"的关系，二是对于"无不为"的理解。

"为学日益，为道日损。"帛书本、竹简本"学""道"后都有"者"，主语是人，通行本主语是事，意思有差别，但对于本章宗旨并没有影响。至于"为学"与"为道"的关系则注家解说纷纭。古注家多把"为学"与"礼教之学"或"情欲"结合起来，以为"学"就有了情欲，越学情欲越多，而"为道"便需要限制情欲，借助修养"日损"，最后达到无欲，这几乎成为一种共识。河上公注文说："学谓政教礼乐之学也。日益者，情欲文饰日以益多。道谓自然之道也。日损者，情欲文饰日以消损。"[1] 由此，古代释老者崇"为道"，而贬低"为学"，成为一种基本立场。苏辙注说："不知道而务学，闻见日多，而无以一之，未免为累者也。孔子曰：'多闻，择其善者而从之。多见而识之，知之次也。' 苟一日知道，顾视万物，无一非妄，去妄以求复性，而性实无几。孔子谓子贡曰：赐也，女以予为多学而识之者欤？曰：然，非欤？曰：非也，予一以贯之。"[2] 现代注老者则因借

---

① 王卡点校：《老子道德经河上公章句》，北京：中华书局，1993年，第186页。
② （宋）苏辙：《苏子由道德经注》，尊经阁文库藏钞本，卷三。

引西方学术发展之必要，称老子既称"为道""为学"，则意在两方面皆不可偏废。其实，对于"为道""为学"于人之修养价值与比重的衡定都是后学者出于自身思考反过来借此文字而做文章的。从行文逻辑看，老子只是在强调"为道"与"为学"是有差别的，它的差别在于"为道"本身的确立是由反向内求以呈现整体性达成的，与人的常态认知途径恰恰相反。本句文意内容正好接续上一章关于"出弥远""知弥少"的论述，是强调两种把握世界方式的差别，而完全不在于裁定"为学"重要性之多寡，与所学是否为礼乐及是否勾连情欲亦无所涉。

"损之又损，以至于无为，无为而无不为。"治世者主观认为施政策略有可资施用之处，就会以之号令群众。只有深刻认识事物发展的自足、自为道理，才能对一切可以放开的地方放开，一切精简的地方精简，这就是"损之又损"。不凭借强制性手段作为治国的基本依靠就是"无为"，这样才能使得各社会单元释放最大限度的积极性与活力而"无不为"。

"取天下常以无事，及其有事，不足以取天下。""取"应训为"治"或"为"，本书已有第二十九章"将欲取天下而为之"相关处之辨析。焦竑引开元疏注"取"谓"犹摄化也"①，得其旨。"取天下"就是"治天下"，"无事"就是"无为"。以特定手段役使百姓，可能会一时有效，但最终必适得其反，上困于政，下困于生，"不足以取天下"。

本章的关键词还是"无为"，与之相关的"无不为"如何在老子思想体系安放是一个被较为关注的焦点问题。前文已在第三十七章"道常无为而无不为"处有所论证，基本观点在于：首先，"无不为"属于老子思想，但不属于核心思想，不可被过分放大；其次，"无为"是从在上者而言，"无不为"是从在下者而言；最后，传世本多有改写"无不为"进入文本的现象是不明白"无为"之真意而生怕落空之所为。古注多乐于对"无不为"铺设种种衍说，当无必要。今注家也有不少因帛书本没有"无不为"②的文字，疑老子"无不为"思想之有无。本章"损之又损，以至于无为，无为而无不为"一句，严遵本作"损之又损之，至于无为而无以为"，似提供了重要证据。辛战军说根据严遵本"无以为"之写本，认为老子不存在'无不为'的思想。他说："行'无为'之术，以求得'无不为'之果，此乃

① （明）焦竑著，黄曙辉点校：《老子翼》，上海：华东师范大学出版社，2011年，第119页。
② 帛书本本章对应传世本"无不为"处恰残缺。

老子论衡

黄老家'道论'中论述'君人南面之术'时所用之语。实际上，求'无不为'之结果，就是有私有欲的具体表现，绝不符合老子无私无欲的主张。"[1]但竹简本出土后，查其写本作"损之或损，以至亡为也，亡为而亡不为"，则古本仍有其论必是确证。刘笑敢说："道家之圣人能够无为而无不为的关键是创造万物自然发展的条件和环境，万物有了好的发展条件，能够健康发展，就自然达到了'无不为'的效果。"[2]其实，瞩意于创作条件也是"有为"，如何保证你创造的不是阻碍而是条件呢？道性原则，就是放手、放开，关键在于"不"，多高妙的"为"也还是"为"。所以"无不为"只是从百姓自身而言，或者退一步，也只是从在上者本身的目标而言，而不是手段。

第四十九章

【原文】

圣人无常心，以百姓心为心[1]。善者，吾善之；不善者，吾亦善之，德善[2]。信者，吾信之；不信者，吾亦信之，德信[3]。圣人在天下歙歙，为天下浑其心[4]。圣人皆孩之[5]。

【训释】

[1] 无常心，帛书乙本作"恒无心"。

[2] 德善，傅奕本作"得善"，帛书本缺字。"得"与"德"古通。

[3] 德信，傅奕本作"得信"。

[4] 歙歙，河上公本作"怵怵"，帛书甲、乙本均使用异体字。歙，古同"翕"。"翕"，合。《尔雅·释诂》："翕，合也。"浑，天然的，淳朴的。

[5] 该句前河上公本、傅奕本、帛书本皆有文句，河上公本作"百姓皆注其耳目"，它本基本与之同。孩，帛书本残缺，傅奕本作"咳"。

【校证文】

圣人恒无心，以百姓心为心。善者，吾善之；不善者，吾亦善之，得

① 辛战军：《老子译注》，北京：中华书局，2008年，第191页。
② 刘笑敢：《老子古今》（修订版），北京：中国社会科学出版社，2006年，第512页。

善。信者，吾信之；不信者，吾亦信之，得信。圣人在天下歙歙，为天下浑其心。百姓皆注其耳目，圣人皆咳之。

【译文】

高明的治世者没有自己的意愿，百姓的意愿就是他们的意愿。一般人认为好的事情，他能够接受；一般人认为不好的事情，他也能够容纳，这就最大限度的使好的作用能够发挥出来。一般人认可的事情，他能够接受；一般人不认可的事情，他也能够容纳，这就最大可能地让有价值的东西延伸其生命力。高明的治世者以摒弃自己主观认识的方式对待天下之物，心似淳朴自然的状态。百姓聚精会神的寻找发展的机会，他们都收敛自己的意志，任之、由之。

【解析】

本章无竹简本对应文字，帛书甲、乙本各有残缺，对照差不多可以补齐，为传世本文字的校证提供了重要参考。本章论无为政治层面在上治世者与在下之百姓的关系，是老子政治哲学的重要表述，然而因关键文字训读有差，致使对于该章文意的理解鲜有顺乎情理者。

"圣人无常心，以百姓心为心。"这句话有两个点要注意，一是"无常心"文本的问题，一是"百姓"解读的问题。"无常心"，景龙碑本作"无心"，而帛书乙本作"恒无心"。河上公本、严遵本虽皆为"无常心"，但《老子指归》《老子道德经河上公章句》注文却似依"常无心"而注。《老子指归》说："道德无形而王万天者，无心之心存也；天地无为而万物顺之者，无虑之虑运也。由此观之，无心之心，心之主也；不用之用，用之母也。"① 《老子道德经河上公章句》则有"圣人重更改，贵因循，若自无心"②。由此来看，严遵本、河上公本原本也必是"恒无心"或"常无心"，后为浅识者所改。"无常心"是变来变去之心，"常无心"是虚以待主之心，看似一个字序之差，实则文意区别极大。"常无心"才能以"百姓心为心"，既符合老子思想，又能与下文相贯，必是确文。讹乱之改而竟从之者众，令人叹息。什么叫"以百姓心为心"？即如《尚书·泰誓》所说"天视自我

① （汉）严遵著，王德有点校：《老子指归》，北京：中华书局，1994 年，第 39 页。
② 王卡点校：《老子道德经河上公章句》，北京：中华书局，1993 年，第 188 页。

民视，天听自我民听"①，亦如当今所言"人民对美好生活的向往，就是我们的奋斗目标"。把《老子》本文的"百姓"当成"人民群众"行不行？古人缺少"阶级哲学"意识，没有觉察到这是一个可以讨论的问题。今人则很自然的注意到了这个问题，古棣、张舜徽、辛战军等都以为这里的"百姓"其实是"百官"，因此便提醒不要美化老子。其主要根据是，《诗经·天保》"群黎百姓"，郑玄注云"百姓，百官族姓也"；《尚书·尧典》"辩章百姓"，郑玄注云"百姓，群臣之父子兄弟"等。郑注没有问题，但是在春秋战国文化裂变的关键时期，"人""百姓"等词正在发生着内涵的重要变化，由特定阶层之谓，转而指向普通民众，这在《论语》等书已有反映。《论语·宪问》有："子路问君子。子曰：修己以敬。曰：如斯而已乎？曰：修己以安人。曰：如斯而已乎？曰：修己以安百姓。修己以安百姓，尧、舜其犹病诸！"② 在孔子与子路对话的语境下，三"修"是递进关系，"百姓"的范围比"人"大，这里的"人"仍有狭义内涵的成分，而"百姓"应是指向普通民众。《老子》所谈不是最高统治者与群官的关系，而是在上者与一切在下者的关系，解读这里的"百姓"为"百官"确实避免了美化老子，却造成了矮化老子哲学。

"善者，吾善之；不善者，吾亦善之，德善。""德善"，指得到"善"。傅奕本、景龙碑本、遂州本等作"得善"。"德""得"二字通，但用"得"更理想，因为"德善"有造成歧义而释为"道德至善"之类的可能。怎么看"善者""不善者"都能作为"善"去接受呢？注家往往以得道者修养至高，而下视之无不善之人、无不善之事。其实，老子的哲学基础设计就不是从在上者精神修养的路线而行的。如果把政治设计混同是道德哲学，讲起来头头是道，实际上却是一团糊涂，不唯没有实际政治践行的可能，也使道德修养沦于空泛。因此，这里的"善""不善"，未必以伦理范围去界定，而是说从对社会发展去评判事物的价值，有好有坏。但是人们对事物价值的认识是依循特定角度、局部思维的，所认为好的未必不坏，所认为坏的未必不好，事物的复杂性往往超越了人的认知把握，这是历史经验，也是生活教训。因此不匆忙下结论、定调子，给事物以最大的包容，就是"得善"。刘笑敢说："老子不可能完全不讲是非、善恶，他有自己的是非善

---

① 王世舜、王翠叶：《尚书》，北京：中华书局，2018 年，第 436 页。
② 杨伯峻：《论语译注》，北京：中华书局，2009 年，第 156–157 页。

恶，但是在老子的思想体系中，还有更高、更重要的原则……过分强调是非善恶的原则就可能引来压制异端、激化矛盾、分裂社群、摧残人性的刀光剑影，甚至导致宗教战争和国际冲突……一旦把一种是非标准当作最高原则，必定会造成社会动荡，造成一部分人对另一部分人的压迫和歧视。"①虽然刘先生仍为注意区分伦理与政治不同视野下的"善"的问题，但所论颇富过人所见之卓越处。

"信者，吾信之；不信者，吾亦信之，德信。""德信"，同上例，傅奕本作"得信"，帛书本整理者亦改帛书乙本原"德信"为"得信"。这里的"信"指的是对于事物确定性的肯定，未必指人之"诚信"。同上之理，事物之确定性也是相对的，时空诸种条件的变化，对于事物本身的影响也是复杂的，不妄下结论，不主观臆断，正是给予了所有"确定性"以最充分生发机会而"得信"。范应元本句注曰："百姓之信也，以其诚实也。圣人以道而信之，则信心自不变矣。百姓之不信者，因私欲而诈伪也，圣人亦以道而信之，则将化而复归与信也。此所谓德信也。"② 本句历来古注大抵如此。

"圣人在天下歙歙，为天下浑其心。""歙歙"诸本或作"怵怵""欲欲""惵惵"等，皆应通于"翕翕"，即关闭。在上治世者"关闭"感官，不闻不见，心浑浑然。既"以百姓为心"，当然不再主观判断与构设，似迷而大智。任继愈、陈鼓应等以"浑其心"的对象为百姓，翻如"使天下人的心思归于浑厚素朴"③，就完全把意思搞反了，如此不仅实际不可行，而且也真的思想"反动"了。

"圣人皆孩之。"该句前失"百姓皆注其耳目"，王弼注有"百姓各皆注其耳目焉，吾皆孩之而已"④，以此王本原必有此句。"注"，贯注，指集中精神。帛书甲本作"属"，二字同。高明说："'属''注'二字同谊，乃谓百姓皆注意使用耳目体察世情，以智慧判断是非犹如王弼注云'各用聪明'。"⑤ 百姓有追求幸福生活的自我需求，自然想方设法谋发展、求进步，这就是"注其耳目"。有注家理解其意为百姓眼界底，尽要耳目聪明，或百

① 刘笑敢：《老子古今》（修订版），北京：中国社会科学出版社，2006年，第520页。
② （宋）范应元：《老子道德经古本集注》，续古逸丛书本，下卷。
③ 任继愈：《老子今译》，北京：古籍出版社，1956年，第86页。
④ （魏）王弼著，楼宇烈校释：《王弼集校释》，北京：中华书局，1980年，第180页。
⑤ 高明：《帛书老子校注》，北京：中华书局，1996年，第63页。

老子论衡

姓注意"圣人"的表现，都未能会得文义。对于"圣人皆孩之"，注家各执所取，与对"孩"一字的把握有关。其一，该字，王弼本、河上公本作"孩"。对于"孩"，又有多种理解。第一种，王弼说："皆使和而无欲，如婴儿也。"① 陈鼓应、任继愈等基本依循是说。这是"圣人"要去做工作，让百姓回归朴质，显然误会了"无为"不在百姓，而在统治者。第二种，主观是看待百姓如婴孩，张松如即翻译为"圣人却一律看他们做孩童"②。这比前一种要好一些，但文义乖离，为什么要把百姓看成孩童呢？看成"刍狗"（第五章）还差不多。第三种是"圣人"怀慈柔于天下，"遇之以慈，待之以厚"③。这属于心灵哲学型，是后人强加给老子的。其二，严遵本写为"骇"，并发挥为"感动群生，振骇八极"④，殊不成句。其三，又有敦煌本作"悇"，本字不通，只可通释。其四，马叙伦以"孩"或"悇"通"晐"⑤，该字有"兼容"之意，可备一说。但一则本说纯为贯通文意而为，缺乏他证；二则考察行文逻辑，该句应是"圣人"和"百姓"状态之对应，是"圣人"自己的状态，而不是"圣人"如何对待百姓，该说仍未达理想之意。其五，从傅奕本作"咳"，"咳"有小儿笑之意，但按本字解说亦难通。徐梵澄说："且将使百姓安乐，圣人咳然而笑也。"⑥ 这个"圣人"略萌。其六，以"孩""咳"等诸字通"阂"。朱谦之《老子校释》说："'孩''咳'一字，因其为借字，故亦作'骇'作'咳'。《晏子外篇·第八》：'颈尾咳于天地乎！'孙星衍曰：'咳与阂同。'亦以'咳'为'阂'。"⑦ 取"阂"之下，又见两种解释，第一种，百姓"注其耳目"，圣人就需要关闭它们，使得他们无知无欲，此为高亨、古棣等所取，移"无为"为百姓所需不合老子思想；第二种，"阂"为圣人关闭自己的精神外露，辛战军该句译文即为："群臣百官全都贯注其耳目以伺察君王之好恶，而明道之君则总是阂闭敛藏其心而毫不显露其意。"⑧ 如此理解，可谓尽失文本文意与思想宗旨，无须多辩。笔者以为"孩""咳"等本意皆不可通，

① （魏）王弼著，楼宇烈校释：《王弼集校释》，北京：中华书局，1980年，第129页。
② 张松如：《老子说解》，济南：齐鲁书社，1998年，第278页。
③ （明）焦竑著，黄曙辉点校：《老子翼》，上海：华东师范大学出版社，2011年，第123页。
④ （汉）严遵著，王德有点校：《老子指归》，北京：中华书局，1994年，第41页。
⑤ 马叙伦：《老子校诂》，北京：中华书局，1974年，第449页。
⑥ 徐梵澄：《老子臆解》，北京：中华书局，1988年，第71页。
⑦ 朱谦之：《老子校释》，北京：中华书局，1984年，第197页。
⑧ 辛战军：《老子译注》，北京：中华书局，2008年，第195页。

德篇

而以"咳"通"阂"既有古文先例，是可取的，只是这里"关闭"的不是百姓的"耳目"，也不是"圣人"自藏形迹以示高深，而是摒弃主观意志，任百姓发挥积极主动性，也就是说，"孩之"的"之"指代的不是"百姓皆注其耳目"，而是"耳目"，是"圣人"自己的"耳目"。上下文形成对照，简而言之，百姓有为，圣人无为，恰如《老子》第二十章所谓之"俗人昭昭，我独昏昏；俗人察察，我独闷闷"。

本章是关于"圣人"与"百姓"关系的总论，归根结底是古代朴素民主主义思想之表述。刘笑敢对于此问题有精辟论述，特摘录如下，以显其功。"老子的思想虽然有利于民主政治的实现，却大大超出了民主政治的理论视野。"① "在集权政治的框架下，在统治者把自身权利看成最终目的的时候，道家思想是不可能长期主导社会价值方向的，这就是'文景之治'不能长期维持的原因之一……在这个历史过程中，很多政治人物或政党往往把民主当作打倒政敌的口号或武器，一旦胜利，有意无意地还会把政权放在第一位，仅把民主当作攫取和巩固政权的手段……总之，道家思想在现代社会的积极意义是一种可能性，是值得认真对待的一种可能性。"② 本章文字辨析之障碍成就了部分愚民说、阴谋论，提醒我们需要注意的不只是正确把握《老子》思想的问题，还有解读《老子》的学术方法问题。

第五十章

【原文】

出生入死。生之徒十有三，死之徒十有三[1]。人之生，动之死地，亦十有三[2]。夫何故？以其生生之厚[3]。盖闻善摄生者，陆行不遇兕虎，入军不被甲兵，兕无所投其角，虎无所措其爪，兵无所容其刃[4]。夫何故？以其无死地。

【训释】

[1] 徒，党，一类人。《左传·宣公十二年》有："原、屏，咎之徒

① 刘笑敢：《老子古今》（修订版），北京：中国社会科学出版社，2006 年，第 520 页。
② 刘笑敢：《老子古今》（修订版），北京：中国社会科学出版社，2006 年，第 522 页。

也。"①《左传·襄公三十年》有："岂为我徒。"②

　　[2] 帛书甲本作"而民生生，动皆之死地之十有三"。

　　[3] 帛书甲本作"夫何故也？以其生生"。

　　[4] 帛书乙本，"摄生"作"执生，""陆行"作"陵行"，"不遇"作"不辟"，"甲兵"作"兵革"。投，帛书甲本作"揣"。诸本文字虽异，但基本句意未受影响。被，加。《广雅·释诂》："被，加也。"甲兵，武器。兕，帛书甲、乙本均使用异体字，古书所言类犀牛野兽。《说文》："兕，如野牛而青，象形。"容，用。《释名·释姿容》："容，用也，合事宜之用也。"

【校证文】

　　出生入死。生之徒十有三，死之徒十有三。人之生生，动之死地，亦十有三。夫何故？以其生生之厚。盖闻善摄生者，陆行不遇兕虎，入军不被甲兵，兕无所投其角，虎无所措其爪，兵无所容其刃。夫何故？以其无死地。

【译文】

　　人在世为生，离世为死。人得以健康长寿的能有三分之一，短命夭折的能有三分之一。而人想尽办法养生，却反造成奔趋死亡的，也会有三分之一。这是为什么呢？因为他们的益生之术太过丰厚而适得其反了。听说善于养护生命的人，在山里面走路不惧野兽，进入战场也不怕兵刃，野牛无法拿角抵刺他，老虎无法用爪捕抓他，锋利的武器也不会损其毫发。这又是为什么呢？因为他不会让自己的生命受到威胁。

【解析】

　　本章无竹简本对应文字，帛书本缺文较多，但文意基本没有重要区别。"校证文"根据傅奕本、帛书本补一"生"字。从写本看，傅奕本、帛书本论述的对象是"民"，而王弼本、河上公本则为"人"。古"人""民"所指不同，但在春秋时期皆有泛化为"一般人"之趋势。《老子》文中对于社

　　① 杨伯峻：《春秋左传注》，北京：中华书局，1990 年，第 732 页。

　　② 杨伯峻：《春秋左传注》，北京：中华书局，1990 年，第 1176 页。

德
篇

会大众一般称"民"，傅奕本、帛书本应该是原用法，后编抄者改为"人"，殆因"人"字已渐渐取代"民"作为最一般意义上的"人"之称。注家多围绕本章之"十有三"所指争说纷纭，其实本章难点在于对章旨的把握。古来注家所述难以服众，必须从更深层面考究老子此论与其思想宗旨的关系。

"出生入死。"生死是伴随着人的生命的重要现象，在世为"出"，离世为"入"。

"生之徒十有三，死之徒十有三。"什么是"十有三"？古来诸说乖怪，蔚然成观。韩非子说："人之身三百六十节，四肢九窍，其大具也。四肢与九窍十有三者，十有三者之动静尽属于生焉。属之谓徒也，故曰：'生之徒也十有三者。'至死也，十有三具者皆还而属之于死，死之徒亦有十三。故曰：'生之徒十有三，死之徒十有三。'"① 严遵说："是故，虚、无、清、静、微、寡、柔、弱、卑、损、时、和、啬，凡此十三，生之徒；实、有、浊、扰、显、众、刚、强、高、满、过、泰、费，此十三者，死之徒也。夫何故哉？圣人之道，动有所因，静有所应。四支九窍，凡此十三，死生之外具也；虚实之事，刚柔之变，死生之内数也。故以十三言诸。"② 今人也有以"生存条件""人生阶段"等论之者。朱谦之说："'十有三'之说，自韩非子、河上公、碧虚子、叶梦得以四肢九窍为十三，已涉附会。乃又有以十恶三业为十三者，如杜广成；以五行生死之数为十三者，如范应元。其说皆穿凿不足信。苏辙谓生死之道九，而不生不死之道一，老子之言其九，不言其一，使人自得之。似深得老子之旨，而实以佛解老。焦竑因之而有读老子至'出生入死'章，大悟游戏死生之说。吁！亦诬矣！"③ 所谓"十有三"，即占三成而已，本不应造成理解障碍的文字，竟然众说纷纭，令人费解。也有把三个"十有三"算下来，认为剩下的十分之一便是下文"善摄生者"，如此机械解文更不可取。老子所处时代，战乱频、灾荒多，加之基本生活条件差、医学不发达，人夭亡的比例很大。《老子》此句意谓，就人的生命而言，正常活下来"尽其天年"的有三分之一，夭折而亡的有三分之一。即如蒋锡昌说："此言人出于世为生，入于地为死；其长寿

① （清）王先慎著，钟哲点校：《韩非子集解》，北京：中华书局，1998 年，第 149 页。
② （汉）严遵著，王德有点校：《老子指归》，北京：中华书局，1994 年，第 43 页。
③ 朱谦之：《老子校释》，北京：中华书局，1984 年，第 199 页。

老子论衡

之类约其分数，十人之中有三人；其短命之类约其分数，亦十人之中有三人也。"①

"人之生，动之死地，亦十有三。""生"，傅奕本、帛书甲乙本均作"生生"。考文意，传世本对"生"之省写不当，因为这里的"生生"实指"养生"，省为"生"则意思全无。蒋锡昌说："此言人本可得生，而反动至死地者，约其分数，亦十人之中有三人也，上就普通人言之，此就富贵之人言之。"② 春秋战国时，有贵族乐养生之风潮，手段各异，但其效果则往往适得其反。所以老子便不无讽刺地说，有那么三分之一的人是养生养死的。"生生，动之死地"，就是看起来想养生，结果却是奔找死去了。

"夫何故？""养生"反致"累生"，古来如此，今日屡见不鲜。老子便基于这一奇特的社会现象引人反思。

"以其生生之厚。""厚"即"多""过度"。古人奉行各种手段养生，吐纳、服食等，诸术争艳，然为益少，为害多。《周易参同契》虽主金丹延年之道，但也批判世俗养生之术说："是非历脏法，内观有所思，履行步斗宿，六甲以日辰。阴道厌九一，浊乱弄元胞。食气鸣肠胃，吐正吸外邪。昼夜不卧寐，晦朔未尝休。身体日疲倦，恍惚状若痴。百脉鼎沸驰，不得清澄居。累土立坛宇，朝暮敬祭祀。鬼神见形象，梦寐感慨之。心欢意喜悦，自谓必延期，遽以夭命死，腐露其形骸。举措辄有违，悖逆失枢机。诸术甚众多，千条有万余，前却违黄老，曲折戾九都。"③ 养生术之风靡，自古及今，络绎不绝，今人喝凉水、打鸡血、练气功、刮痧、吃虫草、喝燕窝等所谓养生之术层出不穷，比古人"生生之厚"有过无不及。朱谦之引高延第说谓："'生生之厚'，谓富贵之人厚自奉养，服食药饵以求长生，适自蹈于死地，此即动而之死者之一端。缘世人但知戕贼为伤生，而以厚自奉养者为能养生，不知其取死同也，故申言之。"④ 人的生命本身是整体性存在，人所实行的养生之道往往是对某一特定功能之改易而去，忽视整体的自然合理性，因此过度的"养生"手段有时反而会破坏机体自身的协调机制。养生为害，归根于此。

---

① 蒋锡昌：《老子校诂》，上海：上海书店，1996 年，第 310 页。
② 蒋锡昌：《老子校诂》，上海：上海书店，1996 年，第 311 页。
③ 章伟文：《周易参同契》，北京：中华书局，2014 年，第 102 页。
④ 朱谦之：《老子校释》，北京：中华书局，1984 年，第 199 页。

"盖闻善摄生者，陆行不遇兕虎，入军不被甲兵，兕无所投其角，虎无所措其爪，兵无所容其刃。""摄生"，帛书本作"执生"更理想些，"摄生"还可以理解为"养生"，而"执生"则可以理解为对生命本身的一种整体把握。上文是嘲讽世俗之养生者，这里是举出善于治生者之境地。他们走入山林，无惧豺狼虎豹；进入战场，如入无人之境。动物的角、爪伤害不了他们，士兵的锋利兵刃对他们也构不成威胁。

"夫何故？"上下"摄生"之异，适成对照。思考其背后的原因，才是老子举出事例的目的。

"以其无死地。"世俗之养生意在"不死"，却是面死而去的。善摄生者，不以"不死"为目标，因此便没有"死地"。

本章两种"养生"之道对比的目的何在？以老子有养生之道的观点解读本章好像就很顺畅，没有多少障碍，然而笔者一再指出，老子思想的靶心问题是理想政治，其他内容皆是为此铺排衍说。"修身之道"类论述在《老子》的出现，有几种情况。其一，反对益生追求成为欲望而影响政治建设，"唯无以生为者，是贤于贵生"（第七十五章）；其二，精神修养之道"专气致柔"（第十章）等是"无为"政治的比类；其三，"致虚极，守静笃"（第十六章）实质是认识"道"的原则，不是修养技术。老子在本章提出两种"摄生"效果的天壤之别，应是让人们思考其背后的道理是什么，由此再将这个道理延伸到对于治国之道应采取原则的理解，绝不是意在传授人们"摄生"大法。用于"善摄生者"的"盖闻"二字就泄露了"天机"，即老子说，我听说过有这么一种人。至于这种人如何为神奇之功，老子没有必要展开论述，因为目的根本不是为了说这个问题。事实上，先秦关于治生能超越常人所及，经典多有描述。《庄子·大宗师》就说："古之真人不逆寡，不雄成，不谟士。若然者，过而弗悔，当而不自得也。若然者，登高不栗，入水不濡，入火不热。是知之能登假于道者也若此。"[1]《庄子·达生》也有："子列子问关尹曰：至人潜行不窒，蹈火不热，行乎万物之上而不栗，请问何以至于此？关尹曰：是纯气之守也，非知巧果敢之列。"[2]"假于道""纯气之守"都是要求保持精神的安静，顺乎自然之道。一句话，老子认为，在养生而言，胡折腾死得快，不折腾活得好。上述之

① 陈鼓应：《庄子今注今译》，北京：中华书局，2009年，第186页。
② 陈鼓应：《庄子今注今译》，北京：中华书局，2009年，第503页。

论目的是引发在上者思考，"无为"作为理想选择，在养生与治国的价值相通。因此，本章全篇皆属比类，只是比类所归需读者自己引向而已。

第五十一章

【原文】

道生之，德畜之，物形之，势成之[1]。是以万物莫不尊道而贵德。道之尊，德之贵，夫莫之命而常自然[2]。故道生之，德畜之[3]。长之、育之、亭之、毒之、养之、覆之[4]。生而不有，为而不恃，长而不宰，是谓玄德[5]。

【训释】

[1] 帛书乙本作"道生之，德畜之，物形之而器成之"。畜，养。《玉篇》："畜，养也。"

[2] 帛书乙本作"道之尊也，德之贵也。夫莫之爵也，而恒自然"。爵，爵位，爵号。《广韵》："爵，封也。"

[3] 帛书乙本作"道生之，畜之"。

[4] 育之，帛书乙本残缺，甲本作"遂之"。亭之、毒之，河上公本作"成之，孰之"，严遵本作"成之，熟之"。亭，安宁，停留。《释名·释宫室》："亭，停也，亦人所停聚也。"毒，通"笃"，充实。《说文》："毒，厚也。"养，收取。《诗经·周颂·酌》："于铄王师，遵养时晦。"毛传云："养，取也。"覆，收藏，保存。《说文》："覆，覂也。一曰盖也。"

[5] 宰，宰制。

【校证文】

道生之，德畜之，物形之，器成之。是以万物莫不尊道而贵德。道之尊，德之贵，夫莫之命而常自然。故道生之、畜之、长之、育之、成之、熟之、养之、覆之。生而不有，为而不恃，长而不宰，是谓玄德。

【译文】

事物有被其道性、德性所决定的一面，也有其形制表现的一面，因此事物本身的道德性是最为根本的，这种根本并不是由于某种安排而纯出乎自然。所以道性决定着事物的生成、孕育、成长、变化、完善、成熟、收取、存藏。理想的治世者应任民众自有而不居，放其自为而不阻，遂其自长而不主，这就是高明的德用表现。

【解析】

本章无竹简本对应文字，帛书本与王弼本文字有所出入，但对文意没有造成较大影响。本章文句与通行本第二章"生而不有，为而不恃"及第十章"生之、畜之，生而不有，为而不恃，长而不宰，是谓玄德"有较多相涉，然通行本第二章、第十章分别较帛书本多出"生而不有""为而不恃"，则通行本与本章的机械重复当是编抄者对照本章改写所造成的。本章极尽道性之描摹，意在提示治世者循道之理施政。

"道生之，德畜之，物形之，势成之。"这一句分为两个层次，"道""德"与"物""势"。"畜"与"生"同义，互文，不能机械地理解为"生发"，而是指"决定。""道""德"是事物性质的内在决定者，主导了事物的基本状况。"形"与"成"也是同义，互文，指"表现"。"物""势"是事物外在表现的形式。"势"是一种样子、动势。释德清注："势者，凌逼之意。若夫春气逼物，故物不得不生。秋气逼物，故物不得不成。"① 帛书乙本"势"作"器"，"道""德""物""器"逻辑贯通，似更理想，然"势"本身亦可通。此句即今之谓，事物既有内容，又有形式。

"是以万物莫不尊道而贵德。"传世本该句较帛书本多出"莫不"二字用以强调。事物虽有内在性质、外在表现两个方面，但就其"尊""贵"，即重要性而言，当然还是"道""德"更为根本。

"道之尊，德之贵，夫莫之命而常自然。""命"，帛书本、傅奕本皆为"爵"，"爵"或为原貌，但二字意思无别。"命"是任命，"爵"是封爵。"莫之命"即"莫命之"，也就是说，道虽有此"尊""贵"，对万物作用之大，但本质上是事物本身合理性延伸的呈现，不是出于一种有意安排，它的作用是非主观意志的、纯任自然的。

"故道生之，德畜之。"这一句帛书本作"道生之，畜之"，与传世本相

---

① （明）释德清：《老子道德经解》，金陵刻经处刻本，卷下。

比少"故""德"二字，这是需要注意的，看起来差别不大，其实反映了后世加工者对老子思想的把握存在欠缺。"故"在《老子》用于结括上文，转承下文，一般是在自然之道与治世之道之间标志"比类"而用的，此处非转接，"道生之"等仍是道性质的基本摹状，不当用"故"。（当然，下文转入治世之道的论说，文本亦省略了"故"）而"道""德"虽有差别，但本处不强调这种差别，在上文就是互文为用的，下文"长之"等，连同这里的"畜之"皆应为"道"之用，不能把"道""德"割裂开来，因此传世本加"德"反而导致下文无法接续。

"长之、育之、亭之、毒之、养之、覆之。""亭"是停留、保留，"毒"是充实，是事物本身被道所作用的状态，可以讲得通。高亨说："'亭'当读为'成'，'毒'当读为'熟'。皆音同通用。"① 依此，作"成""熟"似更理想，河上公本、严遵本即如此，今从之。上文"生""畜"是指"道"孕育事物，这里的"长""育"是助长事物；"成""熟"是成就事物；"养"即"取"，"覆"即"藏"，也就是收藏事物。"生""畜""长""育""成""熟""养""覆"是事物的生成、孕育、成长、变化、完善、成熟、收取、存藏，所指有别，但亦不必过度执着于文字，即总指道对于事物的根本决定性而言。

"生而不有，为而不恃，长而不宰，是谓玄德。"道对于事物的作用本就是其内部逻辑的合理展开，不属于外在强加力量所为。因此，虽"生"却无所谓占有，其自生而已；虽"为"却无所谓功老，其自为而已；虽"长"却无所谓引导，其自长而已，这样的功用表现就是"玄德"。所谓"玄"，表现在两个方面，一是作用之全面而深刻，二是纯属自然而然。"玄德"虽由"天道"而来，其实明显是指向了"治道"的。徐梵澄说："道生，德畜；物形，器成。道形于物，德成于器。万物中最可尊贵者，道德也。不以人之爵命而常自然尊贵也。凡生、畜、长、育、成、熟、养、覆，皆'自然'之化。以'自然'之法通于人事，'生而不有，为而不恃，长而不宰'，皆无为也。'是谓玄德'——观此，可谓老子非深慈之教哉?"② 徐先生之说，深得其理。

本章古来注老者解说，喜用"道""德"类词语极尽对道用玄妙之描

① 高亨：《老子正诂》，北京：清华大学出版社，2011年，第79页。
② 徐梵澄：《老子臆解》，北京：中华书局，1988年，第74页。

绘，其实说来说去，在根本点上并不清楚。其一，道性是事物的本有属性，其二，自然道用是作为治世循道的价值模范而引入的，这两点不弄明白，文字便陷入一团糊涂，并不足取。以为"道"是外在独立的玄妙作用者，外国人也喜欢发挥。李约瑟博士《中国科学技术史》第二卷《科学思想史》第十章《道家与道家思想》亦称："作为大自然的秩序的'道'，使得万物发生并且支配万物的一切活动。"① 其实，这句话应改成"使得万物发生并且支配万物的一切活动的是其本身自然秩序的'道'"。宋代吕惠卿本章注文为古注老者罕有发挥之佳者，其文曰："万物之生，常本于无名之物而其畜常在于一而未形，而物得以生之际。无名者，道也。一而未形，物得以生者，德也。及其为物，则特形之而已，非其所以生且畜也。已有形矣，则裸者不得不裸，鳞介羽毛者不得不鳞介羽毛以至于幼壮老死不得不幼壮老死，皆其势之必然也，故曰道生之，德畜之，物形之，势成之。然则势出于形，形出于德，德出于道。道德本也，形势末也，本尊而末卑，本贵而末贱，是以万物莫不尊道而贵德。道之尊，德之贵，夫莫之爵而常自然，此其所以能以无为之柔弱而胜形势之刚强，则王侯之所以宾化万物者，在此而不在彼也。然则虽曰道生之，德畜之，物形之，势成之，至本而言之，则生之畜之，长之育之，成之熟之，养之覆之，莫非道也。而道终无名焉，故曰生而不有，为而不恃，长而不宰，是谓玄德。"② 而唐陆希声《道德真经传》说："营魄章（笔者按，指第十章）言人同于道德，此章言道德同于人，是以其词同而理通也。"③ 陆希声亦能以"比类"见此章，当属难能可贵了。

第五十二章

【原文】

天下有始，以为天下母。既得其母，以知其子；既知其子，复守其母，没身不殆[1]。塞其兑，闭其门，终身不勤[2]。开其兑，济其事，终身不救[3]。见小曰明，守柔曰强。用其光，复归其明，无遗身殃，是为习常[4]。

① ［英］李约瑟著，何兆武等译：《中国科学技术史》，上海：科学出版社，上海古籍出版社，1990 年，第 39 页。

② （宋）吕惠卿：《道德真经传》，清抄本（清丁丙跋），卷三。

③ （唐）陆希声：《道德真经传》，正统道藏本，卷三。

【训释】

[1] 殆，危殆。《说文》：“殆，危也”。

[2] 兑，帛书乙本作“垸”。垸，墙壁。勤，帛书甲、乙本均作“堇”。“堇”同音借“尽”，少的。

[3] 帛书乙本有缺文，以甲本补入为“启其垸，齐其事，终身不棘”。齐，甲本为“济”。竹简本释文为“启其兑，赛其事，终身不逨”。“逨”，通“救”。《玉篇·之部》：“逨，救也。”

[4] 习常，帛书乙本残，甲本、傅奕本为“袭常”。袭，沿袭，因袭。

【校证文】

天下有始，以为天下母。既得其母，以知其子；既知其子，复守其母，没身不殆。塞其兑，闭其门，终身不堇。开其兑，济其事，终身不救。见小曰明，守柔曰强。用其光，复归其明，无遗身殃，是为袭常。

【译文】

天下的事物从本初自在，到呈现整体统一。由整体统一把握事物，就可以在对其具体性质的了解中不离系统认识；反之，由局部特性展开对事物的认知必须回归到整体观照，才会避免陷入思维的穷困。在治理天下时，能限制自己的主观意志，不妄作为，就不会把自己搞得狼狈不堪。热衷于对事物复杂因素的控制，处处想对策、出主意，最后不免无可救药。能够于细微中察觉变化，能够持柔守弱才是真正的“强”。事物的具体表现，都来自其本身整体功能，不困于追逐支末，才能远离种种危殆，这就是要善于在国家治理中落实整体性的根本原则。

【解析】

本章明显分为三部分，即“天下有始”至“没身不殆”为第一部分，“塞其兑”至“终身不救”为第二部分，“见小曰明”至“是为习常”为第三部分。帛书甲本在“塞其兑”前有分章符号，而竹简本仅有对应第二部分的文字。或原分章与今本并不一致，传世本连缀一起的或因第一部分有“没身”，第二部分有“终身”，第三部分有“身殃”。帛书本、竹简本写本用字多有不同，有较多异体字，文意有所差异，但基本章旨并没有重要区别。"塞其兑，闭其门"于第五十六章重出。

"天下有始，以为天下母。"对应传世本第一章之"无名天地之始，有名万物之母"，此处之"有始"即"无名"，"天下母"即"有名"。天下事物，以人的认知建立种种属性，为"有名"，而"有名"始于对未分其质的"无名"识别。

"既得其母，以知其子；既知其子，复守其母，没身不殆。""母"是统一性、整体性，"子"是局部性、具体性。能够从总体上认识事物，事物的具体性质则是在整体观照下进行的，就不会落入狭隘偏见，这是"得母""知子"。而认识事物的各种具体属性，则必须要纳入到整体认知的范围才能不被知识所限，这是"知子""守母"。能如此从具体知识的获得到系统思维的站位，就避免了陷入认识的倦怠。此亦如《庄子·养生主》所言："吾生也有涯，而知也无涯。以有涯随无涯，殆已。已而为知者，殆而已矣。"①

"塞其兑，闭其门，终身不勤。""兑"一般解释为"口"，"塞其兑"即"闭嘴"，由此解释无为政治亦可通。俞樾认为，"兑"当读为"穴"，因而"塞其兑"与"闭其门"意思一致。他举证说："《文选·风赋》'空穴来风'，注引《庄子》'空阅来风'。'阅'从兑声，可假作'穴'，'兑'"亦可假为'穴'也。"② 查本句、下句之"兑"，帛书乙本作"垗"，"垗"为墙壁，用以指房屋，而甲本对应两个"兑"的字均为门字旁的异体字，由此来看，俞樾的判断是可靠的。"塞其兑""闭其门"都是关在屋里，也就是"不出户，知天下"（第四十七章）。传世本"勤"之写法解说起来绕迂，帛书甲、乙本均作"堇"，可通为"尽"。"终身不堇"，即一辈子避免陷入山穷水尽。竹简本对应"勤"的字从矛从山，未详何意。李零说："从矛从山，与《老子》丙本简1从矛从人读为'侮'的字构形相似，这里可能也是读为'侮'。"③ 廖名春则说："疑故书本作'痳'，后人以同义词'瘅'代之，由此又演化出'勤''堇'等假借写法。"④ "侮"

① 陈鼓应：《庄子今注今译》，北京：中华书局，2009 年，第 104 页。
② （清）俞樾：《诸子平议》，北京：中华书局，1954 年，第 153 页。
③ 李零：《郭店楚简校读记》（增订本），北京：中国人民大学出版社，2007 年，第 29 页。
④ 廖名春：《郭店楚简老子校释》，北京：清华大学出版社，2003 年，第 458 页。

"瘴"等字均指不理想状态，则竹简本所指句意与帛书本无别。"塞兑""闭门"就是不乱指挥、不妄为，由此才能避免陷入困境。

"开其兑，济其事，终身不救。""开其兑"，古本作"启其兑"或"启其𡎖"，是走出去。"济其事"就是到处张罗、指挥。"救"，帛书乙本作"棘"，竹简本作"遝"。"棘"与"救"双声通假，"遝"也是"救"的意思。这一句相当于第四十七章之"其出弥远，其知弥少"，人陷入与事物复杂性的纠缠中，依此规设种种作为，最后不能自拔、无法自救。

"见小曰明，守柔曰强。"第十六章有"知常曰明"，此处谓"见小曰明"，第三十二章又有"朴，虽小"，第三十四章有"可名于小"，则"见小"与"知常"是一个层面的。"见小"是察其微，洞悉事物的根本性质。"守柔"不是示以柔弱，而是不乱发号施令，给事物更多的自主权。懂得事物本身之自洽，消除不必要的限制，从而可以带来生机勃勃的局面，这就是"强"。

"用其光，复归其明，无遗身殃，是为习常。""光"是外部表现，"明"是内在基础。老子在这里换个说法，还是在强调不能因逐末而舍本。"殃"，祸害。善于从整体出发来看待周围事物，就能摆脱因陷有为应接不暇而带来的殃祸。"习"帛书甲本写为"袭"，二字古通，以今日含义之差别，则写为"袭"更为理想。"袭"，因袭，落实之谓。"常"并不只是指"道"，而是"原则"，以"道"为治世原则即是"常"。

本章按今本把三部分连在一起，亦可统一章旨。第一部分论"母""子"问题，是讨论整体性与具体性的关系；第二部分论"塞""闭"，是倡导无为治世；第三部分论"袭常"，是强调要懂得根本之道。三部分都指向了治世要从整体性出发，把握根本问题，河上公本命章题为"归元"恰得其旨。古今学者纷纷解说，以章论老子谓"得道"之法，亦可。然"得道"谓何？为何？学人动辄谓"得道"之说，云山雾罩，揣着糊涂想说明白，其实多是理会了一些空泛之语。说到底，老子还是在强调治世者要把握根本，切勿舍本逐末。按照今本章节分法，则章旨落在"习常"二字。古本老子有"恒"、有"常"，今本则因避讳改"恒"为"常"，使得读者易忽略"常"的使用问题。古本中"常"一般作为名词使用，是《老子》中的重要范畴之一，学者以往对此概念重视不够。第十六章有"知常"，此处有"习常"或"袭常"，则"常"其实就是落实道性作为治国原则之谓。老子所强调的概念并不多，"常"字应进入学者的视野。

第五十三章

【原文】

使我介然有知，行于大道，唯施是畏[1]。大道甚夷，而民好径[2]。朝甚除，田甚芜，仓甚虚[3]。服文彩，带利剑，厌饮食，财货有余，是为盗夸[4]。非道也哉！

【训释】

[1] 使我介然有知，帛书甲本作"使我挈有知"。施，帛书本乙本作"他"。

[2] 夷，平坦。而民好径，帛书甲本作"民甚好解"，乙本"解"使用异体字，从人从解。解，剖开。《说文》："解，判也，从刀，判牛角。"

[3] 除，假借"涂"，污。《广雅》："涂，污也。"

[4] 厌，通"餍"，饱食。《玉篇》："餍，饱也。"夸，奢侈。《说文》："夸，奢也。"

【校证文】

使我挈有知，行于大道，唯施是畏。大道甚夷，民甚好解。朝甚除，田甚芜，仓甚虚。服文彩，带利剑，厌饮食，财货有余，是为盗夸。非道也哉！

【译文】

我所有的认识是这样的，落实道性原则治理天下，只有号令百姓是最需要担忧的。因为所谓道其实是铺设好的，老百姓也有自我发展的需求。政务乌烟瘴气，田野荒废不堪，粮仓空空如也，然而为政者却身穿华丽的衣服，腰挎闪亮的宝剑，饱食山珍海味，钱财堆积如山，这是强盗的"盗"啊。哪里是大道的"道"！

【解析】

本章无竹简本对应文字。传世本有几处文字意思不甚明了，包括"介然有知""而民好径""盗夸"等，对照帛书本可能有其他理解，然帛书本一方面缺文较多，另一方面所用字古奥，能给予的帮助有限。所以，本章文字待考的情况依然存在。

"使我介然有知，行于大道，唯施是畏。""介然"，古来注家解说不一，约略有三种：一是"微小"，即类谦逊之言，意思是哪怕有一点认识；二是"坚固"，即类肯定之说，意思是这种认识是毋庸置疑的；三是"大"，即类宏大之论，意思是根本道理。这几种解释都不太理想。查帛书甲本为"使我挈有知"，而严遵《老子指归》本处注文有"玄圣处士，负达抱通，提聪挈明，顺道奉德"①，则此处古貌或为"使我挈有知"。"挈"同"挈"。挈，提拿。《说文》："挈，悬持也。""使我挈有知"，即我有的知识，比传世本写法读起来要顺畅。"施"，帛书甲本缺，乙本作"他"。高明认为"施""他"都应读为"迤"，根据的是王念孙的观点，"'施'读为'迤'。迤，邪也。言行于大道之中，唯惧其入于邪道也。"② "迤"，地势斜。《说文》："迤，邪行也。"王念孙之说，近从之者众。取此字，依帛书本，许抗生对该句的翻译为："若使我掌握了知识，懂得了道理，行于大道之上，只是担心唯恐走入邪道。"③ 如此，老子便道人尽皆知之常语，毫无言说必要。王弼注仍取"施"本字："言若使我可介然有知，行大道于天下，唯施为之是畏也。"④ 合不合大道，区别只在于是不是以控制性手段对待百姓，从这一点而言，"施"本字并无不通之处，近代学者所取恐非当。

"大道甚夷，而民好径。"这一句按传世本文字甚费解。"夷"是平坦，指"大道"的状态；"径"则是小路。刘笑敢说："大道即整体和谐、个体自由舒畅的社会理想，小路即各自蝇营狗苟、损人利己的社会现象。"⑤ 古来多如此理解。然而，老子主张的行大道是对在上者而言的，他批判背离大道也只能是对在上者。百姓如何不是老子应涉及的问题，说到底，在行道问题上，百姓是被动的一方。奚侗意识到了这个问题，认为"民"应为"人"，他分析说："'人'指人主言，各本皆误作'民'，与下文谊不相属。盖古籍往往'人''民'互用，以其谊可两通，此'人'字属君言，自不

---

① （汉）严遵著，王德有点校：《老子指归》，北京：中华书局，1994年，第51页。
② 高明：《帛书老子校注》，北京：中华书局，1996年，第80页。
③ 许抗生：《帛书老子注译与研究》，杭州：浙江人民出版社，1982年，第27页。
④ （魏）王弼著，楼宇烈校释：《王弼集校释》，北京：中华书局，1980年，第141页。
⑤ 刘笑敢：《老子古今》（修订版），北京：中国社会科学出版社，2006年，第551页。

德篇

465

能借'民'为之，兹改正。"① 奚侗的想法有道理，但是"人"也只是贵族阶层而言，不一定就是作为施政的一方。在《老子》中，行道的当事者是"圣人"或"侯王"。"而民好径"，帛书甲本写为"民甚好解"，乙本句式同，"解"使用异体字，从人从解。今帛书《老子》研究者均以"解"为"径"之借，笔者并不认同。传世本的写法有"而"作为转折，帛书本并没有，这是需要注意的。也就是后面半句与前面半句不一定有对照转折关系，反而有顺承之可能。"解"有剖开、打开的意思，若以此把"民甚好解"理解为"老百姓都有走出来发展自己的需求"不也是可以的吗？而从上下文论述的逻辑看，上文强调勿"施"，下文痛斥"强盗"行为，中间这个地方也必应是对无为政治而言的。道本来很容易，因为百姓知道自己该干啥，过好日子是他们的迫切需求，两个"甚"字一上一下，不恰好勾勒了无为政治的基本模式吗？

"朝甚除，田甚芜，仓甚虚。""朝"，朝堂，指政权机关。"除"，传统上一般释为"整洁"，不当。"田甚芜"，农田荒废；"仓甚虚"，没有粮食，这二者都是负面的，如果以"除"为"整洁"，"朝甚除"就与后二者不在同一序列上了。马叙伦说："'朝甚除'，除借为污，犹杇之作涂也。诸家以除治解之非也。"② 这一观点也得古籍佐证，《韩非子·难一篇》"左右请除之"③，《淮南子·齐俗训》即作"左右欲涂之"④。《韩非子·解老》云："朝甚除也者，讼狱繁也。"⑤"朝甚除"，就是政治腐败。马先生之说合理，从之。这一句是描绘了百姓生活的状态，官场黑暗、民不聊生。

"服文彩，带利剑，厌饮食，财货有余，是为盗夸。""服文彩，带利剑，厌饮食，财货有余"是贵族的生活状态，穿的高档、玩的花哨、吃的舒服，衣食无忧，但和上一句描绘百姓于水火之句适成对比，也就是贫富不均。看起来歌舞升平，其实财富集中在极少数人的手中，这也是发展的结果。这种发展是在上者把注意力只放在狭小的范围，尤其是从私欲出发的思维而施政的结果。因此，陆希声说："观朝阙甚修除，墙宇甚雕峻，则知其君上好土木之功，多嬉游之娱矣。观田野甚荒芜，则知其君好力役，

---

① 奚侗：《老子集解》，民国 14 年铅印本，卷下。
② 马叙伦：《老子校诂》，北京：中华书局，1974 年，第 468 页。
③ （清）王先慎著，钟哲点校：《韩非子集解》，北京：中华书局，1998 年，第 354 页。
④ 陈广忠：《淮南子》，北京：中华书局，2012 年，第 606 页。
⑤ （清）王先慎著，钟哲点校：《韩非子集解》，北京：中华书局，1998 年，第 153 页。

夺民时矣。观仓廪甚空虚,则知其君好末作,废本业矣。观衣服多文彩,则知其君好淫巧,蠹女工矣。观佩服皆利剑,则知其君好勇矣,生国患矣。观饮食常餍饫,则知其君好醉饱,忘其民事矣。观资货常有余,则知其君好聚敛,困民财矣。"[1] "盗夸"指的是什么?"夸",有释为"大",有释为"虚",有释为"华"。《韩非子·解老》引作"竽",并解释说:"竽也者,五声之长者也。故竽先则钟瑟皆随,竽唱则诸乐皆和。今大奸作……则小盗必和,故……谓盗竽。"[2] 故"盗竽"即盗魁、强盗头子。上述说法都大致可通,但文意不甚顺畅。徐梵澄认为,"盗夸""盗竽"皆难成说,怀疑原为"乎"字,篆书形误[3]。若"夸"为"乎",适可与下文"哉"形成呼应,徐先生之说可备,笔者译文从之。

"非道也哉!"老子意思是,那些只顾自己聚敛财富的统治者,美其名曰,为老百姓着想,口口声声说什么"大道",其实只是强盗头子,哪有什么"道"。

本章论无为政治可以实行的原因,并讽刺以种种理由有为施政所造就的结果。老子意在说,冠以美好借口的政治游戏可以休矣。征诸实际,老子的政治思想有多大程度上可以实践行之,可能需要更深入和广泛的研讨,然而见此章之论,所谓老子出于维护统治者立场的言论可以作罢了。当然,说老子站在百姓立场也未足便信,实质上,老子是站在人类发展权立场上立论的。对于这一章的论述线索,苏辙理得比较清晰,其注曰:"体道者无知、无行、无所施设,而物自化。今介然有知而行于大道,则无所施设建立,非其自然而有足畏者矣。大道夷易,无有险阻,世之不知者,以为迂缓,而好径以求捷。故凡合其自然而有所施设者,皆欲速者也。俗人昭昭,我独若昏;俗人察察,我独闷闷。岂复饰末废本以施设为事,夸以诲盗哉?"[4]

第五十四章

【原文】

善建者不拔,善抱者不脱,子孙以祭祀不辍[1]。修之于身,其德乃真;

① (唐)陆希声:《道德真经传》,正统道藏本,卷三。
② (清)王先慎著,钟哲点校:《韩非子集解》,北京:中华书局,1998年,第154页。
③ 徐梵澄:《老子臆解》,北京:中华书局,1988年,第76页。
④ (宋)苏辙:《苏子由道德经注》,尊经阁文库藏钞本,卷三。

修之于家，其德乃余；修之于乡，其德乃长；修之于国，其德乃丰；修之于天下，其德乃普[2]。故以身观身，以家观家，以乡观乡，以国观国，以天下观天下[3]。吾何以知天下然哉？以此[4]。

【训释】

[1] 抱，竹简本作"休"。子孙以祭祀不辍，竹简本作"子孙以其祭祀不屯"。

[2] 其德乃余，竹简本作"其德有余"。普，傅奕本作"溥"，帛书乙本作"博"。

[3] 该句竹简本脱"以身观身"，帛书乙本脱"以乡观乡"。帛书本、竹简本皆无句前"故"字。

[4] 河上公本、傅奕本、帛书本"然"前有"之"字。该句竹简本残。

【校证文】

善建者不拔，善抱者不脱，子孙以祭祀不辍。修之于身，其德乃真；修之于家，其德乃余；修之于乡，其德乃长；修之于国，其德乃丰；修之于天下，其德乃普。以身观身，以家观家，以乡观乡，以国观国，以天下观天下。吾何以知天下然哉？以此。

【译文】

建树的东西不会消失，抱持的事物一直存在，这是高明治世者带来的影响，所以后世子孙一直缅怀他们。人以无为作为基本要求，能以之对自身，道德淳厚；能以之对家族，德性显达；能以之对乡邑，德性绵长；能以之对城都，德性丰硕；能以之对天下，德性普博。以身为整体来认知身，以家为整体来认知家，以乡为整体来认知乡，以国为整体来认知国，以天下为整体来认知天下。我是如何知晓天下之根本性质的？由此而已。

【解析】

本章有竹简本对应文字，传世本、帛书本、竹简本虽用字少有差别，但总起来文本比较一致，这在《老子》抄本中是属于比较少见的。"校证文"仅就王本依帛本、简本之例删一"故"字。本章文字比较清晰，基本没有用字训读的困难，然而章旨所指却难以把握，主要在于两点：一是前面的"二善"与下文的"五修"及"五观"是什么关系①，二是"以其观其"式的表述到底何指。古来注家虽众说纷纭，然整章解说令人信服者几近无有。

"善建者不拔，善抱者不脱，子孙以祭祀不辍。""建"是建立、建树。"抱"是抱持、抱有。凡树、立之物皆可拔除，凡持、有之物亦终将脱落，因何此处称"善建者不拔，善抱者不脱"？这就如第二十七章所谓之"善行无辙迹，善言无瑕谪，善数不用筹策，善闭无关楗而不可开，善结无绳约而不可解"，此"建""抱"不以"建""抱"为目的，不落具体方式、方法，即"不建""不抱"，当然也就无所谓"拔""脱"。老子论"建""抱"，必是一语双关，也就是说，从对于日常事物的树立、抱持，谈及人为政之政绩、德性，否则如何涉及"子孙以祭祀不辍"？对此，薛蕙亦特别能指出："此二言犹诗之比以言树德固而守道荐也，子孙祭祀不辍，言德盛而流泽远也。"②"不建""不抱"犹如第二十二章"夫唯不争，故天下莫能与之争"。为政者，"处无为之事，行不言之教"（第二章），没有流芳百世的主观意愿，但客观上造就了太平盛世，老百姓就反而感谢其恩德使其永垂不朽，"祭祀不辍"。此句古注之佳者，首推吴澄，他准确地把握了"建""抱"与"不建""不抱"的关系，注谓："植一木于平地之上，必有拔而偃仆之时；持一物于两手之中，必有脱而离去之日。善建者以不建为建，则永不拔；善抱者以不抱为抱，则永不脱。善于保国延祚者亦然，无心于留天命而天命自留，故子孙世世祭祀不辍，有如善建善抱者也。"③"抱"，竹简本作"休"，释文整理者疑为"保"之简写，李零读为"抱"④，廖名春先生读为"保"⑤。"辍"，帛书本作"绝"，竹简本为"屯"，李零读为"辍"⑥，尹振环读为"顿"⑦。两处用字之别，大致无害于文意之统一。另

① 姚鼐等以为本章应为两部分，但不仅传世本、帛书本为一章，竹简本文字在乙本第三组最后一部分，中间没有明显分章符号，似亦为一章。

② （明）薛蕙：《老子集解》，惜阴轩从书本，下卷。

③ （元）吴澄：《道德真经注》，粤雅堂版，卷三。

④ 李零：《郭店楚简校读记》（增订本），北京：中国人民大学出版社，2007年，第27页。

⑤ 廖名春：《郭店楚简老子校释》，北京：清华大学出版社，2003年，第482页。

⑥ 李零：《郭店楚简校读记》（增订本），北京：中国人民大学出版社，2007年，第27页。

⑦ 尹振环：《楚简老子辨析》，北京：中华书局，2001年，第314页。

竹简本"子孙以其祭祀不屯"之"其"字为它本所无，刘笑敢认为有无"其"句意不同，说："有'以其'说明子孙后代传续不绝是因为祖庙祭祀不断。一旦没有祖庙祭祀活动作为家族联络的礼法，则子孙四散，家统中断。"① 如此理解，则句意完全偏离了上下文，老子怎么会重视起祭祀来了？其实，"其"字可以指"善建者""善抱者"，"以其"即"对他"，仍与传世本无"其"句意统一。

"修之于身，其德乃真；修之于家，其德乃余；修之于乡，其德乃长；修之于国，其德乃丰；修之于天下，其德乃普。""其德乃余"竹简本作"其德有余"，尹振环认为"余"当为"舍"，"安身立命之处"②，可备一说。"普"，或作"溥""博"，义同。《广韵》："普，博也，大也，遍也。"需要注意的是，"国"在帛书甲本、竹简本都作"邦"，后编抄之文，应为避刘邦之讳而改。无论是"国"，还是"邦"，都与今日"国家"含义不同，其义相当于以都城为中心的诸侯国。"真""余""长""丰""普"均指德之高尚的表现，不必拘泥于用字，问题的关键是这五个"修"必须与上文的两个"建"联系起来理解。这样才能既解决上下文贯通问题，又避免把老子思想囫囵吞枣处理成修德感化之类为说。也就是说，这里的"修"是以"善建""善抱"而"修"，也就是无为治身、无为治家、无为治乡、无为治国、无为治天下，从而取得身、家、乡、国、天下和谐之"得"。

"故以身观身，以家观家，以乡观乡，以国观国，以天下观天下。"上文"修"是治理，这里的"观"是认识，即之所以如此治理，缘于如此认识。帛书本、竹简本皆无句前"故"字，再一次证实了笔者在第四十四章、第五十一章"解析"中所论之点，即老子用"故"字一般是在比类转折处，此处无比类问题，没有出现"故"之必要。什么叫作"以身观身"乃至"以天下观天下"？河上公注云："以修道之身，观不修道之身，孰亡孰存也。以修道之家，观不修道之家也。以修道之乡，观不修道之乡也。以修道之国，观不修道之国也。以修道之主，观不修道之主也。"③ 河上公所持之说，多为后注家所接受，但问题仍在于这种人尽皆知的俗理入得了《老子》吗？如此，与上文的关系又如何理解？其实，"以其观其"是认识事物

① 刘笑敢：《老子古今》（修订版），北京：中国社会科学出版社，2006 年，第 554 页。
② 尹振环：《楚简老子辨析》，北京：中华书局，2001 年，第 314 页。
③ 王卡点校：《老子道德经河上公章句》，北京：中华书局，1993 年，第 208 页。

老子论衡

的方式，即不以分裂视角来判分事物。"以身观身"就是不能以五官、四肢、脏腑等观身，其余亦此理。在上者种种有为正是因所认事物有这样、那样的特点，区分之、差别之而纠正之、改易之，但事物本身是被复杂因素作用的整体存在，以一隅之见而生全然之识必失之偏颇，"以其观其"就是把事物视为自洽存在的整体，这是无为政治的认识论基础。

"吾何以知天下然哉？"老子反问，引在上为政者思考，如何认识天下？如何治理天下？

"以此。"能以整体性视角认识天下，奠定了无为而治的思想基础。对于此章，学者多有引介《管子·牧民》之文以佐者，其文曰："以家为乡，乡不可为也；以乡为国，国不可为也；以国为天下，天下不可为也。以家为家，以乡为乡，以国为国，以天下为天下。"[1] 查《管子·牧民》之上下文，意在强调为政者不可囿于己见，要打破狭隘意识，有大视野、大胸怀方可为政有成，与老子此论文字相似而思想无同。

本章强调了以道性原则治国的思维特质——整体性意识。老子所谓"修""德"均是从一般人看问题的习惯进入的，但这种"修"是"无修"，这种"德"也是百姓自然发展之"得"，与周代以来的德配观念不同。章中修德之言容易被理解为道德涵育与治国关系，学者也自然用《大学》"修齐治平"的道理引以为说，但老子此德是无为，这是必须要明确的。《韩非子·喻老》以案例为说曰："楚庄王既胜，狩于河雍，归而赏孙叔敖。孙叔敖请汉间之地，沙石之处。楚邦之法，禄臣再世而收地，唯孙叔敖独在。此不以其邦为收者，瘠也，故九世而祀不绝。故曰：'善建不拔，善抱不脱，子孙以其祭祀，世世不辍。'孙叔敖之谓也。"[2] 这里所举的例子正是没有区分开老子之"德"与俗谓之"德"的差别。由此看来，老子思想之深刻，非《管子·牧民》所能，亦非《韩非子·喻老》所及。近人魏源注曰："天下之物，建于外者，外物得而拔之。抱于外者，外物得而脱之。恃外有之固者，其固终不可恃也。若夫建德而抱一者，建之于心，抱之于内，初无建、抱之形；苟我不自拔且脱，谁得而拔、脱之乎？"[3] 魏源所持之论，古来注老者多有，不惟用于此章。但一旦落入"心"之类解说，必是对老

① 黎翔凤撰、梁运华整理：《管子校注》，北京：中华书局，2020年，第15页。
② （清）王先慎著，钟哲点校：《韩非子集解》，北京：中华书局，1998年，第157–158页。
③ （清）魏源：《老子本义》，清光绪袁氏刻渐西村舍汇刊本，下卷。

子政治思想是一种治理体系之设计没有认清楚而为之。注老者古以佛学心性之论移入，今以心灵修养之说为言，如此解老，似更推老子于博大而周涉，却置老学于空泛无依，为功耶？为过耶？

第五十五章

【原文】

含德之厚，比于赤子[1]。蜂虿虺蛇不螫，猛兽不据，攫鸟不搏[2]。骨弱筋柔而握固，未知牝牡之合而全作，精之至也[3]。终日号而不嗄，和之至也[4]。知和曰常，知常曰明，益生曰祥，心使气曰强[5]。物壮则老，谓之不道，不道早已[6]。

【训释】

[1] 含德之厚，傅奕本、帛书本、竹简本均为"含德之厚者"。赤子，新生婴儿。

[2] 虿，蝎子类毒虫。虺，毒蛇。螫，蜇。《说文》："螫，虫行毒也。"攫鸟，鸷鸟。搏，击打。《广雅·释诂》："搏，击也。"该句帛书甲乙本、竹简本多使用异体字。帛书乙本对应释文为"蜂虿蝎蛇弗螫，攫鸟猛兽弗搏"。

[3] 未知牝牡之合而全作，帛书乙本作"未知牝牡之会而朘怒"。牝牡之会，男女交合。朘怒，生殖器勃起。《说文》："朘，赤子阴也。"作、怒，奋起。《广雅·释诂》："怒，健也。"

[4] 嗄，诸本用字不同，河上公本作"哑"，傅奕本作"嗌"，帛书乙本作"嚘"，竹简本作"忧"。嗄，嗓音嘶哑。嚘，逆滞。《玉篇》："嚘，气逆也。"

[5] "知和曰常，知常曰明"，帛书本乙本残缺。帛书甲本、竹简本皆作"和曰常，知和曰明"。

[6] 竹简本无"不道早已"。

【校证文】

含德之厚，比于赤子。蜂虿虺蛇不螫，猛兽不据，攫鸟不搏。骨弱筋柔而握固，未知牝牡之合而脧作，精之至也。终日号而不嗄，和之至也。和曰常，知和曰明。益生曰祥，心使气曰强。物壮则老，谓之不道，不道早已。

【译文】

道德涵养深厚的人，就像刚刚出生的婴孩。蛇蝎毒虫不蜇咬他，野兽猛禽不抓扑他。虽筋骨柔弱但小拳头可以攥得很紧，虽并不懂得男女交合之事但生殖器却勃然挺起，这是因为他们精气旺盛到了极致。可能整日呼号但嗓子也不会沙哑，这是因为他们自身的和谐达到了理想状态。和谐是社会发展的根本依靠，懂得这个根本就是明白人了。这就像不断折腾养生不是什么好事，以有为之心驱使气血运行反而致使身体机能僵化。世间之物，过分使之强盛会转而疲惫衰落，破坏了循其自身合理性的展开，自取其咎。

【解析】

本章有竹简本对应内容，分章与传世本一致。传世本章末"物壮则老，谓之不道，不道早已"一句（竹简本无"不道早已"）与第三十章重出，而第三十章对应竹简本文字则无该句，因此第三十章该句有后编者根据理解写入而致重出之可能。本章关于婴儿生命力旺盛表现的用字多异体字，已退出后所用汉字系统，不过意思明确，不影响句意、章旨。而"和""常"关系在帛书甲本、竹简本的写法有别，提示传世本"知和曰常"之说当为编抄者改写。本章以修养之道类说治世之道，与第五十章同出一路。

"含德之厚，比于赤子。"两种修养表现，一种是"赤子"，即婴儿；一种是"老"，这里便是"婴儿"。《老子》中经常以婴儿为喻，第十章有"专气至柔，能婴儿乎"，第二十章有"我泊焉未兆，若婴儿未咳"，第二十八章有"恒德不离，复归婴儿"。婴儿有生命力旺盛的表现，这是人们的观察所得，也有相关生理科学知识的支持，但未可便机械理解为婴儿状态是人应回归的状态，道教养生谓"返老还童"与老子譬喻有关，也与人们的相应认识结论简单化有关。事实上，婴儿生命力旺盛只是个体生命机能尚处完善过程的特殊现象。老子只是以此类说修养有得的特点，在于生机益然，更在于纯任自然。苏辙研习《老子》有得，文多有崇尚"婴儿"之言，

《郑仙姑学道年八十不嫁》中说："人但养成婴儿，何事不了！"①

"蜂虿虺蛇不螫，猛兽不据，攫鸟不搏。"该句河上公本作"毒虫不螫，猛兽不据，攫鸟不搏"，皆为四字句型，而帛书本、竹简本则为六字。出土本多用异体字，帛书乙本对应释文为"蜂虿蝎蛇弗螫，据鸟猛兽弗搏"。由此可见，编抄者对于《老子》文本加工，有出于对少用之汉字转写者，有出于读诵朗朗上口者。婴孩生命力旺盛，能表现出与野兽和谐相处的一面，毒虫、野兽都不袭击他②，这也是狼孩、虎孩之类现象存在的原因。这种情况看来古已有之，老子拿来作为证据。人之德高气纯，似亦可近此，佛道文案中颇有之，如禅门慧忠的事迹，"尝有供僧谷两廪，盗者窥伺，虎为守之。县令张逊至山谒忠，问：有何弟子？师曰：有三五人。逊曰：如何得见？师敲禅床，三虎哮吼而出。逊惊怖而退"③。婴孩不惧野兽出于心思未知，僧道亦能和而处之，或出于慈柔精神。

"骨弱筋柔而握固，未知牝牡之合而全作，精之至也。"婴儿筋骨柔软，然而拳头攥起来可以非常牢固，后世道教遂有仿之之"握固"手诀。"牝牡之合"指男女交合。"全坐"，河上公本作"朘作"，傅奕本作"朘作"，帛书乙本作"朘怒"，竹简本作"然怒"，皆指生殖器勃起。"朘"，《说文》注为"赤子阴也"，王弼本或误抄为"全"。婴孩的"握固"与"朘怒"是出于"未知"，即自然表现，是本身的生理（"精"）功能发动（"至"）的结果。

"终日号而不嗄，和之至也。""嗄"或作"哑""嗌""嚘""忧"。"嚘"的本义是气逆，不通，"嚘""忧"应为"嗄"之借。傅奕本"嗌"、河上公本"哑"则是文字通俗化的改易，但河上公本更理想。嗄，声音嘶哑。《庄子·庚桑楚》"儿子终日嗥而嗌不嗄，和之至也"，司马彪注谓"楚人谓啼极无声为嗄"④。"精之至"是自身的生理表现，"和之至"是进一步明确生理表现的总特征是和谐。

"知和曰常，知常曰明，益生曰祥，心使气曰强。"这一句帛书乙本有

① （宋）苏辙：《龙川略志》，北京：中华书局，1982年，第63页。

② 古人多言婴儿无害物之心，物也便不伤害他。其实过去孩子被狼叼走吃了的事件并不少。思之，野兽不饿时，也很少主动袭击他物，若碰巧婴儿被动物叼走，婴儿无判知能力，不知反抗，动物出本有母性便孕育之。

③ （宋）普济：《五灯会元》，北京：中华书局，1984年，第65页。

④ （清）郭庆藩：《庄子集释》，北京：中华书局，2013年，第694页。

缺文。帛书甲本、竹简本皆作"和曰常，知和曰明，益生曰祥，心使气曰强"。传世本写为递进关系，"知和曰常，知常曰明"。第十六章有"知常曰明"，"常"是原则，"和"是规律，都可以是"知"的对象，但"知和曰常"就没道理了。从上文对婴儿状态的描写，落笔即在"和"，本章的关键字由上至下贯通下来就是"和"，所以"和"是自然表现，又应该成为处世原则之"常"，而懂得这一规律就是"知和曰明"。上文提到编抄者改写的工作"出于对少用之汉字转写者，有出于读诵朗朗上口者"，那么这里就是第三种，即编抄者出于自己的理解而改写句子，或使整饬，或使清晰。但第一种改写有功，第二种改写无过，第三种改写则导致老子思想被扭曲。有人说，《老子》一书可能并非某人创作，而是哲思之语被知识分子加工越滚越大的结果。对此，笔者完全不赞同，查传世本较古本改写的诸章词句状况，改写者之"成果"动辄即背离老子思想已是人所共见。思想之深刻能贴近老子者毕竟无几，即使如韩非、王弼、成玄英、王安石等在中国古代思想史有一定地位的大家。至"知和曰明"应是第一部分正面例子已述完，下面从"益生曰祥"开始说反面典型。"益生"是养生，"心使气"是养生技术。"祥""强"则都不是好事，而是"妖祥""强梁"之简写。"妖祥"，凶事之兆。《史记·殷本纪》有："亳有祥桑谷共生于朝。"[1]《礼记·乐记》则有："疾疢不作而无妖祥。"[2]"强梁"，强横凶暴。《墨子·鲁问》有："譬有人于此，其子强梁不材，故其父笞之，其邻家之父举木而击之。"[3]"祥""强"二字含义尚有持别论者，其实蒋锡昌考论甚详："《素问·六元正纪·大论》：'水迺见祥。'注：'祥，妖祥。'《左氏·左氏僖公十六年传》疏：'恶事亦称为祥'。《道德真经取善集》引孙登曰：'生生之厚，动之妖祥。'又引舒王曰，'此"祥"者，非作善之祥。乃灾异之祥；此"强"者，非守柔之强，乃强梁之强'。是'祥'乃妖祥，'强'乃强梁也。"[4] 王弼注亦谓："生不可益，益之则夭也。心宜无有，使气则强。"[5]生命有其复杂巨系统支持，一隅之见胡折腾欲"祥"而致"妖祥"，欲"强"而致"强梁"，老子语用之良苦在其中矣！

---

① （汉）司马迁：《史记》，北京：中华书局，2011 年，第 89 页。
② 胡平生、张萌：《礼记》，北京：中华书局，2018 年，第 744 页。
③ 吴毓江：《墨子校注》，北京：中华书局，1993 年，第 734 页。
④ 蒋锡昌：《老子校诂》，上海：上海书店，1996 年，第 343 页。
⑤ （魏）王弼著，楼宇烈校释：《王弼集校释》，北京：中华书局，1980 年，第 146 页。

"物壮则老，谓之不道，不道早已。"盛极而衰、周而复始也是"道"，但显然这里"物壮则老"不是在这个层面讲的，而是说以主观价值为导向，按自己的意愿做大做强（"壮"），违背了事物本身的合理性（"不道"），结果只能使得事物因僵化（"老"）而丧失生命力（"早已"）。老子讲了半天养生之道，目的就是说这个理儿——治国也应顺自然，不折腾。

从章文看，本章老子还是以养生为例，举了相对的两种让人们从中体会无为之必要，论述方式与第五十章相近。这里"比于赤子"的厚德在于"和"，是自然和谐的"无为"表现，"和"所代表的是"常"，懂得"和"则为"明"。与之相对的是"益生"与"心使气"，是不自然的"有为"状态。由养生成效之别，老子拈出的当然是"无为"。所以，在这个意义上，"和"与"自然"是同义语。刘笑敢在《老子古今》此篇的"析评引论"有精辟论说，可深入思考老子哲学之架设："'物壮则老'提醒人们的行为不应该破坏自然的和谐秩序。以破坏社会和谐以及人与自然界之和谐为代价的追求和成功往往得不偿失。不寻常的高速发展往往意味着破坏社会和谐、加速消耗自然资源、破坏生态环境。为了克服更大的困境，人们又会发明更为特殊或更为高效的手段来解决问题，而这同时又不可避免地孕育着新的危机。"① 当然，还要意识到，老子所说的问题其实不是着眼于人与自然关系层面的，而是聚焦于政治建设中政府与民众关系层面的，虽然道理是一个道理，但是在生产力尚不发达的时期，人与自然的关系并不紧张，也就成为不了老子的反思对象。此处之"益生"问题引入只是从其理见无为之效，至于古棣等争论养生之说是否为老子为奴隶主贵族而立言，则完全没有必要了。

第五十六章

【原文】

知者不言，言者不知[1]。塞其兑，闭其门，挫其锐；解其分，和其光，同其尘，是谓玄同[2]。故不可得而亲，不可得而疏；不可得而利，不可得而害；不可得而贵，不可得而贱，故为天下贵。

---

① 刘笑敢：《老子古今》（修订版），北京：中国社会科学出版社，2006 年，第 571 页。

【训释】

[1] 竹简本作"知之者不言，言之者不知"。

[2] 兑，帛书甲本作"闷"，乙本作"垸"。锐，帛书甲本作"阅"，乙本作"兑"。"分"，他本一般作"纷"。

【校证文】

知之者不言，言之者不知。塞其兑，闭其门；挫其阅，解其分；和其光，同其尘，是谓玄同。故不可得而亲，不可得而疏；不可得而利，不可得而害；不可得而贵，不可得而贱，故为天下贵。

【译文】

道是同一性的根本道理无法诉诸言说，而人们日常之言说就必然不是道性高度的。调整自己的精神指向，以内向式体认；消解区分，摒除择别，把事物看成同一性存在，这是深层次对事物属性的把握。所以，不以亲疏看人，不以利害对事，不以贵贱待物，才是天底下最值得学到的东西。

【解析】

本章有竹简本对应文字，且诸本间大体一致。注家对于章句意义，因对章旨的判断历来分歧较大，但少有合理解说。"塞其兑，闭其门，挫其锐；解其纷，和其光，同其尘"重出前文，"挫其锐；解其纷，和其光，同其尘"与第四章重出，"塞其兑，闭其门"与第五十二章重出。根据行文特点及章旨所向，笔者已将第四章相应内容处理为衍文；与第五十二章所重部分诸本皆存，只是竹简本对应五十二章文字作"闭其门，塞其兑"，此处作"闭其兑，塞其门"，非机械重复。第五十二章相应文字上下相对，不可或缺；而"塞其兑，闭其门"在本章有之不赘，无之似亦可。马叙伦说："'塞其兑，闭其门'二句乃五十二章文。读者因'门'字与'纷''尘'音协，因而误记于此。校者不敢删，遂复出矣。"① 竹简本即复出此句，是衍误已久，还是本就如此，只能待后考了。

---

① 马叙伦：《老子校诂》，北京：中华书局，1974 年，第 491 页。

"知者不言，言者不知。"传统上多以"知"同"智"，"言"为发号施令，意思如"有智慧的认识不多说话的，多话的就不是智者"[1]，是就在上者为政的基本原则而言的。但《老子》章文往往是先讲道理或打比方，最后得出施政原则的结论。虽"知"与"智"古通用，却未必"知"一定通"智"，而竹简本恰为"知之者不言，言之者不知"，则不应读"知"为"智"。"知"什么呢？老子没有把"之"明确地说出来，从下文看，应该指"玄同"，即从道性的视角认识事物。道性是"大制不割"（第二十八章）的，而语言就是建立在分割、差别层面上的，差别越细致，名相越繁杂，语言越丰富，因此回归同一性的立场恰是拒绝了语言功能的。亦即一落言说，即是分别，就离开了道性层面。当然，老子谈论这个问题，目的还是在于表达，从事物具体差分性质入手治国，非大道。正如《庄子·知北游》所谓，"夫知者不言，言者不知，故圣人行不言之教"[2]。

"塞其兑，闭其门，挫其锐；解其分，和其光，同其尘，是谓玄同。"这句话中的几组词在帛书本、竹简本有字序、语序的不同，最主要的是相当"和其光，同其尘"的句子在"挫其锐，解其分"前。"塞""闭""挫""解"意思皆指向遮蔽方面，"和""同"则为统一之意，是不是传世本的编抄者因此对古本修改而调整语序，亦未可知。但若诸本皆为对"塞其兑，闭其门"的衍入则这个问题亦当别论了。这句话落在"玄同"，"玄"是"深刻"，"同"是"同一性"，那么前面所论是一种认识事物的角度呢？还是认识事物的角度与对待事物的态度兼而有之呢？笔者认为，本章下句"故"字后才是"态度"问题，这里是"态度"的底子"角度"问题。"塞其兑，闭其门"已如第五十二章解说，就是关起门来，实质是调整精神活动指向；"和其光，同其尘"是泯灭事物的各项细微差别，理解的关键在于"挫其锐，解其分"一句。注家都以"锐"为"锋芒"，"分"为"纷扰"，意思就是"不露锋芒，消解纷扰"[3]。如此释读，表面可通，实则细究存在问题。在上者"不露锋芒"是故作高深，还是超然无为？既然"不露锋芒"，又如何可"消解纷扰"呢？笔者认为，"其"下之字，不能忽而指自身功能特点，忽而指外在对象状况。即使"光""尘"，亦应解读为自身的

---

① 陈鼓应：《老子注译及评介》（修订增补本），北京：中华书局，2009年，第274页。
② 陈鼓应：《庄子今注今译》，北京：中华书局，2009年，第596-597页。
③ 陈鼓应：《老子注译及评介》（修订增补本），北京：中华书局，2009年，第273页。

照察之"光"和对应之"尘"。第五十二章说"用其光，复归其明"，"光"用以指对事物的差别，"尘"，也是就意识中对事物的区分而言，后世不也以之翻译佛学的"根尘"之"尘"嘛。"解其纷"，"解"是"消解"，"分"诸本为"纷"可理解为世事之纷扰，王弼本之"分"，可以理解为"分别"①，虽古二字是可以通用的，但写为"分"意思就明确了许多，这一点上可能真理掌握在王弼本这个少数这里了。"挫其锐"，帛书本甲本作"坐其阅"，帛书本乙本作"銼其兑"，帛书本研究者皆以之通于"挫其锐"。竹简本用异字难读，释文整理者注为"简文待考"②。竹简本诸研究者所读各异，李零读为"挫其颖"，分析说："简文第一字从刀从畜，第三字从尔从贝，整理者照原文隶定，说'简文待考'，旧作按今本录写。这两个字的读法还值得研究，我们怀疑，简文第一个字也可能是'削'字的讹写（'銼'，古书亦作'错'，或'銼''削'），或者是个含义相近的字（今字书无此字）；第三个字从贝得声，似可读为'颖'。这里暂读为'銼其颖'。"③ 查"锐"字的竹简本对应字，上为"尔"，似人形，下文两个"贝"字，像是在"数钱"！而帛书甲本所用"阅"字的基本意思就是计算事物，《说文》："阅，具数于门中也。"《左传·襄公九年》有："商人阅其祸败之衅，必始于火。"④ 因此，笔者断定帛书甲本所用"阅"字更近《老子》古貌，后渐由"兑"及"锐"，讹误愈甚。而对应"銼"字之竹简本用字为刀形，帛书甲本为"坐"，笔者疑其字为"剉"。剉，折损。《说文》："剉，折伤也。"由此看来，"剉其阅"即是要求把"算计"也关起来。"塞其兑，闭其门"是关闭认识外界的途径，"挫其锐，解其分"是不要差别，"和其光，同其尘"是泯灭区分，这就是要跳出常态认识而深刻（"玄"）把握事物同一性（"同"）。

"故不可得而亲，不可得而疏；不可得而利，不可得而害；不可得而贵，不可得而贱，故为天下贵。"在上面认识的基础上，不把事物看成有亲疏、利害、贵贱区别的存在，这是以道性无为作为治世要求时对待事物的基本态度，无别则无为。"不可得而贵，不可得而贱，故为天下贵"，两个

① 《说文》："分，别也。"其实，不以"纷"为"分"，也可以理解为"分别"。纷，本身有"争执，纠纷"之义，《史记·滑稽列传》即有："谈言微中，亦可以解纷。"

② 荆门市博物馆：《郭店楚墓竹简》，北京：文物出版社，1998年，第116页。

③ 李零：《郭店楚简校读记》（增订本），北京：中国人民大学出版社，2007年，第16页。

④ 杨伯峻：《春秋左传注》，北京：中华书局，1990年，第964页。

"贵"字，必然不在一个层面上，后者显然是从前者世俗价值追求超越出来的玄同境界支持下的更高目标。

本章所论非常重要，它是老子无为治世原则的思维基础，即对于事物要持统一之认识，不要陷入分别而不能自拔。白居易《读老子》嘲讽说："言者不如知者默，此语吾闻于老君。若道老君是知者，缘何自著五千文。"① 其实，不是说了就不是"知者"了，而是道性为统一，语言为分裂，道有拒绝言说的一面。这么理解"知者不言，言者不知"绝非抬高老子，《庄子·齐物论》亦称"道隐于小成，言隐于荣华"②，从事物的本质上谈治国之道的合理选择正是老子哲学的深刻之处。王弼注"塞其兑，闭其门，挫其锐"为"含守质也"，"解其分"为"除争原也"，"和其光"为"无所特显则物无所偏争也"，"同其尘"为"无所特贱则物无所偏耻也"③，意思即内向式（"含守"）把握事物，就消除了分别的源头（"争原"），从而获得统一性（"无所偏"）认识。王弼注简洁明了，可惜没有引起后世注家的重视。苏辙基本接受了王弼的观点，释本章之文为历代注老之佳者："道非言说，亦不离言说，然能知者未必言，能言者未必知。唯塞兑闭门以杜其外，挫锐解纷和光同尘以治其内者，默然不言而与道同矣。可得而亲，则可得而疏。可得而利，则可得而害。可得而贵，则可得而贱。体道者均覆万物，而孰为亲练？等观逆顺，而孰为利害？不知荣辱，而孰为贵贱？情计之所不及此，所以天下贵也。"④ 刘笑敢论述了"不言"与"玄同"的关系，认为"'不言'是达到'玄同'的途径和表现之一"⑤，笔者恰以为，不是"不言"而"玄同"，而是"玄同"而"不言"。

第五十七章

【原文】

以正治国，以奇用兵，以无事取天下[1]。吾何以知其然哉？以此[2]。天下多忌讳，而民弥贫；民多利器，国家滋昏；人多伎巧，奇物滋起；法

---

① 《全唐诗》（增订本）第 6 册，北京：中华书局，2008 年，第 5173 页。
② 陈鼓应：《庄子今注今译》，北京：中华书局，2009 年，第 58 页。
③ （魏）王弼著，楼宇烈校释：《王弼集校释》，北京：中华书局，1980 年，第 148 页。
④ （宋）苏辙：《苏子由道德经注》，尊经阁文库藏钞本，卷三。
⑤ 刘笑敢：《老子古今》（修订版），北京：中国社会科学出版社，2006 年，第 577 页。

令滋彰，盗贼多有[3]。故圣人云，我无为而民自化，我好静而民自正，我无事而民自富，我无欲而民自朴[4]。

【训释】

[1] 治，帛书本、竹简本原文都作"之"。

[2] 帛书本、竹简本无"以此"二字。

[3] 天下，竹简本作"天"。贫，竹简本作"叛"。伎巧，帛书甲本、竹简本作"智"。法令，河上公本、竹简本作"法物"。

[4] 故，帛书乙本、竹简本作"是以"。无欲，帛书本乙本、竹简本皆作"欲不欲"。

【校证文】

以正治国，以奇用兵，以无事取天下。吾何以知其然哉？天多忌讳，而民弥贫；民多利器，国家滋昏；人多伎巧，奇物滋起；法物滋彰，盗贼多有。是以圣人云，我无为而民自化，我好静而民自正，我无事而民自富，我欲不欲而民自朴。

【译文】

管理国家要以引以正气，用兵打仗要考虑实力，而施政天下则要以无为为原则。为什么这么说呢？为君者管得越多，老百姓往往越穷困；使华丽之风在百姓中流行，国家就会陷入混乱；追求卖弄聪明成为社会风气，华而不实的东西则层出不穷；华丽宝贵的礼器被重视，强盗小偷就多了起来。所以高明的治世者认为，我不加约束，百姓就自求发展；我不乱折腾，百姓自然安宁；我不加限制，百姓自能富足；我追求恬淡的生活，百姓也会朴实淳厚。

【解析】

本章有竹简本对应文字，诸本差别不大，文意也较简明。帛书甲本、竹简本"国"皆作"邦"，反映了用字发生的变化。竹简本之"我亡为而民自化"处在圣人之言的第二句，顺序不同于今本，今本将"我无为而民自化"提前，或体现了"无为"被作为老子哲学基本概念而聚焦。道藏本

《老子河上公章句》篇末多出"我无情而民自清"① 一句，既不合章韵，也不合老子思想，属于浅识者所为。

"以正治国，以奇用兵，以无事取天下。""治"，帛书甲本、竹简本为"之"。《经词衍释》有"之，犹为也"② 之论，则"之"义与"治"意无别。治国以正，即上以真善美正身，下行效之。《论语·颜渊》有："季康子问政于孔子。孔子对曰：'政者，正也。子帅以正，孰敢不正？'"③ 而对于"以奇用兵"，汉代以来皆理解"奇"为"异常、奇邪"之类，"出奇制胜"遂成为战场上要诡计的指谓。其实，"奇"应读为 jī，是指双方力量比较中多出来的制胜因素。《孙子·势篇》有："凡战者，以正合，以奇胜。故善出奇者，无穷如天地，不竭如江河。"④ 该句归根结底，意思是战争胜败实力说了算。"以无事取天下"，"取"是"为"，即无为治理天下。该句与"以正治国，以奇用兵"似乎并不"无为"的要求是什么关系？有注家干脆把"以无事取天下"改为"无以取天下"以取得句意贯通，这一方面出自对"奇"含义失解，另一方面拘泥于文字。实质上"以正治国，以奇用兵"是人所共见，不是老子想要表达的，而是类似《诗经》的起"兴"，落在"以无事取天下"上，正如吴澄所说："奇者仅可施于用兵，不可以治国；正者仅可施于治国，不可以取天下。"⑤

"吾何以知其然哉？"老子反问，从下文所答亦可见，问的是"以无事取天下"的道理，与前二者无关。

"以此。"诸传世本皆有此二字，然帛书本、竹简本则无，可见原貌并无"以此"。传世本编抄者当是据第二十一章、第五十四章等反问自答的句法补入了这两个字，但上自答之问皆在篇尾作通结篇章之用，而该处提问之后，是要读者带着问题一起进入下文之展开论述的，所用不同。

"天下多忌讳，而民弥贫；民多利器，国家滋昏；人多伎巧，奇物滋起；法令滋彰，盗贼多有。""天下"竹简本作"天"，则是指为君者，更合理。忌讳，就是限制。《楚辞·谬谏》："恐犯忌而干讳。"王逸注："所畏为

① 《道德真经注》，《道藏》第 12 册，第 17 页。
② （清）吴昌莹：《经词衍释》，北京：中华书局，1956 年，第 174 页。
③ 杨伯峻：《论语译注》，北京：中华书局，2009 年，第 127 页。
④ 陈曦：《孙子兵法》，北京：中华书局，2011 年，第 77 页。
⑤ （元）吴澄：《道德真经注》，粤雅堂版，卷三。

忌，所隐为讳。"① "天多忌讳，而民弥贫"，在上者限制越多，老百姓的发展空间越小，当然也就越穷困。"利器"，华丽之器。"民多利器，国家滋昏"，为君者尚利器，风气所至，民不知务于本业，争逐而陷乱。薛蕙说："人皆敦本业而不趋末，虽有利器无所用之。其多利器是交骛于利也，故国家之乱滋甚矣。"② "伎巧"，帛书甲本、竹简本作"智"。此"智"当然不是"智慧"，而是指人忙于巧构钻营。"人多智，奇物滋起"，也是说人不务本，折腾些奇技淫巧之类。《韩非子·扬权》有："圣人之道，去智与巧。智巧不去，难以为常。民人用之，其身多殃；主上用之，其国危亡。"③ 薛蕙说："民诚素朴，岂有作淫巧者哉？由民多技巧，故多奇衺无益之物，皆乱天下之具耳。"④ "法令"，为王弼本、傅奕本写法，帛书甲本全残，帛书乙本余一"物"字，河上公本、竹简本则作"法物"。可见，《老子》古本即为"法物"，而不是"法令"，对于老子是否反对法律的争论也就没有必要进行了，这是一个伪命题。《后汉书·光武帝纪》有："益州传送公孙述瞽师、国产郊庙乐器、葆车、舆辇，于是法物始备。"⑤ "法物"是什么？河上公注说："法物，好物也。珍好之物滋生彰着，则农事废，饥寒并至，而盗贼多有也。"⑥ 对于何谓"法物"，辛战军做了细致的考证，指出："凡帝王依礼法所用之物，皆称名为法物。以其制作精良而世俗罕见，故河上公云'珍好之物'。"⑦ 由此可见，所谓"法物滋彰，盗贼多有"，就是"不贵难得之货，使民不为盗"（第三章），追求"贵重"之物成风，就会吸引不法以身犯险。这几组句子都是说，统治者以个人所好来影响社会风气，看起来是追求美好，却导致虚华之风流行，导致民不务本。

"故圣人云，我无为而民自化，我好静而民自正，我无事而民自富，我无欲而民自朴。"老子托圣人言，描绘无为政治的理想效果。"化"，发展。《说文》："化，教行也。"在上者不加限制（"无为"），百姓就会自觉发展（"自化"）。在上者不胡折腾（"好静"），百姓就会自取安宁（"自

① （宋）洪兴祖：《楚辞补注》，北京：中华书局，2015 年，第 207 页。

② （明）薛蕙：《老子集解》，惜阴轩丛书本，下卷。

③ （清）王先慎著，钟哲点校：《韩非子集解》，北京：中华书局，1998 年，第 45–46 页。

④ （明）薛蕙：《老子集解》，惜阴轩丛书本，下卷。

⑤ （宋）范晔：《后汉书》，北京：中华书局，2012 年，第 51 页。

⑥ 王卡点校：《老子道德经河上公章句》，北京：中华书局，1993 年，第 221 页。

⑦ 辛战军：《老子译注》，北京：中华书局，2008 年，第 19 页。

正"）。在上者不没事找事（"无事"），百姓就会自得富足（"自富"）。在上者自己追求宁静淡然的生活（"欲不欲"），百姓也会随之淳厚朴实（"自朴"）。"无欲"，帛书甲本残，帛书乙本、竹简本皆作"欲不欲"，文意较通行本为胜。即不是在上者"无欲"了，百姓就纯朴，而是在上者追求"不欲"的生活就会带动社会风气。

本章着重论述了自然和谐的发展方式的意义。社会进步，古今皆需，然何种引导方式更合理，这本身是一个涉及时空条件的复杂巨系统问题。于其中，老子的思考值得引起重视。刘笑敢说："这里讲的是文明进步带来的副作用，是对人类发展中出现的新问题的反思，未必是对法律本身或文明进步的全面否定。法律制度、政治的和社会的禁忌、新技术、新器物都是随着人类社会的进步而出现并发展的，这些新事物是社会发展过程中应需要而出现的，因此有其合理性，也给人类带来了很多实际利益。但必须承认的是它们也会给人类历史带来新的问题或麻烦。"[1] 徐梵澄亦谓："举凡利器、智能、法令，皆可贵者也。文明以是而愈进。然祸患亦以是而益深，成其恶性循环，将文纲法令增多，而盗贼奸伪更起，是治其标末而未图其根本。"[2] 两位先生所论，虽未免对"法令"等词所指的误解，但深刻提示了老子思想的当代应有价值。现在我们研究老子的意义就是在于评价其学说的现实生命力，而不是纠缠于个别言论之进步与消极，即使对老子本人的评价也应当置于更开阔的视野去审视之，恰如孙以楷所说："评价一位学者、思想家，当然要看他的学说的科学性，但也不要忘了他的人文精神，他给予人类的关怀与同情。"[3]

第五十八章

【原文】

其政闷闷，其民淳淳；其政察察，其民缺缺[1]。祸兮福之所倚，福兮祸之所伏[2]。孰知其极[3]？其无正[4]。正复为奇，善复为妖，人之迷，其日固久[5]。是以圣人方而不割，廉而不刿，直而不肆，光而不耀[6]。

---

① 刘笑敢：《老子古今》（修订版），北京：中国社会科学出版社，2006年，第586-587页。
② 徐梵澄：《老子臆解》，北京：中华书局，1988年，第82页。
③ 孙以楷：《老子通论》，合肥：安徽大学出版社，2004年，第500页。

【训释】

[1] 闷闷，默昧状。傅奕本、范应元本皆作"闵闵"。帛书甲本残，乙本使用异体字，整理者读为"闵闵"。淳淳，淳厚状。《淮南子·齐俗》有："浇天下之淳，析天下之朴。"① 河上公本作"醇醇"。傅奕本作"偆偆"。帛书甲本残，乙本作"屯屯"。察察，详审状。傅奕本作"詧詧"。缺缺，帛书甲本作"夬夬"。"缺""夬"皆同"狭"。"狭狭"，狡诈状。

[2] 倚，倚靠。《说文》："倚，依也。"《玉篇》："伏，匿也。"

[3] 极，尽头。《尔雅·释诂》："极，尽也。"

[4] 正，定，止。《说文》"正，是也。从止一以止。"《广韵》："正，定也，平也。"

[5] 妖，妖祥。

[6] 方，方正。割，损害。《广雅·释诂一》："割，断也。"廉，廉正。《广雅·释言》："廉，棱也。"刿，割伤。《说文》："刿，利伤也。"帛书乙本作"刺"。直，正直。肆，放纵。《玉篇》："肆，放也，恣也。"帛书乙本作"绁"。耀，傅奕本作"耀"，河上公本作"曜"，帛书乙本原作"眺"，皆同于"耀"，光照刺眼。

【校证文】

其政闷闷，其民淳淳；其政察察，其民缺缺。祸兮福之所倚，福兮祸之所伏。孰知其极？其无正。正复为奇，善复为妖，人之迷，其日固久。是以方而不割，廉而不刿，直而不肆，光而不耀。

【译文】

为政者默默昧昧，百姓反而民风纯朴；为政者明明白白，百姓反而狡猾奸诈。祸患能转成福惠，福惠也能变为祸患。谁又知道这种转换至何为终？也许是没有尽头吧。平衡的变为不平衡，正常的变为不正常，人迷失于事物变易的道理，从来都是如此。所以方的东西却似没角，正的东西却似没棱，直的东西并不僵化，亮的东西并不刺眼，这才是事物自然发展应有的状态。

---

① 陈广忠：《淮南子》，北京：中华书局，2012 年，第 623 页。

【解析】

　　本章无竹简本对应文字，诸本之间多有用字不同，但对基本章旨的理解干扰不大。古本字多为借用之生僻字，难通之处基本可从王弼本。特别需要注意的是，传世各本"是以圣人方而不割"，帛书乙本（甲本残）作"是以方而不割"，无"圣人"二字。查其所领之语，为描摹事物循自然之性发展的状态，即事物之存在不以主观价值为准绳，遂表现有世俗认识的对反性特点，这是事物自身整体性的伸展，非人为之安排。若句以"圣人"嵌入则势必把"圣人"之修养置于神秘、玄妙中，无实际意义，也完全不合老子思想。但不仅王弼本、河上公本、傅奕本诸本皆有"圣人"二字，《淮南子·氾论训》引述为"是故君子不责备于一人，方正而不以割，廉直而不以切"①，《文子·上义》引述为"故君子不责备于一人，方而不割，廉而不刿，直而不肆"②，二书则又将其安在"君子"身上。这一错讹写法看似只涉及两个字，其实反映了对老子思想释读的偏离。看来，即使是离老子时代不远的诸思想家都未能真正领悟老学之真谛，后世更以错文发挥而高谈阔论，续接千年。真可谓，"人之谜，其日固久"！

　　"其政闷闷，其民淳淳；其政察察，其民缺缺。"百姓是不是越管越听话？老子不这么认为，在他看来，人们所认为的正措施，所得到的往往是反效果；人们所认为的负措施，所得到的却会是正效果。为政者默不作声，视而不见，听而不闻，看起来浑浑噩噩（"闷闷"），但民风淳朴（"淳淳"）。为政者审详明白，算计得清清楚楚（察察），百姓却好似越来越奸猾难驯（"缺缺"）。何以如此？王弼分析道："言善治政者，无形无名，无事无政可举，闷闷然，卒至于大治，故曰，其政闷闷也。其民无所争竞，宽大淳淳，故曰，其民淳淳也。立刑名，明赏罚，以检奸伪，故曰察察也。殊类分析，民怀争竞，故曰，其民缺缺也。"③ 王弼所述从无为、有为致社会风气之变而论，亦在其理，但老子下文即开始进行解答，先从人迷于现象入手，意在说世俗所知是为价值判断所限的，然后进一步指出自然秩序超越世俗价值的特性。

---

①　陈广忠：《淮南子》，北京：中华书局，2012 年，第 763 页。

②　王利器：《文子疏义》，北京：中华书局，2000 年，第 484 页。

③　（魏）王弼著，楼宇烈校释：《王弼集校释》，北京：中华书局，1980 年，第 151–152 页。

"祸兮福之所倚，福兮祸之所伏。""倚""伏"，靠在一起，藏在其中。坏事变好事，好事变坏事，是一般人的生活经验所有的。

"孰知其极？""极"，终了。老子就人日常所感发问，福祸的转化停止过吗？

"其无正。""无正"，就是永不停歇。运动是事物的本质属性

"正复为奇，善复为妖，人之迷，其日固久。"虽然这里也是"正""奇"，但与上一章"以正治国，以奇用兵"所指并不同。王弼注曰："以正治国，则便复以奇用兵矣。故曰，正复为奇。"① 不合上下文内容与逻辑，令人费解。"正"是完整、平衡，"奇"是有多余，失去平衡。"善"是正常的，"妖"是非正常的。这是进一步由上面关于事物自我否定的规律来质疑为政者对"正""善"发展目标追求。正因为事物的运动是一个整体过程，所以为政者以对事物局部性质的认识而得来的"正""善"去指使事物，它的发展却并不以人的意志为准，往往求"正"得"奇"，求"善"的"妖"。

"是以圣人方而不割，廉而不刿，直而不肆，光而不耀。"为政者追求正价值往往得负效果，那么施以无为，让事物循自然秩序如何呢——"方而不割"，它好像与世俗价值的"方"相似，但方东西的角会伤人，它却没有角；"廉而不刿"，它好像与世俗价值的"廉"（正）相似，但正东西的棱也会损物，它却没有棱；"直而不肆"，它好像与世俗价值的"直"相似，但直东西一根筋，它却不僵化；它好像与世俗价值的"光"相似，但光既带来明亮，也刺眼夺目，它却不炫耀。说到底，自然秩序不是人为的安排，不以主观价值为目的，与世俗所取相比是似是而非的。人以专门角度去看它，只是"迷"而已。这四组"某（正）而非某（负）"虽结构与"大正若负"不一，但其实是一个道理，即如"大成若缺，其用不弊。大盈若冲，其用不穷"（第四十五章）等。

本章论述分三个层次，"其政闷闷，其民淳淳；其政察察，其民缺缺"为第一个层次，说有为政治与无为政治造成效果出乎人们的判断；"祸兮福之所倚，福兮祸之所伏。孰知其极？其无正。正复为奇，善复为妖，人之迷，其日固久"为第二个层次，论事物处在运动转化中的辩证道理；"是以

---

① （魏）王弼著，楼宇烈校释：《王弼集校释》，北京：中华书局，1980年，第152页。

方而不割，廉而不刿，直而不肆，光而不耀”为第三个层次，论自然秩序的价值超越性。可以说，第一个层次举出现象后，相当于提了一个“何以如此”的问题。第二个层次则说，事物转化本身是其固有属性，这其实是以自然之道为比类，不过并不是比类无为政治，而是提醒人们不要被表面现象所迷惑。第三个层次才是对无为政治何以能够成功进行的深层次分析，因为其不以特定主观价值为道，释放了事物的整体积极性，是“往而不害”（第三十五章）的。古注家多热衷于讨论福祸转化之理，不知已偏离老学重心矣。《淮南子·人间训》编撰了“塞翁失马”的故事以衍其义，广为人知，其文为：“夫祸福之转而相生，其变难见也。近塞上之人有善术者，马无故亡而入胡。人皆吊之，其父曰：‘此何遽不为福乎？’居数月，其马将胡骏马而归。人皆贺之，其父曰：‘此何遽不能为祸乎？’家富良马，其子好骑，堕而折其髀。人皆吊之，其父曰：‘此何遽不为福乎？’居一年，胡人大入塞，丁壮者引弦而战。近塞之人，死者十九。此独以跛之故，父子相保。”① 其实，福祸转化是事物发展的规律，但老子的目标不是教人如何把握这个规律，而是要人跳出这种世俗价值观，从更高处看问题，即不要凭主观一己之见对复杂事物进行臆断。苏辙注曰：“天地之大，世俗之见有所眩而不知也。盖福倚于祸，祸伏于福，譬如昼夜寒暑之相代。正之为奇，善之为妖，譬如老稚生死之相继，未始有正，而迷者不知也。夫惟圣人出于万物之表，而览其终始，得其大全，而遗其小察，视之阅闷，若无所明而其民淳淳，各全其性矣。若夫世人不知道之全体，以耳目之所知为至矣。彼方且自以为福，而不知祸之伏于其后；方且自以为善，而不知妖之起于其中。区区以察为明，至于察甚，伤物而不悟其非也，可不哀哉！”② 似有所得其旨。

第五十九章

【原文】

治人事天，莫若啬[1]。夫唯啬，是谓早服[2]。早服谓之重积德，重积德则无不克，无不克则莫知其极，莫知其极，可以有国[3]。有国之母，可

① 陈广忠：《淮南子》，北京：中华书局，2012年，第1053-1055页。
② （宋）苏辙：《苏子由道德经注》，尊经阁文库藏钞本，卷三。

以长久^[4]。是谓深根固柢，长生久视之道^[5]。

【训释】

[1] 治，竹简本作"绐"。事，顺应、奉行。啬，俭啬。《说文》："从来啬，来者，啬而藏之。"

[2] 是谓，服，帛书乙本、竹简本作"是以"。服，竹简本作"备"。重，多，厚，不断。是谓，帛书乙本作"是以"。

[3] 克，胜。《玉篇》："克，胜也。"

[4] 母，根本，基础。

[5] 根，树根向四边伸的叫根。柢，树根向下扎的叫柢。久视，指长久生存。

【校证文】

治人事天，莫若啬。夫唯啬，是以早服。早服谓之重积德，重积德则无不克，无不克则莫知其极，莫知其极，可以有国。有国之母，可以长久。是谓深根固柢，长生久视之道。

【译文】

对于身体的保护来说，减少消耗是最重要的。减少消耗，才能早早做好储备。储备好资源，不断蓄积方有所得；积有所得，就能战胜侵扰；战胜侵扰，就能一直延续身体的机能；身体的机能得以延续，就有了很好的保护。有了很好的保护这个基础，可以长久生存。这就是从基础出发，使身体永葆健康的道理。

【解析】

本章竹简本对应文字在乙组第一部分，然竹简本、帛书本都有不少缺损，且讹错有之①，致使抄本质量不佳。古注家未见帛、简出土本，种种解说未能令人满意。今研究者对于竹简本文字之释读也众说纷纭各执一词，所论亦很难贯通。当代注家所释大同小异，兹举张松如之解为例："治理人

---

① 竹简本本章抄写缺少细致校对，文中重复"是以早"三字，明显是衍文。

事奉行天道，没有比啬敛更好的方式，只有实行这个啬敛，得以能够做到早做准备。早做准备这就叫作不断地积累啬敛的功德。不断地积累啬敛的功德，就攻无不克，攻无不克，就具有了不知穷尽的力量。具有了不知穷尽的力量，就可以统治国家。有了统治国家的根本，就可以长久维持。根扎得深，柢长得牢，正符合长生久视的道理啊。"① 张先生的翻译是比较顺畅的，然而积"啬"如何可以治国，治国为什么又落在老子所并不关切的长生上，还是有诸多疑点。本章限于现有材料，很难有令人满意的解读方式。笔者认为，不论如何释读，要做到两点：一是本章文字在竹简本即有分章符号，与今本分章一致，则本章是一个整体，应尽可能实现全章逻辑贯通；二是要使得本章章旨与老子思想和核心关切统一起来。古人多以之论治国、养生之一贯道理，"可以有国"可理解为治国，"长生久视"可理解为治身，然老子似有层层推进之逻辑，由"啬""早服""积德""无不可""莫知其极"等一系列论述落在"有国"，但后面"是谓深根固柢，长生久视之道"出现的不就突兀了吗？笔者以为，既然"事天""长生"等谓养生之说是明显的，对于这一章文字仍需置治身比类治国的范围上下贯通，当然，如此解读是需要合理处理"国"等文字的。

　　"治人事天莫若啬。""治"，竹简本原作"纶"，释文整理者读为"治"。尹振环以治读为"纶"，并认为这纠正了千古大错案，"纶人事天莫若啬"，即富足人民（或"给予人民"）事奉上天，没有比务农更重要的事了②。朱谦之认为"啬"应作"式"："敦、遂二本及赵至坚作'式'，作'式'是也……惟此云'治人事天莫若式'乃就法式而言。"③ 尹先生解以农事，谓老子有重农思想，它处无证，且与下文"长生"等语不易贯通；朱先生主自然之道，则与句下"积"而"有国"等也不好联系。《吕氏春秋·先己》："所事者末也。"高诱注："事，治。"④《吕氏春秋·本生》："以全其天也。"高诱注："天，身也。"⑤ 因此，"治""事"义同，而"人""身"所指亦同，则"治人事天"就是指养护身体。"啬"，原指耕稼之事，"啬夫"亦称"农夫"，农夫收割五谷而藏之仓廪，多入而少出，所以"啬"也

---

① 张松如：《老子说解》，济南：齐鲁书社，1998 年，第 322 页。
② 尹振环：《楚简老子辨析》，北京：中华书局，2001 年，第 273 页。
③ 朱谦之：《老子校释》，北京：中华书局，1984 年，第 239-240 页。
④ （汉）高诱注：《吕氏春秋》，上海：上海书店，1988 年，第 28 页。
⑤ （汉）高诱注：《吕氏春秋》，上海：上海书店，1988 年，第 4 页。

称为"爱啬"。"啬"在这里不限于包含"吝啬"的意思，关键是"蓄积"。人作为一个生命体，有其基本功能资源，减少消耗是养护身体的根本，老子盖指此。

"夫唯啬，是谓早服。""早服"二字难通。大致有以下几种观点：一是河上公注，"早，先也。服，得也"，意谓"先得天道"①。二是王弼认为，"早服，常也"②。三是"服"为"行"，"早服"即"早日行道"。《左传·文公十八年》："服谗搜慝，以诬盛德。"杜预注："服，行也。"四是"服"为"复"，吴澄本、司马光本等作，意指反归于道。五是徐梵澄以"早服"为"卑服"，"谓卑其衣服，俭于身，示知稼穑之艰难。以此而治人、事天"③。竹简本"服"作"备"，而甲骨文、金文"备"为"箙"的象形字，则二字可通。笔者以为，如果它说绕迂的话，就按"备"之"完备"义解即可。《广雅·释诂三》："备，具也。"上文"啬"是减少消耗，下文"积"是蓄积，这里把"早备"理解为"早行储备"不是可以上下文通顺吗？

"早服谓之重积德，重积德则无不克，无不克则莫知其极，莫知其极，可以有国。""重"是多，"德"为"得"，注意早早储备，就可以多积而有得。身体基础好，抵御外邪侵扰的能力就强，"无不克"，由此能形成良性循环而源源不断地蓄积力量，"莫知其极"。"国"，竹简本原作"賊"，为"城"字旧字，整理者读为"国"。笔者主张仍读为"城"。《说文》："城，所以盛民也。"《礼记·礼运》有："城郭沟池以为固。"④《谷梁传·隐公七年》有："城为保民为之也。"⑤《墨子·七患》有："城者所以自守也。"⑥"城"的基本功能是守护，从这句话看，正是讲人的生命力蓄积就成为一种可以保护身体的力量。作"城"解，与章文能上下相合。

"有国之母，可以长久。""母"指根本。有了内在的基础保护能力，可以支持生命力长久不息。

"是谓深根固柢，长生久视之道。""视"，通"示"。《吕氏春秋·重

① 王卡点校：《老子道德经河上公章句》，北京：中华书局，1993年，第231页。
② （魏）王弼著，楼宇烈校释：《王弼集校释》，北京：中华书局，1980年，第156页。
③ 徐梵澄：《老子臆解》，北京：中华书局，1988年，第86页。
④ 胡平生、张萌：《礼记》，北京：中华书局，2018年，第420页。
⑤ 徐正英、邹皓：《春秋穀梁传》，北京：中华书局，2018年，第36页。
⑥ 吴毓江：《墨子校注》，北京：中华书局，1993年，第37页。

己》："无贤不屑，莫不欲长生久视。"高诱注："视，活也。"①"根""柢"就是根本。最后，以"是谓"总结本章——抓根本，才能永葆健康。

本章以"啬"论"积"，来源于养生治身经验。这种理念被后代道教金丹学说多有发挥，如《金丹大要·精气神说上》道："是知精实一身之根本，未有木无根而能久乎。象川翁曰：精为生气，气能生神。荣卫一身，莫大于此。养生之士，先宝其精，精满则气壮，气壮则神旺，神旺则身健而少病。内则五藏敷华，外则皮肤润泽。颜容光彩，耳目聪明，老当益壮，神气坚强。"②此一段文字，近乎是本章老子思想在道教的完整表述。当然，治身也可以广义理解，曾国藩谈自己的心得说："余之志事，颇近秋冬收啬之气……余意以收啬而生机乃厚，平日最好昔人'花未全开月未圆'七字，以为惜福之道、保泰之法，莫精于此……星冈公昔年待人，无论贵贱老少，纯是一团和气，独对子孙诸侄则严肃异常，遇佳时令节尤为凛不可犯，盖亦具一种收啬之气，不使家中欢乐过节，流于放肆也。"③不管后世对《老子》章文及其思想作何发挥，我们必须明确，老子视野里的基本问题是治国之道，养生治身只是他拿来比类道理的，治身用"啬"给予治国的启示就是"少折腾""不妄为"，虽此章最后没有在文字落在"圣人"之道上，但通观《老子》，这么判断是没有问题的。查此章古解，李息斋注为佳者："外以治人，内以事天，皆莫若啬。啬者，无所不啬之谓也。谨于内，闲于外，内心不驰之谓啬。故能早服。内服其心，外服其形，寂然不动，则德有所积，积于不积，则无不胜，无不胜则无不治。虽有国犹可也。人知其可以有国，而不知其可以有国者，由其有本也。本积既厚，则其尘垢糠秕，犹将陶铸尧舜，况其下者哉？此其所以深根固蒂治人事天之道。"④古人以之论治国之理是合乎老子思想的，只是并非养身以治国，而是养身类治国。

第六十章

【原文】

治大国若烹小鲜[1]。以道莅天下，其鬼不神[2]。非其鬼不神，其神不

① （汉）高诱注：《吕氏春秋》，上海：上海书店，1988 年，第 7 页。
② （元）陈致虚：《上阳子金丹大要》，《道藏》第 24 册，第 11 页。
③ 檀作文：《曾国藩家书》，北京：中华书局，2017 年，第 1681 页。
④ （明）焦竑著，黄曙辉点校：《老子翼》，上海：华东师范大学出版社，2011 年，第 146 页。

伤人；非其神不伤人，圣人亦不伤人^[3]。夫两不相伤，故德交归焉^[4]。

【训释】

[1] 小鲜，鲜鱼。

[2] 莅，临近，临视。帛书甲本残，乙本原作"立"。

[3] 非，"不惟"合音。

[4] 交，共同。《广雅·释诂》："交，合也。"归，依附。

【校证文】

治大国若烹小鲜。以道立天下，其鬼不神。非其鬼不神，其神不伤人；非其神不伤人，圣人亦不伤人。夫两不相伤，故德交归焉。

【译文】

治理大的国家就像烹制小鱼，少翻腾。以道性原则作为天下发展的准纲，所谓"鬼"也就不能兴风作浪了。不仅"鬼"不能作祟捣乱，"神"也不会对人形成干扰；不仅"神"无法蛊惑人心，为政者也不会妨害百姓的正常生活。虚幻的"鬼神"与现实的"圣人"都不影响百姓的生存，整个社会就充满了生机。

【解析】

本章无竹简本对应文字，其他各本差别不大，而古来注家对章旨的把握也比较一致。当代研究者一度乐于讨论老子是无神论者还是有神论者的问题，这一章提到"鬼神"，但又论之"不伤人"，怎么判定老子的立场存有分歧。实质上，就《老子》而言，非宣传宗教鬼神的书，亦非否定宗教鬼神的著作，拿当代学术视野中的问题分析一位并不论此问题的古代思想家，实在有点"庸人自扰"，不论也罢。至于"鬼神"，就是老子借当时人们的思想意识而言。《左传·昭公七年》记载了公元前 536 年郑国铸刑书"闹鬼"之事，不知是否老子即基于这件历史事件而发①。反对铸刑书的伯有、子孔，被驷带、公孙段等杀害之后"闹鬼"，称要在壬子日报复杀掉驷

---

① 若司马迁对老子与孔子生活在同一时期的记载为确，老子应目睹了这一事件。铸刑书的昭公六年，孔子约十六岁，老子若稍大，恰在青年时期。

带，壬寅日杀公孙段，后果"应验"，国人恐惧，大夫子产不得不立伯有之子和子孔之子为大夫，以祀其父。当然，也没有必要由此讨论老子是否反对法律的问题。老子不认可一切过度依赖政令的"有为"是肯定的，但反对的不是法律本身。由本章虽然并不一定得出"鬼神"是人造出来的结论，但完全可以得出"鬼神伤人"是人折腾而来的结论。

"治大国若烹小鲜。""小鲜"是小鱼，烹之不能像烙大饼翻来翻去，而治理国家也忌政令频出，使民于频。《诗·桧风·匪风》："谁能烹鱼，溉之釜鬵。"毛传曰："亨鱼烦则碎，治民烦则散，知亨鱼，则知治民矣。"《韩非子·解老》说道："凡法令更则利害易，利害易则民变业，故事大众而数摇之则少成功，藏大器而数徙之则多败伤，烹小鲜而数挠之则贼其泽，治大国而数变法则民苦之。"① 据说，1983 年美国总统里根在新年元旦发表国情咨文时，引用了《老子》此句"治大国若烹小鲜"，一下使《老子》英译本在美国热销了几万册。

"以道莅天下，其鬼不神。"接上句，其论述逻辑是，循道治国，则是发挥自然秩序的作用，就是不折腾。"莅"，帛书乙本作"立"，释读者以之通"莅"。笔者认为，原字可通，且"莅"由外力加诸之意，而"立"则为内力使之，于义为长。"鬼不神"，鬼魅不兴风作浪。对于"神"，高亨说："此神字借为魅。《说文》：'魅，神也，从鬼，申声。'盖鬼灵曰魅，故字从鬼，与神义别。其鬼不魅，犹言其鬼不灵耳。"② 高先生之说合理，可从。王淮认为："'鬼'，喻人心术不正，及人间之灾祸；'神'，喻此种灾祸之作用于影响，用为动词。"③ 王先生之说可备，但老子言鬼谈神可能还是从一般人的认识引而论之的。

"非其鬼不神，其神不伤人；非其神不伤人，圣人亦不伤人。""非"不能训为"不是"，而应训为"不但"。"鬼"不伤人，"神"也不伤人。自古以来，"鬼"为祸之害如人所知，"神"为惑之患亦不为轻。鬼神之祸患与圣人何干？政治上动乱，"鬼神"就热闹；政治上安定，"鬼神"便消匿。因此，个中关系其实是，"圣人"伤人，则"神"伤人，进而"鬼"伤人。"圣人"即为政者，驱民于水火是"鬼神"兴起的根源。

① （清）王先慎著，钟哲点校：《韩非子集解》，北京：中华书局，1998 年，第 141-142 页。
② 高亨：《老子正诂》，北京：清华大学出版社，2011 年，第 90 页。
③ 王淮：《老子探义》，台北：台湾商务印书馆，1972 年，第 239 页。

"夫两不相伤，故德交归焉。""两不相伤"的"两"是指哪两者？是人与"鬼神"，还是"鬼神"与"圣人"？注家所持不同，但也并不影响文意的理解。总起来看，老子便是说，"鬼神""圣人"都不祸害百姓，百姓便安得其内在之"德"作用而生机益然。

本章由"烹小鲜"治国而谈及当时百姓恐惧的"鬼神"伤人问题，老子把其根源归于政治成败。以西哲涂尔干的观点，神灵是人感受到的社会压力不能排解而反射成为人的精神世界中的存在①，与老子所论不无相通之处。中国古代思想有强烈的人本色彩，这一点在古代出色的思想家都有反映。春秋时期史嚚即道："国将兴，听于民。将亡，听于神。"② 而本章李贽、高延第所作注，皆为古之佳者。李贽注谓："烹小鲜者，搅之则烂，故圣人以无为治天下，虽有神奸，无所用之。非圣人能绝之使不神也，虽神而自不能为人之伤也，何也？以圣人未尝伤人也。夫圣人不伤人，神亦不能为人之伤，是两不相伤也。但不伤则德归焉，岂别有德以不伤之哉？夫德即伤之矣。"③ 高延第注谓："有道之君御天下，上下安于性命之情，不邀福，不稔祸，祈祷事绝，妖祥不兴，故其鬼不神。《庄子》云：'一心定而王天下，其鬼不祟。'又云：'阴阳和静，鬼神不扰。'皆此义也。"④ 老子由"烹小鲜"为比类，指出治大国要以"道"为原则，自然鬼神不兴、百姓归于德化。

第六十一章

【原文】

大国者下流[1]。天下之交，天下之牝[2]。牝常以静胜牡，以静为下[3]。故大国以下小国，则取小国；小国以下大国，则取大国[4]。故或下以取，或下而取。大国不过欲兼畜人，小国不过欲入事人，夫两者各得其所欲，大者宜为下[5]。

---

① 其观点见于《宗教生活的基本形式》。

② 杨伯峻：《春秋左传注》，北京：中华书局，1990年，第252页。

③ （明）焦竑著，黄曙辉点校：《老子翼》，上海：华东师范大学出版社，2011年，第149页。

④ （清）高延第：《老子证义》，清光绪十二年诵翠山房刻本，卷下。

【训释】

[1] 本章"国"字，帛书甲本皆作"邦"。

[2] 帛书本句中顺序颠倒，作"天下之牝，天下之交"。

[3] 帛书乙本作"牝常以静胜牡，为其静也，故宜为下"。牝牡，即雌雄。《说文》："牝，畜父也。""牡，畜母也。"

[4] 则取大国，帛书乙本作"则取于大国"，甲本亦有"于"字。取，收取。《玉篇》："取，资也，收也。"

[5] 畜，收纳，容纳。《左传·襄公二十六年》有："获罪于两君，天下谁畜之？"① 事，奉行。《韩非子·难一》有："今管仲不务尊主明法，而事增宠益爵。"②

【校证文】

大国者下流，天下之牝也。天下之交也，牝常以静胜牡。为其静也，故宜为下。故大国以下小国，则取小国；小国以下大国，则取于大国。故或下以取，或下而取。大国不过欲兼畜人，小国不过欲入事人，夫两者各得其所欲，大者宜为下。

【译文】

大国以处下的姿态、雌柔的态度处理外交关系。因为天下的国家在交涉中，雌柔的一方往往因其沉静的状态能够战胜雄强的一方。它是沉静的，所以选择的是处下的姿态。因此大国能对小国处下，就会收服小国；小国能对大国处下，就会被大国所接纳。由此或处下而有所收服，或处下而有所接纳。大国能克制自己吞并小国的欲望，小国能克制自己取悦大国的欲望，两方反而会满足"欲望"，所以所谓"大"，应该为"下"。

【解析】

本章无竹简本对应文字，帛书本与传世本相比有"天下之交，天下之牝"语序的重要不同。王弼本"牝常以静胜牡，以静为下"，帛书本作"牝

---

① 杨伯峻：《春秋左传注》，北京：中华书局，1990 年，第 1112 页。
② （清）王先慎著，钟哲点校：《韩非子集解》，北京：中华书局，1998 年，第 358 页。

常以静胜牡，为其静也，故宜为下"，语气舒缓合理，传世本虽文意不乖，但有些呆滞。刘笑敢说："总起来看，帛书本给人的印象是一个智慧老人娓娓而谈，通行本给人的印象更接近一个教师在传诵训诫。"[1] "校证文"前三句从帛书乙本写定。

"大国者下流。"大国是本处高位的，若更欲逞强称霸天下，就会忽略现实约束行动而致陷困境，所以大国反而应自谦处下，所谓"下流"并不是以"下"为目标，而只是充分尊重他国而言。

"天下之交，天下之牝。"按传世本语序，此一句语意凌乱，甚不可读。帛书甲本作"天下之牝。天下之郊也"，乙本残余"牝也。天下之交也"，语序相同。如此则"天下之牝"从上句，即大国自谦处下是雌柔的表现；"天下之交也"从下句，指国与国之间交涉而言。

"牝常以静胜牡，以静为下。"在国家外交活动中恃强凌弱，最后往往反而会弄得进退维谷，雌柔的沉静反而会战胜傲慢的强权，所以静即为处下之道。当今有不少学者认为"交"即"交合"，"牝常以静胜牡"指交合中"雌畜常以静守而雄性则以动入，雄性泄精而后殆，故言牝以静胜"[2]。上句本就说"大国者下流，天下之牝也"，当指大国以雌柔为选择，并不便望文生义理解"静胜牡"为两性性活动一事。故"交"即今所言之"外交"，"牝牡"也不是就实指生殖器而言，而是在讲两种功用性特点。

"故大国以下小国，则取小国；小国以下大国，则取大国。""取"是"收取"，大国谦下吸引小国靠拢容易理解，但小国对大国谦下要如何"取大国"呢？帛书本多一个"于"字似乎通顺了许多，即见容于大国，然而仍要面对下文"下以取""下而取"同时存在的问题。劳健说："'聚'字诸本多误同上句，亦作'取'。开元本、敦煌唐写本，周氏残片与道藏龙兴碑本、赵至坚本皆作'聚'，是也。聚者犹言附保，即下章'不善，人所保'之义。诸作'取'者，当是'冣'之讹。《说文》：'冣，积也。'徐锴曰：'古之人以聚物之聚为冣。'按此字自汉以来，相承用为'最'字，如蔡湛颂碑'三载勋冣'，即其例。是必传写者不识'冣'字本义，乃妄去'冖'作'取'，注家多因而曲为之说，实不可通也。"[3] 劳健所言合理，兹

① 刘笑敢：《老子古今》（修订版），北京：中国社会科学出版社，2006年，第612页。
② 辛战军：《老子译注》，北京：中华书局，2008年，第236页。
③ 劳健：《老子古本考》，1941年影印本，卷下。

德
篇

从之。

"故或下以取，或下而取。"以劳健的观点，即大国下而取（纳取）小国，小国下而聚（靠拢）大国。如不以此解文，上句可以如帛书本添加"于"，此句则无法添加，且"以""而"实际上也不便分别释义，两者都是连接词，"以"也是"而"的意思，则使得文意陷于重复。

"大国不过欲兼畜人，小国不过欲入事人，夫两者各得其所欲，大者宜为下。"大国"兼畜人"就是想主导秩序、当霸主，小国"入事人"就是图结盟、当跟班，但这些欲望都应当被克制，反而会赢得尊重，正似满足了世俗选择的欲望。无论大国还是小国处下都是一种选择，但本章开篇结尾，都论于大国，因为归根结底，国与国之间的外交中，大国是主导的一方，因此最后归向"大者宜为下"。"下"即"下流"，"不过欲"，"静"，不要动不动就跳出来，就是"下流"。

本章所论基于老子所生活时代的列强争霸社会背景，春秋时期齐、晋、宋、楚、秦这些大诸侯国先后称霸，周围小诸侯国出于弱势地位结盟大国，却不甘为大国的附庸，他们在多种力量间穿梭活动，妄图取得更大的政治利益。于是，列国纷争不断，国君被杀、诸侯灭亡的事件频频上演，有春秋弑君三十六、亡国五十二之说，对生产的破坏和百姓生活的影响当然是不言而喻的。面对社会现实，老子要从根本上息纷争、止战祸，于是以牝牡、动静高下来喻说大国、小国。他主张大国不要称霸欺凌小国，小国不要两面三刀唯恐天下不乱；大国若充分尊重小国，小国自然向大国靠拢；小国不任性挑衅大国，也会被大国所包容。徐梵澄说："此章牝牡动静之说，盖出于易。春秋之世，弑君三十六、亡国五十二，此必有老氏所见、所闻，或所闻于传闻者也。以哲人而处此，必思所以息纷争，止战祸，而安中国。阴、阳之说难解，牝牡之说易喻，故以此而说大小国之君。"① 林希逸所见则有发他人所不能言，其注谓："大国不过欲兼畜乎人，小国不过欲入事乎人。二者皆非自下不可。惟能自下，则两者皆得其欲。然则知道之大者，常以谦下为宜矣。此句乃一章之结语，其意但谓强者须能弱，有者须能无，始为知道。一书之意，往往如此。解者多以其说喻处作真实说，以故失之。独黄茂材云'此一篇全是借物明道'，此言最当，但不能推之于

① 徐梵澄：《老子臆解》，北京：中华书局，1988 年，第 89 页。

他章耳。"① 一方面，此一说与笔者关于老子核心关注为无为政治，其他论述为引以为比类对象的观点基本一致，如此理解可谓得老学之真谛；另一方面，老子开展无为政治，必须面对国家发展的现实问题，既有军事（如第三十一章所论），也有外交，特别是在春秋时期。军事、外交都直接关系到诸侯国的生死存亡问题，离开现实问题谈无为恐怕也不是老子的选择。在老子看来，国与国的交往中，越傲慢越孤立，谦虚处下是外交的基本方略，尤其是大国。上论为老子基于诸侯国的关系而言，但于今世界范围内外交倡导多极、反对单边主义亦有裨益。

第六十二章

【原文】

道者万物之奥，善人之宝，不善人之所保[1]。美言可以市，尊行可以加人[2]。人之不善，何弃之有！故立天子，置三公，虽有拱璧以先驷马，不如坐进此道[3]。古之所以贵此道者何？不曰以求得，有罪以免邪[4]？故为天下贵。

【训释】

[1] 奥，帛书本作"注"。

[2] 市，商品交易，买卖。《左传·僖公三十三年》有："郑商人弦高将市于周。"② 尊，高贵。《荀子·正论》有："天子者，势位圣尊。"③ 加，帛书本作"贺"。贺，奉送礼物表示庆祝。《说文》："贺，以礼相奉庆也。"

[3] 三公，帛书甲本作"三卿"，乙本作"三乡"，当为"三卿"之误。三公，古代天子以下的太师、太傅、太保。三卿，古代的司徒、司马、司空。《礼记·王制》："大国三卿，皆命于天子。"④ 拱璧，圆镜形状中间有孔的玉器，为古代贵重礼品。驷马，四匹马驾的车，古代只有天子大臣才能乘坐。不如，帛书甲本作"不善"，于义不通，当为误写；帛书乙本作

① （宋）林希逸：《道德经真经口义》，上海涵芬楼影印本，卷四。

② 杨伯峻：《春秋左传注》，北京：中华书局，1990年，第495页。

③ 方勇、李波：《荀子》，北京：中华书局，2015年，第287页。

④ 胡平生、张萌：《礼记》，北京：中华书局，2018年，第246页。

德篇

"不若"。

[4] 不曰，帛书本作"不谓"。以求得，帛书甲本残，帛书乙本、傅奕本均作"求以得"。

【校证文】

道者万物之奥，善人之宝，不善人之所保。美言可以市，尊行可以贺人。人之不善，何弃之有？故立天子，置三公。虽有拱璧以先驷马，不如坐进此道。古之所以贵此道者何？不谓求以得，有罪以免邪？故为天下贵。

【译文】

道是一切事物深层次的依赖，善德的人以美德为宝，乏善之人以教化为所保。美好的语言能为人所效仿，高尚的行为能成为尊贵的礼物。对于缺乏善德的人，怎么会舍弃他们呢？所以拥立天子，设置三公对他们进行教化、引导。即使有拱璧在先、驷马随后的隆重礼物相赠，也不如进谏此道而安邦治国更为可贵。古来人们为何尊贵此道？不就是善德之人求可得美言、尊行之宝，不善之人赖天子、三公教化避免犯罪之保吗？因此，它天下以其为尊贵啊！

【解析】

本章无竹简本对应文字，帛书写本与传世本差别亦不大。本章章旨清楚，为渲染道之尊贵，意在引人重视，但对于章句解读古来凌乱，难以取得逻辑贯通。究其原因，文句断读存在问题。

"道者万物之奥，善人之宝，不善人之所保。""奥"帛书甲、乙本均作"注"，释文整理者读为"主"。今研究者多从之，并引《礼记·礼运》"故人以为奥也"，郑玄注谓"奥，主也"的材料，认为"奥"与"主"同义。此说意思无乖，但《老子》本谓"衣养万物而不为主""万物归焉而不为主"①（第三十四章）。因此按"注"理解可能更合适。《周礼·天官·兽人》："及弊田，令禽注于虞中。"贾公彦疏云："注，犹聚也。"而"奥"本指深邃幽隐之处。《释名·释宫室》："室中西南隅曰奥，不见户明所在，

---

① 该处对应帛书甲乙本文字均为"主"，而不是"注"。因此，"注""主"之分在帛书本本就存在。

秘奥也。"由此，"奥""注"都可以用以指幽深，谓道作用既深刻又不为一般人所察。"善人之宝"，谓善人以美德为宝，而"宝"为道用。据称《楚书》有载："楚国无以为宝，惟善以为宝。"① "不善人之所保"，谓不善人以教化为所保，而"保"亦为道用。《国语·周语上》谓："事神保民，莫弗欣喜。"韦昭注："保，养也。"② "善人之宝，不善人之所保"行文简省，必须结合下文补入文意，否则往往解说乏理。如陈鼓应译为"善人的珍宝，不善的人所赖以保全"③，如此理解则凡人皆有道之认识，不可取。又有朱谦之、徐梵澄等读为"善，人之宝；不善，人之所保"或加字为"善，人之宝；不善，人之所不保"，均不当，以之则与下文"人之不善，何弃之有"所言为"人"不合。

"美言可以市，尊行可以加人。"俞樾说："按《淮南子》'道应篇''人间篇'引此文并作'美言可以市尊，美行可以加人'，是今本脱下'美'字。"④ 俞樾之说，有不少从之者，但并未得帛书本支持。也有认为"美言可以市"之"市"字或前或后脱字者。帛书甲、乙本"加"皆作"贺"，整理者以之通为"加"。笔者认为，既然帛书本写为"贺"，就不要轻易以之通于传世本。"市"（买卖）、"贺"（赠送）皆为人对于"宝"之做法，适可成对。或"加人"之"人"字为从下"人之不善"之"人"字增衍。善人表现为"美言""尊行"，而这种美德就像实物珍宝一样，可以流通（"市"），可以成为人们交往中互相赠予的珍礼（"贺"）。这一句是接"善人之宝"而言。

"人之不善，何弃之有！"这便是接"不善人之所保"而言，对于那些缺乏善德的人也并不加遗弃。

"故立天子，置三公，虽有拱璧以先驷马，不如坐进此道。"这一句往往古来读之凌乱，文意不通。一般读法往往如文所断句，王弼以来注家也多以"立天子，置三公"与"拱璧以先驷马"整读为解。河上公注把"故立天子，置三公"从上句，即"人之不善，何弃之有？故立天子，置三公"，并未引起充分注意。薛蕙《老子集解》从之，并解说曰："申言不善

① 胡平生、张萌：《礼记》，北京：中华书局，2018 年，第 1172 页。
② 徐元诰：《国语集解》，北京：中华书局，2002 年，第 5 页。
③ 陈鼓应：《老子注译及评介》（修订增补本），北京：中华书局，2009 年，第 292 页。
④ （清）俞樾：《诸子平议》，北京：中华书局，1954 年，第 157 页。

人也。人有不善，改则善矣。故人之不善，不可以遽以为不善而弃之也。古之立天子、置三公，正所以教化不善之人。岂可反弃之邪？”① “三公”，帛书本作“三卿”，所指官位有不同，而于句意无别。“拱璧以先驷马”，指一种拱璧在先、驷马在后的献奉礼仪。古之献礼，尊先轻而后重，此于《左传》中多有所见，如《左传·僖公三十三年》：“及滑，郑商人弦高将市于周，遇之，以乘韦先，牛十二犒师。”杜预注云：“古者将献遗于人，必有以先之。”“进”指地位低的送给地位高的人东西。此句即意谓，珍宝所献不若以道进之。恰若《金刚经》所言：“须菩提，我今实言告汝。若有善男子、善女人，以七宝满尔所恒河沙数三千大千世界，以用布施，得福多不？须菩提言：‘甚多，世尊。’佛告须菩提：‘若善男子、善女人，于此经中，乃至受持四句偈等，为他人说，而此福德，胜前福德。’”②

“古之所以贵此道者何？”此一问即以结本篇之旨。注者往往发挥文意，多方言说，致使篇旨偏离，其实细品原文，老子意在表达之处本在其中。帛书本此处“此”及上句“此”都未明确指“道”，传世本加“道”字，意思就明确了。

“不曰以求得，有罪以免邪？”“不曰以求得”，依帛书本为“不谓求以得”，“不谓”有评论之意，比“不曰”为好，而“以求得”意思不通，当为“求以得”。“求以得”何指，注老者大体以“求就能得到”含混说法读过，致使未能理出老子论说之线索。《孟子·尽心上》有谓：“求则得之，舍则失之，是求有益于得也，求在我者也。”③ 也就是说，“求以得”是指人的道德修养而言，正好与上文呼应，此亦就“善人”而言。“罪以免”与“求以得”成对，指“不善人”得依赖教化而改易，以避免其获罪。“免”，笔者认为应理解为“避免”，今注家皆理解为“免除”，不当。王淮说：“道家非宗教，亦非人格神。然‘道’的精神与作用足以普遍的给予免罪，此与佛陀慈悲之与乐拔苦，上帝恩宠之博爱救赎，实为同一义趣。”④ 如此解读，只能陷道学神秘化。

“故为天下贵。”道幽隐于万物之中，善人进德修身是道用表现，不善

---

① （明）薛蕙：《老子集解》，惜阴轩从书本，下卷。
② （明）朱棣：《金刚经集注》，济南：齐鲁书社，2007年，第80页。
③ 杨伯峻：《孟子译注》，北京：中华书局，2010年，第279页。
④ 王淮：《老子探义》，台北：台湾商务印书馆，1972年，第246页。

老子论衡

人得教化避免误入歧途也是道用之表现，所以其为天下之尊贵。

　　本章强调道之尊贵，是从世俗价值追求的视角而言。人们提倡美言、尊行，以之作为宝贵的东西，希望能成为大家竞相追逐的对象，今日犹言"高贵"之品质。而人们眼中所谓缺乏善德的人也祈望能有生存依赖，得免于罪厄。而事物深层次的决定者就是道，所以应该以之为尊。实质上，老子只是从一般人的追求而言道之贵，于老子而言，从道性认知事物，是超越了世俗善恶标准的，第二十七章说"是以圣人常善救人，故无弃人；常善救物，故无弃物，是谓袭明。故善人者，不善人之师；不善人者，善人之资。不贵其师，不爱其资，虽智大迷。是谓要妙"，第四十九章则有"善者，吾善之；不善者，吾亦善之，德善。信者，吾信之；不信者，吾亦信之，德信"。"善人之宝，不善人之所保"一句，严遵本、敦煌本、景龙本、遂州本等增一"不"字，作"善人之宝，不善人之所不保"既与老子思想不合，又与本章逻辑不符，为狭识浅见之所为。

第六十三章

【原文】

　　为无为，事无事，味无味。大小多少，报怨以德。图难于其易，为大于其细[1]。天下难事必作于易，天下大事必作于细，是以圣人终不为大，故能成其大[2]。夫轻诺必寡信，多易必多难，是以圣人犹难之[3]。故终无难矣。

【训释】

　　[1] 图，谋划。《说文》："图，画计难也。"

　　[2] 作，兴起。《说文》："作，起也。"

　　[3] 犹，通"猷"，谋划。《诗·魏风·陟岵》"犹来无弃"、《诗·小雅·采芑》"克壮其犹"① 皆用其义。竹简本作"猷"，《尔雅·释诂》："猷，谋也。"《书·盘庚上》有："各长于厥居，勉出乃力，听予一人之作猷。"②

　　① 周振甫：《诗经译注》，北京：中华书局，2002 年，第 153、267 页。
　　② 王世舜、王翠叶：《尚书》，北京：中华书局，2018 年，第 109 页。

【校证文】

为无为，事无事，味无味。大小多少。图难于其易，为大于其细。天下难事必作于易，天下大事必作于细。是以圣人终不为大，故能成其大。夫轻诺必寡信，多易必多难，是以圣人犹难之，故终无难矣。

【译文】

为政以无为，做事以无事，品味以无味。大的事情从小的方面看，多的东西从少的方面看。解决困难问题要从简易处入手，做大的事情要从细微处用功。天底下的难事一定是由轻视之而兴起的，而世间的大事则必然产生于细小之始。所以高明的治世者始终不以做大为目标，反而成就了一般人看来的大。轻率的承诺一定导致失去信用，过分的轻视问题则会陷入难题，因此高明的治世者能对事物的困难有充分的认识，就避免了处处妄为而陷入困境不能自拔。

【解析】

本章历来解读分歧较大，其原因与无理想抄本有一定关系。本章传世本、帛书本写本都可能存在一定问题，而竹简本文字较传世本、帛书本缺少较多。竹简本对应文字释文为："为无为，事无事，味无味。大小之多，易必多难。是以圣人犹难之，故终无难。"缺少对应"多少，报怨以德。图难于其易，为大于其细。天下难事必作于易，天下大事必作于细，是以圣人终不为大，故能成其。夫轻诺必寡信"的文字。这就存在两种情况，一是传世本、帛书本多出的文字为后所增入，二是竹简本漏抄。有三点需要注意，其一，查《韩非子·喻老》有："有形之类，大必起于小；行久之物，族必起于少。故曰：天下之难事必作于易，天下之大事必作于细。是以欲制物者于其细也。故曰：图难于其易也，为大于其细也。"[①] 则韩非子所见已有竹简本所缺部分。其二，竹简本所缺部分恰是"大小之多"后"多易必多难"之前，若原本就为两个"多"字，有竹简本抄者看错行漏写之可能。其三，竹简本的"大小之"，传世本下文有"大于其细"问题演绎

---

① （清）王先慎著，钟哲点校：《韩非子集解》，北京：中华书局，1998年，第160页。

之，而"多易必多难"正好演绎了前文"多少之"，且"多少之"与"大小之"成偶。综上，笔者支持竹简本漏写之说。另外，马叙伦认为："'报怨以德'一句当在七十九章'和大怨'上，错入此章。"[1] 该文帛书乙本对应处残缺，甲本存，则帛书本有该文字，似古本未能支持马先生之说。从而，很多学者主张"报怨以德"即在此处。笔者认为，"报怨以德"确实符合老子思想，但"大小多少"之后论述的就是事之大小、难易的"大小多少"问题，"报怨以德"插进来十分突兀，而第七十九章"和大怨，必有余怨，安可以为善"似未能表述完整而给出结论，加入该文正好完整，即"报怨以德"加入此处多余，第七十九章不加则不完整。帛书本已有该文，或衍错已久。因此，笔者把"报怨以德"处理为七十九章内容，但并不同意马先生所论之位置。笔者于七十九章再论及此问题。

"为无为，事无事，味无味。"该句句意显明，即"为无为"，"无事""无味"只是在重复强调"无为"，而"无为"即篇章章旨，下文从日常"慎为"道理为说，实质上是对事物发展辩证性质的描述，归宿于超越之道，不可以下文处事之审慎原则作为老子意在教诲之中心。

"大小多少，报怨以德。""报怨以德"据笔者判断，已移至今本第七十九章。"大小多少"，原文字减省不易理解。有结合"报怨以德"，释如"不管仇恨的大小多少，报答怨恨则以恩德"[2]。如此理解，姑且不论是否符合老子思想，实则与上下文并不好贯通，文义实显突兀。蒋锡昌引述姚鼐的观点，认为"大小多少"下有脱字，"不可解，当有误文"[3]。查竹简本"大小"作"大小之"，正可理解为"大者小之"以与下文"天下大事必作于细，是以圣人终不为大，故能成其大"相应。刘信芳说："'大小之'，帛书本、王本作'大小、多少'不可解，当据竹简本补作'大小之，多少之'，读作'大，小之；多，少之'。此二句诸家多谓有脱文，今据本简所证实。"[4] 刘先生所言成理，今从之。则该句的意思就是，大的事情，从细小处看；多的事情，从少处去看。事物本身的复杂性决定了不可简单判断，多方面去看，正是对于事物复杂性认识的结果。这是道性整体把握往事物

① 马叙伦：《老子校诂》，北京：中华书局，1974 年，第 540 页。
② 许抗生：《帛书老子注译与研究》，杭州：浙江人民出版社，1982 年，第 42 页。
③ 蒋锡昌：《老子校诂》，上海：上海书店，1996 年，第 384 页。
④ 刘信芳：《荆门郭店竹简老子解诂》，台北：艺文印书馆，1999 年，第 17 页。

具体特征的发明方面自然之延伸。

"图难于其易，为大于其细。"难易转化，大小对待，因此为人处事须小心谨慎，预先考虑周全详细。

"天下难事必作于易，天下大事必作于细，是以圣人终不为大，故能成其大。"此句继续论为事之道，"易"不可解为"容易"，而应理解为对事的"轻易"，即如果视事轻率，则事情越来越难，而从细微处用心，最终便能成就大事。"圣人"并不是从中体会难易、大细之理，而是由世俗价值目标的不确定性——"无为"，具体为"终不为大"，循自然之性发展，最终反而成就了一般人差别对待看问题的"大"。

"夫轻诺必寡信，多易必多难，是以圣人犹难之。""轻诺"是看问题容易，思维简单，但事情的发展远超主观认识，因此承诺的话无法兑现，导致"寡信"。"多易必多难"亦即谓此，把问题简单化、片面化，最后面对的便是层层困难。因此，"圣人"认识问题是充分肯定事物发展为复杂因素所作用性质的，这就是"难之"。

"故终无难矣。"因"难之"而"无难"实质上不是准备多么充分、作为多么周全，而是避免妄为的结果。蒋锡昌说："圣人视事艰难，故为无为；为无为，则无难矣。"① 恰得其旨。

本章章旨把握的难点在于"为无为"一段与"图难于其易"以下之间的关系。有学者主张"为无为，事无事，味无味。大小多少，报怨以德"与下文不合，应删，也有以为前后为相对独立的两部分。从文字表面看，似前为"无为"，后为"慎为"。吴澄说："心之大小，始小之时，心固不敢自以为大，即已大而此心亦终不改，始终皆能自小，所以能成其大也。"② 陈鼓应认为"难之""是一种慎重的态度，谨密周思，细心而为"③，不当。有以"图难于其易"至结尾为一完整段落，此种理解基本不可取，因为《老子》以无为政治贯通其文字是肯定的，对于本章后半部分只是要合理理解，其实也包括"为无为"之前的"为"字的处理。对于"为"与"无为"的关系，薛蕙发表了一段精彩的论述，于整体把握老学精髓十分有益，以此照录如下："为无为者一言已尽矣。事以寂寞为事，味以恬淡为味，皆

---

① 蒋锡昌：《老子校诂》，上海：上海书店，1996年，第387页。
② （元）吴澄：《道德真经注》，粤雅堂版，卷四。
③ 陈鼓应：《老子注译及评介》（修订增补本），北京：中华书局，2009年，第295页。

为无为之事也。引而伸之，文辞之体耳。尝为之说曰：夫无为则非为也，而曰为无为者何哉？原夫老子以众人之好有为而反丧其自然也，故每每教之以无为。复恐其不达无为之说，乃至无所用心或转徙于莽荡之乡也，故复教之以为无为，使人知以为无为为功，则必有事焉，非真颓然而无为也；知以为无为为本，则虽守中抱一，初非出于安排也。学者深思而自得之，乃知其言各有微意。不善观之，则为与无为胥失之矣。然老子之言，要在无为，其曰为者，政所以为此耳。此其宾主轻重之间，固有辨矣，故学道者终不可执乎为而背乎无为也。夫心愈为则心愈乱，国愈为则国愈扰，德愈为则德愈不真，道愈为则道愈不近，为之之害，盖无往而可。惟易之以无为，则夫数者之理各反于自然，斯可以坐而得之矣。古之人所以贵夫无为者，为是故也。严君平有言，譬夫万物之托君也，犹神明之在身而井水之在庭也。水不可以有为，清也；神不可以思虑，宁也。至哉言乎！非知道者，孰能识之？"① 简言之，"难事必作于易""天下大事必作于细""轻诺必寡信"，其实都是在讲事情是复杂的，处理事情以一般价值目的为目标往往导致陷入困境，反方向思考是有其价值的。其带来的启示正是"无为""难之"，前后照应，中间以事物的转化为据，细品之，自然合若符契。

第六十四章

【原文】

其安易持，其未兆易谋，其脆易泮，其微易散[1]。为之于未有，治之于未乱。合抱之木，生于毫末；九层之台，起于累土；千里之行，始于足下[2]。为者败之，执者失之。是以圣人无为，故无败；无执，故无失。民之从事，常于几成而败之[3]。慎终如始，则无败事[4]。是以圣人欲不欲，不贵难得之货；学不学，复众人之所过[5]。以辅万物之自然，而不敢为[6]。

【训释】

[1] 持，维持、掌握。兆，征兆、端倪。泮，傅奕本作"判"，河上公本作"破"。泮，借为"判"，解、分。《说文》："判，分也。"微，竹简本作"几"，二字同义。

① （明）薛蕙：《老子集解》，惜阴轩丛书本，下卷。

［2］毫末，细小萌芽。层，帛书本、竹简本皆作"成"。二字同义。《尔雅·释丘》："一成为敦丘，再成为陶丘，再成锐上为融丘，三成为昆仑丘。"台，古建筑物，可供眺望。累土，一筐土。千里之行，帛书甲本作"百仁之高"，"仁"通"仞"；帛书乙本作"百千之高"。

［3］几，接近。《尔雅·释诂》："几，近也。"

［4］竹简甲本句前有"临事之纪"。

［5］学不学，竹简甲本作"教不教"。复，返、回。

［6］辅，助。《广韵》："毗辅，相助也，弼也。"

【校证文】

其安易持，其未兆易谋，其脆易泮，其微易散。为之于未有，治之于未乱。合抱之木，生于毫末；九层之台，起于累土；百仞之高，始于足下。为者败之，执者失之。是以圣人无为，故无败；无执，故无失。民之从事，常于几成而败之。慎终如始，则无败事。是以圣人欲不欲，不贵难得之货。学不学，复众人之所过。以辅万物之自然，而不敢为。

【译文】

事物没有萌发时容易把控，还未能呈现苗头时容易掌握，生命力脆弱时容易对付，力量尚微小时容易驱散。因此，要在事情还没有生发出来就安排处置，要在混乱尚没有产生之时就做好预防。合抱粗的大树，是从小小的嫩芽长起来的；九重高的楼台，是由一筐筐的泥土堆起来的；百仞高的事物，也是从第一步开始的。为政之事，越是作为越失败，越是控制越失去，所以高明的治世者不妄作为也就没有失败，不图控制也就不存在失去。人们做事常常在接近成功时功亏一篑，不忘初心就不会落入惨败。所以高明的治世者以限制私欲为欲，不以珍奇之物为宝贵，学人所不愿意学的，做人所不愿意做的。能对事物的自然发展提供帮助，却不敢肆意妄为。

【解析】

本章竹简本对应文字分为两部分，开篇至"始于足下"对应竹简甲本25、26简，而"为者败之"至结尾竹简本有两种写本，分别是甲本10、11、12简和丙本11、12、13、14简。从本章情况更可以看出，几种古本以竹简甲本最古，竹简丙本更接近传世本，帛书甲本较乙本早，傅奕本介于传世本与帛书本之间，而众本似抄写祖本皆不同。本章竹简本、帛书本都有较严重缺损，所用文字也多有不同，或个别文意有别，但总体篇章大意未因文字不同而有歧义，因此从传世本解读亦无不可。姚鼐认为"'为者败之'，当自为一章"①，其所指之处正好是竹简本分抄之处，自有一定道理，但竹简本未必有严格分章意识。帛书本编为一章，盖因上文"始于足下"以上重"始"，下文"慎终如始"亦重"始"。而"为之于未有"实是为"学不学"之说铺设而言，归入一章则与传世本第六十三章论述方式如出一辙，这么处理章节构成似亦不无道理。孙以楷说："这一章是上一章的姊妹章，老子继续阐述其辩证法观点……在第六十三章中，老子对矛盾对立转化辩证法的论述，最终落实于'无为无不为（无为转化为无不为）原则。本章则用对立转化辩证法具体论述量变质变思想，最终也是落实于'辅万物之自然而不敢为'这一原则。"② 所论合理。

"其安易持，其未兆易谋，其脆易泮，其微易散。""安""未兆""脆""微"都是指事物发展的初级阶段。"持""谋""泮""散"的对应帛书文字大部缺损，竹简本也多使用异体字。该处取字简省，意思不太明晰。从用词看，似并不是讲如何善于由细小为之而成，而是如何把祸事消灭于萌芽状态。

"为之于未有，治之于未乱。"防患于未然，这是基本生活经验。徐梵澄说："医人之防疫，霍乱、疟疾之类，一遇则杜绝其源，或施免疫之针注于先，皆'为之于未有，治之于未乱'也。其他保健康，延寿龄之法，莫不依此为原则。其禾稼森林防螨除患之法，同然。"③

"合抱之木，生于毫末；九层之台，起于累土；千里之行，始于足下。"古本与传世本差别较大的是"千里之行"，竹简本残缺，帛书甲本作"百仁之高"，"仁"应为"仞"，而严遵本正作"百仞之高"；帛书乙本作"百千之高"，释读者以"千"为"仞"之误，其实本字亦可通。树木由萌芽长到参天，楼台由框土垒至高耸，皆为对事物而言，"千里之行"则是人之作为，且似正作用之鼓励，与老子行文乃至思想特点不符，此一句当为后编

① 马叙伦：《老子校诂》，北京：中华书局，1974年，第547页。
② 孙以楷：《老子通论》，合肥：安徽大学出版社，2004年，第529页。
③ 徐梵澄：《老子臆解》，北京：中华书局，1988年，第95页。

德
篇

抄者所改写。老子意在表达事物发展都是由微至著的，一般人目光只盯着显著的表现，其实它是由微末之物积累而来的，在世俗生活中处事，善于向回看是解决问题的有效途径。

"为者败之，执者失之。"马叙伦说："'为者'两句为二十九章中文，此重出。'是以'两句乃二十九章错简。"[①] 奚侗等亦主之。今此文字不仅出现在该章竹简本对应文字，而且在甲组、丙组俱存，错简的可能性就极小了。如果剔除了此文及下文"圣人"二处，则文字皆为"慎终如始"类，思想看似统一，其实却偏离了老子思想之重心。即使此下为另外一章，文中也有"慎终如始"和"无为"关系要处理，"为者败之"句置于此处没问题。"为"是作为，"执"是控制，结果都是失败。上文重"始"，其实也是一种对人惯常之作为的批判。人好大喜功，不喜微末之物，老子以此醒人，导归无为，文字合在一起是可以贯通的。

"是以圣人无为，故无败；无执，故无失。"无为，就避免了妄为造成的破坏。无执，就不会有控制造成的障碍。

"民之从事，常于几成而败之。"人们的视野中唯有看高、大、上，不注意细微因素的影响，才会在做事接近成功时遭遇到失败，所谓"功败垂成"。

"慎终如始，则无败事。"竹简甲本句前有"临事之纪"，为诸本所无，或为后诸本文本诗化方向发展过程中删去了此于文意无加之句。"终"与"始"为一整体，善始则善终。

"是以圣人欲不欲，不贵难得之货。"此又由慎为之道，启以圣人之道。"不欲"并不是限制一般欲望，而是限制主观意志。"不贵难得之货"也是要求不以专门价值为标榜，使民安于自然秩序。

"学不学，复众人之所过。""学不学"，竹简甲本作"教不教"，而丙本作"学不学"。传世本第四十二章"教父"，帛书甲本即作"学父"。"教""学"当古通。"学不学"，其用以教人之学非知之学。"复"是返回，"过"为人所轻视之处。"处众人之所恶"（第八章），此正是"圣人"无为与重始慎为相通之处。

"以辅万物之自然，而不敢为。"该句竹简甲本作"是故圣人能辅万物之自然，而弗能为"，丙本作"是以圣人能辅万物之自然，而弗敢为"。文

① 马叙伦：《老子校诂》，北京：中华书局，1974 年，第 547 页。

字细微变化，反映出文本嬗变之势。丙本近今本，但未若甲本用词更合理。甲本两个"能"字相对，表现的是"圣人"之道的"无为"是主动选择，是自觉自我限制。老子的"无为"并非主张在政治活动中取消一切作为是肯定的，但"为"在何处不是老子所论范围，对过度有为的批判是道家的基本态度。而若一定考虑何"为"当为的话，则非"辅"一字莫可，所谓"辅"即"放管服"——简政放权、放管结合、优化服务。

把握本章章旨的难点还是在于处事之道的审慎态度与圣人无为之道的关系。老子指出了事物在初发展阶段，即"安""未兆""脆""微"时容易影响和把握的规律，总结为人做事就要"为之于未有，治之于未乱"，再以事物由微至著的现象，提出人做事要防微杜渐，"慎终如始"，才能避免"败事"。以上论处事之道可能来自古来智慧之学，功能在于启示无为之道。潜在的意思是，事情的发展有由小至大的规律，人在小处着手才是有智慧的。"小"是人们不愿意选择的，而"圣人"呢？更超越常态价值追求，以"无为"为原则。看文中，出现"圣人"的两处分别跟"无为""欲不欲"就很清楚了。读老者，可体味"慎终如始"的为人处事智慧，但不可以之为老子思想归结之处。陈鼓应总结本章大意为两点："一、注视祸患的根源。在祸乱发生之前，先作预防。二、凡事从小成大，由近至远；基层工作，十分重要。所谓'合抱之木，生于毫末；九层之台，起于累土；千里之行，始于足下'。远大的事情，必须有毅力和耐心，一点一滴去完成；心意稍有松懒，常会功亏一篑。"[1] 若以此为本章要点，恰枉费了老子苦心。本章古注亦多以"慎为"为"无为"，失却宗旨，而林希逸之注卓有所见，其谓："方其安时，持之则易；及至于危，则难持矣。事之未萌，谋之则易；及其形见，则难谋矣。脆而未坚，攻则易破；及其已坚，则难攻矣。迹之尚微，攻之易散；及其已盛，则难散矣。事必为于未有之先，治必谋于未乱之始。合抱之木，其生也，必自毫末而始；九层之台，其筑也，必自一篑之土而始；千里之行必自发足而始。凡此以上，皆言学道者必知几。此几字，有精有粗，如十三之一亦钱也，无始之始亦几也，自然之然亦几也。至于为至于执，则皆有迹矣，故曰为者败之，执者失之。圣人为以不为，执以无执，故无败无失。凡人之从事于斯世，其所为之事，皆有可成

---

① 陈鼓应：《老子注译及评介》（修订增补本），北京：中华书局，2009年，第298页。

之几而常败之者，不见其几而泥其迹也。不求事之终，而致慎于事之始，则无败事矣。"①刘笑敢把"无为"概括为"对通常社会行为的限制和取消"，把握了老学这一范畴的生成关键，其分析亦精到："人类的错误可以分为两大类，一类是过分的行为造成的，一类是努力不够引起的……而过分努力所造成的危害不仅可能损害严重，而且更难补救和恢复……无为的概念有助于防止过分的社会支出和代价，它相当于人类社会'思想上的刹车机制'。"②

第六十五章

【原文】

古之善为道者，非以明民，将以愚之[1]。民之难治，以其智多[2]。故以智治国，国之贼；不以智治国，国之福[3]。知此两者亦稽式[4]。常知稽式，是谓玄德。玄德深矣，远矣，与物反矣，然后乃至大顺[5]。

【训释】

[1] 帛书本无"善"字。

[2] 以其智多，帛书本作"以其智也"。

[3] 治，帛书本作"知"。知国，即主国，主持国政。《左传·襄公二十六年》有："公孙挥曰：子产其将知政矣，让不失礼。"③ 不以智，帛书本作"以不知"。福，帛书乙本作"德"。国，帛书甲本作"邦"。

[4] 稽，参考。河上公本作"楷"。《广雅·释诂》："楷，法也。"《说文》："式，法也。"稽式，即模式。

[5] 顺，理。《说文》："顺，理也。"

【校证文】

古之为道者，非以明民，将以愚之。民之难治，以其智也。故以智治国，国之贼；以不智治国，国之德。知此两者亦稽式。常知稽式，是谓玄

① （宋）林希逸：《道德真经口义》，上海涵芬楼影印本，卷四。
② 刘笑敢：《老子古今》（修订版），北京：中国社会科学出版社，2006年，第648页。
③ 杨伯峻：《春秋左传注》，北京：中华书局，1990年，第1114页。

德。玄德深矣，远矣，与物反矣，然后乃至大顺。

【译文】

古来以道性原则治国的人，不是标榜各种理念，而是让百姓循其淳朴。百姓难于管理，在于巧诈奸伪的风气在社会上流行。所以以各种主观判断治国，将成为社会发展的祸害；以限制主观意志为治国的遵循，将使社会得到真正的实惠。知悉这两点就可以明白治理国家的基本施政原则。为政者能够一直贯彻无为治国之道，是高明的道德表现。这种高明的道德影响范围大，作用时间久，与世俗价值追求相反，而由此渐至整个社会的生机勃勃。

【解析】

本章无竹简本对应文字，传世本与帛书本之间少有差别，诸本大体一致。本章文意也比较明晰，注家争论的焦点在于老子是否主张愚民，延至近代，则又增添了老子愚民之说服务对象的讨论。愚民之说，至宋儒排道方兴，但影响颇远。"把一个提倡自然、无为的哲学家当成耍权术、玩诡计的阴谋家，老子在宋儒那里所蒙受的不白之冤可谓久矣、深矣。"[1] 不过，在当今的老学研究中，这一不白之冤基本已得昭雪。其实，宋儒排老，有所见者又何尝不道老之言，周敦颐《拙赋》即曰："巧者言，拙者默；巧者劳，拙者逸；巧者贼，拙者德；巧者凶，拙者吉。呜呼！天下拙，刑政彻。上安下顺，风清弊绝。"[2]

"古之善为道者，非以明民，将以愚之。"帛书甲、乙本均无"善"字，则无为政治不是善于"为道"与不善于"为道"的问题，而是"为"与"不为"道的问题，显然，帛书本写法更合理。"以"，即施用。"明民"是主观认识下的各种价值理念的标榜，"愚之"是为政者限制主观意志对社会发展的影响。

"民之难治，以其智多。"在社会治理中，限定以专门原则，则围绕它的机巧诈伪就会流行，投机钻营有之，坑蒙拐骗有之，铤而走险有之，遂麻烦不断，难以收拾。"智多"，帛书本作"智也"，则帛书本所指并不是

① 刘笑敢：《老子古今》（修订版），北京：中国社会科学出版社，2006 年，第 663 页。
② （宋）周敦颐：《周敦颐集》，北京：中华书局，2009 年，第 60-61 页

"智"之量的问题，而是"智"与"不智"的本质差别。

"故以智治国，国之贼；不以智治国，国之福。""不以智"，帛书本作"以不智"，"智""不智"相对，于义为长。从文字含义看，"不以智治国"，仍是可以以别的途径治国；而"以不智治国"，则是治国以无为原则，意思并不相同。"以智治国"，凭借的就是在上者的主观认识和对社会问题的把握能力，对于庞大、复杂的社会有机体而言，当然是力难从心的。"不智"则实是"无为"的一方面表现，以此主国则百姓循其自然而终皆有所得。"福"，帛书本作"德"，即"得"，成就、收获。传世本用"福"，亦可。河上公注谓："不使智慧之人治国之政事，则民守正直，不为邪饰，上下相亲，君臣同力，故为国之福也。"①

"知此两者亦稽式。""两者"即"以智治国，国之贼也"与"以不智治国，国之德"。"稽式"即原则。简言之，无为治国是基本原则。

"常知稽式，是谓玄德。"为政者能坚持以"不智"为治国原则，就是"玄德"。这是"玄德"第三次在通行本出现，前两次是在第十章、第五十一章。"玄德"是实践以道为政的表现，其似与人之常态追求相悖，不被人理解，但作用深刻，故谓之。

"玄德深矣，远矣，与物反矣，然后乃至大顺。"焦竑注谓："下彻曰深，旁周曰远。"②"物"指"众人"，用法同于二十四章"物或恶之"处。所谓"反"，即是无为治国是对作为治国的消解、限制，是对"众人"常态价值观念的否定。"大顺"即大理、大治，是老子思想归宿地，是治理目标。也就是说，不管怎样理解"愚"，它本质上都是手段与过程，天下大治，既包括政治清明，也包括百姓富足、人民殷实，这才是老子的理想。

本章的要点在于准确理解"愚"这个字。此字不理解准确，不惟攻击老学者有把柄，《老子》一书的编抄者也似好心为之而遮遮掩掩，"将以愚之"，遂州本作"将以娱之"，敦煌壬本作"将以遇之"，盖即出此用心。其实，在先秦"愚"字基本没有"愚弄"之意。河上公注云："使质朴不诈伪。"③ 范应元说："将以愚之，使淳朴不散，智诈不生也。"④ 而王弼注曰：

① 王卡点校：《老子道德经河上公章句》，北京：中华书局，1993年，第255页。
② （明）焦竑著，黄曙辉点校：《老子翼》，上海：华东师范大学出版社，2011年，第159页。
③ 王卡点校：《老子道德经河上公章句》，北京：中华书局，1993年，第254页。
④ （宋）范应元：《老子道德经古本集注》，续古逸丛书本，下卷。

老子论衡

"愚，谓无知守真，顺自然也。"① 以此，所谓"愚"，不过是"自然"的另一个角度的表达而已。陈鼓应说："老子生当乱世，感于世乱的根源莫过于大家攻心斗智，竞相伪饰，因此呼吁人们扬弃世俗价值的争纷，而返归真朴。老子针对时弊，而作这种愤世矫枉的言论。"② 陈先生所言有理，当社会流行巧诈被孜孜称道，实实在在被人嘲弄，这个时候"愚"是对现实中巧伪狡诈的逆反，是医病之药，老子所发可能有其基于所面对的社会现实的思考。但又不限于此，从"愚"为"自然"之代名词而言，它本身就是老子设计的治理之道的"稽式"性手段。吕惠卿曰："众人昭昭，我独若昏；俗人察察，我独闷闷，我愚人之心也哉。古之善为道者，在己若此，则推之于民也，固非明之，将以愚之也。察察，昭昭，则所谓明之也。若昏，闷闷，则所谓愚之也。民之失性，居华而去实，故智多而难治。诚欲治之，则去智与故，镇之以无名之朴，则彼将自化，而以智治之，适所以乱之也。盖不识不知，顺帝之则，而毁则为贼，治国而以智，则毁其则矣，故曰以智治国，国之贼。"③《老子》第三章有"使夫智者不敢为"，第十章有"爱民治国，能无知乎"，第二十二章有"我愚人之心也哉"，老子对于"智"的反对是一贯的，所需注意的唯解老者不要把"智""愚"问题置于人的心灵层面诠释，而应置于治理体系层面理解。

第六十六章

【原文】

江海所以能为百谷王者，以其善下之，故能为百谷王[1]。是以欲上民，必以言下之；欲先民，必以身后之。是以圣人处上而民不重，处前而民不害，是以天下乐推而不厌[2]。以其不争，故天下莫能与之争[3]。

【训释】

[1] 百谷，百川河流。王，归往。《说文》："王，天下所归往也。"
[2] 重，累。《诗·小雅·无将大车》："无思百忧，祇自重兮。"郑康

① （魏）王弼著，楼宇烈校释：《王弼集校释》，北京：中华书局，1980 年，第 168 页。
② 陈鼓应：《老子注译及评介》（修订增补本），北京：中华书局，2009 年，第 302 页。
③ （宋）吕惠卿：《道德真经传》，清抄本（清丁丙跋），卷四。

成笺注："重，犹累也。"害，妨害、受害。推，推举。厌，厌弃。"处上而民不重，处前而民不害"一句，帛书甲本语序颠倒。

[3] 该句帛书甲、乙本皆有缺文，为反问句，补足后乙本为"不以其无争与？故天下莫能与争"。

【校证文】

江海所以能为百谷王者，以其善下之，故能为百谷王。是以圣人之欲上民也，必以言下之；欲先民也，必以身后之。故圣人处上而民不重，处前而民不害，是以天下乐推而不厌。以其不争，故天下莫能与之争。

【译文】

大江大海之所以能成为百川所归，是因它们善于放低自己，而能成为众所流向。所以想当好领导，说话要谦逊；想成为领路人，为人要低姿态。高明的治世者在上当政，民众不会有压力；他走在前面，民众也不会觉得有妨碍，故而百姓都拥戴他。因为他不想争为政之功，所以社会发展所取得的成就自然归功于他。

【解析】

本章有竹简本对应文字，文句相比传世本、帛书本皆不同，但文意一致，其释文为："江海所以为百谷王，以其能为百谷下，是以能为百谷王。圣人之在民前也，以身后之。其在民上也，以言下之。其在民上也，民弗厚也；其在民前也，民弗害也。天下乐进而弗厌。以其不争也，故天下莫能与之争。"竹简本无"欲上民""欲先民"之"欲"字表述更合理，"欲"可理解为主观愿望，有权术之嫌，而"上民""先民"皆为圣人为民众所推，非主观设计。如果不是这样，朱熹便不会有"老子之术，须自家占得十分稳便，方肯作；才有一毫于己不便，便不肯作"[①] 之类狭见矣。帛书本"圣人"在"欲上民"处，则以"江海"为类比后，全文关于治国之道的描述全部都以"圣人"之准，而王弼本"圣人"置于"处上而民不重"处，则没有领起前句。本章文意易晓，注本一般对本章思想的把握也无甚

① （宋）黎靖德编：《朱子语类》，北京：中华书局，1986 年，第 2986 页。

篇失。本章的关键词在于"不争"，仍需准确理解在老子哲学语境下"不争"之所指。

"江海所以能为百谷王者，以其善下之，故能为百谷王。""王"与"往"同义，但此句中前一个"王"字偏于"归往"字义，后一个"王"字偏于"王者"字义。水往低处流，江海以地势低下，成为溪流汇集之所。以溪之汇，而成众流之主，这便是以下而成其上。老子选取此为比类可谓用意极妙。第二十二章以"曲全"比类，此处以"江海"为比，哲理与箴言融为一体，甚可观，恰如徐梵澄所言："其时道术未裂，百家未分，民族之生命力雄厚滂礴，文化创作，笃实光辉。往往诗情、哲理、文思、玄言，皆熔铸于一炉，成为璅宝，所以百世不磨，其书至今可读也。"①

"是以欲上民，必以言下之；欲先民，必以身后之。"为政者不把百姓当回事，说话盛气凌人，就会热衷于乱指挥；言语谦下，就能给予百姓更多的自主权，从而获得百姓拥戴而为上。为政者自以为是，就喜欢以领导自居；先人后己，就成了真正的公仆，反而获得百姓支持而为先。

"是以圣人处上而民不重，处前而民不害，是以天下乐推而不厌。""不重"就是没有压迫感，"不害"就是没有威胁感。在上为政者不以己高人一等，就不会一拍脑门认为比老百姓聪明很多。只提供帮助，不乱主观作为，不祸害百姓，这样的领导谁不喜欢?! 吕惠卿谓："夫惟以其言下之，则处上而人不重，不重则以戴之为轻矣；以其身后之则处前而人不害，不害则以从之为利矣。不重不害，此天下所以乐推而不厌也。"②

"以其不争，故天下莫能与之争。"治世者不以政治成就为标榜，就不急于求成，不与百姓争名、争利、争功，谦逊处下，不乱说话，不乱作为，百姓获得循自然之道发展的空间，从而因在上者施无为之治而归功于他，这个功劳就是他的；但一旦为政者主观妄为就会导致无功，这正如江海处下为百谷之王。

本章与第二十二章章旨相同，论述方式亦皆用比类。第二十二章归结处"夫唯不争，故天下莫能与之争"与本处用语相近，无竹简本对应。何谓"不争"？笔者已于第二十二章"解析"中分析过了，所谓"不争"只是不争功、不与民争利。学者往往论及老子之"不争"哲学，所持未准。

---

① 徐梵澄：《老子臆解》，北京：中华书局，1988 年，第 98 页。
② （宋）吕惠卿：《道德真经传》，清抄本（清丁丙跋），卷四。

德
篇

刘笑敢说："我们要问自己，为甚么要去竞争？是不是为了生活得更好、更充实、更愉快？如果是，那么，当竞争让你感到痛苦时，是否应该退出？是否应该另外寻找能让你愉快的生活方式？你不争，别人也就不必与你争，也就摆脱了竞争的痛苦。"① 刘先生还是把"争"理解为"竞争"是不恰当的。征诸现实，你不争，唯有给予你争的人省了力气而已。"不争"的关系对象是在上者与民，绝不是平常所谓竞争关系中的对象。"不争"亦是"无为"之同义语，在上者争功、争政绩，才猛折腾，能"不争"则百姓方可有机会循其自然，而社会发展的成就则又非推至在上者无为之功，这才是"不争而胜"。"不争"可以往人生修养上延伸联系，但前提是要明白老子哲学范围中"不争"的对象是谁。

第六十七章

【原文】

天下皆谓我道大，似不肖[1]。夫唯大，故似不肖[2]。若肖，久矣其细也夫[3]！我有三宝，持而保之。一曰慈，二曰俭，三曰不敢为天下先。慈，故能勇；俭，故能广；不敢为天下先，故能成器长[4]。今舍慈且勇，舍俭且广，舍后且先，死矣！夫慈，以战则胜，以守则固，天将救之，以慈卫之[5]。

【训释】

[1] 该句河上公本、傅奕本、帛书本皆无"道"字。帛书本无"似"字。

[2] 帛书本无"似"字。帛书乙本该句作"夫唯不宵，故能大"。

[3] 河上公本无"也夫"二字。

[4] 故能成器长，帛书甲本作"故能为成事长"，乙本作"故能为成器长"。

[5] 救，帛书本作"建"。卫，帛书本作"垣"。垣，围墙，指护卫。

---

① 刘笑敢：《老子古今》（修订版），北京：中国社会科学出版社，2006 年，第 675 页。

【校证文】

天下皆谓我大，大而不肖。夫唯不肖，故能大。若肖，久矣其细也夫。我有三宝，持而保之。一曰慈，二曰俭，三曰不敢为天下先。慈，故能勇；俭，故能广；不敢为天下先，故能成器长。今舍慈且勇，舍俭且广，舍后且先，死矣！夫慈，以战则胜，以守则固，天将建之，以慈垣之。

【译文】

世间都以为高明的为政者地位尊贵，他却并不自以为是。正是因为他不自以为是，反而成就了其位之尊。若自以为高人一等，时间久了，他也就越来越微不足道了。高明的治世者对三样德性像珍宝一样守护它，那就是"慈""俭"和"不敢为天下先"。慈柔待人，大家能为之勇敢；俭朴对己，就赢得了普遍的尊重；不处处以己优先，就可以堪当大任。若人舍弃慈柔而选取蛮横，舍弃俭朴而选取奢华，舍弃谦让而选取争抢，就是死路一条！因而以慈等"三宝"为政，用于迎战可决胜千里，用于防守则固若金汤，老天将要把谁扶持起来，就会以这些珍宝护佑他吧？！

【解析】

本章无竹简本①对应文字，帛书甲、乙本相当传世本第八十章、第八十一章的写文提前，接续上章，此章在之后。本章论"不肖""不敢为天下先"之理，与"江海能为百谷王"一章章旨相近，或传世本编抄者以之编排次序。本章帛书本较传世本行文、用字之别不多，但对于部分文字的读通提供了重要帮助。

"天下皆谓我道大，似不肖。"帛书本、河上公本、傅奕本皆无"道"字。"肖"，帛书本皆作"宵"，当通于"肖"。肖，类似。《说文》："肖，骨肉相似也。"不肖，不似。《小尔雅》："不肖，不似也。"不肖，在此处指在上者并不以己为大。治世者位居人上，民众以之为尊大，但他却并不因此洋洋自得，不自以为自己就是尊大者。"大"，位尊；"不肖"，以己为小，二者相对，皆为对"圣人"一身而言，简单说就是，你们以为我"大"，我

---

① 以通行本顺次，自本章以下皆无竹简本写文，或因摘抄者以后文文意已为前文所出，或纯系巧合，莫知其委。

德　篇

自己却以为我"小"。王本有"道"一字，致使注老者解说纷纭，或以就道、物而言，或以就圣、俗而言，或以就有、无而言，皆不可取。另外，帛书本无"似"字，"肖"即"似"，"似不肖"则文无所类，传世本或为注文羼入而衍误。

"夫唯大，故似不肖。"按照传世本的写法，此意与上文无异，令人费解。而帛书乙本作"夫唯不宵，故能大"，则文意顺畅。但帛书甲本虽抄写早于乙本，但行文仍同于传世本，更进一步证明帛书甲、乙本祖本不同。治世者不妄自居大，就不祸害百姓，百姓反而以之为尊大。

"若肖，久矣其细也夫！""肖"，自我认可，今尚言"肖像"。若在上者以高人一等自居，到处乱指挥、胡指点，久而久之，大家也就不把他当回事了。"也夫"二字为河上公本、帛书甲本所无，但帛书乙本、傅奕本亦存，二字在此为赘，笔者怀疑，二字被人读破，"也"字在此，"夫"字从下。严灵峰、陈鼓应等认为本章至此文字与下文谈"慈"不应，主为第三十四章错简，未当。下文"三宝"之说，亦即不为大，文意一贯。

"我有三宝，持而保之。"在上为政者以保障无为政治的修养为珍惜物而宝之、保之。该句帛书甲本写为"我恒有三宝之"。

"一曰慈，二曰俭，三曰不敢为天下先。""慈"是慈柔，"俭"是素朴生活，一为对民众态度，一为自我要求。"不敢为天下先"，注家多以为对外态度，不以大国自居，其实第七章有"圣人后其身而身先"，第六十六章有"欲先民，必以身后之"，则"不敢为天下先"恐亦是谓在上者对百姓的态度而言。"三宝"即加强自我管控，不居功自满，不祸害百姓。曾国藩以"不敢为天下先"作为持身之道，在《致沅弟》家书中说道："天下大名，君之惜之，千磨百折，艰难拂乱而后予之。老氏所谓'不敢为天下先'者，即不敢居第一等大名之意。弟前岁初进金陵，余屡信多危悚儆戒之辞，亦深知大名之不可强求。今少荃二年以来屡立奇功，肃清全苏，吾兄弟名望虽减，尚不致身败名裂，便是家门之福。"[①] 对此，我们仍需清楚老学的持身要求是为了给自然秩序腾出空间，以之为修身智慧只是事出一理罢了，并不是老子论述问题的关切点。

"慈，故能勇；俭，故能广；不敢为天下先，故能成器长。"为政者以

① 檀作文：《曾国藩家书》，北京：中华书局，2017年，第1849页。

慈对民，对百姓爱护有加，一旦战争需要，就能为维护国家利益拼命。"慈"是为政者，"勇"为民众。为政者俭以自律，不妨害百姓生活，百姓愿意拿出自己所得贡献给国家。同样，"俭"是为政者，"广"是百姓。"成"，意为大。"成器"即大器。《左传·襄公十四年》："成国不过半天子之军。"杜预注："成国，大国。""成器"，本身为名词，帛书本前有"为"字合理，而传世本以"成"为动词，省掉了"为"字。帛书甲本"成国"作"成事"。高明说："二者究属孰先，实难裁定。从《老子》书内用语考察，如第二十八章云：'朴散则为器，圣人用之则为百官长。''为器长'似为《老子》之旧。"① 笔者不同意高先生之论。查《韩非子·解老》亦有："处大官之谓为成事长。是以故曰：'不敢为天下先，故能为成事长。'"② 一是帛书甲本、《韩非子·解老》比帛书乙本、传世本资料更古，二是下文以处"事"原则而言，或《老子》原貌即为用"事"，后编者不解"成事"而改为"成器"。"成事大"，即谓可承担大任。"不敢为天下先，故能成器长"即为政者先人后己，百姓拥戴他担当大任。

"今舍慈且勇，舍俭且广，舍后且先，死矣！""且"，选取。"慈""勇"相对。慈，指慈柔；勇，指蛮横。"俭""广"相对。《左传·僖公二十三年》曰："晋公子广而俭。"③ 俭，收敛，指俭素；广，开阔，指奢侈。"先""后"相对。先，为先己后人；后，为先人后己。"勇""广""先"为"三宝"的反面。老子意谓，若在上者舍弃"三宝"，妄自好勇斗狠、大肆挥霍、居功争名，摆在这种人面前的只有死路一条。

"夫慈，以战则胜，以守则固，天将救之，以慈卫之。"前论"三宝"，此唯有"慈"，则为省文，类"慈等"。治世者能以无为治国、慈柔爱民，即使国家遇到战争威胁也会攻可制胜，守可退敌。蒋锡昌说："老子谈战，谈用兵，其目的与方法不外'慈'之一字。人君用兵之目的，在于爱民，在于维护和平，在于防御他国之侵略；其方法在以此爱民之心感化士兵，务使人人互用慈爱之心，入则守望相助，出则疾病相扶，战则危难相惜。夫能如此，则用兵不战则已，战则无有不胜者矣。"④ 所论合理。"天将救

① 高明：《帛书老子校注》，北京：中华书局，1996年，第162页。
② （清）王先慎著，钟哲点校：《韩非子集解》，北京：中华书局，1998年，第152页。
③ 杨伯峻：《春秋左传注》，北京：中华书局，1990年，第409页。
④ 蒋锡昌：《老子校诂》，上海：上海书店，1996年，第406页。

之，以慈卫之”，帛书本皆作“天将建之，以慈垣之”，比传世本写法更顺文意。老子说老天要想帮谁就给他慈柔作为保护，分明暗含讥讽之意，意思是为政者一味争为豪强，哪里有成大事的机会呢？

　　本章文意易晓，但王弼本“夫唯大，故似不肖”的文辞顺序、首句“道”“似”的加入，还是干扰了理解。特别是“天下皆谓我道大”多出一“道”字看似强化了核心概念，却直接使得行文不类，与下文也不易衔接，解读者更难以说清楚。苏辙注曰：“夫道旷然无形，颓然无名，充遍万物，而与物无一相似。此其所以为大也。若似于物，则亦一物矣，而何足大哉？”① 吕惠卿曰：“天下徒见我道之大，而谓其似不肖，而不知其所以大，固似不肖也。何以言之？大道泛兮，其可左右，无乎不在者也。彼见其无乎不在，无可拟者，谓之似不肖，而不知其无不在而似不肖，乃道之所以为大也。盖万物莫非道也，则道外无物矣。道外无物，则无所肖者，此其所以为大也。若有所肖，则道外有物矣。道外有物，则道有所不在，其尚得为大乎？故曰天下皆谓我道大，似不肖。”② 陈鼓应翻译为：“天下人都对我说：‘“道”广大，却不像任何具体的东西。’正因为它的广大，所以不像任何具体的东西。如果它像的化，早就渺小了。”③ 苏辙、吕惠卿、陈鼓应皆为古今治老之佼佼者，以此为论殊非得理，完全割裂了与下文之关联。由此亦可见解老之难。林希逸以河上公本为解，指出王本多“道”字未当，可谓卓有所见，其注亦精，文曰：“大似不肖，当时有此语也，故老子举以为喻，亦前章不谷孤寡之意。天下皆谓者，言天下皆有此常语也。夫惟大，故似不肖，至大者，必以至小之心处之。肖，象也。慊然似无所肖象，自小之意也。若自以为有所肖象，则为细人矣，非大人之量也。”④

第六十八章

【原文】

　　善为士者不武，善战者不怒，善胜敌者不与，善用人者为之下[1]。是谓不争之德，是谓用人之力，是谓配天古之极[2]。

---

①　（宋）苏辙：《苏子由道德经注》，尊经阁文库藏钞本，卷四。
②　（宋）吕惠卿：《道德真经传》，清抄本（清丁丙跋），卷四。
③　陈鼓应：《老子注译及评介》（修订增补本），北京：中华书局，2009 年，第 306 页。
④　（宋）林希逸：《道德经真经口义》，上海涵芬楼影印本，卷四。

【训释】

[1] 不与，傅奕本作"不争"，帛书甲本有残缺，乙本作"弗与"。

[2] 帛书本整理后对应该句释文为"是谓不争之德，是谓用人，是谓配天，古之极也"。极，标准、准则。

【校证文】

善为士者不武，善战者不怒，善胜敌者弗与，善用人者为之下。是谓不争之德，是谓用人，是谓配天，古之极也。

【译文】

高超的武士没有蛮气，勇敢的战士不露怒气，强大的部队战胜对手于战场之外，懂得领导民众的治世者虚心处下。虚心处下，是不争功夺利的表现，是顺天和人之道，为古来向往的理想目标。

【解析】

本章无竹简本对应文字，帛书本较传世本差别不大，但有用字的不同可厘正传世本的不通文句。本章文意比较显明，历来注家多发挥"不争"之宗旨为解说，但"不争"在表述中的准确位置以及其与"四善"之间的关系仍是需要注意衡量的问题。

"善为士者不武，善战者不怒，善胜敌者不与，善用人者为之下。""善为士者不武"，傅奕本前有"古之"；帛书乙本前有"故"，或为"古之"之误。"士"，有"武士""文士"，但西周或更早时期的"士"则一般专指"武士"，加"古之"二字加以限制。"武士"的职业就是搏斗，但有充分的自信、实力碾压对手的"士"却并不逞一时之强。"善战者不怒"大体是一个道理，战士的天职是打仗，但若时时义愤填膺、怒发冲冠，就不能在临阵时沉着应对。"不与"，帛书本作"弗与"为是。"弗与"即"不与之"，河上公本、王弼本等为了与上文的两个"不"字统一起来，改"弗"为"不"，但"不与"这个写法却并不完整，应该还有宾语。王弼理解"不与"是"不与争"，注谓"不与争也"①，傅奕本、范应元本、景龙碑本、苏辙本、司马光本、焦竑本等干脆把"不与"变成了"不争"。就这样，古本的"弗与"就变成了"不争"，虽打仗可以把制胜因素在战场外开展，但"不争"怎么能赢呢？此混老子思想于战争法则甚为误人！所谓"与"就是厮杀在一起，《国语·越语下》："彼来从我，固守勿与。"韦昭注曰："勿与战也。"②"善胜敌者弗与"即在战场外下功夫代替人之搏杀取得胜利。本句前三条都是打仗的道理，非为老子所独见，乃军事家所共认。恰如孙子说的："是故百战百胜，非善之善也；不战而屈人之兵，善之善者也。""主不可以怒而兴师，将不可以愠而致战。"③第四条则转入了治国之道。"用人"不可理解为今之任用人、使用人。"用"本身有行用、顺从的意思。《说文》："用，可施行也。"《孝经·庶人》"用天之道"即同"顺天之道"，邢昺疏云："春生夏长，秋敛冬藏，举事顺时，此用天道也。""善用人者为之下"，即如第六十六章所言"欲上民，必以言下之"。为上处下，不在前面纵指挥、横阻拦，百姓就可以顺其合理养其生机。

"是谓不争之德，是谓用人之力，是谓配天古之极。"帛书甲、乙本"用人"下均无"之力"为是。传世本编抄者不解"用人"即为顺人，遂妄加字补文。"配"，匹配。《玉篇》："配，匹也，对也，合也。""用人"与"配天"为互文。这句话意思是，不争功的治世者之成就（德，得），顺乎天人之道（不违天、不逆人），是古来政治理想的最高境界。

本章核心一句是"善用人者为之下"，该句承上比类而来，启下落在无为之道。也就是说，"不争之德"的结论，非以上"四善"，而只是对于"善用人者为之下"的评论。"善为士者不武，善战者不怒，善胜敌者不与"是作为比类出现的，功用就是引发第四"善"。老子借军事斗争的法则来阐释无为知政的治世原则，军人的天职是勇敢顽强，但不能以逞强好勇而战，取得胜利是目的；治国管理是责任，也不能为了管理而管理，天下大治是目的。笔者对于"不争"已多有论及，"不争"是从取得的成就方面否定与民争功的政治，亦只是"无为"概念族中的一个。"不争"不可以之为战争法则。古来注家多未能区分于此，致所论似高大上，其实完全扭曲了老子

① （魏）王弼著，楼宇烈校释：《王弼集校释》，北京：中华书局，1980年，第172页。
② 徐元诰：《国语集解》，北京：中华书局，2002年，第585页。
③ 陈曦：《孙子兵法》，北京：中华书局，2011年，第37、225页。

思想。若以"不争"为退敌之道，不管说得如何好听，其实都说不过去。河上公注前几句说："言贵道德，不好武力也。善以道战者，禁邪于胸心，绝祸于未萌，无所诛怒也。善以道胜敌者，附近以仁，来远以德，不与敌争，而敌自服也。"① 吴澄注谓："古者车战为士，甲士三人在车上，左执弓，右持矛，中御车掌旗鼓，皆歌其强武。战卒七十二人在车下，将战，必激发其众，欲其奋怒，然后能与敌争雄而取胜。慈者之用兵则不以此为善也，士不欲其强武，战不欲其奋怒，胜敌不待与之对阵较力，兵刃不施，彼将自屈。"② 相信战场上以道德怀柔胜敌，于精神追求或可以肯定，但本质与宋帝迷信撒豆成兵有何区别？《老子》的比类之文或以自然之道，或以人生之道，或以修养之道，或以军事之道，以平常人所知所行启发无为政治的合理、可行、高超，可谓用心良苦，解之者几人？《史记·儒林列传》说："窦太后好老子书，召辕固生问老子书。固曰：此是家人言耳。后怒曰：安得司空城旦书乎？乃使固入圈刺豕。"③ "家人言"就是平常话，这一点其实窦太后冤枉了辕固生，因为他大体说对了一半。一方面，《老子》早期尚未被完全神秘化、玄理化、鸡汤化理解；另一方面，辕固生等辈岂能认识到比类式思维在老子道论开展中的特殊作用。在后世注老者中，"家人言"变成"道家言"，才使得老学愈发失其文、却其旨。

第六十九章

【原文】

用兵有言，吾不敢为主而为客，不敢进寸而退尺[1]。是谓行无行，攘无臂，扔无敌，执无兵[2]。祸莫大于轻敌，轻敌几丧吾宝[3]。故抗兵相加，哀者胜矣[4]。

【训释】

[1] 用兵有言，帛书本、傅奕本作"用兵有言曰"。

[2] 行，行列、阵势。攘，伸出、举起。《说文》："攘，推也。"兵，

---

① 王卡点校：《老子道德经河上公章句》，北京：中华书局，1993 年，第 268 页。

② （元）吴澄：《道德真经注》，粤雅堂版，卷四。

③ （汉）司马迁：《史记》，北京：中华书局，2011 年，第 2711 页。

兵械。《说文》："兵，械也。"扔无敌，傅奕本作"仍无敌"，帛书本作"乃无敌"，顺序皆在"执无兵"后。

[3] 轻敌，帛书本作"无敌"。

[4] 抗，兴举。《广韵》："抗，举也。"相加，相当、对等，帛书本作"相若"。

【校证文】

用兵有言，吾不敢为主而为客，不敢进寸而退尺。是谓行无行，攘无臂，执无兵，乃无敌。祸莫大于无敌，无敌近亡吾宝矣。故抗兵相若，而哀者胜矣。

【译文】

兵法家说：战场上不要去争当贸然进攻的一方，而要当谨慎防守的一方；不应妄加前进几寸，而应安全后退几尺。这就是不以行军列阵为依赖，不以振臂高呼为气焰，不以军械凛然为威严，最终反成为无敌之师。若自以为天下无敌则要大祸临头，因为这便是要丢失处下之宝贵德性了。因此力量相近的部队对垒，能收敛精神的一方会获得胜利。

【解析】

本章无竹简本对应文字，帛书本有几处用字的不同对于文意的确定提出新的思考。本章从章旨上把握，需要清楚无为之道与克敌之道的关系。

"用兵有言，吾不敢为主而为客，不敢进寸而退尺。""用兵有言"，傅奕本、帛书本有"曰"字，注家多谓此句有兵家来源，但实际上老子所说却与其时兵家提法并不一致。一方面，春秋时期的兵道以起兵犯人为"客"，驻地防守为"主"，《孙子兵法·九地》有"凡为客之道，深入则专，主人不克"[1]。另一方面，兵家以争取主动为原则，《孙子兵法·虚实》说"故善战者，致人而不致于人"[2]。故而，此句可能只是老子从自己的理解而述。"主""进"，战争的主动进攻。"客""退"，战时的被动防守。简单来说，老子主张不要轻易发起战争。这与兵家申明制胜原则是两码事，

① 陈曦：《孙子兵法》，北京：中华书局，2011年，第200页。
② 陈曦：《孙子兵法》，北京：中华书局，2011年，第91页。

老子论衡

没有可比较性。

"是谓行无行，攘无臂，扔无敌，执无兵。"这句话则非转述兵家之言，而是老子从上句"客""退"之选择而进一步引申。"行"是布阵类的军事行动，"行无行"即无阵可行。"攘"是举起，"攘无臂"就是不振臂高呼。"兵"是兵械，"执无兵"则为不用明晃晃的兵刃。"行""攘""执"是战场需求，以其开头就是肯定它，但"无"又否定之，这就是老子论说的高明之处。战场不是儿戏，绝不可能是放下武器讲道德、讲友谊、讲柔慈就能解决的，因此"行""攘""执"是有这个准备和能力，"无行""无臂""无兵"是不以此为炫耀，因为归根"兵者，不祥之器，非君子之器"（第三十一章）。"扔无敌"的情况比较复杂，一种解释是"扔"为牵拉，即两军对垒。《说文》："扔，因也。"《广雅·释诂》："扔，引也。""扔无敌"就是造势牵引敌人，但并不以之为过人之处。这样解释的好处是把"行无行，攘无臂，扔无敌，执无兵"归于一个意思单元了。但"扔无敌"在帛书本作"乃无敌"且置于此句句尾，与"执无兵"顺序颠倒。传世本第三十八章"攘臂而扔之"之"扔"，对应的帛书写本亦为"乃"。楼宇烈认为，第三十八章帛书本对应之"乃"是"扔"之假借，而此章则以"乃"本字用，传世本本处之"扔"是不明其义者因三十八章妄改①。查帛书甲本与诸本皆不同，该句"乃无敌矣"，句尾多一"矣"字，则明显"乃"字用于通结"行无行，攘无臂，执无兵"三组，且本句以"无敌"结尾，下转承"无敌"，则"无敌"就是天下无敌的意思，而不是眼里没有敌人。因此，笔者赞同楼先生之说。"乃无敌"就是有武力又不炫耀武力，于是天下就没有对手了。

"祸莫大于轻敌，轻敌几丧吾宝。""轻敌"，帛书甲、乙本皆作"无敌"。"无敌"为是，若作"轻敌"，则流于常见，不符合老子思想。"宝"，没有上文铺垫，老子何指不太清楚。一说指"身"，一说是指军队、土地，一说是指"慈、俭、不敢为天下先"的"三宝"。老子论说本自成体系，应以后者所主更为合理。这一句承上句"无敌"而来，意思说不要自以为"无敌"，自以为无敌就会目空一切、忽视战场上的复杂因素，便丧失了处下、居后之"宝"而妄加行动成祸。徐梵澄说："商纣百克而亡，齐桓之虫

---

① （魏）王弼著，楼宇烈校释：《王弼集校释》，北京：中华书局，1980年，第174-175页。

流出户，是必皆老氏所知者。秦以前，一时无敌于天下者，败亡多不旋踵。故春秋时治国者，有留敌国为'外惧'之说。存戒惧也。"①

"故抗兵相加，哀者胜矣。""抗兵相加"，帛书甲本作"称兵相若"，乙本作"抗兵相若"，意思比传世本明确，"称兵相若"即实力基本相当的双方战场遭遇。"哀兵"历来解说分歧较大，代表性的观点有两种，一种是释"哀"为"悲哀"，"哀者胜"即"哀兵必胜""背水一战""置之死地而后生"等意思；一是释"哀"为"慈爱"，"哀者胜"即战场上能爱护士兵者得战士为之死效而获胜。另有以"哀"为"襄"（借为"让"）之误，然未有抄本支持。笔者认为，从上文论述的焦点问题看，在于反对把军事优势作为炫耀的资源，此处若以"悲哀"或"慈爱"解释"哀"都有点转承突兀。其实不必过度纠结"哀"字本身的意义，老子这里想讲的就是如果对阵双方实力旗鼓相当，那么能不以己为无敌的一方就会部署更周全，行动更谨慎而获胜。"哀"应该指不耀武扬威，精神收敛的状态。

本章以军事之言为论，目标何在呢？自古及今有不少主《老子》为兵书或与兵家紧密联系的，对此，王力即驳之曰："或疑《老子》为兵家言：兵家所谈多攻城略地之术，老子斥争、非战，即战矣亦唯为客而不为主，退尺而不进寸；有城可攻而不攻，有地可略而不略，此其异一也。兵家尚智用术，《老子》弃智忘术，此其异二也。兵家或作老子语，老子必不作兵家语。盖一尚自然，一重功利，其根本观念既异，何由得其同哉？老子以非战为要义；其不得已而战，战而胜乃余义耳。世人不知戒争而独昧昧然强橝其战胜之术。弃其要义，宝其余义，诚所谓买椟还珠者已。"② 从本文章旨看，老子绝非就兵事而谈兵事。林希逸说："此章全是借战事以喻道，推此，则书中借喻处，其例甚明。"③ 魏源亦道："老子见天下方务于刚强，而刚强强莫甚于战争，因即其所明者以喻之。使之即兵以知柔退，即柔退以返于仁慈，非为谈兵而设也。"④ 笔者于前文已论及此问题，一方面以兵事为比类可，此章未能引至治国之道，或为后分章所致，或老子意在让读者自行引申；另一方面，军事是国之大事，好大喜功者必喜军功而不能无

① 徐梵澄：《老子臆解》，北京：中华书局，1988 年，第 106 页。
② 王力：《老子研究》，上海：商务印书馆，1928 年，第 93—94 页。
③ （宋）林希逸：《道德经真经口义》，上海涵芬楼影印本，卷四。
④ （清）魏源：《老子本义》，清光绪袁氏刻渐西村舍汇刊本，下卷。

为施政，由兵家言胜人以无为之道盖为老子政治哲学之合理覆盖。然古注家又过度渲染无为、慈爱之类于军事则置老学于空泛、迂腐。归根结底，战场上终归是实力说了算，但有实力的一方如果以己力而洋洋自得，便会渐渐丧失优势，也会在与同等实力的对手较量中败北。忽视了"相若"这个基本设定，夸大慈爱的神奇效果，便降低了老子哲学的价值。

第七十章

【原文】

吾言甚易知，甚易行，天下莫能知，莫能行[1]。言有宗，事有君[2]。夫唯无知，是以不我知[3]。知我者希，则我者贵，是以圣人被褐怀玉[4]。

【训释】

[1] 该句帛书甲本为"吾言甚易知也，甚易行也；而人莫之能知也，而莫之能行也"，帛书乙本为"吾言易知也，易行也；而天下莫之能知也，莫之能行也"。

[2] 宗，宗旨、纲领。《广雅·释诂》："宗，本也。"君，主。

[3] 不我知，即"不知我"。

[4] 该句帛书甲本有残缺，乙本作"知者希，则我贵矣，是以圣人被褐而怀玉"。希，少。贵，难得。被，披、著，穿在身上。褐，粗布。《说文》："褐，粗衣。"怀，珍藏。

【校证文】

吾言甚易知，甚易行，天下莫能知，莫能行。言有宗，事有君。夫唯无知，是以不我知。知我希，则我贵矣，是以圣人被褐而怀玉。

【译文】

我所讲的道理十分容易懂，也十分容易落实，但世上的人却并不能接受，也无法付诸实践。人们平日所说是依托所谓宗旨的，做事也因循专门依据。但也正是我跳出了这些宗旨与依据，人们便无法了解我。了解我的学说的人极少，不正说明这种学说的珍贵吗？看那些高明的治世者，他们的外表普普通通，但精神世界却与众不同啊。

【解析】

本章无竹简本对应文字，帛书本有个别文字的差别，但不影响基本章旨。本章首句"吾言甚易知，甚易行，天下莫能知，莫能行"，帛书甲本作"吾言甚易知也，甚易行也；而人莫之能知也，而莫之能行也"，帛书乙本作"吾言易知也，易行也；而天下莫之能知也，莫之能行也"。帛书乙本"易行""易知"，传世本与帛书甲本都为"甚易行""甚易知"，帛书甲本与传世本近而与乙本不同，这种情况很少见，而"天下莫能知"为乙本、传世本作，帛书甲本又为"人莫之能知也"。这进一步证明帛书甲、乙本各有其抄写范本，而"现有《老子》各版本之间没有简单的线性的继承关系，同时说明汉初《老子》之间不同版本之间的歧异已经比较严重"①。

"吾言甚易知，甚易行，天下莫能知，莫能行。"老子说，他所讲的道理很容易明白，也很容易落实。确实是这样的，事物都有其发展的内在需求，又为复杂条件所作用，所以应该给事物自然发展的空间，这个道理并不难懂，实行更简单，归结为"放开"两个字而已。容易做的好事，人们为什么不愿意做呢？薛蕙说："凡老子之言，曰慈、曰俭、曰不敢为天下先、曰重、曰静、曰利物、曰不争、曰柔弱、曰知足，固皆易知而易行也。然天下莫能知、莫能行，盖不明道德之意故也。"② 刘笑敢说："你可以去'辅'万物或他物之自然，而不要干预、干涉他们的生存，这不需要承担很大的责任，不需要特殊的技术、能力，这应该不难做到，因此是'易行'。但是真正理解、重视、实践自然、无为的人却很少，要争天下之先的人却仍然很多，这是因为人们很容易随同主流社会的价值和生活方式，并且希望得到主流社会的认同、接纳，因此很难实行似乎与现实不协调的道家原则。"③ 老子之言，难以在封建社会真正落实为帝王治世之准则，其实不过事出两点：一是常态以专门目标为导向之建设会要求人循专门规范，这种规范带来的"安全感"使人不愿意接受自然秩序，不放心它，这是智慧不够，于是天下"莫能知"；二是身为帝王，需要君临天下的威严，需要百姓

---

① 刘笑敢：《老子古今》（修订版），北京：中国社会科学出版社，2006年，第703页。
② （明）薛蕙：《老子集解》，惜阴轩丛书本，下卷。
③ 刘笑敢：《老子古今》（修订版），北京：中国社会科学出版社，2006年，第704页。

老子论衡

歌功颂德，也需要满足自己膨胀的欲望，若人人自发自强，对帝王只是"下知有之"（第十七章），那便是在上者极不愿接受的，克服不了私欲，这是勇气不够，于是天下"莫能行"。

"言有宗，事有君。""宗""君"都是指根据。注家多以此为老子申言其学之堪为遵循，如吴澄便道："柔弱谦下可以为众言之统，如族之有宗；可以为诸事之主，如国之有君。"① 其实，根据上下文意，应是老子为其学之不为所知找原因，意谓一般人所追求的东西是一种正义也好，是一种富强也好，都是有"宗""君"的，而他的学说却超越了常态价值范围。

"夫唯无知，是以不我知。"老子认识事物并不是从具体角度的"知"入手的，虽其言"易知"，却建立在迥异于常态认识的基础上，这种"易知"的学说又有"难知"的一面，因为人们无法摆脱常态把握问题的方式，便以"知"而不知"无知"了。

"知我者希，则我者贵，是以圣人被褐怀玉。"王弼本、河上公本、傅奕本等是"我"后有"者"字，那"则"就是效法的意思，即懂得我的人稀有，效法我的人尊贵。而帛书乙本作"知者希，则我贵矣"，甲本有残缺，但从残余内容看，与乙本应基本一致。那么按照帛书本就应该解释为，正因为了解我的学说人少，所以我所说的愈发珍贵。这两种写法都可以讲得通，在没有新的资料可参考前，还是应取古本以解为好。"被褐怀玉"，帛书本皆作"被褐而怀玉"，"被褐"与"怀玉"形成直接对比，于文意更佳。此"圣人"接上之"我"或为老子自谓，更是老子希望的理想治世者——明白人，看起来与人无异，但看问题的深度、站立的高度，支撑了他丰富的精神世界，所以"怀玉"的自足感唯达者能之吧！《孔子家语·三恕》有"子路问于孔子曰：'有人于此，披褐而怀玉，何如？'子曰：'国无道，隐之可也；国有道，则衮冕而执玉'"②，或亦由《老子》此语而发。

本章老子准确判断了其学说的命运。有人说这是老子就他的学说不被采用的痛苦而言的，也有人说这是老子感慨世道衰落的悲哀之言，蒋锡昌则说："本章言俗君既不知圣人，故圣人亦不求人知，此老子自叹其道之不行也。"③ 其实，老子明知其学难知、难行，仍着力为之者，恐亦知其学必

---

① （元）吴澄：《道德真经注》，粤雅堂版，卷四。
② 王国轩、王秀梅：《孔子家语》，北京：中华书局，2011年，第107页。
③ 蒋锡昌：《老子校诂》，上海：上海书店，1996年，第423页。

有所唱和耳。而此章则与痛苦、悲哀、慨叹之类不相干，无外是老子更在强调此一学说与世俗观念的差异罢了。称之失落，毋宁谓之自傲。

第七十一章

【原文】

知不知，上；不知知，病[1]。夫唯病病，是以不病[2]。圣人不病，以其病病，是以不病。

【训释】

[1] 上，傅奕本、帛书本作"尚"。病，难。《广雅·释诂三》："病，难也。"

[2] 该句帛书甲、乙本俱无。

【校证文】

知不知，尚矣；不知知，病矣。是以圣人之不病也，以其病病也，是以不病。

【译文】

懂得人的认识的局限，这是高明的；以片面的知识为真谛，这是愚蠢的；高明的治世者不干愚蠢的事，因为他们知晓以不知为知的害处，所以能够避免此等祸患。

【解析】

本章无竹简本对应文字，王弼本、河上公本、傅奕本等"夫唯病病，是以不病"一处明显与下文"以其病病，是以不病"意思重出，而帛书甲本、乙本、景龙碑本、多种敦煌本等均无此句，则该句为衍文。"校证文"依帛书乙本写入。本章与上章"夫唯无知，是以不我知"文意相近，更进一步强调无为之治的认识论基础别于常态认知。

"知不知，上；不知知，病。"道性，是事物的本质属性，是事物的物质性、合理性与整体性，但因其为全体性表现，所以循任何角度的认识结果就都不是道性层面的。明确这一点，就知道人的认识之局限，这是知其不知。"上"，帛书本为"尚"，即高明。但人们往往不懂得这一点，执着于自己的一隅之见，把未知之事主观归拢入所知之得，遂以不知为知。"病"，就是困扰。《论语·雍也》："何事于人？必也圣乎！尧、舜其犹病诸。"孔颖达注曰："犹难也。"

"夫唯病病，是以不病。"依上文所论，此句为衍文，当删。

"圣人不病，以其病病，是以不病。""病病"，第一个"病"是动词，第二个"病"是名词，即以病为病。能领悟道性超越人的常态认知功能的一面，就会限制凭主观臆断支配事物的做法，也就不会为之所困。该句意同第六十三章"是以圣人犹难之，故终无难矣"。

本章论人不可以"知"去把握不在"知"范围的东西，是进一步申明道性认识之超越性特点。古来注家多以圣人修养之类为释，不足以通达文意，老子实为论认识问题。《论语·为政》中孔子教训子路说："由！诲女知之乎！知之为知之，不知为不知，是知也。"[1] 《吕氏春秋·谨听》说："不知而自以为知，百祸之宗也。"[2] 征诸现实，生活中越是一知半解的人执着越严重，知识越丰富的人，精神自由度越高。但这也就是人不可为所知所困的道理，与老子此处所谓还不完全是一码事。依老子所见，所有的"知"指向的是一种价值角度，带来的是有为政治。只有从根本上懂得道性有拒绝"知"的一面，才能从思想深处认同无为的治国原则。苏辙之注卓有所见，曰："道非思虑之所及，故不可加。然方其未知，则非知无以入也，及其既知而存知，知则病矣。故知而不知者上，不知而知者病。既不可不知，又不可知。唯知知之为病者，久而病自去矣。"[3]《庄子》中多有对人之常态所知之局限的论述，虽功用于人精神世界自由，但其理亦通于老子之论，可相互参看。《庄子·外篇·知北游》中有曰："知谓无为谓曰：予欲有问乎若：何思何虑则知道？何处何服则安道？何从何道则得道？三问而无为谓不答也。非不答，不知答也。知不得问，反于白水之南，登狐阕之上，而睹狂屈焉。知以之言也问乎狂屈。狂屈曰：唉！予知之，将语若，中欲言而忘其所欲言。知不得问，反于帝宫，见黄帝而问焉。黄帝曰：

① 杨伯峻：《论语译注》，北京：中华书局，2009年，第18页。
② （汉）高诱注：《吕氏春秋》，上海：上海书店，1988年，第132页。
③ （宋）苏辙：《苏子由道德经注》，尊经阁文库藏钞本，卷四。

无思无虑始知道，无处无服始安道，无从无道始得道。知问黄帝曰：我与若知之，彼与彼不知也，其孰是邪？黄帝曰：彼无为谓真是也，狂屈似之，我与汝终不近也……知谓黄帝曰：吾问无为谓，无为谓不应我，非不我应，不知应我也；吾问狂屈，狂屈中欲告我而不我告，非不我告，中欲告而忘之也；今予问乎若，若知之，奚故不近？黄帝曰：彼其真是也，以其不知也；此其似之也，以其忘之也；予与若终不近也，以其知之也。狂屈闻之，以黄帝为知言。"① 《庄子》上文亦为薛蕙《老子集解》所引，或于老学之要有所见。

第七十二章

【原文】

民不畏威，则大威至[1]。无狎其所居，无厌其所生[2]。夫唯不厌，是以不厌[3]。是以圣人自知，不自见；自爱，不自贵[4]。故去彼取此。

【训释】

[1] 该句帛书甲本有残，乙本作"民之不畏畏，则大畏将至矣"。《释名·释言语》："威，畏也，可畏惧也。"

[3] 狎：帛书甲本作"闸"，乙本异体字从人从甲，河上公本作"狭"。厌，压迫。《说文》："厌，笮也。笮，迫也。"《广雅》："厌，镇也。"

[3] 第一个"厌"与上文同义，第二个"厌"是"厌弃"的意思。

[4] 见，读为"现"，表现。

【校证文】

民之不畏畏，则大畏将至矣。无狎其所居，无厌其所生。夫唯不厌，是以不厌。是以圣人自知，不自见；自爱，不自贵。故去彼取此。

【译文】

如果老百姓不怕威胁恐吓，那么社会动荡的危险就要来临了。在上为

534

———

① 陈鼓应：《庄子今注今译》，北京：中华书局，2009 年，第 596–597 页。

政者应该给百姓充分的自由权力，不压榨其生存空间。只有不欺压百姓，才会赢得百姓的支持。所以高明的治世者力求自知之明，而不自我表现；加强自我管控，而不自认尊贵。所以应该去除外在主观影响而取内在自我修养。

【解析】

本章无竹简本对应文字，帛书本亦差别不大，甲本"毋狎其所居"前有分章符号，但"民之不畏畏，则大畏将至矣"一句与下文连接顺畅，或分章符号为误点。本章文意易晓，然"民不畏威，则大威至"本简明文字，竟因理解立场而释出多元，解老不可不从整体来把握文意。

"民不畏威，则大威至。"什么是"大威"？王弼以之为"天威"，注云："清静无为谓之居，谦后不盈谓之生，离其清净，行其躁欲，弃其谦后，任其威权，则物扰而民僻。威不能复制民，民不能堪其威，则上下大溃矣，天诛将至，故曰民不畏威，则大威至。无狎其所居，无厌其所生，言威力不可任也。"[1] 辛战军以范应元解"威"为"自心神明之威"为确，并译曰："君王在上面（循守大道，处无为之事，行不言之教，不用刑罚杀戮压服人民），人民并不害怕他的权威（而非常地爱戴他，拥护他），那么他的极高的威望也就形成了。"[2] 不管是"天威"，还是"神威"，如此取解，皆与下文告诫在上者"无狎其所居，无厌其所生"不合。高亨解释说："至者，碍止之义，言民不畏威，则君之威权碍止而不能通行，正所以为人君用威者警，下文云'无狎其所居，无厌其所生。'即明告以勿用威权矣。"[3] 高先生之论，亦成一说。奚侗解释道："此云威即谓可畏之事，如刑罚兵戎之属，民不畏其所可畏，其故由于不能安居乐业，而祸乱自兹起。"[4] 蒋锡昌所释，大致同此。以此解，与下文衔接无碍。古"畏""威"二字通，而帛书本该句全用"畏"字，传世本改一"畏"为"威"，遂造成注老者诠释纷纭矣。"畏"，难也。则该句老子用"畏"之三种古义，跌宕文意，蔚为可观。老子意思是，若使民不畏惧（畏）威胁（畏），那么困境

① （魏）王弼著，楼宇烈校释：《王弼集校释》，北京：中华书局，1980年，第179页。
② 辛战军：《老子译注》，北京：中华书局，2008年，第278页。
③ 高亨：《老子正诂》，北京：清华大学出版社，2011年，第110页。
④ 奚侗：《老子集解》，民国14年铅印本，卷下。

（畏）也就要来了。该句与第七十四章所谓"民不畏死，奈何以死惧之"所论应为同一类文字。

"无狎其所居，无厌其所生。""狎"，王弼本、傅奕本作，河上公本作"狭"，帛书甲、乙本用字皆"甲"声，而"狎"本身有"拥挤"的意思，《舞赋》"车骑并狎"① 即用此义，故诸字通于"狎"为是。"厌"也是压迫的意思。而"居""生"皆用于指百姓之生养。此一句上下互文，一个意思，就是告诫为政者不可压榨百姓自由生息的空间。

"夫唯不厌，是以不厌。"此句意谓只有不压迫百姓，百姓才不厌恶他。此处又承上文"厌"字，而用同一字变化含义而论。此种手法在《老子》并不乏见，本章"民之不畏畏，则大畏将至矣"是，第六十三章"多易必多难，是以圣人犹难之。故终无难矣"亦是，此亦老子为文之胜处。

"是以圣人自知，不自见；自爱，不自贵。"本处文意通于第二十二章"不自见故明，不自是故彰，不自伐故有功，不自矜故长"、第二十四章"自见者不明，自是者不彰，自伐者无功，自矜者不长"及第三十三章之"自知者明""自胜者强"。"自知""自爱"是向内要求，把握自己、控制自己；"不自见""不自贵"是向外约束，不主观臆断、不妄自为尊。

"故去彼取此。"去除的是祸害百姓、压榨百姓，选择的是自我认知、自我修养。这大概是古代知识分子对帝王的一致要求，但是老子哲学的此结论是确立在他无为政治之上下关系建构思维逻辑基础上的，与期待圣君的思维不一。

本章论在上为政者对于百姓应采取的基本态度问题，文意本来晓畅，解读并不困难，但古注多有歧解，或老子之后的知识分子很难有反思到质疑帝制本身的勇气与智慧。除上述王弼注文离谱外，古注多有迂腐之见，如董思靖注曰："居者，性之地，居天下之广居，则与太虚同其体矣。生者，气之聚，含太一之至精，则与造化同其用矣。惟曲士不可以语道。苟不溺于小衍，而实诸所无，以自狭其居，则又弃有着无，而蔽于断灭，以厌其所生矣。是以告之以无狭无厌，使学者知夫性者气之帅，而其大无量，当扩而充之以全其大；生者道之寓，而其用不穷，当葆而养之以致其用。则养气全生，尽性至命，而不生厌慕之心，所以体无非强无而无非顽也，

---

① 张启成、徐达等：《文选》，北京：中华书局，2019 年，第 1090 页。

长生非责生而生非碍也。夫如是，则生与道居，而道亦未尝厌弃于人矣。"①
如此为解，简直是"两个黄鹂鸣翠柳，一行白鹭上青天"了。孙以楷说：
"高明的统治者从不表现自己，而是让人民表现；很爱惜自己的声名和声
名，但决不抬高自己，而是抬高人民。这样的执政者给了人民最充分的自
由和宽松的生活环境。宽松，是合乎自然的。宽松，是人生的需要。宽松，
是生命充分发展所需之空间。"② 孙先生所论，恰能发明章旨。

第七十三章

【原文】

　　勇于敢则杀，勇于不敢则活[1]。此两者，或利或害。天之所恶，孰知
其故[2]？是以圣人犹难之[3]。天之道，不争而善胜，不言而善应，不召而
自来，繟然而善谋[4]。天网恢恢，疏而不失[5]。

【训释】

　　[1] 敢，进取。《说文》："敢，进取也。"
　　[2] 恶，讨厌、厌恶
　　[3] 帛书本无该句。
　　[4] 不争，帛书甲本残，乙本作"不战"。应，响应，相应。繟然，傅
奕本作"默然"，帛书甲本作"弹"，乙本作"单"。
　　[5] 恢，广大。《说文》："恢，大也。"帛书甲本残，乙本使用异体
字，从衣从圣。疏，疏阔，分散。《玉篇》："疏，阔也。"

【校证文】

　　勇于敢则杀，勇于不敢则活。此两者，或利或害。天之所恶，孰知其
故？天之道，不战而善胜，不言而善应，不召而自来，繟然而善谋。天网
恢恢，疏而不失。

【译文】

　　一意孤行的执政者会使社会陷入困境，坚守无为的执政者则给百姓带

---

① （宋）董思靖：《道德真经集解》，上海涵芬楼影印本，卷四。
② 孙以楷：《老子通论》，合肥：安徽大学出版社，2004 年，第 558 页。

来无限生机。这两者有所利、有所害。就像老天的作用，谁能知道其背后的道理呢？自然法则的作用，不谋划战斗而取得胜利，不需请求而能响应，不需召唤而自然归附，从容不迫而安排有序。就像一张不可触摸的网一样，无所存在，却无处不在。

【解析】

本章无竹简本对应文字，帛书本有所不同，主要是两处，一是无"是以圣人犹难之"一句；二是"不争"，帛书乙本作"不战"。"是以圣人犹难之"见于第六十三章"多易必多难，是以圣人犹难之，故终无难矣"处，在本处不合上下文意，应从古本校删。高亨说："'是以圣人犹难之'句，严遵本、六朝写本残卷、景龙碑、龙兴观碑并无之。此句乃后人引六十三章以注此文者，宜据删。本章文皆谐韵，而此句独非韵，以是明之。"① 在本章的解读中，要注意不可被后来已进入汉语词汇系统的"勇敢""天网恢恢"等的现代含义所干扰。

"勇于敢则杀，勇于不敢则活。"按照《说文》"敢，进取也"之训，此处的"敢""不敢"不可宽泛的解释为一般行为，而只能就为政的无为、有为而言。"勇于敢"就是不知好歹、不加控制胡折腾，最后陷入危局而"杀"。"勇于不敢"则为如临深渊、如履薄冰严格限制对百姓的役使，从而获得蓬勃生机而"活"。刘笑敢说："'勇于不敢'的倡导就说明实行'无为'之道是需要足够勇气的，这是一般研究老子思想还没有注意到的。"②刘先生所论当理。

"此两者，或利或害。"以上两者，有所获利，有所受害。

"天之所恶，孰知其故？"老子因天道论人道，意思是人往往不明白事情发展的复杂性，以为从利而得利、从害而得害，执着于"勇于敢"是"活"，"勇于不敢"为"杀"，但现在主观作为却获得了相反的效果。为什么呢？事物发展有其自身合理性，人主观对其种种驱使，不见得符合其本身的运动规律，结果往往以伤害了事物的积极性为代价，当然为害。而为政者宽以自然，似乎无所作为，却给自然秩序的伸展提供了空间，当然有利。这里发出老天的所喜所恶谁知道呢，并不是置事物发展于无法判断，

① 高亨：《老子正诂》，北京：清华大学出版社，2011年，第102页。
② 刘笑敢：《老子古今》（修订版），北京：中国社会科学出版社，2006年，第720页。

只是谓世俗认识所不及罢了。苏辙之注未能理解老子文意，注文完全乖离：
"勇于敢则死，勇于不敢则生，此物理之大常也。然而敢者或以得生，不敢
者或以得死，世遂以侥幸其或然，而忽其常理。"① 林希逸所解则明确无误：
"勇于敢为者，必至于自戕其身。临事而惧，是勇于不敢也。活者，可以自
全也。敢者之害，不敢者之利，二者甚晓然。天道恶盈而好谦，则勇于敢
者，非特人恶之，天亦恶之也。而世之人未有知其然者，故曰'孰知其
故'，叹世人之不知也。"②

　　"是以圣人犹难之。"此句校删。

　　"天之道，不争而善胜，不言而善应，不召而自来，繟然而善谋。"此
句由上文"天之所恶"实为"人"之"天"，转入"天之道"的自然之天，
若合一契，其文意转承之巧，非仔细品读未能了然。"不争"，传世本皆作
之，帛书甲本残，乙本作"不单"，通于"不战"。《老子》原貌必以"不
战"为是。笔者前文已多有论，"不争"实为"不争功"，是告诫在上为政
者不可因好大喜功而肆意妄为，"不争"作为"无为"概念族之成员是在这
个意义上使用的，绝不是"不斗争""不竞争"之意。"不争"被治老者聚
焦为核心概念而修改文本、发挥文意，错解者认以《老子》意义消极，以
至崇老者养成一团衰气，然老子何过！"繟然"，傅奕本作"默然"，帛书甲
本作"弹"，乙本作"单"，（无"然"字）释读者均读为"坦"。对于传世
本之"繟然"，劳健主张作"坦然"，以"六朝写本如此"③，高明、张松如
等从之。《说文》："繟，带缓也。"《广雅》："繟，缓也。"据"繟"字的
"缓"之训，作"繟然"取"缓"而"谋"正好与下文"疏而不失"相应。
在作"繟然"文句可读通的情况下，还是以帛书"单""弹"通"繟"更
好，"坦然""默然"等写法，盖因后编者因"繟"字少用、生僻而改。所
谓"不战而善胜，不言而善应，不召而自来，繟然而善谋"为一个序列，
不必执着于字句而释，意即即不主观谋划安排，而能取得自然之成效。人
以战而胜，以言而应，以召而来，是出于主观谋划，而"天何言哉，四时
行焉，百物生焉"④，天道是没有主观意志的作用的。"繟然而善谋"亦是拟

① （宋）苏辙：《苏子由道德经注》，尊经阁文库藏钞本，卷四。
② （宋）林希逸：《道德经真经口义》，上海涵芬楼影印本，卷四。
③ 劳健：《老子古本考》，1941 年影印本，卷下。
④ 杨伯峻：《论语译注》，北京：中华书局，2009 年，第 185 页。

人化修辞，不必望文生解，意即即不谋而谋、谋而不谋矣。

"天网恢恢，疏而不失。""恢"，恢弘、广大，指天道作用之普遍。疏，疏远、稀阔，指天道作用之无形。此句即谓事物均被自然规律所作用，虽然这种作用是看不见、摸不着的，但却"密运化机，丝毫不爽"①。

本章是以天道论人道的典型一章。老子行文常富于变化，此章以人道为先，后示以天道，则使得为文避免陷入呆板。《老子》非文学作品，然卓有可读之处。林希逸多能识《老子》文之比类，论说有理："天惟不争，而万物莫得而传之；天惟不言，而自有感应之理；阴阳之往来，不待人召之而自至。坦然，简易也。乾以易知，坤以简能，即坦然善谋之意也。天道恢恢，譬如网然，虽甚疏阔而无有漏失者，言善恶吉凶，无一毫不定也。圣人之于道，虽以无为不争，而是非善否，一毫不可乱。此数句又以天喻道也。"② 本章开篇"勇于敢则杀，勇于不敢则活，此两者，或利或害"为对治世者有为、无为之道的评说，此为"人道"，"天之所恶，孰知其故"为以"道"释"天"，似说"天道"，实为"人道"，下文"天之道"至文末则为"天道"，以"天道"论无为"治道"之合理性。《老子》数十字之文，因"天道"论"治道"，正反为例，或褒或贬，拟人为辞，有承有合，逻辑之一贯又串联其中，有叹为观止焉！

第七十四章

【原文】

民不畏死，奈何以死惧之[1]？若使民常畏死，而为奇者，吾得执而杀之，孰敢[2]？常有司杀者杀，夫代司杀者杀，是谓代大匠斫[3]。夫代大匠斫者，希有不伤其手矣[4]。

【训释】

[1] 惧，吓唬。

[2] 奇，邪。帛书甲本无，乙本作"畸"。执，帛书本无。"得"与"执"通。

① （宋）普济：《五灯会元》，北京：中华书局，1984 年，第 912 页。
② （宋）林希逸：《道德真经口义》，上海涵芬楼影印本，卷四。

[3] 常，照例。斫，砍。该句帛书乙本前有"若民恒且必畏死"，甲本有残，但亦较传世本多出该句。

[4] 希，没有。傅奕本作"稀"。

【校证文】

民不畏死，奈何以死惧之？使民恒且畏死，而为奇者，吾得执而杀之，孰敢？若民恒且必畏死，则恒有司杀者。夫代司杀者杀，是谓代大匠斫。夫代大匠斫者，希有不伤其手矣。

【译文】

老百姓不怕死亡威胁，怎么还能以死相逼呢？如果以为百姓怕死，且做出种种所认违法乱纪的事，需要以刑法的手段惩罚他，可是谁有这个权利呢？倘若百姓真的不可救药，自有老天爷对人间罪恶进行惩罚。如果以为自己有依靠刑罚手段处置百姓的权利，那就是替代天罚了。替代天罚，没有不伤及自身的。

【解析】

本章无竹简本对应文字，帛书本行文有差别，而文意无不同。传世本较帛书本缺"若民恒且必畏死"一句，依文意，当补入。"民不畏死"，帛书乙本作"若民恒且畏不畏死"，衍增"畏"字；"若使民常畏死"，帛书甲本作"若民恒是死"，则误"畏"为"是"，此皆可表明帛书本虽为今研究《老子》提供了重要参考，但非善本。

"民不畏死，奈何以死惧之？"死亡威胁常常是极端专制的终极武器，然而却最不可靠。如美国人帕特里克·亨利 1775 年于殖民地弗吉尼亚州议会演讲中所言，"不自由，毋宁死"。

"若使民常畏死，而为奇者，吾得执而杀之，孰敢？""奇"，行为邪恶诡异。王弼说："诡导乱群，谓之奇也。"① 这句话的意思是，如果在上者认为老百姓是可以用死亡来恐吓的，并且认为其触犯了某些律条就可以收拾他们，是不是这么做就因为权力在手而无所畏惧呢？老子为文极简，此为

① （魏）王弼著，楼宇烈校释：《王弼集校释》，北京：中华书局，1980 年，第 184 页。

假设之辞，注家执文为解，不可取。"孰敢"二字分明是告诫在上者自省之辞，有注家以为此为"为奇者"言，即为非作歹都被刑杀，还有谁敢"为奇"，也就用不着刑杀了。如此，与下文无法相续，亦完全不符老子思想。

"常有司杀者杀，夫代司杀者杀，是谓代大匠斫。"此句谓"司杀者"杀，又云"代司杀者"杀，为"代大匠斫"，则"司杀者"与"大匠"同指。那么，何为"司杀者"？古注多以"司杀者"为"天"。苏辙说："司杀者，天也。"① 吕惠卿、林希逸、吴澄、薛蕙等皆取此说。蒋锡昌亦说："人君不能清静，专赖刑罚，是代天杀。"② 古棣认为"司杀者"为"政府主管刑杀的部门"，即"应当由主管刑杀的部门去杀，意思是不应由人君亲自判决，下命令去杀"③。高明同以"有司"为"刑律之机构"④，许抗生、刘笑敢等亦采用其说。从本文上下推究，结合老子常以"大"为文，则"大匠"为"刑杀部门"并不可取，古注为"天"基本还是正确的，只是这里的"天"未必机械理解为自然力量。结合该句帛书本前有"若民恒且必畏死"一句，那么老子的意思是，如果真的有老百姓自寻死路，自然有其不活的道理，可是为政者不能天天拿着刑罚手段作为执政依靠。"大匠"是天道作用，或为法律惩罚，或为自取其咎，不必刻意理解其所指，老子只是强调不以刑狱为政治依赖罢了。严复引熊元锷谓"天择，司杀者也"⑤，亦可。

"夫代大匠斫者，希有不伤其手矣。"治理手段之极致就是刑狱，然刑狱最不可滥用，老子遂告诫，嗜杀者必不免于自伤。但若辄以老子完全反对施用法律手段，就又走向了理解之极端。林希逸所论精当："此章亦因当时嗜杀，故有此言，其意亦岂尽废刑哉？天讨有罪，只无容心可矣。"⑥

本章为老子对严刑酷法为政的警告，《尹文子》发挥文意说："老子曰：'民不畏死，奈何以死惧之？'凡民之不畏死，由刑罚过，刑罚过，则民不赖其生；生无所赖，视君之威末如也。刑罚中则民畏死，畏死，由生之可

① （宋）苏辙：《苏子由道德经注》，尊经阁文库藏钞本，卷四。
② 蒋锡昌：《老子校诂》，上海：上海书店，1996年，第435页。
③ 古棣、张英：《老子通》（上部），长春：吉林人民出版社，1991年，第473页。
④ 高明：《帛书老子校注》，北京：中华书局，1996年，第191页。
⑤ 严复：《严复集》，北京：中华书局，1986年，第1098页。
⑥ （宋）林希逸：《道德经真经口义》，上海涵芬楼影印本，卷四。

老子论衡

乐也。知生之可乐，故可以死惧之。此人君之所宜执，臣下之所宜慎。"①
此章之文虽亦解有所歧，但注家对于章旨基本上持共同认识，然近代以来
亦有主《老子》为统治者立言之说者，任继愈即使在其修订过的《老子新
译》中仍坚持说："老子经常讲退守、柔顺、不敢为天下先，这是他的手
法，只是他看到用死来吓唬人民没有用，所以才说出'民不畏死，奈何以
死惧之？'过去有些人故意说老子是不主张杀人的，这是断章取义。只要看
看下文就可以明白，老子并不是不想杀人，只是因为杀人并不能真正达到
统治人民的目的，所以才提出不要光用死来对付老百姓。"② 其实，若退一
步，果真如老子为统治者所说，使得在上者能时时关心百姓的生存状况，
不欺压百姓、不祸害百姓，倒也不错了。朱元璋读《道德经》有得，为之
作注，并序曰："自即位以来，罔知前代哲王之道，宵昼遑遑，虑穹苍之
切。鉴于是，问道诸人，人皆我见，未达先贤。一日，试览群书，检间有
《道德经》一册，因便但观，见数章中尽皆明理，其文浅而意奥，莫知可
通……又久之，见本经云：民不畏死，奈何以死惧之？当是时，天下初定，
民顽吏弊，虽朝有十人而弃市，暮有百人而仍为之，如此者岂不应经之所
云……况本经云：吾言甚易知，甚易行，天下莫能知，莫能行。以此思之，
岂不明镜水月者乎……朕虽菲材，惟知斯经乃万物之至根，王者之上师，
臣民之极宝，非金丹之术也。"③ 能为斯言，信乎朱元璋读有所得。

第七十五章

【原文】

民之饥，以其上食税之多，是以饥[1]。民之难治，以其上之有为，是
以难治[2]。民之轻死，以其求生之厚，是以轻死[3]。夫唯无以生为者，是
贤于贵生[4]。

【训释】

[1] 该句帛书乙本释文作"人之饥也，以其取食税之多，是以饥"。甲

① 《尹文子》，《道藏》第 27 册，第 180 页。
② 任继愈：《老子新译》（修订本），上海：上海古籍出版社，1985 年，第 220 页。
③ （明）朱元璋：《大明太祖高皇帝御注道德真经》，明正统十年刻本，卷下。

本略同。税，甲本、乙本均使用异体字，从豕从兑或从足从兑。

　　[2] 民之难治，帛书本作"百姓之不治"。

　　[3] 傅奕本作"民之轻死，以其上求生生之厚也，是以轻死"。

　　[4] 是贤于贵生，帛书本作"是贤贵生"，无"于"字。

【校证文】

　　民之饥，以其上食税之多，是以饥。民之难治，以其上之有为，是以难治。民之轻死，以其上求生生之厚也，是以轻死。夫惟无以生为贵者，是贤于贵生也。

【译文】

　　老百姓吃不上饭，是因为统治者榨取税收太多，致使其挨饿。老百姓不好管理，是因为统治者肆意妄为，导致其不服教化。老百姓随便丧失了生存的机会，是因为在上者只顾及自己活得好，导致其轻易赴死。因此不以自身生命为尊贵，比过分重视生命要好得多。

【解析】

　　本章无竹简本对应文字，帛书写本虽用字差别不大，但造成章意完全不同。诸本差别主要表现在：其一，本章第一、二、三句话，传世本皆统一主语为"民"，而两种帛书本、严遵本则一致分别为"人""百姓""民"。其二，傅奕本"上食税""上之有为""上求生生之厚"，有三个"上"字，王弼本、河上公本缺第三处，帛书本缺第一、三处。其三，"税"字，帛书本使用从豕或足兑声的异体字（释读者以之通"税"）。其四，传世本"难治"，帛书本作"不治"。若以此章论在上者的政治选择与在下民众的生存状态，则"上"字不可脱，以傅奕写本三个"上"字于意最长，通释无碍，也符合老子思想。但两种帛书写本基本一致，脱字的可能性不大，若少第一、三处"上"字则整章存在它释的可能。本章比较特殊，在于传世本改写之下，形成了未必符合原章义却符合老子思想的读法。笔者此章的"校证文"以傅奕本写入，以之通释，再于篇末试取帛书本写法简释之。

　　"民之饥，以其上食税之多，是以饥。"在上者为政，视百姓为渔利之

老子论衡

所在，聚敛而不收敛，取税之多，致百姓无法保障基本生存。自古以来，苛政逼民致死、犯险者世不罕有。《礼记·檀弓下》记载："孔子过泰山侧，有妇人哭于墓者而哀，夫子式而听之，使子路问之，曰：'子之哭也，壹似重有忧者。'而曰：'然。昔者吾舅死于虎，吾夫又死焉，今吾子又死焉。'夫子曰：'何为不去也？'曰：'无苛政。'夫子曰：'小子识之：苛政猛于虎也。'"①

"民之难治，以其上之有为，是以难治。"在上为政者以主观意志役使百姓，致百姓流离奔波、民不聊生，终或奸伪流行，或啸聚山林，或揭竿而起，而天下难有太平。林希逸说："有为，言为治者过用智术也。"②

"民之轻死，以其求生之厚，是以轻死。"此一句若以王弼本、河上公本不加"上"字，则"其"为"民"，那么"民"求"生"如何理解呢？魏源解释说："我自厚其生，则人亦各欲厚其生。人各欲厚其生而不得，夫安得不轻死乎？则是民之轻弃其生，由于生生之厚；而民之厚生，由于上之自厚其生，有以诱之而又夺之也。"③ 如此解读，实绕迂远而自厚文意。劳健说："此章'生'字，义皆如生聚之'生'。旧说或解如生死生命之'生'，非也。'求生之厚'即求为富庶之义，苏辙注：'上以利欲先民，民亦争厚其生，故虽死而求利不厌，贵生之极，必至轻死。'得其旨矣。"④ 如此，即"求生"为"求利"，然"求利"而致"轻死"终也不太能讲得通。依傅奕本该句作"民之轻死，以其上求生生之厚也，是以轻死"，则"生生"与第五十章之"以其生生之厚"一致，即为"摄生"之行为。在上者"厚其生"，驱民满足其私欲，致使民不聊生，即使秦皇汉武亦不免于此。如此，该句即依傅奕本的写法基本可以读通。

"夫唯无以生为者，是贤于贵生。"《老子》第七章有"天地所以能长且久者，以其不自生，故能长生"，第五十章谓"而民之生生，动之皆死地之十有三。夫何故也？以其生生"（帛书乙本文），第五十五章则云"益生曰祥，心使气曰强"，其反对人厚生的立场是明确的。简言之，以主观意愿胡乱折腾，不如顺其自然。

---

① 胡平生、张萌：《礼记》，北京：中华书局，2018年，第222页。
② （宋）林希逸：《道德经真经口义》，上海涵芬楼影印本，卷四。
③ （清）魏源：《老子本义》，清光绪袁氏刻渐西村舍汇刊本，下卷。
④ 劳健：《老子古本考》，1941年影印本，卷下。

本章依传世本读法，意思很明确，"是对于虐政所提出的警告"①。林希逸、焦竑等以前言为喻，落在贤于贵生，"此章之言，由粗及精，要归其重于此耳"②。苏辙、李息斋等似亦归于此，失却宗旨。"夫惟无以生为贵者，是贤于贵生也"只为接"民之轻死，以其求生之厚，是以轻死"一句，非通结全文。老子以尾一句，实包含"唯无为食税，是贤于食税""唯无以为，是贤于有为"的意思，《老子》行文用省，当细究而自明，不可拘泥于文字生解为之。本章虽以傅奕本等解读亦通，但判断近古貌者，当推帛书本，传世本明显有因统一文字而改写文字的痕迹。

以帛书本看此章，三句主语分别为"人""百姓""民"，那么三者是不是有明确区别呢？张舜徽认为，"人"盖统百工技艺而为言，"百姓"谓百官，"民"则专指从事农耕者③。笔者前文对此问题已有论及，即在西周或更早期，"人"为贵族，"民"为社会下层，"百姓"为百官，但在春秋时期，这几个概念的内涵正在发生变化，这一点在《论语》有所反映，在《老子》亦有三个概念皆以指社会大众而混用的情况。总起来说，《老子》此章以三种主语领起三句，一方面以富于变化而避免文辞呆板，另一方面形成互文效果以指所有社会成员而已。第一句话，关键是"税"字对应帛书本用字的释读，一从豕从兑，一从足从兑，两字均不见于《说文》，已退出今之汉字系统。辛战军以之通于"脱"，并译该句为："人们遭受饥饿而不得饱食，是由于他们所取得的食物通过各种途径脱失的太多，因此才使得粮食缺乏而其生活陷于饥饿困苦。"④ 这样理解则流于常理，与下文主观正作为导致客观反效果的论说方式不一。周舜徽认为，"其义当为途径"⑤，并认为句意为"老子推原百工技艺之所以乏食，由于谋生之途杂而不务农耕"⑥。周先生取字义很有启发，但归于务农耕问题则未免偏狭，且无证据支持。笔者以为，此句意思即为，在上者以智术治国，人则乐于巧伪之事而失却朴质，整个社会满足于虚华之事，本事荒废致使资源浪费而饥荒形成。第二句话，与传世本基本无别，只是传世本之"难治"，帛书甲、乙本

---

① 陈鼓应：《老子注译及评介》（修订增补本），北京：中华书局，2009年，第329页。
② （明）焦竑著，黄曙辉点校：《老子翼》，上海：华东师范大学出版社，2011年，第180页。
③ 张舜徽：《周秦道论发微》，北京：中华书局，1982年，第158页。
④ 辛战军：《老子译注》，北京：中华书局，2008年，第290页。
⑤ 张舜徽：《周秦道论发微》，北京：中华书局，1982年，第157页。
⑥ 张舜徽：《周秦道论发微》，北京：中华书局，1982年，第158页。

老子论衡

均做"不治"。河上公注文有"民之不可治者，以其君上多欲，好有为也"①，或原本亦作"不治"，而《老子》第三章亦有"为无为，则无不治"，"不治"较"难治"为佳，"难治"尚可治，"不治"则说明"有以为"是根本行不通的。第三句与第四句是一个整体，民之"轻死"以其"求生之厚"，不能以在上者聚敛理解，此文必与"而民生生，动皆之死地之十有三。夫何故也？以其生生"（帛书甲本文）是同一意思。人为各种益生之说蛊惑，想尽办法保养生命，最后适得其反。"夫唯无以生为者，是贤贵生"，"贤贵生"无"于"字为是，即不把生命看作可益生的对象，就是最根本的益生之道。帛书本此章三句话（第三、四合为一句）的核心意思就是"无为"。人不苟营智术，则务本；上不妄为，百姓归化；民不惑于生之厚，贤贵生。一句话，还是在强调遵循自生秩序是最理想的社会发展模式。这一章以传世本看，全章是对政治建设中上与民的关系发论，批判上之有为；而从帛书本看，第一、三句基本为比类材料，第二句则属中心思想，总体上是对主观意志干涉系统问题的批判。

第七十六章

【原文】

人之生也柔弱，其死也坚强。万物草木之生也柔脆，其死也枯槁[1]。故坚强者死之徒，柔弱者生之徒[2]。是以兵强则不胜，木强则兵[3]。强大处下，柔弱处上[4]。

【训释】

[1] 傅奕本作"草木之生也柔脆，其死也枯槁"。

[2] 徒，类。

[3] 木强则兵，河上公本作"木强则共"，傅奕本作"木彊则共"，帛书甲本作"木强则恒"，乙本作"木强则竞"。

[4] 帛书甲本作"柔弱微细居上"。

---

① 王卡点校：《老子道德经河上公章句》，北京：中华书局，1993年，第290页。

【校证文】

人之生也柔弱，其死也坚强。万物草木之生也柔脆，其死也枯槁。故坚强者死之徒，柔弱者生之徒。是以兵强则不胜，木强则兵。强大处下，柔弱处上。

【译文】

人活着的时候身体是柔软的，死后便变得僵化了。草木活着的时候是柔顺的，死后就变得干枯了。所以僵硬是没有生命力的表现，而柔软是生命力旺盛的表现。由此，军队僵化就打不了胜仗，树木僵化则毫无生机。故而貌似强大的事物往往比不上看似柔弱的事物更有生命力。

【解析】

本章无竹简本对应文字，帛书本字句有所不同，并不影响总体章意理解。注家多强调本章贵柔章旨，但应清楚贵柔实为消减刚强而趋向无为之手段，非目的。

"人之生也柔弱，其死也坚强。""柔弱"，人体的柔软。"坚强"，指人体的僵硬。人活着的时候机体血脉运动而富屈伸之弹性，一旦停止运转，则失却水气交换而僵直。"坚强"前，帛书甲、乙本各多出二字，且一字写为今不用之异体字，分析其意思应即"坚强"之属，后编抄者盖因于文意无增而字难识别而删。高明以之读为"筋朋"①，可从。

"万物草木之生也柔脆，其死也枯槁。""万物"，傅奕本、严遵本、范应元本、吴澄本等均无。蒋锡昌说："'万物'二字当为衍文。盖'柔脆'与'枯槁'均指草木而言也。"②"万物"二字虽为帛书本所有，但于文无法读通，或衍误已久。"柔脆"，草木枝条的柔顺。"枯槁"，草木死后枯萎。草木和人是一样的道理，活着柔软，死了干枯。

"故坚强者死之徒，柔弱者生之徒。"老子由上面两例总结，柔软的东西属于有生机的，强硬的东西属于无生机的。帛书甲本在"柔弱"后多"微细"二字，文末"柔弱居上"处亦多出此二字，于文意无发展，似更陷

---

① 高明：《帛书老子校注》，北京：中华书局，1996年，第198页。
② 蒋锡昌：《老子校诂》，上海：上海书店，1996年，第442页。

赘文，帛书乙本及其后传世本盖因此删之。

"是以兵强则不胜，木强则兵。""兵强则不胜"此处之"强"不可望文生义解为"强大"，战场上难道不是实力强大的一方获胜，反而是力量弱小的一方赢得战争么？徐梵澄看到了这个问题，说："兵，难言者也。或强胜弱败，或强败弱胜。要于与国家人民为一有机体，而必有庞大充实之生命力弥满其间。倘国家衰弱，其兵不能独强。倘国家富强，其兵不能独弱。"① 实际上，"强""僵"通用，傅奕本即用"彊"字，意思是僵化的军队貌似强大，也会不堪一击。符坚淝水战、袁绍官渡战之败，皆因此也。"兵"，可用以指军械，也可用以指部队，此处应取后者。本句"木强则兵"不可解。《淮南子·原道训》《列子·黄帝》引该句皆作"兵强则灭，木强则折"②。《文子·道原》亦作"兵强即灭，木强即折"③。俞樾说："案'木强则兵'于义难通。河上公本作'木强则共'，更无义矣。《老子》原文作'木强则折'因'折'字阙坏，止存右旁之'斤'，又涉上句'兵强则不胜'而误为'兵'耳。'共'字则又'兵'字之误也。《列子·黄帝》引老聃曰：'兵强则灭，木强则折'，即此章之义，可据以订正。"④ 本处取俞樾之说可，然帛书本未能支持。"木强则兵"的"兵"字，帛书甲本写为"恒"，乙本写为"竞"，又傅奕本、河上公本作"共"，以上字之本字皆不通。高明主张读为"烘"，句意"犹言木强则为樵者伐取，燎之于娃灶也"⑤，可备一说。帛书释文整理者疑甲本之"恒"为"椢"，《说文》："椢，竟也。"乙本写为"竞"，则意思可以统一到"竟"字上来，句意则为树木一旦僵直，也就失去了生命力。后编者或因此字难识而改。

"强大处下，柔弱处上。"注家多有以事物之叠放，"推其物理"⑥，强者居下，弱者居上，无义。所谓"下""上"，即发展空间而言，意思是僵硬的事物丧失了发展的动力，只有死路一条；柔弱的事物有更充分的发展潜力，充满前景。

① 徐梵澄：《老子臆解》，北京：中华书局，1988年，第113页。
② 陈广忠：《淮南子》，北京：中华书局，2012年，第24页。杨伯峻：《列子集释》，北京：中华书局，1979年，第83页。
③ 王利器：《文子疏义》，北京：中华书局，2000年，第45页。
④ （清）俞樾：《诸子平议》，北京：中华书局，1954年，第160页。
⑤ 高明：《帛书老子校注》，北京：中华书局，1996年，第202页。
⑥ （元）吴澄：《道德真经注》，粤雅堂版，卷四。

本章与第三十六章"柔弱胜刚强"、第四十三章"天下之至柔，驰骋天下之至坚"所论皆同旨，老子以"人""草木""兵""木"四者为喻，渲染柔弱胜刚强之理，实则为无为之道的施行扫除偏意取强好胜之障碍。李息斋说得好："此章泛言柔弱之必生、刚强之必死。柔弱虽非所以为道，而近于无为，刚强虽未离于道，而涉于有为。无为则去道不远，有为则吉凶悔吝随之，益远于道矣。"① 清人言《易》曰"推天道以明人事"②，老子以天道为比，意在标明衰朽的事物只有僵、硬、枯之一途，于政治亦是如此。《说苑·敬慎》中记载了老聃和常枞的一段问答："常枞有疾，老子往问焉……张其口而示老子曰：'吾舌存乎？'老子曰：'然。''吾齿存乎？'老子曰：'亡。'常枞曰：'子知之乎？'老子曰：'夫舌之存也，岂非以其柔邪；齿之亡也，岂非以其刚邪？'常枞曰：'嘻！是已。天下之事已尽矣，何以复语子哉！'"③ 此文可靠性虽可质疑，然与《老子》论说以比类之方式相合，可参看焉。

第七十七章

【原文】

天之道，其犹张弓与[1]！高者抑之，下者举之；有余者损之，不足者补之。天之道，损有余而补不足[2]。人之道则不然，损不足以奉有余[3]。孰能有余以奉天下[4]？唯有道者。是以圣人为而不恃，功成而不处，其不欲见贤[5]。

【训释】

[1] 张弓，拉弓。《说文》："张，施弓弦也。"
[2] 补，帛书乙本作"益"。
[3] 帛书乙本无"则不然"。
[4] 帛书甲本作"孰能有余而有以取奉于天者乎"，帛书乙本有残缺。
[5] 见，通"现"，表现。

---

① （明）焦竑著，黄曙辉点校：《老子翼》，上海：华东师范大学出版社，2011年，第182页。
② 见于《四库全书总目卷一·经部一·易类一》，为四库馆臣对易学宗旨总结之言。
③ 王天梅、杨秀岚：《说苑》，北京：中华书局，2019年，第509-510页。

【校证文】

天之道，其犹张弓与！高者抑之，下者举之；有余者损之，不足者补之。天之道，损有余而补不足。人之道则不然，损不足以奉有余。孰能有余以奉天下？唯有道者。是以圣人为而不恃，功成而不处。若此，其不欲见贤也。

【译文】

上天所遵循的原则就像人开弓射箭的道理一样吧？拉弓时，高的一端拽低了，低的一端抬高了；上下长的收缩了，前后短的抻宽了。上天之道啊，总是减少多余的补齐不足的。人们却不是这样，他们往往盘剥不足的来奉养有余的。有谁可以拿出多余的财物奉养天下百姓呢？只有那些循守大道的人吧。所以高明的治世者甘于奉献却不自恃有功，成就事物却不自我骄傲，他们不以彰显自己的才能为荣耀。

【解析】

本章无竹简本对应文字，包括帛书本在内的诸本无重要差别，意思亦比较明确。老子以天道为喻论人道，既抨击"损不足以奉有余"的专制统治，又倡导"为而不恃，功成而不处"的无为政治。传世本末句"其不欲见贤"语气未足，"校证文"以帛书乙本"若此其不欲见贤也"写入。

"天之道，其犹张弓与！"开篇以天道为喻，然"张弓"此一"天道"实为"人事"，进一步表明《老子》用以比类的"天道"包括自然之道、人生之道、军事之道、养生之道等多种，而"人道"则唯有治世之道，是老子论述之重心所在。

"高者抑之，下者举之；有余者损之，不足者补之。"此一段以"张弓"之喻齐平均衡之理，但古来解说歧出令人不解，或以力气调摄，或以松弛紧缓，或以箭头调整等，均不合文义。刘笑敢亦说"此段'张弓'之喻意思较费解……古代弓箭术语，后人难以确解"①。其实，这句话很好理解，弓自然状态时上下长、前后窄，拉动时上下往一起聚拢于是"高者抑之，

① 刘笑敢：《老子古今》（修订版），北京：中国社会科学出版社，2006年，第751页。

下者举之"，这么一拉，上下长的变短了，前后窄的变宽了，就是"有余者损之，不足者补之"。老子以拉弓的形式使之变动，巧为喻。意思是，自然之道本就有均衡齐平之理。

"天之道，损有余而补不足。"从"张弓"动作得出结论，"天之道"是不以主观设计的，而自然有均衡事物之功能。古注家多以天道谦德论之，如林希逸谓之："天之道恶盈而好谦，犹弓之张者，不久则必弛也。高者必至于自抑，有余者必至于自损，而自下者必举，自屈者必伸，自损者必益，是天之于物，每每然也。"① 非也。

"人之道则不然，损不足以奉有余。"这里的"人之道"是治世之道的有为者，或出于私欲，或出于臆断，为政而盘剥压榨百姓，使得富者愈富、贫者益贫。这是老子对于治世无道的反讽与抨击。

"孰能有余以奉天下？"老子再提出思考，那些无道的政治是唯自行渔利而不管百姓死活的，谁能把自己多余的财物周济黎民苍生呢？这是以传世本写法的理解，可通。然这一句帛书本与传世本差别较大。帛书甲本作"孰能有余而有以取奉于天者乎"，帛书乙本有残缺，但从剩文看，应大致同于甲本。"奉"于"天"而不是"天下"，则当为效法之意。高明解"取奉于天"为"取法于天"②，可通。依帛书本，该句的意思即谁能效法天道施以无为而自然把多余的财物均衡给不足的百姓呢？

"唯有道者。"从上文下看，依传世本则为"只要有道（德）之人"，依帛书本则为"只要实践道性治国的人"。

"是以圣人为而不恃，功成而不处，其不欲见贤。""为而不恃，功成而不处"略同第二章"为而不恃，功成而弗居"、第十章"生而不有，为而不恃"、第三十四章"功成不名有"等，圣人治世，非以可为为之，非以居功为之，非以居上为之，给事物以自由发展空间，当然不为主宰，不居其功。"其不欲见贤"一句语气未足，以帛书乙本"若此其不欲见贤也"为佳（甲本残）。"不欲见贤"，蒋锡昌据第三章"不尚贤"之"贤"训为"多财"，亦以此意为解，为"有余"，称"圣人为而不恃有余，功成而不处有余，以其根本不欲自己之有余也"③，所论绕迂。"见"通于"现"，"贤"于此训

① （宋）林希逸：《道德经真经口义》，上海涵芬楼影印本，卷四。
② 高明：《帛书老子校注》，北京：中华书局，1996年，第206页。
③ 蒋锡昌：《老子校诂》，上海：上海书店，1996年，第451页。

老子论衡

为"贤能"，可通。"不欲见贤"，就是不自以为了不起，别把自己当能人。

　　本章的天道之喻有两个功能，一是抨击无道之"人道"，一是模范有道之"人道"。在老子看来，"天道"是大公无私的，"人道"也应是大公无私的，但实际社会却往往相反，这是对于古代专制君主不关心百姓死活的讥讽，亦如孔子所言："丘也闻有国有家者不患寡而患不均，不患贫而患不安。盖均无贫，和无寡，安无倾。"① "天之道"的"道"大致为"规律"的意思，与成为老子哲学中心范畴之标志事物本质特征的"道"意义并不一样，但正是由"天之道"向"人之道"的贯通中，"道"字本身的事物整体合理性意义被抽离出来而成为基本概念。而此处"天之道"与"人之道"对举，则非普遍意义的"道"而言的。"天之道"与"人之道"没有必然瓜葛，或者说，"天之道"对于"人之道"没有约束作用，只有示范作用。"人之道"可以与"天之道"相类，如"人之道，为而弗争"②；也可以与"天之道"相背，如此处之"人之道则不然，损不足以奉有余"。一句话，"天之道"对于"人之道"而言，是价值模范，非行为规范。

第七十八章

【原文】

　　天下莫柔弱于水，而攻坚强者莫之能胜，其无以易之[1]。弱之胜强，柔之胜刚，天下莫不知，莫能行[2]。是以圣人云，受国之垢，是谓社稷主；受国不祥，是为天下王[3]。正言若反。

【训释】

　　[1] 攻，冲击。《说文》："攻，击也。"之，指水。莫之能胜，莫能胜之。傅奕本作"莫之能先"。易，代替。

　　[2] "天下莫不知，莫能行"，景龙碑本作"天下莫能知，莫能行"。

　　[3] 是以圣人云，帛书甲本作"故圣人之言云，曰"，乙本作"是故圣人言云，曰"。垢，尘污，耻辱。帛书本作"詢"。《玉篇》："垢，不洁也，

---

　　① 杨伯峻：《论语译注》，北京：中华书局，2009 年，第 170 页。
　　② 此为对应传世本第八十一章"圣人之道，为而不争"的帛书乙本文字，而或正是与第七十七章"人之道"矛盾，传世本改为"圣人之道"，恰是不解老子之道生成逻辑的做法。

尘也。"詢，同"诟"。诟，咒骂，耻辱。《说文》："诟，謑诟耻也。"《玉篇》："诟，耻辱也。"《左传·襄公十七年》有："重丘人闭门而詢之。"①社稷，国家，本为土神和谷神，古时君主都祭祀社稷，后以社稷代表国家。

【校证文】

天下莫柔弱于水，而攻坚强者莫之能胜，其无以易之。弱之胜强，柔之胜刚，天下莫不知，莫能行。故圣人之言云，曰：受国之垢，是谓社稷主；受国不祥，是为天下王。正言若反。

【译文】

天下的事物没有比水更柔软的了，但是冲击坚硬的东西却没有比它威力大的，在这方面没有什么可以代替它。弱小之物能击败强盛之物，柔软之物可胜于刚硬之物，这个道理没有人不知道，然而没有人可以以这个道理做事。所以高明的治世者有这样的话：能够自甘承受别人的诟病，才有资格当国家的君主；能够接受不好的事物，才可以担当天下帝王。这本来就是正面的话，但说出来却像反话一般。

【解析】

本章无竹简本对应文字，其他各本之间无太大差别。本章章旨与第七十六章柔弱胜刚强主旨的论述接近，但本章明显有从自然之道转入治世之道的分界。

"天下莫柔弱于水，而攻坚强者莫之能胜，以其无以易之。"水是人们常见最为柔软的事物，然而水滴石穿、决堤江河也是生活经验所有，无情如洪水，水的力量之强大，有它物所不及之处。

"弱之胜强，柔之胜刚，天下莫不知，莫能行。""弱之胜强""柔之胜刚"互文，即"柔弱胜刚强"。"天下莫不知，莫能行"部分写本作"天下莫能知，莫能行"，不当。如上文所述，至柔事物的沛然之力，是人所皆知的，只是为人并不愿意以柔持身、以柔待物，何也？急功利也。

"是以圣人云，受国之垢，是谓社稷主；受国不祥，是为天下王。"上

---

① 杨伯峻：《春秋左传注》，北京：中华书局，1990年，第1030页。

节是作为比类论述的自然之道，"是以"后则转入治世之道，老子以"圣人"之口表达。"受国之垢""受国不祥"意思相同，"是谓社稷主""是为天下王"意思相同，都为上下互文。"垢"，帛书本作"詢"，指责骂、诟病，可通。"不详"就是不好的东西，如脏活、累活。该句的意思是，要当个好头，就能吃苦、吃亏，还不怕挨骂。老子以水处下、柔软、包容的特点类于在上为政者，要居于人后，能容纳不同的声音，享受在后，吃苦在前。高亨说："《论语·尧曰》篇：'朕躬有罪，无以万方；万方有罪，罪在朕躬。'即受国之垢、受国不祥之意也。"①

"正言若反。"高亨说："李荣本无此句。此句乃后人注'受国'二字之辞，当删去。"② 高先生所说未确。上文明曰"圣人云"（帛书本"圣人之言，云"），此云"正言若反"正是对"圣人"所论特色的总结。苏辙注谓："正言合道而反俗，俗以受垢为辱，受不祥为殃故也。"③ "圣人"说，在上者就要吃苦耐劳、无怨无悔，常人听了大概就会说，瞎说吧？这样谁还愿意当君主、帝王？本来是正面表达，好像说了反的东西——此亦无为政治在封建社会无人问津的根本原因。

本章论水之柔与无为政治之关系。笔者前文已有论及，柔非老子的终极目标，而是作为消解刚强的处方使用的。有注家常谓《礼记》有"水近于人"之说，其实为断章取义，其原文出自《礼记·缁衣》"夫水近于人而溺人"④，与《老子》所论不相干。《文子·道原》中有对《老子》举以水柔之用的发挥："水为道也，广不可极，深不可测，长极无穷，远沦无涯，息耗减，益过于不訾，上天为雨露，下地为润泽，万物不得不生，百事不得不成，大苞群生而无私好，泽及蚑蛲而不求报，富赡天下而不既，德施百姓而不费，行不可得而穷极，微不可得而把握，击之不创，刺之不伤，斩之不断，灼之不熏，绰约流循而不可靡散，利贯金石，强沦天下，有余不足，任天下取与，禀受万物而无所先后；无私无公，与天地洪同，是谓至德。"⑤ 既云水道，又谓至德，虽同为论水，与老子本怀实亦乖离。吕惠卿所注颇能发扬文意，录出如下："天下之物，唯水为能，因物之曲直方圆

① 高亨：《老子正诂》，北京：清华大学出版社，2011年，第106页。
② 高亨：《老子正诂》，北京：清华大学出版社，2011年，第106页。
③ （宋）苏辙：《苏子由道德经注》，尊经阁文库藏钞本，卷四。
④ 胡平生、张萌：《礼记》，北京：中华书局，2018年，第1081页。
⑤ 王利器：《文子疏义》，北京：中华书局，2000年，第37页。

而从之，则是柔弱莫过于水者也。而流大物，转大石，穿突陵谷，浮载天地，唯水为能，则是攻坚强者无以先之也。所以然者，以其虽曲折万变，而终不失其所以为水，是其无以易之也。夫水之为柔弱，而柔弱之胜刚强，天下莫不知，而老子数数称之，何也？以天下虽莫不知，而莫能行也。夫聪明睿知足以有临矣，则其患者岂在于材力之不足也，顾未能损有余以奉天下，持之以柔弱，而常为名尸智主事任谋府之所累耶？故老子论道德之将终，而数数及此言，又引圣人言以信之曰：受国之垢，是谓社稷主；受国之不祥，是谓天下王。明所以服天下者，在此而不在彼也。夫三代之王必先其令闻，而曰受国之垢与不祥，而为社稷主为天下王，何也？盖铃先其令闻者，非过名之言也，不及名之言也。受国之垢与不祥，则过名之言也，名不足以言之也。不及名之言应事，应事言之变也。过名之言体道，体道言之正也。正言而曰受国之垢与不祥，故曰正言若反。汤武之言曰：万方有罪，在予一人。此知以国之垢与不祥，而受之者也。"①

第七十九章

【原文】

和大怨，必有余怨，安可以为善[1]？［报怨以德］。是以圣人执左契，而不责于人[2]。有德司契，无德司彻[3]。天道无亲，常与善人[4]。

【训释】

[1] 安，帛书甲本作"焉"，乙本残。

[2] 帛书甲本作"是以圣右介"，乙本作"是以圣人执左芥"。介、芥，通于"契"。契，契卷、契约。《说文》："契，大约也。"责，追讨借出的债务。《说文》："责，求也。"

[3] 司，主管。彻，周代取税之法。《广雅·释诂》："彻，税也。"

[4] 与，亲近。《广韵》："与，善也，待也。"

【校证文】

和大怨，必有余怨，安可以为善？报怨以德。是以圣人执左契，而不

① （宋）吕惠卿：《道德真经传》，清抄本（清丁丙跋），卷四。

责于人。有德司契，无德司彻。天道无亲，常与善人。

【译文】

调和社会的忿怨，一定还会有无法抹平的余恨存在，怎么可以营造和谐的社会氛围呢？只有在产生怨恨的源头以德相待方可。因此高明的治世者掌管债务的左券，而不主动求索与人。有德行的君王管理契约，只待验合而已；无德行的君王横加赋税，忙于暴敛。上天确实是不偏袒任何人的，不过循守大道的有德之君自得"护佑"而已。

【解析】

本章无竹简本对应文字，按照帛书本顺序则为"德篇"之终。"报怨以德"四字原在第六十三章，笔者已于前文分析，置第六十三章不通，而此处亦恰文义未足，今从出于该章之说，但位置另取。陈柱主张"报怨以德"在本章句首，严灵峰主张在"必有余怨"后①，思之，似皆不当。"和大怨，必有余怨"是解决不了问题，所以老子提出"安可以为善"乃是发问，"报怨以德"应置于其后，以自问自答给出结论，再转入圣人之道的论述，更合文理。另有主张"大小多少"亦置此者，不当，竹简本文字提示的读法为"大小之，多少之"，在原位置就读得通。

"和大怨，必有余怨，安可以为善？"［报怨以德］。哀怨形成以后，虽尽力弥补，然已成之事无法擦除，调和怨气，却不免于心中存留余恨。因此，和怨不足以为善，以德待人才会带来社会和谐。这里的"报怨以德"不必以文生解，为对怨以德报之，而是对于产生怨之人以德待之，从而怨也就此消弭。薛蕙谓："周礼调人掌司万民之难而谐和之。"② 则老子此谓和怨，是针对具体政府工作而言。又《尚书·康诰》有："天畏棐忱，民情大可见，小人难保。往尽乃心，无康好逸，乃其乂民。我闻曰：'怨不在大，亦不在小；惠不惠，懋不懋。'"③ 则"大怨"亦非一般纠纷，乃指民怨。不如此理解，以之为一般修养问题，则置老学于空泛、迂腐。

"是以圣人执左契，而不责于人。"契，债券。古代以竹木为契，中间

① 陈鼓应：《老子注译及评介》（修订增补本），北京：中华书局，2009年，第340页
② （明）薛蕙：《老子集解》，惜阴轩从书本，下卷。
③ 王世舜、王翠叶：《尚书》，北京：中华书局，2018年，第18页。

刻横画，两边同书涉及钱财名目与借偿时间，契中分左、右两片，右契由债权人收藏，左契由负债人存留。负债一方偿还债务时，便契合为据。帛书本"介"或"芥"应通于"契"，但甲本为"右契"，盖因其时债权人收执左契还是右契因地域不同而异，今从乙本后众本则可。《商君书·定分》有："即以左券予吏之问法令者，主法令之吏谨藏其右券木柙，以室藏之，封以法令之长印。"[1]《战国策·韩策》则称："操右契而为公责德于秦、魏之王。"[2] 由此，右契为债权方索追债务所用，然而"圣人"宽以济民，借出债务，只拿被动待验证的一方，此即为"报怨以德"的表现。以德怀民，何怨之有？

"有德司契，无德司彻。"这里的"契"即上文"执左契"之简称。"彻"，有主为"杀"，有主为"辙迹"等，皆不当。《论语·颜渊》："盍彻乎？"郑玄注："周法，什一而税谓之彻。"《孟子·滕文公上》亦有："夏后氏五十而贡，殷人七十而助，周人百亩而彻，其实皆什一也。"[3] 则"彻"为周朝的征税之法。有德者待民足以合契，无德者则以税赋为渔民工具。

"天道无亲，常与善人。"该句又见于《说苑·敬慎》所引之《金人铭》[4]，或老子此以古语引而为论。"无亲""常与"是相对立的两个方面，一方面是天道普遍、无主观意志，另一方面是人的主观作为可以赢得天道的支持。

本章涉及无为政治实施的具体问题，社会的税收、债务问题怎么办？春秋末季，鲁国已什取二而国用不足，横征暴敛导致民恨怨起，最终昭公被逐。老子为论应为时政而发。故而，"圣人"执契并不是专以论"圣人"修养的问题，而正是无为政治"辅"自然的表现。苏辙注谓："夫怨生于妄，而妄出于性，知性者不见诸妄，而又何怨乎？今不知除其本，而欲和其末，故外虽和，而内未忘也。契之有左右，所以为信而息争也。圣人与人均有是性，人方以妄为常，驰骛于争夺之场，而不知性之未始少亡也。是以圣人以其性示人，使之除妄以复性。待其妄尽而性复，未有不廓然自得，如右契之合左，不待责之而官服也。然则虽有大怨恋，将涣然冰解，

---

① 石磊：《商君书》，北京：中华书局，2011年，第175页。
② 缪文远、缪伟、罗永莲：《战国策》，北京：中华书局，2012年，第879页。
③ 杨伯峻：《孟子译注》，北京：中华书局，2010年，第107页。
④ 王天梅、杨秀岚：《说苑》，北京：中华书局，2019年，第540页。

知其本非有矣，而安用和之？彼无德者，乃欲人人而通之，则亦劳而无功矣。"① 苏注虽发挥周到，然与老子所论面对问题之背景、解决问题之初衷，乃至问题导归方向，皆不相类，由此亦足见老学之嬗变。如何理解"天道无亲，常与善人"？刘笑敢有一段精辟论述："老子相信，整个宇宙、世界、社会、人生的最高、最后的支配力量不是鬼神或上帝，也不是纯粹的道德原则或天理，但世界的存在所依循或体现的也绝不是毫无原则的混乱之道，不是弱肉强食的动物之道，不是完全没有是非、善恶的物理之道。道及天道体现的自然而然的秩序和人文自然的价值意味着人与宇宙万物的和谐。这种自然和谐的原则和状态，一方面为一切行为个体提供了相当的自由发展的空间，同时又意味着对行为个体任意的、自我扩张行为的间接的限制。"② 当然，此语为老子引入，并不是老子想要表述的核心思想，本章"圣人"执契等论，已充分表明老子是字字落在人道上的，或说，天道为圣人之道提供了保障与理想效法。

第八十章

【原文】

小国寡民。使有什伯之器而不用，使民重死而不远徙[1]。虽有舟舆，无所乘之；虽有甲兵，无所陈之；使人复结绳而用之[2]。甘其食，美其服，安其居，乐其俗[3]。邻国相望，鸡犬之声相闻，民至老死不相往来。

【训释】

[1] 国，帛书甲本作"邦"。不远徙，帛书甲、乙本均无"不"。什伯之器，各种器具。

[2] 无所，没有谁。陈，即"阵"，陈列、摆阵。结绳，古代没有文字之前以绳结记数，后亦记事。

[3] "安其居""乐其俗"，帛书本次序相反。

【校证文】

小国寡民。使有什伯之器而不用，使民重死而不远徙。虽有舟舆，无

① （宋）苏辙：《苏子由道德经注》，尊经阁文库藏钞本，卷四。
② 刘笑敢：《老子古今》（修订版），北京：中国社会科学出版社，2006年，第768页。

所乘之；虽有甲兵，无所陈之；使人复结绳而用之。甘其食，美其服，安其居，乐其俗。邻国相望，鸡犬之声相闻，民至老死不相往来。

【译文】

为政，不谋求扩大地盘、增加人口，使百姓不依赖于追逐各种新奇的机械，重视人的现实生活而不忙着奔波于远方。虽然有车有船，但是没有人去坐；虽然有盔甲兵刃，但是也没有人以之列阵为战；百姓似结绳记事般生活。吃啥啥香，穿啥啥好，安居乐业。这样生活的人们，临近的邦域互相望得到，鸡鸣犬吠之声听得见，但也不热衷于往来穿梭。

【解析】

本章无竹简本对应文字，帛书本有用字不同，但整体文意一致。"校证文"未作改动，照王弼本录入。本章注家关注在于"小国寡民"的提法，尤其是近人论之较多。

"小国寡民。使有什伯之器而不用，使民重死而不远徙。""小国寡民"，即使国小、使民少。任继愈说："小、寡，都是动词，使它小，使它寡。"[1] 什么是"什伯之器"？俞樾说："什伯之器，乃兵器也。"[2] 注家采俞樾之说者较多，然若以之为兵器，则与下文"甲兵"所指为一类。奚侗以"什伯之器"为各种器具。他说："《史记·五帝本纪》：'作什器于寿丘。'《索隐》曰：'什器，什，数也。盖人家常用之器非一，故以十为数，犹今云什物也。'此云'什伯'，累言之耳。国小民寡，生事简约，故虽有什伯之器，亦无所用之也。"[3] 本文采奚侗之说。高明说："'十百人之器'，系指十倍百倍人工之器。"[4] 亦可通。"使有什伯之器而不用"，即民众不依赖机械为生存之道。"使民重死而不远徙"，帛书甲、乙本均无"不"字。"远"本有"避开"之意，"远徙"即"不徙"。传世本编抄者大概忽略了"远"字的这层含义而加"不"字，则"远"为"远方"。王弼注曰："使民不用，惟身是宝，不贪货赂，故各安其居，重死而不远徙也。"[5] 王雱说："国小民

---

① 任继愈：《老子新译》（修订本），上海：上海古籍出版社，1985年，第232页。
② （清）俞樾：《诸子平议》，北京：中华书局，1954年，第161页。
③ 奚侗：《老子集解》，民国14年铅印本，卷下。
④ 高明：《帛书老子校注》，北京：中华书局，1996年，第152页。
⑤ （魏）王弼著，楼宇烈校释：《王弼集校释》，北京：中华书局，1980年，第190页。

老子论衡

寡则人淳厚，国大民众则利害相摩，巧伪日生。观都邑和聚落之民质诈殊俗则其验也。无道之世，末胜本衰，利欲在乎厚生而贪求生于外慕，于是车辙足迹交乎四方矣。"[1]

"虽有舟舆，无所乘之；虽有甲兵，无所陈之；使人复结绳而用之。"这一句是论工具问题。"舟舆"是交通工具，"甲兵"是战争工具，都属于那个时代的"新"工具。但恬淡自然的生活使得新工具无用武之地，人们似乎回归到最原始的生活。"结绳而用之"，即不以工具为营生。

"甘其食，美其服，安其居，乐其俗。"粗茶淡饭足可饴口，葛布麻衣足可御寒，安居简陋之室而不苦，乐享朴野之俗而不鄙。黄庭坚《四休居士诗序》道："粗茶淡饭饱即休，补破遮寒暖即休，三平二满过即休，不贪不妒老即休。"[2]

"邻国相望，鸡犬之声相闻，民至老死不相往来。"百姓不热衷奔徙，虽临邦相近，亦各自乐安、各自生活，无有他慕，更不妨害。《庄子·胠箧》说："子独不知至德之世乎？昔者容成氏、大庭氏、伯皇氏、中央氏、栗陆氏、骊畜氏、轩辕氏、赫胥氏、尊卢氏、祝融氏、伏牺氏、神农氏，当是时也，民结绳而用之，甘其食，美其服，乐其俗，安其居，邻国相望，鸡狗之音相闻，民至老死而不相往来。若此之时，则至治已。"[3] 早期原始社会的治世，先秦生于乱世的知识分子多有描绘，或以向往，或以批判，皆为时论而言。至于其世之果有无，实并不必较真。

本章"小国寡民"之论成为关注《老子》者热衷讨论的焦点问题之一，有"畸形状态的早期奴隶制"[4]"平等的理想社会"[5]"幻想回到原始社会"[6]"回忆作为理想图画"[7]"桃花源式乌托邦"[8]等，诸说不一而足。其一，据帛书甲本，该词原为"小邦寡民"，"邦"与今日"国"之概念并不

① （宋）王雱：《道德真经集注》，上海涵芬楼影印本，卷十。
② 北京大学古文献研究所编：《全宋诗》第17册，北京：北京大学出版社，1998年，第11437页。
③ 陈鼓应：《庄子今注今译》，北京：中华书局，2009年，第286页。
④ 古棣、张英：《老子通》（上部），长春：吉林人民出版社，1991年，第587页。
⑤ 詹剑锋：《老子其人其书及其道论》，武汉：湖北人民出版社，1982年，第482-483页。
⑥ 张松如：《老子说解》，济南：齐鲁书社，1998年，第414页。
⑦ 李泽厚：《中国古代思想史论》，北京：生活·读书·新知 三联书店，2008年，第90-91页。
⑧ 陈鼓应：《老子注译及评介》（修订增补本），北京：中华书局，2009年，第346-347页。

相同，老子是基于诸侯间频频发动的不义战争之社会现实而言的，此问题不宜宽泛化。其二，"小国寡民"在《老子》的出现唯此一次，正如刘笑敢所说："《老子》作者的心中并没有将'小邦寡民'当作一个重要概念或术语，所以只是偶尔提过一次就放下了。由此看来，我们没有必要将'小邦国民'当作认真的'理想国'之类的设计和构想。"① 因此，此问题不宜夸大化。但《老子》毕竟作为论述将其提了出来，取正确理解还是必要的。苏辙说："老子生于衰周，文胜俗弊，将以无为救之。故于书将终，言其所志，愿得小国寡民以试焉，而不可得耳。"② 蒋锡昌说："本章乃老子自言其理想国之治绩也。盖老子治国，以'无为'为惟一政策，以人人能'甘其食，美其服，安其居，乐其俗'为最后之目的。其政策固消极，其目的则积极。"③ 如苏辙、蒋锡昌所论则老子似以之为无为政治的理想，若果如此，则不惟难行，亦缺乏历史意识。胡寄窗于《中国经济思想史》中论道："所谓小国寡民是针对当时的广土众民政策而发的。他们认为广土众民政策是一切祸患的根源……他们不了解，广土众民政策是社会生产力发展到一定水平时，新的生产关系要求一个全国统一的地主政权这一历史任务在各大国的政策上的反映……小国寡民的理想与当时的历史任务是背道而驰的，不可能解决历史所提出的问题。"④ 胡先生分析老子所论的社会背景是有道理的，但老子未必以"小国寡民"作为终极的社会发展构想。其实，古注家早有确论可以参考。杜道坚曰："老圣叹世道不古，智诈相欺为乱，无以挽回人心，于是敷迷上古无为之化，以诏后世，使反锲薄之风为淳厚之气，其以道自任。"⑤

老子于此章一如既往地"反其道"而论之，所谓以之为理想、幻想、想象之类，不如理解为老子对于其时驱民于利、于役满足自己政治私欲的所谓"正道"的痛斥，意在指出这种"正道"是祸乱的根源。老子的理想是"往而不害，安平太"（第三十五章），小国、大国的事儿不在其视野之中。进而老子提出的问题饱含了对利诱性社会发展之危难的深深担忧，这种关怀与思考跨越了他所在时代，于今不无启示。严复道："汉阴丈人不取

① 刘笑敢：《老子古今》（修订版），北京：中国社会科学出版社，2006年，第779页。
② （宋）苏辙：《苏子由道德经注》，尊经阁文库藏钞本，卷四。
③ 蒋锡昌：《老子校诂》，上海：上海书店，1996年，第464-465页。
④ 胡寄窗：《中国经济思想史》上册，上海：上海财经大学出版社，1998年，第214页。
⑤ （元）杜道坚：《道德玄经原旨》，明抄本（清丁丙跋），卷四。

桔槔，则有什伯之器而不用者也。"① "汉阴丈人"之事出自《庄子·天地》，其文曰："子贡南游于楚，反于晋，过汉阴，见一丈人方将为圃畦，凿隧而入井，抱瓮而出灌，搰搰然用力甚多而见功寡。子贡曰：有械于此，一日浸百畦，用力甚寡而见功多，夫子不欲乎？为圃者卬而视之曰：'奈何？'曰：'凿木为机，后重前轻，挈水若抽，数如泆汤，其名为槔。'为圃者忿然作色而笑曰：'吾闻之吾师，有机械者必有机事，有机事者必有机心。机心存于胸中，则纯白不备；纯白不备，则神生不定；神生不定者，道之所不载也。吾非不知，羞而不为也。'"②《老子》第五十七章谓："天下多忌讳，而民弥贫；民多利器，国家滋昏；人多伎巧，奇物滋起；法令滋彰，盗贼多有。"是不是科技越发达，人类越幸福？这个问题，现在已经不难回答。科技本身对人的异化问题已经成为严重的时代灾难，不须多论。恰如雅思贝尔斯所说："人类的状况问题愈益紧迫起来，以往仅仅少数人焦虑的思考着我们的精神世界所面临的危险，大战以后这种危险已经人人都清楚了，我们不像我们的前人那样单单只想到这个世界。我们思索这个世界应该怎么理解，我们怀疑每一种解释的正确性。"③ 方今，智能手机时代，青少年日渐冷漠，人人沉迷于网络世界，当我们对此问题束手无策，再想起《庄子》的"不取桔槔"、《老子》的"有什伯之器而不用"，不应该更觉得亲切吗?!

第八十一章

【原文】

信言不美，美言不信；善者不辩，辩者不善；知者不博，博者不知[1]。圣人不积，既以为人，己愈有；既以与人，己愈多[2]。天之道，利而不害[3]。圣人之道，为而不争[4]。

【训释】

[1] 信言，诚信之言。《广雅·释诂》："信，诚也。""善者不辩，辩

---

① 严复：《严复集》，北京：中华书局，1986 年，第 1098 页。
② 陈鼓应：《庄子今注今译》，北京：中华书局，2009 年，第 344 页。
③ ［德］卡尔·雅斯贝尔斯著，王德峰译：《时代的精神状况》，上海：上海译文出版社，2005 年，第 1 页。

者不善”，帛书甲本有缺文，乙本作“善者不多，多者不善”，甲、乙本该处均在本句句尾。

[2] 积，积存，私藏。《说文》：“积，聚也。”既，全部。《广雅·释诂》：“既，尽也。”为，施予。《广韵》：“为，助也。”

[3] 帛书乙本句前有“故”字，甲本残缺。

[4] “圣人之道”，帛书乙本作“人之道”，甲本残缺。

【校证文】

信言不美，美言不信；知者不博，博者不知；善者不多，多者不善。圣人不积，既以为人，己愈有；既以与人，己愈多。天之道，利而不害。人之道，为而不争。

【译文】

真实可靠的话不须华美的语言来装饰，天花乱坠的话未必有价值；懂得根本道理的人不是建立在广博搜览基础上的，读书破万卷的人有时却恰恰远离了真知；有修养的人不着力积藏财货，天天盯着物质财富的人会丧失德性。高明的治世者不私贮财物，藏宝于民，藏富于民，自己也就富足天下。上天之道，顺遂万物之性而不加妨害。人治理国家，也应当普遍施予而不居其功。

【解析】

本章无竹简本对应文字，帛书本与传世本相比有较为重要不同。本章为传世本最后一章，开篇又有“言”“辩”（帛书本实为“多”）问题，徐梵澄以为是老子自道：“老氏此说，盖为其著书而言，故后人编此为此书之末章。”① 此解未当。其实，老子还是以常人之语言、认识、做法的局限而论超越世俗价值的“圣人之道”的卓越的。以之通结全书，可也（然此亦就传世本编排而言）。如苏辙所言：“势可以利人，则可以害人矣；力足以为之，则足以争之矣。能利能害，而未尝害；能为能争，而未尝争，此天与圣人所以大过人而为万物宗者也。凡此，皆老子之所以为书，与其所以

① 徐梵澄：《老子臆解》，北京：中华书局，1988 年，第 101 页。

老子论衡

为道之大略也，故于终篇复言之。"①

"信言不美，美言不信；善者不辩，辩者不善；知者不博，博者不知。"这一句话，帛书乙本作"信言不美，美言不信。知者不博，博者不知。善者不多，多者不善"，甲本有残缺，从剩文看，基本与乙本一致。帛书本为是。按传世本理解，则成为称颂人修养谦和一类的词语，不合老子思想。其实，这一句话还是从对事物的本质属性把握而言的，如此方能引出无为政治，即章句实为无为政治提出认识论基础。"信言不美，美言不信"，"信言"，是真诚的话、可靠的话；"美言"，是华丽的话，雕饰的话。一落入语言，就不足以表达事物的整体相状。所谓"信言不美"，不限于"不美"，实则不限于语言矣，读此不可为修辞之语所碍。老子意在表达，语言在此问题之贫乏，若庄子所说之"言隐于荣华"②。"知者不博，博者不知"，亦是谓此，即"不出户，知天下；不窥牖，见天道。其出弥远，其知弥少"（第四十七章）。对事物整体性的把握，有拒绝分析、思维的一面，所以"博"反而离开了"知"，此唯是对道性之知而言，非谓它。如理解为"真正了解的人不广博，广博的人不能深入了解"③，则流于常见。"善者不多，多者不善"，是由以上认识而来的，达者知事物发展的自然、自洽而不私积、蓄藏。"多"即积聚。一门心思积聚财货，违背合理秩序之流行，丧失的东西便不能补回，是为短见者所为。盖传世本编抄者不解"多"之含义，改为"辩"，不但与"言"问题重出，且置前打乱了老子论述的内在线索。

"圣人不积，既以为人，己愈有；既以与人，己愈多。"这一句接续上文"多"之问题，转入"积"，"多""积"义同，以此顺接正是帛书本写本的妙处。"圣人"为通达之人，不以积贮财物为己用，反以之"为人"。"为人"指施予人，与"与人"同义。为政者施予越多，自己就越富有，为什么？藏富于民而已。《庄子·天道》说："天道运而无所积，故万物成；帝道运而无所积，故天下归；圣道运而无所积，故海内服。"④《典故纪闻》记朱元璋之言谓："保国之道，藏富于民，民富则亲，民贫则离，民之贫富，国家之存亡系焉。"⑤

---

① （宋）苏辙：《苏子由道德经注》，尊经阁文库藏钞本，卷四。
② 陈鼓应：《庄子今注今译》，北京：中华书局，2009 年，第 58 页。
③ 陈鼓应：《老子注译及评介》（修订增补本），北京：中华书局，2009 年，第 349 页。
④ 陈鼓应：《庄子今注今译》，北京：中华书局，2009 年，第 364 页。
⑤ （明）余继登：《典故纪闻》，浙江吴玉墀家藏本，卷四。

"天之道，利而不害。"天道"利而不害"，即《老子》第三十五章"往而不害，安平太"。天道不是另外有种什么力量，就是事物自身合理性作用的自然秩序，当然是发展的，也是"不害"的。所谓"不害"，是以拟人修辞，谓天不妨害、干扰事物。

"圣人之道，为而不争。""圣人之道"，帛书本作"人之道"，注家多因"人之道，为而不争"与第七十七章言"人之道则不然，损不足以奉有余"相悖，以为帛书本脱字，其实不然。"人之道"是人的主观作为，可以效法天道，与其一致，也可以背与天道，与其不一致。《老子》第七十七章以天道讥讽无道治世者，此处则以天道称颂有道治世者，并不矛盾。"为"，非作为，而是与上文"为人"之"为"同义，义为"施为"，即"助"。"不争"，不争功，即不以达到某种业绩、成就而主观为之。圣人之为在于"辅万物之自然"（第六十四章），故"为而不争"。林希逸谓："一书之意，大抵以不争为主，故亦以此语结之。"①

本章吕惠卿注云："道之为物，视之不见，听之不闻，搏之不得；可以默契，不可以情求者也。则信言者，信此而已，安事善？善言者，善此而已，安事辩？知言者，知此而已，安事博？由是观之，则美者不信，辩者不善，博者不知，可知已。何则？虽美与辩与博，而不当于道故也。道之为物，未始有物者也！圣人者，与道合体，夫何积之有哉？唯其无积，故万物与我为一。万物与我为一，则至富者也。故既以为人己愈有，既以与人己愈多。使其有积也，则用之有时而既矣，安能愈有而愈多乎？老子之言也，内观诸心，外观诸物，仰观乎天，俯观乎地，无有不契；是信也。然而下士闻而笑之，天下以为似不肖，是不美也。言之至近，而指至远，是善也。然而非以言为悦，是不辩也。其知至于无知，是知也；而其约不离乎吾心，是不博也。而学者以美与辩与博求之，则疏矣。老子之道也，以有积为不足，虽圣智犹绝而弃之，是无积也。故至无而供万物之求，则是愈有而愈多也。而学者于是不能刳心焉！则不可得而至也。凡物有所利，则有所不利；有所不利，则不能不害矣。唯天之道无所利，则无所不利；无所不利，则利而不害矣。凡物之有为者，莫不有我，有我故有争。唯圣人之道，虽为而无为，无为故无我，无我故不争；是天之道而已矣。"② 所论虽嫌"道"多，

---

① （宋）林希逸：《道德真经口义》，上海涵芬楼影印本，卷四。
② （宋）吕惠卿：《道德真经传》，清抄本（清丁丙跋），卷四。

老子论衡

且诉诸圣人之合道境界，不知圣人之道"甚易行"，但综观可取，是录于上。本章"不美""不博""不多""无积"之论，乃否定之语、超越之言，落于篇末"道"字。读本章，乃至读《老子》全书关键在于明白"圣人之道"是什么"道"。圣人之道有超越常态价值、超越功利选择的一面，这一点与自然之道相类，故而老子不断因自然之道而为言，归向于发展但能消除祸患、进步但能避免灾难耳。如老子之道，果为此道，今人且看来！

《老子》全文

以下附录几种《老子》版本，方便集中对照阅读。其中，王弼本以楼宇烈校释《王弼集校释》（中华书局，1980）中的《老子道德经注》为底本；帛书乙本以高明校注《帛书老子校注》（中华书局，1996）为底本；竹简本以荆门市博物馆编《郭店楚墓竹简》（文物出版社，1998）中的《老子》释文为底本。另附笔者校证之文。

各本中有个别繁体字未写为简体者，是因其本使用了不同它本的字，虽不妨文意，但仍做了保留。帛书本、竹简本异体字较多，本处直接写为了《帛书老子校注》《郭店楚墓竹简》释文括号内的字。帛书乙本缺文使用它本补入的（乙本无，甲本有的，以甲本补；二本俱无的，以王本补），照高明之文，加方括号标出。

王弼本《老子》全文

第一章

道可道，非常道；名可名，非常名。无名天地之始，有名万物之母。故常无欲，以观其妙；常有欲，以观其徼。此两者同出而异名，同谓之玄。玄之又玄，众妙之门。

第二章

天下皆知美之为美，斯恶已；皆知善之为善，斯不善已。故有无相生，难易相成，长短相较，高下相倾，音声相和，前后相随。是以圣人处无为之事，行不言之教，万物作焉而不辞，生而不有，为而不恃，功成而弗居。夫唯弗居，是以不去。

第三章

不尚贤，使民不争；不贵难得之货，使民不为盗；不见可欲，使民心不乱。是以圣人之治，虚其心，实其腹，弱其志，强其骨。常使民无知无欲，使夫智者不敢为也。为无为，则无不治。

第四章

道冲而用之或不盈，渊兮似万物之宗。挫其锐，解其纷，和其光，同其尘。湛兮似或存，吾不知谁之子，象帝之先。

第五章

天地不仁，以万物为刍狗；圣人不仁，以百姓为刍狗。天地之间，其犹橐籥乎？虚而不屈，动而愈出。多言数穷，不如守中。

第六章

谷神不死，是谓玄牝，玄牝之门，是谓天地根。绵绵若存，用之不勤。

第七章

天长地久。天地所以能长且久者，以其不自生，故能长生。是以圣人后其身而身先，外其身而身存。非以其无私邪？故能成其私。

第八章

上善若水。水善利万物而不争，处众人之所恶，故几于道。居善地，心善渊，与善仁，言善信，正善治，事善能，动善时。夫唯不争，故无尤。

第九章

持而盈之，不如其已。揣而锐之，不可长保。金玉满堂，莫之能守。富贵而骄，自遗其咎。功遂身退，天之道。

第十章

载营魄抱一，能无离乎？专气致柔，能婴儿乎？涤除玄览，能无疵乎？爱民治国，能无知乎？天门开阖，能无雌乎？明白四达，能无为乎？生之、畜之，生而不有，为而不恃，长而不宰，是谓玄德。

第十一章

三十辐共一毂，当其无，有车之用。埏埴以为器，当其无，有器之用。凿户牖以为室，当其无，有室之用。故有之以为利，无之以为用。

第十二章

五色令人目盲，五音令人耳聋，五味令人口爽，驰骋畋猎令人心发狂，难得之货令人行妨。是以圣人为腹不为目，故去彼取此。

第十三章

宠辱若惊，贵大患若身。何谓宠辱若惊？宠，为下得之若惊，失之若惊，是谓宠辱若惊。何谓贵大患若身？吾所以有大患者，为吾有身，及吾无身，吾有何患！故贵以身为天下，若可寄天下；爱以身为天下，若可托天下。

第十四章

视之不见名曰夷，听之不闻名曰希，搏之不得名曰微。此三者不可致诘，故混而为一。其上不皦，其下不昧。绳绳不可名，复归于无物，是谓无状之状，无物之象。是谓惚恍。迎之不见其首，随之不见其后。执古之道，以御今之有，能知古始，是谓道纪。

第十五章

古之善为士者，微妙玄通，深不可识。夫唯不可识，故强为之容。豫焉若冬涉川，犹兮若畏四邻，俨兮其若容，涣兮若冰之将释，敦兮其若朴，旷兮其若谷，混兮其若浊。孰能浊以静之徐清？孰能安以久动之徐生？保此道者不欲盈，夫唯不盈，故能蔽不新成。

第十六章

致虚极，守静笃，万物并作，吾以观复。夫物芸芸，各复归其根。归根曰静，是谓复命。复命曰常，知常曰明，不知常，妄作，凶。知常容，容乃公，公乃王，王乃天，天乃道，道乃久，没身不殆。

第十七章

太上，下知有之。其次，亲而誉之。其次，畏之。其次，侮之。信不足，焉有不信焉。悠兮其贵言。功成事遂，百姓皆谓我自然。

第十八章

大道废，有仁义；慧智出，有大伪；六亲不和，有孝慈；国家昏乱，有忠臣。

第十九章

绝圣弃智，民利百倍；绝仁弃义，民复孝慈；绝巧弃利，盗贼无有。此三者，以为文不足，故令有所属，见素抱朴，少私寡欲。

第二十章

绝学无忧。唯之与阿，相去几何？善之与恶，相去若何？人之所畏，不可不畏。荒兮其未央哉！众人熙熙，如享太牢，如春登台。我独泊兮其未兆，如婴儿之未孩。傈傈兮若无所归。众人皆有余，而我独若遗。我愚人之心也哉！沌沌兮！俗人昭昭，我独昏昏；俗人察察，我独闷闷。澹兮其若海，飘兮若无止。众人皆有以，而我独顽似鄙。我独异于人，而贵食母。

第二十一章

孔德之容，惟道是从。道之为物，惟恍惟惚。惚兮恍兮，其中有象；恍兮惚兮，其中有物；窈兮冥兮，其中有精；其精甚真，其中有信。自古及今，其名不去，以阅众甫。吾何以知众甫之状哉？以此。

第二十二章

曲则全，枉则直，洼则盈，敝则新，少则得，多则惑。是以圣人抱一，为天下式。不自见故明，不自是故彰，不自伐故有功，不自矜故长。夫唯不争，故天下莫能与之争。古之所谓曲则全者，岂虚言哉！诚全而归之。

第二十三章

希言自然。故飘风不终朝，骤雨不终日。孰为此者？天地。天地尚不能久，而况于人乎？故从事于道者，道者同于道，德者同于德，失者同于失。同于道者，道亦乐得之；同于德者，德亦乐得之；同于失者，失亦乐得之。信不足，焉有不信焉。

第二十四章

企者不立，跨者不行，自见者不明，自是者不彰，自伐者无功，自矜者不长。其在道也，曰余食赘行。物或恶之，故有道者不处。

第二十五章

有物混成，先天地生。寂兮寥兮，独立而不改，周行而不殆，可以为天下母。吾不知其名，字之曰道，强为之名曰大。大曰逝，逝曰远，远曰反。故道大，天大，地大，王亦大。域中有四大，而王居其一焉。人法地，地法天，天法道，道法自然。

第二十六章

重为轻根，静为躁君。是以圣人终日行不离辎重。虽有荣观，燕处超然，奈何万乘之主，而以身轻天下？轻则失本，躁则失君。

第二十七章

善行无辙迹，善言无瑕谪，善数不用筹策，善闭无关楗而不可开，善结无绳约而不可解。是以圣人常善救人，故无弃人；常善救物，故无弃物，是谓袭明。故善人者，不善人之师；不善人者，善人之资。不贵其师，不爱其资，虽智大迷。是谓要妙。

第二十八章

知其雄，守其雌，为天下谿。为天下谿，常德不离。复归于婴儿。知其白，守其黑，为天下式。为天下式，常德不忒，复归于无极。知其荣，守其辱，为天下谷。为天下谷，常德乃足，复归于朴。朴散则为器，圣人用之，则为官长。故大制不割。

第二十九章

将欲取天下而为之，吾见其不得已。天下神器，不可为也。为者败之，执者失之。故物或行或随，或歔或吹，或强或羸，或挫或隳。是以圣人去甚，去奢，去泰。

第三十章

以道佐人主者，不以兵强天下，其事好还。师之所处，荆棘生焉。大军之后，必有凶年。善有果而已，不敢以取强。果而勿矜，果而勿伐，果而勿骄，果而不得已，果而勿强。物壮则老，是谓不道，不道早已。

第三十一章

夫佳兵者，不祥之器。物或恶之，故有道者不处。是以君子居则贵左，用兵则贵右。兵者，不祥之器，非君子之器。不得已而用之，恬淡为上，胜而不美。而美之者，是乐杀人。夫乐杀人者，则不可以得志于天下矣。吉事尚左，凶事尚右。偏将军居左，上将军居右，言以丧礼处之。杀人之众，以哀悲泣之。战胜，以丧礼处之。

第三十二章

道常无名，朴虽小，天下莫能臣。侯王若能守之，万物将自宾。天地相合，以降甘露，民莫之令而自均。始制有名，名亦既有，夫亦将知止。知止可以不殆。譬道之在天下，犹川谷之于江海。

第三十三章

知人者智，自知者明。胜人者有力，自胜者强。知足者富，强行者有志，不失其所者久，死而不亡者寿。

第三十四章

大道泛兮，其可左右。万物恃之而生而不辞，功成不名有，衣养万物而不为主。常无欲，可名于小；万物归焉而不为主，可名为大。以其终不自为大，故能成其大。

第三十五章

执大象，天下往；往而不害，安平太。乐与饵，过客止。道之出口，淡乎其无味，视之不足见，听之不足闻，用之不足既。

第三十六章

将欲歙之，必固张之；将欲弱之，必固强之；将欲废之，必固兴之；将欲夺之，必固与之；是谓微明。柔弱胜刚强。鱼不可脱于渊，国之利器不可以示人。

第三十七章

道常无为而无不为。侯王若能守之，万物将自化。化而欲作，吾将镇之以无名之朴。无名之朴，夫亦将无欲。不欲以静，天下将自定。

第三十八章

上德不德，是以有德；下德不失德，是以无德。上德无为而无以为，下德为之而有以为。上仁为之而无以为，上义为之而有以为。上礼为之而莫之应，则攘臂而扔之。故失道而后德，失德而后仁，失仁而后义，失义而后礼。夫礼者，忠信之薄而乱之首。前识者，道之华而愚之始。是以大丈夫处其厚，不居其薄；处其实，不居其华。故去彼取此。

第三十九章

昔之得一者，天得一以清，地得一以宁，神得一以灵，谷得一以盈，万物得一以生，侯王得一以为天下贞。其致之。天无以清将恐裂，地无以宁将恐发，神无以灵将恐歇，谷无以盈将恐竭，万物无以生将恐灭，侯王无以贵高将恐蹶。故贵以贱为本，高以下为基。是以侯王自谓孤寡不穀。此非以贱为本邪？非乎？故致数舆无舆。不欲琭琭如玉，珞珞如石。

第四十章

反者，道之动；弱者，道之用。天下万物生于有，有生于无。

第四十一章

上士闻道，勤而行之；中士闻道，若存若亡；下士闻道，大笑之，不笑不足以为道。故建言有之：明道若昧，进道若退，夷道若纇。上德若谷，大白若辱，广德若不足，建德若偷，质真若渝。大方无隅，大器晚成，大音希声，大象无形。道隐无名，夫唯道善贷且成。

第四十二章

道生一，一生二，二生三，三生万物。万物负阴而抱阳，冲气以为和。人之所恶，唯孤寡不穀，而王公以为称。故物，或损之而益，或益之而损。人之所教，我亦教之。强梁者不得其死，吾将以为教父。

第四十三章

天下之至柔，驰骋天下之至坚，无有入无间，吾是以知无为之有益。不言之教，无为之益，天下希及之。

第四十四章

名与身孰亲？身与货孰多？得与亡孰病？是故甚爱必大费，多藏必厚亡。知足不辱，知止不殆，可以长久。

第四十五章

大成若缺，其用不弊。大盈若冲，其用不穷。大直若屈，大巧若拙，大辩若讷。躁胜寒，静胜热。清静为天下正。

第四十六章

天下有道，却走马以粪；天下无道，戎马生于郊。祸莫大于不知足，咎莫大于欲得，故知足之足，常足矣。

第四十七章

不出户，知天下；不窥牖，见天道。其出弥远，其知弥少。是以圣人不行而知，不见而名，不为而成。

第四十八章

为学日益，为道日损。损之又损，以至于无为，无为而无不为。取天下常以无事，及其有事，不足以取天下。

第四十九章

圣人无常心，以百姓心为心。善者，吾善之；不善者，吾亦善之，德善。信者，吾信之；不信者，吾亦信之，德信。圣人在天下歙歙，为天下浑其心。圣人皆孩之。

第五十章

出生入死。生之徒十有三，死之徒十有三。人之生，动之死地，亦十有三。夫何故？以其生生之厚。盖闻善摄生者，陆行不遇兕虎，入军不被甲兵，兕无所投其角，虎无所措其爪，兵无所容其刃。夫何故？以其无死地。

第五十一章

道生之，德畜之，物形之，势成之。是以万物莫不尊道而贵德。道之尊，德之贵，夫莫之命而常自然。故道生之，德畜之。长之、育之、亭之、毒之、养之、覆之。生而不有，为而不恃，长而不宰，是谓玄德。

第五十二章

天下有始，以为天下母。既得其母，以知其子；既知其子，复守其母，没身不殆。塞其兑，闭其门，终身不勤。开其兑，济其事，终身不救。见小曰明，守柔曰强。用其光，复归其明，无遗身殃，是为习常。

第五十三章

使我介然有知，行于大道，唯施是畏。大道甚夷，而民好径。朝甚除，田甚芜，仓甚虚。服文彩，带利剑，厌饮食，财货有余，是为盗夸。非道也哉！

第五十四章

善建者不拔，善抱者不脱，子孙以祭祀不辍。修之于身，其德乃真；修之于家，其德乃余；修之于乡，其德乃长；修之于国，其德乃丰；修之于天下，其德乃普。故以身观身，以家观家，以乡观乡，以国观国，以天下观天下。吾何以知天下然哉？以此。

第五十五章

含德之厚，比于赤子。蜂虿虺蛇不螫，猛兽不据，攫鸟不搏。骨弱筋柔而握固。未知牝牡之合而全作，精之至也。终日号而不嗄，和之至也。知和曰常，知常曰明，益生曰祥，心使气曰强。物壮则老，谓之不道，不道早已。

第五十六章

知者不言，言者不知。塞其兑，闭其门，挫其锐；解其分，和其光，同其尘，是谓玄同。故不可得而亲，不可得而疏；不可得而利，不可得而害；不可得而贵，不可得而贱，故为天下贵。

第五十七章

以正治国，以奇用兵，以无事取天下。吾何以知其然哉？以此。天下多忌讳，而民弥贫；民多利器，国家滋昏；人多伎巧，奇物滋起；法令滋彰，盗贼多有。故圣人云，我无为而民自化，我好静而民自正，我无事而民自富，我无欲而民自朴。

第五十八章

其政闷闷，其民淳淳；其政察察，其民缺缺。祸兮福之所倚，福兮祸之所伏。孰知其极？其无正？正复为奇，善复为妖，人之迷，其日固久。是以圣人方而不割，廉而不刿，直而不肆，光而不耀。

第五十九章

治人事天，莫若啬。夫唯啬，是谓早服。早服谓之重积德，重积德则无不克，无不克则莫知其极，莫知其极，可以有国。有国之母，可以长久。是谓深根固柢，长生久视之道。

第六十章

治大国若烹小鲜。以道莅天下，其鬼不神。非其鬼不神，其神不伤人；非其神不伤人，圣人亦不伤人。夫两不相伤，故德交归焉。

第六十一章

大国者下流。天下之交，天下之牝。牝常以静胜牡，以静为下。故大国以下小国，则取小国；小国以下大国，则取大国。故或下以取，或下而取。大国不过欲兼畜人，小国不过欲入事人，夫两者各得其所欲，大者宜为下。

第六十二章

道者万物之奥，善人之宝，不善人之所保。美言可以市，尊行可以加人。人之不善，何弃之有！故立天子，置三公，虽有拱璧以先驷马，不如坐进此道。古之所以贵此道者何？不曰以求得，有罪以免邪？故为天下贵。

第六十三章

为无为，事无事，味无味。大小多少，报怨以德。图难于其易，为大于其细。天下难事必作于易，天下大事必作于细，是以圣人终不为大，故能成其大。夫轻诺必寡信，多易必多难，是以圣人犹难之。故终无难矣。

第六十四章

其安易持，其未兆易谋，其脆易泮，其微易散。为之于未有，治之于未乱。合抱之木，生于毫末；九层之台，起于累土；千里之行，始于足下。为者败之，执者失之。是以圣人无为，故无败；无执，故无失。民之从事，常于几成而败之。慎终如始，则无败事。是以圣人欲不欲，不贵难得之货；学不学，复众人之所过。以辅万物之自然，而不敢为。

第六十五章

古之善为道者，非以明民，将以愚之。民之难治，以其智多。故以智治国，国之贼；不以智治国，国之福。知此两者亦稽式。常知稽式，是谓玄德。玄德深矣，远矣，与物反矣，然后乃至大顺。

第六十六章

江海所以能为百谷王者，以其善下之，故能为百谷王。是以欲上民，必以言下之；欲先民，必以身后之。是以圣人处上而民不重，处前而民不害，是以天下乐推而不厌。以其不争，故天下莫能与之争。

第六十七章

天下皆谓我道大，似不肖。夫唯大，故似不肖。若肖，久矣其细也夫！我有三宝，持而保之。一曰慈，二曰俭，三曰不敢为天下先。慈，故能勇；俭，故能广；不敢为天下先，故能成器长。今舍慈且勇，舍俭且广，舍后且先，死矣！夫慈，以战则胜，以守则固，天将救之，以慈卫之。

第六十八章

善为士者不武，善战者不怒，善胜敌者不与，善用人者为之下。是谓不争之德，是谓用人之力，是谓配天古之极。

第六十九章

用兵有言，吾不敢为主而为客，不敢进寸而退尺。是谓行无行，攘无臂，扔无敌，执无兵。祸莫大于轻敌，轻敌几丧吾宝。故抗兵相加，哀者胜矣。

第七十章

吾言甚易知，甚易行，天下莫能知，莫能行。言有宗，事有君。夫唯无知，是以不我知。知我者希，则我者贵，是以圣人被褐怀玉。

第七十一章

知不知，上；不知知，病。夫唯病病，是以不病。圣人不病，以其病病，是以不病。

第七十二章

民不畏威，则大威至，无狎其所居，无厌其所生。夫唯不厌，是以不厌。是以圣人自知，不自见；自爱，不自贵。故去彼取此。

第七十三章

勇于敢则杀，勇于不敢则活。此两者，或利或害。天之所恶，孰知其故？是以圣人犹难之。天之道，不争而善胜，不言而善应，不召而自来，繟然而善谋。天网恢恢，疏而不失。

第七十四章

民不畏死，奈何以死惧之？若使民常畏死，而为奇者，吾得执而杀之，孰敢？常有司杀者杀，夫代司杀者杀，是谓代大匠斫。夫代大匠斫者，希有不伤其手矣。

第七十五章

民之饥，以其上食税之多，是以饥。民之难治，以其上之有为，是以难治。民之轻死，以其求生之厚，是以轻死。夫唯无以生为者，是贤于贵生。

第七十六章

人之生也柔弱，其死也坚强。万物草木之生也柔脆，其死也枯槁。故坚强者死之徒，柔弱者生之徒。是以兵强则不胜，木强则兵。强大处下，柔弱处上。

第七十七章

天之道，其犹张弓与！高者抑之，下者举之；有余者损之，不足者补之。天之道，损有余而补不足。人之道则不然，损不足以奉有余。孰能有余以奉天下？唯有道者。是以圣人为而不恃，功成而不处，其不欲见贤。

第七十八章

天下莫柔弱于水，而攻坚强者莫之能胜，以其无以易之。弱之胜强，柔之胜刚，天下莫不知，莫能行。是以圣人云，受国之垢，是谓社稷主；受国不祥，是为天下王。正言若反。

第七十九章

和大怨，必有余怨，安可以为善？是以圣人执左契，而不责于人。有德司契，无德司彻。天道无亲，常与善人。

第八十章

小国寡民。使有什伯之器而不用，使民重死而不远徙。虽有舟舆，无所乘之；虽有甲兵，无所陈之；使人复结绳而用之。甘其食，美其服，安其居，乐其俗。邻国相望，鸡犬之声相闻，民至老死不相往来。

第八十一章

信言不美，美言不信；善者不辩，辩者不善；知者不博，博者不知。圣人不积，既以为人，己愈有；既以与人，己愈多。天之道，利而不害。圣人之道，为而不争。

帛书本乙本《老子》释文

01 第三十八章

上德不德，是以有德；下德不失德，是以无德。上德无为而无以为也。上仁为之而无以为也。上义为之而有以为也。上礼为之而莫之应也，则攘臂而扔之。故失道而后德，失德而后仁，失仁而后义，失义而后礼。夫礼者，忠信之薄也，而乱之首也。前识者，道之华也，而愚之首也。是以大丈夫居［其厚而不］居其薄，居其实而不居其华。故去彼而取此。

02 第三十九章

昔得一者，天得一以清，地得一以宁，神得一以灵，谷得一以盈，侯王得一以为天下正。其诫也，谓天毋已清将恐裂，地毋已宁将恐发，神毋已灵将恐歇，谷毋已盈将恐竭，侯王毋已贵以高将恐蹶。故必贵而以贱为本，必高矣而以下为基。夫是以侯王自谓孤寡不穀。此其以贱之本與，非也？故致数與无與。是故不欲禄禄若玉，珞珞若石。

03 第四十一章

上［士闻］道，勤能行之。中士闻道，若存若亡。下士闻道，大笑之。弗笑，［不足］以为道。是以建言有之曰：明道如昧，进道如退，夷道如類；上德如谷，大白如辱。广德如不足，建德如［偷］。质［真如渝］。大方无隅；大器免成，大音希声，大象无形，道褒无名。夫唯道，善始且善成。

04 第四十章

反也者，道之动也；［弱也］者，道之用也。天下之物生于有，有［生］于无。

05 第四十二章

道生一，一生二，二生三，［三生万物。万物负阴而抱阳，冲气］以为和。人之所恶，唯［孤］寡不穀，而王公以自［名也］。［物或益之而］损，损之而益。［古人之所教，亦我而教人］。［故强良者不得死］，［我］

将以［为学］父。

06 第四十三章

天下之至［柔］，驰骋于天下［之至坚］。［无有入于］无间。吾是以［知无为之有益］也。不［言之教、无为之益，天下希能及之］矣。

07 第四十四章

名与［身孰亲？身与货孰多？得与亡孰病］？［甚爱必大费，多藏必厚亡］。［故知足不辱，知止不殆，可以长久］。

08 第四十五章

［大成若缺，其用不敝。大］盈如盅，其［用不穷］。［大直如诎，大巧］如拙，［大赢如］绌。趮胜寒，［静胜热，清静可以为天下正］。

09 第四十六章

［天下有］道，却走马［以］粪。无道，戎马生于郊。罪莫大于可欲，祸［莫大于不知足，咎莫憯于欲得］。［故知足之足，恒］足矣。

10 第四十七章

不出于户，以知天下。不窥于［牖，以］知天道。其出弥远者，其知弥［少］。［是以圣人不行而知，不见］而名，弗为而成。

11 第四十八章

为学者日益，闻道者日损。损之又损，以至于无［为，无为而无以为］。取天下，恒无事；及其有事也，［不］足以取天［下］。

12 第四十九章

［圣］人恒无心，以百姓之心为心。善［者善之，不善者亦善之，德］善也。信者信之，不信者亦信之，德信也。圣人之在天下也，歙歙焉，［为天下浑心］。［百姓］皆注其［耳目焉，圣人皆孩之］。

13 第五十章

［出］生入死。生之［徒十有三，死］之徒十有三，而民生生，动皆之死地之十有三。［夫］何故也？以其生生。盖闻善摄生者，陵行不避兕虎，入军不被甲兵。兕无［所投其角，虎无所措］其爪，兵［无所容其刃，夫何故］也？以其无［死地焉］。

14 第五十一章

道生之，德畜之，物形之而器成之，是以万物尊道而贵德。道之尊也，德之贵也，夫莫之爵也，而恒自然也。道生之、畜之、［长之、育］之、亭之、毒之、养之、覆之。[生而弗有，为而弗恃，长而] 弗宰，是谓玄德。

15 第五十二章

天下有始，以为天下母。既得其母，以知其子；既知其子，复守其母，没身不殆。塞其堄，闭其门，终身不勤。启其堄，济其 [事，终身] 不救。见小曰明，守 [柔曰] 强。用 [其光，复归其明，毋] 遗身殃，是谓 [袭] 常。

16 第五十三章

使我介有知，行于大道，唯迤是畏。大道甚夷，民甚好径。朝甚除，田甚芜，仓甚虚。服文采，带利剑，厌食而资财 [有余]。[是谓盗] 竽，非道也哉！

17 第五十四章

善建者 [不拔，善抱者不脱]，子孙以祭祀不绝。修之身，其德乃真；修之家，其德有余；修之乡，其德乃长；修之国，其德乃丰；修之天下，其德乃博。以身观身，以家观 [家，以国观] 国，以天下观天下。[吾何以知] 天下之然哉？以 [此]。

18 第五十五章

含德之厚者，比于赤子。蜂虿蝎蛇弗螫，攫鸟猛兽弗搏。骨弱筋柔而握固，未知牝牡之会而朘怒，精之至也。终日嗄号而不，和 [之至也]。[知和曰] 常，知常曰明，益生 [曰] 祥，心使气曰强。物壮即老，谓之不道，不道早已。

19 第五十六章

知者弗言，言者弗知。塞其堄，闭其门，和其光，同其尘，挫其锐而解其纷，是谓玄同。故不可得而亲也，亦 [不可得] 而 [疏；不可得] 而利，[亦不可] 得而害；不可得而贵，亦不可得而贱，故为天下贵。

20 第五十七章

以正治国，以奇用兵，以无事取天下。吾何以知其然也哉？夫天下多忌讳，而民弥贫。民多利器，[而国家滋] 昏。[人多知巧，而奇物滋起。法] 物滋彰，而盗贼 [多有]。是以 [圣] 人之言曰：我无为也而民自化，我好静而民自正，我无事而民自富，我欲不欲而民自朴。

21 第五十八章

其政闷闷，其民惇惇。其政察察，其 [民狭狭]。[祸，福之所倚；福，祸之] 所伏, 孰知其极? [其] 无正也, 正 [复为奇], 善复为 [妖, 人] 之迷也, 其日固久矣。是以方而不割, 廉而不刺, 直而不肆, 光而不燿。

22 第五十九章

治人事天莫若啬。夫唯啬, 是以早服, 早服是谓重积 [德]。重积 [德则无不克, 无不克则] 莫知其 [极]。莫知其 [极, 可以] 有国。有国之母, 可 [以长久]。是谓 [深] 根固柢, 长生久视之道也。

23 第六十章

治大国若烹小鲜, 以道莅天下, 其鬼不神。非其鬼不神也, 其神不伤人也。非其神不伤人也, [圣人亦] 弗伤也。夫两 [不] 相伤, 故德交归焉。

24 第六十一章

大国 [者, 下流也, 天下之] 牝也。天下之交也, 牝恒以静胜牡。为其静也, 故宜为下也。故大国以下 [小] 国, 则取小国。小国以下大国, 则取于大国。故或下 [以取, 或] 下而取。故大国者, 不 [过] 欲兼畜人, 小国者不过欲入事人。夫 [皆得] 其欲, 则大者宜为下。

25 第六十二章

道者万物之主也, 善人之宝也, 不善人之所保也。美言可以市, 尊行可以加人。人之不善, 何 [弃之有]。[故] 立天子, 置三卿, 虽有 [拱之] 璧以先驷马, 不若坐而进此。古 [之所以贵此道者何也]? 不谓求以得, 有罪以免与! 故为天下贵。

26 第六十三章

为无为, [事无事, 味无味, 大小, 多少, 报怨以德]。[图难乎其易也, 为大] 乎其细也。天下之 [难作于] 易, 天下之大 [作于细。是以圣人终不为大, 故能成其大]。夫轻诺 [必寡] 信, 多易必多难。是以圣人 [犹难] 之, 故 [终于无难]。

27 第六十四章

其安也, 易持也。[其未兆也, 易谋也。其脆也, 易破也。其微也, 易散也。为之于其未有也, 治之于其未乱也]。[合抱之] 木, 生于毫末。九层之台, 作于垒土, 百仞之高, 始于足下。为之者败之, 执之者失之。是以圣人无为 [也, 故无败也; 无执也, 故无失也]。民之从事也, 恒于几成而败之, 故曰: 慎终若始, 则无败事矣。是以圣人欲不欲, 而不贵难得之货；学不学，复众人之所过；能辅万物之自然，而弗敢为。

28 第六十五章

古之为道者，非以明［民也，将以愚］之也。夫民之难治也，以其智也。故以智治国，国之贼也；以不智治国，国之德也。恒知此两者，亦稽式也。恒知稽式，是谓玄德。玄德深矣，远矣，［与］物反也，乃至大顺。

29 第六十六章

江海所以能为百谷［王者，以］其［善］下之也，是以能为百谷王。是以圣人之欲上民也，必以其言下之；欲先民也，必以其身后之。故居上而民弗重也，居前而民弗害。天下皆乐推而弗厌也。不以其无争与，故［天］下莫能与争。

30 第八十章

小国寡民，使十百人之器而勿用，使民重死而远徙。有舟车无所乘之，有甲兵无所陈［之，使民复结绳而］用之。甘其食，美其服，乐其俗，安其居，邻国相望，鸡犬之［声相］闻，民至老死不相往来。

31 第八十一章

信言不美，美言不信。知者不博，博者不知。善者不多，多者不善。圣人无积，既以为人，己愈有；既以予人矣，己愈多。故天之道，利而不害；人之道，为而弗争。

32 第六十七章

天下［皆］谓我大，大而不肖。夫唯不肖，故能大。若肖，久矣其细也夫。我恒有三宝，持而宝之。一曰慈，二曰俭，三曰不敢为天下先。夫慈，故能勇；俭，故能广；不敢为天下先，故能为成器长。今舍其慈，且勇；舍其俭，且广；舍其后，且先，则死矣。夫慈，以战则胜，以守则固。天将建之，如以慈垣之。

33 第六十八章

故善为士者不武，善战者不怒，善胜敌者弗与，善用人者为之下。是谓不争之德，是谓用人，是谓配天，古之极也。

34 第六十九章

用兵有言曰：吾不敢为主而为客，不进寸而退尺。是谓行无行，攘无臂，执无兵，乃无敌矣。祸莫大于无敌，无敌近亡吾宝矣。故抗兵相若，则哀者胜［矣］。

35 第七十章

吾言易知也,易行也;而天下莫之能知也,莫之能行也。夫言有宗,事有君。其唯无知也,是以不我知。知者希,则我贵矣。是以圣人被褐而裹玉。

36 第七十一章

知不知,尚矣;不知知,病矣。是以圣人之不［病］也,以其病病也,是以不病。

37 第七十二章

民之不畏威,则大威将至矣。毋狭其所居,毋厌其所生。夫唯弗厌,是以不厌。是以圣人自知而不自见也,自爱而不自贵也。故去彼而取此。

38 第七十三章

勇于敢者则杀,勇于不敢则活。［此］两者或利或害,天之所恶,孰知其故?天之道,不战而善胜,不言而善应,弗召而自来,坦而善谋。天罔恢恢,疏而不失。

39 第七十四章

若民恒且畏不畏死,若何以杀惧之也?使民恒且畏死,而为奇者［吾］得而杀之,夫孰敢矣。若民恒且必畏死,则恒有司杀者。夫代司杀者杀,是代大匠斫。夫代大匠斫,则希不伤其手。

40 第七十五章

人之饥也,以其取税之多,是以饥。百姓之不治也,以其上有以为也,［是］以不治。民之轻死也,以其求生之厚也,是以轻死。夫唯无以生为者,是贤贵生。

41 第七十六章

人之生也柔弱,其死也筋肕坚强。万物草木之生也柔脆,其死也枯槁。故曰:坚强死之徒也;柔弱生之徒也。［是］以兵强则不胜,木强则烘。故强大居下,柔弱居上。

42 第七十七章

天之道,犹张弓也。高者抑之,下者举之;有余者损之,不足者［补之］。［故天之道］,损有余而益不足。人之道,损不足而奉有余。夫孰能有余而［有以取］奉于天者?唯有道者乎。是以圣人为而弗有,成功而弗居也。若此其不欲见贤也。

43 第七十八章

天下莫柔弱于水，［而攻坚强者莫之能胜］，以其无以易之也。柔之胜刚也，弱之胜强也，天下莫弗知也，而［莫能行］也。是故圣人言云，曰：受国之垢，是谓社稷之主；受国之不祥，是谓天下之王。正言若反。

44 第七十九章

和大［怨，必有余怨，焉可以］为善？是以圣人执左契，而不以责于人。故有德司契，无德司彻。夫天道无亲，恒与善人。

45 第一章

道，可道也，［非恒道也。名，可名也，非］恒名也。无名，万物之始也；有名，万物之母也。故恒无欲也，［以观其妙］；恒有欲也，以观其所徼。两者同出，异名同谓，玄之又玄，众妙之门。

46 第二章

天下皆知美为美，恶已；皆知善，斯不善矣。［有无之相］生也，难易之相成也，长短之相形也，高下之相盈也，音声之相和也，先后之相随也，恒也。是以圣人居无为之事，行不言之教。万物作而弗始，为而弗恃也，成功而弗居也。夫唯弗居，是以弗去。

47 第三章

不上贤，使民不争。不贵难得之货，使民不为盗。不见可欲，使民不乱。是以圣人之治，虚其心，实其腹，弱其志，强其骨。恒使民无知无欲也。使夫智不敢，弗为而已，则无不治矣。

48 第四章

道盅，而用之又弗盈也。渊呵，似万物之宗。挫其锐，解其纷，和其光，同其尘。湛呵似或存，吾不知其谁子也，象帝之先。

49 第五章

天地不仁，以万物为刍狗；圣人不仁，［以］百姓为刍狗。天地之间，其犹橐籥与？虚而不屈，动而愈出。多闻数穷，不若守于中。

50 第六章

谷神不死，是谓玄牝，玄牝之门，是谓天地之根，緜緜呵若存，用之不勤。

51 第七章

天长地久。天地之所以能长且久者，以其不自生也，故能长生。是以圣人退其身而身先，外其身而身先，外其身而身存。不以其无私与？故能成其私。

52 第八章

上善如水。水善利万物而有静，居众之所恶，故几于道。居善地，心善渊，予善天，言善信，政善治，事善能，动善時。夫唯不争，故无尤。

53 第九章

持而盈之，不若其已，揣而锐之，不可常保也。金玉［盈］室，莫之能守也。贵富而骄，自遗咎也。功遂身退，天之道也。

54 第十章

载营魄抱一，能毋离乎？抟气致柔，能婴儿乎？涤除玄鉴，能毋有疵乎？爱民治国，能毋以智乎？天门启阖，能为雌乎？明白四达，能毋以知乎？生之畜之，生而弗有，长而弗宰也，是谓玄德。

55 第十一章

三十辐同一毂，当其无，有车之用也。埏埴而为器，当其无，有埴器之用也。凿户牖，当其无，有室之用也。故有之以为利，无之以为用。

56 第十二章

五色使人目盲，驰骋田猎使人心发狂，难得之货使人之行妨，五味使人之口爽，五音使人之耳［聋］。是以圣人之治也，为腹而不为目，故去彼取此。

57 第十三章

宠辱若惊，贵大患若身。何谓宠辱若惊？宠之为下也。得之若惊，失之若惊，是谓宠辱若惊。何谓贵大患若身？吾所以有大患者，为吾有身也；及吾无身，有何患？故贵为身于为天下，若可以托天下［矣］；爱以身为天下，如可以寄天下矣。

58 第十四章

视之而弗见，［名］之曰微。听之而弗闻，名之曰希。捪之而弗得，名之曰夷。三者不可致诘，故混而为一。一者，其上不皦，其下不昧，寻寻呵不可名也，复归于无物。是谓无状之状，无物之象，是谓忽恍。随而不见其后，迎而不见其首。执今之道，以御今之有，以知古始，是谓道纪。

59 第十五章

古之善为道者，微妙玄达，深不可识。夫唯不可识，故强为之容。曰：

豫呵其若冬涉水。犹呵其若畏四邻。严呵其若客。涣呵其若凌释。敦呵其若朴。混呵其若浊。旷呵其若谷。浊而静之徐清。安以动之徐生。保此道〔不〕欲盈，是以能敝而不成。

60 第十六章

致虚极也，守静笃也，万物并作，吾以观其复也。夫物芸芸，各复归于其根。曰静，静，是谓复命。复命常也，知常明也；不知常，妄，妄作，凶。知常容，容乃公，公乃王，〔王乃〕天，天乃道，道乃〔久〕。没身不殆。

61 第十七章

太上，下知有〔之。其次〕，亲誉之。其次，畏之。其下，侮之。信不足，安有不信。犹呵，其贵言也。成功遂事，而百姓谓我自然。

62 第十八章

故大道废，安有仁义。智慧出，安有〔大伪〕。六亲不和，安有孝慈。国家昏乱，安有贞臣。

63 第十九章

绝圣弃智，而民利百倍。绝仁弃义，民复孝慈。绝巧弃利，盗贼无有。此三言也，以为文未足，故令之有所属。见素抱朴，少私而寡欲。绝学无忧。

64 第二十章

唯与呵，其相去几何？美与恶，其相去何若？人之所畏，亦不可以不畏人。望呵，其未央哉！众人熙熙，若飨于大牢，而春登台。我泊焉未兆，若婴儿未咳。累呵，似无所归。众人皆有余，我愚人之心也，沌沌呵。俗人昭昭，我独昏呵。俗人察察，我独闽闽呵。忽呵，其若海。恍呵，若无所止。众人皆有以，我独顽以鄙。吾欲独异于人，而贵食母。

65 第二十一章

孔德之容，唯道是从。道之物，唯恍唯忽。忽呵恍呵，中有象呵。恍呵忽呵，中有物呵。窈呵冥呵，中有情呵。其情甚真，其中有信。自今及古，其名不去，以顺众父。吾何以知众父之然也，以此。

66 第二十四章

企者不立，自是者不彰，自见者不明，自伐者无功，自矜者不长。其在道也，曰余食赘行，物或恶之，故有裕者弗居。

曲则全，枉则正，洼则盈，敝则新，少则得，多则惑。是以圣人执一，以为天下牧。不自是故彰，不自见故明，不自伐故有功，弗矜故能长。夫唯不争，故莫能与之争。古之所谓曲全者，岂语哉！诚全归之。

68 第二十三章

希言自然，飘风不终朝，暴雨不终日。孰为此？天地而弗能久，又况于人乎？故从事而道者同于道，德者同于德，失者同于失。同于德者，道亦德之。同于失者，道亦失之。

69 第二十五章

有物混成，先天地生。寂呵寥呵，独立而不改，可以为天地母。吾未知其名也，字之曰道。强为之名曰大，大曰逝，逝曰远，远曰返。道大，天大，地大，王亦大。国中有四大，而王居一焉。人法地，地法天，天法道，道法自然。

70 第二十六章

重为轻根，静为躁君。是以君子终日行，不远其辎重。虽有营观，燕处则超若。若何万乘之王，而以身轻于天下？轻则失本，躁则失君。

71 第二十七章

善行者无辙迹，善言者无瑕谪。善数者不以筹策。善闭者无关钥而不可启也。善结者无约而不可解也。是以圣人恒善救人，而无弃人，物无弃财，是谓袭明。故善人，善人之师；不善人，善人之资也。不贵其师，不爱其资，虽智乎大迷，是谓妙要。

72 第二十八章

知其雄，守其雌，为天下溪。为天下溪，恒德不离。恒德不离，复[归于婴儿]。[知]其日，守其辱，为天下谷。为天下谷，恒德乃足。恒德乃足，复归于朴。知其白，守其黑，为天下式。为天下式，恒德不忒。恒德不忒，复归于无极。朴散则为器，圣人用则为官长，夫大制无割。

73 第二十九章

将欲取[天下而为之，吾见其弗]得已。夫天下神器也，非可为者也。为之者败之，执之者失之。故物或行或随，或嘘或吹，或培或堕，是以圣人去甚，去泰，去奢。

帛书本乙本 《老子》 释文

74 第三十章

以道佐人主，不以兵强于天下，其［事好还。师之所处，荆］棘生之。善者果而已矣，毋以取强焉。果而毋骄，果而勿矜，果［而毋］伐，果而毋得已居，是谓果而强。物壮而老，谓之不道，不道早已。

75 第三十一章

夫兵者，不祥之器也。物或恶［之，故有裕者弗居］。［君子］居则贵左，用兵则贵右。故兵者非君子之器，兵者不祥［之］器也，不得已而用之，恬淡为上。勿美也，若美之，是乐杀人也。夫乐杀人，不可以得志于天下矣。是以吉事［上左，丧事上右］。是以偏将军居左，而上将军居右，言以丧礼居之也。杀［人众，以悲哀］泣之。战胜，而以丧礼处之。

76 第三十二章

道恒无名，朴虽小，而天下弗敢臣。侯王若能守之，万物将自宾。天地相合，以雨甘露，［民莫之］令而自均焉。始制有名，名亦既有，夫亦将知止，知止所以不殆。譬［道之］在天下也，犹小谷之与江海也。

77 第三十三章

知人者智也，自知明也。胜人者有力也，自胜者强也。知足者富也，强行者有志也。不失其所者久也，死不亡者寿也。

78 第三十四章

道泛呵，其可左右也，成功遂［事而］弗名有也。万物归焉而弗为主，则恒无欲也，可名于小。万物归焉而弗为主，可名于大。是以圣人之能成大也，以其不为大也，故能成大。

79 第三十五章

执大象，天下往；往而不害，安平大。乐与［饵］，过客止。故道之出言也，曰淡呵其无味也。视之不足见也，听之不足闻也，用之不可既也。

80 第三十六章

将欲翕之，必固张之；将欲弱之，必固强之；将欲去之，必固举之；将欲夺之，必固予［之］；是谓微明。柔弱胜强。鱼不可脱于渊，国利器不可以示人。

81 第三十七章

道恒无名，侯王若能守之，万物将自化。化而欲作，吾将镇之以无名之朴。镇之以无名之朴，夫将不欲。不欲以静，天地将自正。

竹简本《老子》释文

郭店《老子甲》，简39枚，简长32.3厘米，1086字。其文字分别见于今本《老子》19章、66章、46章、30章、15章、64章下段、37章、63章前段、后段，2章、32章、25章、5章、16章上段、64章上段、56章、57章、55章、44章、40章、9章。

甲本1组

绝知弃辩，民利百倍。绝巧弃利，盗贼亡有。绝伪弃虑，民复季慈。三言以为辨不足，或令之或乎属。视素保朴，少私寡欲。

江海所以为百谷王，以其能为百谷下，是以能为百谷王。圣人之在民前也，以身后之。其在民上也，以言下之。其在民上也，民弗厚也；其在民前也，民弗害也。天下乐进而弗厌。以其不争也，故天下莫能与之争。

罪莫厚乎甚欲，咎莫憯乎欲得，祸莫大乎不知足。知足之为足，此恒足矣。

以道佐人主者，不欲以兵强于天下。善者果而已，不以取强。果而弗伐，果而弗骄，果而弗矜，是谓果而不强。其事好。

长古之善为士者，必微溺玄达，深不可识，是以为之容：豫乎其若冬涉川，犹乎其若畏四邻，严乎其若客，涣乎其若释，屯乎其若朴，坉乎其若浊。孰能浊以静者，将徐清。孰能庀以迮者，将徐生。保此道者不欲尚呈。

为之者败之，执之者远之。是以圣人无为故无败；无执故无失。临事之纪，慎终如始，此亡败事矣。圣人欲不欲，不贵难得之货，教不教，复众之所过。是故圣人能辅万物之自然，而弗能为。

道恒亡为也，侯王能守之，而万物将自化。化而欲作，将镇之以亡名之朴。夫亦将知足，知以静，万物将自定。

为亡为，事亡事，味亡味。大小之多易必多难。是以圣人犹难之，故终无难。

天下皆知美之为美，恶已；皆知善，此其不善矣。有亡之相生也，难易之相成也，长短之相形也，高下之相盈也。音声之相和也，先后之相随也。是以圣人居亡为之事，行不言之教。万物作而弗始也，为而弗恃也，成而弗居。夫唯弗居也，是以弗去也。

道恒无名，朴虽微，天地弗敢臣。侯王如能守之，万物将自宾。天地相合也，以逾甘露。民莫之令而自均安。始制有名。名亦既有，夫亦将知止，知止所以不殆。譬道之在天下也，犹小谷之与江海。

甲本 2 组

有㵋蚰成，先天地生。敓穆，独立不改，可以为天下母。未知其名，字之曰道，吾强为之名曰大。大曰澨，澨曰远，远曰返。天大，地大，道大，王亦大。国中有四大安，王居一安。人法地，地法天，天法道，道法自然。

天地之间，其犹橐籥与？虚而不屈，动而愈出。

甲本 3 组

至虚，恒也；守中，笃也。万物方作，居以须复也。天道员员，各复其根。

甲本 4 组

其安也，易尖也。其未兆也，易谋也。其脆也，易判也，其几也，易散也。为之于其亡有也，治之于其未乱。合□□□□□末，九层之台甲□□□□□□□足下。

知之者弗言，言之者弗知。闭其兑，塞其门，和其光，同其尘。剉其銛，解其纷，是谓玄同。故不可得而亲，亦不可得而疏；不可得而利，亦不可得而害；不可得而贵，亦不可得而贱。故为天下贵。

以正治邦，以奇用兵，以亡事取天下。吾何以知其然也。夫天多忌讳，而民弥叛。民多利器，而邦滋昏。人多知而奇物滋起。法物滋彰，盗贼多有。是以圣人之言曰：我无事而民自富，我亡为而民自化，我好静而民自正，我欲不欲而民自朴。

甲本 5 组

含德之厚者，比于赤子。蜴蠆虫蛇弗螫，攫鸟猛兽弗扣。骨弱筋柔而捉固，未知牝牡之合而然怒，精之至也。终日呼而不忧，和之至也，和曰常，知和曰明。益生曰祥，心使气曰强。物壮则老，是谓不道。

名与身孰亲？身与货孰多？得与失孰病？甚爱必大费，厚藏必多亡。故知足不辱，知止不殆，可以长久。

返也者，道动也；弱也者，道之用也。天下之物生于有，生于亡。

枼而盈之，不不若已。湍而群之，不可长保也。金玉盈室，莫能守也。贵富骄。自遗咎也。功遂身退，天之道也。

郭店《老子乙》简 18 枚，简长 30.6 厘米，390 字，其文字分别见于今本《老子》59 章、48 章上段、20 章上段、13 章、41 章、52 章中段、45 章、54 章。

乙本 1 组

治人事天，莫若啬。夫唯啬，是以早，是以早服是谓……不克，不克则莫知其极，莫知其极，可以有国。有国之母，可以长……长生久视之道也。

学者日益，为道者日损。损之又损，以至亡为也，亡为而亡不为。

绝学亡忧，唯与呵，相去几何？美与恶，相去何若？人之所畏，亦不可以不畏。

人宠辱若惊，贵大患若身。何谓宠辱？宠为下也。得之若惊，失之若惊，是谓宠辱惊。□□□□□若身？吾所以有大患者，为吾有身。及吾亡身，或何□□□□□□若可以托天下矣。爱以身为天下，若可以迲天下矣。

乙本 2 组

上士闻道，勤能行于其中。中士闻道，若闻若亡。下士闻道，大笑之。弗大笑，不足以为道矣。是以建言有之：明道若曹，夷道□□□道若退。上德若谷，大白若辱。广德若不足，健德若□□真若愉。大方亡隅，大器曼成，大音祇声，天象亡形，道……

乙本 3 组

闭其门，塞其兑，终身不尨。启其兑，赛其事，终身不逐。

大成若缺，其用不敝。大盈若盅，其用不穷。大巧若拙，大成若诎，大直若屈。燥胜沧，清胜热，清静为天下正。

善建者不拔，善休者不脱，子孙以其祭祀不屯。修之身，其德乃真。修之家，其德有余。修之乡，其德乃长。修之邦，其德乃丰。修之天下，□□□□□□□家，以乡观乡，以邦观邦，以天下观天下。吾何以知天□□□□。

　　郭店《太一生水》《老子丙》简 28 枚，简长 26.5 厘米，575 字。其中有 10 枚的文字分别见于今本《老子》17 章、18 章、35 章、31 章的中段和下段，另有 4 枚同见于郭店《老子甲》和今本《老子》64 章下段。此 14 枚所记载的文字，《郭店楚墓竹简》谓之《老子丙》；其余 14 枚所记载的文字，不见于今本《老子》和郭店《老子甲》，《郭店楚墓竹简》谓之《太一生水》。

丙本 1 组

　　大上下知有之，其次亲誉之，其次畏之，其次侮之。信不足，安有不信。犹乎其贵言也。成事遂功，而百姓曰我自然也。

　　故大道废，安有仁义。六亲不和，安有孝慈。邦家昏□，安有正臣。

丙本 2 组

　　执大象，天下往。往而不害，安平大。乐与饵，过客止。故道□□□，淡呵其无味也。视之不足见，听之不足闻，而不可既也。

丙本 3 组

　　君子居则贵左，用兵则贵右。故曰兵者□□□□□□得已而用之，铦纕为上。弗美也。美之，是乐杀人。夫乐□□□以得志于天下。故吉事上左，丧事上右。是以偏将军居左，上将军居右，言以丧礼居之也。故杀□□，则以哀悲莅之；战胜则以丧礼居之。

丙本 4 组

　　为之者败之，执之者失之。圣人无为，故无败也；无执，故□□□。慎终若始，则无败事矣。人之败也，恒于其且成也败之。是以□人欲不欲，不贵难得之货，学不学，复众之所过。是以能辅万物之自然，而弗敢为。

校证《老子》全文

第一章

道可道，非常道；名可名，非常名。无名万物之始，有名万物之母。故常无欲，以观其眇；常有欲，以观其噭。两者同出，异名同谓，玄之又玄，众妙之门。

第二章

天下皆知美之为美，斯恶已；皆知善之为善，斯不善已。故有无相生，难易相成，长短相较，高下相盈，音声相和，前后相随。是以圣人处无为之事，行不言之教：万物作焉而不始，为而不恃，功成而弗居。夫唯弗居，是以不去。

第三章

不尚贤，使民不争；不贵难得之货，使民不为盗；不见可欲，使民不乱。是以圣人之治，虚其心，实其腹，弱其志，强其骨。常使民无知无欲，使夫智者不敢为也。为无为，则无不治。

第四章

道盅而用之或不盈。渊兮似万物之宗，湛兮似或存。吾不知谁之子，象帝之先。

第五章

天地不仁，以万物为刍狗；圣人不仁，以百姓为刍狗。天地之间，其犹橐籥乎？虚而不屈，动而愈出。多言数穷，不如守中。

第六章

谷、神、不死，是谓玄牝，玄牝之门，是谓天地根。绵绵若存，用之不堇。

第七章

天长地久。天地所以能长且久者，以其不自生，故能长久。是以圣人后其身而身先，外其身而身存。非以其无私邪？故能成其私。

第八章

上善若水。水善，利万物而不争，处众人之所恶，故几于道。居善，地；心善，渊；与善，天；言善，信；正善，治；事善，能；动善，时。夫唯不争，故无尤。

第九章

揸而盈之，不如其已。揣而群之，不可长保。金玉满堂，莫之能守。富贵而骄，自遗其咎。功遂身退，天之道。

第十章

戴营魄抱一，能无离乎？抟气至柔，能婴儿乎？涤除玄览，能无疵乎？爱民治国，能无知乎？天门开阖，能为雌乎？明白四达，能无为乎？生之、畜之，生而不有，长而不宰，是谓玄德。

第十一章

三十辐共一毂，当其无，有车之用。埏埴以为器，当其无，有器之用。凿户牖以为室，当其无，有室之用。故有之以为利，无之以为用。

第十二章

五色令人目盲，五音令人耳聋，五味令人口爽，驰骋畋猎令人心发狂，难得之货令人行妨。是以圣人之治也，为腹不为目，故去彼取此。

第十三章

宠辱若缨，贵大患若身。何谓宠辱若惊？宠为下，得之若惊，失之若惊，是谓宠辱若惊。何谓贵大患若身？吾所以有大患者，为吾有身，及吾无身，吾有何患！故贵以身为天下，若可托天下；爱以身为天下，若可寄天下。

第十四章

视之不见名曰夷，听之不闻名曰希，揸之不得名曰微。此三者不可致诘，故混而为一。其上不皦，其下不昧。寻寻不可名。复归于无物，是谓无状之状。无物之象，是谓惚恍。迎之不见其首，随之不见其后。执今之道，以御今之有，能知古始，是谓道纪。

第十五章

古之善为士者，微妙玄通，深不可识。夫唯不可识，故强为之容。豫兮若冬涉川，犹兮若畏四邻，俨兮其若客，涣兮若冰之将释，敦兮其若朴，旷兮其若谷，混兮其若浊。孰能浊以静者，将徐清。孰能庀以趺者，将徐生。保此道者不欲尚呈，夫唯不呈，故能敝而不成。

第十六章

至虚，恒也；守中，笃也。万物方作，居以观复。天物芸芸，各复归其根。曰静，是谓复命。复命曰常，知常曰明。不知常，妄，妄作凶。知常，容，容乃公。公乃王，王乃天，天乃道，道乃没身不殆。

第十七章

太上，下知有之。其次，亲誉之。其次，畏之。其次，侮之。信不足，安有不信。犹兮其贵言。功成事遂，百姓皆谓我自然。

第十八章

大道废，有仁义；六亲不和，有孝慈；国家昏乱，有忠臣。

第十九章

绝知弃辩，民利百倍；绝巧弃利，盗贼无有；绝为弃作，民复季子。此三者，以为文不足，故令有所属：见素抱朴，少私寡欲，绝学无忧。

第二十章

唯之与呵，相去几何？美之与恶，相去若何？人之所畏，亦不可以不畏人。荒兮其未央哉！众人熙熙，如享太牢，如春登台。我独泊兮其未兆，如婴儿之未孩。傫傫兮若无所归。众人皆有余，而我独若遗。我愚人之心也哉！沌沌兮！众人昭昭，我独昏昏；众人察察，我独闷闷。澹兮其若海，飂兮若无止。众人皆有以，而我独顽以鄙。我独异于人，而贵食母。

第二十一章

孔德之容，惟道是从。道之为物，惟恍惟惚。惚兮恍兮，其中有象；恍兮惚兮，其中有物。窈兮冥兮，其中有情；其情甚真，其中有信。自今及古，其名不去，以阅众甫。吾何以知众甫之状哉？以此。

第二十二章

曲则全，枉则直，洼则盈，敝则新，少则得，多则惑。是以圣人执一，以为天下牧。不自见故明，不自是故彰，不自伐故有功，不自矜故长。夫唯不争，故天下莫能与之争。古之所谓曲则全者，几语哉！诚全而归之。

第二十三章

希言自然。故飘风不终朝，骤雨不终日。孰为此者？天地。天地尚不能久，而况于人乎？故从事而道者同于道，得者同于得，失者同于失。同于得者，道亦得之；同于失者，道亦失之。

第二十四章

企者不立，跨者不行。自见者不明，自是者不彰，自伐者无功，自矜者不长。其在道也，曰余食、赘行。物或恶之，故有道者弗居。

第二十五章

有状昆成，先天地生。寂兮寥兮，独立不改，可以为天下母。吾不知其名，字之曰道，强为之名曰大。大曰逝，逝曰远，远曰反。故道大，天大，地大，王亦大。域中有四大，而王居其一焉。人法地，地法天，天法道，道法自然。

第二十六章

重为轻根，静为躁君。是以君子终日行不离辎重，虽有荣观，燕处超然。奈何万乘之王，而以身轻天下？轻则失本，躁则失君。

第二十七章

善行者无辙迹，善言者无瑕谪，善数者不用筹策，善闭者无关楗而不可开，善结者无绳约而不可解。是以圣人常善救人，故无弃人；物无弃财，是谓曳明。故善人，善人之师；不善人，善人之资。不贵其师，不爱其资，虽智大迷，是谓眇要。

第二十八章

知其雄，守其雌，为天下溪。为天下溪，常德不离，复归于婴儿。知其白，守其黑，为天下式。为天下式，常德不忒，复归于无极。知其白，守其辱，为天下谷。为天下谷，常德乃足，复归于朴。朴散则为器，圣人用之则为官长，故大制不割。

第二十九章

将欲取天下而为之，吾见其弗得已。天下神器，不可为也。为者败之，执者失之。故物或行或隋，或彊或砼，或培或隳。是以圣人去甚，去奢，去大。

第三十章

以道佐人主者，不以兵强于天下。师之所处，荆棘生焉。大军之后，必有凶年。善有果而已，不以取强。果而勿矜，果而勿伐，果而勿骄，是谓果而勿强。其事好。物壮而老，是谓不道，不道早已。

第三十一章

夫兵者，不祥之器。物或恶之，故有道者不处。君子居则贵左，用兵则贵右。兵者，不祥之器，非君子之器。不得已而用之，铦袭为上。勿美也，而美之者，是乐杀人。夫乐杀人者，则不可以得志于天下矣。吉事尚左，凶事尚右。偏将军居左，上将军居右，言以丧礼处之。杀人之众，以哀悲莅之。战胜，以丧礼处之。

第三十二章

道常无名、朴，虽小天下莫能臣也。侯王若能守之，万物将自宾。天地相合，以降甘露；民莫之令而自均。始制有名，名亦既有，夫亦将知止。知止可以不殆。譬道之在天下，犹小谷之与江海。

第三十三章

知人者智，自知者明。胜人者有力，自胜者强。知足者富，强行者有志。不失其所者久，死而不亡者寿。

第三十四章

大道泛兮，其可左右。万物恃之而生而不辞，功成不名有，衣养万物而不为主。常无欲，可名于小；万物归焉而不为主，可名为大。是以圣人终不为大，故能成其大。

第三十五章

势大象，天下往；往而不害，安平太。乐与饵，过客止。道之出言，淡乎其无味，视之不足见，听之不足闻，而不可既也。

第三十六章

将欲歙之，必固张之；将欲弱之，必固强之；将欲去之，必固与之；将欲夺之，必固予之，是谓微明。柔弱胜刚强。鱼不可脱于渊，国之利器不可以示人。

第三十七章

道常无为，侯王若能守之，万物将自化。化而欲作，吾将镇之以无名之朴。夫亦将知足，知足以静，万物将自定。

第三十八章

上德不德，是以有德；下德不失德，是以无德。上德无为而无以为，上仁为之而无以为，上义为之而有以为，上礼为之而莫之应，则攘臂而扔之。故失道而后德，失德而后仁，失仁而后义，失义而后礼。夫礼者，忠信之薄而乱之首。前识者，道之华而愚之始。是以大丈夫处其厚，不居其薄；处其实，不居其华。故去彼取此。

第三十九章

昔之得一者，天得一以清，地得一以宁，神得一以灵，谷得一以盈，侯王得一以为天下贞。其至之，天毋已清将恐裂，地毋已宁将恐发，神毋已灵将恐歇，谷毋已盈将恐竭，侯王毋已贞将恐蹶。故贵以贱为本，高以下为基。是以侯王自谓孤、寡、不穀。此非以贱为本邪？非乎？故至誉无誉。不欲琭琭如玉，珞珞如石。

第四十章

反者，道之动；弱者，道之用。天下万物生于有，生于无。

第四十一章

上士闻道，堇能行于其中；中士闻道，若存若亡；下士闻道，大笑之，不笑不足以为道。故《建言》有之：明道若昧，进道若退，夷道若纇。上德若谷，大白若辱，广德若不足，建德若媮，质真若渝。大方无隅，大器免成，大音希声，大象无形。道褒无名，夫唯道善始且成。

第四十二章

道生一，一生二，二生三，三生万物。万物负阴而抱阳，冲气以为和。人之所恶，唯孤寡不穀，而王公以为称。故物，或损之而益，或益之而损。人之所教，夕议而教人。强梁者不得其死，吾将以为教父。

第四十三章

天下之至柔，驰骋天下之至坚。无有入无间，吾是以知无为之有益。不言之教，无为之益，天下希及之。

第四十四章

名与身孰亲？身与货孰多？得与亡孰病？甚爱必大费，厚藏必多亡。故知足不辱，知止不殆，可以长久。

第四十五章

大成若缺，其用不弊。大盈若冲，其用不穷。大直若屈，大巧若拙，大赢若绌。燥胜沧，清胜热，清清为天下正。

第四十六章

天下有道，却走马以粪；天下无道，戎马生于郊。罪莫厚乎甚欲，祸莫大于不知足，咎莫憯于欲得。知足之为足，常足矣。

第四十七章

不出户，知天下；不窥牖，知天道。其出弥远，其知弥少。是以圣人不行而知，不见而名，不为而成。

第四十八章

为学日益，为道日损。损之又损，以至于无为，无为而无不为。取天下常以无事，及其有事，不足以取天下。

第四十九章

圣人恒无心，以百姓心为心。善者，吾善之；不善者，吾亦善之，得善。信者，吾信之；不信者，吾亦信之，得信。圣人在天下歙歙，为天下浑其心。百姓皆注其耳目，圣人皆咳之。

第五十章

出生入死。生之徒十有三，死之徒十有三。人之生生，动之死地，亦十有三。夫何故？以其生生之厚。盖闻善摄生者，陆行不遇兕虎，入军不被甲兵，兕无所投其角，虎无所措其爪，兵无所容其刃。夫何故？以其无死地。

第五十一章

道生之，德畜之，物形之，器成之。是以万物莫不尊道而贵德。道之尊，德之贵，夫莫之命而常自然。故道生之、畜之、长之、育之、成之、熟之、养之、覆之。生而不有，为而不恃，长而不宰，是谓玄德。

第五十二章

天下有始，以为天下母。既得其母，以知其子；既知其子，复守其母，没身不殆。塞其兑，闭其门，终身不堇。开其兑，济其事，终身不救。见小曰明，守柔曰强。用其光，复归其明，无遗身殃，是为袭常。

第五十三章

使我挈有知，行于大道，唯施是畏。大道甚夷，民甚好解。朝甚除，田甚芜，仓甚虚。服文彩，带利剑，厌饮食，财货有余，是为盗夸。非道也哉！

第五十四章

善建者不拔，善抱者不脱，子孙以祭祀不辍。修之于身，其德乃真；修之于家，其德乃余；修之于乡，其德乃长；修之于国，其德乃丰；修之于天下，其德乃普。以身观身，以家观家，以乡观乡，以国观国，以天下观天下。吾何以知天下然哉？以此。

第五十五章

含德之厚，比于赤子。蜂虿虺蛇不螫，猛兽不据，攫鸟不搏。骨弱筋柔而握固，未知牝牡之合而朘作，精之至也。终日号而不嗄，和之至也。和曰常，知和曰明。益生曰祥，心使气曰强。物壮则老，谓之不道，不道早已。

第五十六章

知之者不言，言之者不知。塞其兑，闭其门；挫其阅，解其分；和其光，同其尘，是谓玄同。故不可得而亲，不可得而疏；不可得而利，不可得而害；不可得而贵，不可得而贱，故为天下贵。

第五十七章

以正治国，以奇用兵，以无事取天下。吾何以知其然哉？天多忌讳，而民弥贫；民多利器，国家滋昏；人多伎巧，奇物滋起；法物滋彰，盗贼多有。是以圣人云，我无为而民自化，我好静而民自正，我无事而民自富，我欲不欲而民自朴。

第五十八章

其政闷闷，其民淳淳；其政察察，其民缺缺。祸兮福之所倚，福兮祸之所伏。孰知其极？其无正。正复为奇，善复为妖，人之迷，其日固久。是以方而不割，廉而不刿，直而不肆，光而不耀。

第五十九章

治人事天，莫若啬。夫唯啬，是以早服。早服谓之重积德，重积德则无不克，无不克则莫知其极，莫知其极，可以有国。有国之母，可以长久。是谓深根固柢，长生久视之道。

第六十章

治大国若烹小鲜。以道立天下，其鬼不神。非其鬼不神，其神不伤人；非其神不伤人，圣人亦不伤人。夫两不相伤，故德交归焉。

第六十一章

大国者下流，天下之牝也。天下之交也，牝常以静胜牡。为其静也，故宜为下。故大国以下小国，则取小国；小国以下大国，则取于大国。故或下以取，或下而取。大国不过欲兼畜人，小国不过欲入事人，夫两者各得其所欲，大者宜为下。

第六十二章

道者万物之奥，善人之宝，不善人之所保。美言可以市，尊行可以贺人。人之不善，何弃之有？故立天子，置三公。虽有拱璧以先驷马，不如坐进此道。古之所以贵此道者何？不谓求以得，有罪以免邪？故为天下贵。

第六十三章

为无为，事无事，味无味。大小多少。图难于其易，为大于其细。天下难事必作于易，天下大事必作于细。是以圣人终不为大，故能成其大。夫轻诺必寡信，多易必多难，是以圣人犹难之，故终无难矣。

第六十四章

其安易持，其未兆易谋，其脆易泮，其微易散。为之于未有，治之于未乱。合抱之木，生于毫末；九层之台，起于累土；百仞之高，始于足下。为者败之，执者失之。是以圣人无为，故无败；无执，故无失。民之从事，常于几成而败之。慎终如始，则无败事。是以圣人欲不欲，不贵难得之货。学不学，复众人之所过。以辅万物之自然，而不敢为。

第六十五章

古之为道者，非以明民，将以愚之。民之难治，以其智也。故以智治国，国之贼；以不智治国，国之德。知此两者亦稽式。常知稽式，是谓玄德。玄德深矣，远矣，与物反矣，然后乃至大顺。

第六十六章

江海所以能为百谷王者，以其善下之，故能为百谷王。是以圣人之欲上民也，必以言下之；欲先民也，必以身后之。故圣人处上而民不重，处前而民不害，是以天下乐推而不厌。以其不争，故天下莫能与之争。

第六十七章

天下皆谓我大，大而不肖。夫唯不肖，故能大。若肖，久矣其细也夫。我有三宝，持而保之。一曰慈，二曰俭，三曰不敢为天下先。慈，故能勇；俭，故能广；不敢为天下先，故能成器长。今舍慈且勇，舍俭且广，舍后且先，死矣！夫慈，以战则胜，以守则固，天将建之，以慈垣之。

第六十八章

善为士者不武，善战者不怒，善胜敌者弗与，善用人者为之下。是谓不争之德，是谓用人，是谓配天，古之极也。

第六十九章

用兵有言，吾不敢为主而为客，不敢进寸而退尺。是谓行无行，攘无臂，执无兵，乃无敌。祸莫大于无敌，无敌近亡吾宝矣。故抗兵相若，而哀者胜矣。

第七十章

吾言甚易知，甚易行，天下莫能知，莫能行。言有宗，事有君。夫唯无知，是以不我知。知我希，则我贵矣，是以圣人被褐而怀玉。

第七十一章

知不知，尚矣；不知知，病矣。是以圣人之不病也，以其病病也，是以不病。

第七十二章

民之不畏畏，则大畏将至矣。无狎其所居，无厌其所生。夫唯不厌，是以不厌。是以圣人自知，不自见；自爱，不自贵。故去彼取此。

第七十三章

勇于敢则杀，勇于不敢则活。此两者，或利或害。天之所恶，孰知其故？天之道，不战而善胜，不言而善应，不召而自来，繟然而善谋。天网恢恢，疏而不失。

第七十四章

民不畏死，奈何以死惧之？使民恒且畏死，而为奇者，吾得执而杀之，孰敢？若民恒且必畏死，则恒有司杀者。夫代司杀者杀，是谓代大匠斫。夫代大匠斫者，希有不伤其手矣。

第七十五章

民之饥，以其上食税之多，是以饥。民之难治，以其上之有为，是以难治。民之轻死，以其上求生生之厚也，是以轻死。夫惟无以生为贵者，是贤于贵生也。

第七十六章

人之生也柔弱，其死也坚强。万物草木之生也柔脆，其死也枯槁。故坚强者死之徒，柔弱者生之徒。是以兵强则不胜，木强则兵。强大处下，柔弱处上。

第七十七章

天之道，其犹张弓与！高者抑之，下者举之；有余者损之，不足者补之。天之道，损有余而补不足。人之道则不然，损不足以奉有余。孰能有余以奉天下？唯有道者。是以圣人为而不恃，功成而不处。若此，其不欲见贤也。

第七十八章

天下莫柔弱于水，而攻坚强者莫之能胜，其无以易之。弱之胜强，柔之胜刚，天下莫不知，莫能行。故圣人之言云，曰：受国之垢，是谓社稷主；受国不祥，是为天下王。正言若反。

第七十九章

和大怨，必有余怨，安可以为善？报怨以德。是以圣人执左契，而不责于人。有德司契，无德司彻。天道无亲，常与善人。

第八十章

小国寡民，使有什伯之器而不用，使民重死而不远徙。虽有舟舆，无所乘之；虽有甲兵，无所陈之；使人复结绳而用之。甘其食，美其服，安其居，乐其俗。邻国相望，鸡犬之声相闻，民至老死不相往来。

第八十一章

信言不美，美言不信；知者不博，博者不知；善者不多，多者不善。圣人不积，既以为人，己愈有；既以与人，己愈多。天之道，利而不害。人之道，为而不争。

主要参考文献

一、古本（以时代为序）

（唐）李约：《道德真经新注》，上海涵芬楼影印本。

（唐）陆希声：《道德真经传》，正统道藏本。

（唐）无名氏：《道德真经次解》，正统道藏本。

（宋）董思靖：《道德真经集解》，上海涵芬楼影印本。

（宋）范应元：《老子道德经古本集注》，续古逸丛书本。

（宋）林希逸，《道德经真经口义》，上海涵芬楼影印本。

（宋）吕惠卿：《道德真经传》，清抄本（清丁丙跋）。

（宋）司马光：《道德真经论》，正统道藏本。

（宋）苏辙：《苏子由道德经注》，尊经阁文库藏钞本。

（宋）王雱：《道德真经集注》，上海涵芬楼影印本。

（元）杜道坚：《道德玄经原旨》，明抄本（清丁丙跋）。

（元）吴澄：《道德真经注》，粤雅堂版。

（明）释德清：《老子道德经解》，金陵刻经处刻本。

（明）薛蕙：《老子集解》，惜阴轩从书本。

（明）朱元璋：《大明太祖高皇帝御注道德真经》，明正统十年刻本。

（清）毕沅：《老子道德经考异》，经训堂丛书本。

（清）高延第：《老子证义》，清光绪十二年诵翠山房刻本。

（清）魏源：《老子本义》，避舍盖公堂刻本。

（清）易顺鼎：《读老札记》，清光绪十年刊本。

（清）俞樾：《诸子平议》，北京：中华书局，1954 年。

二、今人整理古本（以作者姓名拼音为序）

（明）焦竑著，黄曙辉点校：《老子翼》，上海：华东师范大学出版社，2011 年。

（清）黄元吉著，蒋门马校注：《道德经讲义 乐育堂语录》，北京：宗教文化出版社，2003 年。

（魏）王弼著，楼宇烈校释：《王弼集校释》，北京：中华书局，1980 年。

饶宗颐：《老子想尔注校证》，上海：上海古籍出版社，1991 年。

（汉）严遵著，王德有点校：《老子指归》，北京：中华书局，1994 年。

王卡点校：《老子道德经河上公章句》，北京：中华书局，1993 年。

（清）王夫之：《老子衍 庄子通 庄子解》，北京：中华书局，2009 年。

（清）王先慎著，钟哲点校：《韩非子集解》，北京：中华书局，1998 年。

三、今人著作（以作者姓名拼音为序）

陈鼓应：《老子注译及评介》（修订增补本），北京：中华书局，2009 年。

高亨：《老子正诂》，北京：清华大学出版社，2011 年。

高明：《帛书老子校注》，北京：中华书局，1996 年。

古棣、张英：《老子通》，长春：吉林人民出版社，1991 年。

蒋锡昌：《老子校诂》，上海：上海书店，1996 年。

荆门市博物馆：《郭店楚墓竹简》，北京：文物出版社，1998 年。

劳健：《老子古本考》，台北：艺文印书馆，1941 年。

李零：《郭店楚简校读记》（增订本），北京：中国人民大学出版社，2007 年。

李泽厚：《中国古代思想史论》，北京：生活·读书·新知 三联书店，2008 年。

廖名春：《郭店楚简老子校释》，北京：清华大学出版社，2003 年。

刘师培：《老子斠补》，宁武南氏校印本。

刘笑敢：《老子古今》（修订版），北京：中国社会科学出版社，2006 年。

刘信芳：《荆门郭店竹简老子解诂》，台北：艺文印书馆，1999 年。

马叙伦：《老子校诂》，北京：中华书局，1974 年。

任继愈：《老子今译》，北京：古籍出版社，1956 年。

任继愈：《老子新译》，上海：上海古籍出版社，1985 年。

孙以楷：《老子通论》，合肥：安徽大学出版社，2004 年。

王淮：《老子探义》，台北：台湾商务印书馆，1972 年。

魏启鹏：《楚简〈老子〉柬释》，台北：万卷楼图书有限公司，1999 年。

奚侗：《老子集解》，1925 年铅印本。

辛战军：《老子译注》，北京：中华书局，2008 年。

徐梵澄：《老子臆解》，北京：中华书局，1988 年。

许抗生：《帛书老子注译与研究》，杭州：浙江人民出版社，1982 年。

严复：《严复集》，北京：中华书局，1986 年。

杨增新：《补过斋读老子日记》，1926 年刊本。

尹振环：《楚简老子辨析》，北京：中华书局，2001 年。

詹剑锋：《老子其人其书及其道论》，武汉：湖北人民出版社，1982 年。

张舜徽：《周秦道论发微》，北京：中华书局，1982 年。

张松如：《老子说解》，济南：齐鲁书社，1998 年。

郑良树：《老子新校》，台北：学生书局，1997 年。

朱谦之：《老子校释》，北京：中华书局，1984 年。

写在后面

　　写一册专门分析老学思想与解说《老子》文本的书的想法已经很久了。写之前，踌躇满志；写之时，信心百倍；但真正完成此书之初稿，反而只剩下惶恐，不知道交出来的作业能不能满足读者，乃至满足自己的恳愿。

　　本书的一个基本观点是很容易引起争议的，那就是将道理解为实践治国之道，其他皆为比类，如果说道是一种本体，最好理解为价值本体。坚定这么理解，一是这么理解思想来源上说得通，治国是老子关心的问题，宇宙本体未必进入其关心范围，起码不是紧要的，同时代的作品也不见，诸子多论天之主宰性质，并不谈衍生问题，汉代后宇宙论、生成论才进入哲学家解说之范围，如司马迁谓："夫阴阳、儒、墨、名、法、道德，此务为治者也，直所从言之异路，有省不省耳。"二是这么理解行文逻辑上讲得通，即使从现在分章看，《老子》所论都是归结于治道的，比类是其言说方式，批判是其初衷与情怀，体证是其认识基础，把"道"涉及的问题周密为一个中心的体系，担当中心位置的唯有治道才合理。在这种基本认识下，对照诸种《老子》文本，读的过程实际上是非常紧张的，因为必须能以一贯的基本立场通彻全部文本，唯恐哪一部分文字漂移在基本判断之外。只有在全部通释完成后方才长吁了一口气，但唯此就可以取得各位方家的同意了吗？我不知道。

　　在研究过程中，基本上是先阅读原文本，然后看古今之经典解读，从中发现问题，再进行解决问题的思考，有的问题马上就有想法，但有些问题一时解决不了便夜不成寐、寝食不安，之后再获得豁然通之的透脱感。说对每一章沿蛛丝马迹进行了抽丝剥茧并不为过，如此基本保证了在老学研究已经成果丰富的前提下每章都有创新之管见。

老学在战国时期就成了显学，庄子申明之，荀子批判之，韩非喻解之，纵横之士也多有引述，汉代后更是注家蜂起，殆至清末，何至汗牛充栋！严遵、河上公、王弼、范应元、吴澄、吕惠卿等解老之作，特别是宋人林希逸、明人薛蕙的著述为本研究都提供了重要启发。新中国开展的《老子》研究得到了多种古本，特别是帛书本、竹简本文本的重要支持。诸位治老者成绩斐然，本研究多有参考和引述，因此特别感谢陈鼓应、高亨、高明、刘笑敢、廖名春、任继愈、孙以楷、辛战军、许抗生、尹振环、张松如等各位老学研究专家所做的贡献，先生们为本研究贡献了基本材料和理论视野。当然，在研究过程中，对于有不同诸先生所见处也屡有举出，实为出自内心的尊重。

感谢本人的博士生导师徐小跃先生，读博期间，他把笔者带入了《老子》的世界。感谢温州大学提供了很好的科研环境，孙邦金等诸君为本研究提出了重要建议。同时，也向笔者原工作单位新疆师范大学致敬，正是在乌鲁木齐就职期间，带研究生读中国哲学典籍，笔者对老学所思所想日渐增多、认识不断加深。

本书开始写作于 2020 年 8 月，《通释》初稿完成在 2021 年春节期间，除夕、大年初一之时亦未能辍笔；之后因工作事宜搁笔半年，《辨析》部分延后写出。其中滋味，忆来诸感杂陈。整个写作过程中，经常思念起父母，回忆起和他们在一起的美好时光，因此本书扉页特以此为契。搁笔之际，窗外飘起淋淋细雨，口占俚诗一首以为小结。

此道迤逦越千年，心向先天未化前。
不谓博览高一格，惟忧支离负华篇。

路永照

2021 年 12 月 31 日 温州·三十六天驿